Airton Ramos

ANÁLISE DE SISTEMAS ELETROMAGNÉTICOS

Análise de sistemas eletromagnéticos
© 2020 Airton Ramos
Editora Edgard Blücher Ltda.

Imagem da capa: iStockphoto

Blucher

Rua Pedroso Alvarenga, 1245, 4º andar
04531-934 – São Paulo – SP – Brasil
Tel.: 55 11 3078-5366
contato@blucher.com.br
www.blucher.com.br

Segundo o Novo Acordo Ortográfico, conforme 5. ed.
do *Vocabulário Ortográfico da Língua Portuguesa*,
Academia Brasileira de Letras, março de 2009.

É proibida a reprodução total ou parcial por quaisquer
meios sem autorização escrita da editora.

Todos os direitos reservados pela Editora
Edgard Blücher Ltda.

Dados Internacionais de Catalogação na Publicação (CIP)
Angélica Ilacqua CRB-8/7057

Ramos, Airton
   Análise de sistemas eletromagnéticos /
Airton Ramos. – São Paulo : Blucher, 2020.

   728 p. : il.

   Bibliografia
   ISBN 978-65-5506-005-8 (impresso)
   ISBN 978-65-5506-003-4 (eletrônico)

   1. Análise de sistemas. I. Título.

20-0370   CDD 621.3823

Índices para catálogo sistemático:
   1.Análise de sistemas

Prefácio

O ano 1600 marcou o início da pesquisa científica relativa aos fenômenos eletro-magnéticos com a publicação de *De Magnete*, de Willliam Gilbert (1544-1603). Nos séculos seguintes, um grupo numeroso de estudiosos europeus e americanos elevou a teoria eletromagnética ao *status* de ciência fundamental, em pé de igualdade com a dinâmica newtoniana e a termodinâmica.

Entre muitos nomes famosos, destacam-se Otto Von Guericke (1602-1686), pelo desenvolvimento dos primeiros geradores eletrostáticos; Benjamin Franklin (1706-1790), por suas pesquisas a respeito da natureza da carga elétrica e pela invenção do para-raios; Charles-Augustin de Coulomb (1736-1806), por seus experimentos com medição de força elétrica que levaram à comprovação da lei do inverso do quadrado da distância; Pierre-Simon Laplace (1749-1827), Siméon-Denis Poisson (1781-1840) e Carl Friedrich Gauss (1777-1855), por suas contribuições para a descrição matemática do campo e do potencial elétricos; Alessandro Volta (1745-1827), pelo desenvolvimento do primeiro medidor de potencial elétrico e pela invenção da bateria elétrica, que em sua versão inicial era uma pilha de discos de zinco e cobre envolvidos em tecido umedecido com uma solução ácida; Hans Christian Oersted (1777-1851) e André-Marie Ampère (1775-1836), por lançarem as bases do eletromagnetismo por meio de experimentos com correntes galvânicas e bússolas e formularem uma teoria consistente para definir o campo magnético proveniente de correntes elétricas; Georg Simon Ohm (1787-1854), por seus estudos a respeito da conexão entre potenciais e correntes elétricas em circuitos elétricos; Jean-Baptiste Biot (1774-1862) e Félix Savart (1791-1841), pelo descobrimento da lei que governa a força entre condutores que transportam correntes elétricas; Michael Faraday (1791-1876), um experimentador genial que propôs o conceito de campo para a ação a distância entre cargas e correntes elétricas, descobriu o princípio da indução eletromagnética e desenvolveu os primeiros motores e transformadores; Joseph Henry (1797-1878), por seus estudos sobre a natureza da indutância elétrica e circuitos ressonantes; Gustav Robert Kirchhoff (1824-1887), por seus estudos a respeito da distribuição de correntes e potenciais em circuitos elétricos complexos; James Clerk Maxwell (1831-1879), provavelmente o maior físico do século XIX, que, entre muitas outras realizações nos campos da óptica e da termodinâmica, desenvolveu o arcabouço matemático da teoria eletromagnética a partir dos trabalhos de Ampère e Faraday, propôs a existência da corrente de deslocamento e formulou a teoria das ondas eletromagnéticas, postulando que a luz é um fenômeno eletromagnético; Heinrich Rudolf Hertz (1857-1894), pelo engenhoso experimento com antenas elementares que comprovou a teoria proposta por Maxwell para a geração e a propagação de ondas eletromagnéticas; Guglielmo Marconi (1874-1937), pelo desenvolvimento do sistema de comunicação por ondas eletromagnéticas, também denominadas ondas de rádio; Thomas Alva Edison (1847-1931), entre inúmeras invenções, pelo desenvolvimento da lâmpada incandescente, microfone de carvão e aperfeiçoamento da telegrafia; Nicola Tesla (1856-1943) pelo desenvolvimento da tecnologia da corrente alternada para a geração, transmissão e conversão de energia elétrica e por suas contribuições para o aprimoramento da comunicação por ondas de rádio.

No século XX, a teoria eletromagnética nos permitiu um nível de desenvolvimento sem precedentes, com a utilização da energia elétrica para produzir luz, calor e movimento em indústrias e residências. Além disso, a partir da década de 1980, com o desenvolvimento massivo das telecomunicações, eletrônica e computação, o eletromagnetismo contribuiu para conduzir a humanidade a uma revolução econômica e cultural por meio desse impressionante sistema de conectividade denominado internet.

Obviamente, o estudo da teoria eletromagnética constitui etapa de fundamental importância na formação técnica e científica de profissionais de engenharia elétrica, telecomunicações, computação e áreas afins. Contudo, seu estudo é complexo e requer uma base forte em matemática, especialmente em cálculo diferencial, integral e vetorial. Este livro é uma tentativa de tornar mais eficiente os estudos dessa disciplina, pois foi elaborado tendo em vista as necessidades fundamentais de professores e estudantes. Ele contém toda a informação básica, incluindo os fundamentos das ferramentas matemáticas necessárias, os conceitos e as leis da teoria eletromagnética, as aplicações mais importantes, os princípios físicos das propriedades eletromagnéticas da matéria, os métodos analíticos e computacionais mais utilizados na análise de sistemas eletromagnéticos e a teoria fundamental dos sistemas de geração e propagação de ondas eletromagnéticas.

Este livro é especialmente recomendado para cursos de graduação e pós-graduação em Engenharia Elétrica, nos quais pode servir como referência principal ou complementar em disciplinas de teoria eletromagnética, propriedades eletromagnéticas da matéria, cálculo eletromagnético computacional e sistemas de radiofrequência.

Airton Ramos

Conteúdo

1 Coordenadas ortogonais e funções vetoriais   **1**
    1.1   Sistemas de coordenadas   1
    1.2   Diferenciação e integração vetorial   4
    1.3   Questões   7

2 Força entre cargas elétricas   **11**
    2.1   Lei de Coulomb   11
    2.2   Cálculo da força elétrica   12
    2.3   Questões   19

3 Força entre correntes elétricas   **21**
    3.1   Força magnética   21
    3.2   Cálculo da força magnética   22
    3.3   Questões   26

4 Gradiente de uma função escalar   **29**
    4.1   Derivada direcional   29
    4.2   Operador gradiente   30
    4.3   Questões   33

5 Campo elétrico e potencial elétrico   **35**
    5.1   Conceitos de campo elétrico e potencial elétrico   35
    5.2   Cálculo de campo elétrico e potencial elétrico   36
    5.3   Questões   47

6 Fluxo e divergente de um campo vetorial   **49**
    6.1   Fluxo de um campo vetorial   49
    6.2   Operador divergente   51
    6.3   Questões   56

7 Lei de Gauss elétrica — **59**

- 7.1 Fluxo elétrico e lei de Gauss 59
- 7.2 Cálculo de indução elétrica 60
- 7.3 Questões 64

8 Densidade de fluxo magnético e lei de Biot-Savart — **65**

- 8.1 Fluxo magnético 65
- 8.2 Lei de Biot-Savart 67
- 8.3 Cálculo da indução magnética 68
- 8.4 Questões 78

9 Circulação e rotacional de um campo vetorial — **79**

- 9.1 Circulação e operador rotacional 79
- 9.2 Cálculo do rotacional 82
- 9.3 Questões 88

10 Campo magnético e lei de Ampère — **91**

- 10.1 Lei de Ampère 91
- 10.2 Cálculo de campo magnético 95
- 10.3 Questões 97

11 Operador laplaciano e potencial magnético — **99**

- 11.1 Laplaciano e equação de Laplace 99
- 11.2 Campo vetorial determinado por seu divergente e seu rotacional . . 100
- 11.3 Potencial magnético 102
- 11.4 Questões 106

12 Continuidade, condições de contorno e método das imagens — **107**

- 12.1 Continuidade em interfaces 107
- 12.2 Condições de contorno 109
- 12.3 Método das imagens 112
- 12.4 Questões 121

13 Equação de Laplace em coordenadas retangulares — **123**

- 13.1 Expansão em série de Fourier 123
- 13.2 Solução da equação de Laplace em coordenadas retangulares . . . 127
- 13.3 Questões 140

Conteúdo

14 Equação de Laplace em coordenadas cilíndricas **143**
14.1 Expansão em série de Bessel 143
14.2 Cálculo de potencial em coordenadas cilíndricas 150
14.3 Questões 159

15 Equação de Laplace em coordenadas esféricas **161**
15.1 Expansão em funções de Legendre 161
15.2 Solução da equação de Laplace em coordenadas esféricas 166
15.3 Questões 178

16 Dissipação e armazenamento de energia **179**
16.1 Potência dissipada 179
16.2 Energia elétrica 182
16.3 Energia magnética 185
16.4 Questões 190

17 Introdução à eletrodinâmica **193**
17.1 Corrente de deslocamento 193
17.2 Força eletromotriz 195
17.3 Acoplamento magnético 202
17.4 Torque eletrodinâmico e motor de indução 206
17.5 Efeito pelicular 210
17.6 Questões 217

18 Ondas eletromagnéticas **219**
18.1 Ondas no espaço livre não dissipativo 219
18.2 Ondas no espaço livre dissipativo 228
18.3 Fluxo de potência em uma onda eletromagnética 238
18.4 Questões 245

19 Ondas eletromagnéticas em interfaces **249**
19.1 Polarização da onda eletromagnética 249
19.2 Reflexão e transmissão com incidência normal 251
19.3 Reflexão e transmissão com incidência oblíqua 256
19.4 Reflexão nula e reflexão total 260
19.5 Reflexão e transmissão através de uma parede 262
19.6 Difração 265
19.7 Questões 276

xii   Análise de sistemas eletromagnéticos

20 Radiação e espectro eletromagnético   281

20.1 Potencial retardado 281

20.2 Dipolo hertziano 286

20.3 Radiação de partículas carregadas 291

20.4 Espectro eletromagnético 298

20.5 Transformações de Lorentz do
campo eletromagnético 301

20.6 Questões 308

21 Força e movimento na interação da matéria com o campo eletromagnético   309

21.1 Movimento de partículas no vácuo 309

21.2 Movimento de partículas em um meio condutor 314

21.3 Relações entre força e intensidade de campo:
tensor das tensões de Maxwell 317

21.4 Questões 324

22 Estrutura eletrônica e condutores   327

22.1 Estrutura cristalina 327

22.2 Forças intermoleculares 328

22.3 Bandas de energia 334

22.4 Condução em semicondutores 343

22.5 Supercondutores 351

22.6 Condução em isolantes amorfos 356

22.7 Questões 361

23 Polarização elétrica   363

23.1 Dipolo elétrico e polarizabilidade molecular 363

23.2 Polarização macroscópica e relação constitutiva 367

23.3 Polarização ferroelétrica 375

23.4 Campo de reação e fator de despolarização 376

23.5 Energia de polarização 379

23.6 Polarização de um objeto esférico em
um campo uniforme 385

23.7 Questões 389

24 Dispersão e ruptura dielétrica   393

24.1 Ressonância 393

24.2 Relaxação 396

Conteúdo   xiii

24.3 Dispersão por carga espacial 398
24.4 Dispersão por saltos 405
24.5 Ruptura dielétrica 407
    24.5.1 Ruptura em gases 408
    24.5.2 Ruptura em líquidos 412
    24.5.3 Ruptura em sólidos 414
24.6 Questões 415

25 Magnetização   417
25.1 Momento de dipolo magnético 417
25.2 Magnetização 421
25.3 Lei Curie-Weiss e transição ferromagnética 424
25.4 Modelo quântico da magnetização 425
25.5 Estado ferromagnético 429
25.6 Relação constitutiva magnética 435
25.7 Energia armazenada e energia dissipada na magnetização 439
25.8 Permeabilidade magnética como função
    da frequência 447
25.9 Questões 452

26 Circuito magnético   455
26.1 Campo desmagnetizante 455
26.2 Força magnetomotriz e relutância 459
26.3 Circuito magnético com ímã permanente 470
26.4 Força e torque em circuitos magnéticos 473
26.5 Questões 476

27 Cálculo eletromagnético computacional   481
27.1 Integração computacional 481
27.2 Método das diferenças finitas 484
27.3 Método das diferenças finitas no domínio tempo 494
27.4 Método dos elementos finitos 502
27.5 Método dos momentos 514
27.6 Questões 520

28 Linhas de transmissão   523
28.1 Circuito equivalente de uma linha de transmissão 523
28.2 Solução geral para tensão e corrente
    na linha de transmissão 528

xiv   Análise de sistemas eletromagnéticos

28.3 Sistema sem reflexão 532

28.4 Sistema com reflexão 535

28.5 Transitório na linha de transmissão 538

28.6 Fluxo de potência na linha de transmissão 540

28.7 Aproximações para Z_o e γ 543

28.8 Distorção 548

28.9 Impedância na linha de transmissão 550

28.10Casamento de impedância 553

    28.10.1 Acoplador com rede de reatâncias 553

    28.10.2 Acoplador com transformador de quarto de onda 556

    28.10.3 Acoplador com *stub* simples 558

28.11Questões 561

29 Guias de onda   565

29.1 Equações dos campos em um guia de onda retangular 565

29.2 Modos TM 568

29.3 Modos TE 570

29.4 Características de propagação no guia de onda retangular 572

29.5 Potência transportada e atenuação
em um guia de onda 575

29.6 Análise de um guia de onda circular 582

29.7 Acoplamento de sinal em um guia de onda 587

29.8 Cavidades ressonantes 589

29.9 Guia de onda dielétrico 594

29.10Questões 605

30 Teoria das antenas   607

30.1 Enlace por ondas eletromagnéticas 607

    30.1.1 Potência irradiada 608

    30.1.2 Ganho diretivo 610

    30.1.3 Diagrama de irradiação 610

    30.1.4 Impedância da antena 611

    30.1.5 Reciprocidade e acoplamento entre antenas 613

    30.1.6 Fórmula de transmissão de Friis 618

30.2 Antena dipolo 620

    30.2.1 Distribuição de corrente em uma antena dipolo 621

    30.2.2 Campos e potência irradiada por uma antena dipolo . . . 621

    30.2.3 Impedância da antena dipolo 625

Conteúdo

XV

30.2.4 Efeitos da reflexão em uma superfície horizontal 629

30.3 Antena em anel 645

30.4 Questões 654

31 Antenas direcionais

657

31.1 Conjunto de antenas 657

31.2 Impedância mútua entre antenas 663

31.3 Antena corneta 677

31.4 Antena com refletor 682

31.5 Questões 686

32 Propagação na atmosfera terrestre

689

32.1 Propagação em um plasma 689

32.2 Ondas de superfície 697

32.3 Propagação na troposfera 699

32.4 Propagação na ionosfera 704

32.5 Questões 710

33 Referências

711

Capítulo 1

Coordenadas ortogonais e funções vetoriais

1.1 Sistemas de coordenadas

A descrição de constantes e variáveis vetoriais exige a utilização de um sistema de referência de posição e orientação espacial, e os sistemas que consistem em eixos ortogonais são os mais comuns e também os mais fáceis de utilizar. A Figura 1.1 mostra como os eixos são nomeados nos sistemas retangular, cilíndrico e esférico, bem como os conjuntos de vetores unitários para a representação vetorial nesses sistemas.

Para estabelecer as relações entre as coordenadas nos três sistemas ortogonais mostrados, iniciamos descrevendo a posição de um ponto no espaço através do vetor de posição $\vec{r}$, porém utilizando o sistema de vetores unitários retangulares.

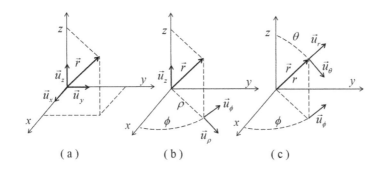

Figura 1.1: Sistemas de coordenadas ortogonais: (a) coordenadas retangulares; (b) coordenadas cilíndricas; (c) coordenadas esféricas.

Assim, temos:

$$\vec{r} = x\,\vec{u}_x + y\,\vec{u}_y + z\,\vec{u}_z \tag{1.1}$$

$$\vec{r} = \rho\,cos\phi\,\vec{u}_x + \rho\,sen\phi\,\vec{u}_y + z\,\vec{u}_z \tag{1.2}$$

$$\vec{r} = r\,sen\theta\,cos\phi\,\vec{u}_x + r\,sen\theta sen\phi\,\vec{u}_y + r\,cos\theta\,\vec{u}_z \tag{1.3}$$

Desse modo, obtemos as seguintes relações entre as coordenadas:

$$x = \rho\,cos\phi = r\,sen\theta\,cos\phi \tag{1.4}$$

$$y = \rho\,sen\phi = r\,sen\theta\,sen\phi \tag{1.5}$$

$$z = r\,cos\theta \tag{1.6}$$

$$\rho = \sqrt{x^2 + y^2} = r\,sen\theta \tag{1.7}$$

$$tg\phi = y/x \tag{1.8}$$

Também podemos obter as relações entre os vetores unitários.

$$\vec{u}_\rho = \frac{\partial\vec{r}/\partial\rho}{|\partial\vec{r}/\partial\rho\,|} = cos\phi\,\vec{u}_x + sen\phi\,\vec{u}_y \tag{1.9}$$

$$\vec{u}_\phi = \frac{\partial\vec{r}/\partial\phi}{|\partial\vec{r}/\partial\phi\,|} = -sen\phi\,\vec{u}_x + cos\,\phi\vec{u}_y \tag{1.10}$$

$$\vec{u}_r = \frac{\partial\vec{r}/\partial r}{|\partial\vec{r}/\partial r\,|} = sen\theta\,cos\phi\,\vec{u}_x + sen\theta sen\phi\,\vec{u}_y + cos\theta\,\vec{u}_z \tag{1.11}$$

$$\vec{u}_\theta = \frac{\partial\vec{r}/\partial\theta}{|\partial\vec{r}/\partial\theta\,|} = cos\theta\,cos\phi\,\vec{u}_x + cos\theta sen\phi\,\vec{u}_y - sen\theta\,\vec{u}_z \tag{1.12}$$

Das Equações (1.9) a (1.12) podem ser obtidas as seguintes relações:

$$\vec{u}_x = cos\phi\,\vec{u}_\rho - sen\phi\,\vec{u}_\phi \tag{1.13}$$

$$\vec{u}_y = sen\phi\,\vec{u}_\rho + cos\phi\,\vec{u}_\phi \tag{1.14}$$

$$\vec{u}_x = sen\theta\,cos\phi\,\vec{u}_r + cos\theta\,cos\phi\,\vec{u}_\theta - sen\phi\,\vec{u}_\phi \tag{1.15}$$

$$\vec{u}_y = sen\theta\,sen\phi\,\vec{u}_r + cos\theta\,sen\phi\,\vec{u}_\theta + cos\,\phi\,\vec{u}_\phi \tag{1.16}$$

$$\vec{u}_z = cos\theta\vec{u}_r - sen\theta\vec{u}_\theta \tag{1.17}$$

$$\vec{u}_\rho = sen\theta\,\vec{u}_r + cos\theta\,\vec{u}_\theta \tag{1.18}$$

Capítulo 1 – Coordenadas ortogonais e funções vetoriais

Os resultados anteriores podem ser resumidos nas seguintes matrizes de transformação:

$$
\begin{bmatrix} \vec{u}_x \\ \vec{u}_y \\ \vec{u}_z \end{bmatrix} = \begin{pmatrix} cos\phi & -sen\phi & 0 \\ sen\phi & cos\phi & 0 \\ 0 & 0 & 1 \end{pmatrix} \begin{bmatrix} \vec{u}_\rho \\ \vec{u}_\phi \\ \vec{u}_z \end{bmatrix} \tag{1.19}
$$

$$
\begin{bmatrix} \vec{u}_\rho \\ \vec{u}_\phi \\ \vec{u}_z \end{bmatrix} = \begin{pmatrix} cos\phi & sen\phi & 0 \\ -sen\phi & cos\phi & 0 \\ 0 & 0 & 1 \end{pmatrix} \begin{bmatrix} \vec{u}_x \\ \vec{u}_y \\ \vec{u}_z \end{bmatrix} \tag{1.20}
$$

$$
\begin{bmatrix} \vec{u}_x \\ \vec{u}_y \\ \vec{u}_z \end{bmatrix} = \begin{pmatrix} sen\theta cos\phi & cos\theta cos\phi & -sen\phi \\ sen\theta sen\phi & cos\theta sen\phi & cos\phi \\ cos\theta & -sen\theta & 0 \end{pmatrix} \begin{bmatrix} \vec{u}_r \\ \vec{u}_\theta \\ \vec{u}_\phi \end{bmatrix} \tag{1.21}
$$

$$
\begin{bmatrix} \vec{u}_r \\ \vec{u}_\theta \\ \vec{u}_\phi \end{bmatrix} = \begin{pmatrix} sen\theta cos\phi & sen\theta sen\phi & cos\theta \\ cos\theta cos\phi & cos\theta sen\phi & -sen\theta \\ -sen\phi & cos\phi & 0 \end{pmatrix} \begin{bmatrix} \vec{u}_x \\ \vec{u}_y \\ \vec{u}_z \end{bmatrix} \tag{1.22}
$$

Uma função vetorial $\vec{A} = A_x\,\vec{u}_x + A_y\,\vec{u}_y + A_z\,\vec{u}_z$, descrita no sistema retangular, pode ser transformada para os sistemas cilíndrico ou esférico usando as transformações matriciais indicadas anteriormente. Em coordenadas cilíndricas, usando a Equação (1.19), obtemos:

$$
\vec{A} = \begin{bmatrix} A_x\,A_y\,A_z \end{bmatrix} \begin{pmatrix} cos\phi & -sen\phi & 0 \\ sen\phi & cos\phi & 0 \\ 0 & 0 & 1 \end{pmatrix} \begin{bmatrix} \vec{u}_\rho \\ \vec{u}_\phi \\ \vec{u}_z \end{bmatrix} \tag{1.23}
$$

$$
= (A_x cos\phi + A_y sen\phi)\,\vec{u}_\rho + (A_y cos\phi - A_x sen\phi)\,\vec{u}_\phi + A_z\vec{u}_z
$$

Já em coordenadas esféricas, usando a Equação (1.21), resulta:

$$
\vec{A} = \begin{bmatrix} A_x\,A_y\,A_z \end{bmatrix} \begin{pmatrix} sen\theta cos\phi & cos\theta cos\phi & -sen\phi \\ sen\theta sen\phi & cos\theta sen\phi & cos\phi \\ cos\theta & -sen\theta & 0 \end{pmatrix} \begin{bmatrix} \vec{u}_r \\ \vec{u}_\theta \\ \vec{u}_\phi \end{bmatrix} \tag{1.24}
$$

$$
= (A_x sen\theta cos\phi + A_y sen\theta sen\phi + A_z cos\theta)\,\vec{u}_r
$$
$$
+ (A_x cos\theta cos\phi + A_y cos\theta sen\phi - A_z sen\theta)\,\vec{u}_\theta
$$
$$
+ (A_y cos\phi - A_x sen\phi)\,\vec{u}_\phi
$$

1.2 Diferenciação e integração vetorial

As fórmulas a seguir fornecem os deslocamentos diferenciais nos eixos coordenados e são úteis na descrição de integrais de linha, superfície e volume.

$$
\begin{aligned}
dl_x &= dx \\
dl_y &= dy \\
dl_z &= dz
\end{aligned}
\tag{1.25}
$$

$$
\begin{aligned}
dl_\rho &= d\rho \\
dl_\phi &= \rho d\phi \\
dl_z &= dz
\end{aligned}
\tag{1.26}
$$

$$
\begin{aligned}
dl_r &= dr \\
dl_\theta &= r d\theta \\
dl_\phi &= r\,sen\theta d\phi
\end{aligned}
\tag{1.27}
$$

Um elemento de área em um plano coordenado é dado pelo produto dos deslocamentos nos eixos paralelos a esse plano. Por exemplo, para coordenadas genéricas (p, w, t), $dS_p = dl_w dl_t$, $dS_w = dl_p dl_t$, e $dS_t = dl_p dl_w$. Um elemento de volume é obtido com a multiplicação dos três deslocamentos coordenados: $dV = dl_p dl_w dl_t$. A diferenciação e a integração de funções vetoriais são obtidas termo a termo nas três componentes vetoriais.

Seja $\vec{F}(t)$ uma função da variável t:

$$
\frac{d\vec{F}}{dt} = \frac{dF_x}{dt}\vec{u}_x + \frac{dF_y}{dt}\vec{u}_y + \frac{dF_z}{dt}\vec{u}_z
\tag{1.28}
$$

$$
\int \vec{F} dt = \int F_x dt\,\vec{u}_x + \int F_y dt\,\vec{u}_y + \int F_z dt\,\vec{u}_z
\tag{1.29}
$$

Deve-se atentar para o fato de os vetores unitários $\vec{u}_\rho$, $\vec{u}_\phi$, $\vec{u}_r$ e $\vec{u}_\theta$ não serem constantes, portanto, suas variações devem ser incluídas nas derivações e integrações de funções vetoriais.

Como exemplo, considere a função $\vec{G} = G_\rho \vec{u}_\rho + G_\phi \vec{u}_\phi + G_z \vec{u}_z$, na qual as componentes e as coordenadas dependem da variável t. Sua derivada nessa variável pode ser assim escrita:

$$
\frac{d\vec{G}}{dt} = \frac{dG_\rho}{dt}\vec{u}_\rho + G_\rho \frac{d\vec{u}_\rho}{dt} + \frac{dG_\phi}{dt}\vec{u}_\phi + G_\phi \frac{d\vec{u}_\phi}{dt} + \frac{dG_z}{dt}\vec{u}_z
\tag{1.30}
$$

Capítulo 1 – Coordenadas ortogonais e funções vetoriais 5

Usando as Equações (1.9) e (1.10), constata-se que:

$$\frac{d\vec{u}_\rho}{dt} = \frac{d\phi}{dt}\vec{u}_\phi \tag{1.31}$$

$$\frac{d\vec{u}_\phi}{dt} = -\frac{d\phi}{dt}\vec{u}_\rho \tag{1.32}$$

Substituindo na Equação (1.30), obtemos:

$$\frac{d\vec{G}}{dt} = \left(\frac{dG_\rho}{dt} - G_\phi\frac{d\phi}{dt}\right)\vec{u}_\rho + \left(\frac{dG_\phi}{dt} + G_\rho\frac{d\phi}{dt}\right)\vec{u}_\phi + \frac{dG_z}{dt}\vec{u}_z \tag{1.33}$$

Em coordenadas esféricas, para uma função $\vec{G} = G_r\vec{u}_r + G_\theta\vec{u}_\theta + G_\phi\vec{u}_\phi$, teremos:

$$\frac{d\vec{G}}{dt} = \frac{dG_r}{dt}\vec{u}_r + G_r\frac{d\vec{u}_r}{dt} + \frac{dG_\theta}{dt}\vec{u}_\theta + G_\theta\frac{d\vec{u}_\theta}{dt} + \frac{dG_\phi}{dt}\vec{u}_\phi + G_\phi\frac{d\vec{u}_\phi}{dt} \tag{1.34}$$

A partir das Equações (1.10) a (1.12), verifica-se que:

$$\frac{d\vec{u}_r}{dt} = \frac{d\theta}{dt}\vec{u}_\theta + sen\theta\frac{d\phi}{dt}\vec{u}_\phi \tag{1.35}$$

$$\frac{d\vec{u}_\theta}{dt} = -\frac{d\theta}{dt}\vec{u}_r + cos\theta\frac{d\phi}{dt}\vec{u}_\phi \tag{1.36}$$

$$\frac{d\vec{u}_\phi}{dt} = -\left(sen\theta\vec{u}_r + cos\theta\vec{u}_\theta\right)\frac{d\phi}{dt} \tag{1.37}$$

Com isso, a expressão que inclui as derivadas dos vetores unitários é a seguinte:

$$\begin{aligned}
\frac{d\vec{G}}{dt} &= \left(\frac{dG_r}{dt} - G_\theta\frac{d\theta}{dt} - G_\phi sen\theta\frac{d\phi}{dt}\right)\vec{u}_r \\
&+ \left(\frac{dG_\theta}{dt} + G_r\frac{d\theta}{dt} - G_\phi cos\theta\frac{d\phi}{dt}\right)\vec{u}_\theta \\
&+ \left(\frac{dG_\phi}{dt} + G_r sen\theta\frac{d\phi}{dt} + G_\theta cos\theta\frac{d\phi}{dt}\right)\vec{u}_\phi
\end{aligned} \tag{1.38}$$

Considere o exemplo do movimento de uma partícula descrito em coordenadas esféricas pelo vetor de posição como função do tempo t, $\vec{r}(t) = R(t)\vec{u}_r$. De acordo com a equação anterior, a velocidade dessa partícula é calculada como:

$$\vec{v} = \frac{d\vec{r}}{dt} = \frac{dR(t)}{dt}\vec{u}_r + R(t)\frac{d\theta}{dt}\vec{u}_\theta + R(t)sen\theta\frac{d\phi}{dt}\vec{u}_\phi \tag{1.39}$$

em que as derivadas dos ângulos de direção são velocidades angulares que devem ser obtidas a partir das funções $\theta(t)$ e $\phi(t)$. Naturalmente, uma possibilidade é a transformação para o sistema de coordenadas retangulares e a derivação segundo a Equação (1.28), uma vez que os vetores unitários nesse caso são constantes.

Entre as integrações de funções vetoriais, duas são de fundamental importância na teoria eletromagnética: a integral de linha e a integral de fluxo, mostradas a seguir.

$$\int_C \vec{F} \cdot d\vec{L} \tag{1.40}$$

$$\int_S \vec{F} \cdot d\vec{S} \tag{1.41}$$

A integral de linha é calculada ao longo de um percurso C entre duas posições-limite (se o percurso for fechado, a integral é denominada de circulação) e $d\vec{L}$ é um deslocamento diferencial tangencial a esse caminho. A integral de fluxo é calculada sobre a área S de uma superfície e $d\vec{S}$ é um elemento diferencial de área normal a essa superfície.

A Figura 1.2 ilustra dois exemplos de integrações. No caso (a), a função $\vec{E}$ descrita em coordenadas esféricas deve ser integrada ao longo do percurso (1) indicado na figura. A primeira parte do percurso é o trecho radial com ângulo θ_1 e deslocamentos $d\vec{L} = dr\vec{u}_r$. A segunda parte é um trecho circular com raio r_2 e deslocamentos $d\vec{L} = r_2 d\theta \vec{u}_\theta$. Nesse caso, a integral de linha não depende do percurso de integração. Se os demais percursos indicados na Figura 1.2a fossem utilizados, o resultado seria idêntico ao obtido anteriormente. Se a integração fosse feita em qualquer percurso fechado, ou seja, se as posições inicial e final fossem idênticas, o resultado seria nulo. Essas são importantes propriedades dos chamados campos conservativos.

Na Figura 1.2b, a função $\vec{B}$ descrita em coordenadas cilíndricas é integrada na área indicada, que corresponde a uma parte do plano coordenado ρz com ângulo

Capítulo 1 – Coordenadas ortogonais e funções vetoriais

ϕ_0. O elemento de área nessa superfície é, portanto, $d\vec{S} = d\rho dz \vec{u}_\phi$.

$$
\begin{aligned}
\int_C \vec{E} \cdot d\vec{L} &= \int_{r_1}^{r_2} \frac{k}{r^3} \left(2cos\theta_1 \vec{u}_r + sen\theta_1 \vec{u}_\theta \right) \cdot dr\, \vec{u}_r \\
&+ \int_{\theta_1}^{\theta_2} \frac{k}{r_2^3} \left(2cos\theta \vec{u}_r + sen\theta \vec{u}_\theta \right) \cdot r_2 d\theta\, \vec{u}_\theta \\
&= 2kcos\theta_1 \int_{r_1}^{r_2} \frac{dr}{r^3} + \frac{k}{r_2^2} \int_{\theta_1}^{\theta_2} sen\theta d\theta \\
&= k \left(\frac{cos\theta_1}{r_1^2} - \frac{cos\theta_2}{r_2^2} \right)
\end{aligned}
\tag{1.42}
$$

$$
\begin{aligned}
\int_S \vec{B} \cdot d\vec{S} &= \int_0^b \int_0^a \frac{k\rho}{\sqrt{\rho^2 + z^2}} \vec{u}_\phi \cdot d\rho dz \vec{u}_\phi \\
&= k \int_0^b \left[\int_0^a \frac{\rho d\rho}{\sqrt{\rho^2 + z^2}} \right] dz \\
&= k \int_0^b \left[\sqrt{a^2 + z^2} - z \right] dz \\
&= \frac{k}{2} \left[b\sqrt{a^2 + b^2} + a^2 Ln \left(b + \sqrt{a^2 + b^2} \right) - b^2 - a^2 Ln(a) \right]
\end{aligned}
\tag{1.43}
$$

1.3   Questões

1.1) Mostre que as matrizes de transformação entre os sistemas de coordenadas cilíndricas e esféricas são dadas pelas seguintes expressões:

$$
\begin{bmatrix} \vec{u}_r \\ \vec{u}_\theta \\ \vec{u}_\phi \end{bmatrix} = \begin{pmatrix} sen\theta & 0 & cos\theta \\ cos\theta & 0 & -sen\theta \\ 0 & 1 & 0 \end{pmatrix} \begin{bmatrix} \vec{u}_\rho \\ \vec{u}_\phi \\ \vec{u}_z \end{bmatrix}
\tag{1.44}
$$

$$
\begin{bmatrix} \vec{u}_\rho \\ \vec{u}_\phi \\ \vec{u}_z \end{bmatrix} = \begin{pmatrix} sen\theta & cos\theta & 0 \\ 0 & 0 & 1 \\ cos\theta & -sen\theta & 0 \end{pmatrix} \begin{bmatrix} \vec{u}_r \\ \vec{u}_\theta \\ \vec{u}_\phi \end{bmatrix}
\tag{1.45}
$$

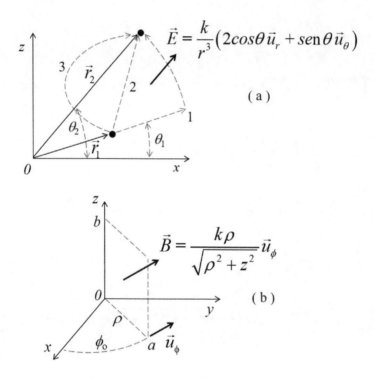

Figura 1.2: Ilustrações para os exemplos de cálculo de integrais de linha e de fluxo. (a) Integral de linha do campo $\vec{E}$ entre as posições (r_1, θ_1) e (r_2, θ_2). (1), (2) e (3) são possíveis caminhos de integração. (b) Integral de fluxo do campo $\vec{B}$ no plano azimutal. Nas duas equações k é uma constante.

Capítulo 1 – Coordenadas ortogonais e funções vetoriais 9

1.2) Escreva a função a seguir nos sistemas de coordenadas cilíndricas e esféricas.

$$\vec{F} = \frac{x^2 y}{\sqrt{x^2 + y^2}}\vec{u}_x + \frac{xy^2}{\sqrt{x^2 + y^2}}\vec{u}_y \tag{1.46}$$

1.3) Escreva a função a seguir nos sistemas de coordenadas retangulares e esféricas.

$$\vec{G} = \frac{sen\phi}{\rho}\vec{u}_\rho + \frac{cos\phi}{\rho}\vec{u}_\phi + z\vec{u}_z \tag{1.47}$$

1.4) Escreva a função a seguir nos sistemas de coordenadas retangulares e cilíndricas.

$$\begin{aligned}
\vec{G} &= r^2[sen^3\theta(cos^3\phi + sen\phi) + cos\theta]\vec{u}_r \\
&+ r^2[sen^2\theta\, cos\theta(cos^3\phi + sen\phi) - sen\theta]\vec{u}_\theta \\
&+ r^2\, sen^2\theta\, cos\phi(1 - cos\phi\, sen\phi)\vec{u}_\phi
\end{aligned} \tag{1.48}$$

1.5) Mostre que as Equações (1.31), (1.32), (1.35), (1.36) e (1.37) são corretas.

1.6) Considere uma partícula em movimento espiral no plano azimutal com velocidade radial $d\rho/dt = p = cte$ e velocidade angular $d\phi/dt = \omega = cte$ e outra partícula em movimento acelerado no eixo z com aceleração a. Se ambas partem do repouso na origem em $t = 0$ escreva a equação da posição da segunda partícula em relação à primeira como função do tempo e calcule a velocidade relativa nos sistemas de coordenadas retangulares e cilíndricas.

1.7) Considere uma esfera de raio R com centro coincidindo com a origem do sistema de coordenadas e girando em torno do eixo x com velocidade angular ω. Calcule a velocidade linear em coordenadas esféricas de um ponto na superfície da esfera.

1.8) Calcule o fluxo do campo vetorial descrito na equação a seguir em uma área circular perpendicular e concêntrica com o eixo z na posição $z = a$ e com raio R.

$$\vec{F} = \frac{2cos\theta\vec{u}_r + sen\theta\vec{u}_\theta}{r^3} \tag{1.49}$$

1.9) Calcule a circulação do campo descrito pela equação a seguir em um caminho circular com raio R concêntrico com o eixo z.

$$\vec{F} = \frac{x^2 z(y\vec{u}_x - x\vec{u}_y) + z^2\vec{u}_z}{(x^2 + y^2)^2} \tag{1.50}$$

1.10) Verifique se a integral de linha do campo vetorial descrito na equação a seguir é independente do caminho em dois percursos entre as posições (x_1, y_1) e (x_2, y_2): caminho 1 – de x_1 para x_2 com $y = y_1$ e de y_1 para y_2 com $x = x_2$; caminho 2 – linha reta que liga (x_1, y_1) a (x_2, y_2).

$$\vec{E} = \frac{k}{r^2}\vec{u}_r \tag{1.51}$$

Capítulo 2

Força entre cargas elétricas

2.1 Lei de Coulomb

A lei de força entre duas partículas portadoras de carga elétrica em repouso resultou dos experimentos realizados pelo francês Charles-Augustin de Coulomb no século XVIII. Denominado lei de Coulomb, esse modelo matemático descreve a força elétrica entre partículas puntiformes, que, por definição, são partículas com volume infinitesimal, ocupando assim apenas um ponto no espaço.

Sejam q_1 e q_2 as cargas elétricas das partículas e d a distância entre elas no espaço. A força sobre a partícula 2 pode ser escrita na seguinte forma:

$$\vec{F_e} = k_e \frac{q_1 q_2}{d^2} \vec{u}_{21} \tag{2.1}$$

em que $\vec{u}_{21}$ é o vetor unitário orientado na direção e no sentido da posição da partícula 2 em relação à partícula 1.

No sistema internacional de unidades, a carga elétrica é medida em *coulomb* (C). A carga elementar, isto é, a menor carga conhecida, é $1,602 \times 10^{-19}$ C, que corresponde à carga de um elétron ou de um próton. A diferença na carga elétrica entre prótons e elétrons é o sinal: positivo para prótons e negativo para elétrons.

k_e é a constante eletrostática, que no vácuo vale aproximadamente 9×10^9 Nm^2/C^2, em que N e m são os símbolos para as conhecidas unidades de força (*newton*) e distância (*metro*). A relação $k_e = 1/4\pi\epsilon_0$ define uma constante fundamental da eletrostática, denominada permissividade elétrica do vácuo, que apresenta o valor $\epsilon_0 = 8,85 \times 10^{-12}$ C^2/Nm^2.

Segundo a Equação (2.1), duas cargas com mesmo sinal se repelem e duas cargas com sinais contrários se atraem. Com base nesse modelo, podemos estimar que dois elétrons no vácuo separados pela distância de um nanômetro se repelem

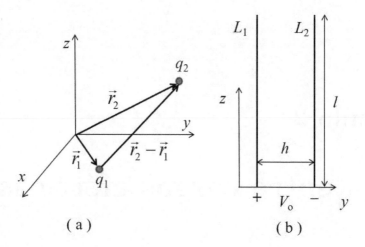

Figura 2.1: Ilustrações para cálculo de força elétrica: (a) duas cargas puntiformes; (b) dois fios retilíneos ligados a uma bateria.

com força de $2,31 \times 10^{-10}$ N. Se as posições das partículas são descritas pelos vetores $\vec{r}_1$ e $\vec{r}_2$, como mostra a Figura 2.1a, em um dado sistema de coordenadas, a Equação (2.1) pode ser reescrita na seguinte forma:

$$\vec{F}_e = k_e\, q_1 q_2 \frac{\vec{r}_2 - \vec{r}_1}{|\vec{r}_2 - \vec{r}_1|^3} \tag{2.2}$$

Usando coordenadas retangulares, essa equação torna-se:

$$\vec{F}_e = k_e\, q_1 q_2 \frac{(x_2 - x_1)\, \vec{u}_x + (y_2 - y_1)\, \vec{u}_y + (z_2 - z_1)\, \vec{u}_z}{\left[(x_2 - x_1)^2 + (y_2 - y_1)^2 + (z_2 - z_1)^2\right]^{3/2}} \tag{2.3}$$

Se desejássemos obter essa equação em outro sistema de coordenadas, poderíamos usar as matrizes de transformação mostradas no Capítulo 1.

2.2 Cálculo da força elétrica

Embora a Equação (2.2) seja útil conceitualmente, seu uso é restrito a partículas muito pequenas e bem separadas no espaço, como elétrons em um átomo. Essa equação não pode ser utilizada, por exemplo, em condutores metálicos, pois o número de partículas carregadas é extremamente elevado.

Considere dois fios metálicos muito finos que foram carregados eletricamente no contato com uma fonte de potencial elétrico, como uma bateria eletroquímica (veja a Figura 2.1b para os detalhes geométricos). O metal possui estados

Capítulo 2 – Força entre cargas elétricas 13

eletrônicos que podem doar ou receber elétrons com grande facilidade. O fio ligado ao polo positivo perde elétrons para a bateria e o fio ligado ao polo negativo ganha elétrons da bateria. Pode-se estimar a quantidade de elétrons em excesso usando métodos que serão estudados em outros capítulos.

Por enquanto, considere que dois fios longos, retilíneos e paralelos, com diâmetro de 1 mm e separados por 1 cm, são ligados aos polos opostos de uma bateria de 12 V. Um *volt* (V) corresponde à energia de 1 *joule* (J) que uma carga de 1 C adquire quando submetida a essa diferença de potencial elétrico. Mais tarde trataremos da definição e do cálculo de potencial elétrico.

Nas condições da Figura 2.1b, o fio negativamente carregado acumula elétrons em excesso que se distribuem com uma densidade de aproximadamente um milhão de elétrons em cada milímetro de seu comprimento. O fio ligado ao polo positivo também acumula essa carga, mas, nesse caso, é uma carga positiva dos íons de átomos metálicos que cederam elétrons para a bateria. Com essa quantidade enorme de partículas carregadas, é impossível usar a lei de Coulomb na forma da Equação (2.2), mesmo porque essa equação refere-se a apenas duas partículas. Podemos, contudo, generalizar a lei de Coulomb para distribuições de carga que possam ser descritas por densidades espaciais.

No caso em questão, uma vez que os fios são muito finos, podemos descrever a distribuição de carga por uma densidade linear, ou seja, a quantidade de carga elétrica por unidade de comprimento. Fazendo isso, podemos substituir as cargas puntiformes q_1 e q_2 por cargas infinitesimais $dq_1 = \rho_{L1}dL_1$ e $dq_2 = \rho_{L2}dL_2$ e obter a seguinte expressão matemática da força elétrica:

$$\vec{F}_e = k_e \int\limits_{L_1} \int\limits_{L_2} \rho_{L1}\rho_{L2} \frac{(\vec{r}_2 - \vec{r}_1)}{|\vec{r}_2 - \vec{r}_1|^3} dL_1 dL_2 \tag{2.4}$$

A fim de facilitar o processo de cálculo, podemos separar as integrais na equação anterior da seguinte forma:

$$\vec{E}_{21}(\vec{r}_2) = k_e \int\limits_{L_1} \rho_{L1} \frac{(\vec{r}_2 - \vec{r}_1)}{|\vec{r}_2 - \vec{r}_1|^3} dL_1 \tag{2.5}$$

$$\vec{F}_e = \int\limits_{L_2} \rho_{L2} \vec{E}_{21}(\vec{r}_2) dL_2 \tag{2.6}$$

O campo vetorial $\vec{E}_{21}$ é denominado campo elétrico e será discutido em detalhes mais tarde. Esse campo é gerado pela carga no condutor L_1, mas calculado sobre as posições do condutor L_2. Na Figura 2.1b, os fios estão orientados na direção z

e separados na direção y. Então, $dL_1 = dz_1$, $dL_2 = dz_2$ e $\vec{r} = h\vec{u}_y + (z_2 - z_1)\vec{u}_z$. Assim, temos:

$$\vec{E}_{21}(z_2) = k_e\,\rho_{L1} \int_0^l \frac{h\,\vec{u}_y + (z_2 - z_1)\,\vec{u}_z}{\left[h^2 + (z_2 - z_1)^2\right]^{3/2}} dz_1 \tag{2.7}$$

A integral na direção z é simples de resolver:

$$
\begin{aligned}
E_{21z}(z_2) &= k_e\rho_{L1} \int_0^l \frac{(z_2 - z_1)\,dz_1}{\left[h^2 + (z_2 - z_1)^2\right]^{3/2}} \\
&= k_e\rho_{L1} \left[\frac{1}{\sqrt{h^2 + (z_2 - z_1)^2}}\right]_0^l \\
&= k_e\rho_{L1} \left[\frac{1}{\sqrt{h^2 + (z_2 - l)^2}} - \frac{1}{\sqrt{h^2 + z_2^2}}\right]
\end{aligned}
\tag{2.8}
$$

Na direção y, podemos usar a seguinte função primitiva:

$$\int \frac{dx}{[x^2 + a^2]^{3/2}} = \frac{x}{a^2\sqrt{x^2 + a^2}} \tag{2.9}$$

Assim, obtemos para o campo elétrico na direção y:

$$
\begin{aligned}
E_{21y}(z_2) &= k_e h\rho_{L1} \int_0^l \frac{dz_1}{\left[h^2 + (z_2 - z_1)^2\right]^{3/2}} \\
&= -k_e h\rho_{L1} \left[\frac{(z_2 - z_1)}{h^2\sqrt{(z_2 - z_1)^2 + h^2}}\right]_0^l \\
&= \frac{k_e\rho_{L1}}{h} \left[\frac{z_2}{\sqrt{z_2^2 + h^2}} - \frac{(z_2 - l)}{\sqrt{(z_2 - l)^2 + h^2}}\right]
\end{aligned}
\tag{2.10}
$$

A força no condutor L_2 é obtida a partir da Equação (2.6).

$$
\begin{aligned}
F_{ez} &= \int_{L_2} \rho_{L2} E_{21z} dL_2 \\
&= k_e\rho_{L2}\rho_{L1} \int_0^l \left[\frac{1}{\sqrt{h^2 + (z_2 - l)^2}} - \frac{1}{\sqrt{h^2 + z_2^2}}\right] dz_2 = 0
\end{aligned}
\tag{2.11}
$$

Capítulo 2 – Força entre cargas elétricas

$$F_{ey} = \int_{L_2} \rho_{L2} E_{21y} dz_2$$

$$= \frac{k_e \rho_{L1} \rho_{L2}}{h} \int_0^l \left[\frac{z_2}{\sqrt{z_2^2 + h^2}} - \frac{(z_2 - l)}{\sqrt{(z_2 - l)^2 + h^2}} \right] dz_2 \qquad (2.12)$$

$$= \frac{k_e \rho_{L1} \rho_{L2}}{h} \left[\sqrt{z_2^2 + h^2} - \sqrt{(z_2 - l)^2 + h^2} \right]_0^l$$

$$= \frac{2 k_e \rho_{L1} \rho_{L2}}{h} \left(\sqrt{l^2 + h^2} - h \right)$$

A integral em F_{ez} se anula pelo fato de o integrando ser uma função antissimétrica em relação ao meio do fio. De acordo com a estimativa citada anteriormente, para $h = 0,01$ m, diâmetro dos fios de 0,001 m e uma diferença de potencial elétrico de 12 V, a densidade de carga nos fios é de aproximadamente $1,45 \times 10^{-10}$ C/m. Evidentemente, $\rho_{L1} = -\rho_{L2}$. Para um comprimento $l = 0,1$ m, obtém-se com a equação anterior a força $F_{ey} = -3,42 \times 10^{-9}$ N. O sinal negativo indica que a força é de atração.

A Figura 2.2 mostra duas esferas metálicas também carregadas com cargas de sinais contrários pelo contato com uma bateria. Inicialmente vamos assumir que as esferas estão bem afastadas ($d >> R$), de modo que a força elétrica não distorce apreciavelmente as distribuições de carga. Isso significa que podemos considerar que a carga elétrica está uniformemente distribuída nas superfícies das esferas. Uma vez que o excesso de carga se localiza em estados eletrônicos nas bandas de condução dos metais, esses elétrons possuem alta mobilidade e podem se deslocar facilmente para qualquer lugar na estrutura cristalina.

Devido à mútua repulsão, os elétrons na esfera negativamente carregada se concentram na superfície, mantendo a neutralidade elétrica no interior da esfera. Na esfera positivamente carregada, elétrons são retirados pelo polo positivo da bateria e os elétrons restantes se distribuem internamente para manter a neutralidade elétrica no volume. Isso significa que sobra a carga positiva dos íons metálicos na superfície dessa esfera. Então, as distribuições de carga podem ser descritas por densidades superficiais.

Considerando as áreas infinitesimais nas superfícies das esferas dS_1 e dS_2, as cargas acumuladas nesses elementos de área são: $dq_1 = \rho_{S1} dS_1$ e $dq_2 = \rho_{S2} dS_2$. De acordo com a Equação (2.2), a força entre as esferas pode ser escrita na seguinte forma:

$$\vec{F}_e = k_e \int_{S_1} \int_{S_2} \rho_{S1} \rho_{S2} \frac{(\vec{r}_2 - \vec{r}_1)}{|\vec{r}_2 - \vec{r}_1|^3} dS_1 dS_2 \qquad (2.13)$$

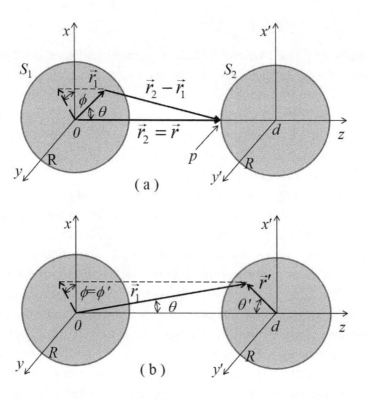

Figura 2.2: Ilustração para cálculo de força elétrica entre duas esferas metálicas eletricamente carregadas: (a) esquema para integração na esfera em $z = 0$; (b) esquema para integração na esfera em $z = d$.

Capítulo 2 – Força entre cargas elétricas   17

que pode ser reescrita usando-se o campo elétrico que a carga na esfera S_1 produz sobre a esfera S_2.

$$\vec{E}_{21}(\vec{r}_2) = k_e \int_{S_1} \rho_{S1} \frac{(\vec{r}_2 - \vec{r}_1)}{|\vec{r}_2 - \vec{r}_1|^3} dS_1 \qquad (2.14)$$

$$\vec{F}_e = \int_{S_2} \rho_{S2} \vec{E}_{21}(\vec{r}_2) \, dS_2 \qquad (2.15)$$

Portanto, inicialmente calculamos o campo elétrico sobre a esfera S_2. De acordo com o esquema da Figura 2.2a, se nos referirmos ao ponto p, temos o seguinte vetor de posição:

$$\vec{r}_2 - \vec{r}_1 = -R\,sen\theta\,cos\phi\,\vec{u}_x - R\,sen\theta\,sen\phi\,\vec{u}_y + (r - R\,cos\theta)\,\vec{u}_z$$
$$|\vec{r}_2 - \vec{r}_1| = \sqrt{R^2 + r^2 - 2rR\,cos\theta} \qquad (2.16)$$

E o campo elétrico é calculado da seguinte forma:

$$\vec{E}_{21}(r) = k_e \rho_{S1}$$
$$\int_0^{2\pi} \int_0^{\pi} \frac{-Rsen\theta cos\phi\vec{u}_x - Rsen\theta sen\phi\vec{u}_y + (r - Rcos\theta)\,\vec{u}_z}{[R^2 + r^2 - 2rRcos\theta]^{3/2}} R^2 sen\theta d\theta d\phi \qquad (2.17)$$

As integrais nas direções x e y se anulam devido às funções $cos\phi$ e $sen\phi$ no numerador. Na direção z, o resultado é obtido da seguinte forma:

$$E_{21z}(r) = k_e \rho_{S1} \int_0^{2\pi} \int_0^{\pi} \frac{(r - Rcos\theta)}{[R^2 + r^2 - 2rRcos\theta]^{3/2}} R^2 sen\theta d\theta d\phi$$

$$= -2\pi k_e \rho_{S1} R^2 \frac{d}{dr}\left[\int_0^{\pi} \frac{sen\theta d\theta}{\sqrt{R^2 + r^2 - 2rRcos\theta}} \right]$$

$$= -2\pi k_e \rho_{S1} R \frac{d}{dr}\left\{ \frac{1}{r}\left[\sqrt{R^2 + r^2 - 2rRcos\theta} \right]_o^{\pi} \right\} \qquad (2.18)$$

$$= -2\pi k_e \rho_{S1} R \frac{d}{dr}\left\{ \frac{1}{r}\left[(r + R) - (r - R) \right] \right\}$$

$$= -4\pi k_e \rho_{S1} R^2 \frac{d}{dr}\left(\frac{1}{r} \right) = k_e \rho_{S1} \frac{4\pi R^2}{r^2}$$

A direção do campo no ponto p é definida por $\vec{u}_z$, mas o resultado anterior é válido para qualquer ponto do espaço, devido à forma esfericamente simétrica da distribuição de carga. Para uma posição genérica na esfera S_2, devemos usar $\vec{u}_r$. Em seguida, devemos substituir o resultado anterior na Equação (2.15) e integrar para obter a força. Ao fazer isso, podemos substituir $\vec{u}_r$ pelos vetores unitários retangulares segundo a Equação (1.3).

$$\vec{F}_e = k_e \rho_{S1} \rho_{S2} \int\limits_{S_2} \frac{4\pi R^2}{r^2} \vec{u}_r dS_2$$

$$= k_e \rho_{S1} \rho_{S2} 4\pi R^2 \int\limits_0^{2\pi} \int\limits_0^{\pi} \frac{sen\theta cos\phi \vec{u}_x + sen\theta sen\phi \vec{u}_y + cos\theta \vec{u}_z}{r^2} R^2 sen\theta' d\theta' d\phi' \quad (2.19)$$

$$= k_e \rho_{S1} \rho_{S2} 8\pi^2 R^4 \vec{u}_z \int\limits_0^{\pi} \frac{cos\theta}{r^2} sen\theta' d\theta'$$

As integrais na variável ϕ' se anulam devido às funções $cos\phi$ e $sen\phi$ e pelo fato de $\phi' = \phi$. Agora, usando a trigonometria e a lei dos cossenos, podemos substituir o termo $cos\theta/r$ segundo o desenvolvimento a seguir.

$$\begin{aligned} cos\theta &= \frac{d - r'cos\theta'}{r} \\ r &= \sqrt{d^2 + r'^2 - 2dr'cos\theta'} \\ \frac{cos\theta}{r^2} &= \frac{d - r'cos\theta'}{\left[d^2 + r'^2 - 2dr'cos\theta'\right]^{3/2}} \end{aligned} \qquad (2.20)$$

Assim, a integral da força torna-se:

$$\vec{F}_e = k_e \rho_{S1} \rho_{S2} 8\pi^2 R^4 \vec{u}_z \int\limits_0^{\pi} \frac{d - r'cos\theta'}{\left[d^2 + r'^2 - 2dr'cos\theta'\right]^{3/2}} sen\theta' d\theta' \qquad (2.21)$$

Uma integral análoga foi resolvida na Equação (2.18). Portanto, usando o mesmo procedimento, verifica-se que a integral na equação anterior resulta no valor $2/d^2$. Assim, a força entre as esferas é obtida da seguinte forma:

$$\begin{aligned} \vec{F}_e &= \frac{k_e \rho_{S1} \rho_{S2} 16\pi^2 R^4}{d^2} \vec{u}_z \\ &= k_e \frac{\left(\rho_{S1} 4\pi R^2\right)\left(\rho_{S2} 4\pi R^2\right)}{d^2} \vec{u}_z \\ &= k_e \frac{q_1 q_2}{d^2} \vec{u}_z \end{aligned} \qquad (2.22)$$

em que q_1 e q_2 são as cargas totais nas esferas.

Capítulo 2 – Força entre cargas elétricas

A forma final da força é idêntica à lei de Coulomb, como se fossem cargas puntiformes localizadas exatamente nos centros geométricos das esferas. Isso se deve à hipótese simplificadora segundo a qual as cargas se distribuem uniformemente nas superfícies, algo que, de fato, não ocorre. Contudo, pode ser uma aproximação aceitável se a distância entre as esferas for muito maior que seus diâmetros. O cálculo da carga nas esferas nesse caso será avaliado mais tarde, mas podemos antecipar o resultado. Considere que o diâmetro das esferas é 0,01 m e que elas estão afastadas pela distância de 0,1 m centro a centro. Se uma bateria de 12 V é conectada entre as esferas, elas se carregarão com carga de $3,33 \times 10^{-12}$ C e a força de atração será de 1×10^{-11} N.

2.3 Questões

2.1) Calcule a força elétrica sobre uma pequena partícula carregada com carga q_1 nas situações descritas a seguir. Em cada caso, calcule também as forças máxima e mínima e as posições onde ocorrem.

a) A partícula situa-se sobre o eixo de simetria de um disco metálico muito fino com raio R na posição z em relação ao seu centro. O disco está carregado uniformemente com carga q_2.

b) A partícula situa-se sobre o eixo de simetria de uma espira metálica com raio R na posição z em relação ao seu centro. A espira está carregada uniformemente com carga q_2.

c) A partícula situa-se à distância radial ρ de um fio retilíneo muito longo com raio a uniformemente carregado com densidade de carga ρ_L.

d) A partícula situa-se em uma posição intermediária entre uma esfera de raio R e um plano infinito, ambos carregados com densidade de carga ρ_S. A distância entre o centro da esfera e o plano é $d >> R$. Considere a distância da partícula ao plano dada pela coordenada z.

2.2) Explique como calcular a força elétrica entre duas placas metálicas idênticas dispostas paralelamente e conectadas aos terminais de uma bateria assumindo que a densidade de carga é uniforme na superfície das placas.

2.3) Duas espiras de fio metálico de raio R estão dispostas concentricamente em relação ao eixo z do sistema de coordenadas e separadas pela distância $d = R$. Se elas se encontram ligadas aos terminais de uma bateria que estabelece cargas de sinais contrários com densidade linear ρ_L, obtenha a expressão integral da força sobre as espiras.

2.4) Em relação ao sistema descrito no item anterior, se uma carga puntiforme q é colocada em uma posição sobre o eixo de simetria com distância z do centro geométrico, calcule a força sobre essa carga.

2.5) Explique como calcular a força entre esferas metálicas eletricamente carregadas destacando a importância da distância entre elas em relação à uniformidade da distribuição de carga e à intensidade da força.

2.6) Explique como ocorre o processo de eletrização de objetos metálicos ligados a fontes de potencial elétrico e por que a carga elétrica em excesso se situa na superfície desses objetos.

2.7) Estime a força elétrica entre duas esferas de aço idênticas com diâmetros de 1 cm, distantes 10 cm centro a centro e carregadas com $3,2 \times 10^{-6}$ C/m^2.

Capítulo 3

Força entre correntes elétricas

3.1   Força magnética

No capítulo anterior descrevemos e calculamos a força entre cargas elétricas estacionárias no sistema de referência. Agora consideraremos as forças entre cargas elétricas em movimento. Embora possamos avaliar as forças envolvidas no movimento de cargas individuais, esta não é a situação mais comum na engenharia. Interessam-nos especialmente as forças entre condutores transportando correntes elétricas, e estas são constituídas por grandes quantidades de partículas em movimento.

A força entre correntes elétricas é denominada força magnética e foi estudada pelo francês André-Marie Ampère e pelo dinamarquês Hans Cristhian Oersted no início do século XIX. Pode ser descrita, baseando-se na Figura 3.1, segundo a fórmula a seguir, aplicada a condutores filamentares:

$$\vec{F}_m = k_m \int\limits_{L_2} \int\limits_{L_1} i_2 d\vec{L}_2 \times \left(\frac{i_1 d\vec{L}_1 \times \vec{u}_{21}}{r^2} \right) \tag{3.1}$$

em que i_1 e i_2 são as correntes elétricas nos condutores, $d\vec{L}_1$ e $d\vec{L}_2$ são deslocamentos infinitesimais tangenciais aos condutores, o produto $id\vec{L}$ é denominado elemento de corrente, $\vec{u}_{21}$ é o vetor unitário relativo ao vetor de posição do elemento $i_2 d\vec{L}_2$ em relação ao elemento $i_1 d\vec{L}_1$, r é o módulo desse vetor de posição e k_m é a constante magnética, cujo valor no vácuo é 1×10^{-7} N/A^2.

A relação $k_m = \mu_o/4\pi$ define uma importante constante da física, denominada permeabilidade magnética do vácuo, cujo valor é $\mu_o = 4\pi \times 10^{-7}$ N/A^2. O símbolo A refere-se a *ampère*, a unidade de corrente elétrica, que corresponde à carga de 1 C atravessando a seção transversal de um condutor em 1 *segundo* (s). A Equação

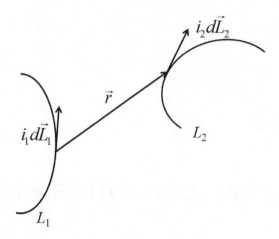

Figura 3.1: Ilustração para o cálculo da força magnética entre correntes elétricas.

(3.1) pode ser dividida em duas partes para facilitar o cálculo:

$$\vec{B}_{21}(\vec{r}_2) = k_m \int_{L_1} \frac{i_1 d\vec{L}_1 \times (\vec{r}_2 - \vec{r}_1)}{|\vec{r}_2 - \vec{r}_1|^3} \tag{3.2}$$

$$\vec{F}_m = \int_{L_2} i_2 d\vec{L}_2 \times \vec{B}_{21}(\vec{r}_2) \tag{3.3}$$

O campo vetorial $\vec{B}_{21}$ é denominado indução magnética e será discutido em detalhes mais tarde. Esse campo é gerado pela corrente no condutor L_1, mas calculado sobre as posições do condutor L_2. O vetor unitário foi escrito na forma da diferença entre os vetores de posição nos dois fios.

3.2 Cálculo da força magnética

Consideraremos a seguir alguns exemplos de cálculo da força magnética. Na Figura 2.1b, dois fios retilíneos e paralelos estão ligadas aos polos de uma bateria. Já calculamos a força elétrica entre os fios. Agora, considere que seja ligada uma resistência elétrica de valor R na outra extremidade do par de fios. Com isso, passa a circular a corrente elétrica de intensidade $i = V_o/R$. Essa estrutura é denominada linha de transmissão de fios paralelos e serve para o transporte de energia ou sinais entre um gerador e uma carga.

Capítulo 3 – Força entre correntes elétricas

Usando os mesmos vetores de posição já utilizados no caso do cálculo da força elétrica, a indução magnética sobre L_2 pode ser escrita na seguinte forma:

$$
\begin{aligned}
\vec{B}_{21}(z_2) &= k_m \int_0^l i\,dz_1\vec{u}_z \times \frac{h\vec{u}_y + (z_2 - z_1)\,\vec{u}_z}{\left[h^2 + (z_2 - z_1)^2\right]^{3/2}} \\
&= -k_m i h \vec{u}_x \int_0^l \frac{dz_1}{\left[h^2 + (z_2 - z_1)^2\right]^{3/2}}
\end{aligned}
\tag{3.4}
$$

em que usamos os resultados $\vec{u}_z \times \vec{u}_y = -\vec{u}_x$ e $\vec{u}_z \times \vec{u}_z = 0$. Utilizando a Equação (2.9) para resolver a integral, obtemos:

$$
\begin{aligned}
\vec{B}_{21}(z_2) &= k_m i h \vec{u}_x \left[\frac{z_2 - z_1}{h^2 \sqrt{h^2 + (z_2 - z_1)^2}} \right]_0^l \\
&= \frac{k_m i}{h} \vec{u}_x \left[\frac{z_2 - l}{\sqrt{h^2 + (z_2 - l)^2}} - \frac{z_2}{\sqrt{h^2 + z_2^2}} \right]
\end{aligned}
\tag{3.5}
$$

A força magnética sobre esse fio é obtida com a solução da Equação (3.3). Observe que a corrente elétrica nesse caso é $-i$.

$$
\begin{aligned}
\vec{F}_m &= \int_0^l -i\,dz_2\vec{u}_z \times \frac{k_m i}{h}\vec{u}_x \left[\frac{z_2 - l}{\sqrt{h^2 + (z_2 - l)^2}} - \frac{z_2}{\sqrt{h^2 + z_2^2}} \right] \\
&= -\frac{k_m i^2}{h}\vec{u}_y \left[\int_0^l \frac{(z_2 - l)\,dz_2}{\sqrt{h^2 + (z_2 - l)^2}} - \int_0^l \frac{z_2 dz_2}{\sqrt{h^2 + z_2^2}} \right] \\
&= -\frac{k_m i^2}{h}\vec{u}_y \left[\sqrt{h^2 + (z_2 - l)^2} - \sqrt{h^2 + z_2^2} \right]_0^l \\
&= \frac{2k_m i^2}{h}\left(\sqrt{h^2 + l^2} - h \right)\vec{u}_y
\end{aligned}
\tag{3.6}
$$

Como exemplo, considere que a tensão de 12 V da bateria é aplicada sobre uma resistência de 100 Ω resultando em uma corrente de 0,12 A. Para as mesmas dimensões usadas no exemplo de cálculo da força elétrica ($h = 0{,}01$ m e $l = 0{,}1$ m), a força magnética é $F_{my} = 2{,}61 \times 10^{-8}$ N. A força magnética, neste caso, é de repulsão porque as correntes elétricas estão circulando em sentidos contrários.

Observe que a força elétrica depende da carga elétrica nos fios, que por sua vez é determinada pela intensidade da diferença de potencial aplicada. A força magnética, por outro lado, depende da intensidade da corrente elétrica, que é determinada pela diferença de potencial e pela resistência elétrica do circuito. Assim, é possível obter força magnética muito maior que força elétrica.

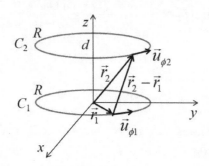

Figura 3.2: Ilustração para cálculo da força magnética entre espiras.

A Figura 3.2 mostra duas espiras circulares concêntricas de fio condutor percorridas por correntes elétricas. Inicialmente calcularemos a indução magnética da espira C_1 em uma posição qualquer do espaço. Para isso, verificamos que $d\vec{L}_1 = Rd\phi_1 \vec{u}_{\phi 1}$ e, usando coordenadas cilíndricas para $\vec{r}_1$, teremos:

$$\vec{B}_1(\vec{r}) = k_m \int_{C_1} \frac{i_1 R d\phi_1 \vec{u}_{\phi 1} \times (\vec{r} - \vec{r}_1)}{|\vec{r} - \vec{r}_1|^3}$$

$$= k_m R i_1 \int_0^{2\pi} \frac{d\phi_1 \vec{u}_{\phi 1} \times [(x - R\cos\phi_1)\vec{u}_x + (y - R\,sen\phi_1)\vec{u}_y + z\vec{u}_z]}{\left[(x - R\cos\phi_1)^2 + (y - R\,sen\phi_1)^2 + z^2\right]^{3/2}} \quad (3.7)$$

$$= k_m R i_1$$

$$\int_0^{2\pi} \frac{(x - R\cos\phi_1)(\vec{u}_{\phi 1} \times \vec{u}_x) + (y - R\,sen\phi_1)(\vec{u}_{\phi 1} \times \vec{u}_y) + z(\vec{u}_{\phi 1} \times \vec{u}_z)}{[x^2 + y^2 + z^2 + R^2 - 2R(x\cos\phi_1 + y\,sen\phi_1)]^{3/2}} d\phi_1$$

Usando as Equações (1.9) e (1.10), obtemos os seguintes resultados: $\vec{u}_{\phi 1} \times \vec{u}_x = -\cos\phi_1 \vec{u}_z$, $\vec{u}_{\phi 1} \times \vec{u}_y = -sen\phi_1 \vec{u}_z$, $\vec{u}_{\phi 1} \times \vec{u}_z = \vec{u}_{\rho 1} = \cos\phi_1 \vec{u}_x + sen\phi_1 \vec{u}_y$. Substituindo na equação anterior, resultam duas componentes da indução magnética da espira, uma na direção axial (B_z) e outra na direção radial (B_ρ).

$$B_z = k_m R i_1 \int_0^{2\pi} \frac{(R - x\cos\phi_1 - y\,sen\phi_1)\,d\phi_1}{[x^2 + y^2 + z^2 + R^2 - 2R(x\cos\phi_1 + y\,sen\phi_1)]^{3/2}} \quad (3.8)$$

$$\vec{B}_\rho = k_m R i_1 z \int_0^{2\pi} \frac{(\cos\phi_1 \vec{u}_x + sen\phi_1 \vec{u}_y)\,d\phi_1}{[x^2 + y^2 + z^2 + R^2 - 2R(x\cos\phi_1 + y\,sen\phi_1)]^{3/2}} \quad (3.9)$$

Capítulo 3 – Força entre correntes elétricas

Reescrevendo também a posição (x, y, z) no espaço em coordenadas cilíndricas, resulta:

$$B_z = k_m R i_1 \int_0^{2\pi} \frac{[R - \rho cos\,(\phi - \phi_1)]\,d\phi_1}{[\rho^2 + z^2 + R^2 - 2\rho R cos\,(\phi - \phi_1)]^{3/2}} \quad (3.10)$$

$$\vec{B}_\rho = k_m R i_1 z \int_0^{2\pi} \frac{(cos\phi_1 \vec{u}_x + sen\phi_1 \vec{u}_y)\,d\phi_1}{[\rho^2 + z^2 + R^2 - 2\rho R cos\,(\phi - \phi_1)]^{3/2}} \quad (3.11)$$

A projeção da indução magnética no plano azimutal está orientada na direção radial, mas foi representada como um vetor porque o integrando na Equação (3.11) está escrito na forma vetorial. Podemos obter uma forma equivalente na qual o integrando é descrito por uma função escalar fazendo a substituição de coordenadas $\phi_1 - \phi = \phi'$. Essa demonstração é sugerida como exercício ao leitor. O resultado é o seguinte:

$$B_\rho = k_m R i_1 z \int_0^{2\pi} \frac{cos\phi'\,d\phi'}{[\rho^2 + z^2 + R^2 - 2\rho R cos\phi']^{3/2}} \quad (3.12)$$

As Equações (3.10) e (3.12) mostram que a indução magnética da espira circular não depende da coordenada azimutal. Esse é um resultado esperado, uma vez que a distribuição de corrente na espira também não depende dessa coordenada. Essas integrais não possuem solução analítica, a não ser sobre o eixo de simetria da espira, ou seja, quando $\rho = 0$. Em qualquer outra posição do espaço, as opções de solução são baseadas em aproximações analíticas ou cálculo computacional. Essas questões serão tratadas oportunamente.

Por ora, devemos concluir o cálculo de força magnética relativo à Figura 3.2. Para isso, devemos substituir a indução magnética calculada nas posições sobre a espira C_2 e realizar a integração conforme a Equação (3.3).

$$\vec{F}_m = \int_0^{2\pi} i_2 R d\phi_2 \vec{u}_{\phi 2} \times (B_z \vec{u}_z + B_\rho \vec{u}_\rho) = i_2 R \int_0^{2\pi} d\phi_2 \,[B_z \vec{u}_\rho - B_\rho \vec{u}_z]$$

$$= -i_2 R \vec{u}_z \int_0^{2\pi} B_\rho d\phi_2 \quad (3.13)$$

A integral de $B_z \vec{u}_\rho$ é nula porque B_z é uma função simétrica de ϕ_2, enquanto $\vec{u}_\rho$ é antissimétrico. Observe que para o cálculo da força na espira C_2 basta conhecer o módulo da componente radial da indução magnética da espira C_1. Substituindo essa componente segundo a Equação (3.12) na posição sobre a espira C_2 ($\rho = R, z = d$), obtemos:

$$\vec{F}_m = -i_2 R \vec{u}_z \int_0^{2\pi} B_\rho d\phi_2 = -k_m R^2 i_1 i_2 d\vec{u}_z \int_0^{2\pi} \int_0^{2\pi} \frac{cos\phi' d\phi' d\phi_2}{[d^2 + 2R^2(1 - cos\phi')]^{3/2}}$$

$$= -2\pi k_m i_1 i_2 (R/d)^2 \vec{u}_z \int_0^{2\pi} \frac{cos\phi' d\phi'}{\left[1 + 2(R/d)^2(1 - cos\phi')\right]^{3/2}} \tag{3.14}$$

Novamente obtemos uma integral não solúvel por métodos analíticos e, assim, devemos recorrer ao cálculo computacional. Se as correntes circulam no mesmo sentido, a força é de atração. Realizando a integração computacional, verifica-se que a força máxima ocorre quando $R/d = 0,84$ e que o valor numérico da última integral na Equação (3.14) é 1,162 nesse caso.

Uma aproximação analítica interessante é obtida quando $R \ll d$. Essa demonstração é sugerida como exercício. O resultado é o seguinte:

$$\vec{F}_m \approx -6\pi^2 k_m i_1 i_2 (R/d)^4 \vec{u}_z \tag{3.15}$$

3.3   Questões

3.1) Obtenha a integral de força magnética nos seguintes sistemas de condutores que transportam correntes elétricas de mesma intensidade em sentidos opostos.

a) Duas lâminas finas paralelas de largura w e comprimento l, sobrepostas com separação d.

b) Duas lâminas finas paralelas de largura w e comprimento l, coplanares com separação d.

c) Duas espiras de raios R_1 e R_2 concêntricas, separadas pela distância d.

3.2) Uma linha de transmissão formada por dois condutores metálicos cilíndricos, posicionados paralelamente, ambos com raio de 2 milímetros, comprimento de 10 metros e separados pela distância de 10 centímetros no ar, transporta corrente elétrica de intensidade 50 A. Calcule a força por unidade de comprimento que atua nos condutores.

3.3) Considere um fio retilíneo longo transportando corrente elétrica de intensidade i_1 e uma espira quadrada coplanar de aresta a localizada à distância d transportando corrente i_2. Se duas arestas da espira são paralelas ao fio e as outras duas são perpendiculares, calcule a força magnética que atua na espira.

Capítulo 3 – Força entre correntes elétricas

3.4) Repita a questão anterior para uma espira circular de raio R.

3.5) Obtenha o resultado aproximado descrito na Equação (3.15) a partir da Equação (3.14).

Capítulo 4

Gradiente de uma função escalar

4.1 Derivada direcional

Os operadores diferenciais mais utilizados na teoria eletromagnética são o gradiente, o divergente, o rotacional e o laplaciano, baseados nas derivadas direcionais nos eixos do sistema de coordenadas. Considere uma função escalar das coordenadas espaciais $\varphi(x, y, z)$ e os deslocamentos nos eixos coordenados dx, dy e dz. As derivadas direcionais são dadas por:

$$\frac{\partial \varphi}{\partial x}, \frac{\partial \varphi}{\partial y}, \frac{\partial \varphi}{\partial z} \tag{4.1}$$

Efetuando a transformação de coordenadas para o sistema cilíndrico, temos a função $\varphi(\rho, \phi, z)$ e os deslocamentos nos eixos coordenados $d\rho$, $\rho d\phi$ e dz. Então, as derivadas direcionais são dadas por:

$$\frac{\partial \varphi}{\partial \rho}, \frac{1}{\rho}\frac{\partial \varphi}{\partial \phi}, \frac{\partial \varphi}{\partial z} \tag{4.2}$$

Finalmente, transformando para o sistema esférico, temos a função $\varphi(r, \theta, \phi)$ e os deslocamentos nos eixos coordenados dr, $rd\theta$ e $rsen\theta d\phi$. Então, as derivadas direcionais são dadas por:

$$\frac{\partial \varphi}{\partial r}, \frac{1}{r}\frac{\partial \varphi}{\partial \theta}, \frac{1}{rsen\theta}\frac{\partial \varphi}{\partial \phi} \tag{4.3}$$

4.2 Operador gradiente

O operador gradiente atua sobre uma função escalar resultando em uma função vetorial. Essa operação consiste na soma vetorial das derivadas direcionais multiplicadas pelos vetores unitários nos três eixos do sistema de coordenadas. Assim, as fórmulas anteriores são usadas para construir o operador gradiente da seguinte forma:

- em coordenadas retangulares

$$\nabla\varphi = \frac{\partial\varphi}{\partial x}\vec{u}_x + \frac{\partial\varphi}{\partial y}\vec{u}_y + \frac{\partial\varphi}{\partial z}\vec{u}_z \qquad (4.4)$$

- em coordenadas cilíndricas

$$\nabla\varphi = \frac{\partial\varphi}{\partial\rho}\vec{u}_\rho + \frac{1}{\rho}\frac{\partial\varphi}{\partial\phi}\vec{u}_\phi + \frac{\partial\varphi}{\partial z}\vec{u}_z \qquad (4.5)$$

- em coordenadas esféricas

$$\nabla\varphi = \frac{\partial\varphi}{\partial r}\vec{u}_r + \frac{1}{r}\frac{\partial\varphi}{\partial\theta}\vec{u}_\theta + \frac{1}{r\,sen\theta}\frac{\partial\varphi}{\partial\phi}\vec{u}_\phi \qquad (4.6)$$

Muitas vezes, é conveniente trabalhar com coordenadas generalizadas (s_1, s_2, s_3), nas quais os deslocamentos nas direções ortogonais sejam descritos por: $l_1 ds_1$, $l_2 ds_2$ e $l_3 ds_3$. O gradiente, nesse caso, é dado por:

$$\nabla\varphi = \frac{1}{l_1}\frac{\partial\varphi}{\partial s_1}\vec{u}_1 + \frac{1}{l_2}\frac{\partial\varphi}{\partial s_2}\vec{u}_2 + \frac{1}{l_3}\frac{\partial\varphi}{\partial s_3}\vec{u}_3 \qquad (4.7)$$

Uma importante propriedade do gradiente de uma função escalar é que a integral de linha do campo vetorial resultante não depende do caminho de integração. Isso pode ser verificado observando que um deslocamento no espaço pode ser escrito na seguinte forma:

$$d\vec{L} = l_1 ds_1\vec{u}_1 + l_2 ds_2\vec{u}_2 + l_3 ds_3\vec{u}_3 \qquad (4.8)$$

Assim, a integral de linha pode ser desenvolvida da seguinte forma:

$$\int_a^b \nabla\varphi \cdot d\vec{L} = \int_a^b \left(\frac{1}{l_1}\frac{\partial\varphi}{\partial s_1}l_1 ds_1 + \frac{1}{l_2}\frac{\partial\varphi}{\partial s_2}l_2 ds_2 + \frac{1}{l_3}\frac{\partial\varphi}{\partial s_3}l_3 ds_3 \right)$$

$$= \int_a^b d\varphi = \varphi(b) - \varphi(a) \qquad (4.9)$$

Capítulo 4 – Gradiente de uma função escalar

Ou seja, a integral de linha depende apenas dos valores inicial e final da função escalar. Uma conclusão muito importante decorrente dessa propriedade é que a circulação do gradiente de uma função escalar é nula.

$$\oint_C \nabla\varphi \cdot d\vec{L} = 0 \tag{4.10}$$

Em outras palavras, o campo vetorial originado do gradiente de uma função escalar é um campo conservativo, como será discutido no capítulo seguinte.

A derivada direcional de uma função escalar em uma direção qualquer pode ser obtida como o produto escalar do seu gradiente pelo vetor unitário nessa direção. Em coordenadas retangulares, podemos escrever a seguinte expressão matemática da derivada direcional:

$$\frac{\partial \varphi}{\partial s} = \nabla\varphi \cdot \vec{u}_s = \frac{\partial \varphi}{\partial x}\cos\alpha + \frac{\partial \varphi}{\partial y}\cos\beta + \frac{\partial \varphi}{\partial z}\cos\gamma \tag{4.11}$$

em que as componentes do vetor unitário são os *cossenos* diretores da direção considerada. Essa expressão matemática pode ser usada para interpretar o módulo do gradiente como a máxima derivada direcional da função.

Outras propriedades do gradiente são listadas a seguir e são úteis na simplificação de expressões algébricas. Se a e b são constantes escalares e ϕ e φ são funções escalares das coordenadas espaciais, temos:

$$\nabla(\varphi\phi) = \varphi\nabla\phi + \phi\nabla\varphi \tag{4.12}$$

$$\nabla(a\varphi + b\phi) = a\nabla\varphi + b\nabla\phi \tag{4.13}$$

$$\int_V \nabla\varphi \, dV = \oint_S \varphi \, d\vec{S} \tag{4.14}$$

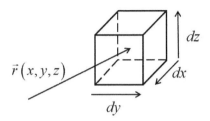

Figura 4.1: Ilustração para demonstração da Equação (4.14).

Essa última equação pode ser demonstrada baseando-se na Figura 4.1. O vetor de posição $\vec{r}$ aponta para o centro geométrico nesse volume. A integral de

32   Análise de sistemas eletromagnéticos

superfície da função escalar φ no volume elementar $dV = dxdydz$ pode ser escrita
como a soma das integrais em cada face. Para calcular cada termo, toma-se o
valor da função no centro geométrico do bloco e soma-se a variação infinitesimal
que ocorre ao longo da metade da aresta. Por exemplo, o termo na face em
$x = x_o + dx/2$ é dado por:

$$\left[\oint_S \varphi d\vec{S} \right]_{x=x_o+dx/2} = \left[\varphi_o + \left(\frac{\partial\varphi}{\partial x}\right)_o \frac{dx}{2} \right] dydz\vec{u}_x \tag{4.15}$$

Já o termo na face oposta em $x = x_o - dx/2$ é negativo, porque o elemento $d\vec{S}$
sempre aponta para fora do volume. Assim, para as seis faces, obtemos:

$$
\begin{aligned}
\oint_S \varphi d\vec{S} &= \left\{ \left[\varphi_o + \left(\frac{\partial\varphi}{\partial x}\right)_o \frac{dx}{2} \right] - \left[\varphi_o - \left(\frac{\partial\varphi}{\partial x}\right)_o \frac{dx}{2} \right] \right\} dydz\vec{u}_x \\
&+ \left\{ \left[\varphi_o + \left(\frac{\partial\varphi}{\partial y}\right)_o \frac{dy}{2} \right] - \left[\varphi_o - \left(\frac{\partial\varphi}{\partial y}\right)_o \frac{dy}{2} \right] \right\} dxdz\vec{u}_y \\
&+ \left\{ \left[\varphi_o + \left(\frac{\partial\varphi}{\partial z}\right)_o \frac{dz}{2} \right] - \left[\varphi_o - \left(\frac{\partial\varphi}{\partial z}\right)_o \frac{dz}{2} \right] \right\} dxdy\vec{u}_z \\
&= \left[\left(\frac{\partial\varphi}{\partial x}\right)_o \vec{u}_x + \left(\frac{\partial\varphi}{\partial y}\right)_o \vec{u}_y + \left(\frac{\partial\varphi}{\partial z}\right)_o \vec{u}_z \right] dxdydz \\
&= (\nabla\varphi)_o dV
\end{aligned}
\tag{4.16}
$$

em que o símbolo o indica que o valor é calculado no centro geométrico do bloco.
Baseados nesse resultado, podemos redefinir o gradiente de uma função escalar
da seguinte forma:

$$\nabla\varphi = \lim_{\Delta V \to 0} \frac{1}{\Delta V} \oint_S \varphi d\vec{S} \tag{4.17}$$

A integração volumétrica da Equação (4.17) resulta na Equação (4.14). Uma
vez que o gradiente de uma função escalar tenha sido especificado para todas as
posições do espaço, essa função pode ser determinada a partir de uma integral de
linha e uma constante arbitrária. Usando a Equação (4.9), temos:

$$\varphi(b) = \varphi(a) + \int_a^b \nabla\varphi \cdot d\vec{L} \tag{4.18}$$

em que b indica uma posição qualquer do espaço e a indica a posição inicial para
a qual se conhece o valor da função φ.

Capítulo 4 – Gradiente de uma função escalar   33

4.3 Questões

4.1) Mostre que o módulo do gradiente de uma função escalar em uma posição do espaço é igual à máxima derivada direcional dessa função na posição considerada.

4.2) Verifique a Equação (4.14) usando a função $cos\phi/r$.

4.3) Calcule a função φ para os casos a seguir.

$$\nabla\varphi = (2cos\theta\vec{u}_r + sen\theta\vec{u}_\theta)/r^3 \ , \varphi\left(r = \infty, \theta, \phi\right) = 0 \tag{4.19}$$

$$\nabla\varphi = \vec{u}_\rho/\rho \ , \varphi\left(\rho = a, \phi, z\right) = \varphi_o \tag{4.20}$$

$$\nabla\varphi = \frac{ax^2\,\vec{u}_x}{\sqrt{x^2 + y^2 + z^2}}, \varphi\left(x = 0, y, z\right) = \varphi_o \tag{4.21}$$

$$\nabla\varphi = ksen\theta\vec{u}_r/r^n \ , \varphi\left(r = a, \theta, \phi\right) = \varphi_o \tag{4.22}$$

$$\nabla\varphi = \frac{(2x^2 - y^2)\vec{u}_x + 3xy\vec{u}_y}{(x^2 + y^2)^{5/2}} \ , \varphi\left(x^2 + y^2 \to \infty\right) = 0 \tag{4.23}$$

4.4) Dada a função $\varphi = cos\phi/(\rho^2 + z^2)$, calcule o seu gradiente como função das coordenadas espaciais. Após isso, calcule o fluxo do gradiente através da superfície de um cilindro de raio a centralizado com o eixo z e com a origem do sistema de coordenadas.

4.5) Para a função $\varphi = cos\theta sen^2\phi/r^5$, calcule a integral volumétrica de seu gradiente no interior de uma esfera de raio R centrada na origem do sistema de coordenadas.

Capítulo 5

Campo elétrico e potencial elétrico

5.1 Conceitos de campo elétrico e potencial elétrico

O Capítulo 2 introduziu o campo elétrico basicamente como um método matemático para cálculo da força de interação entre cargas elétricas estacionárias baseado na lei de Coulomb. Por meio das Equações (2.5) e (2.6), pode-se definir o campo elétrico como um campo vetorial estabelecido por uma distribuição de cargas cujo significado físico é a força elétrica por unidade de carga em cada posição do espaço. O campo elétrico pode ser especificado na unidade *newton/coulomb* [N/C], porém a unidade mais usual é o *volt/metro* [V/m]. *Volt* é a unidade de potencial elétrico e corresponde a *joule/coulomb* [J/C].

O campo elétrico proveniente de cargas estacionárias é um campo conservativo. Para avaliar isso, considere que uma partícula carregada é mantida em equilíbrio dentro de um campo elétrico pela ação de uma força externa que se opõe à força elétrica. Se a partícula se desloca entre as posições a e b do espaço com velocidade constante, a energia cinética da partícula não varia e o trabalho realizado pela força externa é armazenado como energia potencial, que pode ser calculada da seguinte forma:

$$W\left(b\right) - W\left(a\right) = \int_{a}^{b} \vec{F}_{\text{ext}} \cdot d\vec{L} \tag{5.1}$$

em que W é a energia potencial do sistema e $\vec{F}_{ext}$ é a força aplicada sobre a partícula.

36 Análise de sistemas eletromagnéticos

Uma vez que a força externa é compensada pela força elétrica, podemos substituir $\vec{F}_{ext} = -q\vec{E}$ e calcular a energia potencial por unidade de carga nas posições a e b, relacionando com o campo elétrico no espaço. Assim, define-se o potencial elétrico como uma função das coordenadas espaciais, tendo como significado a energia potencial para uma partícula de carga unitária colocada na posição descrita por essas coordenadas. Baseados na equação anterior, podemos escrever:

$$V(b) - V(a) = \frac{W(b) - W(a)}{q} = -\int_a^b \vec{E} \cdot d\vec{L} \tag{5.2}$$

Ou seja, o potencial elétrico resulta da integral de linha do campo elétrico.

Usando a Equação (4.18), podemos escrever a forma inversa da equação anterior, na qual o campo é obtido como o gradiente do potencial:

$$\vec{E} = -\nabla V \tag{5.3}$$

O fato de o campo elétrico ser proveniente do gradiente do potencial implica que seja um campo cuja circulação é nula, como foi mostrado nas Equações (4.9) e (4.10). O termo conservativo refere-se especialmente ao fato de a energia total ser uma constante. Por exemplo, se a partícula na análise anterior for liberada para se movimentar apenas sob a ação do campo elétrico, ela será acelerada e ganhará energia cinética. O aumento na energia cinética é igual ao trabalho da força elétrica, mas, segundo a Equação (5.2), isso é numericamente igual ao negativo da variação da energia potencial, ou seja:

$$K(b) - K(a) = q \int_a^b \vec{E} \cdot d\vec{L} = - \left[W(b) - W(a) \right]$$

$$\to K(b) + W(b) = K(a) + W(a) \tag{5.4}$$

Portanto, a energia total dada pela soma da energia cinética com a energia potencial é invariante.

O potencial elétrico é uma grandeza fundamental em sistemas elétricos e eletrônicos. Na teoria eletromagnética estática, ele pode ser obtido pela integral de linha do campo elétrico ou pela integração sobre uma distribuição de carga.

5.2 Cálculo de campo elétrico e potencial elétrico

Considere o campo elétrico de uma partícula puntiforme posicionada na origem do sistema de coordenadas. Com base na lei de Coulomb, é simples deduzir que

Capítulo 5 – Campo elétrico e potencial elétrico
37

o campo elétrico estabelecido no espaço é radial e isotrópico.

$$\vec{E} = k_e \frac{q}{r^2} \vec{u}_r \tag{5.5}$$

Para obter o potencial elétrico, pode-se realizar a integral de linha na direção radial, iniciando em uma posição qualquer r e se dirigindo para o infinito.

$$V(\infty) - V(r) = -\int_r^\infty \vec{E} \cdot d\vec{r} \tag{5.6}$$

Uma vez que o campo elétrico diminui com o inverso do quadrado da distância, é natural assumir que o potencial elétrico tende a zero na medida em que se afasta infinitamente da carga geradora do campo. Usando essa condição de contorno, obtemos:

$$V(r) = \int_r^\infty \vec{E} \cdot d\vec{r} = k_e q \int_r^\infty \frac{\vec{u}_r}{r^2} \cdot d\vec{r} = -k_e q \left[\frac{1}{r} \right]_r^\infty \tag{5.7}$$
$$= k_e \frac{q}{r}$$

Quando muitas partículas carregadas estão acumuladas em uma região do espaço, de modo a estabelecer uma distribuição que pode ser descrita por uma densidade de cargas, a equação anterior pode ser ampliada para se obter o potencial elétrico dessa distribuição. A distribuição pode ser volumétrica com densidade ρ_V, superficial com densidade ρ_S ou filamentar com densidade ρ_L. Em cada caso, dividindo-se o espaço ocupado pela distribuição de cargas em elementos infinitesimais dV, dS ou dL, podemos obter o potencial elétrico na forma das integrais mostradas a seguir.

$$V(\vec{r}) = k_e \int_{V'} \frac{\rho_V(\vec{r}')\, dV'}{|\vec{r} - \vec{r}'|} \tag{5.8}$$

$$V(\vec{r}) = k_e \int_{S'} \frac{\rho_S(\vec{r}')\, dS'}{|\vec{r} - \vec{r}'|} \tag{5.9}$$

$$V(\vec{r}) = k_e \int_{L'} \frac{\rho_L(\vec{r}')\, dL'}{|\vec{r} - \vec{r}'|} \tag{5.10}$$

De modo análogo, podemos ampliar a Equação (5.5) para obter o campo elétrico da distribuição de cargas.

$$\vec{E}(\vec{r}) = k_e \int_{V'} \frac{\rho_V(\vec{r}')\,(\vec{r} - \vec{r}')\, dV'}{|\vec{r} - \vec{r}'|^3} \tag{5.11}$$

$$\vec{E}(\vec{r}) = k_e \int_{S'} \frac{\rho_S(\vec{r}')(\vec{r} - \vec{r}') \, dS'}{|\vec{r} - \vec{r}'|^3} \tag{5.12}$$

$$\vec{E}(\vec{r}) = k_e \int_{L'} \frac{\rho_L(\vec{r}')(\vec{r} - \vec{r}') \, dL'}{|\vec{r} - \vec{r}'|^3} \tag{5.13}$$

Para podermos utilizar as Equações (5.8) a (5.13) no cálculo de campo e potencial elétricos, precisamos assumir que a carga elétrica está distribuída com uma densidade conhecida nos condutores do sistema elétrico. Contudo, a densidade de carga elétrica dificilmente pode ser conhecida *a priori*, sendo sempre possível determiná-la como um resultado posterior ao cálculo do campo elétrico.

Geralmente, a hipótese utilizada com geometrias simples de condutores é a de densidade uniforme de carga. Considere novamente o exemplo dos dois fios retilíneos ligados a uma bateria na Figura 2.1. Os fios se carregam com cargas de sinais contrários e, no espaço entre eles, seus campos se somam. Podemos adaptar a Equação (2.10) para obter as expressões dos campos elétricos dos fios L_1 e L_2:

$$E_{y1} = \frac{k_e \rho_L}{y} \left[\frac{z}{\sqrt{z^2 + y^2}} - \frac{(z - l)}{\sqrt{(z - l)^2 + y^2}} \right] \tag{5.14}$$

$$E_{y2} = \frac{k_e \rho_L}{(h - y)} \left[\frac{z}{\sqrt{z^2 + (h - y)^2}} - \frac{(z - l)}{\sqrt{(z - l)^2 + (h - y)^2}} \right] \tag{5.15}$$

Veremos a seguir que apenas o campo na direção y importa.

Vamos calcular a diferença de potencial elétrico entre os fios e depois usar o valor aplicado V_o para obter uma expressão matemática para a densidade de carga. Fisicamente não importa o caminho a seguir, pois a diferença de potencial depende apenas das posições inicial e final. Mas, o cálculo será extremamente tedioso se não seguirmos um caminho simples. Esse caminho é perpendicular aos fios na posição $z = l/2$. Vamos assumir que os fios têm raio a e estão separados pela distância h. A integração se estende entre as superfícies dos dois fios:

$$V_2 - V_1 = - \int_a^{h-a} (E_{y1} + E_{y2}) \, dy$$

$$= -k_e \rho_L l \left[\int_a^{h-a} \frac{dy}{y \sqrt{l^2/4 + y^2}} + \int_a^{h-a} \frac{dy}{(h - y) \sqrt{l^2/4 + (h - y)^2}} \right] \tag{5.16}$$

Capítulo 5 – Campo elétrico e potencial elétrico

Usaremos a seguinte função primitiva para realizar a integração:

$$\int \frac{dx}{x\sqrt{x^2+a^2}} = -\frac{1}{a} Ln\left[\frac{a+\sqrt{x^2+a^2}}{x}\right] \tag{5.17}$$

Com isso, obtemos:

$$V_2 - V_1 = 4k_e \rho_L Ln\left[\left(\frac{a}{h-a}\right)\frac{l+\sqrt{l^2+4(h-a)^2}}{l+\sqrt{l^2+4a^2}}\right] \tag{5.18}$$

Situações práticas nas quais esse cálculo é útil geralmente envolvem as relações de tamanhos $l \gg h \gg a$. Assim, a equação anterior pode ser simplificada para a seguinte fórmula:

$$V_2 - V_1 \approx 4k_e \rho_L Ln\,(a/h) \tag{5.19}$$

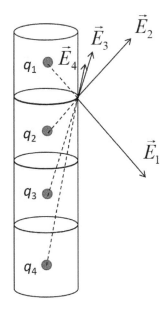

Figura 5.1: Ilustração para a distribuição de carga em um condutor retilíneo.

Considerando que a diferença de potencial foi estabelecida por uma bateria de tensão V_o, podemos calcular a densidade de carga nos fios. A estimativa de carga elétrica usada no exemplo de cálculo de força entre os fios no Capítulo 2 foi baseada na equação anterior. Contudo, a hipótese de densidade de carga uniforme não é realista. O cálculo da distribuição real de carga no fio somente

40 Análise de sistemas eletromagnéticos

pode ser feito por métodos computacionais, mas um raciocínio simples ajuda a entender o problema.

Na Figura 5.1 mostra-se a extremidade de um dos fios com uma distribuição de carga escalonada em segmentos arbitrariamente pequenos ao longo de seu comprimento. Em cada segmento, por simplicidade, assumimos que a carga elétrica está concentrada em uma posição central e, desse modo, por meio da lei de Coulomb, podemos calcular o campo elétrico em uma posição na superfície do fio (ou qualquer outro lugar do espaço) somando as contribuições de cada segmento.

Vamos considerar agora o que ocorre quando a bateria é ligada aos fios. O campo elétrico estabelecido pela bateria movimenta os elétrons, que são depletados do fio positivo e se acumulam no fio negativo. Esse processo ocorre em uma fração de microssegundo e termina apenas quando o campo elétrico se torna nulo no interior dos condutores. Portanto, uma das condições que pode ser usada para o cálculo da distribuição de carga elétrica nos segmentos do fio na Figura 5.1 é o cancelamento do campo elétrico tangencial.

Por exemplo, para os quatro segmentos mostrados na figura, o primeiro produz campo elétrico no sentido contrário aos demais. Assim, para que a soma algébrica dos campos individuais tenha sua componente paralela nula, é preciso que a carga elétrica no segmento 1 seja maior que no segmento 2, e assim por diante. Por meio de métodos numéricos, é possível verificar que a densidade de carga elétrica diminui das extremidades para o meio do fio. Entretanto, quando o fio é longo, a carga elétrica varia intensamente nas extremidades, mas a maior parte de seu comprimento contém uma distribuição quase uniforme de carga.

A questão do cálculo da densidade de carga em condutores metálicos será mais bem discutida no capítulo relacionado ao problema de valor de contorno e no capítulo sobre métodos computacionais. Agora, considere que os fios são muito longos e que interessa calcular o campo e o potencial elétricos longe das extremidades. Uma situação real descrita por esse sistema é o que se denomina linha de transmissão de dois condutores paralelos, ou simplesmente linha paralela.

Para um condutor retilíneo de comprimento infinito, a densidade linear de carga é uniforme e não existe componente paralela do campo elétrico. Em outras palavras, pode-se afirmar que o potencial elétrico não varia na direção paralela ao condutor. Pode-se enunciar este princípio da seguinte forma geral: "Se a distribuição de carga não varia em uma das direções do sistema de coordenadas, então o potencial elétrico não depende dessa coordenada e o campo elétrico não possui componente nessa direção".

O campo elétrico do fio L_1 na análise anterior foi expresso na Equação (5.14). Para avaliar o efeito do comprimento do condutor no caso de um fio muito longo, façamos uma transformação de coordenadas transferindo a origem para o meio do fio, ou seja, substituindo z por $z' + l/2$ e tomando o limite quando $l \to \infty$:

$$E_{y1} = \frac{k_e \rho_L}{y} \underset{l \to \infty}{Lim} \left[\frac{z' + l/2}{\sqrt{(z' + l/2)^2 + y^2}} - \frac{z' - l/2}{\sqrt{(z' - l/2)^2 + y^2}} \right] = \frac{2k_e \rho_L}{y} \quad (5.20)$$

Para um fio isolado existe também a invariância da carga em relação à coordenada azimutal em torno do fio. Com isso, pode-se concluir que o potencial elétrico não varia com a coordenada azimutal e o campo elétrico não possui componente azimutal. Assim, para um fio metálico retilíneo, de comprimento infinito e uniformemente carregado, podemos escrever:

$$\vec{E} = \frac{2k_e \rho_L}{\rho} \vec{u}_\rho \quad (5.21)$$

O potencial elétrico nesse caso pode ser calculado da seguinte forma:

$$V(\rho) - V(a) = - \int_a^\rho \frac{2k_e \rho_L}{\rho} d\rho \quad (5.22)$$

$$\to V(\rho) = V(a) + 2k_e \rho_L Ln(a/\rho)$$

em que $V(a)$ é o potencial na superfície do fio.

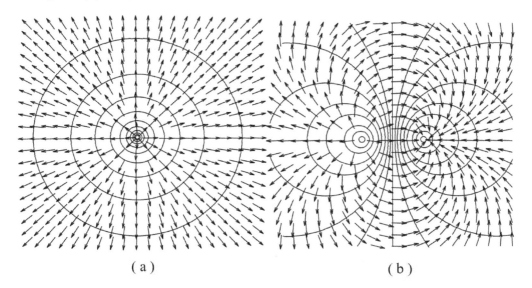

(a) (b)

Figura 5.2: Linhas equipotenciais e mapa vetorial para condutores retilíneos. (a) Fio retilíneo; (b) linha paralela.

Então, como mostra a Figura 5.2a, concluímos que o potencial elétrico se distribui concentricamente em torno do condutor na forma de linhas equipotenciais circulares, enquanto o campo elétrico se distribui como um campo radial isotrópico no plano transversal do condutor. Observe que as direções do campo e das linhas equipotenciais se interceptam em ângulo reto. Essa é uma consequência de o campo resultar do gradiente do potencial.

Para uma linha paralela não existe invariância azimutal, mas a invariância axial permite escrever o campo elétrico de maneira simples utilizando as distâncias radiais (ρ_1, ρ_2) e os vetores unitários radiais $(\vec{u}_{\rho 1}, \vec{u}_{\rho 2})$ em relação aos centros dos dois condutores. Assim, estendendo a Equação (5.21), temos:

$$\vec{E} = 2k_e \rho_L \left(\vec{u}_{\rho 1}/\rho_1 - \vec{u}_{\rho 2}/\rho_2 \right) \tag{5.23}$$

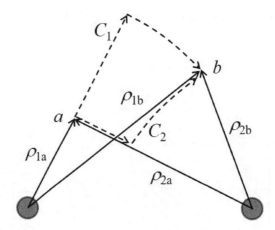

Figura 5.3: Caminhos de integração C_1 e C_2 para cálculo do potencial elétrico da linha paralela.

Este campo está totalmente localizado no plano perpendicular dos condutores. Para obter o potencial elétrico no espaço em torno da linha paralela, calculamos a integral de linha do campo elétrico entre as posições a e b na Figura 5.3:

$$V(b) - V(a) = -2k_e \rho_L \left(\int_a^b \frac{\vec{u}_{\rho 1}}{\rho_1} \cdot d\vec{L} - \int_a^b \frac{\vec{u}_{\rho 2}}{\rho_2} \cdot d\vec{L} \right) \tag{5.24}$$

Mas, cada integrando na equação anterior é um campo conservativo e isso permite que se escolha o caminho mais conveniente de integração em cada caso. Os caminhos C_1 e C_2 são indicados na Figura 5.3. Observe que, em cada caso,

Capítulo 5 – Campo elétrico e potencial elétrico

uma parte do percurso ocorre na direção paralela ao campo, enquanto outra parte ocorre na direção perpendicular ao campo. Desse modo, os resultados são obtidos:

$$V(b) - V(a) = -2k_e\rho_L \left[Ln\left(\rho_{1b}/\rho_{1a}\right) - Ln\left(\rho_{2b}/\rho_{2a}\right) \right] \tag{5.25}$$

Precisamos especificar agora uma referência de potencial para obter uma função unívoca das coordenadas espaciais. Para uma linha paralela balanceada, ou seja, na qual os condutores portam cargas iguais em módulo e sinais contrários, uma condição natural é a especificação de potencial nulo no plano equidistante dos condutores. Ou seja, para $\rho_{1a} = \rho_{2a}$, temos $V(a) = 0$. Com isso, o potencial elétrico é obtido na seguinte forma:

$$V(\rho_1, \rho_2) = 2k_e\rho_L Ln\left(\rho_2/\rho_1\right) \tag{5.26}$$

A Figura 5.2b mostra a distribuição de linhas equipotenciais e mapa vetorial para a linha paralela.

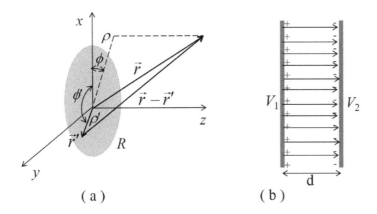

Figura 5.4: (a) Ilustração para cálculo do campo elétrico de uma placa condutora circular eletricamente carregada. (b) Capacitor de placas paralelas.

A Figura 5.4a mostra uma placa metálica circular eletricamente carregada e posicionada no plano azimutal do sistema de coordenadas cilíndricas. Calcularemos o campo elétrico e o potencial elétrico gerados no espaço em torno da placa. Os vetores de posição para a integral de campo elétrico são:

$$\vec{r} = \rho cos\phi \vec{u}_x + \rho sen\phi \vec{u}_y + z\vec{u}_z \tag{5.27}$$

$$\vec{r}\,' = \rho' cos\phi' \vec{u}_x + \rho' sen\phi' \vec{u}_y \tag{5.28}$$

$$\vec{r} - \vec{r}' = \left(\rho cos\phi - \rho' cos\phi'\right)\vec{u}_x + \left(\rho sen\phi - \rho' sen\phi'\right)\vec{u}_y + z\vec{u}_z \qquad (5.29)$$

$$\left|\vec{r} - \vec{r}'\right| = \sqrt{\rho^2 + \rho'^2 + z^2 - 2\rho\rho' cos\left(\phi - \phi'\right)} \qquad (5.30)$$

Substituindo na integral de superfície do campo elétrico, Equação (5.12), e separando as componentes, obtemos:

$$E_x\left(\rho, \phi, z\right) = k_e \int_0^R \int_0^{2\pi} \frac{\rho_S\left(\rho', \phi'\right)\left(\rho cos\phi - \rho' cos\phi'\right)\rho' d\phi' d\rho'}{\left[\rho^2 + \rho'^2 + z^2 - 2\rho\rho' cos\left(\phi - \phi'\right)\right]^{3/2}} \qquad (5.31)$$

$$E_y\left(\rho, \phi, z\right) = k_e \int_0^R \int_0^{2\pi} \frac{\rho_S\left(\rho', \phi'\right)\left(\rho sen\phi - \rho' sen\phi'\right)\rho' d\phi' d\rho'}{\left[\rho^2 + \rho'^2 + z^2 - 2\rho\rho' cos\left(\phi - \phi'\right)\right]^{3/2}} \qquad (5.32)$$

$$E_z\left(\rho, \phi, z\right) = k_e \int_0^R \int_0^{2\pi} \frac{\rho_S\left(\rho', \phi'\right) z\rho' d\phi' d\rho'}{\left[\rho^2 + \rho'^2 + z^2 - 2\rho\rho' cos\left(\phi - \phi'\right)\right]^{3/2}} \qquad (5.33)$$

Essas integrais não apresentam solução analítica e estudaremos abordagens computacionais para resolver problemas desse tipo em outo capítulo. No momento, podemos obter soluções específicas para certas posições do espaço e fazer algumas aproximações.

Inicialmente, precisamos compreender que a carga elétrica não se distribui uniformemente na superfície da placa. O motivo para isso é similar ao discutido anteriormente no caso do fio reto. O campo elétrico tangencial na superfície da placa deve se anular, mas isso requer uma acumulação de carga com maior densidade na periferia do disco. Assim, para simplificar a análise e permitir a obtenção de soluções aproximadas, consideraremos que o disco tem grande diâmetro e desejamos obter o campo elétrico nas proximidades do seu centro. Desse modo, a não uniformidade da densidade de carga elétrica na periferia do disco não produzirá erros grosseiros.

Outro aspecto que simplifica a obtenção de resultados é a simetria azimutal da distribuição de carga. Em virtude disso, o potencial elétrico não depende da coordenada azimutal e, assim, o campo elétrico não apresenta componente azimutal. Além disso, suas demais componentes também não variam com o ângulo azimutal.

Nas Equações (5.31) e (5.32), verifica-se que nas posições $\phi = 0$ e $\phi = \pi$ rad temos $E_y = 0$, enquanto nas posições $\phi = \pi/2$ e $\phi = 3\pi/2$ rad temos $E_x = 0$. Assim, podemos calcular a componente radial do campo elétrico como $E_\rho =$

Capítulo 5 – Campo elétrico e potencial elétrico 45

$E_x(\phi = 0)$ ou $E_\rho = E_y(\phi = \pi/2)$. Usando a hipótese de distribuição uniforme de carga elétrica, obtemos as seguintes equações para o campo elétrico do disco:

$$E_\rho\left(\rho, z\right) = k_e \rho_s \int\limits_{0}^{R} \int\limits_{0}^{2\pi} \frac{\left(\rho - \rho' cos\phi'\right) \rho' d\phi' d\rho'}{\left[\rho^2 + \rho'^2 + z^2 - 2\rho\rho' cos\phi'\right]^{3/2}} \tag{5.34}$$

$$E_z\left(\rho, z\right) = k_e \rho_s z \int\limits_{0}^{R} \int\limits_{0}^{2\pi} \frac{\rho' d\phi' d\rho'}{\left[\rho^2 + \rho'^2 + z^2 - 2\rho\rho' cos\phi'\right]^{3/2}} \tag{5.35}$$

Mesmo com essas simplificações, as integrais continuam sem solução analítica. É possível obter soluções aproximadas para pontos distantes nos quais $\rho^2 + z^2 >> R^2$, mas isso seria de pouca importância no momento. A única região do espaço na qual é possível obter soluções analíticas úteis é o eixo z. Fazendo $\rho = 0$ nas equações anteriores, vemos que a componente radial se anula, enquanto a componente axial é integrada para se obter:

$$E_z\left(z\right) = -2\pi k_e \rho_s z \left[\frac{1}{\sqrt{\rho'^2 + z^2}}\right]_0^R = 2\pi k_e \rho_s \left(1 - \frac{z}{\sqrt{R^2 + z^2}}\right) \tag{5.36}$$

Exatamente na origem, temos:

$$E_z = 2\pi k_e \rho_s \tag{5.37}$$

A Figura 5.4b mostra duas placas idênticas carregadas com cargas iguais e sinais contrários, posicionadas paralelamente e concentricamente com uma distância pequena quando comparada com o diâmetro das placas. Essa estrutura é denominada capacitor de placas paralelas. O campo elétrico no interior do capacitor é a soma dos campos elétricos individuais gerados pelas cargas das placas, ou seja, é o dobro do valor obtido na Equação (5.37). Essa é uma boa aproximação para o campo elétrico em qualquer lugar no interior do capacitor.

A forte atração entre as cargas de sinais contrários tende a distribuir de maneira mais uniforme as cargas elétricas nas placas. Assim, a diferença de potencial elétrico entre as placas pode ser obtida de maneira muito simples:

$$V_2 - V_1 = -\int\limits_{0}^{d} E_z dz = -4\pi k_e \rho_s d \tag{5.38}$$

Observe que as duas últimas equações não dependem da forma geométrica das placas. Isso se deve à aplicação da hipótese de uniformidade da densidade de

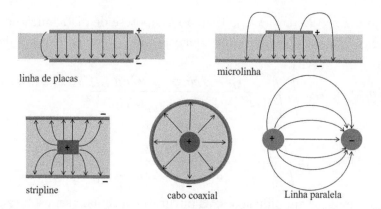

Figura 5.5: Seção transversal de linhas de transmissão baseadas em dois condutores e a distribuição de campo elétrico. As regiões mais escuras são os condutores e as mais claras são os isolantes.

carga. Esse modelo torna-se cada vez mais exato quanto menor for o quociente da distância pelo diâmetro das placas. Para placas retangulares, as mesmas conclusões são válidas substituindo-se diâmetro por aresta.

A Figura 5.5 mostra algumas estruturas baseadas em dois condutores que se comportam como capacitores quando carregados com carga estática. Na verdade, são linhas de transmissão e geralmente são usadas com tensões alternadas para transportar sinais e energia em sistemas elétricos e eletrônicos. A hipótese de densidade de carga uniforme nos condutores não se aplica, exceto como aproximação para a densidade linear, uma vez que as estruturas geralmente são longas.

As figuras mostram a representação aproximada das linhas de campo em cada estrutura. Observe que as linhas "surgem" no condutor positivo e "desaparecem" no condutor negativo. Observe também que, como regra, considera-se que o campo elétrico no interior dos condutores é nulo. Praticamente não há possibilidade de cálculo de campo por meio da lei de Coulomb para essas estruturas, a não ser para o cabo coaxial através de uma lei equivalente conhecida como lei de Gauss, que será estudada no próximo capítulo. No caso da linha paralela, obtivemos uma solução simples, mas nossa análise não levou em conta o fato de a carga elétrica não se distribuir uniformemente na superfície dos condutores. De modo geral essas estruturas são estudadas por meio de métodos computacionais.

Capítulo 5 – Campo elétrico e potencial elétrico

5.3 Questões

5.1) Uma esfera metálica de raio R está ligada a uma fonte de tensão constante de potencial V_o. Calcule a densidade superficial de carga na esfera. Sugestão: considere a carga na esfera uniformemente distribuída, calcule o campo elétrico fora da esfera usando o mesmo método que conduziu à Equação (2.18) e, então, calcule o potencial elétrico na esfera usando a Equação (5.6).

5.2) Considere agora duas esferas metálicas de raios R_1 e R_2 separadas pela distância d muito maior que os raios. A esfera de raio R_1 está ligada ao terminal positivo de uma bateria de potencial V_o, e a outra esfera, ao terminal negativo. Considere que a densidade de carga em cada esfera é uniforme. Calcule os potenciais e as densidades de carga de cada esfera.

5.3) Considere uma espira filamentar quadrada metálica de aresta a localizada simetricamente com a origem do sistema de coordenadas sobre o plano $z = 0$ e contendo carga elétrica q positiva distribuída uniformemente. Calcule a energia potencial de um elétron colocado em uma posição genérica sobre o eixo z.

5.4) Repita o exercício anterior para uma espira circular de raio R.

5.5) Uma linha formada por dois fios metálicos paralelos longos de raio a e separação d está ligada a uma bateria que estabelece uma diferença de potencial V_o entre os fios. Assumindo que a densidade de carga é uniforme nos fios, calcule o campo elétrico e o potencial elétrico no espaço entre os dois condutores e determine a relação entre V_o e a densidade linear de carga. Sugestão: use uma aproximação para o campo elétrico de fios retilíneos muito longos uniformemente carregados a partir da Equação (5.14) com $z \approx l/2$ e $l >> y$.

5.6) Explique por que em um objeto metálico esférico a carga elétrica tende a se distribuir de maneira uniforme, enquanto em fios e placas a carga se concentra com maior densidade na periferia e nas extremidades.

5.7) Um cabo coaxial longo com raio do condutor interno a e raio do condutor externo b está ligado aos polos de uma bateria de potencial V_o. Assumindo que o isolante entre os condutores é o vácuo e que apenas a carga do condutor interno é responsável por estabelecer o campo elétrico entre os condutores (isso será provado no Capítulo 7), determine a relação entre V_o e a densidade linear de carga. Considere a mesma sugestão da Questão 5.5.

5.8) A distribuição de potencial elétrico determinada por certa fonte é definida na equação a seguir. Calcule o campo elétrico correspondente.

a)

$$V = V_o e^{-\alpha \sqrt{\rho^2 + z^2}} \cos\phi \qquad (5.39)$$

b)

$$V = V_o \ln \left(\frac{a}{r} \right) sen^2\theta \tag{5.40}$$

Capítulo 6

Fluxo e divergente de um campo vetorial

6.1 Fluxo de um campo vetorial

O operador divergente atua sobre uma função vetorial resultando em uma função escalar. Para especificar essa transformação, precisamos do conceito de fluxo de um campo vetorial. O fluxo diferencial é obtido pelo produto escalar do campo vetorial com um elemento diferencial vetorial de área sobre uma superfície. Por exemplo, $d\psi_e = \vec{E} \cdot d\vec{S}$ para o fluxo diferencial do campo elétrico e $d\psi_m = \vec{B} \cdot d\vec{S}$ para o fluxo diferencial da indução magnética. O fluxo total é calculado pela integração do fluxo diferencial.

$$\psi_e = \int_S \vec{E} \cdot d\vec{S} \tag{6.1}$$

$$\psi_m = \int_S \vec{B} \cdot d\vec{S} \tag{6.2}$$

O fluxo está relacionado a uma quantidade que atravessa uma superfície. O vetor de área $d\vec{S}$ sempre está orientado na direção perpendicular à superfície. Assim, o campo vetorial nesta operação atua como uma densidade superficial de fluxo com intensidade máxima na direção do próprio campo e intensidade nula na direção perpendicular.

Fisicamente, é mais fácil entender o conceito de fluxo quando existe movimento de partículas. Por exemplo, considere que uma nuvem de elétrons dentro de um objeto metálico está se deslocando e, desse modo, produzindo corrente

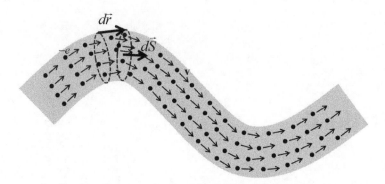

Figura 6.1: Ilustração do movimento orientado de elétrons em um fio condutor.

elétrica. A Figura 6.1 ilustra isso. Para apresentar esse movimento orientado, os elétrons devem ganhar energia por meio de trabalho realizado pela força elétrica ou magnética resultante da interação com um campo aplicado. Para representar o movimento coletivo da nuvem eletrônica, usamos o conceito de velocidade média, como se todos os elétrons em um volume macroscópico dV que contém muitos elétrons se deslocassem com a mesma velocidade.

Considere então a corrente elétrica produzida por um grupo de elétrons agrupados com densidade n (elétrons por m^3) que se desloca com velocidade $\vec{v}$. Em um intervalo infinitesimal de tempo dt, cada elétron sofre o deslocamento $d\vec{r} = \vec{v}dt$. O volume de espaço percorrido pelo grupo de elétrons nesse deslocamento é $dV = d\vec{r} \cdot d\vec{S}$, em que $d\vec{S}$ é o elemento diferencial vetorial de área. A direção de $d\vec{S}$, a princípio, pode ser qualquer uma e o resultado do cálculo será o fluxo de carga nessa direção. Assim, a carga deslocada pode ser calculada multiplicando-se o volume deslocado pela densidade de elétrons e pela carga elementar dos elétrons. A corrente elétrica é definida como a taxa de variação da carga deslocada no tempo. Então, temos a seguinte relação:

$$di = \frac{dq}{dt} = \frac{(en)\left(d\vec{r} \cdot d\vec{S}\right)}{dt} = en\vec{v} \cdot d\vec{S} \qquad (6.3)$$

em que $e = 1,602 \times 10^{-19}$ C é a carga elementar. Note que o sentido convencional da corrente elétrica é arbitrado como o sentido do movimento de cargas positivas, por isso, o sinal da carga do elétron foi suprimido. O termo que multiplica a área infinitesimal é denominado densidade de corrente:

$$\vec{j} = en\vec{v} \qquad (6.4)$$

A densidade de corrente tem o significado de uma densidade de fluxo de carga elétrica. Assim, a corrente que atravessa a área transversal S de um condutor

Capítulo 6 – Fluxo e divergente de um campo vetorial 51

pode ser escrita na seguinte forma:

$$i = \int_S \vec{j} \cdot d\vec{S} \tag{6.5}$$

Observe que a densidade de corrente depende da densidade volumétrica de partículas carregadas e da velocidade vetorial média das partículas. Ambas podem variar de uma posição para outra dentro de um objeto condutor, de modo que, em geral, a densidade de corrente é um campo vetorial não uniforme.

6.2 Operador divergente

Voltamos agora ao conceito de fluxo para definirmos a sua densidade volumétrica. A cada campo vetorial pode-se atribuir uma fonte, ou seja, um elemento gerador de fluxo desse campo vetorial. Por exemplo, é comum dizer-se que as cargas elétricas geram fluxo elétrico ou que os polos magnéticos geram fluxo magnético. Então, o fluxo deve estar mais concentrado nas posições do espaço que contenham maior densidade das fontes desse campo.

Assim, define-se o divergente de um campo vetorial em dada posição do espaço como a densidade volumétrica de fluxo desse campo nessa posição. Adicionalmente, o divergente deve ser numericamente igual à densidade volumétrica de fontes de fluxo desse campo. Traduzindo em equações, o divergente é definido pela seguinte expressão matemática:

$$\nabla \cdot \vec{G} = \lim_{\Delta V \to 0} \frac{1}{\Delta V} \oint_S \vec{G} \cdot d\vec{S} \tag{6.6}$$

Essa equação informa que para calcular o divergente $(\nabla \cdot)$ do campo vetorial $\vec{G}$ em um ponto do espaço devemos definir um volume diferencial ΔV e a superfície fechada S que limita esse volume. Devemos calcular o fluxo através da superfície fechada e dividir pelo volume, para assim obter a densidade de fluxo. Isso deve ser feito nas vizinhanças do ponto e, por isso, é necessário usar o cálculo de limite.

A equação anterior pode ser reorganizada em outra forma mais conveniente conhecida como teorema de Gauss:

$$\int_V \nabla \cdot \vec{G} dV = \oint_S \vec{G} \cdot d\vec{S} \tag{6.7}$$

Considere agora que o divergente do campo vetorial $\vec{G}$ seja conhecido em todos os pontos do espaço. Designando-o pela função $\rho_G(\vec{r})$, podemos escrever a seguinte equação diferencial:

$$\nabla \cdot \vec{G}\left(\vec{r}\right) = \rho_G\left(\vec{r}\right) \tag{6.8}$$

Para resolver o problema inverso e calcular o campo vetorial $\vec{G}$ que satisfaz essa equação, podemos tomar inicialmente um volume infinitesimal localizado em torno da origem do sistema de coordenadas e avaliar como o fluxo produzido pela fonte $\rho_G(0)dV$ se espalha no espaço. Sendo uma fonte puntiforme, podemos assumir que o fluxo é isotrópico, ou seja, tem a mesma intensidade em todas as direções. Se assumirmos ser um campo radial, o seu fluxo através da superfície esférica de raio r é dado por $dG(r)4\pi r^2$. Esses são exatamente os dois termos da Equação (6.7).

Assim, o campo infinitesimal $d\vec{G}$ para uma fonte puntiforme na origem do sistema de coordenadas pode ser escrito na seguinte forma:

$$d\vec{G}\left(\vec{r}\right) = \frac{\rho_G\left(0\right)dV}{4\pi r^2}\vec{u}_r \tag{6.9}$$

Observe que assumimos que o campo $\vec{G}$ está orientado na direção radial. De fato, uma vez que as componentes angulares do campo não contribuem para o fluxo, elas não podem ser especificadas por meio da análise precedente.

Agora podemos realizar a integração espacial dessa equação levando em conta que cada posição $\vec{r}\,'$ do espaço contribui com a quantidade de fluxo $\rho_G(\vec{r}\,')dV$. Assim fazendo, obtemos:

$$\vec{G}\left(\vec{r}\right) = \frac{1}{4\pi}\int\limits_{V'}\frac{\rho_G\left(\vec{r}\,'\right)\left(\vec{r}-\vec{r}\,'\right)dV'}{\left|\vec{r}-\vec{r}\,'\right|^3} \tag{6.10}$$

Essa demonstração revela mais um resultado importante. Uma fonte puntiforme de fluxo deve ter as características de uma função impulso, as quais são descritas pelas expressões a seguir.

- Se $\vec{r} \neq \vec{r}\,'$:

$$\delta\left(\vec{r}-\vec{r}\,'\right) = 0 \tag{6.11}$$

- Se o volume V envolve a posição $\vec{r} = \vec{r}\,'$:

$$\int\limits_{V}\delta\left(\vec{r}-\vec{r}\,'\right)dV = 1 \tag{6.12}$$

Capítulo 6 – Fluxo e divergente de um campo vetorial   53

Caso contrário, a integral é nula. Por exemplo, definindo que a fonte de fluxo do campo $\vec{G}$ é uma função impulso de amplitude q_G localizada na posição $\vec{r}'$, temos:

$$\rho_G(\vec{r}) = q_G \delta(\vec{r} - \vec{r}') \tag{6.13}$$

Substituindo nas Equações (6.7) e (6.8), resulta em:

$$\oint_S \vec{G} \cdot d\vec{S} = \int_V q_G \delta(\vec{r} - \vec{r}') \, dV \tag{6.14}$$

Se o volume de integração não envolve a posição $\vec{r}'$, o fluxo de $\vec{G}$ através da superfície S é nulo. Se envolve, o fluxo é igual à q_G. Portanto, o fluxo não depende da forma geométrica da superfície, apenas da intensidade da fonte no seu interior. Como se trata de uma fonte puntiforme, seu fluxo é isotrópico. Assim, podemos utilizar uma superfície esférica centrada na posição $\vec{r}'$ para obter o seguinte resultado:

$$\begin{aligned} & G 4\pi \left| \vec{r} - \vec{r}' \right|^2 = q_G \\ & \rightarrow \vec{G} = \frac{q_G (\vec{r} - \vec{r}')}{4\pi \left| \vec{r} - \vec{r}' \right|^3} \end{aligned} \tag{6.15}$$

que é equivalente à Equação (6.10) para uma fonte puntiforme.

Agora, substituindo as Equações (6.15) e (6.13) na (6.8), obtemos a importante fórmula vetorial a seguir:

$$\nabla \cdot \left(\frac{\vec{r} - \vec{r}'}{\left| \vec{r} - \vec{r}' \right|^3} \right) = 4\pi \delta(\vec{r} - \vec{r}') \tag{6.16}$$

Vamos obter agora uma expressão algébrica para o cálculo do divergente de uma função vetorial. Tomamos como referência a Figura 6.2, que mostra um volume infinitesimal descrito pelas coordenadas curvilíneas s_1, s_2, s_3. As componentes do campo vetorial são G_1, G_2, G_3. Os deslocamentos infinitesimais ao longo das curvas são $l_1 ds_1, l_2 ds_2, l_3 ds_3$, em que l é denominado fator de escala. Observe que os fatores de escala são funções das coordenadas. Por exemplo, no sistema retangular temos: $l_x = l_y = l_z = 1$. Já no sistema cilíndrico, temos: $l_\rho = 1$, $l_\phi = \rho$ e $l_z = 1$; e no sistema esférico, temos: $l_r = 1$, $l_\theta = r$ e $l_\phi = r\,sen\theta$.

O divergente é calculado de acordo com a definição dada na Equação (6.6). Considere inicialmente o que ocorre em apenas uma das faces do elemento de volume. Por exemplo, a face perpendicular à direção da variável s_1 na posição $s_{1o}+$

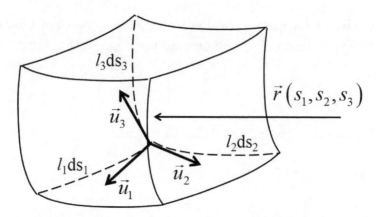

Figura 6.2: Ilustração de um elemento de volume infinitesimal em coordenadas curvilíneas generalizadas.

$ds_1/2$. A posição s_{1o} corresponde à metade do deslocamento ds_1. O fluxo nessa face é dado pelo produto da componente G_1 pela área $dS = (l_2 ds_2)(l_3 ds_3)$. Tomando como referência a posição central na qual o fluxo é $\psi_o = G_{1o}(l_2 ds_2 l_3 ds_3)_o$, calculamos o fluxo na face em $s_{1o} + ds_1/2$ usando a derivada na posição central:

$$\psi(s_{1o} + ds_1/2) = G_{1o}(l_2 ds_2 l_3 ds_3)_o + \left(\frac{\partial}{\partial s_1}(G_1 l_2 ds_2 l_3 ds_3)\right)_o \frac{ds_1}{2}$$
$$= \left[G_{1o}(l_2 l_3)_o + \left(\frac{\partial}{\partial s_1}(G_1 l_2 l_3)\right)_o \frac{ds_1}{2}\right] ds_2 ds_3 \quad (6.17)$$

em que o símbolo o indica valor calculado no centro geométrico do elemento de volume.

Esse procedimento deve ser repetido para todas as faces considerando como referência que, em cada uma das direções no sistema de coordenadas, o fluxo na face da frente $s_{1o} + ds_1/2$ é positivo e na face de trás $s_{1o} - ds_1/2$ é negativo.

Capítulo 6 – Fluxo e divergente de um campo vetorial

Assim procedendo, a integral de fluxo na superfície é obtida na forma a seguir.

$$\oint_S \vec{G} \cdot d\vec{S} =$$

$$\left\{ \left[G_{1o}(l_2 l_3)_o + \left(\frac{\partial}{\partial s_1} G_1 l_2 l_3 \right)_o \frac{ds_1}{2} \right] - \left[G_{1o}(l_2 l_3)_o - \left(\frac{\partial}{\partial s_1} G_1 l_2 l_3 \right)_o \frac{ds_1}{2} \right] \right\} ds_2 ds_3$$

$$+ \left\{ \left[G_{2o}(l_1 l_3)_o + \left(\frac{\partial}{\partial s_2} G_2 l_1 l_3 \right)_o \frac{ds_2}{2} \right] - \left[G_{2o}(l_1 l_3)_o - \left(\frac{\partial}{\partial s_2} G_2 l_1 l_3 \right)_o \frac{ds_2}{2} \right] \right\} ds_1 ds_3$$

$$+ \left\{ \left[G_{3o}(l_1 l_2)_o + \left(\frac{\partial}{\partial s_3} G_3 l_1 l_2 \right)_o \frac{ds_3}{2} \right] - \left[G_{3o}(l_1 l_2)_o - \left(\frac{\partial}{\partial s_3} G_3 l_1 l_2 \right)_o \frac{ds_3}{2} \right] \right\} ds_1 ds_2$$

$$= \left[\left(\frac{\partial}{\partial s_1} G_1 l_2 l_3 \right)_o + \left(\frac{\partial}{\partial s_2} G_2 l_1 l_3 \right)_o + \left(\frac{\partial}{\partial s_3} G_3 l_1 l_2 \right)_o \right] \frac{l_1 ds_1 l_2 ds_2 l_3 ds_3}{l_1 l_2 l_3}$$

$$= \left(\nabla \cdot \vec{G} \right)_o dV$$

$$(6.18)$$

De acordo com a última igualdade dessa equação, o divergente pode ser calculado com a seguinte fórmula geral:

$$\nabla \cdot \vec{G} = \frac{1}{l_1 l_2 l_3} \left[\frac{\partial}{\partial s_1} (G_1 l_2 l_3) + \frac{\partial}{\partial s_2} (G_2 l_1 l_3) + \frac{\partial}{\partial s_3} (G_3 l_1 l_2) \right] \qquad (6.19)$$

Substituindo-se os fatores de escala, as coordenadas e as componentes de campo em cada sistema de coordenadas, obtemos diferentes fórmulas para o cálculo do divergente.

- Em coordenadas retangulares ($s_1 = x$, $s_2 = y$, $s_3 = z$, $G_1 = G_x$, $G_2 = G_y$, $G_3 = G_z$)

$$\nabla \cdot \vec{G} = \frac{\partial G_x}{\partial x} + \frac{\partial G_y}{\partial y} + \frac{\partial G_z}{\partial z} \qquad (6.20)$$

- Em coordenadas cilíndricas ($s_1 = \rho$, $s_2 = \phi$, $s_3 = z$, $G_1 = G_\rho$, $G_2 = G_\phi$, $G_3 = G_z$)

$$\nabla \cdot \vec{G} = \frac{1}{\rho} \frac{\partial}{\partial \rho} (\rho G_\rho) + \frac{1}{\rho} \frac{\partial G_\phi}{\partial \phi} + \frac{\partial G_z}{\partial z} \qquad (6.21)$$

- Em coordenadas esféricas ($s_1 = r$, $s_2 = \theta$, $s_3 = \phi$, $G_1 = G_r$, $G_2 = G_\theta$, $G_3 = G_\phi$)

$$\nabla \cdot \vec{G} = \frac{1}{r^2} \frac{\partial}{\partial r} (r^2 G_r) + \frac{1}{r \, sen\theta} \frac{\partial}{\partial \theta} (sen\theta G_\theta) + \frac{1}{r \, sen\theta} \frac{\partial G_\phi}{\partial \phi} \qquad (6.22)$$

56 Análise de sistemas eletromagnéticos

Para concluir este capítulo, algumas importantes propriedades do operador divergente que são úteis na simplificação de expressões vetoriais são descritas a seguir. Se a e b são constantes escalares, φ é uma função escalar e $\vec{F}$ e $\vec{G}$ são funções vetoriais, temos:

$$\nabla \cdot \left(a\vec{F} + b\vec{G}\right) = a\nabla \cdot \vec{F} + b\nabla \cdot \vec{G} \tag{6.23}$$

$$\nabla \cdot \left(\varphi\vec{F}\right) = \nabla\varphi \cdot \vec{F} + \varphi\nabla \cdot \vec{F} \tag{6.24}$$

$$\nabla \cdot \left(\vec{F} \times \vec{G}\right) = \left(\nabla \times \vec{F}\right) \cdot \vec{G} - \left(\nabla \times \vec{G}\right) \cdot \vec{F} \tag{6.25}$$

A Equação (6.25) apresenta no seu lado direito um operador diferencial ainda não definido. Trata-se do operador rotacional ($\nabla\times$), que será apresentado no Capítulo 9. Como os operadores gradiente e divergente, o rotacional envolve derivadas direcionais dos seus argumentos nas três direções do sistema de coordenadas.

6.3 Questões

6.1) Os itens a seguir descrevem as fontes de fluxo q_G do campo vetorial $\vec{G}$. Em cada caso, calcule o campo vetorial correspondente. Sugestão: use o teorema de Gauss mostrado na Equação (6.7) sabendo que a integral volumétrica resulta na quantidade de fonte no interior da superfície de integração. Escolha uma superfície de integração ("gaussiana") que simplifique o cálculo da integral de fluxo aproveitando as simetrias que existem.

a) q_G é fonte puntiforme localizada em $\vec{r} = \vec{r}_o$.

b) q_G está distribuída uniformemente ao longo do eixo z com densidade linear ρ_{Lg}.

c) q_G está distribuída uniformemente no plano $z = 0$ com densidade superficial ρ_{Sg}.

d) q_G está distribuída uniformemente na superfície esférica de raio R com densidade superficial ρ_{Sg}.

e) q_G está distribuída uniformemente no volume da esfera de raio R com densidade volumétrica ρ_{Vg}.

6.2) Para o campo vetorial descrito a seguir, verifique a validade do teorema de Gauss calculando e comparando os dois termos da Equação (6.7). Considere volume e área correspondentes a uma esfera de raio R centrada na origem do sistema de coordenadas.

$$\vec{G} = \left(a\cos^2\theta\vec{u}_r + b\,sen^2\theta\vec{u}_\theta\right)/r \tag{6.26}$$

Capítulo 6 – Fluxo e divergente de um campo vetorial   57

6.3) Repita as instruções da Questão 6.2 para o campo descrito a seguir. Considere volume e área correspondentes a um cilindro de raio R e altura L alinhado com o eixo z do sistema de coordenadas.

$$\vec{G} = a\,e^{-\alpha\rho}cos^2\phi\vec{u}_\rho + b\,\rho sen^2\phi\vec{u}_\phi \tag{6.27}$$

Capítulo 7

Lei de Gauss elétrica

7.1 Fluxo elétrico e lei de Gauss

A lei de Gauss é uma consequência do conceito de fluxo e está baseada na definição de divergente e no teorema de Gauss, possuindo duas versões: uma elétrica e uma magnética. A lei de Gauss elétrica estabelece que a fonte de fluxo elétrico é a carga elétrica, ou seja, que o fluxo elétrico total através de uma superfície fechada é numericamente igual à carga elétrica em seu interior. Como existem cargas elétricas positivas e negativas, existe também fluxo positivo (fluxo divergente ou para fora do volume) e fluxo negativo (fluxo convergente ou para dentro do volume).

Contudo, a integral de fluxo do campo elétrico em uma superfície fechada não é igual ao fluxo elétrico, ou seja, não é numericamente igual à carga elétrica no interior da superfície. Se usarmos o campo elétrico de uma carga puntiforme, Equação (5.5), e uma superfície esférica centrada na posição da carga, obtemos:

$$\psi_e = \oint_S \vec{E} \cdot d\vec{S} = \int_0^{2\pi} \int_0^\pi \left(k_e \frac{q}{r^2} \vec{u}_r \right) \cdot r^2 sen\theta d\theta d\phi \vec{u}_r = 4\pi k_e q = q/\epsilon_o \qquad (7.1)$$

A constante que multiplica a carga no resultado anterior é o inverso da permissividade elétrica do vácuo. Assim, para ser compatível com a lei de Gauss, o fluxo elétrico deve ser calculado com o campo vetorial $\epsilon_o \vec{E}$. Esse novo campo vetorial é denominado indução elétrica (ou densidade de fluxo elétrico), sendo representado pelo símbolo $\vec{D}$. A relação entre campo elétrico e indução elétrica é denominada relação constitutiva elétrica:

$$\vec{D} = \epsilon_o \vec{E} \qquad (7.2)$$

60 Análise de sistemas eletromagnéticos

Com essa definição temos as seguintes consequências importantes:
i) O fluxo elétrico, segundo a lei de Gauss é calculado por meio de:

$$\psi_e = \oint_S \vec{D} \cdot d\vec{S} = q \tag{7.3}$$

ii) Para atender ao teorema de Gauss, o divergente da indução elétrica deve ser igual à densidade volumétrica de carga elétrica:

$$\nabla \cdot \vec{D} = \rho_V \tag{7.4}$$

iii) A unidade de indução elétrica é a mesma de densidade superficial de carga elétrica, ou seja, *coulomb/metro quadrado* [C/m²].

7.2 Cálculo de indução elétrica

A lei de Gauss proporciona um método simples de cálculo de campo sempre que a distribuição de carga apresenta simetrias que permitem prever a orientação espacial do fluxo. A Figura 7.1 mostra alguns exemplos.

Cada partícula puntiforme de uma distribuição de carga produz fluxo radial e isotrópico, mas a superposição dos fluxos de muitas partículas próximas cancela o fluxo em algumas direções e o reforça em outras. Por exemplo, uma linha infinita de cargas com densidade uniforme não produz fluxo nas direções axial ou azimutal, porque a distribuição de carga não depende dessas coordenadas. Uma superfície plana infinita uniformemente carregada não produz fluxo nas direções paralelas ao plano e uma superfície cilíndrica ou esférica uniformemente carregada produz fluxo apenas na direção radial.

Uma vez que a direção do fluxo seja conhecida, se for possível definir uma superfície de integração ("gaussiana") para cálculo de fluxo sobre a qual a indução elétrica tenha módulo constante e orientação perpendicular, então o fluxo será simplesmente o produto do módulo da indução pela área da superfície. A carga elétrica total envolvida pela superfície pode ser encontrada por integração da densidade de carga. Com esses dois termos na lei de Gauss, calcula-se o módulo da indução e o campo elétrico.

No caso de um fio infinito uniformemente carregado, a superfície de integração é um cilindro concêntrico de raio (ρ) e comprimento (h) arbitrários. Os termos da lei de Gauss são, portanto:

$$\oint_S \vec{D} \cdot d\vec{S} = D 2\pi\rho h = \rho_L h \tag{7.5}$$

Capítulo 7 – Lei de Gauss elétrica

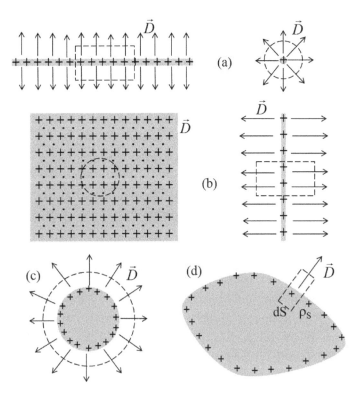

Figura 7.1: Ilustração do fluxo elétrico para algumas distribuições de carga e forma da superfície de integração para aplicação da lei de Gauss. (a) Linha de cargas de frente e de perfil; (b) superfície plana carregada de frente (os pontos indicam as extremidades dos vetores de indução elétrica) e de perfil; (c) esfera ou seção transversal cilíndrica; (d) objeto de forma irregular.

Resolvendo para o módulo e inserindo o vetor unitário, obtemos a indução e o campo elétrico:

$$\vec{D} = \frac{\rho_L}{2\pi\rho} \vec{u}_\rho \tag{7.6}$$

$$\vec{E} = \frac{\rho_L}{2\pi\epsilon_o\rho} \vec{u}_\rho \tag{7.7}$$

Note que a Equação (7.7) é idêntica à Equação (5.21), obtida por meio da lei de Coulomb. De fato, essas leis são equivalentes do ponto de vista de cálculo dos campos vetoriais e isso fica evidente quando escrevemos a indução elétrica no formato da Equação (6.10), que é a solução obtida para a equação diferencial

$$\nabla \cdot \vec{D} = \rho_V.$$

$$\vec{D}(\vec{r}) = \frac{1}{4\pi} \int_{V'} \frac{\rho_V(\vec{r}')\,(\vec{r} - \vec{r}')\,dV'}{|\vec{r} - \vec{r}'|^3} \tag{7.8}$$

Constata-se que a indução elétrica tem exatamente a mesma forma integral dada pela lei de Coulomb. Esse resultado é óbvio, uma vez que $\vec{D}$ e $\vec{E}$ são proporcionais entre si. Observe, contudo, que os métodos de cálculo por meio dessas leis não são equivalentes quanto ao grau de dificuldade. O uso da lei de Gauss facilita significativamente o cálculo dos campos. Infelizmente, são poucas as distribuições de carga reais que satisfazem os requisitos de simetria comentados anteriormente e a lei de Gauss pode ser aplicada de maneira vantajosa apenas em um número reduzido de casos.

Sabemos que quando a carga elétrica estática está distribuída em um bom condutor, independentemente da forma geométrica da superfície, o campo elétrico no seu interior e a componente tangencial na superfície são nulos. Esse fato nos permite utilizar a lei de Gauss para obter uma relação simples e muito importante entre campo e densidade de carga na superfície de bons condutores.

A Figura 7.1d mostra um exemplo para um objeto condutor de forma irregular e uma superfície de integração cilíndrica. Existe fluxo apenas na tampa externa desse cilindro, sendo dado por $\psi_e = DdS$. A carga elétrica contida no interior do cilindro é dada por $q = \rho_S dS$. Assim, por meio da lei de Gauss, obtêm-se as seguintes relações:

$$\vec{D} = \rho_s \vec{u}_n \tag{7.9}$$

$$\vec{E} = \frac{\rho_s}{\epsilon_o} \vec{u}_n \tag{7.10}$$

em que $\vec{u}_n$ é o vetor unitário normal e ρ_S é a densidade de carga na superfície do objeto condutor.

Geralmente, usamos essas relações para cálculo da densidade de carga a partir do campo elétrico já calculado por outros métodos que não exigem o conhecimento prévio da distribuição de carga. Sugerimos como exercício ao leitor a obtenção da indução elétrica nos casos (b) e (c) da Figura 7.1 por meio da lei de Gauss. As respostas são:

$$\vec{D} = \frac{\rho_s}{2} \vec{u}_n \tag{7.11}$$

$$\vec{D} = \frac{q}{4\pi r^2} \vec{u}_r \tag{7.12}$$

Capítulo 7 – Lei de Gauss elétrica

63

em que ρ_S é a densidade superficial de carga no plano, q é a carga total na esfera, $\vec{u}_n$ é o vetor unitário normal ao plano e $\vec{u}_r$ é o vetor unitário radial.

Como exemplo final deste capítulo, apresentamos a análise do campo e do potencial elétricos de um cabo coaxial. Essa linha de transmissão é constituída de dois condutores cilíndricos concêntricos. Sejam a e b os raios dos condutores interno e externo, respectivamente. Por ora, vamos assumir que o meio de separação entre esses condutores é o vácuo, embora cabos coaxiais reais usem quase sempre materiais sólidos para separação mecânica e isolação elétrica entre os condutores.

Quando uma fonte de potencial elétrico estabelece uma diferença de potencial entre os condutores, eles se carregam com cargas de sinais contrários. Essas cargas situam-se na superfície dos condutores (no caso do condutor externo, na sua superfície interna). Naturalmente, como já sabemos, o campo elétrico no interior dos condutores é nulo. Então, há apenas dois locais do espaço onde interessa calcular o campo elétrico: entre os condutores e fora do cabo.

Na Figura 5.5 está claramente ilustrada a distribuição radial do campo elétrico para o cabo coaxial. Assim, podemos utilizar uma superfície de integração cilíndrica concêntrica com os condutores para aplicação da lei de Gauss, como mostra a Figura 7.1a. Observe que a geometria do problema é exatamente igual à dessa figura. Portanto, é óbvio que a análise pode ser feita exatamente da maneira apresentada na Equação (7.5) e o resultado obtido para o campo elétrico no interior do cabo será exatamente aquele mostrado na Equação (7.7).

Observe também que para posições fora do cabo, ou seja, para coordenada radial maior que o raio externo, o campo elétrico é nulo, uma vez que o fluxo gerado pela carga do condutor interno é totalmente consumido pela carga de sinal contrário do condutor externo. Assim, podemos calcular a diferença de potencial entre os condutores usando a Equação (5.2).

$$
V\left(b\right) - V\left(a\right) = -\int_{a}^{b} \vec{E} \cdot d\vec{L} = -\int_{a}^{b} \frac{\rho_L}{2\pi\epsilon_o \rho} \vec{u}_\rho \cdot d\rho \vec{u}_\rho
$$

$$
= -\frac{\rho_L}{2\pi\epsilon_o} Ln\left(b/a\right)
$$

(7.13)

Se a diferença de potencial elétrico é estabelecida por uma bateria de potencial V_o com polo positivo no condutor interno, podemos calcular a densidade linear de carga elétrica nos condutores do cabo coaxial usando o resultado anterior da seguinte forma:

$$
\rho_L = \frac{2\pi\epsilon_o V_o}{Ln\left(b/a\right)}
$$

(7.14)

7.3 Questões

7.1) Considere duas esferas metálicas ocas e concêntricas de raios R_1 e R_2 ($R_1 <$ R_2) ligadas aos polos de uma bateria de potencial V_o. A espessura das paredes é muito pequena e pode ser desprezada. Calcule a indução elétrica em todas as regiões do espaço ($r < R_1$, $R_1 \leq r \leq R_2$, $r > R_2$) como função do potencial V_o. Calcule a carga elétrica acumulada nas esferas. O isolante entre as esferas é o vácuo.

7.2) Considere um tubo metálico eletricamente carregado, muito longo, com raio interno a e espessura da parede b. A indução elétrica na superfície externa do tubo tem módulo D_o. Calcule a indução elétrica como função da coordenada radial para todas as demais posições do espaço.

7.3) Considere uma linha de transmissão consistindo de dois condutores cilíndricos coaxiais de comprimento 5 m e diâmetros de 1 mm e 5 mm. Se o isolante é o ar e os condutores estão ligados a uma fonte de tensão de 100 V, calcule a carga elétrica total nos condutores e o máximo campo elétrico nessa estrutura.

7.4) Calcule a densidade superficial de carga elétrica e o campo elétrico máximo nos casos a seguir.

a) Esfera metálica de raio R, no ar, ligada a um potencial elétrico V_o.

b) Dois fios metálicos cilíndricos longos e paralelos, com raio a, separados pela distância d centro a centro, sendo $d >> a$, ligados a uma fonte de tensão não especificada, mas que estabelece campo elétrico no centro E_o.

c) Fio metálico cilíndrico de comprimento l, com raio a, posicionado paralelamente a uma placa metálica de mesmo comprimento e largura w, com separação h entre o centro do fio e a superfície da placa (considere $a << h << l << w$). Uma tensão V_o é aplicada entre os dois condutores.

Capítulo 8

Densidade de fluxo magnético e lei de Biot-Savart

8.1 Fluxo magnético

Uma distinção muito clara entre fluxo elétrico e magnético está no fato de o fluxo elétrico ser unipolar, ou seja, ser gerado por cargas positivas e negativas que podem ser separadas, enquanto o fluxo magnético é sempre de natureza dipolar. Isso significa que os dois polos, positivo (ou norte) e negativo (ou sul), de uma fonte de fluxo magnético não podem ser separados. Para ilustrar essa diferença, a Figura 8.1 mostra o fluxo em algumas estruturas elétricas e magnéticas.

As cargas isoladas produzem fluxo radial e isotrópico. Nas moléculas dipolares, em que se formam polos positivos e negativos separados no volume da molécula, todo o fluxo gerado no polo positivo é canalizado para o polo negativo, de modo que não há um fluxo líquido para longe da molécula. No caso magnético, o fluxo é gerado pelo movimento das cargas elétricas, seja na forma de correntes elétricas macroscópicas em meios condutores, seja no movimento orbital e de *spin* de elétrons em átomos. Nos materiais magnéticos sólidos como ferro, níquel e cobalto, quando magnetizados por uma fonte externa de campo, os átomos tendem a alinhar seus fluxos magnéticos em uma mesma direção e sentido, resultando em fluxos intensos e criando polos magnéticos na superfície do objeto, como ilustrado na Figura 8.1e.

O fluxo magnético forma caminhos fechados nos quais não há um ponto de início ou de fim, ou seja, o fluxo converge sobre si mesmo. Uma vez que não há polos magnéticos separados, também não há fluxo magnético através de qualquer superfície fechada, pois, de acordo com a lei de Gauss, isso exige que existam fontes isoladas de fluxo no seu interior. Assim, a lei de Gauss para o fluxo magnético é expressa da seguinte forma:

$$\oint_S \vec{B} \cdot d\vec{S} = 0 \qquad (8.1)$$

$$\nabla \cdot \vec{B} = 0 \qquad (8.2)$$

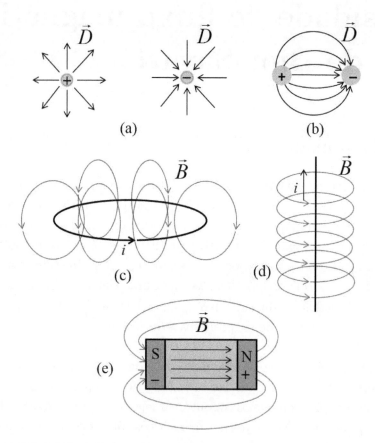

Figura 8.1: Polaridades e fluxos em partículas carregadas e fontes de campo magnético. (a) Cargas isoladas; (b) molécula dipolar; (c) espira de fio transportando corrente elétrica ou órbita plana de uma partícula elementar; (d) fio reto transportando corrente elétrica; (e) sólido magnetizado.

Observe que o campo vetorial $\vec{B}$ tem dois significados distintos. O primeiro foi mostrado no Capítulo 3, Equação (3.3), como a força por unidade de comprimento e unidade de corrente elétrica que o campo magnético exerce em um condutor.

Capítulo 8 – Densidade de fluxo magnético e lei de Biot-Savart 67

Agora, por meio das duas equações anteriores, estamos declarando a indução magnética como a densidade superficial de fluxo magnético.

A indução magnética é especificada na unidade *tesla* (T), de modo que na Equação (3.3) podemos verificar a seguinte associação de unidades: T = N/Am. Outra unidade comum é o *gauss* (G), que corresponde a 10^{-4} T. Por sua vez, o fluxo magnético é especificado na unidade *weber* (Wb), que se relaciona com a unidade de indução magnética na forma Wb = Tm^2.

8.2 Lei de Biot-Savart

É possível verificar matematicamente a assertiva das Equações (8.1) e (8.2) a partir da lei de Biot-Savart (proposta por Jean-Baptiste Biot e Félix Savart em 1820). Essa lei é a expressão matemática para cálculo da indução magnética de uma distribuição de corrente, nada mais sendo que um resultado da lei de força magnética desenvolvida anteriormente por Oersted e Ampère. A sua formulação para correntes filamentares foi usada nos exemplos de cálculo de força magnética no Capítulo 3. Para a indução magnética na posição $\vec{r}$ do espaço devida à distribuição filamentar de corrente na posição $\vec{r}\,'$, temos a seguinte fórmula proveniente da Equação (3.2):

$$\vec{B}\,(\vec{r}) = k_m \int_{L'} \frac{id\vec{L}' \times (\vec{r} - \vec{r}\,')}{|\vec{r} - \vec{r}\,'|^3} \tag{8.3}$$

Se a corrente está distribuída em uma superfície, o elemento de corrente $id\vec{L}'$ pode ser substituído por $\vec{k}dS'$, em que $\vec{k}$ é o vetor de densidade linear de corrente e dS' é um elemento infinitesimal de área na superfície. O módulo da densidade linear é a corrente por unidade de comprimento que atravessa uma linha transversal à direção da corrente na superfície. Sua direção e seu sentido são os mesmos da corrente. Com essa substituição, a lei de Biot-Savart pode ser escrita na seguinte forma:

$$\vec{B}\,(\vec{r}) = k_m \int_{S'} \frac{\vec{k} \times (\vec{r} - \vec{r}\,')}{|\vec{r} - \vec{r}\,'|^3} dS' \tag{8.4}$$

Para correntes distribuídas em grandes volumes, é conveniente utilizar a descrição baseada na densidade superficial de corrente já definida no Capítulo 6. Nesse caso, o elemento infinitesimal de corrente é escrito na forma $\vec{j}dV'$ e a integral de Biot-Savart torna-se:

$$\vec{B}\left(\vec{r}\right) = k_m \int\limits_{V'} \frac{\vec{j} \times \left(\vec{r} - \vec{r}'\right)}{\left|\vec{r} - \vec{r}'\right|^3} dV' \tag{8.5}$$

Como essa última forma é a mais geral, vamos aplicar sobre ela o operador divergente.

$$\nabla \cdot \vec{B}\left(\vec{r}\right) = k_m \int\limits_{V'} \nabla \cdot \left[\frac{\vec{j}\left(\vec{r}'\right) \times \left(\vec{r} - \vec{r}'\right)}{\left|\vec{r} - \vec{r}'\right|^3} \right] dV' \tag{8.6}$$

em que o operador atua apenas no integrando, uma vez que as operações diferenciais do divergente relacionam-se às coordenadas do vetor $\vec{r}$, enquanto o domínio de integração é localizado pelo vetor $\vec{r}'$. Utilizando a propriedade descrita na Equação (6.25), podemos expandir e reinterpretar o integrando nessa equação:

$$\nabla \cdot \left[\frac{\vec{j}\left(\vec{r}'\right) \times \left(\vec{r} - \vec{r}'\right)}{\left|\vec{r} - \vec{r}'\right|^3} \right] = \nabla \times \vec{j}\left(\vec{r}'\right) \cdot \left[\frac{\left(\vec{r} - \vec{r}'\right)}{\left|\vec{r} - \vec{r}'\right|^3} \right] - \nabla \times \left[\frac{\left(\vec{r} - \vec{r}'\right)}{\left|\vec{r} - \vec{r}'\right|^3} \right] \cdot \vec{j}\left(\vec{r}'\right) \tag{8.7}$$

O termo $\nabla \times \vec{j}$ é nulo, porque a densidade de corrente não depende das coordenadas do vetor $\vec{r}$ nas quais as derivadas direcionais do rotacional são calculadas. Por sua vez, o termo $\nabla \times \left[\left(\vec{r} - \vec{r}'\right)/\left|\vec{r} - \vec{r}'\right|^3 \right]$ também é nulo, mas isso será demonstrado no próximo capítulo. Assim, podemos concluir que o integrando na Equação (8.6) é nulo, o que resulta em divergente nulo da indução magnética.

8.3   Cálculo da indução magnética

No exemplo referente à Figura 3.2, foi utilizada a lei de Biot-Savart para obter as expressões integrais das componentes radial e axial da indução magnética de uma espira. Os resultados foram expressos nas Equações (3.10) e (3.12). Essas integrais não possuem solução analítica a não ser sobre o eixo de simetria da espira, ou seja, quando $\rho = 0$. Nesse caso, temos $B_\rho = 0$ e:

$$B_z\left(z\right) = \frac{k_m R^2 i}{\left[z^2 + R^2\right]^{3/2}} \int\limits_0^{2\pi} d\phi_1 = \frac{2\pi k_m R^2 i}{\left[z^2 + R^2\right]^{3/2}} \tag{8.8}$$

Outra possibilidade de obtenção de soluções analíticas ocorre para pontos muito afastados da espira tal que $r >> R$, sendo $r^2 = \rho^2 + z^2$. A seguinte

Capítulo 8 – Densidade de fluxo magnético e lei de Biot-Savart 69

aproximação para um dos termos no integrando nas Equações (3.10) e (3.12) pode ser utilizada nesse caso:

$$\frac{1}{[\rho^2 + z^2 + R^2 - 2\rho R cos\,(\phi - \phi_1)]^{3/2}} =$$
$$\frac{\left[1 + R^2/r^2 - 2\rho R cos\,(\phi - \phi_1)/r^2\right]^{-3/2}}{r^3} \tag{8.9}$$
$$\approx \frac{\left[1 + 3\rho R cos\,(\phi - \phi_1)/r^2\right]}{r^3}$$

Essa aproximação foi obtida desprezando-se o termo $(R/r)^2$ e aproximando o binômio restante pelos dois primeiros termos da série de Taylor:

$$(1 + t)^s = \sum_{n=0}^{\infty} \frac{1}{n!} \left[\frac{d^n}{dt^n}(1 + t)^s\right]_{t=0} t^n$$
$$= 1 + st + \frac{1}{2!}s(s - 1)t^2 + \frac{1}{3!}s(s - 1)(s - 2)t^3 + ... \approx 1 + st \tag{8.10}$$

O último termo é a aproximação quando $t << 1$. Assim, as soluções para a indução magnética longe da espira são:

$$B_z\,(\rho, z) = \frac{k_m R i}{r^3} \int_0^{2\pi} \left[1 + 3\rho R cos\,(\phi - \phi_1)/r^2\right] [R - \rho cos\,(\phi - \phi_1)]\,d\phi_1$$
$$= \frac{k_m R i}{r^3} \int_0^{2\pi} \left[R + \left[3\rho R^2/r^2 - \rho\right] cos\,(\phi - \phi_1) - 3\rho^2 R cos^2\,(\phi - \phi_1)/r^2\right]d\phi_1$$
$$= \frac{k_m \pi R^2 i}{r^3} \left(2 - 3\rho^2/r^2\right)$$
$$\tag{8.11}$$

$$B_\rho\,(\rho, z) = \frac{k_m R i z}{r^3} \int_0^{2\pi} \left[1 + 3\rho R cos\,(\phi - \phi_1)/r^2\right] cos\,(\phi - \phi_1)\,d\phi_1$$
$$= \frac{k_m R i z}{r^3} \left[\frac{3\rho R}{r^2} \int_0^{2\pi} cos^2\,(\phi - \phi_1)\,d\phi_1\right] \tag{8.12}$$
$$= \frac{3k_m \pi R^2 i z \rho}{r^5}$$

Podemos utilizar diversas relações entre coordenadas e vetores unitários mostradas no Capítulo 1 para reescrever as equações anteriores na forma esférica e, assim, obter uma representação mais compacta desse resultado. Os detalhes são deixados como exercício para o leitor.

$$\vec{B}(r,\theta) = \frac{k_m \pi R^2 i}{r^3} \left(2 - 3\rho^2/r^2\right) \vec{u}_z + \frac{3k_m \pi R^2 i z \rho}{r^5} \vec{u}_\rho$$
$$= \frac{k_m m}{r^3} [2\cos\theta \vec{u}_r + sen\theta \vec{u}_\theta] \tag{8.13}$$

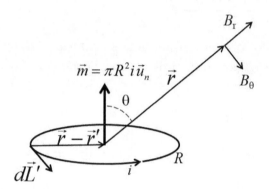

Figura 8.2: Ilustração do momento magnético e da indução magnética gerados por uma espira circular.

O termo $m = \pi R^2 i$ é o módulo do momento magnético da espira, sendo um vetor orientado perpendicularmente à área da espira e tendo sentido dado pelo produto $d\vec{L} \times (\vec{r} - \vec{r}')$ (termos do integrando da lei de Biot-Savart) quando $\vec{r}$ aponta para o centro da espira. Isso é mostrado na Figura 8.2.

A Equação (8.13) foi deduzida para uma espira plana circular de fio transportando corrente elétrica, mas também pode ser usada com outros formatos de circuito. A condição $r \gg R$ torna os detalhes geométricos da distribuição de corrente de pouca importância no resultado final. Para qualquer circuito, plano ou não, desde que se possa definir uma área e uma corrente elétrica equivalentes, pode-se calcular o seu momento magnético e utilizar essa equação para estimar a indução magnética gerada em posições afastadas do circuito. Observe que a indução magnética apresenta componentes radial e polar e que a distribuição de campo é independente do ângulo azimutal.

O modelo da espira circular é importante em diversas estruturas práticas como circuitos elétricos, solenoides e bobinas de Helmholtz. Mas, apenas no eixo da espira é possível obter uma solução analítica exata dada na Equação (8.8). Utilizando essa equação, podemos obter resultados aproximados para posições no eixo de simetria nessas estruturas.

Capítulo 8 – Densidade de fluxo magnético e lei de Biot-Savart

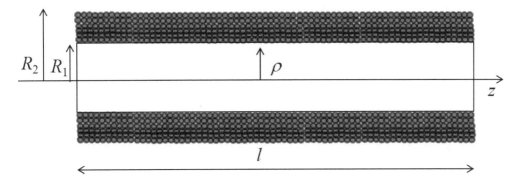

Figura 8.3: Representação esquemática de um solenoide como uma associação de espiras planas.

A Figura 8.3 mostra uma representação esquemática de um solenoide como uma associação bidimensional de espiras planas. Definimos a densidade de espiras (n) como o número de espiras por unidade de área da seção longitudinal do solenoide e estabelecemos que seu valor seja uma função da posição axial e da distância radial, isto é, o número de espiras entre as posições (ρ, z) e $(\rho + d\rho, z + dz)$ é dado por $dN = n(\rho, z)dzd\rho$. De acordo com a Equação (8.8), a indução magnética axial na posição $(0, z)$ devida ao número dN de espiras na posição (ρ', z') é dada por:

$$dB_z(z) = \frac{2\pi k_m \rho'^2 i}{\left[(z-z')^2 + \rho'^2\right]^{3/2}} n(\rho', z')\, dz'd\rho' \qquad (8.14)$$

Considere dois casos simples, mas importantes.
i) Uma única camada de espiras com espessura muito pequena comparada ao diâmetro interno do solenoide. Além disso, vamos assumir que a distribuição de espiras na direção z é uniforme. Como existe uma única camada fina de espiras, a dependência da densidade com a coordenada radial pode ser expressa na forma de uma função impulso unidimensional, ou seja, $n = (N/l)\delta(\rho - R)$, em que N é o número total de espiras, l é o comprimento total do solenoide e R é o raio da camada. Substituindo na equação anterior e integrando com a função primitiva

dada na Equação (2.9), obtemos:

$$
\begin{aligned}
B_z\,(z) &= \frac{2\pi k_m N i}{l} \int\limits_{0}^{\infty}\int\limits_{-l/2}^{+l/2} \frac{\rho'^2 \delta\,(\rho'-R)\,dz'd\rho'}{\left[(z-z')^2+\rho'^2\right]^{3/2}} \\
&= \frac{2\pi k_m N i}{l} \int\limits_{-l/2}^{+l/2} \frac{R^2 dz'}{\left[(z-z')^2+R^2\right]^{3/2}} \\
&= \frac{2\pi k_m N R^2 i}{l} \left[-\frac{(z-z')}{R^2\sqrt{(z-z')^2+R^2}} \right]_{-l/2}^{+l/2} \\
&= \frac{2\pi k_m N i}{l} \left[\frac{(z+l/2\,)}{\sqrt{(z+l/2\,)^2+R^2}} - \frac{(z-l/2\,)}{\sqrt{(z-l/2\,)^2+R^2}} \right]
\end{aligned}
\tag{8.15}
$$

ii) Distribuição uniforme de espiras na área da seção longitudinal do solenoide. Nesse caso, a densidade é dada por $n = N/l(R_2-R_1)$, em que R_1 e R_2 são os raios interno e externo da bobina, respectivamente. A integral resultante é mostrada a seguir. Usando novamente a Equação (2.9), obtemos:

$$
\begin{aligned}
B_z\,(z) &= \frac{2\pi k_m N i}{l\,(R_2-R_1)} \int\limits_{R_1}^{R_2}\int\limits_{-l/2}^{+l/2} \frac{\rho'^2 dz'd\rho'}{\left[(z-z')^2+\rho'^2\right]^{3/2}} \\
&= \frac{2\pi k_m N i}{l\,(R_2-R_1)} \int\limits_{R_1}^{R_2} \rho'^2 d\rho' \left[-\frac{(z-z')}{\rho'^2\sqrt{(z-z')^2+\rho'^2}} \right]_{-l/2}^{+l/2}
\end{aligned}
\tag{8.16}
$$

Após aplicar os limites de integração e simplificar a expressão resultante, podemos resolver a integral na direção radial por meio da seguinte função primitiva:

$$
\int \frac{dx}{\sqrt{x^2+a^2}} = Ln\left(x+\sqrt{x^2+a^2}\right)
\tag{8.17}
$$

Capítulo 8 – Densidade de fluxo magnético e lei de Biot-Savart 73

O procedimento é mostrado a seguir, mas alguns detalhes são omitidos para abreviar a expressão matemática.

$$B_z\left(z\right) = \frac{2\pi k_m N i}{l\left(R_2 - R_1\right)}$$

$$\left[\left(z + l/2\,\right)\int_{R_1}^{R_2}\frac{d\rho'}{\sqrt{\left(z + l/2\,\right)^2 + \rho'^2}} - \left(z - l/2\,\right)\int_{R_1}^{R_2}\frac{d\rho'}{\sqrt{\left(z - l/2\,\right)^2 + \rho'^2}}\right]$$

$$= \frac{2\pi k_m N i}{l\left(R_2 - R_1\right)}\left(z + l/2\,\right)Ln\left[\rho' + \sqrt{\left(z + l/2\,\right)^2 + \rho'^2}\right]_{R_1}^{R_2}$$

$$- \frac{2\pi k_m N i}{l\left(R_2 - R_1\right)}\left(z - l/2\,\right)Ln\left[\rho' + \sqrt{\left(z - l/2\,\right)^2 + \rho'^2}\right]_{R_1}^{R_2} \qquad (8.18)$$

$$= \frac{2\pi k_m N i}{l\left(R_2 - R_1\right)}\left(z + l/2\,\right)Ln\left[\frac{R_2 + \sqrt{\left(z + l/2\,\right)^2 + R_2^2}}{R_1 + \sqrt{\left(z + l/2\,\right)^2 + R_1^2}}\right]$$

$$- \frac{2\pi k_m N i}{l\left(R_2 - R_1\right)}\left(z - l/2\,\right)Ln\left[\frac{R_2 + \sqrt{\left(z - l/2\,\right)^2 + R_2^2}}{R_1 + \sqrt{\left(z - l/2\,\right)^2 + R_1^2}}\right]$$

A Figura 8.4 mostra algumas distribuições de indução magnética axial de solenoides obtidas numericamente por meio das Equações (8.15) e (8.18) para diferentes comprimentos, número de espiras e camadas. Observe que os solenoides longos produzem distribuições com grande uniformidade de indução magnética na maior parte do seu comprimento, enquanto os solenoides curtos geram induções não uniformes, porém mais intensas para o mesmo número de espiras e camadas. A indução magnética é proporcional ao número de espiras.

Outra utilização importante do modelo da espira circular encontra-se na bobina de Helmholtz. A Figura 8.5 mostra esquematicamente sua estrutura. As bobinas laterais são idênticas, concêntricas e separadas por uma distância igual ao raio. A corrente elétrica deve percorrer as bobinas no mesmo sentido para que os campos se somem na região central. Assumindo N espiras em cada uma das bobinas laterais e desprezando a espessura das bobinas, podemos obter a indução magnética resultante simplesmente somando dois termos equivalentes à Equação (8.8). Com a origem na posição central, temos:

$$B_z\left(z\right) = 2\pi k_m N R^2 i\left[\frac{1}{\left[\left(z + R/2\right)^2 + R^2\right]^{3/2}} + \frac{1}{\left[\left(z - R/2\right)^2 + R^2\right]^{3/2}}\right] \qquad (8.19)$$

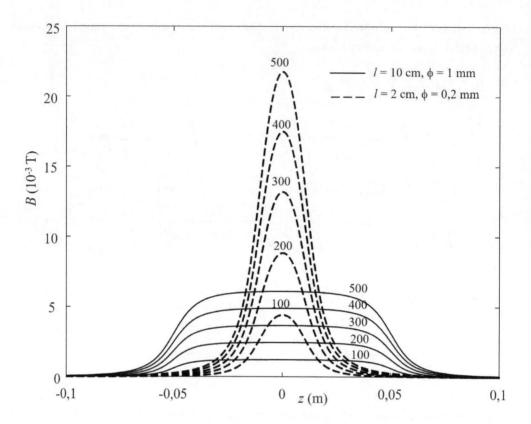

Figura 8.4: Distribuição de indução magnética no eixo de um solenoide para diferentes comprimentos e número de espiras com diversas camadas. O número de espiras é indicado em cada curva. Cada camada contém 100 espiras. A corrente é 1 A. A relação l/ϕ é a mesma para obter a mesma taxa de ocupação da área da bobina.

Pode-se mostrar que essa função apresenta primeira e segunda derivadas nulas em relação a z na posição central, $z = 0$. Isso confere grande uniformidade à distribuição de indução magnética entre as bobinas. Deixamos essa verificação a cargo do leitor. A Figura 8.6 mostra uma distribuição de linhas de intensidade de campo e mapa vetorial para uma bobina de Helmholtz. As linhas mostram o lugar geométrico onde a indução magnética tem os valores indicados na unidade 10^{-6} T. Esses valores foram calculados para $R = 10$ cm, $N = 1$ e $i = 1$ A. A Equação (8.19) fornece a indução magnética apenas no eixo da bobina. No centro ($z = 0$) temos:

$$B_o = \frac{4\pi k_m N i}{(5/4)^{3/2} R} \qquad (8.20)$$

Capítulo 8 – Densidade de fluxo magnético e lei de Biot-Savart 75

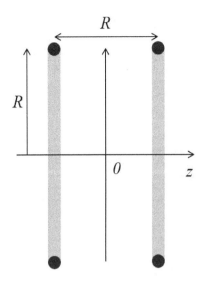

Figura 8.5: Estrutura esquemática de uma bobina de Helmholtz.

O cálculo em todas as posições do espaço mostradas na Figura 8.6 foi realizado por integração numérica das Equações (3.10) e (3.12) para as duas espiras desse exemplo. Observe a grande uniformidade do campo no interior da bobina de Helmholtz. O campo é praticamente paralelo ao eixo z e a intensidade situa-se em torno de B_o com uma variação de $\pm 10\%$ em um volume cilíndrico concêntrico com diâmetro e altura iguais a R. Por sua vez, em um volume menor, com diâmetro e altura iguais a $R/2$, a variação máxima é de $\pm 1\%$.

Como exemplo final, considere o cálculo de indução magnética de fios retilíneos. A indução magnética de um trecho reto de fio foi calculada em um exemplo no Capítulo 3, sendo obtida na Equação (3.5). Para um fio localizado entre as coordenadas $z = z_1$ e $z = z_2$ transportando corrente elétrica i no sentido de $z = z_1$ para $z = z_2$, a indução magnética na posição (ρ, z) do espaço é obtida da Equação (3.5) substituindo-se os novos limites de integração e o vetor unitário $\vec{u}_x$ por $-\vec{u}_\phi$.

$$\vec{B}(\rho, z) = \frac{k_m i}{\rho} \left[\frac{z_2 - z}{\sqrt{\rho^2 + (z_2 - z)^2}} + \frac{z - z_1}{\sqrt{\rho^2 + (z - z_1)^2}} \right] \vec{u}_\phi \qquad (8.21)$$

Uma utilização importante dessa equação é o cálculo da indução magnética de circuitos constituídos de segmentos retilíneos de fio. A Figura 8.7 mostra um exemplo para uma espira retangular plana percorrida por corrente elétrica e uma posição no plano para cálculo da indução magnética. O vetor unitário

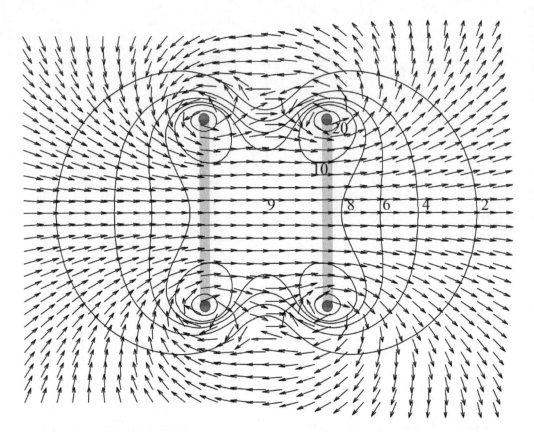

Figura 8.6: Distribuição de intensidade da indução magnética e mapa vetorial para uma bobina de Helmholtz com $R = 10$ cm, $N = 1$ e $i = 1$ A. Valores de indução nas linhas de campo em 10^{-6} T.

tem sentido e direção que variam de um segmento para outro. Esse vetor é definido pelo produto $d\vec{L} \times (\vec{r} - \vec{r}\,')$ no integrando da lei de Biot-Savart. Uma regra mnemônica simples define a direção do campo pelos dedos da mão direita quando o polegar está alinhado na direção e no sentido da corrente no condutor. Somando as contribuições de cada segmento segundo a Equação (8.21), obtemos a indução magnética total.

Usando a Equação (8.21) também podemos calcular o fluxo magnético na área adjacente ao fio e, com isso, obter resultados para espiras e circuitos com trechos retos usando simples associações algébricas. Esse processo é muito importante no cálculo de indutâncias e força eletromotriz em circuitos, como será visto em outros capítulos.

Por exemplo, assumindo que o raio do condutor é a, na área lateral ao condutor com largura d e altura $l = z_2 - z_1$, o fluxo magnético é calculado da seguinte

Capítulo 8 – Densidade de fluxo magnético e lei de Biot-Savart 77

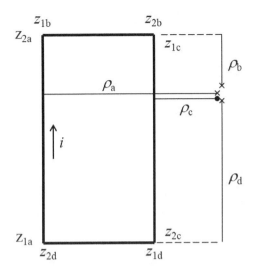

Figura 8.7: Exemplo de aplicação da fórmula do fio retilíneo no cálculo da indução magnética de uma espira retangular. Os símbolos • e × indicam campo saindo e entrando, respectivamente, do plano da página.

forma:

$$\psi_m = \int_a^d \int_{z_1}^{z_2} B(\rho, z) dz d\rho$$

$$= k_m i \left[\int_a^d \int_{z_1}^{z_2} \frac{(z_2 - z) \, dz d\rho}{\rho \sqrt{\rho^2 + (z_2 - z)^2}} + \int_a^d \int_{z_1}^{z_2} \frac{(z - z_1) \, dz d\rho}{\rho \sqrt{\rho^2 + (z - z_1)^2}} \right]$$

$$= 2k_m i \left\{ \left[\int_a^d \frac{\sqrt{\rho^2 + (z_2 - z_1)^2}}{\rho} d\rho \right] - (d - a) \right\} \qquad (8.22)$$

$$= 2k_m l i \left[\sqrt{1 + (d/l)^2} - \sqrt{1 + (a/l)^2} - (d-a)/l + Ln(d/a) \right]$$

$$+ 2k_m l i Ln \left(\frac{1 + \sqrt{1 + (a/l)^2}}{1 + \sqrt{1 + (d/l)^2}} \right)$$

em que usamos a seguinte função primitiva:

$$\int \frac{\sqrt{x^2 + a^2}}{x} dx = \sqrt{x^2 + a^2} - aLn\left(\frac{a + \sqrt{x^2 + a^2}}{x}\right) \qquad (8.23)$$

78 Análise de sistemas eletromagnéticos

Observe que o fluxo se aproxima de $\psi_m = 2k_m liLn(d/a)$ na medida em que o comprimento l se torna cada vez maior que a largura d. No caso da Figura 8.7, o fluxo total na área da espira é obtido com a soma das contribuições de cada uma das arestas.

8.4 Questões

8.1) Considere uma espira quadrada de aresta l feita de fio fino de raio a ($l >> a$) transportando corrente elétrica no sentido horário. A espira está posicionada no plano $z = 0$ e centralizada com a origem do sistema de coordenadas. Calcule a indução magnética sobre o eixo z. Calcule o fluxo magnético na área da espira.

8.2) Um solenoide de raio R e comprimento l é construído com N espiras distribuídas uniformemente em uma única camada. Calcule o fluxo magnético total através de todas as espiras do solenoide. Sugestão: considere que a indução magnética é uniforme na área das espiras e utilize apenas o valor calculado sobre o eixo z, Equação (8.15).

8.3) Considere um condutor filamentar com a forma helicoidal descrito pelas equações paramétricas: $x' = Rcos\phi'$, $x' = Rsen\phi'$, $z' = l\phi/10\pi$, em que o domínio do parâmetro ϕ é $0 \leq \phi \leq 10\pi$. Obtenha as equações integrais para cálculo da indução magnética por meio da lei de Biot-Savart em uma posição genérica do espaço.

8.4) Usando a Equação (8.19), mostre que dB_z/dz e d^2B_z/dz^2 são nulas em $z = 0$.

8.5) Considere uma espira metálica circular plana de raio R transportando corrente elétrica i. Calcule a indução magnética no seu plano como função da distância radial ao seu centro.

8.6) Calcule o fluxo magnético em uma espira metálica quadrada com aresta de 10 cm e fio de diâmetro 1 mm, transportando corrente elétrica de 1 A.

8.7) Projete uma bobina de Helmholtz para produzir campo de intensidade 10^{-5} T com variação máxima de $\pm 10\%$ em uma região cilíndrica com diâmetro e altura iguais a 20 cm.

8.8) Considere duas espiras circulares de raios R_1 e R_2 dispostas em planos paralelos separados pela distância z e centralizadas no mesmo eixo transversal. Se uma das espiras transporta corrente elétrica i, obtenha a expressão integral para cálculo do fluxo magnético na outra espira.

Capítulo 9

Circulação e rotacional de um campo vetorial

9.1 Circulação e operador rotacional

Circulação é uma integral de linha envolvendo o produto escalar de um campo vetorial pelo deslocamento em um caminho fechado. Se o campo vetorial descreve uma força, a circulação representa o trabalho realizado nesse percurso. No caso da força elétrica estática ($\vec{F} = q\vec{E}$), sabemos que esse trabalho é nulo, pois o campo é conservativo. No caso da força magnética ($\vec{F} = q\vec{v} \times \vec{B}$), o trabalho por unidade de carga é denominado força eletromotriz (U).

$$\oint_C \vec{E} \cdot d\vec{L} = 0 \tag{9.1}$$

$$U = \oint_C \vec{v} \times \vec{B} \cdot d\vec{L} \tag{9.2}$$

Rotacional é o operador que descreve a densidade superficial da circulação de um campo vetorial no espaço. O rotacional transforma um campo vetorial $\vec{F}$ em outro campo $\vec{G}$. $\vec{G}$ tem o significado de densidade superficial de circulação de $\vec{F}$, ou seja, o fluxo de $\vec{G}$ através de uma superfície é numericamente igual à circulação de $\vec{F}$ ao longo do caminho que limita essa superfície. De acordo com essa definição, a equação a seguir mostra como a componente do rotacional perpendicular a uma superfície ΔS deve ser calculada.

$$\left(\nabla \times \vec{F}\right)_n = \lim_{\Delta S \to 0} \frac{1}{\Delta S} \oint_C \vec{F} \cdot d\vec{L} \tag{9.3}$$

em que o n subscrito indica componente normal à superfície. Ou seja, para obter o rotacional devemos calcular o quociente da circulação em um caminho fechado com a área ΔS envolvida, na medida em que essa área tende a zero em torno da posição considerada. Essa equação fornece a componente perpendicular à área. Portanto, são necessárias três expressões dessas, uma em cada direção do sistema de coordenadas, para obter o rotacional como um campo vetorial.

Considere a projeção da equação anterior na direção x, por exemplo. Para $\Delta S_x \to 0$ temos:

$$\left(\nabla \times \vec{F}\right)_x \Delta S_x = \oint_{C_x} \left(\vec{F} \cdot d\vec{L}\right)_x \tag{9.4}$$

em que $(\nabla \times \vec{F})_x$ é a componente na direção x do rotacional e $\Delta S_x = \Delta y \Delta z$ é o elemento de área no plano x. A integral de linha com componentes F_y e F_z e deslocamentos Δy e Δz é calculada ao longo do percurso fechado C_x no plano x. Para as demais componentes, temos expressões similares. Reunindo em uma única equação, resulta:

$$\begin{aligned}
\left(\nabla \times \vec{F}\right)_x \Delta S_x &+ \left(\nabla \times \vec{F}\right)_y \Delta S_y + \left(\nabla \times \vec{F}\right)_z \Delta S_z = \nabla \times \vec{F} \cdot \Delta S \vec{u}_n \\
&= \oint_{C_x} \left(\vec{F} \cdot dL\right)_x + \oint_{C_y} \left(\vec{F} \cdot dL\right)_y + \oint_{C_z} \left(\vec{F} \cdot dL\right)_z \\
&= \oint_C \vec{F} \cdot d\vec{L}
\end{aligned} \tag{9.5}$$

A integração desta equação resulta no teorema de Stokes:

$$\int_S \nabla \times \vec{F} \cdot d\vec{S} = \oint_C \vec{F} \cdot d\vec{L} \tag{9.6}$$

O operador rotacional assume formas diferenciais específicas dependendo do sistema de coordenadas. Como fizemos nos casos anteriores, vamos considerar um sistema genérico de coordenadas curvilíneas como mostrado na Figura 6.2 e calcularemos a densidade de circulação nas faces desse elemento de volume. A Figura 9.1 mostra as três faces coordenadas separadas para facilitar a visualização das operações. Por exemplo, na face perpendicular à coordenada s_1, a circulação

Capítulo 9 – Circulação e rotacional de um campo vetorial

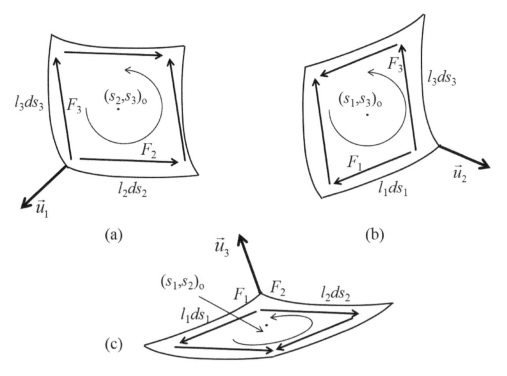

Figura 9.1: Faces coordenadas do elemento de volume genérico em coordenadas curvilíneas da Figura 6.2. As setas circulares indicam o sentido de circulação. Ilustração para o cálculo do rotacional.

pode ser escrita como a variação da integral de linha nas arestas s_2 e s_3:

$$Circ = \Delta\left(F_2 l_2 ds_2\right) + \Delta\left(F_3 l_3 ds_3\right)$$
$$= \left[(F_2 l_2 ds_2)_o - \left[\frac{\partial}{\partial s_3}(F_2 l_2 ds_2)\right]_o \frac{ds_3}{2}\right] - \left[(F_2 l_2 ds_2)_o + \left[\frac{\partial}{\partial s_3}(F_2 l_2 ds_2)\right]_o \frac{ds_3}{2}\right]$$
$$+ \left[(F_3 l_3 ds_3)_o + \left[\frac{\partial}{\partial s_2}(F_3 l_3 ds_3)\right]_o \frac{ds_2}{2}\right] - \left[(F_3 l_3 ds_3)_o - \left[\frac{\partial}{\partial s_2}(F_3 l_3 ds_3)\right]_o \frac{ds_2}{2}\right]$$
$$= \left[\frac{\partial}{\partial s_2}(F_3 l_3)\right]_o ds_2 ds_3 - \left[\frac{\partial}{\partial s_3}(F_2 l_2)\right]_o ds_2 ds_3$$

(9.7)

Dividindo-se pela área da face $l_2 ds_2 l_3 ds_3$, obtemos a componente na direção $\vec{u}_1$ do rotacional:

$$\left(\nabla \times \vec{F}\right)_1 = \frac{1}{l_2 l_3}\left[\frac{\partial}{\partial s_2}(l_3 F_3) - \frac{\partial}{\partial s_3}(l_2 F_2)\right]$$

(9.8)

Repetindo esse processo para as demais faces, obtemos o rotacional na forma tridimensional:

$$\nabla \times \vec{F} = \frac{1}{l_2 l_3}\left[\frac{\partial}{\partial s_2}(l_3 F_3) - \frac{\partial}{\partial s_3}(l_2 F_2)\right]\vec{u}_1 + \frac{1}{l_1 l_3}\left[\frac{\partial}{\partial s_3}(l_1 F_1) - \frac{\partial}{\partial s_1}(l_3 F_3)\right]\vec{u}_2$$

$$+ \frac{1}{l_1 l_2}\left[\frac{\partial}{\partial s_1}(l_2 F_2) - \frac{\partial}{\partial s_2}(l_1 F_1)\right]\vec{u}_3$$

$$= \frac{1}{l_1 l_2 l_3}\begin{pmatrix} l_1 \vec{u}_1 & l_2 \vec{u}_2 & l_3 \vec{u}_3 \\ \partial/\partial s_1 & \partial/\partial s_2 & \partial/\partial s_3 \\ l_1 F_1 & l_2 F_2 & l_3 F_3 \end{pmatrix}$$

$$(9.9)$$

9.2 Cálculo do rotacional

A forma matricial obtida como resultado da Equação (9.9) fornece o rotacional por meio do determinante da matriz. Com essa expressão geral podemos obter a forma diferencial do rotacional nos diversos sistemas de coordenadas simplesmente substituindo os fatores de escala.

a) Coordenadas retangulares

$$\nabla \times \vec{F} = \left(\frac{\partial F_z}{\partial y} - \frac{\partial F_y}{\partial z}\right)\vec{u}_x + \left(\frac{\partial F_x}{\partial z} - \frac{\partial F_z}{\partial x}\right)\vec{u}_y + \left(\frac{\partial F_y}{\partial x} - \frac{\partial F_x}{\partial y}\right)\vec{u}_z$$

$$= \begin{pmatrix} \vec{u}_x & \vec{u}_y & \vec{u}_z \\ \partial/\partial x & \partial/\partial y & \partial/\partial z \\ F_x & F_y & F_z \end{pmatrix}$$

$$(9.10)$$

b) Coordenadas cilíndricas

$$\nabla \times \vec{F} = \frac{1}{\rho}\left[\frac{\partial F_z}{\partial \phi} - \frac{\partial}{\partial z}(\rho F_\phi)\right]\vec{u}_\rho + \left[\frac{\partial F_\rho}{\partial z} - \frac{\partial F_z}{\partial \rho}\right]\vec{u}_\phi$$

$$+ \frac{1}{\rho}\left[\frac{\partial}{\partial \rho}(\rho F_\phi) - \frac{\partial F_\rho}{\partial \phi}\right]\vec{u}_z$$

$$= \frac{1}{\rho}\begin{pmatrix} \vec{u}_\rho & \rho \vec{u}_\phi & \vec{u}_z \\ \partial/\partial \rho & \partial/\partial \phi & \partial/\partial z \\ F_\rho & \rho F_\phi & F_z \end{pmatrix}$$

$$(9.11)$$

Capítulo 9 – Circulação e rotacional de um campo vetorial 83

c) Coordenadas esféricas

$$\nabla \times \vec{F} = \frac{1}{r sen\theta} \left[\frac{\partial}{\partial \theta} (sen\theta F_\phi) - \frac{\partial F_\theta}{\partial \phi} \right] \vec{u}_r$$

$$+ \frac{1}{r sen\theta} \left[\frac{\partial F_r}{\partial \phi} - \frac{\partial}{\partial r} (r sen\theta F_\phi) \right] \vec{u}_\theta$$

$$+ \frac{1}{r} \left[\frac{\partial}{\partial r} (r F_\theta) - \frac{\partial F_r}{\partial \theta} \right] \vec{u}_\phi \qquad (9.12)$$

$$= \frac{1}{r^2 sen\theta} \begin{pmatrix} \vec{u}_r & r\vec{u}_\theta & r sen\theta \vec{u}_\phi \\ \partial/\partial r & \partial/\partial \theta & \partial/\partial \phi \\ F_r & r F_\theta & r sen\theta F_\phi \end{pmatrix}$$

Uma vez que o rotacional de uma função vetorial seja especificado em cada posição do espaço, pretendemos calcular esse campo. Seja $\vec{j}_F(\vec{r})$ a densidade de circulação do campo $\vec{F}(\vec{r})$ no espaço. Para determinar $\vec{F}$, devemos resolver a seguinte equação diferencial:

$$\nabla \times \vec{F}(\vec{r}) = \vec{j}_F(\vec{r}) \qquad (9.13)$$

Para isso, podemos utilizar o teorema de Stokes, Equação (9.6):

$$\oint_C \vec{F} \cdot d\vec{L} = \int_S \vec{j}_F \cdot d\vec{S} \qquad (9.14)$$

Contudo, essa equação não é suficiente para a determinação completa da função $\vec{F}$. Veremos mais tarde que será necessário especificar também o divergente de $\vec{F}$ para que essa função possa ser determinada univocamente. Baseados unicamente no teorema de Stokes, precisamos conhecer *a priori* como a função $\vec{F}$ se distribui no espaço. Uma situação simples e muito importante ocorre quando a densidade de circulação $\vec{j}_F$ não depende da coordenada azimutal (quando existe simetria cilíndrica na distribuição da circulação em um plano) nem da coordenada axial. A Figura 9.2 mostra um exemplo.

Nesse caso, o caminho de circulação adequado é uma circunferência de raio ρ centrada na origem do sistema de coordenadas. O deslocamento $d\vec{L}$ está orientado na direção tangencial a essa circunferência. Assim, a única componente da função $\vec{F}$ que pode ser avaliada é a azimutal. O integrando $\vec{F} \cdot d\vec{L}$ é dado por $F_\phi \rho d\phi$. Pela simetria azimutal, F_ϕ não depende do ângulo azimutal e a integral de fluxo de $\vec{j}_F$ pode ser calculada com elementos de área de módulo $dS = 2\pi\rho d\rho$ paralelos

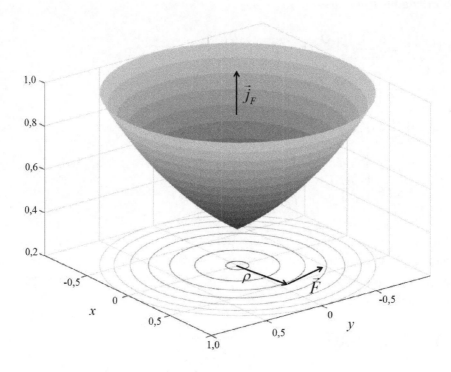

Figura 9.2: Ilustração da distribuição de densidade de circulação com simetria azimutal. Os círculos são caminhos de integração adequados para utilização do teorema de Stokes.

a $\vec{j}_F$. Assim, temos:

$$F_\phi 2\pi\rho = \int_0^\rho j_F(\rho')\, 2\pi\rho' d\rho' \rightarrow F_\phi = \frac{1}{\rho}\int_0^\rho j_F(\rho')\, \rho' d\rho' \qquad (9.15)$$

As demais componentes da função $\vec{F}$, se existirem, não podem ser determinadas por meio do teorema de Stokes, porque não contribuem para a circulação no caminho proposto. A situação descrita nesta análise é típica para a relação entre a densidade de corrente e o campo magnético, como se verá no próximo capítulo. Como alternativa ao cálculo mostrado na Equação (9.15), podemos resolver a Equação (9.13) usando o rotacional em coordenadas cilíndricas. Isso resulta em três equações separadas para as três direções do sistema de coordenadas:

$$\frac{1}{\rho}\left[\frac{\partial F_z}{\partial \phi} - \frac{\partial}{\partial z}(\rho F_\phi)\right] = 0 \qquad (9.16)$$

Capítulo 9 – Circulação e rotacional de um campo vetorial — 85

$$\frac{\partial F_\rho}{\partial z} - \frac{\partial F_z}{\partial \rho} = 0 \tag{9.17}$$

$$\frac{1}{\rho}\left[\frac{\partial}{\partial \rho}(\rho F_\phi) - \frac{\partial F_\rho}{\partial \phi}\right] = j_F(\rho) \tag{9.18}$$

Nessas equações, os termos que dependem das coordenadas axial e azimutal são nulos, uma vez que a distribuição de densidade de circulação não depende dessas coordenadas. Assim, nas Equações (9.16) e (9.17), verifica-se que F_z é uma constante cujo valor pode ser nulo sem qualquer implicação adicional. Uma vez que as derivadas de F_ρ nas coordenadas z e ϕ são nulas, essa componente é indefinida nesta análise. Da Equação (9.18), obtemos a componente azimutal do campo $\vec{F}$ por simples integração:

$$\frac{1}{\rho}\frac{d}{d\rho}(\rho F_\phi) = j_F(\rho)$$
$$\to F_\phi = \frac{1}{\rho}\int_0^\rho j_F(\rho')\,\rho'd\rho' \tag{9.19}$$

O operador rotacional apresenta as seguintes propriedades, em que a e b são constantes escalares, φ é uma função escalar e $\vec{F}$ e $\vec{G}$ são funções vetoriais:

$$\nabla \times \left(a\vec{F} + b\vec{G}\right) = a\nabla \times \vec{F} + b\nabla \times \vec{G} \tag{9.20}$$

$$\nabla \times \nabla\varphi = 0 \tag{9.21}$$

$$\nabla \cdot \nabla \times \vec{F} = 0 \tag{9.22}$$

$$\nabla \times \left(\varphi\vec{F}\right) = \nabla\varphi \times \vec{F} + \varphi\nabla \times \vec{F} \tag{9.23}$$

$$\nabla \times \nabla \times \vec{F} = \nabla\left(\nabla \cdot \vec{F}\right) - \nabla^2\vec{F} \tag{9.24}$$

$$\nabla \times \left(\vec{F} \times \vec{G}\right) = \left(\nabla \cdot \vec{G}\right)\vec{F} - \left(\nabla \cdot \vec{F}\right)\vec{G} + \left(\vec{G} \cdot \nabla\right)\vec{F} \\ - \left(\vec{F} \cdot \nabla\right)\vec{G} \tag{9.25}$$

Todas essas propriedades podem ser verificadas aplicando-se as Equações (9.10) a (9.12). Isso é deixado como exercício ao leitor. A Equação (9.24) é extremamente importante na análise eletromagnética conhecida como problema de valor de contorno e no estudo da geração e da propagação de ondas eletromagnéticas. O símbolo ∇^2 representa o operador laplaciano, que será apresentado em outro capítulo.

A Equação (9.21) pode ser demonstrada com o uso do teorema de Stokes. Sabemos do Capítulo 4, Equação (4.10), que a circulação do gradiente de uma função escalar é nula. Assim, independentemente da superfície S e do caminho C, temos:

$$\int_S \nabla \times \nabla\varphi \cdot d\vec{S} = \oint_C \nabla\varphi \cdot d\vec{L} = 0 \tag{9.26}$$

Para que uma integral aberta de fluxo seja nula independentemente da superfície de integração, é necessário que o integrando, no caso $\nabla \times \nabla\varphi$, seja nulo em todas as posições do espaço, o que resulta na Equação (9.21). Esse resultado significa que o rotacional de qualquer campo conservativo é nulo.

Um exemplo importante de campo conservativo é o campo elétrico coulombiano. Usando a Equação (5.11) para o campo elétrico e aplicando o rotacional, obtemos:

$$\nabla \times \vec{E}(\vec{r}) = k_e \int_{V'} \rho_V(\vec{r}') \nabla \times \left(\frac{\vec{r} - \vec{r}'}{|\vec{r} - \vec{r}'|^3} \right) dV' \tag{9.27}$$

em que o operador rotacional atua apenas na parte do integrando que depende das coordenadas de $\vec{r}$. Uma vez que o resultado é nulo independentemente da distribuição de carga que gerou o campo, concluímos que o rotacional no integrando é nulo:

$$\nabla \times \left(\frac{\vec{r} - \vec{r}'}{|\vec{r} - \vec{r}'|^3} \right) = 0 \tag{9.28}$$

Esse resultado, obviamente, poderia ser obtido também com as Equações (9.10) a (9.12) aplicadas na função considerada. Um campo vetorial cuja magnitude depende apenas da distância a um ponto e que está orientado na direção radial em relação a esse ponto é denominado campo central, como é o caso de $(\vec{r} - \vec{r}')/|\vec{r} - \vec{r}'|^3$. Todo campo central tem rotacional nulo.

A Equação (9.22) pode ser obtida a partir do teorema de Gauss:

$$\int_V \nabla \cdot \nabla \times \vec{F} \, dV = \oint_S \nabla \times \vec{F} \cdot d\vec{S} \tag{9.29}$$

A integral de fluxo do rotacional, segundo o teorema de Stokes, pode ser escrita como a soma de integrais de circulação em muitos caminhos sobre a superfície fechada, como mostra a Figura 9.3.

$$\oint_S \nabla \times \vec{F} \cdot d\vec{S} = \sum_n \oint_{C_n} \vec{F} \cdot d\vec{L} = 0 \tag{9.30}$$

Capítulo 9 – Circulação e rotacional de um campo vetorial 87

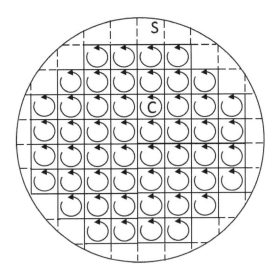

Figura 9.3: Ilustração para cálculo da circulação total em uma superfície fechada.

Mas, a circulação em qualquer dos caminhos na superfície é cancelada pela circulação nos caminhos adjacentes, o que cancela a circulação total, como indica a equação anterior. Assim, a integral de volume na Equação (9.29) é nula independentemente da forma geométrica da superfície e do volume considerados. Portanto, o integrando deve ser nulo, o que resulta na Equação (9.22).

As implicações conceituais dessa equação são muito importantes. Um campo cujo divergente é nulo é denominado campo solenoidal. Essa equação estabelece que todo campo solenoidal seja proveniente do rotacional de outro campo vetorial, denominado geralmente potencial vetorial. Assim, se $\vec{F}$ é o potencial vetorial de $\vec{G}$, temos:

$$\vec{G} = \nabla \times \vec{F} \rightleftarrows \nabla \cdot \vec{G} = 0 \tag{9.31}$$

A especificação do rotacional de uma função vetorial não determina essa função univocamente. Para uma dada função potencial vetorial $\vec{F}$, podemos escrever:

$$\begin{aligned}\vec{G} &= \nabla \times \left(\vec{F} + \nabla\varphi\right) \\ &= \nabla \times \vec{F} + \nabla \times \nabla\varphi \\ &= \nabla \times \vec{F}\end{aligned} \tag{9.32}$$

Ou seja, a adição do termo genérico $\nabla\varphi$ não modifica o rotacional do potencial vetorial. Portanto, $\vec{F}$ não é única. O teorema de Helmholtz estabelece que a unicidade de uma função vetorial é garantida se forem simultaneamente especificados

88 Análise de sistemas eletromagnéticos

seu divergente e seu rotacional. De modo geral, podemos escrever qualquer função vetorial como a soma de uma parcela conservativa com outra parcela solenoidal:

$$\vec{F} = \nabla\varphi + \nabla \times \vec{M} \tag{9.33}$$

Assim, temos as seguintes relações com as funções que descrevem o divergente (ρ_F) e o rotacional $(\vec{j}_F)$ da função $\vec{F}$:

$$\nabla \cdot \vec{F} = \nabla \cdot \nabla\varphi = \rho_F \tag{9.34}$$

$$\nabla \times \vec{F} = \nabla \times \nabla \times \vec{M} = \vec{j}_F \tag{9.35}$$

A solução dessas equações fornece as funções φ e $\vec{M}$ e nos permite calcular a função $\vec{F}$. Isso será mostrado mais adiante, quando tivermos obtido o operador laplaciano.

9.3 Questões

9.1) A densidade de circulação de um campo vetorial $\vec{F}$ é dada nos itens a seguir. Assumindo que $\vec{F}$ é contínua e finita em todo o espaço, calcule esse campo vetorial.

a)

$$\begin{aligned}\vec{j}_F &= j_o e^{\alpha\rho}\vec{u}_z \leftarrow \rho \leq R \\ \vec{j}_F &= 0 \leftarrow \rho > R\end{aligned} \tag{9.36}$$

b)

$$\begin{aligned}\vec{j}_F &= j_o senh(\alpha x)\vec{u}_z \leftarrow |x| \leq a/2 \\ \vec{j}_F &= 0 \leftarrow |x| > a/2\end{aligned} \tag{9.37}$$

9.2) Para o campo vetorial descrito a seguir, verifique a validade do teorema de Stokes calculando e comparando os dois termos da Equação (9.6). Use como caminho de integração um quadrado de aresta a centrado na origem do sistema de coordenadas no plano $z = 0$.

$$\vec{G} = \left(x^2 y\, \vec{u}_x + xy^2\, \vec{u}_y \right) / \sqrt{x^2 + y^2} \tag{9.38}$$

9.3) Para o campo vetorial descrito a seguir, verifique a validade do teorema de Stokes calculando e comparando os dois termos da Equação (9.6). Use como caminho de integração um círculo de raio R centrado na origem do sistema de coordenadas no plano azimutal.

$$\vec{G} = a\, e^{-\alpha\rho} cos^2\phi\, \vec{u}_\rho + b\rho\, sen^2\phi\, \vec{u}_\phi \tag{9.39}$$

Capítulo 9 – Circulação e rotacional de um campo vetorial 89

9.4) Mostre que a circulação do campo vetorial $\vec{F} = \vec{u}_\phi/\rho$ em um caminho circular de raio R centrado na origem do sistema de coordenadas no plano azimutal é igual a 2π. Repita para um caminho quadrado de aresta a.

Capítulo 10

Campo magnético e lei de Ampère

10.1 Lei de Ampère

A lei de Ampère estabelece que a circulação do campo magnético é igual à corrente elétrica que atravessa a área limitada pelo caminho de integração. Em outros termos, a densidade superficial de circulação do campo magnético é igual à densidade de corrente. Para demonstrar essa assertiva, vamos calcular o rotacional da indução magnética usando a Equação (8.5) proveniente da lei de Biot-Savart. Antes, porém, vamos reescrever o integrando nessa equação usando a seguinte igualdade:

$$\nabla \times \left(\frac{\vec{j}}{|\vec{r} - \vec{r}'|} \right) = \frac{\nabla \times \vec{j}}{|\vec{r} - \vec{r}'|} + \nabla \left(\frac{1}{|\vec{r} - \vec{r}'|} \right) \times \vec{j} = \frac{\vec{j} \times (\vec{r} - \vec{r}')}{|\vec{r} - \vec{r}'|^3} \tag{10.1}$$

em que usamos a Equação (9.23) e reconhecemos que $\nabla \times \vec{j} = 0$ porque $\vec{j}$ não depende das coordenadas de $\vec{r}$. Além disso, no segundo termo foi usado um resultado que convém destacar na seguinte fórmula:

$$\nabla \left(\frac{1}{|\vec{r} - \vec{r}'|} \right) = -\frac{(\vec{r} - \vec{r}')}{|\vec{r} - \vec{r}'|^3} = -\nabla' \left(\frac{1}{|\vec{r} - \vec{r}'|} \right) \tag{10.2}$$

O operador ∇ é equivalente a ∇', mas é calculado nas coordenadas de $\vec{r}$. Usando a Equação (10.1), podemos reescrever a lei de Biot-Savart na seguinte forma:

$$\vec{B} = k_m \int_{V'} \nabla \times \left(\frac{\vec{j}}{|\vec{r} - \vec{r}'|} \right) dV' \tag{10.3}$$

Aplicando o operador rotacional, temos:

$$\nabla \times \vec{B} = k_m \int_{V'} \nabla \times \nabla \times \left(\frac{\vec{j}}{|\vec{r} - \vec{r}'|} \right) dV'$$

$$= k_m \left\{ \nabla \int_{V'} \nabla \cdot \left(\frac{\vec{j}}{|\vec{r} - \vec{r}'|} \right) dV' - \int_{V'} \nabla^2 \left(\frac{\vec{j}}{|\vec{r} - \vec{r}'|} \right) dV' \right\} \tag{10.4}$$

em que usamos a Equação (9.24) para obter o terceiro termo. Na primeira integral no terceiro termo, podemos reescrever o integrando usando as seguintes expressões obtidas usando fórmulas vetoriais conhecidas:

$$\nabla \cdot \left(\frac{\vec{j}}{|\vec{r} - \vec{r}'|} \right) = \frac{\nabla \cdot \vec{j}}{|\vec{r} - \vec{r}'|} + \nabla \left(\frac{1}{|\vec{r} - \vec{r}'|} \right) \cdot \vec{j} = \nabla \left(\frac{1}{|\vec{r} - \vec{r}'|} \right) \cdot \vec{j} \tag{10.5}$$

$$\nabla' \cdot \left(\frac{\vec{j}}{|\vec{r} - \vec{r}'|} \right) = \frac{\nabla' \cdot \vec{j}}{|\vec{r} - \vec{r}'|} + \nabla' \left(\frac{1}{|\vec{r} - \vec{r}'|} \right) \cdot \vec{j} \tag{10.6}$$

Combinando essas equações e considerando as relações da Equação (10.2), obtemos o seguinte resultado:

$$\nabla \cdot \left(\frac{\vec{j}}{|\vec{r} - \vec{r}'|} \right) = \frac{\nabla' \cdot \vec{j}}{|\vec{r} - \vec{r}'|} - \nabla' \cdot \left(\frac{\vec{j}}{|\vec{r} - \vec{r}'|} \right) \tag{10.7}$$

com o qual retornamos agora à primeira integral no último termo da Equação (10.4) para obter:

$$\nabla \int_{V'} \nabla \cdot \left(\frac{\vec{j}}{|\vec{r} - \vec{r}'|} \right) dV' = \nabla \int_{V'} \frac{\nabla' \cdot \vec{j}}{|\vec{r} - \vec{r}'|} dV' - \nabla \int_{V'} \nabla' \cdot \left(\frac{\vec{j}}{|\vec{r} - \vec{r}'|} \right) dV'$$

$$= \int_{V'} \nabla \left(\frac{1}{|\vec{r} - \vec{r}'|} \right) \nabla' \cdot \vec{j} dV' - \nabla \oint_{S'} \frac{\vec{j} \cdot d\vec{S}'}{|\vec{r} - \vec{r}'|} \tag{10.8}$$

$$= - \int_{V'} \frac{(\vec{r} - \vec{r}')}{|\vec{r} - \vec{r}'|^3} \nabla' \cdot \vec{j} dV'$$

Nesse desenvolvimento, duas transformações simples foram utilizadas para simplificar o resultado final. Na primeira integral, utilizamos a Equação (10.2), sendo que o operador gradiente atua apenas no termo que depende do vetor $\vec{r}$. Na segunda integral, utilizamos o teorema de Gauss e verificamos que, uma vez que a densidade de corrente está confinada ao volume V', não pode haver fluxo para fora da superfície S', resultando a integral em valor nulo.

Capítulo 10 – Campo magnético e lei de Ampère

Considere agora a segunda integral na Equação (10.4). Seu integrando envolve o operador laplaciano, que ainda não foi apresentado neste capítulo. Para resolver essa integral, tudo o que precisamos saber no momento são as duas expressões a seguir:

$$\nabla^2 \varphi = \nabla \cdot \nabla \varphi \tag{10.9}$$

$$\nabla^2 \vec{A} = \left(\nabla^2 A_x \right) \vec{u}_x + \left(\nabla^2 A_y \right) \vec{u}_y + \left(\nabla^2 A_z \right) \vec{u}_z \tag{10.10}$$

O laplaciano envolve segundas derivadas nas três coordenadas do sistema de referência. Quando atua sobre uma função escalar, resulta das operações gradiente e divergente aplicadas em sequência. Quando atua em uma função vetorial, o operador laplaciano se distribui nas três componentes retangulares, como mostra a Equação (10.10). Uma vez que a densidade de corrente não depende da variável $\vec{r}$, é um vetor constante na operação a seguir:

$$\int_{V'} \nabla^2 \left(\frac{\vec{j}}{|\vec{r} - \vec{r}'|} \right) dV' = \int_{V'} \vec{j} \nabla \cdot \nabla \left(\frac{1}{|\vec{r} - \vec{r}'|} \right) dV' = -\int_{V'} \vec{j} \nabla \cdot \left(\frac{\vec{r} - \vec{r}'}{|\vec{r} - \vec{r}'|^3} \right) dV'$$

$$= -\int_{V'} \vec{j} 4\pi \delta \left(\vec{r} - \vec{r}' \right) dV'$$

$$= -4\pi \vec{j} \left(\vec{r} \right) \tag{10.11}$$

em que usamos a Equação (6.16) e as propriedades da função impulso. Observe que o resultado indica que a função $\vec{j}$ seja calculada na posição $\vec{r}' = \vec{r}$. Agora, substituindo as Equações (10.8) e (10.11) na Equação (10.4), obtemos:

$$\nabla \times \vec{B} \left(\vec{r} \right) = 4\pi k_m \vec{j} \left(\vec{r} \right) - k_m \int_{V'} \frac{\left(\vec{r} - \vec{r}' \right)}{|\vec{r} - \vec{r}'|^3} \nabla' \cdot \vec{j} \, dV' \tag{10.12}$$

E usando a relação entre constante magnética e permeabilidade magnética do vácuo ($k_m = \mu_o/4\pi$) mostrada no início do Capítulo 3, resulta:

$$\nabla \times \vec{B} \left(\vec{r} \right) = \mu_o \vec{j} \left(\vec{r} \right) - \frac{\mu_o}{4\pi} \int_{V'} \frac{\left(\vec{r} - \vec{r}' \right)}{|\vec{r} - \vec{r}'|^3} \nabla' \cdot \vec{j} \, dV' \tag{10.13}$$

Vamos avaliar inicialmente o termo integral nessa equação. Como sabemos, $\nabla' \cdot \vec{j}$ é a densidade volumétrica de fluxo da densidade de corrente. Utilizando o teorema de Gauss, temos:

$$\int_{V'} \nabla' \cdot \vec{j} \, dV' = \oint_{S'} \vec{j} \cdot d\vec{S}' \tag{10.14}$$

94 Análise de sistemas eletromagnéticos

Mas, a integral de fluxo da densidade de corrente, como mostra a Equação (6.5), resulta na corrente que atravessa a superfície. No caso da integral em superfície fechada da Equação (10.14), se o fluxo é positivo, significa que partículas carregadas estão saindo do volume, o que faz com que a quantidade de carga elétrica no volume V esteja diminuindo. Na situação oposta, se o fluxo é negativo, significa que a carga elétrica dentro do volume está aumentando. Essa relação entre o fluxo da densidade de corrente e a taxa de variação da carga elétrica dentro do volume limitado pela superfície fechada é o princípio da continuidade, sendo uma das leis fundamentais da eletrodinâmica.

Entretanto, estamos tratando apenas de distribuições de carga ou de corrente estáticas, ou seja, que não variam no tempo. Assim, a situação descrita não se aplica na análise atual, e apenas o caso com fluxo nulo da densidade de corrente na superfície fechada será considerado. Assim, na eletrostática, a Equação (10.14) indica que:

$$\nabla \cdot \vec{j} = 0 \tag{10.15}$$

E, com isso, a Equação (10.13) torna-se:

$$\nabla \times \vec{B}(\vec{r}) = \mu_o \vec{j}(\vec{r}) \tag{10.16}$$

Essa equação é a versão estática da lei de Ampère na forma diferencial. Contudo, o enunciado formulado no início deste capítulo propôs que a circulação do campo magnético é igual à corrente elétrica que atravessa a área limitada pelo caminho de integração. O campo magnético é um campo vetorial relacionado à indução magnética e definido de tal modo que, no vácuo, vale a seguinte equação, denominada relação constitutiva:

$$\vec{B} = \mu_o \vec{H} \tag{10.17}$$

Substituindo na Equação (10.16), obtemos:

$$\nabla \times \vec{H}(\vec{r}) = \vec{j}(\vec{r}) \tag{10.18}$$

E, utilizando o teorema de Stokes, obtemos a forma integral da lei de Ampère:

$$\oint_C \vec{H} \cdot d\vec{L} = \int_S \vec{j} \cdot d\vec{S} = i_C \tag{10.19}$$

em que i_C é a corrente que atravessa a área limitada pelo caminho de circulação. Observe que, para satisfazer a lei de Ampère, o campo magnético deve ter a unidade de *ampère/metro* [A/m].

Capítulo 10 – Campo magnético e lei de Ampère

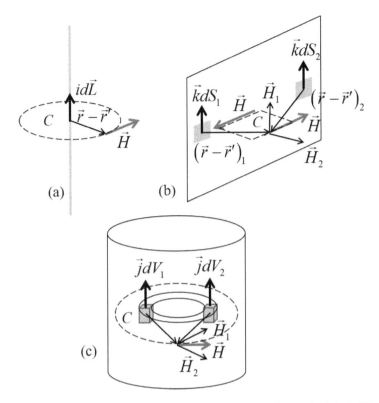

Figura 10.1: Distribuições de corrente e direções deduzidas pela lei de Biot-Savart do campo magnético. As linhas tracejadas são as curvas de integração para aplicação da lei de Ampère. (a) Distribuição filamentar;(b) distribuição superficial; (c) distribuição volumétrica.

Na forma integral, a lei de Ampère é especialmente útil no cálculo do campo magnético quando a integral de circulação pode ser resolvida de maneira genérica para obtenção do módulo do campo magnético. Isso requer naturalmente que a orientação espacial do campo seja conhecida *a priori* e que o caminho de integração escolhido permita o cálculo analítico da circulação e da corrente envolvida.

10.2 Cálculo de campo magnético

A Figura 10.1 mostra alguns casos em que a orientação espacial do campo é conhecida *a priori* com base na lei de Biot-Savart. Obviamente, o caminho de integração deve ser escolhido de modo que o módulo e a orientação do campo sejam constantes ao longo desse caminho.

96   Análise de sistemas eletromagnéticos

Para uma corrente filamentar, o campo magnético está orientado na direção azimutal (Figura 10.1a), por isso, o caminho de circulação deve ser uma circunferência concêntrica com o fio. A integração nesse caso é muito simples:

$$\oint_C \vec{H} \cdot d\vec{L} = 2\pi\rho H = i \rightarrow \vec{H} = \frac{i}{2\pi\rho}\vec{u}_\phi \tag{10.20}$$

No caso de um fio cilíndrico de diâmetro finito, se a densidade de corrente não depende da coordenada azimutal, o campo magnético também está orientado na direção azimutal (Figura 10.1c). O caminho de circulação também é uma circunferência concêntrica com o fio. O cálculo do campo pode ser feito dentro e fora do fio. Dentro do fio, o caminho de integração envolve apenas uma parte da corrente total. Temos então:

$$\oint_C \vec{H} \cdot d\vec{L} = 2\pi\rho H = \int_0^\rho j\left(\rho'\right) 2\pi\rho' d\rho' \rightarrow \vec{H} = \frac{1}{\rho} \int_0^\rho j\left(\rho'\right) \rho' d\rho' \vec{u}_\phi \tag{10.21}$$

Fora do fio, o resultado é idêntico ao obtido no caso da corrente filamentar, Equação (10.20). A situação mais simples é a da distribuição uniforme de densidade de corrente e ocorre para correntes que não variam no tempo. Nesse caso, para um condutor de raio a, temos:

$$\begin{aligned}\vec{H} &= j\frac{\rho}{2}\vec{u}_\phi = \frac{i\rho}{2\pi a^2}\vec{u}_\phi \leftarrow \rho \leq a \\ \vec{H} &= \frac{ja^2}{2\rho}\vec{u}_\phi = \frac{i}{2\pi\rho}\vec{u}_\phi \leftarrow \rho > a\end{aligned} \tag{10.22}$$

Na Figura 10.1b mostra-se uma corrente distribuída em uma superfície plana. Para uma superfície infinita com densidade de corrente uniforme, o campo é paralelo à superfície. Como mostra a figura, os elementos de corrente equidistantes do ponto considerado produzem campos que, somados, resultam na direção paralela. Para uma superfície finita, isso ocorre apenas para pontos próximos do meio do objeto, onde a simetria na distribuição da corrente elétrica tende a produzir o paralelismo do campo. Entretanto, se o ponto considerado situa-se muito próximo da superfície, os elementos de corrente distantes têm influência desprezível, e o campo torna-se paralelo em qualquer lugar da superfície.

Assumindo o paralelismo do campo, o caminho de circulação adequado é retangular, como mostra a Figura 10.1b. A integral de linha tem contribuições não nulas apenas dos trechos paralelos. Assim, se o retângulo tem largura w, a lei de Ampère é escrita na seguinte forma:

$$\oint_C \vec{H} \cdot d\vec{L} = 2wH = kw \rightarrow \vec{H} = \frac{\vec{k} \times \vec{u}_n}{2} \tag{10.23}$$

Capítulo 10 – Campo magnético e lei de Ampère 97

em que $\vec{u}_n$ é o vetor unitário normal à superfície. A expressão vetorial $\vec{k} \times \vec{u}_n$ é uma forma conveniente de indicar um vetor que é paralelo à superfície e perpendicular ao vetor $\vec{k}$ nessa superfície.

10.3 Questões

10.1) Considere uma linha paralela com condutores de comprimento l, raio a e separação centro a centro d. Considere que a linha transporta corrente elétrica de intensidade i. Calcule o campo magnético no espaço entre os condutores e o fluxo magnético nessa área.

10.2) Considere um cabo coaxial de comprimento l, com condutores interno de raio a e externo de raio b. Considere que o cabo transporta corrente elétrica de intensidade i. Calcule o campo magnético no espaço entre os condutores e o fluxo magnético nessa área.

10.3) Considere uma linha de placas paralelas (ver Figura 5.5) de comprimento l, com largura dos condutores w e separação $d << w$. Considere que a linha transporta corrente elétrica de intensidade i. Calcule o campo magnético no espaço entre os condutores e o fluxo magnético nessa área.

10.4) Considere um condutor cilíndrico retilíneo da raio a transportando corrente elétrica na direção axial com densidade dada pelas fórmulas $j(\rho) = j_o e^{(\rho-a)/\delta}$ para $\rho \leq a$ e $j(\rho) = 0$ para $\rho > a$, em que δ é a profundidade de penetração. Calcule o campo magnético dentro e fora do condutor.

10.5) Considere um solenoide longo com densidade uniforme de espiras n, no qual, longe das extremidades, o campo magnético interno pode ser considerado aproximadamente uniforme e o externo praticamente nulo. Obtenha por meio da lei de Ampère a relação entre o campo magnético, a densidade de espiras e a corrente no solenoide.

Capítulo 11

Operador laplaciano e potencial magnético

11.1 Laplaciano e equação de Laplace

O laplaciano resulta da aplicação dos operadores gradiente e divergente em sequência sobre uma função escalar. Consideremos as relações que envolvem a indução, o campo elétrico e o potencial elétrico no vácuo. Usando a relação constitutiva para substituir a indução elétrica na lei de Gauss, obtemos:

$$\nabla \cdot \vec{E} = \frac{\rho_V}{\epsilon_o} \tag{11.1}$$

Combinando com a relação entre campo e potencial elétricos, $\vec{E} = -\nabla V$, resulta na equação de Poisson:

$$\nabla \cdot \nabla V = -\frac{\rho_V}{\epsilon_o} \rightarrow \nabla^2 V = -\frac{\rho_V}{\epsilon_o} \tag{11.2}$$

Assim, a aplicação do operador laplaciano origina uma equação diferencial de segunda ordem. Utilizando as fórmulas do gradiente, Equação (4.7), e do divergente, Equação (6.19), obtemos a expressão generalizada do operador laplaciano. Os detalhes são deixados como exercício ao leitor.

$$\nabla \cdot \nabla \varphi = \frac{1}{l_1 l_2 l_3} \left[\frac{\partial}{\partial s_1} \left(\frac{l_2 l_3}{l_1} \frac{\partial \varphi}{\partial s_1} \right) + \frac{\partial}{\partial s_2} \left(\frac{l_1 l_3}{l_2} \frac{\partial \varphi}{\partial s_2} \right) + \frac{\partial}{\partial s_3} \left(\frac{l_1 l_2}{l_3} \frac{\partial \varphi}{\partial s_3} \right) \right] \tag{11.3}$$

Agora, especificando nos sistemas de coordenadas usuais, temos:

$$\nabla^2 \varphi = \frac{\partial^2 \varphi}{\partial x^2} + \frac{\partial^2 \varphi}{\partial y^2} + \frac{\partial^2 \varphi}{\partial z^2} \tag{11.4}$$

$$\nabla^2 \varphi = \frac{1}{\rho}\frac{\partial}{\partial \rho}\left(\rho \frac{\partial \varphi}{\partial \rho}\right) + \frac{1}{\rho^2}\frac{\partial^2 \varphi}{\partial \phi^2} + \frac{\partial^2 \varphi}{\partial z^2} \tag{11.5}$$

$$\begin{aligned}\nabla^2 \varphi &= \frac{1}{r^2}\frac{\partial}{\partial r}\left(r^2 \frac{\partial \varphi}{\partial r}\right) + \frac{1}{r^2 sen\theta}\frac{\partial}{\partial \theta}\left(sen\theta \frac{\partial \varphi}{\partial \theta}\right) + \frac{1}{r^2 sen^2\theta}\frac{\partial^2 \varphi}{\partial \phi^2}\\ &= \frac{1}{r}\frac{\partial^2}{\partial r^2}(r\varphi) + \frac{1}{r^2 sen\theta}\frac{\partial}{\partial \theta}\left(sen\theta \frac{\partial \varphi}{\partial \theta}\right) + \frac{1}{r^2 sen^2\theta}\frac{\partial^2 \varphi}{\partial \phi^2}\end{aligned} \tag{11.6}$$

Por meio da equação de Poisson, podemos calcular o potencial elétrico estabelecido por uma distribuição de cargas cuja densidade volumétrica é conhecida. Esse método não apresenta vantagem em relação ao método integrativo baseado no cálculo do campo elétrico pelas leis de Coulomb ou de Gauss e do potencial por meio da relação integral entre campo e potencial elétricos. Nas duas abordagens é necessário conhecer a *priori* a densidade de carga e o método integrativo geralmente é mais simples matematicamente.

Entretanto, situações práticas não requerem que o potencial seja calculado no interior da distribuição de carga. Em um sistema elétrico ou eletrônico, a carga elétrica se localiza na superfície dos condutores e o potencial elétrico nessas regiões é conhecido, uma vez que é estabelecido pela conexão dos circuitos às fontes de potencial elétrico como baterias, geradores eletromagnéticos ou geradores eletrônicos. Assim, a equação precisa ser resolvida apenas no espaço em torno dos condutores, onde a densidade de carga é nula. Obtemos então a conhecida equação de Laplace:

$$\nabla^2 V = 0 \tag{11.7}$$

Tudo o que precisamos saber a *priori* são as condições de contorno, ou seja, os valores de potencial ou campo elétrico na superfície dos condutores ou superfícies virtuais que limitam a região do espaço onde a análise é realizada. Esse procedimento é denominado análise do problema de valor de contorno e será devidamente tratado em capítulos posteriores.

11.2 Campo vetorial determinado por seu divergente e seu rotacional

Retornamos agora a uma questão proposta, mas não resolvida no Capítulo 9. O teorema de Helmholtz estabelece que se o divergente e o rotacional de um campo vetorial são especificados em todas as posições do espaço e se anulam de maneira rápida o suficiente no infinito, esse campo pode ser determinado univocamente. De modo geral, o campo vetorial pode ser descrito, como mostra a Equação (9.33),

Capítulo 11 – Operador laplaciano e potencial magnético 101

como a soma do gradiente de uma função escalar (φ) com o rotacional de uma função vetorial ($\vec{M}$), de tal modo a atender as Equações (9.34) e (9.35) reescritas a seguir de maneiras diferentes, porém algebricamente equivalentes:

$$\nabla^2 \varphi = \rho_F \tag{11.8}$$

$$\nabla \left(\nabla \cdot \vec{M} \right) - \nabla^2 \vec{M} = \vec{j}_F \tag{11.9}$$

em que ρ_F e $\vec{j}_F$ são o divergente e o rotacional, respectivamente, da função $\vec{F}$. Utilizamos a Equação (9.24) para obter a Equação (11.9), que pode ser simplificada adicionalmente considerando que se apenas o rotacional de $\vec{M}$ é necessário, então podemos assumir que $\nabla \cdot \vec{M} = 0$:

$$\nabla^2 \vec{M} = -\vec{j}_F \tag{11.10}$$

Uma solução para a Equação (11.8) pode ser obtida substituindo-se $\vec{P} = \nabla \varphi$:

$$\nabla \cdot \vec{P} = \rho_F \tag{11.11}$$

cuja solução foi obtida na Equação (6.10):

$$\vec{P}(\vec{r}) = \frac{1}{4\pi} \int_{V'} \frac{\rho_F(\vec{r}')(\vec{r} - \vec{r}')\,dV'}{|\vec{r} - \vec{r}'|^3} = -\nabla \left[\frac{1}{4\pi} \int_{V'} \frac{\rho_F(\vec{r}')}{|\vec{r} - \vec{r}'|}\,dV' \right] \tag{11.12}$$

O último termo dessa equação foi obtido usando-se a Equação (10.2). Com isso, verifica-se que a função escalar que satisfaz a Equação (11.8) pode ser obtida na seguinte forma:

$$\varphi(\vec{r}) = -\frac{1}{4\pi} \int_{V'} \frac{\rho_F(\vec{r}')}{|\vec{r} - \vec{r}'|}\,dV' \tag{11.13}$$

De acordo com essa equação, quando $r' \to \infty$, a contribuição para

$$d\varphi \approx -\rho_F(4\pi r'^2 dr')/4\pi r' = -\rho_F r' dr'.$$

Isso significa que para a integral resultar em valor finito, o divergente deve diminuir no infinito mais rapidamente que $1/r'^2$.

Para obter a função $\vec{M}$, procedemos de maneira semelhante. Inicialmente, reescrevemos a Equação (11.10) nas suas componentes retangulares:

$$\begin{aligned}
\nabla^2 M_x &= -j_{xF} \\
\nabla^2 M_y &= -j_{yF} \\
\nabla^2 M_z &= -j_{zF}
\end{aligned} \tag{11.14}$$

Comparando com a Equação (11.8), concluímos que a solução para cada componente do campo $\vec{M}$ é semelhante à Equação (11.13). Assim, temos:

$$M_i\left(\vec{r}\right) = \frac{1}{4\pi} \int_{V'} \frac{j_{iF}\left(\vec{r}'\right)}{\left|\vec{r} - \vec{r}'\right|} dV' \tag{11.15}$$

em que $i = x, y, z$.

As mesmas considerações de convergência da integral aplicadas no caso da função φ podem ser utilizadas na análise da Equação (11.15) e levam à mesma conclusão: é necessário que $\vec{j}(\vec{r}')$ diminua mais rapidamente no infinito que $1/r'^2$. Reunindo as três componentes, obtemos a solução para o campo vetorial $\vec{M}$:

$$\vec{M}\left(\vec{r}\right) = \frac{1}{4\pi} \int_{V'} \frac{\vec{j}_F\left(\vec{r}'\right)}{\left|\vec{r} - \vec{r}'\right|} dV' \tag{11.16}$$

Assim, o campo vetorial $\vec{F}$ definido por seu divergente e seu rotacional pode ser escrito na seguinte forma:

$$\begin{aligned}
\vec{F} &= \nabla\varphi + \nabla \times \vec{M} \\
&= \nabla\left[-\frac{1}{4\pi} \int_{V'} \frac{\rho_F\left(\vec{r}'\right)}{\left|\vec{r} - \vec{r}'\right|} dV'\right] + \nabla \times \left[\frac{1}{4\pi} \int_{V'} \frac{\vec{j}_F\left(\vec{r}'\right)}{\left|\vec{r} - \vec{r}'\right|} dV'\right] \\
&= \frac{1}{4\pi} \int_{V'} \frac{\rho_F\left(\vec{r}'\right)\left(\vec{r} - \vec{r}'\right)}{\left|\vec{r} - \vec{r}'\right|^3} dV' + \frac{1}{4\pi} \int_{V'} \frac{\vec{j}_F \times \left(\vec{r} - \vec{r}'\right)}{\left|\vec{r} - \vec{r}'\right|^3} dV'
\end{aligned} \tag{11.17}$$

em que usamos as Equações (9.23) e (10.2) na obtenção do resultado final.

11.3 Potencial magnético

Em relação à análise anterior, observamos que φ e $\vec{M}$ são denominados, respectivamente, potencial escalar e potencial vetorial de $\vec{F}$. Aplicando o resultado expresso na Equação (11.17) na eletrostática, observamos que o campo elétrico, que é conservativo ($\nabla \times \vec{E} = 0$), possui apenas potencial escalar, ou seja, o potencial elétrico. Já a indução magnética, que é solenoidal ($\nabla \cdot \vec{B} = 0$), possui apenas potencial vetorial, ou seja:

$$\vec{B} = \nabla \times \vec{A} \tag{11.18}$$

em que $\vec{A}$ é o potencial magnético. Para uma distribuição estática de corrente $\vec{j}(\vec{r})$, o potencial magnético pode ser calculado pela Equação (11.16) multiplicada

Capítulo 11 – Operador laplaciano e potencial magnético 103

pela permeabilidade magnética do vácuo (μ_o) ou substituindo-se $\mu_o/4\pi$ pela constante magnética k_m:

$$\vec{A}(\vec{r}) = k_m \int_{V'} \frac{j(\vec{r'})}{|\vec{r} - \vec{r'}|} dV' \tag{11.19}$$

Deixamos ao leitor a tarefa de verificar que, substituindo essa fórmula do potencial magnético na Equação (11.18), obtém-se a equação da integral de Biot-Savart da indução magnética. De maneira análoga, podemos obter o potencial magnético para distribuições filamentares e superficiais de corrente:

$$\vec{A}(\vec{r}) = k_m \int_{S'} \frac{\vec{k}(\vec{r'})}{|\vec{r} - \vec{r'}|} dS' \tag{11.20}$$

$$\vec{A}(\vec{r}) = k_m \int_{L'} \frac{i\,d\vec{L'}}{|\vec{r} - \vec{r'}|} \tag{11.21}$$

Note que, de acordo com a Equação (11.18), a unidade do potencial magnético pode ser especificada em *tesla* $\times$ *metro* [Tm]. As três formas anteriores para cálculo do potencial magnético são válidas desde que $\nabla \cdot \vec{A} = 0$, pois foi essa a condição utilizada, no caso do campo $\vec{M}$, no desenvolvimento matemático que resultou na Equação (11.16). Contudo, essa não é a única condição aplicável ao potencial magnético.

Vimos no Capítulo 9 que a adição do gradiente de qualquer função escalar não modifica o rotacional de um campo vetorial, Equação (9.32). Assim, o potencial magnético que satisfaz a Equação (11.18) não é único, a menos que especifiquemos o seu divergente. Uma vez que apenas o rotacional do potencial magnético é relevante na obtenção da indução magnética, o valor de $\nabla \cdot \vec{A}$ pode ser estabelecido conforme a conveniência do desenvolvimento algébrico em questão.

As transformações algébricas decorrentes da escolha do $\nabla \cdot \vec{A}$ são denominadas transformações de calibre (ou transformações de gauge). Na eletrostática geralmente usa-se $\nabla \cdot \vec{A} = 0$, que é conhecido como calibre de Coulomb. Segundo a Equação (11.9), outras escolhas para $\nabla \cdot \vec{A}$ levam a outras soluções para o potencial magnético. Retornaremos a esse assunto no estudo da eletrodinâmica.

O potencial magnético também satisfaz a seguinte equação diferencial:

$$\nabla^2 \vec{A} = -\mu_o \vec{j} \tag{11.22}$$

Isso pode ser verificado substituindo-se a Equação (11.18) na Equação (10.16):

$$\nabla \times \vec{B} = \nabla \times \nabla \times \vec{A} = \nabla \left(\nabla \cdot \vec{A} \right) - \nabla^2 \vec{A} = \mu_o \vec{j} \tag{11.23}$$

104   Análise de sistemas eletromagnéticos

Utilizando o calibre de Coulomb, obtém-se a Equação (11.22), que é uma equação de Poisson. Se o potencial magnético deve ser calculado apenas no volume externo aos condutores do sistema, como no caso do potencial elétrico, resulta a equação de Laplace:

$$\nabla^2 \vec{A} = 0 \tag{11.24}$$

A princípio, a utilização das Equações (11.19) a (11.21) para o cálculo do potencial magnético representa um caminho mais fácil para calcular a indução magnética. Contudo, a obtenção de soluções algébricas para essas integrais somente é possível em um número reduzido de casos. Vejamos dois exemplos para ilustrar essa possibilidade.

O fio reto transportando corrente já foi estudado por meio das leis de Biot-Savart e Ampère em capítulos anteriores. Agora vamos calcular o seu potencial magnético. A geometria é simples e bem conhecida das seções anteriores. Usando coordenadas cilíndricas, com o fio alinhado com o eixo z e posicionado entre as coordenadas z_1 e z_2, temos para a Equação (11.21):

$$\vec{A} = k_m i \int_{z_1}^{z_2} \frac{dz'}{\sqrt{\rho^2 + (z - z')^2}}\, \vec{u}_z \tag{11.25}$$

Para resolver essa integral, usamos a função primitiva dada na Equação (8.17):

$$
\begin{aligned}
\vec{A} &= k_m i \vec{u}_z \int_{z_1}^{z_2} \frac{dz'}{\sqrt{\rho^2 + (z - z')^2}} \\
&= -k_m i \vec{u}_z Ln \left[(z - z') + \sqrt{(z - z')^2 + \rho^2} \right]_{z_1}^{z_2} \\
&= k_m i Ln \left[\frac{(z - z_1) + \sqrt{(z - z_1)^2 + \rho^2}}{(z - z_2) + \sqrt{(z - z_2)^2 + \rho^2}} \right] \vec{u}_z \\
&\approx 2 k_m i Ln \left(l/\rho \right) \vec{u}_z
\end{aligned}
\tag{11.26}
$$

em que o último resultado foi obtido como aproximação assumindo que $l = z_2 - z_1 \gg \rho$ e que a posição é próxima do meio do fio. Essa demonstração é deixada como exercício para o leitor.

Outra geometria bem conhecida de exemplos anteriores é a espira circular. Usando a mesma representação do Capítulo 3, temos:

$$d\vec{L}' = \left(-sen\phi' \vec{u}_x + cos\phi' \vec{u}_y \right) Rd\phi' = Rd\phi' \vec{u}_{\phi'} \tag{11.27}$$

Capítulo 11 – Operador laplaciano e potencial magnético 105

$$\left|\vec{r} - \vec{r}\,'\right| = \sqrt{\rho^2 + z^2 + R^2 - 2\rho R cos\left(\phi - \phi'\right)} \tag{11.28}$$

Usando a seguinte transformação de coordenadas, $\phi - \phi' = \phi''$, e as relações entre vetores unitários expressas nas Equações (1.9) e (1.10), obtemos:

$$\begin{aligned}
d\vec{L}' &= -\left[-sen\left(\phi - \phi''\right)\vec{u}_x + cos\left(\phi - \phi''\right)\vec{u}_y\right]Rd\phi'' \\
&= -\left\{\left[-sen\phi\vec{u}_x + cos\phi\vec{u}_y\right]cos\phi'' + \left[cos\phi\vec{u}_x + sen\phi\vec{u}_y\right]sen\phi''\right\}Rd\phi'' \\
&= -\left(cos\phi''\vec{u}_\phi + sen\phi''\vec{u}_\rho\right)Rd\phi''
\end{aligned} \tag{11.29}$$

Aplicando na Equação (11.21), resulta:

$$\vec{A}\left(\rho, z\right) = -k_m R i \int\limits_{\phi}^{\phi - 2\pi} \frac{\left(cos\phi''\vec{u}_\phi + sen\phi''\vec{u}_\rho\right)d\phi''}{\sqrt{\rho^2 + z^2 + R^2 - 2\rho R cos\phi''}} \tag{11.30}$$

Facilmente se verifica que a integral na direção radial é nula. Portanto, o potencial tem componente apenas na direção azimutal. Contudo, essa integral não tem solução analítica para uma posição qualquer do espaço. Sobre o eixo z ($\rho = 0$) o potencial é nulo, mas para outras posições a integral deve ser resolvida por método computacional.

Uma aproximação analítica útil é possível quando a distância ao centro da espira é muito maior que o raio da espira. Esse desenvolvimento algébrico é baseado no mesmo tipo de aproximação usado na Equação (8.9):

$$\begin{aligned}
\frac{1}{\left[\rho^2 + z^2 + R^2 - 2\rho R cos\phi''\right]^{1/2}} &= \frac{\left[1 + R^2/r^2 - 2\rho R cos\phi''/r^2\right]^{-1/2}}{r} \\
&\approx \frac{\left[1 + \rho R cos\phi''/r^2\right]}{r}
\end{aligned} \tag{11.31}$$

Substituindo na Equação (11.30), com $\phi = 0$, resulta:

$$\begin{aligned}
\vec{A}\left(\rho, z\right) &= k_m R i \vec{u}_\phi \int\limits_{0}^{2\pi} \frac{cos\phi'' d\phi''}{\sqrt{\rho^2 + z^2 + R^2 - 2\rho R cos\phi''}} \\
&= k_m R i \vec{u}_\phi \int\limits_{0}^{2\pi} \frac{\left[1 + \rho R cos\phi''/r^2\right]}{r} cos\phi'' d\phi'' \\
&= \frac{k_m R i}{r} \vec{u}_\phi \left[\int\limits_{0}^{2\pi} cos\phi'' d\phi'' + \frac{\rho R}{r^2} \int\limits_{0}^{2\pi} cos^2\phi'' d\phi''\right] \\
&= \frac{k_m \pi R^2 i \rho}{r^3} \vec{u}_\phi = \frac{k_m \vec{m} \times \vec{r}}{r^3}
\end{aligned} \tag{11.32}$$

No último termo foi usada a relação $\rho = r\,sen\theta$ e a definição de momento magnético da espira. Sugerimos ao leitor mostrar que esse resultado é compatível com a indução magnética da espira calculada nas mesmas condições e obtida na Equação (8.13).

11.4 Questões

11.1) Mostre que, substituindo a Equação (11.19) na Equação (11.18), obtém-se a equação da integral de Biot-Savart da indução magnética.

11.2) Mostre que a Equação (11.32) para o potencial magnético é compatível com a Equação (8.13) para a indução magnética.

11.3) Mostre que a função a seguir é uma solução da equação de Poisson, Equação (11.2), em que a densidade de carga é dada por $\rho_V = \rho_S \delta(r - R)$, onde ρ_S é uma densidade superficial de carga e δ é a função delta de Dirac. Calcule as constantes c e V_o.

$$
\begin{aligned}
V &= V_o \leftarrow r \leq R \\
V &= c/r \leftarrow r \geq R
\end{aligned}
\tag{11.33}
$$

11.4) Considere uma distribuição de corrente descrita pela equação a seguir e obtenha a solução da equação de Poisson para o potencial magnético, aplicando as seguintes condições de contorno: A_z finito em $\rho = 0$, $A_z(\rho = a) = 0$ e H_ϕ contínuo através da interface em $\rho = a$.

$$
\begin{aligned}
\vec{j} &= j_o \vec{u}_z \leftarrow \rho \leq a \\
\vec{j} &= 0 \leftarrow \rho > a
\end{aligned}
\tag{11.34}
$$

11.5) Um campo vetorial é descrito por $\nabla \cdot \vec{F} = k\delta(\rho - a)$ e $\nabla \times \vec{F} = p\rho\vec{u}_z$ para $\rho \leq a$ e $\nabla \times \vec{F} = 0$ para $\rho > a$, em que k e p são constantes e a é uma distância radial de referência. Obtenha esse campo vetorial.

Capítulo 12

Continuidade, condições de contorno e método das imagens

12.1 Continuidade em interfaces

Quando ocorre uma transição abrupta nas propriedades eletromagnéticas do espaço, dizemos que existe uma interface entre dois meios envolvidos. Os campos e os potenciais nos dois lados estão relacionados de maneira previsível segundo as leis eletromagnéticas já estudadas. A Figura 12.1 mostra uma interface plana separando dois meios, as componentes paralela e normal dos campos e a densidade de carga e de corrente na interface. Para obter as relações entre as componentes normais das induções elétrica e magnética, devemos utilizar a lei de Gauss. Considere que o cilindro usado como superfície de integração para cálculo do fluxo tem altura infinitesimal.

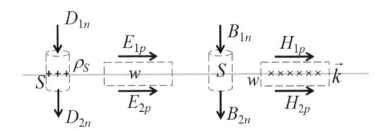

Figura 12.1: Ilustração para análise da continuidade dos campos em uma interface. Os índices n e p indicam as componentes normal e paralela, respectivamente. Os símbolos + e × indicam densidades superficiais de carga e de corrente, respectivamente.

$$(D_{2n} - D_{1n})\,S = \rho_s S \tag{12.1}$$

$$(B_{2n} - B_{1n})\,S = 0 \tag{12.2}$$

Assim, obtemos as relações de continuidade:

$$D_{2n} - D_{1n} = \rho_s \tag{12.3}$$

$$B_{1n} = B_{2n} \tag{12.4}$$

Se um dos meios envolvidos é condutor, pode haver carga elétrica acumulada na interface. No caso de meios dielétricos, pode haver carga estática devida à ionização dos átomos superficiais. Caso não exista carga elétrica na interface, a indução elétrica normal é contínua. Por sua vez, a indução magnética normal é sempre contínua. Para as componentes paralelas dos campos, devemos usar as leis que envolvem a circulação. A circulação do campo elétrico é nula e a do campo magnético é igual à corrente envolvida pelo caminho. Considerando que a altura do caminho de circulação é infinitesimal, temos:

$$(E_{1p} - E_{2p})\,w = 0 \tag{12.5}$$

$$(H_{1p} - H_{2p})\,w = kw \tag{12.6}$$

Assim, obtemos as relações de continuidade:

$$E_{1p} = E_{2p} \tag{12.7}$$

$$H_{1p} - H_{2p} = k \tag{12.8}$$

Observe que enquanto o campo elétrico paralelo é sempre contínuo, a continuidade do campo magnético paralelo é afetada pela existência de corrente elétrica superficial. Contudo, para ter efeito sobre a continuidade do campo magnético, a corrente envolvida pelo caminho de circulação não deve se anular quando a altura desse caminho em torno da interface tende a zero. Essa condição especial ocorre, por exemplo, quando o efeito pelicular é muito pronunciado, ou seja, quando estão envolvidas superfícies metálicas e altas frequências de oscilação dos campos existentes. Também é uma ocorrência possível em materiais no estado supercondutor, devido ao efeito Meissner. Nesses casos, o campo magnético paralelo é descontínuo. Por outro lado, em interfaces entre materiais dielétricos, o campo magnético paralelo é sempre contínuo. Segundo a Equação (12.8) e a Figura 12.1, a densidade de corrente $\vec{k}$ afeta a relação entre as componentes de $\vec{H}$ no plano transversal a $\vec{k}$. Assim, deduzimos que as componentes do campo magnético no plano paralelo a $\vec{k}$ são contínuas. Para o potencial elétrico, podemos deduzir a relação entre valores nos dois lados da interface usando a Equação (5.2). Para pontos equidistantes da interface separados pela distância Δz, temos:

$$V_2 - V_1 = -\left(E_{1n} + E_{2n}\right)\Delta z/2 \tag{12.9}$$

O limite quando Δz tende a zero, ou seja, quando os pontos estão infinitesimalmente próximos, resulta em zero. Isso significa que o potencial elétrico é contínuo na interface:

$$V_2 = V_1 \tag{12.10}$$

Considerando o teorema de Stokes e a Equação (11.18), obtemos a seguinte expressão matemática para o fluxo magnético:

$$\psi_m = \int_S \vec{B} \cdot d\vec{S} = \oint_C \vec{A} \cdot d\vec{L} \tag{12.11}$$

Usando o mesmo tipo de caminho de circulação mostrado na Figura 12.1, teremos:

$$\left(A_{1p} - A_{2p}\right) w = \psi_m \tag{12.12}$$

Mas, uma vez que a altura desse caminho retangular tende a zero em torno da interface, o fluxo magnético é nulo. Portanto, a componente paralela do potencial magnético é contínua:

$$A_{1p} = A_{2p} \tag{12.13}$$

Quanto à componente normal, devemos considerar o efeito do calibre de Coulomb, $\nabla \cdot \vec{A} = 0$, e assim concluir, como já fizemos para a indução magnética, que a componente normal do potencial magnético é contínua:

$$A_{1n} = A_{2n} \tag{12.14}$$

12.2 Condições de contorno

A tarefa de obtenção de soluções da equação de Laplace para determinação da distribuição espacial de potencial requer a especificação do potencial ou campo em determinadas superfícies que delimitam o domínio de análise. Tais valores são denominados condições de contorno e servem para o cálculo de constantes que especificam a resposta a partir de soluções gerais da equação de Laplace. A análise

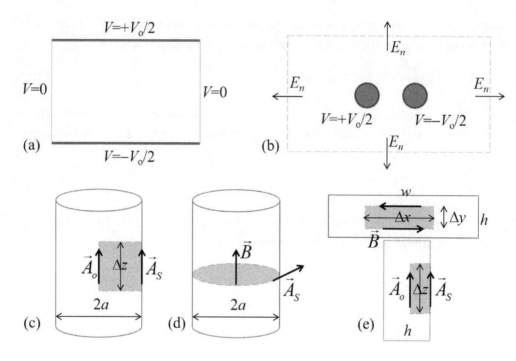

Figura 12.2: Condições de contorno para os potenciais elétrico e magnético.

baseada na solução de uma equação diferencial na qual são impostas restrições nas superfícies de contorno do domínio é denominada solução do problema de valor de contorno.

A Figura 12.2 ilustra as condições de contorno em alguns casos importantes. A Figura 12.2a mostra um domínio retangular no qual os potencias são predefinidos nas faces. Esse tipo de restrição é denominado condição de contorno de Dirichlet. Na Figura 12.2b, os potenciais são predefinidos nos condutores internos, mas nas superfícies de contorno externas a prescrição se dá com a componente normal do campo. Essa restrição é denominada condição de contorno de Neumann.

A fixação do potencial elétrico em uma superfície é simples quando se trata de um material condutor. Nesse caso, o potencial na superfície é o mesmo potencial aplicado no condutor. Quando não existe um contorno físico que define o potencial ou o campo superficial, valores hipotéticos adequados podem ser atribuídos em um contorno igualmente hipotético que define um domínio de análise arbitrário, desde que o contorno se situe bem distante das fontes de potencial no domínio. Nesse caso, a condição de contorno de Neumann geralmente é menos restritiva e resulta em soluções com maior exatidão que a condição de Dirichlet.

Capítulo 12 – Continuidade, condições de contorno e método das imagens   111

As Figuras 12.2(c, d, e) mostram condições de contorno para o potencial magnético. No caso (c), um condutor cilíndrico transporta corrente elétrica na direção do seu comprimento, portanto, o potencial magnético é axial. Para determinar o potencial na superfície, podemos usar a relação entre a circulação do potencial e o fluxo magnético, dada na Equação (12.11):

$$\oint_C \vec{A} \cdot d\vec{L} = \psi_m \tag{12.15}$$

Usando o retângulo sombreado na Figura 12.2c para cálculo do fluxo e da circulação, temos:

$$(A_o - A_s)\,\Delta z = \psi_m \;\rightarrow\; A_s = A_o - \psi_m/\Delta z \tag{12.16}$$

sendo A_o um valor constante arbitrário. Para uma distribuição uniforme de corrente no condutor, o campo magnético é dado pela Equação (10.22). Usando esse resultado no cálculo do fluxo na equação anterior, obtemos:

$$A_s = A_o - \frac{1}{\Delta z} \int_0^a \frac{\mu_o i \rho}{2\pi a^2}\Delta z\, d\rho = A_o - \frac{\mu_o i}{2\pi a^2} \int_0^a \rho\, d\rho = A_o - \frac{\mu_o i}{4\pi} \tag{12.17}$$

A Figura 12.2e mostra uma situação similar, mas o condutor nesse caso é retangular com a largura (w) muito maior que a espessura (h). A vista superior mostra uma seção transversal. Se a distribuição de corrente elétrica é uniforme, a área sombreada é atravessada pela corrente $i\Delta x \Delta y/wh$, enquanto a circulação do campo magnético é igual a $2H\Delta x$. Usando a lei de Ampère e considerando que a origem do sistema de coordenadas se situa no centro geométrico do objeto $(\Delta y = 2y)$, obtemos a indução magnética na seguinte forma:

$$\vec{B} = \frac{\mu_o k y}{h} \vec{u}_x \tag{12.18}$$

em que $\vec{k} = (i/w)\vec{u}_z$ é a densidade superficial de corrente. A vista inferior mostra uma seção longitudinal na qual o fluxo magnético deve ser calculado na área sombreada com comprimento Δz, como se mostra a seguir:

$$\psi_m = \int_0^{h/2} \frac{\mu_o k y}{h}\Delta z\, dy = \frac{\mu_o k h}{8}\Delta z \tag{12.19}$$

Portanto, substituindo na Equação (12.16), obtemos:

$$A_s = A_o - \mu_o k h/8 \tag{12.20}$$

A Figura 12.2d mostra um objeto cilíndrico permanentemente magnetizado com indução uniforme $\vec{B}$. O fluxo magnético na área sombreada é obtido como $\psi_m = B\pi a^2$ e a circulação do potencial magnético é $A_s 2\pi a$, em que o potencial magnético superficial está orientado na direção azimutal. Assim, de acordo com a Equação (12.15), resulta em $A_s = Ba/2$.

12.3 Método das imagens

Essa técnica de análise simplifica significativamente o cálculo do potencial elétrico em algumas situações práticas importantes e se baseia na substituição das condições de contorno por cargas elétricas virtuais fora do domínio de análise. A Figura 12.3 mostra algumas situações nas quais o método das imagens pode ser aplicado.

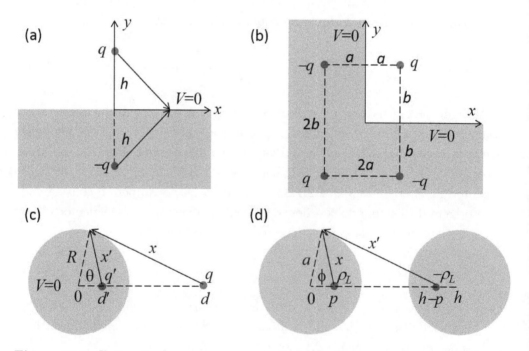

Figura 12.3: Ilustração de casos em que o método das imagens pode ser aplicado. As regiões sombreadas estão fora do domínio de análise.

O exemplo mais simples envolve uma carga puntiforme sobre um plano infinito no potencial nulo. Uma carga imagem de sinal contrário e simetricamente posicionada em relação à carga real, como mostra a Figura 12.3a, proporciona potencial nulo sobre esse plano. Assim, para posições no domínio de análise, o

Capítulo 12 – Continuidade, condições de contorno e método das imagens   113

potencial elétrico pode ser calculado como a soma dos potenciais da carga real e da carga imagem:

$$V(x,y) = k_e q \left[\frac{1}{\sqrt{x^2 + (y-h)^2}} - \frac{1}{\sqrt{x^2 + (y+h)^2}} \right] \leftarrow y \geq 0. \qquad (12.21)$$

No caso mostrado na Figura 12.3b, é necessário utilizar três cargas imagens com as posições e os valores indicados a fim de garantir que o potencial elétrico nas superfícies seja nulo. O potencial elétrico no primeiro quadrante é:

$$
\begin{aligned}
V(x,y) = k_e q & \left[\frac{1}{\sqrt{(x-a)^2 + (y-b)^2}} - \frac{1}{\sqrt{(x+a)^2 + (y-b)^2}} \right] \\
+ k_e q & \left[\frac{1}{\sqrt{(x+a)^2 + (y+b)^2}} - \frac{1}{\sqrt{(x-a)^2 + (y+b)^2}} \right] \leftarrow x \geq 0, y \geq 0
\end{aligned}
\qquad (12.22)
$$

Observe que a partir do potencial elétrico é possível determinar a densidade de carga nas superfícies utilizando a Equação (7.10). Por exemplo, para a Figura 12.3a, temos:

$$\rho_s(x) = -\epsilon_o \left[\frac{\partial V}{\partial y} \right]_{y=0} \qquad (12.23)$$

Na Figura 12.3c, considere que a esfera é metálica e está ligada a uma fonte de potencial nulo capaz de fornecer qualquer quantidade de carga elétrica. A partícula puntiforme de carga elétrica q que é colocada nas suas proximidades induz cargas de sinais contrários na esfera. Essas cargas se distribuem de maneira não uniforme, mantendo o potencial nulo em todas as posições internas e na superfície da esfera. Uma carga imagem puntiforme q' pode fornecer, junto com a carga real q, o potencial nulo como condição de contorno na superfície da esfera. Usando a simbologia mostrada na Figura 12.3c, temos para o potencial nessa superfície:

$$V_s = k_e \left(\frac{q}{x} + \frac{q'}{x'} \right) = 0 \rightarrow \frac{x'}{x} = -\frac{q'}{q} = m \qquad (12.24)$$

em que m é uma constante a ser determinada. As distâncias x e x' podem ser escritas como funções do ângulo polar:

$$x^2 = R^2 + d^2 - 2Rd\cos\theta \qquad (12.25)$$

$$x'^2 = R^2 + d'^2 - 2Rd'cos\theta \tag{12.26}$$

Substituindo na Equação (12.24), temos:

$$R^2 + d'^2 - 2Rd'cos\theta = m^2R^2 + m^2d^2 - 2m^2Rdcos\theta \tag{12.27}$$

Desse modo obtemos as seguintes relações:

$$\begin{aligned} R = md \to m = R/d \quad &(a) \\ d' = mR \to d' = R^2/d \quad &(b) \end{aligned} \tag{12.28}$$

Para uma posição qualquer no domínio de análise, as distâncias em relação às cargas são dadas por:

$$x = \sqrt{r^2 + d^2 - 2rdcos\theta} \tag{12.29}$$

$$x' = \sqrt{r^2 + d'^2 - 2rd'cos\theta} = \sqrt{r^2d^2 + R^4 - 2rR^2dcos\theta}/d \tag{12.30}$$

Assim, o potencial elétrico no domínio de análise pode ser calculado da seguinte forma:

$$\begin{aligned} V(r,\theta) &= k_e \left(\frac{q}{x} - \frac{mq}{x'} \right) \\ &= k_e q \left(\frac{1}{\sqrt{r^2 + d^2 - 2rdcos\theta}} - \frac{R}{\sqrt{r^2d^2 + R^4 - 2rR^2dcos\theta}} \right) \leftarrow r \geq R \end{aligned} \tag{12.31}$$

e a densidade de carga na esfera pode ser calculada a partir do gradiente de potencial na sua superfície:

$$\rho_s(\theta) = -\epsilon_o \left[\frac{\partial V}{\partial r} \right]_{r=R} \tag{12.32}$$

Agora, considere que o potencial elétrico na esfera é não nulo. Este novo problema pode ser analisado em duas etapas. A primeira etapa é idêntica à análise anterior que resultou nas Equações (12.31) e (12.32). Chamaremos de potencial V_1 e densidade de carga ρ_{S1}. Na segunda etapa, o potencial é aumentado na esfera para o valor V_o. A carga adicional na esfera se distribui uniformemente na sua superfície e o potencial elétrico estabelecido é o mesmo de uma carga puntiforme na origem do sistema de coordenadas. Essa solução já foi obtida na Equação (5.7). Uma carga imagem dada por $q'' = RV_o/k_e$ posicionada na origem satisfaz a condição de contorno. Assim, na segunda etapa, o potencial é:

$$V_2 = k_e \frac{q''}{r} = V_oR/r \leftarrow r \geq R. \tag{12.33}$$

e a densidade de carga na esfera é:

$$\rho_{S2} = \frac{q''}{4\pi R^2} = \frac{V_o}{4\pi R k_e} = \frac{V_o \epsilon_o}{R} \qquad (12.34)$$

Então, o potencial total no espaço é $V_1 + V_2$ e a densidade de carga total na esfera é $\rho_{S1} + \rho_{S2}$.

Um exemplo um pouco mais complexo relacionado à Figura 12.3c é o caso em que duas esferas metálicas estão ligadas aos polos de uma fonte de tensão. Essa situação é mostrada na Figura 12.4. Nesse caso, as esferas terão cargas iguais em módulo, mas com sinais contrários, e a diferença entre os potenciais das esferas será igual ao potencial da fonte de tensão:

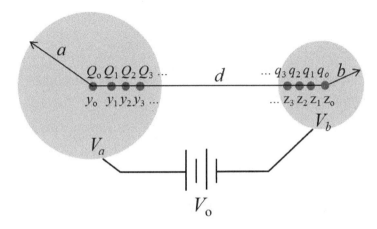

Figura 12.4: Ilustração para aplicação do método das imagens no caso de duas esferas metálicas ligadas aos polos de uma fonte de tensão.

$$q = -Q \rightarrow \sum_n q_n = -\sum_n Q_n \qquad (12.35)$$

$$V_o = V_a - V_b \qquad (12.36)$$

As condições de contorno são os potenciais V_a e V_b nas superfícies das esferas. Não é possível satisfazer essas restrições apenas com cargas imagens nos centros das esferas, uma vez que a carga de uma esfera produz potencial na superfície da outra. Podemos, contudo, usar os resultados da análise anterior para compensar o potencial de uma carga puntiforme com outra carga puntiforme de sinal contrário na outra esfera. As relações foram obtidas na Equação (12.28). Assim, em cada esfera estabelecemos uma série infinita de cargas imagens puntiformes nas posições indicadas na Figura 12.4 (medidas em relação aos centros das esferas). Observe que, de acordo com as Equações (12.24) e (12.28), a carga imagem

q' necessária para cancelamento do potencial na superfície da esfera devido à carga externa q é $q' = -Rq/d$. Adaptando essa relação para o caso de múltiplas cargas imagens que cancelam sucessivamente o potencial nas esferas, podemos estabelecer as seguintes relações entre essas cargas:

$$Q_n = -aq_{n-1}/(d - z_{n-1}) \quad (a)$$
$$q_n = -bQ_{n-1}/(d - y_{n-1}) \quad (b)$$

(12.37)

em que $n = 1, 2, 3, \ldots$ e Q_o e q_o são as cargas nos centros das esferas, portanto, $y_o = z_o = 0$. As posições das cargas imagens são obtidas de acordo com a relação para d' na Equação (12.28):

$$y_n = a^2/(d - z_{n-1}) \quad (a)$$
$$z_n = b^2/(d - y_{n-1}) \quad (b)$$

(12.38)

A carga elétrica total em cada esfera deve ser obtida como a soma dos termos dados na Equação (12.37):

$$Q = Q_o + \sum_{n=1}^{\infty} Q_n = Q_o - \frac{aq_o}{(d - z_o)} - \frac{aq_1}{(d - z_1)} - \frac{aq_2}{(d - z_2)} - \ldots \quad (12.39)$$

$$q = q_o + \sum_{n=1}^{\infty} q_n = q_o - \frac{bQ_o}{(d - y_o)} - \frac{bQ_1}{(d - y_1)} - \frac{bQ_2}{(d - y_2)} - \ldots \quad (12.40)$$

Mas, substituindo sucessivamente os termos q_n e Q_n ($n > 0$) que aparecem nessas equações em função de Q_{n-1} e q_{n-1}, obtemos:

$$Q = Q_o - \frac{aq_o}{(d - z_o)} + \frac{abQ_o}{(d - z_1)(d - y_o)} - \frac{a^2bq_o}{(d - z_o)(d - z_2)(d - y_1)}$$
$$+ \frac{a^2b^2Q_o}{(d - z_1)(d - z_3)(d - y_o)(d - y_2)} + \ldots$$

(12.41)

$$q = q_o - \frac{bQ_o}{(d - y_o)} + \frac{baq_o}{(d - y_1)(d - z_o)} - \frac{b^2aQ_o}{(d - y_o)(d - y_2)(d - z_1)}$$
$$+ \frac{b^2a^2q_o}{(d - y_1)(d - y_3)(d - z_o)(d - z_2)} + \ldots$$

(12.42)

Definindo as constantes α e β da seguinte forma:

$$\alpha_Q = 1 + \sum_{n=1}^{\infty} \frac{a^n b^n}{\prod_{\substack{m \, \text{ímpar}}}^{2n} (d - z_m)(d - y_{m-1})}$$

(12.43)

Capítulo 12 – Continuidade, condições de contorno e método das imagens   117

$$\beta_Q = \frac{a}{(d - z_o)} \left[1 + \sum_{n=1}^{\infty} \frac{a^n b^n}{\prod_{m\,par}^{2n} (d - z_m)(d - y_{m-1})} \right] \tag{12.44}$$

$$\alpha_q = 1 + \sum_{n=1}^{\infty} \frac{a^n b^n}{\prod_{m\,ímpar}^{2n} (d - y_m)(d - z_{m-1})} \tag{12.45}$$

$$\beta_q = \frac{b}{(d - y_o)} \left[1 + \sum_{n=1}^{\infty} \frac{a^n b^n}{\prod_{m\,par}^{2n} (d - y_m)(d - z_{m-1})} \right] \tag{12.46}$$

em que o símbolo Π significa o produtório dos termos indexados, podemos reescrever as cargas totais nas esferas:

$$Q = \alpha_Q Q_o - \beta_Q q_o \tag{12.47}$$

$$q = \alpha_q q_o - \beta_q Q_o \tag{12.48}$$

E, substituindo na Equação (12.35), obtemos:

$$q_o = -\frac{(\alpha_Q - \beta_q)}{(\alpha_q - \beta_Q)} Q_o \tag{12.49}$$

Uma vez que as cargas imagens, exceto aquelas nos centros das esferas, cancelam mutuamente os potenciais nas superfícies, esses potenciais são determinados apenas por Q_o e q_o. Portanto, usando as Equações (12.36) e (12.49), resulta:

$$\begin{aligned}
V_o &= k_e \left(\frac{Q_o}{a} - \frac{q_o}{b} \right) \\
&= k_e \frac{Q_o}{a} \left[1 + \frac{a\,(\alpha_Q - \beta_q)}{b\,(\alpha_q - \beta_Q)} \right] = V_a \left[1 + \frac{a\,(\alpha_Q - \beta_q)}{b\,(\alpha_q - \beta_Q)} \right] \\
&= -k_e \frac{q_o}{b} \left(1 + \frac{b\,(\alpha_q - \beta_Q)}{a\,(\alpha_Q - \beta_q)} \right) = -V_b \left(1 + \frac{b\,(\alpha_q - \beta_Q)}{a\,(\alpha_Q - \beta_q)} \right)
\end{aligned} \tag{12.50}$$

Assim, podemos calcular as cargas nos centros e os potencias nas esferas. A partir das cargas nos centros, todas as cargas imagens podem ser calculadas usando a Equação (12.37). Determinadas as cargas imagens, o potencial elétrico em qualquer posição do espaço é calculado pela soma dos potenciais de todas as cargas nas duas esferas. Assumindo que o centro da esfera a corresponde à origem do sistema de referência e usando coordenadas esféricas, temos:

$$V\left(r,\theta\right) = k_e \sum_{n=0}^{\infty} \left(\frac{Q_n}{r_n} + \frac{q_n}{r'_n}\right) \leftarrow r_o \geq a, r'_o \geq b$$

$$r_n = \sqrt{r^2 + y_n^2 - 2ry_n\cos\theta} \tag{12.51}$$

$$r'_n = \sqrt{r^2 + \left(d - z_n\right)^2 - 2r\left(d - z_n\right)\cos\theta}$$

Como ilustração, a Figura 12.5 mostra as distribuições de linhas equipotenciais e vetores de campo para duas esferas metálicas com raios de 3 cm e 1 cm separadas pela distância de 5 cm e ligadas aos terminais de uma fonte de tensão de 1 V. Pela alta concentração de linhas equipotenciais no pequeno espaço entre as esferas, sabe-se que a intensidade do campo elétrico nessa região é mais elevada que em qualquer outra. Observe que, embora semelhantes, as linhas equipotenciais com tensões simétricas não se distribuem simetricamente no espaço, como seria de se esperar se as esferas fossem do mesmo tamanho. A Figura 12.6 mostra a dependência que a carga total nas esferas apresenta com os raios e a distância centro a centro segundo a Equação (12.50). As linhas pontilhadas verticais são os limites nos quais as esferas se tocam. Cada curva apresenta uma tendência em grandes distâncias que pode ser calculada considerando que a carga elétrica em cada esfera está uniformemente distribuída na sua superfície, ou seja, as cargas imagens localizam-se nos centros das esferas. Assim, temos:

$$V_o \approx k_e \left(\frac{Q}{a} + \frac{Q}{b}\right) \rightarrow Q \approx \frac{abV_o}{k_e\left(a + b\right)} \leftarrow d >> a + b \tag{12.52}$$

Retornemos agora à Figura 12.3 para analisar o caso da linha de transmissão de condutores cilíndricos paralelos cuja seção transversal é mostrada no item d. Quando os condutores estão muito afastados, de modo que a distância d entre centros é muito maior que o diâmetro $2a$, as cargas elétricas se distribuem de maneira aproximadamente uniforme nas superfícies dos cilindros. Assim, suas cargas imagens situam-se nos seus centros geométricos e a solução para o potencial elétrico é a mesma de uma linha paralela de condutores filamentares, dada na Equação (5.26). Na medida em que os condutores se aproximam, suas cargas imagens se deslocam para posições mais próximas da superfície, uma vez que as cargas reais, pela atração eletrostática, passam a se concentrar na região de maior proximidade entre os cilindros. Ainda assim, é possível representar as cargas imagens por distribuições filamentares de carga com localização puntiforme na seção transversal dos condutores, como mostra a Figura 12.3d. Usando os símbolos nessa figura, o potencial da linha é dado por:

$$V\left(x, x'\right) = 2k_e \rho_L Ln\left(x'/x\right) \tag{12.53}$$

Capítulo 12 – Continuidade, condições de contorno e método das imagens   119

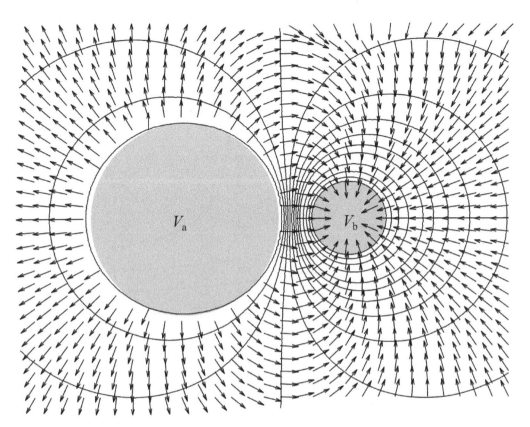

Figura 12.5: Linhas equipotenciais e vetores de campo no espaço externo a duas esferas metálicas com raios de 3 cm e 1 cm, com espaçamento centro a centro de 5 cm e ligadas a uma fonte de tensão de 1 V. Os potenciais das esferas são $V_a = 0,15$ V e $V_b = -0,85$ V. A linha equipotencial central é de 0 V. As linhas à esquerda são: $0,05$ V, $0,1$ V e $0,15$ V. As linhas à direita são: $-0,7$ V, $-0,6$ V, $-0,5$ V, $-0,4$ V, $-0,3$ V, $-0,25$ V, $-0,2$ V, $-0,15$ V, $-0,1$ V, $-0,05$ V.

em que x e x' apontam para fora ou para a superfície dos condutores.

Na superfície dos condutores o potencial independe da posição. No caso do condutor esquerdo, o potencial não varia com o ângulo azimutal. Então, temos:

$$\frac{x'}{x} = m \tag{12.54}$$

em que m é uma constante a ser determinada. Usando a lei dos cossenos, escrevemos as equações de x e x':

$$x^2 = a^2 + p^2 - 2ap\cos\phi \tag{12.55}$$

$$x'^2 = a^2 + (h-p)^2 - 2a(h-p)\cos\phi \tag{12.56}$$

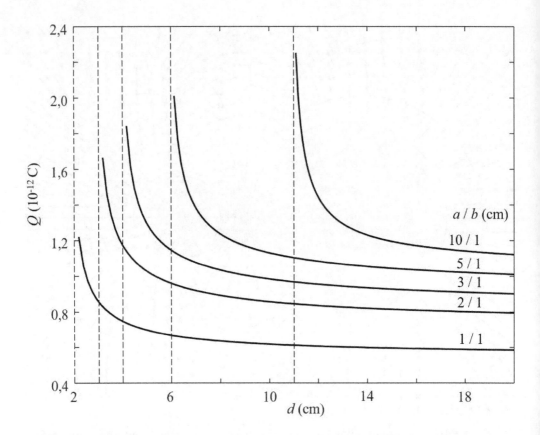

Figura 12.6: Carga total como função dos raios das esferas e da distância centro a centro. A diferença de potencial aplicada é de 1 V. As linhas pontilhadas verticais são os limites nos quais as esferas se tocam.

Substituindo na Equação (12.54) (elevada ao quadrado) e comparando termo a termo, obtemos:

$$a = mp \tag{12.57}$$

$$h - p = ma \tag{12.58}$$

$$h - p = m^2 p \tag{12.59}$$

cujas duas primeiras equações são suficientes para o cálculo de m e p. A solução é obtida por substituição:

$$a m^2 - h m + a = 0 \rightarrow m = (h/2a) + \sqrt{(h/2a)^2 - 1} \tag{12.60}$$

Foi escolhido o sinal positivo na solução da equação de segundo grau porque m deve ter valor numérico maior que a unidade. Com o valor de m determinado, a

Capítulo 12 – Continuidade, condições de contorno e método das imagens   121

densidade de carga nos condutores pode ser calculada substituindo-se na Equação (12.53):

$$\rho_L = \frac{V_c}{2k_e Ln\,(m)} \qquad (12.61)$$

em que V_c é o potencial do condutor. Para uma linha de transmissão com condutores idênticos no espaço livre, na qual se aplica a diferença de potencial V_o, o potencial do condutor positivo é $+V_o/2$ e do condutor negativo é $-V_o/2$. Nesse caso, a densidade de carga é dada por:

$$\rho_L = \frac{V_o}{4k_e Ln\,(m)} \qquad (12.62)$$

Observe que $m \approx h/a$ se $h >> a$ e, nesse caso, a Equação (12.62) é equivalente à Equação (5.19), obtida usando o modelo de distribuição filamentar de carga.

O potencial no espaço fora dos condutores é obtido substituindo-se na Equação (12.53) as expressões das distâncias x e x' como funções da distância radial e do ângulo azimutal. Usando $p = a/m$, temos:

$$\begin{aligned} x &= \sqrt{\rho^2 + p^2 - 2\rho p cos\phi} \\ &= \sqrt{m^2\rho^2 + a^2 - 2\rho macos\phi}/m \end{aligned} \qquad (12.63)$$

$$\begin{aligned} x' &= \sqrt{\rho^2 + (d-p)^2 - 2\rho\,(d-p)\,cos\phi} \\ &= \sqrt{m^2\rho^2 + (md-a)^2 - 2\rho m\,(md-a)\,cos\phi}/m \end{aligned} \qquad (12.64)$$

Substituindo x, x' e ρ_L, resulta na seguinte fórmula para o potencial:

$$V\,(\rho,\phi) = \frac{V_o}{4\,Ln\,(m)}Ln\left[\frac{m^2\rho^2 + (md-a)^2 - 2\rho m\,(md-a)\,cos\phi}{m^2\rho^2 + a^2 - 2\rho macos\phi}\right] \qquad (12.65)$$

12.4   Questões

12.1) Calcule a densidade de carga nos condutores nos casos mostrados na Figura 12.3.

12.2) Considere um sistema constituído por um cilindro metálico muito longo de raio a posicionado paralelamente a uma altura h acima de uma superfície plana metálica infinita e uma fonte de potencial V_o ligada com polo positivo no cilindro e negativo na superfície. Obtenha as equações das componentes do campo elétrico como função de a, h e V_o.

Análise de sistemas eletromagnéticos

12.3) Considere duas esferas metálicas idênticas com raio a e separação $d > 2a$ ligadas por uma fonte de potencial V_o. Calcule a carga elétrica nas esferas e o campo elétrico na posição central entre as esferas usando um modelo com cinco cargas imagens.

12.4) Uma linha de transmissão de fios paralelos formada por dois condutores metálicos cilíndricos com raio a, espaçamento d e comprimento l está ligada a uma fonte de tensão V_o. Calcule a carga elétrica acumulada na linha e o campo elétrico máximo no espaço em torno dos condutores.

Capítulo 13

Equação de Laplace em coordenadas retangulares

13.1 Expansão em série de Fourier

A solução do problema de valor de contorno em eletrostática geralmente é baseada em funções ortogonais. Duas funções $f(x)$ e $g(x)$ descritas no intervalo (x_1, x_2) são ortogonais se seu produto interno é nulo:

$$\langle f, g \rangle = \int_{x_1}^{x_2} f^* g \, dx = 0 \tag{13.1}$$

em que o asterisco indica conjugado complexo.

Uma família de funções ortogonais $\varphi_n(x)$, proveniente de uma mesma função básica $\varphi(x)$ e especificada por um ou mais parâmetros (n), é denominada base se satisfaz a seguinte condição de ortogonalidade:

$$\langle \varphi_n, \varphi_m \rangle = \int_{x_1}^{x_2} \varphi_n^* \varphi_m \, dx = \begin{cases} 0 & \leftarrow \ n \neq m \\ C_n & \leftarrow \ n = m \end{cases} \tag{13.2}$$

em que C_n é uma constante não nula. Qualquer função integrável no intervalo de x_1 a x_2 pode ser representada como uma série de funções de uma base nesse domínio:

$$f = \sum_{n=0}^{N} a_n \varphi_n \tag{13.3}$$

A exatidão dessa representação depende do número de termos somados. Uma base é um conjunto completo de funções se for possível obter qualquer nível desejado de exatidão, ou seja, erro entre a série e $f(x)$ menor que qualquer valor arbitrariamente estabelecido, com a escolha adequada do número de termos. Assim, no limite para infinitos termos, o erro é nulo. O procedimento de cálculo dos coeficientes é baseado na condição de ortogonalidade. Multiplicando ambos os lados da equação anterior pelo conjugado complexo de uma função da base e integrando no domínio da base, obtemos:

$$\int_{x_1}^{x_2} f\, \varphi_m^* \, dx = \sum_{n=0}^{N} a_n \int_{x_1}^{x_2} \varphi_m^* \, \varphi_n \, dx \rightarrow a_m = \frac{1}{C_m} \int_{x_1}^{x_2} f\, \varphi_m^* \, dx \tag{13.4}$$

Neste capítulo, trataremos de funções ortogonais trigonométricas e exponenciais.

a) Funções trigonométricas no intervalo de 0 a 2π

$$sen\,(n\phi)$$
$$cos\,(n\phi) \tag{13.5}$$

A condição de ortogonalidade é verificada usando-se as seguintes fórmulas:

$$sen(\alpha)sen(\beta) = [cos(\alpha - \beta) - cos(\alpha + \beta)]/2$$
$$cos(\alpha)cos(\beta) = [cos(\alpha - \beta) + cos(\alpha + \beta)]/2 \tag{13.6}$$
$$sen(\alpha)cos(\beta) = [sen(\alpha - \beta) + sen(\alpha + \beta)]/2$$

Assim, temos:

$$\int_{0}^{2\pi} sen(n\phi)sen(m\phi)\, d\phi = \begin{cases} 0 \leftarrow & n \neq m \\ \pi \leftarrow & n = m \end{cases} \tag{13.7}$$

$$\int_{0}^{2\pi} cos(n\phi)cos(m\phi)\, d\phi = \begin{cases} 0 \leftarrow & n \neq m \\ \pi \leftarrow & n = m \end{cases} \tag{13.8}$$

$$\int_{0}^{2\pi} sen(n\phi)cos(m\phi)\, d\phi = 0 \tag{13.9}$$

Observe que as funções da base são periódicas com período 2π. Assim, qualquer função periódica da variável ϕ com período 2π pode ser expandida em série de funções $sen(n\phi)$ e $cos(n\phi)$ da seguinte forma:

$$f(\phi) = \frac{a_o}{2} + \sum_{n=1}^{\infty} a_n cos\,(n\phi) + b_n sen\,(n\phi) \tag{13.10}$$

Capítulo 13 – Equação de Laplace em coordenadas retangulares 125

em que a_n e b_n são os coeficientes que devem ser calculados para minimizar a diferença entre a série e a função. Essas séries são denominadas séries de Fourier. Usando as Equações (13.4) e (13.7) a (13.9), obtemos:

$$a_n = \frac{1}{\pi} \int_0^{2\pi} f(\phi) cos\,(n\phi)\;d\phi \qquad (13.11)$$

$$b_n = \frac{1}{\pi} \int_0^{2\pi} f(\phi)\,sen\,(n\phi)\;d\phi \qquad (13.12)$$

Note que o coeficiente $a_o/2$ é o valor médio da função. Verifica-se que a série infinita da Equação (13.10) converge para a função $f(\phi)$ nos pontos de continuidade e para $(1/2)[f(\phi+\xi)+f(\phi-\xi)]$, com $\xi \to 0$, nos pontos de descontinuidade.

Qualquer função periódica pode ser expandida em série de Fourier, bastando usar uma transformação de coordenadas. Considere uma função $f(t)$ de período T. Usando a transformação $\phi = 2\pi t/T$, a série e seus coeficientes são obtidos das Equações (13.10) a (13.12) na seguinte forma:

$$f(t) = \frac{a_o}{2} + \sum_{n=1}^{\infty} a_n cos\,(2n\pi t/T\,) + b_n sen\,(2n\pi t/T\,) \qquad (13.13)$$

$$a_n = \frac{2}{T} \int_0^T f(t) cos\,(2n\pi t/T\,)\;dt \qquad (13.14)$$

$$b_n = \frac{2}{T} \int_0^T f(t)\,sen\,(2n\pi t/T\,)\;dt \qquad (13.15)$$

b) Funções exponenciais complexas no intervalo de 0 a 2π

$$\begin{aligned} &e^{jn\phi} \\ &e^{-jn\phi} \end{aligned} \qquad (13.16)$$

em que j é a unidade imaginária definida por:

$$j = \sqrt{-1} \qquad (13.17)$$

A condição de ortogonalidade, nesse caso, é dada por:

$$\int_0^{2\pi} e^{-jm\phi}\,e^{jn\phi}\;d\phi = \begin{cases} 0 & \leftarrow\; n \neq m \\ 2\pi & \leftarrow\; n = m \end{cases} \qquad (13.18)$$

Uma função real periódica de período 2π da variável ϕ pode ser expandida em série de funções exponenciais complexas:

$$f(\phi) = \sum_{n=-\infty}^{\infty} c_n \, e^{jn\phi} = c_o + \sum_{n=1}^{\infty} \left(c_n \, e^{jn\phi} + c_n^* \, e^{-jn\phi} \right) \tag{13.19}$$

Uma vez que a função seja real, os coeficientes c_{-n} devem ser complexos conjugados dos coeficientes c_n. Usando as Equações (13.4) e (13.18), obtemos:

$$c_n = \frac{1}{2\pi} \int_0^{2\pi} f(\phi) e^{-jn\phi} \, d\phi \tag{13.20}$$

Usando a fórmula de Euler, $e^{j\theta} = cos\theta + j sen\theta$, podemos reescrever a expansão mostrada na Equação (13.19) na seguinte forma:

$$f(\phi) = c_o + \sum_{n=1}^{\infty} \left(c_n + c_n^* \right) cos(n\phi) + j \left(c_n - c_n^* \right) sen(n\phi) \tag{13.21}$$

Comparando com a Equação (13.10), verifica-se que a série de Fourier complexa é equivalente à série trigonométrica com as seguintes relações de equivalência entre os coeficientes:

$$\begin{aligned} a_o &= 2c_o \\ a_n &= c_n + c_n^* = 2\,Re\,(c_n) \\ b_n &= j\,(c_n - c_n^*) = -2\,Im\,(c_n) \end{aligned} \tag{13.22}$$

em que Re e Im são funções que retornam a parte real e a parte imaginária, respectivamente, do argumento. Note que o coeficiente c_o é o valor médio da função. De modo análogo à série trigonométrica, para qualquer função $f(t)$ de período T, usando a transformação $\phi = 2\pi t/T$, obtemos a série de Fourier exponencial:

$$f(t) = \sum_{n=-\infty}^{\infty} c_n \, e^{j2n\pi t/T} \tag{13.23}$$

$$c_n = \frac{1}{T} \int_0^T f(t) e^{-j2n\pi t/T} \, dt \tag{13.24}$$

13.2 Solução da equação de Laplace em coordenadas retangulares

Considere o exemplo mostrado na Figura 13.1 para uma caixa bidimensional na qual duas arestas estão mantidas no potencial nulo e outras duas em potenciais simétricos. Se essas condições são mantidas na direção perpendicular ao plano da figura, o potencial elétrico não varia nessa direção e o problema pode ser analisado como sendo bidimensional. A equação de Laplace em coordenadas retangulares em duas dimensões é dada por:

$$\frac{\partial^2}{\partial x^2}V(x,y) + \frac{\partial^2}{\partial y^2}V(x,y) = 0 \qquad (13.25)$$

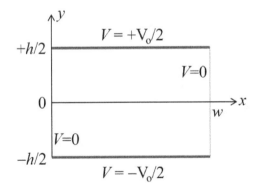

Figura 13.1: Ilustração do problema da caixa de potencial bidimensional.

O método tradicional de solução de equações diferenciais parciais lineares é denominado método de separação de variáveis. Consiste em propor uma solução na forma de produto de funções independentes para cada variável da equação. Para este problema, propomos que as funções $f(x)$ e $g(y)$ multiplicadas resultem em uma solução geral da Equação (13.25):

$$V(x,y) = f(x)g(y) \qquad (13.26)$$

128   Análise de sistemas eletromagnéticos

Substituindo na equação diferencial, podemos organizar seus termos da seguinte forma:

$$\frac{\partial^2}{\partial x^2} f(x)g(y) + \frac{\partial^2}{\partial y^2} f(x)g(y) = 0$$

$$\rightarrow g(y)\frac{d^2}{dx^2}f(x) + f(x)\frac{d^2}{dy^2}g(y) = 0 \tag{13.27}$$

$$\rightarrow \frac{1}{f(x)}\frac{d^2}{dx^2}f(x) + \frac{1}{g(y)}\frac{d^2}{dy^2}g(y) = 0$$

Na expressão resultante da equação diferencial usamos derivadas totais porque as funções dependem apenas de uma variável. Observe que a equação resultante é a soma de dois termos independentes. Assim, a única possibilidade de obter uma soma nula em qualquer posição do espaço ocorre se cada termo for constante. Assim, temos:

$$\frac{d^2}{dx^2}f(x) = \lambda^2 f(x) \tag{13.28}$$

$$\frac{d^2}{dy^2}g(y) = \gamma^2 g(y) \tag{13.29}$$

As constantes λ e γ são denominadas constantes de separação. Para atender à equação de Laplace, as constantes de separação devem apresentar somatório dos quadrados nulos, ou seja, de modo geral são quantidades complexas, como mostra a equação a seguir:

$$\lambda^2 = -\gamma^2 \rightarrow \lambda = j\gamma \tag{13.30}$$

Contudo, veremos nos exemplos que, para satisfazer as condições de contorno, as soluções válidas em problemas na eletrostática devem utilizar uma constante de separação real e outra imaginária. As soluções para as Equações (13.28) e (13.29) são bem conhecidas. Se a constante de separação é real, a solução é a combinação de funções exponenciais crescente e decrescente. Se for imaginária, a solução pode ser expressa na forma de funções seno e cosseno. Por exemplo, se λ for imaginária e γ real, teremos:

$$f(x) = a_1 cos\left(|\lambda| x\right) + a_2 sen\left(|\lambda| x\right) \tag{13.31}$$

$$g(y) = b_1 e^{\gamma y} + b_2 e^{-\gamma y} \tag{13.32}$$

em que $\gamma = |\lambda|$. Essas soluções podem ser testadas por substituição nas Equações (13.28) e (13.29).

Capítulo 13 – Equação de Laplace em coordenadas retangulares 129

Obviamente, falando em termos genéricos, a escolha das constantes de separação poderia ser invertida, ou seja, λ real e γ imaginária, resultando em $f(x)$ como soma de exponenciais e $g(y)$ como soma de senos e cossenos. Contudo, para cada problema existe uma lógica na escolha dessas constantes baseada nas condições de contorno. Na direção x da Figura 13.1, o potencial varia entre dois valores nulos em $x = 0$ e $x = w$. Das soluções disponíveis, somente funções seno e cosseno são periódicas e podem se comportar dessa forma. Na direção y, por outro lado, o potencial varia de um valor negativo em $y = -h/2$ a um valor positivo simétrico em $y = +h/2$. Comportamento monotônico pode ser descrito com funções exponenciais. Além disso, nessas posições o potencial é constante na direção x, um comportamento que pode ser descrito por uma série de Fourier. Para determinar as constantes de integração (a_1, a_2, b_1 e b_2) e as constantes de separação, devemos impor as condições de contorno na solução geral:

$$V(x,y) = [a_1 cos\,(\gamma x) + a_2 sen\,(\gamma x)] \left(b_1 e^{\gamma y} + b_2 e^{-\gamma y}\right) \tag{13.33}$$

Para $y = 0$ e $0 \leq x \leq w$, o potencial é nulo. Aplicando na Equação (13.33), concluímos que $b_2 = -b_1$, o que torna $g(y)$ a função $senh(\gamma y)$. Para $x = 0$ e $-h/2 < y < +h/2$, o potencial é nulo. Aplicando na Equação (13.33), concluímos que $a_1 = 0$ e $f(x)$ é apenas uma função $sen(\gamma x)$. Para $x = w$ e $-h/2 < y < +h/2$, o potencial é nulo. Aplicando na Equação (13.33), concluímos que $sen(\gamma w) = 0$, o que resulta em $\gamma = n\pi/w$, em que n é qualquer número inteiro. Com essas constantes definidas, a solução geral pode ser escrita na seguinte forma:

$$V(x,y) = \sum_{n=1}^{\infty} b_n sen\left(\frac{n\pi x}{w}\right) senh\left(\frac{n\pi y}{w}\right) \tag{13.34}$$

em que o potencial foi escrito na forma de uma combinação linear de todas as soluções possíveis com n variando entre 1 e infinito. Note que, nessa forma, o potencial é uma série de Fourier e pode, a princípio, atender a qualquer condição de contorno finita e antissimétrica, ainda que dependente de x, nas arestas em $y = \pm h/2$. Aplicamos agora a condição de contorno na aresta em $y = +h/2$. Podemos escrever o potencial da seguinte forma:

$$V(x, y = h/2) = \begin{cases} -V_o/2 & \leftarrow -w < x < 0 \\ V_o/2 & \leftarrow 0 < x < w \end{cases} \tag{13.35}$$

Note que o potencial fora da caixa originalmente não foi definido nem é de interesse, uma vez que está fora do domínio de análise. Porém, uma vez que a série original dada na Equação (13.34) contém apenas funções seno e não inclui o

130   Análise de sistemas eletromagnéticos

termo referente ao valor médio do potencial, definimos uma extensão no intervalo $-w < x < 0$ com potencial antissimétrico, para que o valor médio do potencial no intervalo $-w < x < w$ seja nulo. Isso é compatível com a paridade ímpar das funções da base. Assim, temos:

$$V(x, y = h/2\,) = \sum_{n=1}^{\infty} \left[b_n senh\left(\frac{n\pi h}{2w}\right) \right] sen\left(\frac{n\pi x}{w}\right) \tag{13.36}$$

e os coeficientes b_n podem ser calculados de acordo com a Equação (13.15):

$$\begin{aligned} b_n senh\left(\frac{n\pi h}{2w}\right) &= \frac{1}{w} \int_{-w}^{w} V(x, y = h/2)\, sen\left(\frac{n\pi x}{w}\right)\, dx \\ &= \frac{2}{w} \int_{0}^{w} \left(\frac{V_o}{2}\right) sen\left(\frac{n\pi x}{w}\right)\, dx = -\frac{V_o}{n\pi}\left[cos\left(\frac{n\pi x}{w}\right)\right]_{0}^{w} \end{aligned} \tag{13.37}$$

Esse cálculo resulta na seguinte equação para os coeficientes:

$$b_n = \frac{V_o\left[1 - cos\left(n\pi\right)\right]}{n\,\pi\,senh\left(n\pi h/2w\,\right)} = \begin{cases} 0 \leftarrow n\ par \\ \dfrac{2V_o}{n\,\pi\,senh\left(n\pi h/2w\,\right)} \leftarrow n\ \acute{\imath}mpar \end{cases} \tag{13.38}$$

Substituindo na Equação (13.34), temos a solução final para o potencial no interior da caixa:

$$V(x, y) = \frac{2V_o}{\pi} \sum_{n\,\acute{\imath}mpar}^{\infty} \frac{sen\left(n\pi x/w\,\right) senh\left(n\pi y/w\,\right)}{n\,senh\left(n\pi h/2w\,\right)} \tag{13.39}$$

A Figura 13.2a mostra a reconstrução do potencial na aresta $y = h/2$ usando a série descrita na equação anterior com 5, 25 e 100 termos. Note que a série parcial se aproxima da resposta correta na medida em que o número de termos aumenta. Contudo, nas proximidades da descontinuidade existe um erro considerável que não diminui com o aumento do número de termos. Essa ultrapassagem da soma parcial em relação à função original é denominada fenômeno de Gibbs, sendo inerente à convergência de séries parciais.

A distribuição de potencial na área da caixa é mostrada com linhas equipotenciais na Figura 13.2b. Note que as equipotenciais de valor muito baixo se aproximam corretamente das superfícies de potencial nulo e aquelas de potencial elevado se aproximam corretamente das arestas ligadas à fonte V_o. Os cálculos

Capítulo 13 – Equação de Laplace em coordenadas retangulares

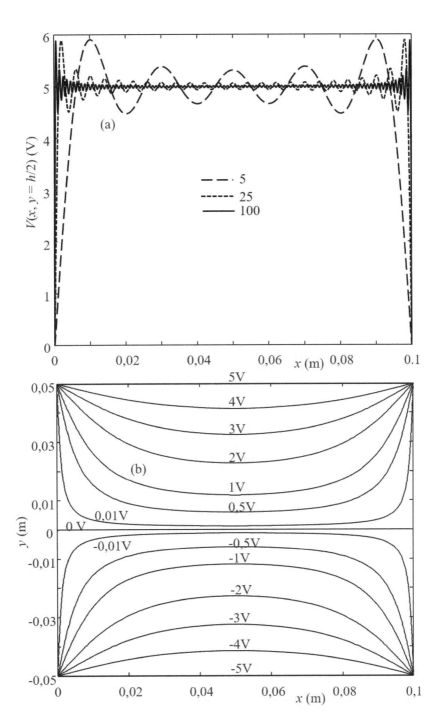

Figura 13.2: Resultados para o potencial na caixa bidimensional ($w = 0,1$ m e $h = 0,1$ m) baseados na Equação (13.39) com $V_o = 10$ V. (a) Potencial na aresta em $y = h/2$ com 5, 25 e 100 termos na série. (b) Linhas equipotenciais calculadas com 200 termos.

de campo elétrico e densidade de carga podem ser efetuados a partir do potencial elétrico e resultarão em séries semelhantes à Equação (13.39).

A Figura 13.3 ilustra um exemplo similar, mas com condições de contorno diferentes. Nas paredes laterais utiliza-se a condição de contorno de Neumann com campo elétrico normal nulo e nas arestas horizontais o potencial é aplicado com eletrodos de largura menor que a aresta. A solução geral é a mesma da Equação 13.33. Mas, agora, precisamos calcular o campo elétrico na direção x:

$$E_x = -\frac{\partial V}{\partial x} = [-a_1\gamma\,sen\,(\gamma x) + a_2\gamma cos\,(\gamma x)]\left(b_1 e^{\gamma y} + b_2 e^{-\gamma y}\right) \qquad (13.40)$$

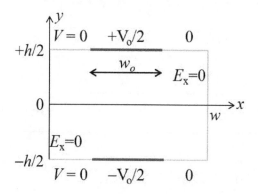

Figura 13.3: Ilustração de um problema com caixa de potencial e condição de contorno de Neumann.

Para obter campo nulo em $x = 0$ devemos usar $a_2 = 0$ e para obter campo nulo em $x = w$ devemos definir $\gamma = n\pi/w$. Como antes, para obter potencial nulo em $y = 0$, devemos ter $b_2 = -b_1$. Com essas constantes substituídas, temos a seguinte expressão matemática para o potencial:

$$V(x,y) = \sum_{n=1}^{\infty} a_n cos\left(\frac{n\pi x}{w}\right) senh\left(\frac{n\pi y}{w}\right) \qquad (13.41)$$

Para determinar os coeficientes a_n, substituímos o potencial na aresta em $y = h/2$:

$$V(x, y = h/2) = \begin{cases} V_o/2 & \leftarrow -(w+w_o)/2 \leq x \leq -(w-w_o)/2 \\ V_o/2 & \leftarrow (w-w_o)/2 \leq x \leq (w+w_o)/2 \\ 0 & \leftarrow \text{demais posições entre } -w \leq x < w \end{cases} \qquad (13.42)$$

Capítulo 13 – Equação de Laplace em coordenadas retangulares 133

Observe que a extensão utilizada nesse caso é simétrica, porque as funções cosseno têm paridade par. Os coeficientes são obtidos por meio da Equação (13.14) como se mostra a seguir:

$$a_n senh\left(\frac{n\pi h}{2w}\right) = \frac{1}{w}\int_{-w}^{w} V(x, y = h/2)cos\left(\frac{n\pi x}{w}\right)\, dx$$

$$= \frac{2}{w}\int_{(w-w_o)/2}^{(w+w_o)/2} \frac{V_o}{2}cos\left(\frac{n\pi x}{w}\right)\, dx = \frac{V_o}{n\pi}\left[sen\left(\frac{n\pi x}{w}\right)\right]_{(w-w_o)/2}^{(w+w_o)/2} \tag{13.43}$$

Esse cálculo resulta na seguinte equação para os coeficientes:

$$a_n = \frac{V_o}{n\pi\, senh\,(n\pi h/2w\,)}\left\{sen\left[\frac{n\pi\,(w+w_o)}{2w}\right] - sen\left[\frac{n\pi\,(w-w_o)}{2w}\right]\right\} \tag{13.44}$$

Note que não é possível calcular a_o a partir da equação anterior. Contudo, podemos calcular o valor médio do potencial por meio da definição:

$$\langle V(y = h/2)\rangle = \frac{1}{2w}\int_{-w}^{w} V(x, y = h/2)dx = \frac{V_o w_o}{2w} \tag{13.45}$$

Com isso, podemos calcular o valor médio do campo elétrico na caixa e o potencial médio em uma altura y qualquer:

$$\langle V(y)\rangle = \frac{\langle V(y = h/2)\rangle}{h/2}y = \frac{V_o w_o}{wh}y \tag{13.46}$$

Assim, o potencial na caixa é obtido na seguinte forma final:

$$V(x, y) = \frac{V_o w_o}{wh}y + \sum_{n=1}^{\infty} a_n cos\left(\frac{n\pi x}{w}\right) senh\left(\frac{n\pi y}{w}\right) \tag{13.47}$$

A Figura 13.4 mostra um conjunto de linhas equipotenciais obtidas usando a solução dada na Equação (13.47) com os coeficientes obtidos na Equação (13.44). Comparando com o caso anterior mostrado na Figura 13.2b, nota-se que a principal diferença está no fato de as linhas penetrarem perpendicularmente nas paredes laterais. Isso é consequência da condição de contorno de Neumann nessas superfícies, uma vez que o campo elétrico normal é nulo.

Usando a mesma linha de raciocínio, podemos resolver alguns problemas magnéticos. A Figura 13.5 mostra a mesma geometria usada nos exemplos anteriores, mas agora correntes elétricas circulam na direção z nas arestas em $y = \pm h/2$

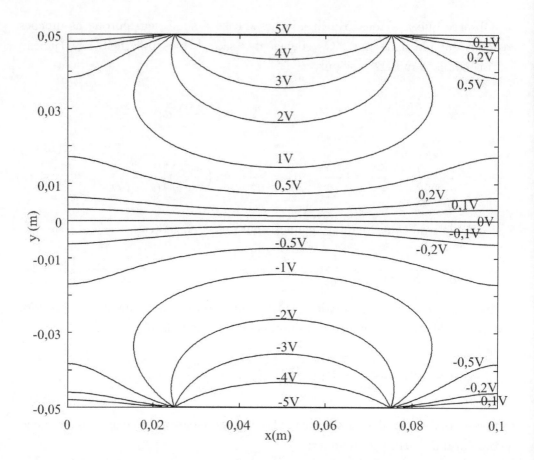

Figura 13.4: Linhas equipotenciais para o problema da caixa de potencial bidimensional ($w = 0,1$ m e $h = 0,1$ m) com condição de contorno de Neumann. Resultados baseados nas Equações (13.44) e (13.47) com $V_o = 10$ V e 200 termos.

e os potenciais A_o e $-A_o$ são estabelecidos nas superfícies desses eletrodos. A condição de contorno de Neumann é aplicada nas arestas laterais. O potencial magnético tem componente apenas na direção z e a solução da equação de Laplace é idêntica na forma geral àquela obtida para o potencial elétrico:

$$A_z(x,y) = [a_1 cos(\gamma x) + a_2 sen(\gamma x)] \left(b_1 e^{\gamma y} + b_2 e^{-\gamma y}\right) \quad (13.48)$$

Devido à simetria na direção y, verifica-se que $b_2 = -b_1$ e a solução nessa direção deve ser $senh(\gamma y)$. Para aplicar a condição de contorno de Neumann, devemos primeiro calcular a indução magnética:

$$\vec{B} = \nabla \times \vec{A} = \frac{\partial A_z}{\partial y}\vec{u}_x - \frac{\partial A_z}{\partial x}\vec{u}_y \quad (13.49)$$

Capítulo 13 – Equação de Laplace em coordenadas retangulares

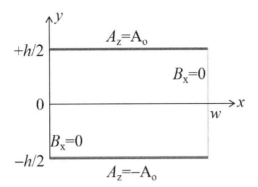

Figura 13.5: Ilustração de um problema magnético para a caixa de potencial com condição de contorno de Neumann.

Assim, obtemos a seguinte expressão matemática para a indução magnética na direção x:

$$B_x = \frac{\partial A_z}{\partial y} = \gamma \left[a_1 cos\left(\gamma x\right) + a_2 sen\left(\gamma x\right) \right] cosh\left(\gamma y\right) \tag{13.50}$$

Para obter indução magnética nula em $x = 0$, devemos definir $a_1 = 0$ e, para obter indução magnética nula em $x = w$, devemos definir $\gamma = n\pi/w$. Assim, o potencial magnético pode ser escrito na forma de uma série de Fourier:

$$A_z(x,y) = \sum_{n=1}^{\infty} b_n sen\left(\frac{n\pi x}{w}\right) senh\left(\frac{n\pi y}{w}\right) \tag{13.51}$$

Essa expressão matemática é idêntica à solução obtida para o potencial elétrico na Equação (13.34). Uma vez que as condições de contorno nas arestas em $y = \pm h/2$ são equivalentes àquelas utilizadas no exemplo da Figura 13.1, à qual essa equação se refere, bastando substituir $V_o = 2A_o$, podemos utilizar a resposta final obtida naquele caso. Ou seja, a solução para o potencial é obtida a partir da Equação (13.39):

$$A_z(x,y) = \frac{4A_o}{\pi} \sum_{n\,ímpar}^{\infty} \frac{sen\left(n\pi x/w\right) senh\left(n\pi y/w\right)}{n\,senh\left(n\pi h/2w\right)} \tag{13.52}$$

A partir desse resultado, podemos calcular a indução magnética usando a Equação (13.49):

$$B_x = \frac{\partial A_z}{\partial y} = \frac{4A_o}{w} \sum_{n\,ímpar}^{\infty} \frac{sen\left(n\pi x/w\right) cosh\left(n\pi y/w\right)}{senh\left(n\pi h/2w\right)} \tag{13.53}$$

$$B_y = -\frac{\partial A_z}{\partial x} = -\frac{4A_o}{w} \sum_{n\,\acute{i}mpar}^{\infty} \frac{cos\,(n\pi x/w\,)\,senh\,(n\pi y/w\,)}{senh\,(n\pi h/2w\,)} \tag{13.54}$$

O cálculo da constante A_o pode ser feito com base na indução magnética na superfície dos eletrodos. Segundo a Equação (10.23), a indução na direção x no centro das arestas em $y = \pm h/2$ é $B_x = \mu_o k/2$, em que $k = i/w$ é a densidade superficial de corrente nos eletrodos. Usando esse resultado na Equação (13.53) na posição $x = w/2$ e $y = h/2$, obtemos A_o:

$$A_o = \frac{\mu_o wk}{8 \sum\limits_{n\,\acute{i}mpar}^{\infty} sen\,(n\pi/2\,)/\tanh\,(n\pi h/2w\,)} \tag{13.55}$$

A Figura 13.6 mostra linhas de campo e mapa vetorial para a distribuição de indução magnética na caixa de potencial. A indução está orientada paralelamente aos eletrodos em grande parte do espaço no interior da caixa, exatamente como se espera que ocorra em um sistema de placas paralelas. Se as placas estivessem bem próximas, o campo seria aproximadamente uniforme. Contudo, nas paredes laterais, o campo sofre encurvamento devido à condição de campo normal nulo. Essa condição de contorno não seria correta se os eletrodos da Figura 13.5 estivessem isolados, mas é adequada se houver sistemas similares de eletrodos com potenciais antissimétricos em ambos os lados do sistema original.

Considere agora uma caixa tridimensional como ilustrada na Figura 13.7. Neste caso, todas as dimensões do domínio de análise são finitas. A condição de contorno nas faces laterais e na base é potencial nulo. Na face superior ($z = L$) o potencial é aplicado através de eletrodos metálicos com a distribuição mostrada na figura. A equação de Laplace tridimensional em coordenadas retangulares tem a seguinte forma:

$$\frac{\partial^2}{\partial x^2}V(x,y,z) + \frac{\partial^2}{\partial y^2}V(x,y,z) + \frac{\partial^2}{\partial z^2}V(x,y,z) = 0 \tag{13.56}$$

Usando o método de separação de variáveis, é fácil verificar que agora devemos utilizar três funções multiplicadas, uma para cada coordenada de posição:

$$V(x,y,z) = f(x)g(y)p(z) \tag{13.57}$$

Substituindo na equação diferencial, podemos organizá-la em três termos independentes somados:

$$\frac{\partial^2}{\partial x^2}f(x)g(y)p(z) + \frac{\partial^2}{\partial y^2}f(x)g(y)p(z) + \frac{\partial^2}{\partial z^2}f(x)g(y)p(z) = 0$$

$$\rightarrow \frac{1}{f(x)}\frac{d^2}{dx^2}f(x) + \frac{1}{g(y)}\frac{d^2}{dy^2}g(y) + \frac{1}{p(z)}\frac{d^2}{dz^2}p(z) = 0 \tag{13.58}$$

Capítulo 13 – Equação de Laplace em coordenadas retangulares

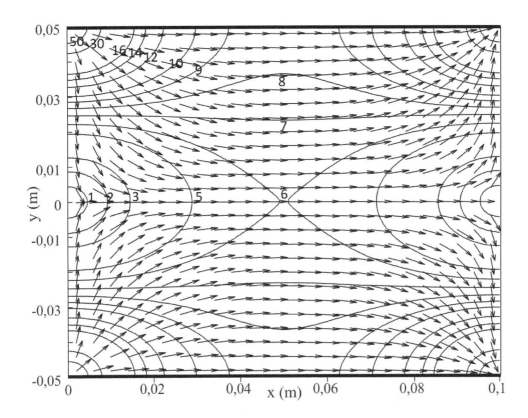

Figura 13.6: Linhas de campo e mapa vetorial para o problema da caixa de potencial magnético bidimensional ($w = 0,1$ m e $h = 0,1$ m) com condição de contorno de Neumann. Resultados baseados nas Equações (13.53) e (13.54) com $A_o = 3,6 \times 10^{-7}$ Tm e 400 termos. Os números referem-se à intensidade da indução magnética em cada linha com a unidade microtesla (μT) igual a 10^{-6} T. A densidade de corrente nos eletrodos é 10 A/m.

Como antes, cada termo deve ser uma constante. Então, temos três equações diferenciais ordinárias acopladas pelas constantes de separação:

$$\frac{d^2}{dx^2}f(x) = \lambda^2 f(x) \quad (a)$$
$$\frac{d^2}{dy^2}g(y) = \gamma^2 g(y) \quad (b) \qquad (13.59)$$
$$\frac{d^2}{dz^2}p(z) = \eta^2 p(z) \quad (c)$$

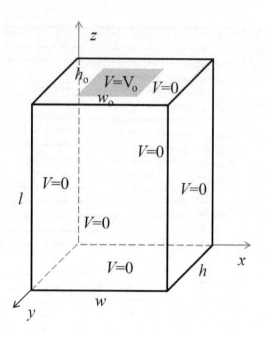

Figura 13.7: Ilustração de um problema de caixa de potencial tridimensional.

E, para satisfazer a equação de Laplace, a soma dos quadrados das constantes de separação é nula:

$$\lambda^2 + \gamma^2 + \eta^2 = 0 \tag{13.60}$$

Assim, novamente teremos soluções trigonométricas e exponenciais. O fato de as condições de contorno se repetirem nas direções x e y sugere que as constantes λ e γ sejam imaginárias. Temos então como solução geral a seguinte função:

$$V(x,y,z) = [a_1 cos(|\lambda|\, x) + a_2 sen(|\lambda|\, x)] \, [b_1 cos(|\gamma|\, y) + b_2 sen(|\gamma|\, y)] \\ \left(c_1 e^{\eta z} + c_2 e^{-\eta z}\right) \tag{13.61}$$

Devido ao potencial nulo em $x = 0$ e $x = w$, verificamos que a_1 é nula e $|\lambda| = n\pi/w$. De modo análogo, em virtude do potencial nulo em $y = 0$ e $y = h$, verificamos que b_1 é nula e $|\gamma| = m\pi/h$. Além disso, o potencial se anula para $z = 0$ se $c_2 = -c_1$. Assim, substituindo as constantes já determinadas, podemos escrever o potencial elétrico na seguinte forma:

$$V(x,y,z) = \sum_{n=1}^{\infty}\sum_{m=1}^{\infty} c_{nm} sen\left(\frac{n\pi x}{w}\right) sen\left(\frac{m\pi y}{h}\right) senh(\eta z) \tag{13.62}$$

Capítulo 13 – Equação de Laplace em coordenadas retangulares 139

A constante η, segundo a Equação (13.60), é dada por:

$$\eta = \sqrt{(n\pi/w)^2 + (m\pi/h)^2} \tag{13.63}$$

A última condição de contorno refere-se ao potencial em $z = l$. Pode ser descrita pela seguinte função:

$$V(x, y, z = l) = \begin{cases} V_o \leftarrow (w - w_o)/2 \leq x \leq (w + w_o)/2 \text{ e} \\ \qquad (h - h_o)/2 \leq y \leq (h + h_o)/2 \\ 0 \leftarrow \text{outros locais nesta face} \end{cases} \tag{13.64}$$

Com essa substituição na Equação (13.48), os coeficientes c_{nm} podem ser obtidos pela análise da seguinte série de Fourier bidimensional:

$$V(x, y, z = l) = \sum_{n=1}^{\infty} \sum_{m=1}^{\infty} [c_{nm} senh(\eta l)] \, sen\left(\frac{n\pi x}{w}\right) sen\left(\frac{m\pi y}{h}\right) \tag{13.65}$$

Uma extensão natural da teoria mostrada anteriormente para a série unidimensional nos permite escrever as seguintes relações de ortogonalidade para uma série bidimensional:

$$\int_{-w}^{w} \int_{-h}^{h} sen\left(\frac{n\pi x}{w}\right) sen\left(\frac{m\pi y}{h}\right) sen\left(\frac{k\pi x}{w}\right) sen\left(\frac{s\pi y}{h}\right) dy\, dx$$
$$= 0 \text{ se } n \neq k \text{ ou } m \neq s$$
$$= wh \text{ se } n = k \text{ e } m = s \tag{13.66}$$

$$\int_{-w}^{w} \int_{-h}^{h} cos\left(\frac{n\pi x}{w}\right) cos\left(\frac{m\pi y}{h}\right) cos\left(\frac{k\pi x}{w}\right) cos\left(\frac{s\pi y}{h}\right) dy\, dx$$
$$= 0 \text{ se } n \neq k \text{ ou } m \neq s$$
$$= wh \text{ se } n = k \text{ e } m = s \tag{13.67}$$

$$\int_{-w}^{w} \int_{-h}^{h} sen\left(\frac{n\pi x}{w}\right) sen\left(\frac{m\pi y}{h}\right) cos\left(\frac{k\pi x}{w}\right) cos\left(\frac{s\pi y}{h}\right) dy\, dx = 0 \tag{13.68}$$

Para calcular os coeficientes da série, multiplicamos ambos os lados da Equação (13.65) pelas funções da base e integramos nos períodos $2w$ e $2h$. Como no primeiro exemplo, usaremos uma extensão antissimétrica para o potencial nos intervalos $-w < x < 0$ e $-h < y < 0$ fora do domínio de análise. Utilizando as

140   Análise de sistemas eletromagnéticos

relações de ortogonalidade, obtemos:

$$c_{nm}senh(\eta l) = \frac{1}{wh} \int\limits_{-w}^{w} \int\limits_{-h}^{h} V(x,y,z=L)\, sen\left(\frac{n\pi x}{w}\right) sen\left(\frac{m\pi y}{h}\right) dy\, dx \quad (13.69)$$

Substituímos agora a função descrita na Equação (13.64) e integramos. O resultado é mostrado a seguir:

$$
\begin{aligned}
c_{nm}senh(\eta l) &= \frac{4V_o}{wh} \int\limits_{(w-w_o)/2}^{(w+w_o)/2} \int\limits_{(h-h_o)/2}^{(h+h_o)/2} sen\left(\frac{n\pi x}{w}\right) sen\left(\frac{m\pi y}{h}\right) dy\, dx \\
&= \frac{4V_o}{nm\pi^2} \left[cos\left(\frac{n\pi x}{w}\right)\right]_{(w-w_o)/2}^{(w+w_o)/2} \left[cos\left(\frac{m\pi y}{h}\right)\right]_{(h-h_o)/2}^{(h+h_o)/2}
\end{aligned}
\quad (13.70)
$$

Esse cálculo resulta na seguinte equação para os coeficientes:

$$
\begin{aligned}
c_{nm} &= \frac{4V_o}{nm\,\pi^2\, senh(\eta l)} \left[cos\left(\frac{n\pi\,(w+w_o)}{2w}\right) - cos\left(\frac{n\pi\,(w-w_o)}{2w}\right)\right] \\
&\left[cos\left(\frac{m\pi\,(h+h_o)}{2h}\right) - cos\left(\frac{m\pi\,(h-h_o)}{2h}\right)\right]
\end{aligned}
\quad (13.71)
$$

A Figura 13.8 mostra a reconstrução da distribuição de potencial na tampa em $z = l$ com arestas $w = h = 10$ cm e potencial aplicado $V_o = 10$ V. A série baseada nas Equações (13.62) e (13.71) continha 100 termos em cada um dos somatórios (índices n e m).

13.3 Questões

13.1) Demonstre as condições de ortogonalidade dadas nas Equações (13.7) a (13.9).

13.2) Considere os problemas referentes às Figuras 13.1 e 13.3. Calcule a carga total no eletrodo correspondente à aresta em $y = h/2$ e obtenha uma equação para a capacitância da caixa de potencial.

13.3) No problema da caixa de potencial da Figura 13.3, obtenha as equações das componentes do campo elétrico sobre o eixo x ($y = 0$).

13.4) No problema da caixa de potencial da Figura 13.5, calcule as induções magnéticas máxima e mínima ao longo do eixo y na posição $x = w/2$.

13.5) Demonstre a Equação (13.55) para o potencial magnético na superfície dos eletrodos.

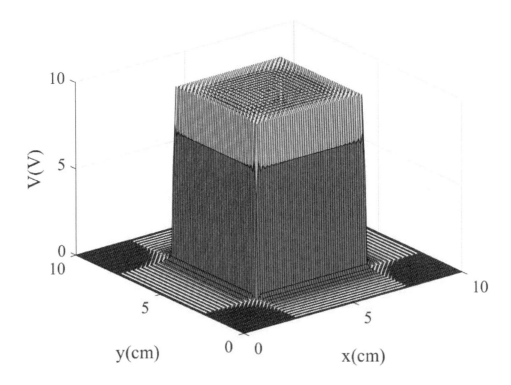

Figura 13.8: Reconstrução da distribuição de potencial na tampa em $z = l$ na caixa de potencial tridimensional com arestas $w = h = 10$ cm e potencial aplicado $V_o = 10$ V, usando 100 termos em cada um dos somatórios (índices n e m).

13.6) Demonstre a Equação (13.71) para os coeficientes da série de Fourier tridimensional no problema da Figura 13.7.

13.7) Obtenha a equação da densidade de carga elétrica no eletrodo em $z = l$ no problema da Figura 13.7.

Capítulo 14

Equação de Laplace em coordenadas cilíndricas

14.1 Expansão em série de Bessel

Em coordenadas cilíndricas, o laplaciano é descrito pela Equação (11.5) e a equação de Laplace, portanto, é dada por:

$$\rho\frac{\partial}{\partial\rho}\left[\rho\frac{\partial}{\partial\rho}V\left(\rho,\phi,z\right)\right] + \frac{\partial^2}{\partial\phi^2}V\left(\rho,\phi,z\right) + \rho^2\frac{\partial^2}{\partial z^2}V\left(\rho,\phi,z\right) = 0$$

$$\rightarrow \rho^2\frac{\partial^2}{\partial\rho^2}V\left(\rho,\phi,z\right) + \rho\frac{\partial}{\partial\rho}V\left(\rho,\phi,z\right) + \frac{\partial^2}{\partial\phi^2}V\left(\rho,\phi,z\right) + \rho^2\frac{\partial^2}{\partial z^2}V\left(\rho,\phi,z\right) = 0$$

$$(14.1)$$

Procedendo à separação de variáveis, escrevemos a solução na seguinte forma:

$$V\left(\rho,\phi,z\right) = f\left(\rho\right)g\left(\phi\right)h\left(z\right) \tag{14.2}$$

Substituindo na equação de Laplace e separando os termos, obtemos:

$$\rho^2\frac{\partial^2}{\partial\rho^2}f\left(\rho\right)g\left(\phi\right)h\left(z\right) + \rho\frac{\partial}{\partial\rho}f\left(\rho\right)g\left(\phi\right)h\left(z\right) + \frac{\partial^2}{\partial\phi^2}f\left(\rho\right)g\left(\phi\right)h\left(z\right)$$

$$+ \rho^2\frac{\partial^2}{\partial z^2}f\left(\rho\right)g\left(\phi\right)h\left(z\right) = 0 \tag{14.3}$$

$$\rightarrow \frac{1}{f\left(\rho\right)}\left[\rho^2\frac{d^2f\left(\rho\right)}{d\rho^2} + \rho\frac{df\left(\rho\right)}{d\rho}\right] + \frac{1}{g\left(\phi\right)}\frac{d^2g\left(\phi\right)}{d\phi^2} + \rho^2\frac{1}{h\left(z\right)}\frac{d^2h\left(z\right)}{dz^2} = 0$$

A separação em três equações ordinárias é obtida com a definição das constantes k e n para as funções $g(\phi)$ e $h(z)$:

$$\frac{d^2h\left(z\right)}{dz^2} = k^2h\left(z\right) \tag{14.4}$$

$$\frac{d^2g(\phi)}{d\phi^2} = -n^2 g(\phi) \tag{14.5}$$

em que k e n são constantes positivas. Além disso, se o domínio de análise corresponde a 2π radianos na coordenada azimutal, a constante n deve ser um número inteiro, uma vez que a função $g(\phi)$ necessariamente se repete a cada intervalo de 2π radianos. Substituindo na Equação (14.3), obtemos a equação na direção radial:

$$\rho^2 \frac{d^2 f(\rho)}{d\rho^2} + \rho \frac{df(\rho)}{d\rho} + \left(k^2\rho^2 - n^2\right) f(\rho) = 0 \tag{14.6}$$

As soluções para $g(\phi)$ e $h(z)$ são bem conhecidas:

$$h(z) = c_1 e^{kz} + c_2 e^{-kz} \tag{14.7}$$

$$g(\phi) = b_1 cos(n\phi) + b_2 sen(n\phi) \tag{14.8}$$

Para $f(\rho)$, existem três possibilidades. Se as constantes de separação k e n são nulas, temos:

$$\begin{aligned}
&\rho^2 \frac{d^2 f(\rho)}{d\rho^2} + \rho \frac{df(\rho)}{d\rho} = 0 \\
&\rightarrow \frac{d}{d\rho}\left[\rho \frac{df(\rho)}{d\rho}\right] = 0 \\
&\rightarrow df(\rho) = a_1 \frac{d\rho}{\rho} \\
&\rightarrow f(\rho) = a_1 Ln(\rho) + a_2
\end{aligned} \tag{14.9}$$

Essa é a típica solução envolvendo condutores cilíndricos longos que já foi obtida anteriormente para o fio longo e para o cabo coaxial. A próxima possibilidade ocorre quando apenas a constante k é nula. Nesse caso, as equações a seguir mostram a versão simplificada da Equação (14.6) e sua solução:

$$\rho^2 \frac{d^2 f(\rho)}{d\rho^2} + \rho \frac{df(\rho)}{d\rho} - n^2 f(\rho) = 0 \tag{14.10}$$

$$f(\rho) = a_1 \rho^n + a_2 \rho^{-n} \tag{14.11}$$

Essa solução pode ser verificada por substituição. Quando nenhuma das constantes de separação é nula, a Equação (14.6) é denominada equação diferencial de Bessel e suas soluções são as funções de Bessel, obtidas na forma de séries de

Capítulo 14 – Equação de Laplace em coordenadas cilíndricas 145

potências. Antes, porém, vamos efetuar a seguinte transformação de coordenadas: $x = k\rho$.

$$x^2 \frac{d^2 f(x)}{dx^2} + x \frac{df(x)}{dx} + \left(x^2 - n^2\right) f(x) = 0 \tag{14.12}$$

A solução proposta tem a seguinte forma geral:

$$f(x) = x^\alpha \sum_{m=0}^{\infty} a_m x^m \tag{14.13}$$

e suas derivadas são obtidas a seguir:

$$\frac{df(x)}{dx} = \sum_{m=0}^{\infty} (m + \alpha) a_m x^{m+\alpha-1}$$
$$\frac{d^2 f(x)}{dx^2} = \sum_{m=0}^{\infty} (m + \alpha)(m + \alpha - 1) a_m x^{m+\alpha-2} \tag{14.14}$$

Substituindo na equação diferencial de Bessel, temos:

$$\sum_{m=0}^{\infty} (m + \alpha)(m + \alpha - 1) a_m x^{m+\alpha} + \sum_{m=0}^{\infty} (m + \alpha) a_m x^{m+\alpha} + \sum_{m=0}^{\infty} a_m x^{m+\alpha+2}$$
$$- \sum_{m=0}^{\infty} n^2 a_m x^{m+\alpha} = 0 \tag{14.15}$$

Substituindo $m = p - 2$ no terceiro termo e agrupando os termos de mesma potência, resulta:

$$x^\alpha \left[\sum_{m=0}^{\infty} \left[(m + \alpha)^2 - n^2 \right] a_m x^m + \sum_{p=2}^{\infty} a_{p-2} x^p \right] = 0 \tag{14.16}$$

Agora substituímos $m = p$ no segundo termo e reagrupamos novamente os termos de mesma potência. Com isso, o somatório pode ser reescrito na seguinte forma:

$$(\alpha^2 - n^2) a_0 + [(1 + \alpha)^2 - n^2] a_1 x + \sum_{m=2}^{\infty} [((m + \alpha)^2 - n^2) a_m + a_{m-2}] x^m = 0 \tag{14.17}$$

Cada termo nessa equação deve se anular independentemente dos demais. A opção sempre utilizada é assumir que $a_0 \neq 0$ e $a_1 = 0$. Desse modo, temos:

$$\alpha^2 - n^2 = 0 \rightarrow \alpha = \pm n \tag{14.18}$$

Considere inicialmente $\alpha = n$. Do terceiro termo na Equação (14.17), segue:

$$\left[(m+\alpha)^2 - n^2\right] a_m + a_{m-2} = 0 \rightarrow a_m = -\frac{a_{m-2}}{m(m+2n)} \tag{14.19}$$

Note que os termos de ordem ímpar são nulos. Vejamos alguns coeficientes, assumindo que o valor de a_0 seja conhecido.

$$a_2 = -\frac{a_0}{2(2+2n)}$$
$$a_4 = \frac{a_0}{2 \times 4 \times 2(1+n) \times 2(2+n)} \tag{14.20}$$
$$a_6 = -\frac{a_0}{(2 \times 4 \times 6) \times [2(1+n) \times 2(2+n) \times 2(3+n)]}$$

A partir desses exemplos, podemos deduzir a expressão geral. Se n for inteiro:

$$a_m = \frac{(-1)^{m/2} n! \, a_0}{2^m (m/2)! (m/2 + n)!} \tag{14.21}$$

e a solução que se obtém é denominada função de Bessel de primeira espécie:

$$J_n(x) = \left(\frac{x}{2}\right)^n \sum_{m=0}^{\infty} \frac{(-1)^m}{m!(m+n)!} \left(\frac{x}{2}\right)^{2m} \tag{14.22}$$

A solução para $\alpha = -n$ é obtida de maneira similar:

$$J_{-n}(x) = \left(\frac{x}{2}\right)^{-n} \sum_{m=0}^{\infty} \frac{(-1)^m}{m!(m-n)!} \left(\frac{x}{2}\right)^{2m} \tag{14.23}$$

Contudo, essa função é proporcional a $J_n(x)$. Isso pode ser verificado substituindo $m = p + n$:

$$J_{-n}(x) = \left(\frac{x}{2}\right)^{-n} \sum_{p=0}^{\infty} \frac{(-1)^{p+n}}{(p+n)!p!} \left(\frac{x}{2}\right)^{2(p+n)} = (-1)^n \left(\frac{x}{2}\right)^n \sum_{p=0}^{\infty} \frac{(-1)^p}{p!(p+n)!} \left(\frac{x}{2}\right)^{2p}$$
$$= (-1)^n J_n(x) \tag{14.24}$$

Desse modo, é necessário obter outra solução que seja linearmente independente de $J_n(x)$. Esta função, denominada função de Bessel de segunda espécie, é obtida a partir da seguinte operação:

$$Y_n(x) = \lim_{p \to n} \frac{J_p(x) \cos(p\pi) - J_{-p}(x)}{\operatorname{sen}(p\pi)} \tag{14.25}$$

Capítulo 14 – Equação de Laplace em coordenadas cilíndricas

Note que a simples substituição de $p = n$ resulta em uma indeterminação do tipo $0/0$, pois $cos(n\pi) = (-1)^n$ e $sen(n\pi) = 0$ para n inteiro. Deve-se aplicar a regra de L'Hôpital para encontrar esse limite, o que implica calcular as derivadas do numerador e do denominador. Para isso, é necessário considerar as expressões de $J_n(x)$ e $J_{-n}(x)$ para n não inteiro. Não faremos esse desenvolvimento aqui, mas isso pode ser encontrado em livros especializados.

Pode-se provar que a função $Y_n(x)$ existe e é linearmente independente de $J_n(x)$. Assim, podemos escrever a forma geral da solução radial da equação de Laplace em coordenadas cilíndricas na seguinte forma:

$$f(\rho) = a_1 J_n(k\rho) + a_2 Y_n(k\rho) \tag{14.26}$$

A Figura 14.1 mostra algumas funções de Bessel de primeira e segunda espécies. Todas são funções oscilatórias que apresentam número infinito de pontos de passagem por zero. Todas as funções J_n, exceto J_0, iniciam em zero. As funções Y_n são singulares na origem, por isso, não servem como solução da equação de Laplace quando a origem faz parte do domínio de análise.

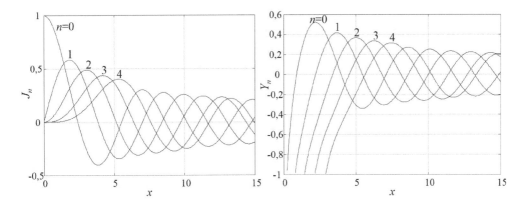

Figura 14.1: Funções de Bessel de primeira e segunda espécies e ordens de 0 a 4.

A Figura 14.2 mostra funções de Bessel de primeira espécie e ordem zero com o argumento escalonado pela multiplicação por zeros de J_0. Os primeiros seis zeros de J_0 são: 2,405, 5,520, 8,654, 11,792, 14,931 e 18,071. Funções de Bessel de primeira espécie escalonadas apresentam um zero comum em $x = 1$. Essas funções são importantes pela seguinte propriedade:

$$\int_0^1 x J_n(x_{nm}x) J_n(x_{np}x)dx = \begin{cases} 0 & \leftarrow m \neq p \\ \dfrac{J_{n+1}^2(x_{nm})}{2} & \leftarrow m = p \end{cases} \tag{14.27}$$

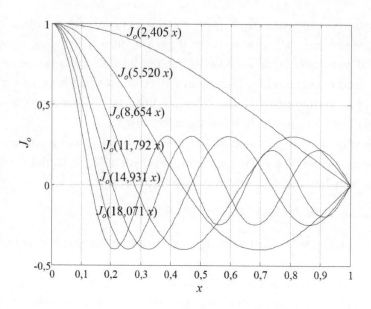

Figura 14.2: Funções de Bessel escalonadas de primeira espécie e ordem zero.

em que x_{nm} e x_{np} são zeros da função $J_n(x)$. Ou seja, as funções de Bessel de primeira espécie escalonadas formam uma base de funções que pode ser usada para expandir qualquer função definida no intervalo $0 \leq x \leq 1$ que tenha um zero em $x = 1$.

Seja $V(x)$ uma função com essas características. Portanto, podemos escrever:

$$V(x) = \sum_{m=1}^{\infty} c_m J_n(x_{nm}x) \tag{14.28}$$

Para utilizar a relação de ortogonalidade descrita na Equação (14.27), devemos multiplicar ambos os lados da equação anterior por $xJ_n(x_{np}x)$ e integrar no domínio dessas funções:

$$\int_0^1 xV(x) J_n(x_{np}x)\,dx = \sum_{m=1}^{\infty} c_m \int_0^1 xJ_n(x_{nm}x) J_n(x_{np}x)\,dx$$
$$= c_m \frac{J_{n+1}^2(x_{nm})}{2} \tag{14.29}$$

Portanto, os coeficientes da expansão são obtidos na seguinte forma:

$$c_m = \frac{2}{J_{n+1}^2(x_{nm})} \int_0^1 xV(x) J_n(x_{nm}x)\,dx \tag{14.30}$$

Capítulo 14 – Equação de Laplace em coordenadas cilíndricas 149

A seguir, são apresentados alguns resultados envolvendo funções de Bessel que são úteis na solução de problemas de valor de contorno [21]:

$$\frac{d}{dx}J_n(x) = \frac{1}{2}[J_{n-1}(x) - J_{n+1}(x)] \rightarrow \frac{d}{dx}J_0(x) = -J_1(x) \tag{14.31}$$

$$\int x^n J_{n-1}(x)\,dx = x^n J_n(x) \tag{14.32}$$

$$\int x^{-n} J_{n+1}(x)\,dx = -x^{-n} J_n(x) \tag{14.33}$$

$$\int x^m J_0(x)\,dx =$$
$$x^m J_1(x) + (m-1)\,x^{m-1}J_0(x) - (m-1)^2\int x^{m-2}J_0(x)\,dx \tag{14.34}$$

$$\int \frac{J_0(x)}{x^m}dx =$$
$$\frac{J_1(x)}{(m-1)^2 x^{m-2}} - \frac{J_0(x)}{(m-1)\,x^{m-1}} - \frac{1}{(m-1)^2}\int \frac{J_0(x)}{x^{m-2}}dx \tag{14.35}$$

$$\int x^m J_n(x)\,dx = -x^m J_{n-1}(x) + (m+n-1)\int x^{m-1}J_{n-1}(x)\,dx \tag{14.36}$$

$$\int \frac{J_1(x)}{x^m}dx = -\frac{J_1(x)}{m\,x^{m-1}} + \frac{1}{m}\int \frac{J_0(x)}{x^{m-1}}dx \tag{14.37}$$

$$\int x J_n(ax) J_n(bx)\,dx =$$
$$\frac{x}{b^2 - a^2}\left[a\,J_n(bx)\frac{dJ_n(ax)}{dx} - b\,J_n(ax)\frac{dJ_n(bx)}{dx}\right] \tag{14.38}$$

$$\int x\,[J_n(ax)]^2 dx =$$
$$\frac{x^2}{2}\left\{\left[\frac{dJ_n(ax)}{dx}\right]^2 + \left(1 - \frac{n^2}{a^2 x^2}\right)[J_n(ax)]^2\right\} \tag{14.39}$$

$$J_n(x) = \frac{1}{\pi}\int_0^\pi cos(n\alpha - x\,sen\alpha)\,d\alpha \quad \text{para n inteiro} \tag{14.40}$$

14.2 Cálculo de potencial em coordenadas cilíndricas

A partir deste ponto, vamos estudar alguns casos de solução da equação de Laplace em coordenadas cilíndricas. O primeiro exemplo é mostrado na Figura 14.3, tratando-se de um problema bidimensional com a forma geométrica de um setor circular no plano azimutal, ou seja, o potencial elétrico não varia na direção axial. Portanto, a solução geral é obtida como o produto de $g(\phi)$ e $f(\rho)$ com $k = 0$. Usando as Equações (14.8) e (14.11), obtemos:

$$V(\rho, \phi) = \left(a_1 \rho^n + a_2 \rho^{-n}\right) [b_1 cos(n\phi) + b_2 sen(n\phi)] \tag{14.41}$$

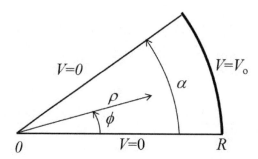

Figura 14.3: Ilustração de um exemplo bidimensional no plano azimutal com a geometria de um setor circular.

Uma vez que a origem é parte do domínio de análise e a função ρ^{-n} é singular na origem, devemos assumir que $a_2 = 0$. Aplicando as condições de contorno nulas nas paredes em $\phi = 0$ e $\phi = \alpha$, obtemos $b_1 = 0$ e $n = m\pi/\alpha$, em que m é um número inteiro. Assim, a solução assume a seguinte forma:

$$V(\rho, \phi) = \sum_{m=1}^{\infty} b_m \rho^{m\pi/\alpha} sen(m\pi\phi/\alpha) \tag{14.42}$$

A aplicação da condição de contorno $V = V_o$ para $\rho = R$ no intervalo $0 \leq \phi \leq \alpha$ resulta na seguinte série de Fourier:

$$V_o = \sum_{m=1}^{\infty} \left(b_m R^{m\pi/\alpha}\right) sen(m\pi\phi/\alpha) \tag{14.43}$$

Capítulo 14 – Equação de Laplace em coordenadas cilíndricas   151

Assim, os coeficientes são calculados da forma a seguir:

$$b_m R^{m\pi/\alpha} = \frac{2}{\alpha} \int_0^\alpha V_o sen\,(m\pi\phi/\alpha\,)\,d\phi = \frac{2V_o}{m\pi}\,[-cos\,(m\pi\phi/\alpha\,)]_0^\alpha$$

$$= \frac{2V_o}{m\pi}\,[1 - cos\,(m\pi)] \tag{14.44}$$

Portanto, a solução para o potencial no interior do setor circular é descrita pela seguinte equação:

$$V(\rho,\phi) = \frac{4V_o}{\pi} \sum_{m\,impar}^{\infty} \left(\frac{\rho}{R}\right)^{m\pi/\alpha} \frac{sen\,(m\pi\phi/\alpha\,)}{m} \leftarrow \rho \leq R, 0 \leq \phi \leq \alpha \tag{14.45}$$

Note que se as paredes em $\phi = 0$ e $\phi = \alpha$ forem infinitas na direção radial, o potencial no meio externo ao setor circular pode ser calculado exatamente da mesma forma que no meio interno. A diferença está na parte radial da solução. Uma vez que o potencial deve diminuir com a distância radial para $\rho > R$, a função crescente ρ^n não pode ser usada e apenas a função ρ^{-n} é mantida na solução geral. O método de cálculo é exatamente o mesmo, e verifica-se que a solução fora do setor circular é dada por:

$$V(\rho,\phi) = \frac{4V_o}{\pi} \sum_{m\,impar}^{\infty} \left(\frac{\rho}{R}\right)^{-m\pi/\alpha} \frac{sen\,(m\pi\phi/\alpha\,)}{m} \leftarrow \rho \geq R, 0 \leq \phi \leq \alpha \tag{14.46}$$

Como complemento dessa análise, considere o cálculo da densidade de carga no eletrodo circular da Figura 14.3. Sabemos das seções anteriores que a densidade de carga elétrica em um eletrodo metálico pode ser calculada por meio da lei de Gauss e, no caso de um eletrodo com grande espessura, apenas o fluxo em uma das faces deve ser considerado nesse cálculo, resultando na Equação (7.10). Contudo, o eletrodo circular da Figura 14.3 é uma lâmina com espessura não informada. Vamos assumir que a espessura seja muito pequena e considerar o eletrodo como uma interface entre os meios interno e externo ao setor circular. Desse modo, devemos utilizar a condição de continuidade da indução elétrica expressa na Equação (12.3):

$$\rho_s = (D_{ext} - D_{int})_{\rho=R}$$

$$= -\epsilon_o \left(\frac{\partial V_{ext}}{\partial \rho} - \frac{\partial V_{int}}{\partial \rho}\right)_{\rho=R} \leftarrow 0 \leq \phi \leq \alpha \tag{14.47}$$

152 Análise de sistemas eletromagnéticos

Usando as Equações (14.45) e (14.46) para calcular os campos interno e externo na interface, respectivamente, obtemos a densidade de carga na seguinte forma:

$$\rho_s = \frac{8\epsilon_o V_o}{\alpha R} \sum_{m\,\text{ímpar}}^{\infty} sen\,(m\pi\phi/\alpha\,) \qquad (14.48)$$

De modo análogo, podemos calcular a densidade de carga nas paredes laterais. O campo elétrico normal nessas superfícies está orientado na direção azimutal. Usando a Equação (14.45), temos:

$$E_\phi = -\frac{1}{\rho}\frac{\partial}{\partial\phi}V(\rho,\phi) = -\frac{4V_o}{R\alpha} \sum_{m\,\text{ímpar}}^{\infty} \left(\frac{\rho}{R}\right)^{\frac{m\pi}{\alpha}-1} cos\,(m\pi\phi/\alpha\,) \qquad (14.49)$$

$$\leftarrow \rho \leq R, 0 \leq \phi \leq \alpha$$

Com isso, a densidade de carga é dada por:

$$\rho_s = \epsilon_o E_\phi\,(\phi = 0) = -\frac{4\epsilon_o V_o}{R\alpha} \sum_{m\,\text{ímpar}}^{\infty} \left(\frac{\rho}{R}\right)^{\frac{m\pi}{\alpha}-1} \leftarrow \rho \leq R \qquad (14.50)$$

Note que se $\alpha = \pi$, a densidade de carga é aproximadamente uniforme nas proximidades da origem. Para $\alpha < \pi$, a densidade de carga é nula na origem e tanto menor em torno da origem quanto menor for o ângulo de abertura do setor circular. Por outro lado, se $\alpha > \pi$, a densidade de carga é singular na origem. Nesse caso, o campo elétrico em torno da origem é muito elevado. Esse resultado descreve qualitativamente o efeito bem conhecido de intensificação dos campos elétricos em torno de condutores com bordas agudas.

Considere agora o problema ilustrado na Figura 14.4. A parede circular do cilindro e sua base são mantidas no potencial nulo. A tampa superior apresenta a distribuição de potencial descrita por dois eletrodos metálicos concêntricos nos quais são aplicados potenciais opostos. Neste caso, o potencial depende da coordenada axial, mas claramente não varia com o ângulo azimutal, ou seja, devemos usar $n = 0$. Portanto, a solução geral envolve a função $h(z)$ dada na Equação (14.7) e a função $f(\rho)$ descrita pelas funções de Bessel na Equação (14.26) com ordem zero. Contudo, uma vez que o domínio de análise inclui a origem da coordenada radial, a função de Bessel de segunda espécie não deve ser usada. Assim, a solução geral pode ser expressa na seguinte forma:

$$V(\rho, z) = J_0\,(k\rho)\left(c_1 e^{kz} + c_2 e^{-kz}\right) \qquad (14.51)$$

Devido à condição de contorno na base, temos $c_2 = -c_1$. Por outro lado, o potencial nulo na superfície do cilindro exige que $J_0(kR) = 0$, ou seja, kR

Capítulo 14 – Equação de Laplace em coordenadas cilíndricas   153

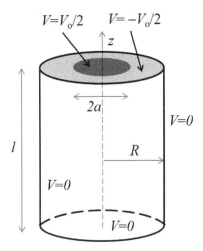

Figura 14.4: Ilustração para um problema de valor de contorno em coordenadas cilíndricas com variação de potencial na direção axial.

deve ser igual a um zero de J_0. Designamos esses zeros por x_{0m} e, assim, temos $k = x_{0m}/R$, em que m é um inteiro. Então, podemos escrever a solução na seguinte forma:

$$V(\rho, z) = \sum_{m=1}^{\infty} c_m J_0(x_{0m}\rho/R)\, senh(x_{0m}z/R) \tag{14.52}$$

Para atender à condição de contorno na tampa, devemos encontrar os coeficientes da seguinte série de funções de Bessel:

$$V_S(\rho) = \sum_{m=1}^{\infty} [c_m senh(x_{0m}l/R)]\, J_0(x_{0m}\rho/R) \tag{14.53}$$

em que $V_S(\rho)$ descreve a distribuição de potencial na tampa:

$$V_S(\rho) = \begin{cases} +V_o/2 & \leftarrow 0 \leq \rho \leq a \\ -V_o/2 & \leftarrow a < \rho < R \end{cases} \tag{14.54}$$

154   Análise de sistemas eletromagnéticos

Usando a Equação (14.30) com $x = \rho/R$, temos:

$$c_m senh\,(x_{0m}l/R\,) =$$

$$\frac{2}{J_1^2(x_{0m})R^2}\left[\frac{V_o}{2}\int_0^a \rho\,J_0\,(x_{0m}\rho/R\,)\,d\rho - \frac{V_o}{2}\int_a^R \rho\,J_0\,(x_{0m}\rho/R\,)\,d\rho\right] \qquad (14.55)$$

$$= \frac{V_o}{J_1^2(x_{0m})x_{0m}^2}\left[\int_0^{x_{0m}a/R} y\,J_0\,(y)\,dy - \int_{x_{0m}a/R}^{x_{0m}} y\,J_0\,(y)\,dy\right]$$

em que usamos a transformação de coordenadas $y = x_{0m}\rho/R$. A integral pode
ser resolvida com ajuda da Equação (14.32):

$$c_m senh\,(x_{0m}l/R\,) = \frac{V_o}{J_1^2(x_{0m})x_{0m}^2}\left([y\,J_1\,(y)]_0^{x_{0m}a/R} - [y\,J_1\,(y)]_{x_{0m}a/R}^{x_{0m}}\right)$$

$$= \frac{V_o}{J_1^2(x_{0m})x_{0m}^2}\left(\frac{2x_{0m}a}{R}\,J_1\left(\frac{x_{0m}a}{R}\right) - x_{0m}\,J_1\,(x_{0m})\right) \qquad (14.56)$$

$$\rightarrow c_m = \frac{V_o}{J_1^2(x_{0m})x_{0m}senh\,(x_{0m}l/R\,)}\left(\frac{2a}{R}\,J_1\left(\frac{x_{0m}a}{R}\right) - J_1\,(x_{0m})\right)$$

Com essa fórmula para o cálculo dos coeficientes, a Equação (14.52) satisfaz a
condição de contorno na tampa e, portanto, é a solução para o potencial elétrico
no interior da câmara cilíndrica.

Considere agora substituir a condição de contorno de Dirichlet pela condição
de Neumann na parede circular do cilindro. Nesse caso, a Equação (14.51),
substituindo $c_2 = -c_1$, é o mesmo ponto de partida:

$$V\,(\rho, z) = J_0\,(k\rho)\,senh\,(kz) \qquad (14.57)$$

Dessa vez, entretanto, a condição de contorno nas paredes leva a $dJ_0/d\rho = 0$.
Baseados na Equação (14.31), concluímos que o argumento kR deve ser igual a
um zero da função $J_1(x)$. Com isso, resulta a seguinte série de funções de Bessel:

$$V\,(\rho, z) = \sum_{m=1}^{\infty} c_m J_0\,(x_{1m}\rho/R\,)\,senh\,(x_{1m}z/R\,) \qquad (14.58)$$

Usando as Equações (14.38) e (14.39), verifica-se que as funções $J_0(x_{1m}x)$
formam uma base de funções e a condição de ortogonalidade pode ser escrita na
seguinte forma:

$$\int_0^1 x\,J_0\,(x_{1m}x)\,J_0\,(x_{1p}x)\,dx = \begin{cases} 0 & \leftarrow\ m \neq p \\ \dfrac{J_0^2\,(x_{1m})}{2} & \leftarrow\ m = p \end{cases} \qquad (14.59)$$

Capítulo 14 – Equação de Laplace em coordenadas cilíndricas   155

Usando esse resultado, podemos obter os coeficientes da série descrita na Equação (14.58) para que satisfaça a condição de contorno na tampa da câmara cilíndrica. De fato, o procedimento é idêntico ao desenvolvido no exemplo anterior. O resultado para c_m pode ser adaptado da Equação (14.56) substituindo-se x_{0m} por x_{1m} e $J_1^2(x_{0m})$ por $J_0^2(x_{1m})$, como ocorre na condição de ortogonalidade:

$$c_m = \frac{(2a/R)\, J_1(x_{1m}a/R)\, V_o}{J_0^2(x_{1m})x_{1m}senh(x_{1m}l/R)} \tag{14.60}$$

Considere agora a Figura 14.5 que mostra uma seção transversal de um solenoide longo. O potencial magnético está orientado na direção azimutal e obviamente não depende da coordenada azimutal. Para um solenoide longo, a variação de potencial e campo na direção longitudinal é pequena para posições distantes das extremidades. Se ignorarmos as variações com a coordenada z, a equação de Poisson pode ser escrita na seguinte forma:

$$\frac{1}{\rho}\frac{d}{d\rho}\left(\rho\frac{dA_\phi}{d\rho}\right) = -\mu_o j \tag{14.61}$$

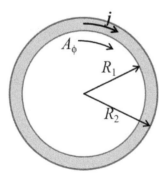

Figura 14.5: Ilustração em corte transversal para cálculo do potencial e da indução magnética de um solenoide longo.

Mas, a densidade de corrente é não nula apenas na estreita faixa entre os raios R_1 e R_2. Fora dessa faixa, a equação a resolver é a de Laplace unidimensional:

$$\frac{1}{\rho}\frac{d}{d\rho}\left(\rho\frac{dA_\phi}{d\rho}\right) = 0$$
$$\to \rho\frac{dA_\phi}{d\rho} = a_1 \tag{14.62}$$
$$\to A_\phi = a_1 Ln(\rho) + a_2 \leftarrow \rho \geq R_2$$

em que a_1 e a_2 são constantes a determinar.

Essa solução não serve para o interior do solenoide pela singularidade da função $Ln(\rho)$ na origem. Contudo, uma vez que o campo magnético no interior do solenoide longo é aproximadamente uniforme, podemos obter o potencial magnético nessa região por meio da relação entre indução magnética e potencial:

$$
\oint_C \vec{A} \cdot d\vec{L} = \int_S \vec{B} \cdot d\vec{S}
$$
$$
\to A_\phi 2\pi\rho = B_o \pi \rho^2 \tag{14.63}
$$
$$
\to A_\phi = \frac{B_o \rho}{2} \; \leftarrow \; \rho \leq R_1
$$

Na região ocupada pelas espiras, a Equação (14.61) pode ser resolvida com duas integrações. Assumindo que a densidade de corrente é uniforme entre R_1 e R_2, obtemos:

$$
A_\phi = -\frac{\mu_o j}{4}\rho^2 + c_1 Ln\,(\rho) + c_2 \; \leftarrow \; R_1 \leq \rho \leq R_2 \tag{14.64}
$$

em que c_1 e c_2 são constantes a determinar. Nas fronteiras com raios R_1 e R_2, podemos aplicar as condições de continuidade do potencial e do campo a fim de determinar as constantes de integração. A indução magnética axial é calculada a partir do rotacional do potencial. Para isso, usamos a Equação (9.11).

Na fronteira $\rho = R_1$, temos:

- Continuidade de A_ϕ

$$
\frac{B_o R_1}{2} = -\frac{\mu_o j}{4}R_1^2 + c_1 Ln\,(R_1) + c_2 \tag{14.65}
$$

- Continuidade de B

$$
\begin{aligned}
B_o &= \left\{ \frac{1}{\rho}\frac{\partial}{\partial\rho}\left[\rho\left(-\frac{\mu_o j}{4}\rho^2 + c_1 Ln\,(\rho) + c_2 \right) \right] \right\}_{\rho=R_1} \\
&= \frac{1}{R_1}\left(-\frac{3\mu_o j}{4}R_1^2 + c_1 Ln\,(R_1) + c_1 + c_2 \right)
\end{aligned} \tag{14.66}
$$

Resolvendo esse sistema de equações, obtemos os coeficientes:

$$
\begin{aligned}
c_1 &= \frac{R_1}{2}\left(B_o + \mu_o j R_1 \right) \\
c_2 &= \frac{R_1 B_o}{2} + \frac{\mu_o j}{4}R_1^2 - \frac{R_1}{2}\left(B_o + \mu_o j R_1 \right) Ln\,(R_1)
\end{aligned} \tag{14.67}
$$

Capítulo 14 – Equação de Laplace em coordenadas cilíndricas   157

Substituindo na Equação (14.64), obtemos o potencial na região das espiras:

$$A_\phi = \frac{\mu_o j}{4} \left(R_1^2 - \rho^2\right) + \frac{R_1}{2} \left(B_o + \mu_o j R_1\right) Ln\left(\rho/R_1\right) + \frac{R_1 B_o}{2} \tag{14.68}$$
$$\leftarrow R_1 \leq \rho \leq R_2$$

Assim, também obtemos a indução magnética nessa região:

$$B_z = \frac{1}{\rho} \frac{d}{d\rho} \left(\rho A_\phi\right)$$
$$= \frac{1}{\rho} \left\{ \frac{\mu_o j}{4} \left(R_1^2 - 3\rho^2\right) + \frac{R_1}{2} \left(B_o + \mu_o j R_1\right) \left[Ln\left(\rho/R_1\right) + 1\right] + \frac{R_1 B_o}{2} \right\} \tag{14.69}$$
$$\leftarrow R_1 \leq \rho \leq R_2$$

Com esses resultados, podemos aplicar as condições de continuidade na fronteira $\rho = R_2$. O potencial nessa fronteira é:

$$A_{\phi 2} = \frac{\mu_o j}{4} \left(R_1^2 - R_2^2\right) + \frac{R_1}{2} \left(B_o + \mu_o j R_1\right) Ln\left(R_2/R_1\right) + \frac{R_1 B_o}{2} \tag{14.70}$$

A continuidade é obtida da seguinte forma:

$$A_{\phi 2} = a_1 Ln\left(R_2\right) + a_2 \tag{14.71}$$

A indução magnética em $\rho = R_2$ é:

$$B_{z2} = \frac{1}{R_2} \left[\frac{\mu_o j}{4} \left(R_1^2 - 3R_2^2\right) + \frac{R_1}{2} \left(B_o + \mu_o j R_1\right) \left[Ln\left(R_2/R_1\right) + 1\right] + \frac{R_1 B_o}{2} \right]$$
$$\tag{14.72}$$

e a continuidade do campo é obtida da seguinte forma:

$$B_{z2} = \frac{1}{R_2} \frac{d}{d\rho} \left[\rho \left(a_1 Ln\left(\rho\right) + a_2\right)\right]_{\rho = R_2}$$
$$= \frac{1}{R_2} \left[a_1 Ln\left(R_2\right) + a_1 + a_2\right] \tag{14.73}$$

Resolvendo o sistema formado pelas Equações (14.71) e (14.73), obtemos:

$$a_1 = R_2 B_{z2} - A_{\phi 2}$$
$$a_2 = A_{\phi 2} - \left(R_2 B_{z2} - A_{\phi 2}\right) Ln\left(R_2\right) \tag{14.74}$$

Assim, o potencial e a indução magnética na região externa ao solenoide são obtidos na seguinte forma:

$$A_\phi = A_{\phi 2} + \left(A_{\phi 2} - R_2 B_{z2}\right) Ln\left(R_2/\rho\right) \leftarrow \rho \geq R_2 \tag{14.75}$$

$$B_z = \frac{1}{\rho}\frac{d}{d\rho}\left[\rho\left(a_1 Ln\left(\rho\right)+a_2\right)\right]$$

$$= \frac{1}{\rho}\left[a_1 Ln\left(\rho\right)+a_1+a_2\right] \qquad (14.76)$$

$$= \frac{1}{\rho}\left\{A_{\phi 2}+\left(A_{\phi 2}-R_2 B_{z2}\right)\left[Ln\left(R_2/\rho\right)-1\right]\right\} \leftarrow \rho \geq R_2$$

A Figura 14.6 mostra a distribuição de potencial e indução magnética como

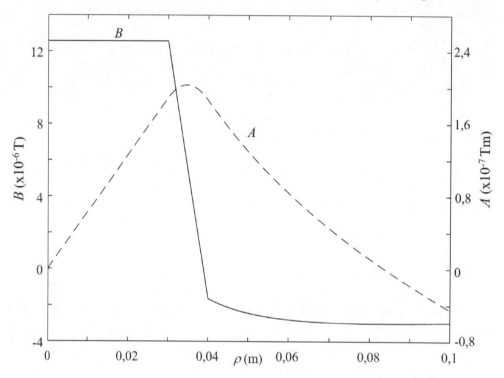

Figura 14.6: Distribuição de potencial e indução magnética para um solenoide longo com diâmetro interno R_1 de 30 mm, diâmetro externo R_2 de 40 mm e densidade de corrente de 1000 A/m².

função da distância radial para um solenoide longo. A indução magnética na região central do solenoide é aproximadamente constante, podendo ser estimada pela equação a seguir, deduzida usando-se a lei de Ampère:

$$B_o \approx \mu_o j\left(R_2 - R_1\right) \qquad (14.77)$$

Note que a condição de contorno $A_\phi \to 0$ quando $\rho \to \infty$ não pode ser satisfeita pela equação (14.75). Isso indica que a solução proposta fornece resultados inconsistentes para grandes distâncias radiais, sendo válida apenas no interior e

Capítulo 14 – Equação de Laplace em coordenadas cilíndricas   159

proximidades do solenoide. Tal inconsistência ocorre devido à análise realizada ser bidimensional, o que pressupõem que o solenoide tenha comprimento infinito.

14.3 Questões

14.1) As imagens na Figura 14.7 mostram duas estruturas metálicas cilíndricas de altura l e raio R. Em ambas, a base e a parede circular lateral estão no potencial nulo. Calcule o potencial elétrico no interior dos cilindros e a densidade de carga na tampa superior.

14.2) Repita o exercício anterior aplicando a condição de contorno de Neumann ($E_n = 0$) na parede circular lateral. Obs.: note que no caso (b) a condição de contorno na parede lateral ($[dJ_n(k\rho)/d\rho]_{\rho=R} = 0$) e a condição de contorno na tampa levam a uma solução na forma de uma série bidimensional $\sum_n \sum_m J_n(k_{nm}\rho)cos(n\phi)$. Use as fórmulas (14.38) e (14.39) para obter a condição de ortogonalidade nesse caso.

14.3) Em relação à Figura 14.7a, considere que o potencial nas regiões claras não é fixado, mas varia com a distância radial. Esse é o caso se o material nessas regiões for isolante. Proponha um método para estimar o potencial elétrico nessas regiões e resolver a equação de Laplace no interior do cilindro. Obs.: considere que o campo elétrico normal e sua derivada na direção axial são nulos nas regiões claras da tampa superior.

14.4) As imagens na Figura 14.8 mostram duas calhas cilíndricas muito longas de paredes metálicas e raio R. Calcule o potencial elétrico no interior e no exterior das calhas e a densidade de carga nas paredes circulares.

14.5) Considere um cilindro metálico longo de raio R posicionado no centro do sistema de coordenadas, tendo o eixo z como eixo de simetria e um campo elétrico uniforme $\vec{E} = E_o\vec{u}_x$ aplicado nesse espaço. Calcule o potencial elétrico e o campo elétrico no espaço e a densidade de carga no cilindro.

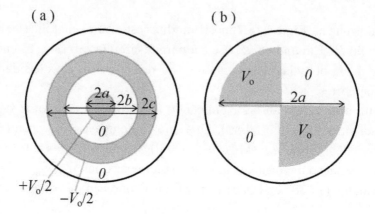

Figura 14.7: Ilustrações para os exercícios 14.1 a 14.3.

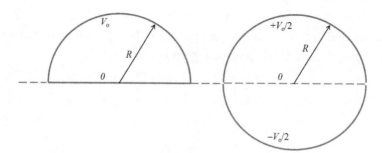

Figura 14.8: Ilustrações para o exercício 14.4.

Capítulo 15

Equação de Laplace em coordenadas esféricas

15.1 Expansão em funções de Legendre

Usando a Equação (11.6), escrevemos a equação de Laplace em coordenadas esféricas na seguinte forma:

$$\frac{\partial}{\partial r}\left[r^2\frac{\partial}{\partial r}V\left(r,\theta,\phi\right)\right] + \frac{1}{sen\theta}\frac{\partial}{\partial\theta}\left[sen\theta\frac{\partial}{\partial\theta}V\left(r,\theta,\phi\right)\right]$$
$$+ \frac{1}{sen^2\theta}\left[\frac{\partial^2}{\partial\phi^2}V\left(r,\theta,\phi\right)\right] = 0 \tag{15.1}$$

Podemos inicialmente realizar a separação de variáveis entre duas funções: a da coordenada radial $f(r)$ e a das coordenadas angulares $Y(\theta,\phi)$:

$$V\left(r,\theta,\phi\right) = Y\left(\theta,\phi\right)f\left(r\right) \tag{15.2}$$

Substituindo na Equação (15.1) e separando os termos relativos a cada função, obtemos:

$$\frac{1}{f\left(r\right)}\frac{\partial}{\partial r}\left[r^2\frac{\partial}{\partial r}f\left(r\right)\right] + \frac{1}{Y\left(\theta,\phi\right)}\left\{\begin{array}{c}\frac{1}{sen\theta}\frac{\partial}{\partial\theta}\left[sen\theta\frac{\partial}{\partial\theta}Y\left(\theta,\phi\right)\right]\\[2mm]+\frac{1}{sen^2\theta}\left[\frac{\partial^2}{\partial\phi^2}Y\left(\theta,\phi\right)\right]\end{array}\right\} = 0 \tag{15.3}$$

Definindo a constante de separação k, resultam duas novas equações:

$$r^2\frac{d^2f}{dr^2} + 2r\frac{df}{dr} - k^2f = 0 \tag{15.4}$$

161

$$sen\theta\frac{\partial}{\partial\theta}\left[sen\theta\frac{\partial}{\partial\theta}Y\left(\theta,\phi\right)\right]+\frac{\partial^2}{\partial\phi^2}Y\left(\theta,\phi\right)=-k^2Y\left(\theta,\phi\right)sen^2\theta \tag{15.5}$$

A equação para as coordenadas angulares pode agora ser separada escrevendo-se sua solução na seguinte forma:

$$Y\left(\theta,\phi\right)=P\left(\theta\right)g\left(\phi\right) \tag{15.6}$$

Substituindo na Equação (15.5) e organizando os termos, resulta:

$$\left[\frac{1}{P}sen\theta\frac{\partial}{\partial\theta}\left(sen\theta\frac{\partial P}{\partial\theta}\right)+k^2sen^2\theta\right]+\frac{1}{g}\frac{\partial^2 g}{\partial\phi^2}=0 \tag{15.7}$$

Usando a constante de separação $-m^2$, obtemos duas equações separadas:

$$sen\theta\frac{d}{d\theta}\left(sen\theta\frac{dP}{d\theta}\right)+\left(k^2sen^2\theta-m^2\right)P=0 \tag{15.8}$$

$$\frac{d^2 g}{d\phi^2}=-m^2 g \tag{15.9}$$

Se assumirmos que a constante m é real, a solução $g(\phi)$ pode ser escrita na forma exponencial complexa ou trigonométrica real:

$$g\left(\phi\right)=c\,e^{jm\phi}=c_1 cos\left(m\phi\right)+c_2 sen\left(m\phi\right) \tag{15.10}$$

Uma vez que essa função deve se repetir a cada 2π radianos, a constante m é um valor inteiro. Para a equação radial, Equação, (15.4), a solução pode ser obtida como uma função potência $f=r^n$, em que n é uma constante. Substituindo nessa equação verificamos que, para satisfazê-la, as constantes n e k devem estar relacionadas por $k^2=n(n+1)$. Adicionalmente, é possível obter outra solução linearmente independente simplesmente substituindo n por $-(n+1)$, uma vez que a relação $k^2=n(n+1)$ continua sendo atendida. Assim, a solução geral para a equação radial pode ser escrita na seguinte forma:

$$f\left(r\right)=a_1 r^n+a_2 r^{-(n+1)} \tag{15.11}$$

A equação na coordenada polar, Equação (15.8), geralmente é representada em uma forma alternativa, obtida com a seguinte transformação de coordenadas:

$$x=cos\theta\;\rightarrow\;sen\theta=\sqrt{1-x^2}\;\rightarrow\;\frac{d}{d\theta}=-\sqrt{1-x^2}\frac{d}{dx} \tag{15.12}$$

$$\frac{d}{dx}\left[\left(1-x^2\right)\frac{dP}{dx}\right]+\left[n(n+1)-\frac{m^2}{1-x^2}\right]P=0$$

$$\left(1-x^2\right)\frac{d^2 P}{dx^2}-2x\frac{dP}{dx}+\left[n(n+1)-\frac{m^2}{1-x^2}\right]P=0 \tag{15.13}$$

Capítulo 15 – Equação de Laplace em coordenadas esféricas 163

Essa equação é conhecida como equação diferencial associada de Legendre e suas soluções são denominadas funções associadas de Legendre. Em sua forma mais simples, com $m = 0$:

$$\left(1 - x^2\right) \frac{d^2 P}{dx^2} - 2x \frac{dP}{dx} + n(n+1)P = 0 \tag{15.14}$$

Suas soluções são os polinômios de Legendre. Essas funções são obtidas na forma de séries de potência:

$$P\left(x\right) = x^\alpha \sum_{i=0} a_i x^i \tag{15.15}$$

Substituindo os seguintes termos na Equação (15.14):

$$P = \sum_{i=0} a_i x^{i+\alpha}$$

$$\frac{dP}{dx} = \sum_{i=0} a_i \left(i + \alpha\right) x^{i+\alpha-1} \tag{15.16}$$

$$\frac{d^2 P}{dx^2} = \sum_{i=0} a_i \left(i + \alpha\right) \left(i + \alpha - 1\right) x^{i+\alpha-2}$$

obtemos:

$$\left(1 - x^2\right) \sum_{i=0} a_i \left(i + \alpha\right) \left(i + \alpha - 1\right) x^{i+\alpha-2} - 2x \sum_{i=0} a_i \left(i + \alpha\right) x^{i+\alpha-1}$$

$$+ n(n+1) \sum_{i=0} a_i x^{i+\alpha} = \sum_{i=0} a_i \left(i + \alpha\right) \left(i + \alpha - 1\right) x^{i+\alpha-2} \tag{15.17}$$

$$- \sum_{i=0} a_i \left[\left(i + \alpha\right) \left(i + \alpha + 1\right) - n(n+1)\right] x^{i+\alpha} = 0$$

Devemos explicitar os dois primeiros termos da primeira série e reescrever a série restante fazendo a substituição $i \rightarrow i + 2$ para obter uma série comparável termo a termo com a segunda série nessa equação:

$$a_0 \alpha \left(\alpha - 1\right) x^{\alpha-2} + a_1 \alpha \left(\alpha + 1\right) x^{\alpha-1} +$$

$$\sum_{i=0} \left\{a_{i+2} \left(i + \alpha + 2\right) \left(i + \alpha + 1\right) - a_i \left[\left(i + \alpha\right) \left(i + \alpha + 1\right) - n(n+1)\right]\right\} x^{i+\alpha} = 0 \tag{15.18}$$

Para satisfazer a igualdade, temos as seguintes condições:

$$se\ a_0 \neq 0\ \rightarrow\ \alpha \left(\alpha - 1\right) = 0 \tag{15.19}$$

$$se \ a_1 \neq 0 \ \rightarrow \ \alpha\left(\alpha+1\right) = 0 \tag{15.20}$$

$$a_{i+2} = \frac{\left(i+\alpha\right)\left(i+\alpha+1\right) - n(n+1)}{\left(i+\alpha+2\right)\left(i+\alpha+1\right)} a_i \tag{15.21}$$

Devido à terceira dessas relações, a_0 e a_1 não podem ser simultaneamente nulos, pois cancelaria todos os termos. Por outro lado, se ambos são simultaneamente não nulos, a única possibilidade de solução é obtida com $\alpha = 0$. Uma opção menos restritiva é a escolha de um deles, digamos a_0, diferente de zero e, assim, a constante α pode assumir dois valores, $\alpha = 0$ ou $\alpha = 1$. Com $\alpha = 0$ resulta uma série de potências pares em x, e com $\alpha = 1$ resulta uma série de potências ímpares em x. Pode-se demonstrar que essas séries convergem apenas se tiverem número finito de termos e isso ocorre quando o numerador na Equação (15.21) se anula para algum valor de i. Isso somente ocorre para $i = n - \alpha$, o que requer que n seja um número inteiro.

As séries assim obtidas são denominadas polinômios de Legendre de ordem n. Alguns exemplos para os polinômios de ordem mais baixa são mostrados nas equações a seguir e os gráficos dessas funções são mostrados na Figura 15.1.

$$
\begin{aligned}
P_0\left(x\right) &= 1 \\
P_1\left(x\right) &= x \\
P_2\left(x\right) &= \left(3x^2 - 1\right)/2 \\
P_3(x) &= \left(5x^3 - 3x\right)/2 \\
P_4(x) &= \left(35x^4 - 30x^2 + 3\right)/8 \\
P_5(x) &= \left(63x^5 - 70x^3 + 15x\right)/8 \\
P_6(x) &= \left(231x^6 - 315x^4 + 105x^2 - 5\right)/16 \\
P_7(x) &= \left(429x^7 - 693x^5 + 315x^3 - 35x\right)/16
\end{aligned} \tag{15.22}
$$

Capítulo 15 – Equação de Laplace em coordenadas esféricas

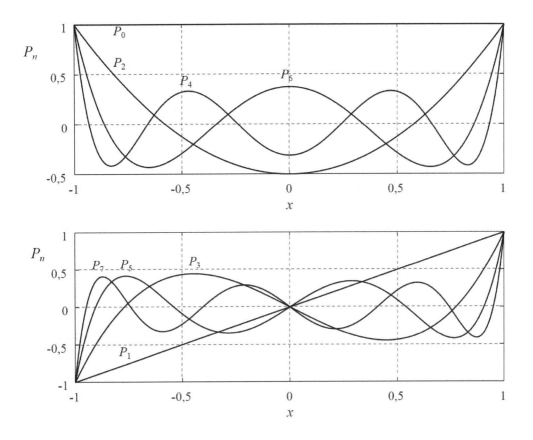

Figura 15.1: Gráficos dos polinômios de Legendre de ordens 0 a 7.

As seguintes propriedades dos polinômios de Legendre são importantes na solução de problemas de valor de contorno [21]:

$$P_n(1) = 1$$
$$P_n(-1) = (-1)^n$$
$$P_n(-x) = (-1)^n P_n(x)$$
$$\int P_n(x)\, dx = \frac{[P_{n+1}(x) - P_{n-1}(x)]}{(2n+1)}$$
$$\frac{dP_n(x)}{dx} = n\frac{[P_{n-1}(x) - xP_n(x)]}{(1-x^2)}$$
$$\int_{-1}^{1} P_n(x) P_m(x)\, dx = \frac{2}{(2n+1)} \text{ se } n = m \ (= 0 \text{ se } n \neq m)$$

(15.23)

A última dessas propriedades expressa a ortogonalidade entre os polinômios de Legendre e mostra que podemos expandir qualquer função no intervalo $-1 \leq x \leq 1$ em série de polinômios de Legendre:

$$f(x) = \sum_{n=0}^{\infty} c_n P_n(x) \qquad (15.24)$$

$$c_n = \frac{2n+1}{2} \int_{-1}^{1} f(x) P_n(x) \, dx \qquad (15.25)$$

15.2 Solução da equação de Laplace em coordenadas esféricas

Os polinômios de Legendre são soluções da equação diferencial associada de Legendre com $m = 0$. Isso diz respeito a problemas com simetria azimutal. Nesse caso, reunindo a solução radial dada na Equação (15.11) com a solução geral obtida na equação de Legendre na Equação (15.24), obtemos a solução geral para o potencial na seguinte forma:

$$V(r, \theta) = \sum_{n=0}^{\infty} \left[a_{1n} r^n + a_{2n} r^{-(n+1)} \right] P_n(cos\theta) \qquad (15.26)$$

Considere o problema ilustrado na Figura 15.2. Duas calotas esféricas simetricamente posicionadas no espaço estão ligadas aos polos opostos de uma bateria de potencial V_o e sustentadas por uma seção de superfície esférica de potencial nulo. Em virtude da simetria azimutal, a solução geral é dada pela Equação (15.26). Contudo, o meio interno inclui a origem do sistema de coordenadas e, por isso, a solução nesse espaço não pode conter o termo $r^{-(n+1)}$. No meio externo, a distância radial pode aumentar até infinito. Por isso, a solução no espaço externo não pode conter o termo r^n. Assim, a solução geral pode ser escrita na seguinte forma:

$$V(r, \theta) = \sum_{n=0}^{\infty} a_{1n} r^n P_n(cos\theta) \leftarrow r \leq R \qquad (15.27)$$

$$V(r, \theta) = \sum_{n=0}^{\infty} \frac{a_{2n}}{r^{n+1}} P_n(cos\theta) \leftarrow r \geq R \qquad (15.28)$$

Capítulo 15 – Equação de Laplace em coordenadas esféricas

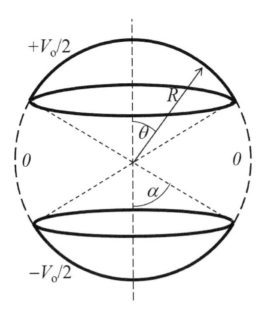

Figura 15.2: Ilustração de um problema em coordenadas esféricas. As calotas esféricas representadas com linhas grossas estão ligadas em potenciais simétricos. A superfície tracejada entre elas está no potencial nulo.

Na superfície da esfera de raio R, a condição de contorno é representada pela seguinte função do ângulo polar:

$$V_S(\theta) = \begin{cases} +V_o/2 & \leftarrow 0 \leq \theta < \alpha \\ 0 & \leftarrow \alpha \leq \theta \leq \pi - \alpha \\ -V_o/2 & \leftarrow \pi - \alpha < \theta \leq \pi \end{cases} \tag{15.29}$$

Substituindo na Equação (15.27), obtemos a seguinte série de polinômios de Legendre:

$$V_S(\theta) = \sum_{n=0}^{\infty} a_{1n} R^n P_n(\cos\theta) \tag{15.30}$$

cujos coeficientes podem ser calculados usando-se a Equação (15.25):

$$a_{1n} R^n = \frac{2n+1}{2} \int\limits_{-1}^{1} V_S(x) P_n(x)\, dx$$

$$= \frac{2n+1}{4} V_o \left[\int\limits_{1}^{cos\alpha} P_n(x)\, dx - \int\limits_{cos(\pi-\alpha)}^{-1} P_n(x)\, dx \right]$$

$$= \frac{2n+1}{4} V_o \left[\int\limits_{-1}^{-cos\alpha} P_n(x)\, dx - \int\limits_{cos\alpha}^{1} P_n(x)\, dx \right] \qquad (15.31)$$

$$\rightarrow a_{1n} = \frac{2n+1}{4R^n} V_o \left[\int\limits_{-1}^{-cos\alpha} P_n(x)\, dx - \int\limits_{cos\alpha}^{1} P_n(x)\, dx \right]$$

Usando as relações da Equação (15.23), podemos resolver as integrais:

$$a_{1n} = \frac{2n+1}{4R^n} V_o \left\{ \left[\frac{P_{n+1}(x) - P_{n-1}(x)}{2n+1} \right]_{-1}^{-cos\alpha} - \left[\frac{P_{n+1}(x) - P_{n-1}(x)}{2n+1} \right]_{cos\alpha}^{1} \right\}$$

$$= \frac{2n+1}{4R^n} V_o \left\{ \frac{\left[1 + (-1)^{n+1}\right] P_{n+1}(cos\alpha) - \left[1 + (-1)^{n-1}\right] P_{n-1}(cos\alpha)}{2n+1} \right\}$$

$$\rightarrow a_{1n} = \frac{V_o}{2R^n} \left[P_{n+1}(cos\alpha) - P_{n-1}(cos\alpha) \right] \quad \leftarrow n\, \text{ímpar}$$

$$(15.32)$$

Assim, substituindo na Equação (15.27), obtemos a solução interna:

$$V(r,\theta) = \frac{V_o}{2} \sum\limits_{n\, \text{ímpar}}^{\infty} \frac{r^n}{R^n} \left[P_{n+1}(cos\alpha) - P_{n-1}(cos\alpha) \right] P_n(cos\theta) \quad \leftarrow r \leq R \quad (15.33)$$

Verifica-se que a solução externa é obtida de maneira análoga:

$$V(r,\theta) = \frac{V_o}{2} \sum\limits_{n\, \text{ímpar}}^{\infty} \frac{R^{n+1}}{r^{n+1}} \left[P_{n+1}(cos\alpha) - P_{n-1}(cos\alpha) \right] P_n(cos\theta) \quad \leftarrow r \geq R$$

$$(15.34)$$

A Figura 15.3 mostra uma distribuição de linhas equipotenciais para o problema descrito anteriormente. Sugerimos como exercício ao leitor a tarefa de

Capítulo 15 – Equação de Laplace em coordenadas esféricas

calcular as expressões matemáticas do campo elétrico nos meios interno e externo e a densidade de carga elétrica nas calotas. Observe que, para calcular o gradiente do potencial neste exemplo, será necessário usar a fórmula da primeira derivada dos polinômios de Legendre dada na Equação (15.23).

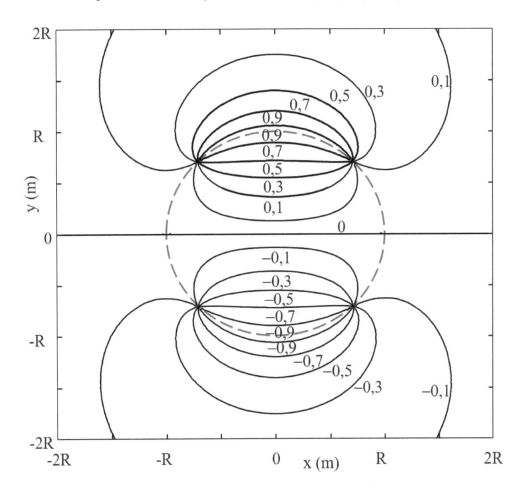

Figura 15.3: Linhas equipotenciais para o problema das calotas esféricas ilustrado na Figura 15.2 com $V_o = 2$ V. A linha tracejada marca o contorno da superfície esférica.

$$\frac{d}{d\theta}P_n(cos\theta) = n\frac{cos\theta\, P_n(cos\theta) - P_{n-1}(cos\theta)}{sen\theta} \qquad (15.35)$$

Considere agora uma esfera metálica de raio R posicionada no centro do sistema de coordenadas e um campo elétrico uniforme aplicado na direção z descrito por $\vec{E} = -E_o\vec{u}_z$. Existe simetria azimutal em torno do eixo z, por isso, a solução geral é dada pela Equação (15.26). Nas proximidades da esfera o campo elétrico é deformado pela carga elétrica em sua superfície, mas longe da esfera ele permanece uniforme, e isso determina um padrão de variação específico do potencial com as coordenadas de posição:

$$\Delta V = -\vec{E} \cdot \Delta \vec{r} = E_o \vec{u}_z \cdot \left(\vec{r} - \vec{r}'\right) = E_o \left(r cos\theta - r' cos\theta'\right) \tag{15.36}$$

Podemos concluir que, a uma grande distância da esfera, o potencial elétrico pode ser descrito pela equação $V = E_o r cos\theta$. Aplicando essa condição de contorno na Equação (15.26), concluímos que $a_{11} = E_o$ e os demais coeficientes a_{1n} são nulos. Portanto, a solução para esse problema tem o seguinte aspecto:

$$V\left(r, \theta\right) = E_o r cos\theta + \sum_{n=0}^{\infty} a_{2n} r^{-(n+1)} P_n \left(cos\theta\right) \tag{15.37}$$

Na superfície da esfera o potencial é nulo. Substituindo essa condição na equação anterior, obtemos:

$$\sum_{n=0}^{\infty} \frac{a_{2n}}{R^{(n+1)}} P_n \left(cos\theta\right) = -E_o R cos\theta \tag{15.38}$$

Podemos concluir que a série à esquerda da igualdade também tem apenas o termo de primeira ordem não nulo cujo coeficiente é $a_{21} = -E_o R^3$. Assim, a solução para esse problema é obtida na seguinte forma:

$$V\left(r, \theta\right) = E_o \left(r - \frac{R^3}{r^2}\right) cos\theta \ \leftarrow r \geq R \tag{15.39}$$

A partir desse resultado, o campo elétrico no espaço e a densidade de carga na esfera podem ser calculados. Os resultados são mostrados a seguir e sugere-se ao leitor que os demonstre.

$$E_r\left(r, \theta\right) = -\frac{\partial}{\partial r} V\left(r, \theta\right) = -E_o \left(1 + 2\frac{R^3}{r^3}\right) cos\theta \ \leftarrow r \geq R \tag{15.40}$$

$$E_\theta\left(r, \theta\right) = -\frac{1}{r}\frac{\partial}{\partial \theta} V\left(r, \theta\right) = E_o \left(1 - \frac{R^3}{r^3}\right) sen\theta \ \leftarrow r \geq R \tag{15.41}$$

$$\rho_s\left(\theta\right) = 3\epsilon_o E_o cos\theta \tag{15.42}$$

Note que na superfície da esfera, independentemente do seu diâmetro, o campo elétrico tem intensidade $3E_o cos\theta$.

A Figura 15.4 mostra outro exemplo, agora envolvendo apenas a coordenada polar. Trata-se de uma estrutura formada por um cone metálico e uma superfície plana metálica. Essas peças estão isoladas eletricamente e funcionam como eletrodos. Entre elas é estabelecida uma diferença de potencial V_o. Se as dimensões radiais desses eletrodos são infinitas ou se interessa apenas o comportamento nas proximidades da origem, o potencial pode ser considerado independente da coordenada radial. Nesse caso, a equação de Laplace se reduz apenas ao termo

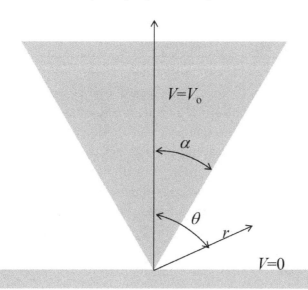

Figura 15.4: Ilustração de um problema envolvendo apenas a coordenada polar.

dependente da coordenada polar:

$$\frac{1}{sen\theta}\frac{\partial}{\partial \theta}\left[sen\theta\frac{\partial}{\partial \theta}V(\theta)\right] = 0 \tag{15.43}$$

Com duas integrações chega-se ao resultado. Para isso, é necessário usar a seguinte integral indefinida:

$$\int \frac{dx}{senx} = Ln\left[tg\left(\frac{x}{2}\right)\right] \tag{15.44}$$

Assim, a solução geral é obtida na seguinte forma:

$$V(\theta) = c_1 Ln\left[tg\left(\theta/2\right)\right] + c_2 \tag{15.45}$$

Aplicando as condições de contorno $V(\alpha) = V_o$ e $V(\pi/2) = 0$, resulta nos seguintes coeficientes: $c_2 = 0$ e $c_1 = V_o/Ln[tg(\alpha/2)]$. Assim, obtemos a solução para este problema:

$$V(\theta) = V_o \frac{Ln\left[tg\left(\theta/2\right)\right]}{Ln\left[tg\left(\alpha/2\right)\right]} \leftarrow \alpha \leq \theta \leq \pi/2 \tag{15.46}$$

Com esse resultado, podemos calcular o campo elétrico no espaço:

$$E_\theta\left(\theta\right) = -\frac{1}{r}\frac{d}{d\theta}V\left(\theta\right)$$

$$= -\frac{V_o}{r\,Ln\left[tg\left(\alpha/2\,\right)\right]}\left[\frac{\sec^2\left(\theta/2\,\right)}{2\,tg\left(\theta/2\,\right)}\right]\quad \leftarrow \alpha \leq \theta \leq \pi/2 \tag{15.47}$$

e a densidade de carga na superfície cônica:

$$\rho_s(r) = -\frac{\epsilon_o V_o}{r\,Ln\left[tg\left(\alpha/2\,\right)\right]}\left[\frac{\sec^2\left(\alpha/2\,\right)}{2\,tg\left(\alpha/2\,\right)}\right] = -\frac{\epsilon_o V_o}{r\,sen\left(\alpha\right)Ln\left[tg\left(\alpha/2\,\right)\right]} \tag{15.48}$$

Observe que o termo $Ln[tg(\alpha/2)]$ é negativo uma vez que $\alpha/2$ é menor que $\pi/4$ e que o termo $sen(\alpha)Ln[tg(\alpha/2)]$ tende a zero na medida em que o ângulo α diminui. Adicionalmente, note que a densidade de carga e o campo elétrico são singulares na origem e que suas intensidades em torno da origem aumentam na medida em que o ângulo de abertura do cone diminui. Este é mais um exemplo de intensificação dos campos em torno de bordas agudas de um condutor carregado.

A Figura 15.5a mostra um importante problema que não apresenta solução analítica quando abordado com a lei de Coulomb. A espira eletricamente carregada tem o eixo polar como eixo de simetria. Usando a Equação (5.10) com $\rho_L = q/2\pi R$ e usando coordenadas esféricas para os vetores de posição $\vec{r}(r, \theta, \phi)$ e $\vec{r}\,'(r', \theta', \phi')$, o potencial elétrico no espaço pode ser obtido na seguinte forma:

$$V\left(r, \theta\right) = \frac{k_e q}{2\pi}\int\limits_{0}^{2\pi}\frac{d\phi'}{\sqrt{r^2 + r'^2 - 2rr'cos\alpha}}\qquad (a) \tag{15.49}$$

$$cos\alpha = cos\theta cos\theta' + sen\theta sen\theta' cos\left(\phi - \phi'\right)\quad (b)$$

Essa integral não possui solução analítica. Considerando a Figura 15.5b, uma vez que a distância $|\vec{r} - \vec{r}\,'|$ é simétrica na coordenada azimutal, podemos expandir o denominador do potencial elétrico na forma da Equação (15.26):

$$\frac{1}{|\vec{r} - \vec{r}\,'|} = \frac{1}{\sqrt{r^2 + r'^2 - 2rr'cos\alpha}}$$

$$= \sum_{n=0}^{\infty}\left[a_{1n}r^n + a_{2n}r^{-(n+1)}\right]P_n\left(cos\alpha\right) \tag{15.50}$$

Os termos do somatório podem ser obtidos considerando-se o caso particular no qual a posição r situa-se sobre o eixo z, ou seja, com $\alpha = 0$. A fim de evitar singularidades, para $r < r'$ apenas termos com r^n são usados e para $r > r'$ apenas termos com $r^{-(n+1)}$ são usados. Para obter esses termos, podemos expandir a função $1/|\vec{r} - \vec{r}\,'|$ usando série de Taylor em torno da origem da seguinte forma:

Capítulo 15 – Equação de Laplace em coordenadas esféricas

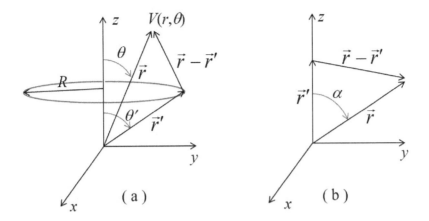

Figura 15.5: Ilustração para o cálculo do potencial de uma espira eletricamente carregada por meio de polinômios de Legendre.

- Para $r < r'$

$$\frac{1}{|\vec{r} - \vec{r}'|} = \frac{1}{r' - r} = \frac{1}{r'} + \frac{r}{r'^2} + \frac{r^2}{r'^3} + \ldots = \sum_{n=0}^{\infty} \frac{r^n}{r'^{n+1}} \tag{15.51}$$

- Para $r > r'$

$$\frac{1}{|\vec{r} - \vec{r}'|} = \frac{1}{r - r'} = \frac{1}{r} + \frac{r'}{r^2} + \frac{r'^2}{r^3} + \ldots = \sum_{n=0}^{\infty} \frac{r'^n}{r^{n+1}} \tag{15.52}$$

Assim, a expansão descrita na Equação (15.50) pode ser reescrita na seguinte forma:

$$\frac{1}{|\vec{r} - \vec{r}'|} = \sum_{n=0}^{\infty} \frac{r^n}{r'^{n+1}} P_n(cos\alpha) \leftarrow r < r' \tag{15.53}$$

$$\frac{1}{|\vec{r} - \vec{r}'|} = \sum_{n=0}^{\infty} \frac{r'^n}{r^{n+1}} P_n(cos\alpha) \leftarrow r > r'$$

Considerando novamente a espira da Figura 15.5a, a solução em série de polinômios de Legendre também tem a forma geral da Equação (15.26), mas, para determinar os coeficientes da expansão, consideraremos uma posição sobre o eixo de simetria. Nesse caso, o potencial elétrico é obtido da Equação (15.49):

$$V(r) = \frac{k_e q}{\sqrt{r^2 + r'^2 - 2rr' cos\theta'}} \tag{15.54}$$

Mas, de acordo com a análise anterior, o denominador nessa equação pode ser expandido na forma da Equação (15.53) substituindo $\alpha = \theta'$. Usando esse resultado, obtemos o potencial gerado pela espira carregada:

$$V\left(r,\theta\right) = k_e q \sum_{n=0}^{\infty} \frac{r^n}{r'^{n+1}} P_n\left(cos\theta'\right) P_n\left(cos\theta\right) \ \leftarrow \ r < r' \tag{15.55}$$

$$V\left(r,\theta\right) = k_e q \sum_{n=0}^{\infty} \frac{r'^n}{r^{n+1}} P_n\left(cos\theta'\right) P_n\left(cos\theta\right) \ \leftarrow \ r > r'$$

Passaremos agora a discutir a solução de problemas que não apresentam simetria azimutal, ou seja, aqueles nos quais a constante de separação m é não nula. Reunindo as soluções das equações separadas nas três coordenadas esféricas, obtemos como solução geral a seguinte expressão:

$$V\left(r,\theta,\phi\right) = \sum_{n=0}^{\infty} \sum_{m=-n}^{n} \left[a_{nm}r^n + b_{nm}r^{-(n+1)}\right] P_n^m\left(cos\theta\right) e^{jm\phi} \tag{15.56}$$

Com uma análise similar à que foi utilizada na obtenção dos polinômios de Legendre, agora aplicada na solução da equação diferencial associada de Legendre, Equação (15.13), pode-se mostrar que a série converge apenas se a constante m é inteira e limitada aos valores $m = -n, -n+1, -n+2, ..., 0, ..., n-2, n-1, n$. As funções assim geradas são denominadas funções associadas de Legendre e podem ser obtidas com a seguinte formula geral para $m \geq 0$ [21]:

$$P_n^m\left(x\right) = \left(1 - x^2\right)^{m/2} \frac{d^m}{dx^m} P_n\left(x\right) \tag{15.57}$$

de onde se deduz que:

$$P_n^0\left(x\right) = P_n\left(x\right) \tag{15.58}$$

$$P_n^m\left(x\right) = 0 \ \leftarrow \ m > n.$$

A seguir é exemplificado o modo de cálculo das funções associadas de Legendre para os casos de ordem mais baixa usando a relação de polinômios de Legendre fornecida no conjunto de fórmulas da Equação (15.22):

$$P_0^0\left(x\right) = 1 \tag{15.59}$$

$$P_1^0\left(x\right) = x$$

$$P_1^1\left(x\right) = \left(1 - x^2\right)^{1/2} \frac{d}{dx}x = \left(1 - x^2\right)^{1/2}$$

Capítulo 15 – Equação de Laplace em coordenadas esféricas

$$P_2^0(x) = \left(3x^2 - 1\right)/2$$

$$P_2^1(x) = \left(1 - x^2\right)^{1/2} \frac{d}{dx}\left(3x^2 - 1\right)/2 = 3x\left(1 - x^2\right)^{1/2}$$

$$P_2^2(x) = \left(1 - x^2\right) \frac{d^2}{dx^2}\left(3x^2 - 1\right)/2 = 3\left(1 - x^2\right)$$

$$P_3^0(x) = \left(5x^3 - 3x\right)/2$$

$$P_3^1(x) = \left(1 - x^2\right)^{1/2} \frac{d}{dx}\left(5x^3 - 3x\right)/2 = \frac{3}{2}\left(1 - x^2\right)^{1/2}\left(5x^2 - 1\right)$$

$$P_3^2(x) = \left(1 - x^2\right) \frac{d^2}{dx^2}\left(5x^3 - 3x\right)/2 = 15x\left(1 - x^2\right)$$

$$P_3^3(x) = \left(1 - x^2\right)^{3/2} \frac{d^3}{dx^3}\left(5x^3 - 3x\right)/2 = 15\left(1 - x^2\right)^{3/2}$$

As funções associadas de Legendre formam uma base de funções ortogonais cuja relação de ortogonalidade pode ser escrita na seguinte forma:

$$\int_{-1}^{1} P_n^m(x)\, P_s^m(x)\, dx = \begin{cases} 0 \leftarrow n \neq s \\ \dfrac{2}{2n + 1} \dfrac{(n + m)!}{(n - m)!} \leftarrow n = s \end{cases} \tag{15.60}$$

Assim, qualquer função definida no intervalo $-1 \leq x \leq 1$ pode ser expandida em série de funções de Legendre da seguinte forma:

$$f(x) = \sum_{n=0}^{\infty} \sum_{m=-n}^{n} c_{nm} P_n^m(x) \tag{15.61}$$

$$c_{nm} = \frac{2n + 1}{2} \frac{(n - m)!}{(n + m)!} \int_{-1}^{1} f(x) P_n^m(x)\, dx \tag{15.62}$$

As soluções da parte angular da equação de Laplace mostrada na Equação (15.5) são denominadas harmônicos esféricos e formadas pelas funções associadas de Legendre multiplicadas pelas funções exponenciais complexas da coordenada azimutal:

$$Y_{nm}(\theta, \phi) = \sqrt{\frac{2n + 1}{4\pi} \frac{(n - m)!}{(n + m)!}} P_n^m(cos\theta)\, e^{jm\phi} \tag{15.63}$$

O coeficiente nessa equação serve para normalização do produto escalar, que pode ser escrito na seguinte forma:

$$\int_{0}^{2\pi} \int_{0}^{\pi} Y_{nm}(\theta, \phi)\, Y_{n'm'}^{*}(\theta, \phi)\, sen\theta\, d\theta\, d\phi = 0 \leftarrow n \neq n' \text{ ou } m \neq m' \tag{15.64}$$

$$\int_0^{2\pi}\int_0^{\pi} |Y_{nm}(\theta,\phi)|^2 \operatorname{sen}\theta\, d\theta\, d\phi = 1$$

Assim, também os harmônicos esféricos podem ser usados para obter soluções da equação de Laplace por meio de séries de funções ortogonais.

Considere o exemplo mostrado na Figura 15.6. Uma superfície esférica é dividida em quatro setores com potenciais simétricos. O potencial no volume

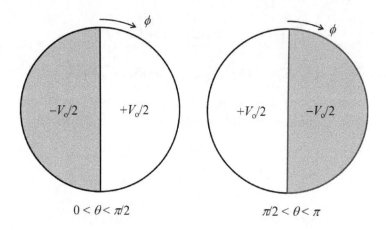

Figura 15.6: Ilustração para um problema com variação azimutal das condições de contorno. As imagens mostram projeções dos hemisférios superior e inferior de uma superfície esférica com potenciais simétricos nos quadrantes adjacentes.

interno pode ser escrito na seguinte forma:

$$V(r,\theta,\phi) = \sum_{n=0}^{\infty} \sum_{m=-n}^{n} a_{nm} r^n Y_{nm}(\theta,\phi) \qquad (15.65)$$

e a condição de contorno na superfície é:

$$V_S(\theta,\phi) = \begin{cases} +V_o/2 & \leftarrow 0 < \theta < \pi/2\,,\; 0 < \phi < \pi \\ -V_o/2 & \leftarrow 0 < \theta < \pi/2\,,\; \pi < \phi < 2\pi \\ -V_o/2 & \leftarrow \pi/2 < \theta < \pi\,,\; 0 < \phi < \pi \\ +V_o/2 & \leftarrow \pi/2 < \theta < \pi\,,\; \pi < \phi < 2\pi \end{cases} \qquad (15.66)$$

Para o cálculo dos coeficientes, utilizamos a condição de ortogonalidade da Equação (15.64). Multiplicando ambos os lados da Equação (15.65) pelo conjugado complexo de $Y_{mn}(\theta,\phi)$ e integrando na superfície da esfera de raio R,

Capítulo 15 – Equação de Laplace em coordenadas esféricas
177

obtemos:

$$\int_0^{2\pi} \int_0^\pi V_S\left(\theta,\phi\right) Y_{nm}^*\left(\theta,\phi\right) sen\theta d\theta d\phi$$

$$= \sum_{n=0}^\infty \sum_{m=-n}^n a_{nm} R^n \int_0^{2\pi} \int_0^\pi |Y_{nm}\left(\theta,\phi\right)|^2 sen\theta d\theta d\phi \qquad (15.67)$$

$$\to a_{nm} = \frac{1}{R^n} \int_0^{2\pi} \int_0^\pi V_S\left(\theta,\phi\right) Y_{nm}^*\left(\theta,\phi\right) sen\theta d\theta d\phi$$

Substituindo os harmônicos esféricos segundo a Equação (15.63), resultam as seguintes integrações:

$$a_{nm} = \frac{V_o}{2R^n}\sqrt{\frac{2n+1}{4\pi}\frac{(n-m)!}{(n+m)!}} \left[\int_0^\pi e^{-jm\phi}d\phi - \int_\pi^{2\pi} e^{-jm\phi}d\phi\right]$$

$$\left[\int_0^{\pi/2} P_n^m\left(cos\theta\right) sen\theta d\theta - \int_{\pi/2}^\pi P_n^m\left(cos\theta\right) sen\theta d\theta\right] \qquad (15.68)$$

A integração na coordenada azimutal é simples de realizar:

$$\int_0^\pi e^{-jm\phi}d\phi - \int_\pi^{2\pi} e^{-jm\phi}d\phi = \frac{2j}{m}\left(e^{-jm\pi} - 1\right) = \begin{cases} 0 \leftarrow m\,par \\ -\dfrac{j4}{m} \leftarrow m\,\text{ímpar} \end{cases} \qquad (15.69)$$

Na coordenada polar, para as funções associadas de Legendre pares, a integral se anula. Isso ocorre quando $n + m$ é um número par. Se $n + m$ for ímpar, o resultado é o dobro da integral na metade do intervalo. Assim, podemos escrever os coeficientes da expansão na seguinte forma:

$$a_{nm} = -\frac{j4V_o}{mR^n}\sqrt{\frac{2n+1}{4\pi}\frac{(n-m)!}{(n+m)!}} \int_0^1 P_n^m\left(x\right) dx \qquad (15.70)$$

em que $m \geq 0$ e a integral das funções de Legendre (com a substituição $x = cos\theta$) é deixada indicada, uma vez que não existe forma analítica correspondente. Essa integral pode ser calculada por métodos computacionais.

A solução final, obtida segundo a Equação (15.65), pode ser colocada na forma mais adequada ao cálculo computacional eliminando-se os valores negativos do índice m:

$$V(r,\theta,\phi) = \sum_{n=0}^{\infty} \sum_{m=0}^{n} \sqrt{\frac{2n+1}{4\pi} \frac{(n-m)!}{(n+m)!}} a_{nm} r^n P_n^m (\cos\theta) \left(e^{jm\phi} - e^{-jm\phi}\right) \quad (15.71)$$

Evidentemente, o termo dependente da coordenada azimutal pode ser reescrito na forma equivalente $j2sen(m\phi)$.

15.3 Questões

15.1) Um hemisfério metálico oco de raio R, ligado a uma bateria de potencial V_o, situa-se sobre uma superfície plana metálica infinita no potencial nulo. Esses objetos estão isolados eletricamente. Calcule o potencial e o campo elétrico no interior e exterior do hemisfério e a densidade de carga elétrica em sua superfície.

15.2) Usando a Equação (15.55), calcule a força entre duas espiras metálicas concêntricas de raios R_1 e R_2 carregadas com cargas q_1 e q_2 e separadas pela distância d.

15.3) A Figura 15.7 mostra dois sistemas de eletrodos para cálculo do potencial elétrico entre os raios R_1 e R_2. No caso (a), a superfície plana sombreada está no potencial nulo. No caso (b), as linhas mais claras nas esferas estão no potencial nulo.

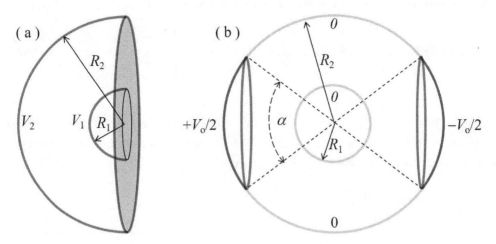

Figura 15.7: Ilustrações para o exercício 15.3. (a) O potencial na parte sombreada é nulo. (b) Os potenciais nas linhas mais claras com raios R_1 e R_2 são nulos.

Capítulo 16

Dissipação e armazenamento de energia

16.1 Potência dissipada

Para estabelecer distribuições de carga e corrente nos condutores de um sistema elétrico, uma fonte externa deve realizar trabalho e, com isso, transferir energia para o sistema. Parte dessa energia é dissipada nos condutores e isolantes do sistema, e outra parte, armazenada nos campos elétrico e magnético estabelecidos no espaço pelas cargas e correntes geradas.

A Figura 16.1 ilustra o processo de energização de um circuito elétrico a partir de uma fonte de tensão. Vamos considerar separadamente os três aspectos que dizem respeito à forma como a energia é transferida da fonte para o sistema: (a) dissipação no processo de condução nos condutores; (b) trabalho para armazenar carga elétrica nos condutores; e (c) trabalho para estabelecer a corrente elétrica nos condutores.

A diferença de potencial aplicada nas extremidades dos condutores estabelece campo elétrico no interior do material e isso resulta em força elétrica aplicada sobre todas as partículas eletricamente carregadas nesse meio. Em se tratando de condutores metálicos, os elétrons livres em seu interior se movimentam em sentido contrário ao campo devido à força $\vec{F} = -e\vec{E}$, em que $e = 1,602 \times 10^{-19}$ C é a carga elementar. Os íons positivos não podem se deslocar porque estão ligados na rede cristalina do metal. Se for um condutor eletrolítico, as partículas que se movimentam são íons positivos e negativos e esse movimento ocorre entre as moléculas neutras do solvente. Por sua vez, se o meio for semicondutor, elétrons negativos e lacunas positivas se deslocam no interior de uma rede cristalina de

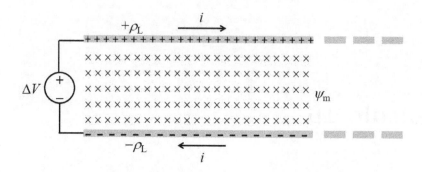

Figura 16.1: Ilustração do processo de carregamento e energização de um circuito elétrico. ρ_L é a densidade linear de carga e ψ_m é o fluxo magnético na área entre os condutores.

íons positivos. Em todos os casos, algumas partículas carregadas são "arrastadas" pelo campo, gerando a corrente elétrica, enquanto outras partículas carregadas ou neutras apresentam apenas pequenos movimentos relativos que resultam na polarização elétrica do material.

Além desse movimento provocado pela força elétrica, em qualquer temperatura superior a zero Kelvin, todas as partículas do meio estão dotadas de energia cinética devido à agitação térmica. Essa energia se manifesta como movimentos de translação de partículas livres e rotação e/ou vibração de moléculas do meio, de acordo com os graus de liberdade dessas partículas. Constantemente, as partículas móveis que são arrastadas pelo campo elétrico colidem com outras partículas e perdem energia cinética nesse processo. Assim, a velocidade média em um intervalo de tempo que compreenda um grande número de colisões no movimento dessas partículas é determinada pelo equilíbrio entre a força motriz $\vec{F} = -e\vec{E}$ e a "força de atrito" resultante das colisões. A velocidade ($\vec{v}$) é proporcional ao campo elétrico ($\vec{E}$) e a constante de proporcionalidade é denominada mobilidade (μ):

$$\vec{v} = \mu \vec{E} \tag{16.1}$$

No Capítulo 6, vimos que a densidade de corrente em um condutor é proporcional à velocidade do movimento das cargas elétricas. Substituindo a relação anterior na Equação (6.4), obtemos uma relação entre a densidade de corrente e o campo elétrico, conhecida como lei de Ohm:

$$\vec{j}_c = en\mu\vec{E} \rightarrow \sigma = en\mu \tag{16.2}$$

Capítulo 16 – Dissipação e armazenamento de energia 181

A constante de proporcionalidade entre densidade de corrente e campo elétrico é denominada condutividade. Sua unidade é A/V/m ou S/m, em que S é o símbolo para a unidade *siemens* de condutância. A lei de Ohm estabelece que, para certa classe de materiais condutores, a condutividade é independente da intensidade do campo elétrico aplicado. Para metais, a condutividade é dada exatamente pela Equação (16.2), em que n é a densidade de elétrons e μ é a mobilidade eletrônica. Para semicondutores, a condutividade tem contribuições de elétrons e lacunas, da seguinte forma:

$$\sigma = en_e\mu_e + en_l\mu_l \tag{16.3}$$

em que os símbolos e e l indicam elétron e lacuna, respectivamente. Para eletrólitos, uma fórmula semelhante é usada, mas nesse caso a soma estende-se a todos os diferentes tipos de íons móveis existentes no meio:

$$\sigma = e \sum_i |z_i| n_i \mu_i \tag{16.4}$$

em que z_i é a valência do íon.

Para cada partícula em movimento no condutor, a força elétrica realiza trabalho com uma taxa determinada pela potência $p = \vec{F} \cdot \vec{v}$. A potência total em um volume unitário pode ser calculada como o produto da potência relativa a cada partícula pela densidade de partículas no meio:

$$p_{diss} = n\vec{F} \cdot \vec{v} = ne\vec{E} \cdot \mu\vec{E} = \vec{j}_c \cdot \vec{E} = \sigma E^2 \tag{16.5}$$

A potência total por unidade de volume é denominada densidade de potência dissipada no condutor, sendo proporcional à condutividade e ao quadrado da intensidade do campo elétrico. Note que, apesar do trabalho realizado pelo campo sobre cada partícula, a velocidade do movimento não aumenta. Isso significa que essa energia é transferida para a rede de íons ou moléculas do material por meio das colisões com as partículas móveis e que, por meio desse processo, o trabalho da força elétrica é transformado em energia térmica. Esse é o conhecido efeito Joule, por meio do qual a passagem de corrente elétrica em um condutor provoca aumento de sua temperatura.

A potência total dissipada em um condutor pode ser relacionada à diferença de potencial elétrico aplicado e à corrente elétrica que o atravessa. A integral volumétrica da densidade de potência dissipada para um condutor com comprimento l e seção transversal uniforme com área S pode ser escrita na seguinte forma:

$$P_{diss} = \int_V p_{diss}dV = \int_l \int_S \left(\vec{j}_c \cdot \vec{E}\right)\left(d\vec{S} \cdot d\vec{L}\right) = \int_l \vec{E} \cdot d\vec{L} \int_S \vec{j}_c \cdot d\vec{S} = Vi \tag{16.6}$$

Com a utilização dos conceitos de resistência (R) e condutância (G), de acordo com as fórmulas $R = V/i$ e $G = i/V$, que são as formas macroscópicas da lei de Ohm, obtemos fórmulas alternativas para a potência dissipada na condução:

$$P_{diss} = Ri^2 = V^2/R = GV^2 = i^2/G \tag{16.7}$$

Como exemplo, considere um fio cilíndrico de cobre ($\sigma = 5,8 \times 10^7$ S/m) de diâmetro 1 mm e comprimento 1 m. Se a diferença de potencial $V = 0,1$ V é aplicada nas suas extremidades, o campo elétrico $E = 0,1$ V/m se estabelece ao longo de seu comprimento e a densidade de corrente $j_c = \sigma E = 5,8 \times 10^6$ A/m^2 é mantida. A densidade de potência dissipada é $p_{diss} = j_c E = 5,8 \times 10^5$ W/m^3 e a potência total dissipada é $P_{diss} = p_{diss} \pi a^2 l \approx 0,46$ W, em que $a = 0,5$ mm. A resistência elétrica do fio é $R = l/\sigma \pi a^2 = 0,022$ Ω, a condutância é $G = 1/R \approx 45,6$ S e a corrente elétrica é $i = j_c \pi a^2 \approx 4,56$ A. É fácil verificar que a Equação (16.7) fornece o mesmo valor da potência dissipada no fio.

16.2   Energia elétrica

Para deslocar as cargas elétricas que se acumulam nos condutores do circuito, a fonte de alimentação realiza trabalho. Os elétrons são transferidos do condutor ligado ao polo positivo da fonte para o condutor ligado ao polo negativo (Figura 16.1). Os elétrons sofrem a variação de energia potencial dada por:

$$W_e = -e\left(V^- - V^+\right) = e\,\Delta V \tag{16.8}$$

Contudo, esse processo não ocorre instantaneamente, mas ao longo de um curto intervalo de tempo. Considerando que uma quantidade dn de elétrons por unidade de volume é transferida do condutor positivo para o negativo no intervalo de tempo dt, o trabalho realizado por unidade de volume pode ser escrito na seguinte forma:

$$dw_e = edn\Delta V = d\rho_V \Delta V \tag{16.9}$$

Na medida em que os elétrons são transferidos entre os condutores, a diferença de potencial elétrico aumenta e o trabalho total realizado deve ser calculado na forma de uma integral no domínio do tempo. Se a relação entre a densidade de carga nos condutores e a diferença de potencial é linear, a integração é simples:

$$w_e = \int_t \Delta V\, d\rho_V = \frac{1}{2}\rho_V \Delta V \tag{16.10}$$

Capítulo 16 – Dissipação e armazenamento de energia 183

em que ρ_V e ΔV são os valores finais da densidade de carga e da diferença de potencial, respectivamente, no processo de carregamento.

A energia elétrica armazenada é o trabalho total para carregar os condutores do sistema e pode ser obtida com a integração volumétrica da equação anterior. Uma vez que os condutores são volumes equipotenciais, isso resulta em:

$$W_e = \frac{1}{2} Q \Delta V \tag{16.11}$$

em que Q é a carga elétrica total armazenada.

Um exemplo típico para esse cálculo, pela simplicidade, é a linha paralela. Se uma diferença de potencial elétrico V_o é aplicada, seus condutores se carregam com densidade de carga dada pela Equação (12.62):

$$\rho_L = \frac{V_o}{4 k_e Ln \left[(h/2a\,) + \sqrt{(h/2a\,)^2 - 1} \right]} \tag{16.12}$$

em que a é o raio dos condutores e h é a separação centro a centro entre os condutores. Multiplicando pelo comprimento (l) da linha e substituindo na Equação (16.11), obtemos:

$$W_e = \frac{\pi \epsilon_o V_o^2 \, l}{2 Ln \left[(h/2a\,) + \sqrt{(h/2a\,)^2 - 1} \right]} \tag{16.13}$$

em que substituímos $k_e = 1/4\pi\epsilon_0$.

A Equação (16.10) permite obter uma forma alternativa para o cálculo da energia elétrica e uma interpretação plausível para a densidade de energia. Inicialmente, consideremos que essa equação seja resolvida em um meio qualquer, não necessariamente condutor. Usando a lei de Gauss, substituímos a densidade de carga pelo divergente da indução elétrica e associamos a diferença de potencial ao campo elétrico existente no espaço. Nessa nova equação aplicamos a Equação (6.24) para expandir o integrando em duas partes, como mostrado a seguir:

$$
\begin{aligned}
w_e &= \int_t \Delta V \, \nabla \cdot d\vec{D} = \int_t \nabla \cdot \left[\Delta V \, d\vec{D} \right] - \int_t \nabla \left(\Delta V \right) \cdot d\vec{D} \\
&= \int_t \nabla \cdot \left[\Delta V \, d\vec{D} \right] + \int_t \vec{E} \cdot d\vec{D}
\end{aligned}
\tag{16.14}
$$

Para obter a energia total, devemos realizar a integração volumétrica, mas, nesse novo esquema de cálculo, essa integração deve envolver todo o espaço. Aplicando o teorema de Gauss, podemos substituir a primeira integral volumétrica por uma integral de fluxo:

$$W_e = \int_t \left[\int_V \nabla \cdot \left[\Delta V d\vec{D} \right] dV \right] + \int_V \left[\int_t \vec{E} \cdot d\vec{D} \right] dV$$

$$= \int_t \left[\oint_S \Delta V d\vec{D} \cdot d\vec{S} \right] + \int_V \left[\int_t \vec{E} \cdot d\vec{D} \right] dV \tag{16.15}$$

A superfície de integração se estende ao infinito e, para fontes localizadas de campo, o potencial e a indução elétrica se anulam no infinito, não podendo haver fluxo elétrico para fora do espaço. Assim, apenas o segundo termo contribui para a energia elétrica, cuja densidade pode agora ser escrita na seguinte forma:

$$w_e = \int_t \vec{E} \cdot d\vec{D} \tag{16.16}$$

Podemos concluir que a energia elétrica está distribuída no espaço com densidade que depende das intensidades do campo e da indução elétrica. Para um meio no qual esses campos sejam proporcionais, como o vácuo ou os dielétricos lineares, a equação anterior torna-se muito simples:

$$w_e = \frac{1}{2} \vec{E} \cdot \vec{D} \tag{16.17}$$

Como exemplo, considere o cálculo da energia elétrica em um cabo coaxial. Os campos no interior do cabo foram calculados no Capítulo 7 e obtidos nas Equações (7.6) e (7.7). A energia elétrica armazenada em uma seção de comprimento l do cabo é calculada a seguir:

$$W_e = \int_V \frac{1}{2} \vec{E} \cdot \vec{D} dV = \frac{1}{2} \int_a^b \left(\frac{\rho_L}{2\pi\epsilon_o \rho} \right) \left(\frac{\rho_L}{2\pi\rho} \right) 2\pi \rho l d\rho = \frac{\rho_L^2 l}{4\pi\epsilon_o} \int_a^b \frac{d\rho}{\rho}$$

$$= \frac{\rho_L^2 l}{4\pi\epsilon_o} Ln\,(b/a\,) \tag{16.18}$$

em que a e b são os raios dos condutores interno e externo, respectivamente. Substituindo a relação obtida na Equação (7.14) entre diferença de potencial e densidade de carga, obtemos a energia como função da diferença de potencial aplicada no cabo coaxial:

$$W_e = \frac{\pi\epsilon_o V_o^2 l}{Ln\,(b/a\,)} \tag{16.19}$$

Capítulo 16 – Dissipação e armazenamento de energia 185

Podemos utilizar o conceito de capacitância como elemento armazenador de energia elétrica aplicando a definição $C = Q/V$ na Equação (16.11) para obter:

$$W_e = \frac{1}{2}C(\Delta V)^2 \qquad (16.20)$$

e, com isso, obter fórmulas para a capacitância da linha paralela e do cabo coaxial. Comparando a Equação (16.20) com as Equações (16.13) e (16.19), obtemos:

- Para a linha paralela

$$C = \frac{\pi\epsilon_o\, l}{Ln\left[(h/2a\,) + \sqrt{(h/2a\,)^2 - 1}\right]} \qquad (16.21)$$

- Para o cabo coaxial

$$C = \frac{2\pi\epsilon_o l}{Ln\,(b/a\,)} \qquad (16.22)$$

16.3 Energia magnética

A energia magnética corresponde ao trabalho realizado por uma fonte de energia externa no estabelecimento de uma distribuição de corrente elétrica em um sistema eletromagnético. Partindo de valores nulos até o valor final das correntes em um circuito, a análise envolve correntes e campos variáveis no tempo.

Contudo, uma vez que a teoria eletrodinâmica ainda não foi abordada, analisaremos esse problema com um método diferente. Consideraremos que as fontes de alimentação do circuito estão ligadas por um intervalo de tempo suficientemente longo para que possamos considerar as correntes elétricas em seus valores permanentes. A partir dessa condição, vamos considerar um deslocamento muito lento dos condutores do circuito, de tal modo que as correntes não se alteram de maneira significativa, e vamos calcular o trabalho realizado pela força magnética nesse processo. Esse trabalho corresponde à variação da energia magnética do sistema.

A Figura 16.2 ilustra esse processo para um sistema formado por dois condutores paralelos com correntes iguais em módulo, mas com sentidos opostos. Dos capítulos anteriores, sabemos que cada condutor produz campo magnético na direção azimutal. Portanto, o campo magnético sobre o condutor da direita é perpendicular ao próprio condutor e a força magnética resultante está orientada na direção radial. Devido ao deslocamento radial $d\vec{r}$, o trabalho realizado pela força $d\vec{F}_m = id\vec{L} \times \vec{B}$ aumenta a energia magnética no sistema:

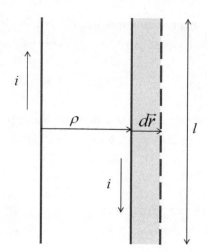

Figura 16.2: Ilustração para o cálculo da energia magnética.

$$dW_m = id\vec{L} \times \vec{B} \cdot d\vec{r} = id\vec{r} \times d\vec{L} \cdot \vec{B} = id\vec{S} \cdot \vec{B} = id\psi_m \qquad (16.23)$$

O aumento na energia magnética depende do fluxo magnético na área varrida pelo movimento do condutor (área destacada na Figura 16.2). Mas, se o meio que envolve o circuito for o vácuo ou outro cuja magnetização seja proporcional ao campo aplicado, podemos assumir que a corrente elétrica e o fluxo magnético são grandezas proporcionais entre si. Desse modo, a integração da equação anterior resulta na seguinte fórmula para a energia magnética de um circuito:

$$W_m = \frac{1}{2} i \psi_m \qquad (16.24)$$

em que i e ψ_m são os valores finais da corrente e do fluxo magnético no circuito, respectivamente.

Na Figura 16.1 o fluxo magnético foi representado apenas na área entre os condutores, embora metade desse fluxo circule em torno de cada condutor. Os fluxos fora dessa área devidos a cada condutor estão em sentido contrário, portanto se anulam. Podemos calcular o fluxo total usando a Equação (10.20) para o campo magnético de uma corrente filamentar. A indução magnética na área entre os condutores é:

$$\vec{B} = \frac{\mu_0 i}{2\pi} \left(\frac{1}{\rho} + \frac{1}{h - \rho} \right) \vec{u}_\phi \qquad (16.25)$$

Capítulo 16 – Dissipação e armazenamento de energia   187

em que ρ é distância radial a um dos condutores e h é distância centro a centro entre os condutores. Assim, o fluxo é obtido da seguinte forma:

$$\psi_m = \int_S \vec{B}\cdot d\vec{S} = \frac{\mu_o i l}{2\pi} \int_a^{h-a} \left(\frac{1}{\rho} + \frac{1}{h-\rho} \right) d\rho = \frac{\mu_o i l}{\pi} Ln \left(\frac{h-a}{a} \right) \qquad (16.26)$$

em que a é o raio dos condutores. A energia armazenada devido ao fluxo magnético externo aos condutores é então dada por:

$$W_m = \frac{\mu_o i^2 l}{2\pi} Ln \left(\frac{h-a}{a} \right) \qquad (16.27)$$

No interior dos condutores também existe fluxo magnético e, portanto, energia armazenada. Porém, para avaliá-la será mais adequado, antes, obter uma expressão para a densidade de energia magnética. Para isso, voltaremos à Equação (16.23), mas agora consideraremos que a indução magnética varia uma quantidade $d\vec{B}$ no intervalo de tempo dt. Isso ocorre devido à variação da corrente elétrica no circuito. Desse modo, a energia também varia uma quantidade correspondente $d(dW_m)$, que pode ser calculada da forma mostrada a seguir.

Substituindo $i = 2\pi\rho H$ na Equação (16.23), obtemos:

$$d\left(dW_m\right) = id\vec{S} \cdot d\vec{B} = \left(\vec{H} \cdot d\vec{B} \right) 2\pi\rho dS = \left(\vec{H} \cdot d\vec{B} \right) dV \qquad (16.28)$$

em que dV é o volume de um anel circular com raio ρ e área da seção transversal dS centralizado em relação ao condutor que transporta a corrente que estabelece os campos $\vec{B}$ e $\vec{H}$. Nessa transformação algébrica usamos a equivalência $Hd\vec{S} = \vec{H}dS$, válida nesse caso. Essa expressão sugere que a energia está armazenada no espaço com densidade volumétrica dada por:

$$w_m = \int_t \vec{H} \cdot d\vec{B} \qquad (16.29)$$

Note que $\vec{B}$ e $\vec{H}$ dependem da corrente elétrica e, portanto, variam no tempo.

Se o meio que envolve o circuito for caracterizado por uma relação constitutiva linear, $\vec{B} = \mu_o \vec{H}$, a integral nessa equação tem solução simples dada por:

$$w_m = \frac{1}{2}\vec{H} \cdot \vec{B} = \frac{1}{2}\mu_o H^2 = \frac{B^2}{2\mu_o} \qquad (16.30)$$

Como exemplo, calcularemos a energia armazenada no interior de um condutor cilíndrico com raio a e comprimento l transportando corrente elétrica i.

Para isso, usaremos o resultado obtido para o campo magnético mostrado na Equação (10.22). Substituindo na Equação (16.30) para obter a densidade de energia magnética e integrando no volume do fio, obtemos:

$$W_m = \int_V \frac{1}{2}\mu_o H^2 dV = \frac{\mu_o}{2} \int_0^a \left(\frac{i\rho}{2\pi a^2}\right)^2 2\pi\rho l d\rho = \frac{\mu_o i^2 l}{4\pi a^4} \int_0^a \rho^3 d\rho = \frac{\mu_o i^2 l}{16\pi} \quad (16.31)$$

Note que a energia não depende do volume do fio, mas apenas de seu comprimento.

Considerando os resultados obtidos nas Equações (16.27) e (16.31), a energia magnética em uma linha paralela é dada por:

$$W_m = \frac{\mu_o i^2 l}{2\pi} Ln\left(\frac{h-a}{a}\right) + 2\left(\frac{\mu_o i^2 l}{16\pi}\right) = \frac{\mu_o i^2 l}{2\pi}\left[\frac{1}{4} + Ln\left(\frac{h-a}{a}\right)\right] \quad (16.32)$$

Para um cabo coaxial, o cálculo da energia armazenada é igualmente simples. Usando novamente a Equação (10.22), a energia no isolante entre os dois condutores é:

$$W_m = \frac{\mu_o}{2} \int_a^b \left(\frac{i}{2\pi\rho}\right)^2 2\pi\rho l d\rho = \frac{\mu_o i^2 l}{4\pi} \int_a^b \frac{d\rho}{\rho} = \frac{\mu_o i^2 l}{4\pi} Ln\left(\frac{b}{a}\right) \quad (16.33)$$

Somando com a energia armazenada no condutor interno, Equação (16.31), e desprezando a espessura do condutor externo, obtemos a energia magnética armazenada no cabo coaxial:

$$W_m = \frac{\mu_o i^2 l}{4\pi}\left[\frac{1}{4} + Ln\left(\frac{b}{a}\right)\right] \quad (16.34)$$

Podemos também utilizar o conceito de indutância como elemento armazenador de energia para calcular a energia magnética em um circuito. Substituindo a relação $\psi_m = Li$, em que L é a indutância própria, na Equação (16.24), resulta:

$$W_m = \frac{1}{2}Li^2 \quad (16.35)$$

Comparando com as fórmulas obtidas para a linha paralela e o cabo coaxial, Equações (16.32) e (16.34), respectivamente, obtemos as seguintes equações para as indutâncias dessas linhas de transmissão:

- Para a linha paralela

$$L = \frac{\mu_o l}{\pi}\left[\frac{1}{4} + Ln\left(\frac{h-a}{a}\right)\right] \quad (16.36)$$

Capítulo 16 – Dissipação e armazenamento de energia

- Para o cabo coaxial

$$L = \frac{\mu_0 l}{2\pi}\left[\frac{1}{4} + Ln\left(\frac{b}{a}\right)\right] \quad (16.37)$$

Contudo, a Equação (16.36) da indutância da linha paralela não leva em conta a distorção nas distribuições de carga e corrente nos condutores quando eles estão muito próximos. Essa fórmula, portanto, é adequada apenas se $h \gg a$. Esse efeito foi devidamente caracterizado pelo método das imagens no Capítulo 12 e resultou na Equação (16.21) para a capacitância da linha paralela. Uma fórmula mais adequada para a indutância quando os condutores estão próximos pode ser obtida considerando-se a relação entre fluxo magnético e diferença de potencial entre os condutores, como mostra a Figura 16.3.

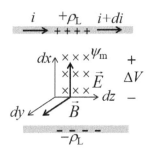

Figura 16.3: Ilustração para cálculo da relação entre fluxo magnético e potencial elétrico em uma linha de transmissão.

No processo de carregamento, a variação da corrente elétrica ao longo da linha está relacionada à variação da densidade de carga no tempo:

$$\frac{\partial i}{\partial z} = -\frac{\partial \rho_L}{\partial t} \quad (16.38)$$

Essa é uma versão unidimensional da equação da continuidade que será discutida em detalhes no próximo capítulo. Substituindo as relações $i = \psi_m/L$ e $\rho_L = C\Delta V$, em que L e C são valores para comprimento unitário da linha, obtemos:

$$\frac{\partial \psi_m}{\partial z} = -LC\frac{\partial}{\partial t}\Delta V \quad (16.39)$$

As equações de Maxwell, por sua vez, fornecem uma relação equivalente entre fluxo e potencial elétrico. Considerando a lei de Ampère e de acordo com a Figura

190   Análise de sistemas eletromagnéticos

16.3, podemos escrever:

$$\oint_C \vec{B} \cdot d\vec{L} = \mu_o \epsilon_o \frac{d}{dt} \int_S \vec{E} \cdot d\vec{S}$$

$$\to (B_{y2} - B_{y1})\, dy = \mu_o \epsilon_o \frac{\partial}{\partial t} (E_x dy dz)$$

$$\to \frac{\partial B_y}{\partial z} dy dz = \mu_o \epsilon_o \frac{\partial}{\partial t} (E_x dy dz)$$

$$\to \frac{\partial B_y}{\partial z} = \mu_o \epsilon_o \frac{\partial E_x}{\partial t}$$

(16.40)

em que o termo $d(\epsilon_0 E)/dt$ é a densidade de corrente de deslocamento no espaço entre os condutores. Mais detalhes sobre esse tema serão apresentados no próximo capítulo.

Substituindo $\Delta V = -E_x dx$ e $\psi_m = B_y dx$:

$$\frac{\partial \psi_m}{\partial z} = -\mu_o \epsilon_o \frac{\partial}{\partial t} \Delta V$$

(16.41)

Comparando com a Equação (16.39), concluímos que existe a seguinte equivalência:

$$LC = \mu_o \epsilon_o$$

(16.42)

Assim, substituindo a capacitância dada na Equação (16.21), obtemos a expressão da indutância que contempla a distorção causada pela proximidade dos condutores. Somando a indutância interna dos condutores, obtemos a indutância total da linha paralela:

$$L = \frac{\mu_o l}{\pi} \left\{ \frac{1}{4} + Ln \left[(h/2a) + \sqrt{(h/2a)^2 - 1} \right] \right\}$$

(16.43)

em que multiplicamos pelo comprimento da linha, pois a Equação (16.42) refere-se a valores de L e C por unidade de comprimento.

Note que essa equação e a Equação (16.36) fornecem resultados idênticos quando $h \gg a$. Note adicionalmente que a relação da Equação (16.42) é corretamente verificada entre a capacitância e a indutância por unidade de comprimento para um cabo coaxial, Equações (16.22) e (16.37), desde que se desconsidere na última equação a contribuição referente ao condutor interno.

16.4   Questões

16.1) Considere uma linha de transmissão paralela que conecta uma fonte de tensão de valor V_o a uma carga de resistência R. Calcule a potência dissipada na

Capítulo 16 – Dissipação e armazenamento de energia 191

linha e as energias elétrica e magnética armazenadas. Considere como condutor o cobre ($\sigma = 5,8 \times 10^7$ S/m) e como isolante o vácuo. Dados: $a = 0,25$ mm, $h = 2$ mm, $l = 10$ m, $V_o = 100$ V e $R = 100$ Ω.

16.2) Repita o exercício anterior para um cabo coaxial. Dados: $a = 0,25$ mm, $b = 2$ mm, $c = 0,05$ mm (espessura do condutor externo), $l = 10$ m, $V_o = 100$ V e $R = 100$ Ω.

16.3) Obtenha equações para a potência dissipada e para a energia armazenada em um solenoide com N espiras de raio R distribuídas em uma única camada em um comprimento l. O fio tem raio a e a corrente circulante é i.

16.4) Obtenha a energia magnética armazenada em uma bobina com N espiras enroladas em um núcleo toroidal não magnético com raio interno a, raio externo b e altura h. Considere que as espiras cobrem toda a superfície do núcleo e a corrente circulante é i.

16.5) Obtenha a energia elétrica armazenada em uma estrutura formada por duas esferas metálicas ocas e concêntricas ligadas aos polos opostos de uma fonte de tensão da valor V_o. As esferas têm raios R_1 e R_2.

Capítulo 17

Introdução à eletrodinâmica

17.1 Corrente de deslocamento

Quando a densidade de corrente e de carga nos condutores de um sistema eletromagnético varia no tempo, os campos elétrico e magnético gerados apresentam dependências diferentes daquelas mostradas nas leis eletrostáticas, como a de Coulomb e a de Biot-Savart. A eletrodinâmica é a parte da teoria eletromagnética que estuda os fenômenos decorrentes da variação no tempo dos campos elétrico e magnético. Os principais acréscimos em relação à eletrostática são: a corrente de deslocamento, a força eletromotriz e a onda eletromagnética. Este capítulo tem como propósito elaborar os conceitos sobre os dois primeiros itens e o capítulo seguinte tratará da geração e da propagação de ondas.

A corrente de deslocamento pode ser conceitualmente entendida a partir de um experimento ordinário de carregamento de um capacitor por uma fonte de tensão constante. Ao ligar a fonte de tensão no circuito da Figura 17.1, o campo elétrico se estabelece no interior dos condutores e passa a movimentar os elétrons, constituindo a corrente elétrica com densidade $\vec{j}_c = \sigma \vec{E}$. No início do processo, o campo elétrico no interior do capacitor é nulo, uma vez que este se encontra inicialmente descarregado. Na medida em que o capacitor se carrega com a taxa $i_c = A d\rho_S/dt$, em que ρ_S é a densidade de carga e A é a área das placas, a indução elétrica no interior do capacitor, segundo a lei de Gauss, aumenta na mesma proporção, ou seja, $i_c = A dD/dt$. Baseado nesse fato, James Clerk Maxwell elaborou o conceito segundo o qual a continuidade da corrente elétrica no circuito é obtida a partir da corrente de deslocamento com densidade $\vec{j}_d = d\vec{D}/dt$. De acordo com esse conceito, a corrente de deslocamento é o resultado da variação no tempo do fluxo elétrico através de uma superfície.

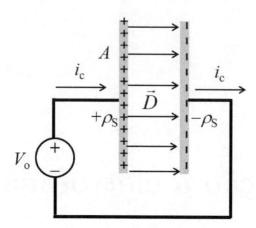

Figura 17.1: Ilustração para descrição da corrente de deslocamento.

Além de explicar a continuidade da corrente elétrica em um circuito que contem capacitores ou dispositivos similares que não apresentam o fenômeno da condução elétrica, a proposição de Maxwell resolveu um problema de compatibilidade entre duas leis já estabelecidas. Uma delas refere-se ao princípio da continuidade. Esse princípio estabelece que, se o fluxo da densidade de corrente através de uma superfície fechada for diferente de zero, isso resulta na variação da carga elétrica total com taxa igual ao fluxo, mas com sinal contrário. Em termos algébricos, isso é expresso da seguinte forma:

$$\oint_S \vec{j_c} \cdot d\vec{S} = -\frac{d}{dt} \int_V \rho_V dV \qquad (17.1)$$

Ou, utilizando o teorema de Gauss:

$$\nabla \cdot \vec{j_c} = -\frac{\partial \rho_V}{\partial t} \qquad (17.2)$$

Por convenção, o fluxo para fora da superfície fechada é positivo e para dentro é negativo. Desse modo, o princípio da continuidade expressa a lei de conservação de carga elétrica. A carga elétrica total em um volume aumenta (diminui) se o fluxo de entrada (saída) for maior que o fluxo de saída (entrada) no mesmo intervalo de tempo.

A outra lei é a de Ampère, segundo a qual o rotacional do campo magnético é igual à densidade de corrente, conforme obtido na Equação (10.18). Essa lei é incompatível com o princípio da continuidade, pois, uma vez que o divergente do rotacional de qualquer campo vetorial é nulo, temos:

$$\nabla \cdot \vec{j_c} = \nabla \cdot \nabla \times \vec{H} = 0 \qquad (17.3)$$

Capítulo 17 – Introdução à eletrodinâmica

o que é correto, segundo a Equação (17.2), apenas se a densidade de carga é constante.

Contudo, Maxwell observou que, se for incluída a densidade de corrente de deslocamento na equação anterior, ela torna-se correta para campos variáveis no tempo. Na Equação (17.2), podemos substituir $\rho_V = \nabla \cdot \vec{D}$ para obter:

$$\nabla \cdot \left(\vec{j}_c + \frac{\partial \vec{D}}{\partial t} \right) = 0 \qquad (17.4)$$

Assim, se a lei de Ampère for modificada com a inclusão da corrente de deslocamento, ela torna-se compatível com o princípio da continuidade:

$$\nabla \times \vec{H} = \vec{j}_c + \frac{\partial \vec{D}}{\partial t} \qquad (17.5)$$

Essa é, portanto, a versão da lei de Ampère considerada correta na eletrodinâmica. A corrente de deslocamento, quando a indução elétrica apresenta simetria circular ou esférica, pode ser facilmente calculada usando-se a lei de Gauss.

Por exemplo, para um fio retilíneo longo, como em uma linha paralela ou cabo coaxial, carregado com densidade de carga $\rho_L(t)$, usando a indução elétrica já obtida em outras análises, por exemplo a Equação (7.6), calculamos a corrente de deslocamento por unidade de comprimento do fio da seguinte forma:

$$i_d = \oint_S \frac{\partial \vec{D}}{\partial t} \cdot d\vec{S} = \frac{d}{dt} \left(\frac{\rho_L}{2\pi\rho} \right) (2\pi\rho) = \frac{d\rho_L}{dt} \qquad (17.6)$$

em que o raio ρ da superfície de integração é arbitrário, desde que seja maior que o raio do condutor.

No caso de uma esfera metálica carregada com carga $q(t)$, usando a Equação (7.12), obtemos:

$$i_d = \oint_S \frac{\partial \vec{D}}{\partial t} \cdot d\vec{S} = \frac{d}{dt} \left(\frac{q}{4\pi r^2} \right) (4\pi r^2) = \frac{dq}{dt} \qquad (17.7)$$

em que o raio da superfície de integração deve ser maior que o raio da esfera.

17.2 Força eletromotriz

O conceito de força eletromotriz como um fenômeno de indução eletromagnética foi proposto por Michael Faraday, sendo conhecido como lei de Faraday. Esse fenômeno refere-se ao ganho de energia que as cargas livres em um condutor obtêm quando esse objeto se movimenta dentro de um campo magnético ou quando o fluxo magnético através de um circuito varia no tempo. Trata-se do trabalho realizado pela força magnética que atua nas cargas em movimento.

Na Figura 17.2a mostra-se um segmento de fio condutor deslocando-se em um campo magnético. A força magnética $\vec{F}_m = q\vec{v} \times \vec{B}$ atua sobre cada partícula de carga q no condutor. Se as partículas podem se deslocar ao longo do comprimento $d\vec{L}$ do condutor, o trabalho realizado pela força magnética é dado por:

$$dW_m = q\vec{v} \times \vec{B} \cdot d\vec{L} \tag{17.8}$$

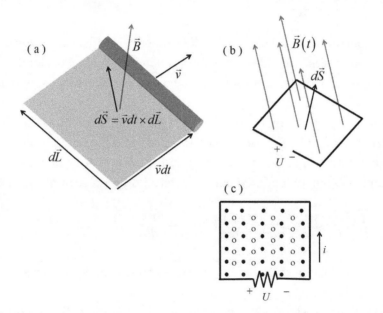

Figura 17.2: Ilustrações para descrição da indução eletromagnética. (a) Fio retilíneo se deslocando em um campo magnético; (b) espira estacionária e indução magnética variável no tempo; (c) sentido da corrente e da força eletromotriz. Os pontos escuros (•) indicam o fluxo aplicado, e os pontos claros (o), o fluxo próprio. Em ambos os casos o sentido do fluxo é para fora do plano da página.

Define-se força eletromotriz (U) como o trabalho realizado pela força magnética em uma carga unitária. Assim, a força eletromotriz nesse exemplo é obtida na seguinte forma:

$$U = \vec{v} \times \vec{B} \cdot d\vec{L} = d\vec{L} \times \vec{v} \cdot \vec{B} = -\frac{d\vec{S}}{dt} \cdot \vec{B} = -\frac{d\psi_m}{dt} \tag{17.9}$$

Capítulo 17 – Introdução à eletrodinâmica

Nessa expressão, utilizamos uma permutação cíclica nos termos do produto misto, o que não afeta o resultado final, e relacionamos o produto vetorial $d\vec{L} \times \vec{v}$ com a taxa de variação da área varrida pelo condutor no seu deslocamento. O sinal negativo refere-se ao fato de o produto vetorial resultar no sentido contrário ao do fluxo produzido nessa área pelo campo magnético existente no meio.

No exemplo mostrado na Figura 17.2b, o circuito é estacionário, mas o campo magnético varia no tempo. Isso resulta em fluxo magnético variável através da área do circuito. Faraday observou que também nesse caso surge a força eletromotriz no circuito, sendo dada exatamente pela mesma expressão matemática obtida anteriormente. Esta é a primeira forma da lei de Faraday:

$$U = -\frac{d\psi_m}{dt} \tag{17.10}$$

O sinal negativo nessa equação é a expressão de um princípio fundamental denominado lei de Lenz, em homenagem a Heinrich Lenz. Essa lei estabelece que o sentido da força eletromotriz tende a se opor às variações do fluxo magnético no circuito. Para interpretar corretamente esse sinal, é necessário estabelecer uma referência adequada, que é mostrada na Figura 17.2c.

A referência de sentido da corrente elétrica é aquela que produz um fluxo próprio (ψ_{mo}) no mesmo sentido do fluxo aplicado (ψ_{ma}) pelo campo magnético externo. Por sua vez, a referência de sentido da força eletromotriz pode ser definida pela diferença de potencial elétrico nos terminais de um resistor conectado em série com esse circuito. Essa carga resistiva pode ser um resistor físico conectado no circuito ou somente a resistência distribuída do próprio condutor. Para o esquema dessa figura, podemos escrever a seguinte equação de circuito:

$$U = -\frac{d}{dt}\left(\psi_{ma} + \psi_{mo}\right) = -\frac{d\psi_{ma}}{dt} - L\frac{di}{dt} = Ri \tag{17.11}$$

em que L é a indutância própria e R é a resistência do circuito. Note que o segundo termo da força eletromotriz é autoinduzido, ou seja, é devido à variação temporal do fluxo próprio. Com isso, obtemos uma equação diferencial para o cálculo da corrente elétrica induzida:

$$L\frac{di}{dt} + Ri = -\frac{d\psi_{ma}}{dt} \tag{17.12}$$

Na Figura 17.3a mostra-se a forma de onda da corrente se o fluxo é aplicado em $t = 0$ (quando $i = 0$) na forma de uma rampa que satura em um valor máximo ψ_{max} no instante $t = t_s$. Os detalhes são omitidos, mas sugere-se a demonstração dos resultados a seguir como exercício. A solução da Equação (17.12) é obtida na seguinte forma:

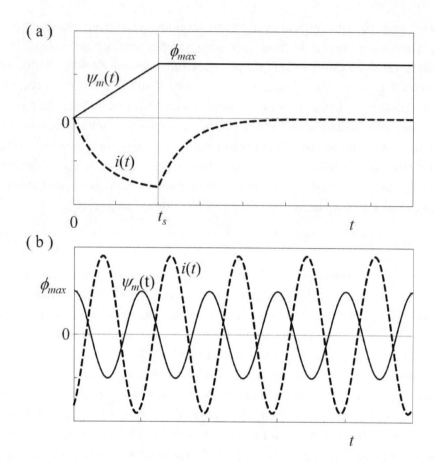

Figura 17.3: Formas de onda do fluxo aplicado e da corrente induzida na espira da Figura 17.2c. (a) Fluxo aplicado na forma de rampa; (b) fluxo aplicado na forma senoidal. A linha contínua representa o fluxo aplicado e a linha tracejada representa a corrente induzida.

$$i(t) = -\frac{\phi_{\max}}{Rt_s}\left(1 - e^{-Rt/L}\right) \leftarrow t \leq t_s \qquad (17.13)$$

$$i(t) = -\frac{\phi_{\max}}{Rt_s}\left(1 - e^{-Rt_s/L}\right)e^{-R(t-t_s)/L} \leftarrow t \geq t_s \qquad (17.14)$$

Note que a corrente é negativa, ou seja, o fluxo próprio tem sentido contrário ao fluxo aplicado.

Na Figura 17.3b mostra-se a forma de onda da corrente se o fluxo varia com a forma $\psi_{ma} = \phi_{max}cos(\omega t)$. A resposta em regime permanente pode ser obtida usando-se a análise fasorial. A Equação (17.12) é reescrita, então, na seguinte

Capítulo 17 – Introdução à eletrodinâmica

forma:

$$j\omega L \dot{I}(\omega) + R\dot{I}(\omega) = -j\omega\phi_{max}$$

$$\rightarrow \dot{I}(\omega) = -\frac{j\omega\phi_{max}}{j\omega L + R} \tag{17.15}$$

$$\rightarrow \dot{I}(\omega) = \frac{\omega\phi_{max}}{\sqrt{R^2 + \omega^2 L^2}} e^{-j[\pi/2 + atg(\omega L/R)]}$$

A resposta no domínio do tempo é então obtida:

$$i(t) = \frac{\omega\phi_{max}}{\sqrt{R^2 + \omega^2 L^2}} cos(\omega t - \pi/2 - atg(\omega L/R)) \tag{17.16}$$

Note que a corrente está atrasada por um ângulo maior que $\pi/2$ radianos em relação ao fluxo magnético. Se a resistência é muito pequena na comparação com ωL, como no caso de uma espira em curto-circuito, a corrente praticamente está defasada de π radianos. Isso significa que o fluxo próprio tem sentido contrário ao fluxo aplicado.

Todas as possibilidades de variação do fluxo magnético através da área de um circuito produzem força eletromotriz. Algumas situações ainda não citadas são ilustradas na Figura 17.4: (a) movimento translacional de um circuito imerso em um campo magnético estático não uniforme; (b) movimento rotacional de um circuito imerso em um campo magnético estático; (c) aumento ou diminuição da área de um circuito imerso em um campo magnético estático; (d) disco condutor girando em torno de um eixo perpendicular com campo magnético estático paralelo ao eixo. Os casos citados podem também combinar movimento de condutores com a variação espacial e temporal do campo aplicado. Em todos os casos, se o fluxo magnético é obtido como função do tempo considerando todas as possibilidades de variação, a força eletromotriz pode ser obtida de acordo com a Equação (17.10).

Uma interpretação muito importante ocorre quando consideramos o fenômeno da indução eletromagnética no caso em que não há condutores nem circuito, mas apenas um meio contínuo no qual existe campo magnético variável no tempo. Inicialmente, considere a Equação (17.9), na qual podemos assumir que o termo $\vec{v} \times \vec{B}$ é equivalente a um campo elétrico que movimenta as cargas do condutor e realiza o trabalho $dU = \vec{E} \cdot d\vec{L}$ por unidade de carga elétrica. Assim, considerando a força eletromotriz em uma trajetória fechada, podemos reescrever essa equação na seguinte forma:

$$\oint_C \vec{E} \cdot d\vec{L} = -\frac{d}{dt} \int_S \vec{B} \cdot d\vec{S} \tag{17.17}$$

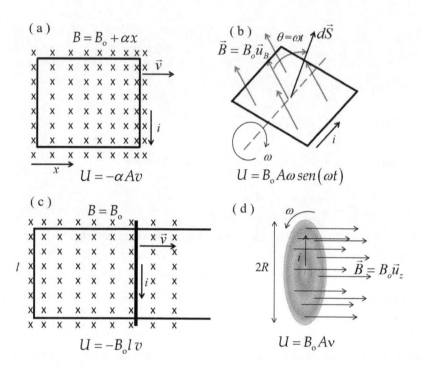

Figura 17.4: Outras formas de produzir força eletromotriz. O sentido convencional da corrente induzida e a equação da força eletromotriz são indicados em cada caso. A área dos circuitos é indicada por A e a aresta no caso (c) é l. O campo nos casos (a) e (c) está orientado perpendicularmente para dentro do plano da página. (a) Movimento de um circuito em um campo magnético estático não uniforme. A indução magnética aumenta na direção do movimento (direção x) com derivada igual a α. (b) Movimento rotacional de uma espira com velocidade angular ω em um campo magnético estático uniforme. (c) Aumento gradual da área do circuito em um campo magnético estático uniforme. (d) Disco condutor girando com frequência ν em um campo magnético estático e uniforme.

em que a curva C delimita a superfície S. Se não houver condutor, essa equação continua válida e fornece uma importante relação entre o campo elétrico e a indução magnética. Se a curva C e a superfície S não variam no tempo, utilizando o teorema de Stokes, podemos reescrever essa equação na forma diferencial:

$$\nabla \times \vec{E} = -\frac{\partial \vec{B}}{\partial t} \qquad (17.18)$$

Essa equação também é conhecida como lei de Faraday. Note que o campo elétrico nessa equação pode ser considerado como tendo duas contribuições: uma direta das cargas elétricas, cuja origem é similar ao campo eletrostático, sendo um campo conservativo, e a outra proveniente das correntes elétricas que produzem

Capítulo 17 – Introdução à eletrodinâmica 201

fluxo magnético variável no tempo, sendo então um campo não conservativo. A soma desses campos é não conservativa e o resultado respeita a lei de Faraday anteriormente formulada. Evidência direta disso pode ser obtida a partir da substituição na equação anterior da relação $\vec{B} = \nabla \times \vec{A}$:

$$\nabla \times \vec{E} = -\frac{\partial}{\partial t}\nabla \times \vec{A}$$

$$\rightarrow \nabla \times \left(\vec{E} + \frac{\partial \vec{A}}{\partial t}\right) = 0 \qquad (17.19)$$

$$\rightarrow \vec{E} + \frac{\partial \vec{A}}{\partial t} = -\nabla V$$

$$\rightarrow \vec{E} = -\nabla V - \frac{\partial \vec{A}}{\partial t}$$

Uma vez que o rotacional de $\vec{E} + \partial \vec{A}/\partial t$ é nulo, podemos escrever esse campo como o gradiente de uma função escalar. Devido à necessária compatibilidade com a eletrostática, devemos escolher essa função escalar como o negativo do potencial elétrico. Como resultado final, obtemos o campo elétrico descrito como a soma de dois termos: um conservativo $-\nabla V$ e outro não conservativo $-\partial \vec{A}/\partial t$.

O conjunto de equações fundamentais mostrado a seguir é denominado equações de Maxwell. A princípio, qualquer problema eletromagnético pode ser resolvido com a combinação adequada destas equações e a obtenção de soluções analíticas ou computacionais apropriadas.

- Lei de Gauss elétrica

$$\nabla \cdot \vec{D} = \rho_V \qquad (17.20)$$

- Lei de Gauss magnética

$$\nabla \cdot \vec{B} = 0 \qquad (17.21)$$

- Lei de Ampère

$$\nabla \times \vec{H} = \vec{j}_c + \frac{\partial \vec{D}}{\partial t} \qquad (17.22)$$

- Lei de Faraday

$$\nabla \times \vec{E} = -\frac{\partial \vec{B}}{\partial t} \qquad (17.23)$$

Contudo, a esse conjunto devem-se juntar as relações constitutivas do meio, que serão apresentadas nos capítulos sobre as propriedades eletromagnéticas da matéria, e as relações entre potenciais e campos repetidas a seguir:

$$\vec{B} = \nabla \times \vec{A} \tag{17.24}$$

$$\vec{E} = -\nabla V - \frac{\partial \vec{A}}{\partial t} \tag{17.25}$$

17.3   Acoplamento magnético

Dois circuitos estão acoplados magneticamente quando parte do fluxo magnético em qualquer um deles é produzida pela corrente elétrica no outro. Isso é ilustrado na Figura 17.5a. Denominamos fluxo mútuo a essa parcela de fluxo magnético estabelecida de um circuito para outro. O fluxo total em cada circuito pode ser escrito na seguinte forma:

$$\psi_{m1} = L_1 i_1 \pm M_{12} i_2 \tag{17.26}$$

$$\psi_{m2} = L_2 i_2 \pm M_{21} i_1 \tag{17.27}$$

em que L_1 e L_2 são as indutâncias próprias e M_{12} e M_{21} são denominadas indutâncias mútuas.

Os sinais são usados para especificar se o fluxo mútuo é aditivo ou subtrativo em relação ao fluxo próprio. Note a convenção adotada para identificar os sentidos dos fluxos no circuito magnético. Se as correntes entram ou saem simultaneamente dos terminais marcados com o "ponto", então os fluxos são aditivos (+). Caso contrário, os fluxos são subtrativos (-).

De acordo com a lei de Faraday, podemos escrever a força eletromotriz em cada um dos circuitos acoplados da seguinte forma:

$$U_1 = -L_1 \frac{di_1}{dt} \mp M_{12} \frac{di_2}{dt} \tag{17.28}$$

$$U_2 = -L_2 \frac{di_2}{dt} \mp M_{21} \frac{di_1}{dt} \tag{17.29}$$

Pode-se mostrar que as indutâncias mútuas são iguais com base no teorema da reciprocidade. Por exemplo, considere que os terminais c e d do circuito (Figura 17.5a) estão abertos e aplica-se a corrente i nos terminais a e b. A força eletromotriz U_2 é dada por: $U_2 = -M_{21} di/dt$. Agora invertemos as operações, abrindo os terminais a e b e aplicando a corrente i nos terminais c e d. A força

Capítulo 17 – Introdução à eletrodinâmica

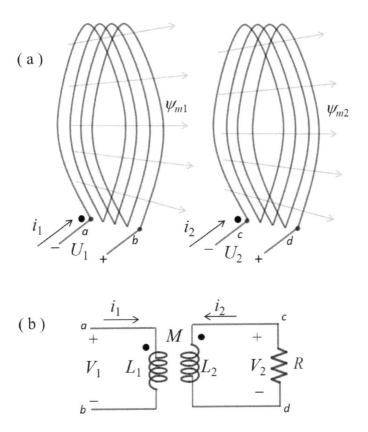

Figura 17.5: (a) Ilustração do acoplamento magnético entre dois circuitos. (b) Circuito equivalente com carga resistiva.

eletromotriz nesse caso é $U_1 = -M_{12} di/dt$. Segundo o teorema da reciprocidade esses valores são iguais. Então, concluímos que $M_{12} = M_{21}$.

Como exemplo, considere que nos terminais a e b seja aplicada a tensão V_1 de uma fonte externa e nos terminais c e d seja conectado um resistor de resistência R. Isso é mostrado na Figura 17.5b. Então, as equações anteriores podem ser reescritas na forma a seguir, em que consideramos que o fluxo é aditivo e as tensões nos terminais têm referências invertidas em relação à força eletromotriz:

$$V_1 = L_1 \frac{di_1}{dt} + M \frac{di_2}{dt} \tag{17.30}$$

$$-Ri_2 = L_2 \frac{di_2}{dt} + M \frac{di_1}{dt} \tag{17.31}$$

204 Análise de sistemas eletromagnéticos

Da Equação (17.31), obtemos di_1/dt. Substituindo na Equação (17.30), teremos:

$$V_1 = -\frac{RL_1}{M} i_2 + \left(M - \frac{L_1 L_2}{M} \right) \frac{di_2}{dt} \qquad (17.32)$$

A relação entre a indutância mútua e as indutâncias próprias é normalmente escrita na seguinte forma:

$$M = \eta \sqrt{L_1 L_2} \qquad (17.33)$$

em que η é denominado fator de acoplamento e tem valor entre zero e um, excluindo os extremos. Então, a equação para i_2 pode ser reescrita como:

$$\frac{di_2}{dt} + \frac{R}{L_2 \left(1 - \eta^2\right)} i_2 = -V_1 \frac{\eta^2}{M \left(1 - \eta^2\right)} \qquad (17.34)$$

Note que a corrente i_2 é descrita por uma equação diferencial de primeira ordem com tempo de relaxação (τ) e valor em regime permanente (i_{2RP}) para excitação degrau ($V(t) = V_o u(t)$) dados por:

$$\tau = \frac{L_2}{R} \left(1 - \eta^2\right) \qquad (17.35)$$

$$i_{2\,RP} = -\frac{V_o}{R} \frac{\eta^2 L_2}{M} = -\frac{V_o}{R} \frac{M}{L_1} = -\frac{V_o}{R} \eta \sqrt{\frac{L_2}{L_1}} \qquad (17.36)$$

Observe que a tensão em regime permanente que surge na carga resistiva é proporcional à tensão aplicada na entrada do circuito e a constante de proporcionalidade é $V_2/V_1 = M/L_1 = \eta(L_2/L_1)^{1/2}$. Observe também que o tempo de relaxação tende a zero na medida em que o fator de acoplamento tende a um. Isso significa que um circuito ideal com acoplamento unitário teria tempo de relaxação nulo.

Se a tensão de entrada tem a forma de onda senoidal, podemos usar o método fasorial para resolver de maneira relativamente simples o problema. As Equações (17.30) e (17.31) são transformadas da seguinte forma:

$$\dot{V}_1 = j\omega L_1 \dot{I}_1 + j\omega M \dot{I}_2 \qquad (17.37)$$

$$-R\dot{I}_2 = j\omega L_2 \dot{I}_2 + j\omega M \dot{I}_1 \qquad (17.38)$$

Com a solução desse sistema de equações, podemos calcular as relações entre as correntes e a tensão de entrada. Desse modo, obtemos o ganho de corrente, a impedância de entrada e o ganho de tensão do circuito:

$$\frac{\dot{I}_2}{\dot{I}_1} = -\frac{j\omega M}{\left(R + j\omega L_2\right)} \approx -\frac{M}{L_2} \qquad (17.39)$$

Capítulo 17 – Introdução à eletrodinâmica

$$Z_i = \frac{\dot{V}_1}{\dot{I}_1} = \frac{\omega^2 \left(\eta^2 - 1\right) L_1 L_2 + j\omega L_1 R}{R + j\omega L_2} \approx j\omega \left(1 - \eta^2\right) L_1 + \frac{L_1}{L_2} R \qquad (17.40)$$

$$\frac{\dot{V}_2}{\dot{V}_1} = \frac{j\omega M \, R}{\omega^2 \left(\eta^2 - 1\right) L_1 L_2 + j\omega L_1 R} = \frac{M/L_1}{1 + j\omega \left(1 - \eta^2\right) L_2/R} \qquad (17.41)$$

em que as aproximações são aplicáveis se a reatância do circuito de saída (ωL_2) for muito maior que a resistência de carga. Os termos $(1 - \eta^2)L_1$ e $(1 - \eta^2)L_2$ são geralmente denominados indutâncias de dispersão e aparecem em circuitos equivalentes como indutâncias em série com L_1 e L_2, respectivamente. Note que as indutâncias de dispersão existem porque o acoplamento magnético não é perfeito, ou seja, o fator de acoplamento é menor que um. O termo $(L_1/L_2)R$ é a resistência de carga refletida para o circuito de entrada. A relação M/L_1 é o ganho de tensão no caso de acoplamento ideal $(\eta = 1)$. Note que, para um circuito com fator de acoplamento muito próximo da unidade, o ganho de corrente $(-M/L_2)$ é aproximadamente igual ao inverso do ganho de tensão com sinal invertido.

Observe que o ganho de corrente aproximado sugere que o fluxo magnético total é muito pequeno no circuito:

$$L_2 \dot{I}_2 \approx -M \dot{I}_1 \rightarrow \psi_{m2} = \psi_{mo2} + \psi_{mM1} \approx 0 \qquad (17.42)$$

em que o índice o indica fluxo próprio $(L_2 I_2)$ e o índice M índica fluxo mútuo (neste caso, $M I_1$ é o fluxo produzido pelo circuito de entrada e acoplado no circuito de saída). Esta é uma consequência da lei de Faraday, uma vez que o fluxo próprio no circuito de saída é estabelecido em oposição às variações do fluxo mútuo, "tentando" manter o fluxo total invariável.

Finalmente, note que se a resistência de carga for substituída por uma capacitância $(R \rightarrow 1/j\omega C)$, obtemos uma condição de ressonância no circuito de saída que afeta significativamente o ganho de tensão:

$$\frac{\dot{V}_2}{\dot{V}_1} = \frac{M/L_1}{1 - \omega^2 \left(1 - \eta^2\right) L_2 C} = \frac{M/L_1}{1 - \left(\omega/\omega_o\right)^2} \qquad (17.43)$$

$$\omega_o = 1/\sqrt{\left(1 - \eta^2\right) L_2 C} \qquad (17.44)$$

Quando a frequência da fonte de tensão V_1 é igual à frequência de ressonância ω_o, o ganho de tensão torna-se infinito. Em um circuito real, o ganho é limitado por elementos parasitas como a resistência elétrica do condutor. Contudo, o ganho pode alcançar valores muito elevados. Esse efeito é utilizado nos circuitos geradores de alta tensão, como a bobina de Tesla.

206   Análise de sistemas eletromagnéticos

Para concluir a análise do acoplamento magnético, vamos calcular a energia magnética armazenada. A energia pode ser obtida de maneira muito simples usando a Equação (16.24) e somando as energias de cada circuito:

$$
\begin{aligned}
W_m &= \frac{1}{2}i_1\,\psi_{m1} + \frac{1}{2}i_2\,\psi_{m2} = \frac{1}{2}i_1\,(L_1 i_1 \pm M i_2) + \frac{1}{2}i_2\,(L_2 i_2 \pm M i_1) \\
&= \frac{1}{2}L_1 i_1^2 + \frac{1}{2}L_2 i_2^2 \pm M i_1 i_2
\end{aligned}
\tag{17.45}
$$

Podemos reescrever esse resultado em outro formato completando o binômio quadrático:

$$
W_m = \frac{1}{2}\left[\left(\sqrt{L_1}i_1 - \sqrt{L_2}i_2\right)^2 + 2\left(\sqrt{L_1 L_2} \pm M\right)i_1 i_2\right]
\tag{17.46}
$$

Uma vez que a energia deve ser positiva, concluímos que $M < \sqrt{L_1 L_2}$. Esse fato nos permitiu anteriormente estabelecer que o fator de acoplamento tenha um valor entre zero e um, excluindo os extremos.

A Equação (17.45) nos permite obter uma forma muito simples de medir a indutância mútua e o fator de acoplamento de um circuito a partir de um medidor de indutância. Conectando em série os dois circuitos e escrevendo para a energia magnética a fórmula $W_m = L i^2/2$, em que $i = i_1 = i_2$, verificamos por comparação com a Equação (17.45) que a indutância equivalente é dada por:

$$
L = L_1 + L_2 \pm 2M
\tag{17.47}
$$

Medindo-se L, L_1 e L_2, pode-se calcular M com a equação anterior e, com isso, obter o fator de acoplamento $\eta = M/\sqrt{L_1 L_2}$.

17.4   Torque eletrodinâmico e motor de indução

Uma das aplicações de maior importância da eletrodinâmica é a conversão eletromecânica. Vamos ilustrar esse aspecto essencial da teoria eletromagnética por meio do exemplo esquemático de um motor de indução, mostrado na Figura 17.6. O campo magnético é produzido pelas bobinas do estator. As correntes de campo que circulam têm mesma amplitude e frequência, mas estão defasadas de 90° no tempo para que se obtenha um campo girante. A indução magnética é dada por:

$$
\vec{B} = B_m cos\,(\omega_e t)\,\vec{u}_x + B_m sen\,(\omega_e t)\,\vec{u}_y
\tag{17.48}
$$

em que B_m é a amplitude da indução magnética. Observe que, pelo fato de os campos gerados pelas bobinas serem perpendiculares e estarem defasados de 90°,

Capítulo 17 – Introdução à eletrodinâmica

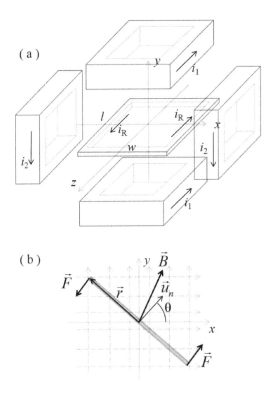

Figura 17.6: Representação esquemática de um motor de indução com uma única espira no estator. (a) Representação em perspectiva. As estruturas retangulares representam as bobinas de campo do estator. Os sentidos de referência das correntes são indicados. Na única espira do rotor, o sentido da corrente induzida segue a regra utilizada na aplicação da lei de Faraday. O eixo de rotação do rotor coincide com o eixo z do sistema de coordenadas. (b) Imagem de frente do motor com a representação da distribuição de campo magnético e da força nos braços laterais da espira do rotor.

o campo resultante obtido como a soma dessas componentes não tem uma orientação fixa, mas gira com velocidade angular igual à frequência angular elétrica ω_e. A espira do rotor tenderá a girar também devido ao torque obtido com a interação da sua corrente induzida com o campo girante do estator. Assim, o vetor unitário de área na espira pode ser escrito na seguinte forma:

$$\vec{u}_n = \cos(\omega_m t)\,\vec{u}_x + sen(\omega_m t)\,\vec{u}_y \qquad (17.49)$$

em que ω_m é a velocidade de rotação da espira em radianos por segundo.

Vamos assumir, por simplicidade, que o campo magnético do estator é uniforme em toda a área da espira para qualquer posição $\theta = \omega_m t$. Assim, o fluxo magnético na espira é obtido de maneira muito simples:

$$\psi_m = \int_S \vec{B} \cdot d\vec{S} = \vec{B} \cdot lw\vec{u}_n$$

$$= B_m lw \left[cos\left(\omega_e t\right) cos\left(\omega_m t\right) + sen\left(\omega_e t\right)\ sen\left(\omega_m t\right) \right] \tag{17.50}$$

$$= B_m lw cos\left[\left(\omega_e - \omega_m\right) t\right]$$

Usando a lei de Faraday, calculamos a força eletromotriz na espira do rotor.

$$U = -\frac{d\psi_m}{dt} = B_m lw \left(\omega_e - \omega_m\right) sen\left[\left(\omega_e - \omega_m\right) t\right] \tag{17.51}$$

Assumindo que a espira tem resistência R e indutância L, a corrente induzida em regime permanente pode ser calculada por meio do método fasorial:

$$\dot{I}_r = \frac{\dot{U}}{Z_r} = \frac{B_m lw \left(\omega_e - \omega_m\right) e^{-j\pi/2}}{\sqrt{R^2 + \left(\omega_e - \omega_m\right)^2 L^2} e^{jatg\left[\left(\omega_e - \omega_m\right)L/R\right]}} \tag{17.52}$$

$$= I_m e^{-j\left(\pi/2 + \phi\right)}$$

em que Z_r é a impedância do rotor, I_m é a amplitude da corrente e ϕ é o ângulo de defasagem entre tensão e corrente na espira:

$$I_m = \frac{B_m lw \left(\omega_e - \omega_m\right)}{\sqrt{R^2 + \left(\omega_e - \omega_m\right)^2 L^2}} \tag{17.53}$$

$$\phi = atg\left[\left(\omega_e - \omega_m\right) L/R\right] \tag{17.54}$$

A força magnética nos braços de comprimento l da espira é ilustrada na Figura 17.6b. Essa força atuando nos dois braços com sentidos opostos produz um binário e é calculada segundo a Equação (3.3). Na extremidade da aresta de largura w na qual está indicado o vetor de posição $\vec{r}$ na Figura 17.6b, a força é dada por:

$$\vec{F} = i\left(t\right) l\,\vec{u}_z \times \vec{B}$$

$$= i\left(t\right) l\,B_m \vec{u}_z \times \left[cos\left(\omega_e t\right)\ \vec{u}_x + sen\left(\omega_e t\right)\ \vec{u}_y\right] \tag{17.55}$$

$$= i\left(t\right) l\,B_m \left[-sen\left(\omega_e t\right)\ \vec{u}_x + cos\left(\omega_e t\right)\ \vec{u}_y\right]$$

O torque total é o dobro do valor em um único braço. Assumindo que em $t = 0$ a espira está alinhada com sua normal ao longo do eixo x, temos:

$$\vec{T} = 2\vec{r} \times \vec{F}$$

$$= 2\left(w/2\right)\left[-sen\left(\omega_m t\right)\ \vec{u}_x + cos\left(\omega_m t\right)\ \vec{u}_y\right]$$

$$\times\ i\left(t\right) l\,B_m \left[-sen\left(\omega_e t\right)\ \vec{u}_x + cos\left(\omega_e t\right)\ \vec{u}_y\right] \tag{17.56}$$

$$= i\left(t\right) wl\,B_m \left[\,sen\left(\omega_e t\right) cos\left(\omega_m t\right) - cos\left(\omega_e t\right)\ sen\left(\omega_m t\right)\right] \vec{u}_z$$

$$= i\left(t\right) wl\,B_m sen\left[\left(\omega_e - \omega_m\right) t\right] \vec{u}_z$$

Capítulo 17 – Introdução à eletrodinâmica

O torque na espira é função do tempo. Contudo, é mais significativo para o entendimento do funcionamento do motor de indução o valor médio do torque em um período correspondente à frequência relativa $(\omega_e - \omega_m)$ $(\Delta t = 2\pi/(\omega_e - \omega_m))$. Substituímos então a expressão da corrente no domínio do tempo e calculamos o valor médio usando a substituição de variáveis $\alpha = (\omega_e - \omega_m)t$:

$$
\begin{aligned}
\left\langle \vec{T} \right\rangle &= \frac{1}{\Delta t} \int_0^{\Delta t} \vec{T}(t)\, dt \\
&= I_m w l\, B_m \frac{1}{\Delta t} \int_0^{\Delta t} sen\left[(\omega_e - \omega_m)\,t - \phi\right] sen\left[(\omega_e - \omega_m)\,t\right] dt\, \vec{u}_z \\
&= I_m w l\, B_m \left[\frac{1}{2\pi} \int_0^{2\pi} sen\,(\alpha - \phi)\, sen\,(\alpha) d\alpha\right] \vec{u}_z \\
&= \frac{1}{2} I_m w l\, B_m cos\,(\phi)\, \vec{u}_z
\end{aligned}
\tag{17.57}
$$

Agora, substituímos as expressões de I_m e ϕ das Equações (17.53) e (17.54) para obter o resultado final para o torque médio na espira do motor de indução:

$$
\left\langle \vec{T} \right\rangle = \frac{B_m^2 l^2 w^2 R\,(\omega_e - \omega_m)}{2\left[R^2 + (\omega_e - \omega_m)^2 L^2\right]} \vec{u}_z
\tag{17.58}
$$

A Figura 17.7 mostra algumas curvas de torque médio como função da velocidade para três valores diferentes da resistência do rotor. Note que resistências maiores permitem obter maiores torques de partida. O rotor, partindo do repouso, é acelerado até que o torque eletromagnético se torna igual ao torque resistivo, o qual é resultado do atrito com mancais e com o ar. Se o conjunto formado pelo rotor e por sua carga mecânica apresenta momento de inércia I e o torque resistivo é proporcional à velocidade $(\gamma\omega_m)$, a equação dinâmica do movimento do rotor é:

$$
I\frac{d\omega_m}{dt} = \langle T \rangle - \gamma\omega_m
\tag{17.59}
$$

Assim, a velocidade final do rotor pode ser obtida como a solução da seguinte equação:

$$
\begin{aligned}
&\omega_m = \langle T \rangle/\gamma \\
&\rightarrow \omega_m/\omega_e = \frac{B_m^2 l^2 w^2}{2\gamma R} \frac{(1 - \omega_m/\omega_e)}{\left[1 + (1 - \omega_m/\omega_e)^2(\omega_e L/R)^2\right]}
\end{aligned}
\tag{17.60}
$$

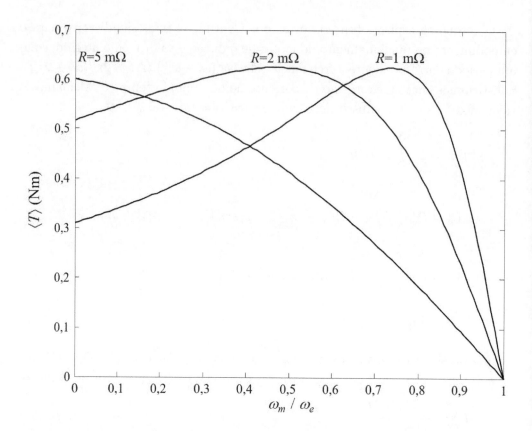

Figura 17.7: Torque médio como função da velocidade para três valores da resistência do rotor e demais parâmetros descritos a seguir: $B_m = 0,5$ T; $L = 10$ μH; $\omega_e = 377$ rad/s; $lw = 10^{-2}$ m².

17.5 Efeito pelicular

A lei de Faraday tem também uma importante influência na forma como a corrente elétrica se distribui na seção transversal de um condutor. Quando a corrente elétrica varia no tempo, devido à indução eletromagnética, a densidade de corrente torna-se não uniforme e se concentra mais na superfície que no interior do condutor. Esse fenômeno é denominado efeito pelicular e tem como uma das principais consequências o aumento na resistência elétrica do condutor.

Consideremos um meio condutor sujeito a campo elétrico variável no tempo. Procuramos por soluções em regime permanente na forma senoidal no tempo com frequência ω. As equações de Maxwell podem ser escritas na forma fasorial:

$$\nabla \times \dot{\vec{H}} = \sigma \dot{\vec{E}} + j\omega\epsilon\dot{\vec{E}} \qquad (17.61)$$

Capítulo 17 – Introdução à eletrodinâmica

$$\nabla \times \dot{\vec{E}} = -j\omega\mu\dot{\vec{H}} \tag{17.62}$$

em que usamos as relações $\dot{\vec{j}}_c = \sigma\dot{\vec{E}}$, $\dot{\vec{D}} = \epsilon\dot{\vec{E}}$ e $\dot{\vec{B}} = \mu\dot{\vec{H}}$ assumindo que o meio é linear nas suas propriedades eletromagnéticas.

Vamos restringir esta análise aos materiais bons condutores, nos quais é válida a relação $\sigma >> \omega\epsilon$, ou seja, a densidade de corrente de condução é muito maior que a densidade de corrente de deslocamento. Assumiremos adicionalmente que isso ocorre para qualquer frequência de interesse. De fato, para os metais, a corrente de deslocamento torna-se maior que a corrente de condução apenas a partir de alguma frequência na região espectral do ultravioleta. O sistema de equações anterior pode ser resolvido a partir do desacoplamento obtido com a aplicação do rotacional e da utilização da Equação (9.24):

$$\nabla \times \nabla \times \dot{\vec{H}} = \nabla\left(\nabla \cdot \dot{\vec{H}}\right) - \nabla^2\dot{\vec{H}} = \sigma\nabla \times \dot{\vec{E}} \tag{17.63}$$

$$\nabla \times \nabla \times \dot{\vec{E}} = \nabla\left(\nabla \cdot \dot{\vec{E}}\right) - \nabla^2\dot{\vec{E}} = -j\omega\mu\nabla \times \dot{\vec{H}} \tag{17.64}$$

A partir da lei de Gauss pode-se mostrar que, em um meio linear (σ, ϵ e μ não dependem das intensidades dos campos $\vec{E}$ e $\vec{H}$), homogêneo (σ, ϵ e μ não dependem das coordenadas espaciais), isotrópico (σ, ϵ e μ não dependem da direção no espaço) e eletricamente neutro ($\rho_V = 0$), os divergentes dos campos elétrico e magnético são nulos. Além disso, substituindo os rotacionais segundo as leis de Ampère e Faraday dadas nas Equações (17.61) e (17.62), respectivamente, obtemos:

$$\nabla^2\dot{\vec{H}} = j\omega\mu\sigma\dot{\vec{H}} \tag{17.65}$$

$$\nabla^2\dot{\vec{E}} = j\omega\mu\sigma\dot{\vec{E}} \tag{17.66}$$

As soluções dessas equações dependem do sistema de coordenadas utilizado, o que, por sua vez, depende da forma geométrica do condutor. Analisaremos os casos mostrados na Figura 17.8. No caso da lâmina com campo elétrico longitudinal, se assumirmos que as variações de intensidade do campo elétrico na superfície da lâmina são pequenas, apenas o termo na coordenada x torna-se relevante. Assim, temos:

$$\frac{d^2\dot{E}_z}{dx^2} = j\omega\mu\sigma\dot{E}_z \tag{17.67}$$

cuja solução é obtida na forma exponencial:

$$\dot{E}_z = E_1 e^{\gamma x} + E_2 e^{-\gamma x} \tag{17.68}$$

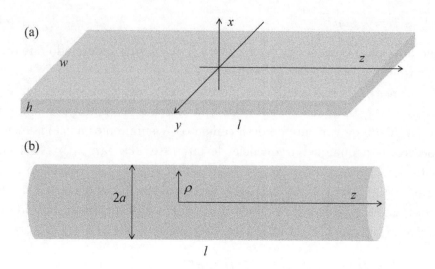

Figura 17.8: Geometrias para análise do efeito pelicular. (a) Lâmina condutora; (b) cilindro condutor. O campo elétrico é aplicado longitudinalmente (eixo z).

em que o parâmetro γ, denominado constante de propagação, é dado por:

$$\gamma = \sqrt{j\omega\mu\sigma} = \sqrt{\frac{\omega\mu\sigma}{2}}(1+j) \tag{17.69}$$

Com base nesse parâmetro, definimos a profundidade de penetração no condutor pela seguinte expressão:

$$\delta = 1/Re\,(\gamma) = \sqrt{\frac{2}{\omega\mu\sigma}} \tag{17.70}$$

Vamos assumir que o campo elétrico no centro da lâmina tem intensidade $\dot{E}_z(x=0) = E_o$. Assim, a solução para o campo elétrico em qualquer posição no interior do condutor, na forma complexa, pode ser especificada:

$$\hat{E}_z = \frac{E_o}{2}\left[e^{(1+j)x/\delta} + e^{-(1+j)x/\delta}\right]e^{j\omega t} \tag{17.71}$$

E o módulo do campo é uma função da posição dada por:

$$\begin{aligned}\left|\hat{E}_z\right| &= \frac{E_o}{2}\sqrt{\left(e^{x/\delta}+e^{-x/\delta}\right)^2 cos^2\,(x/\delta) + \left(e^{x/\delta}-e^{-x/\delta}\right)^2 sen^2\,(x/\delta)} \\ &= \frac{E_o}{\sqrt{2}}\sqrt{cosh\,(2x/\delta) + cos\,(2x/\delta)}\end{aligned} \tag{17.72}$$

A Figura 17.9a mostra a distribuição espacial da amplitude do campo elétrico na lâmina para diversos valores da razão entre a profundidade de penetração e a espessura. Uma distribuição similar ocorre para a densidade de corrente elétrica, uma vez que $\vec{j}_c = \sigma \vec{E}$. As curvas foram construídas de modo que o campo na superfície da lâmina é o mesmo em todos os casos. Esse campo é determinado pela diferença de potencial elétrico aplicado entre as extremidades da lâmina. Para uma lâmina de espessura h e comprimento l, sujeita a uma diferença de potencial ΔV, a intensidade do campo na superfície é dada por:

$$\dot{E}_s = \frac{E_o}{2}\left[e^{(1+j)h/2\delta} + e^{-(1+j)h/2\delta}\right] = \Delta \dot{V}/l \qquad (17.73)$$

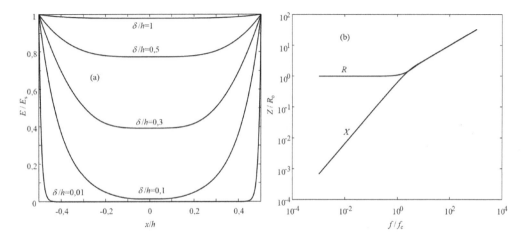

Figura 17.9: (a) Distribuição de campo elétrico na lâmina condutora para diversos valores da profundidade de penetração. (b) Impedância da lâmina condutora como função da frequência.

Note que, para pequenos valores da profundidade de penetração, o campo e a densidade de corrente se concentram fortemente na superfície da lâmina. Segundo a Equação (17.70), a profundidade de penetração depende da frequência, da permeabilidade magnética e da condutividade do material, de modo que quanto maior for o produto dessas quantidades ($\omega \mu \sigma$), menor será a intensidade do campo no interior do condutor.

Uma aproximação importante é aplicável quando a espessura da amostra é muito maior que a profundidade de penetração. Nesse caso, na Equação (17.71) vemos que, para posições próximas de uma das superfícies, apenas um dos termos é significativo. Por exemplo, para $x > 0$, fazendo a substituição $x = h/2 - s$, em que s é a profundidade medida a partir da superfície, o campo pode ser descrito

214   Análise de sistemas eletromagnéticos

por:

$$\hat{E}_z \approx \frac{E_o}{2} e^{(h/2-s)/\delta}\, e^{j(h/2-s)/\delta}\, e^{j\omega t} = \frac{E_o}{2} e^{h/2\delta}\, e^{-s/\delta}\, e^{j(\omega t + h/2\,\delta - s/\delta)}$$
$$= E_s e^{-s/\delta}\, e^{j(\omega t + h/2\,\delta - s/\delta)}$$

(17.74)

Ou seja, o campo e a densidade de corrente diminuem exponencialmente da superfície para o interior do objeto condutor.

A fim de avaliar como a impedância elétrica da lâmina é afetada pelo efeito pelicular, vamos calcular a corrente elétrica que circula na lâmina por meio da integração da densidade de corrente na área da seção transversal:

$$\dot{I} = \int\limits_{-h/2}^{h/2} \sigma \dot{E}_z w dx = \frac{\sigma w \delta E_o}{2\,(1+j)} \left[e^{(1+j)x/\delta} - e^{-(1+j)x/\delta} \right]_{-h/2}^{h/2}$$
$$= \frac{\sigma w \delta E_o}{(1+j)} \left[e^{(1+j)h/2\delta} - e^{-(1+j)h/2\delta} \right]$$

(17.75)

Usamos a Equação (17.73) para substituir a amplitude do campo elétrico E_o como função da diferença de potencial aplicada entre as extremidades da lâmina:

$$\dot{I} = \frac{2\sigma w \delta}{l\,(1+j)} \frac{\left[e^{(1+j)h/2\delta} - e^{-(1+j)h/2\delta} \right]}{\left[e^{(1+j)h/2\delta} + e^{-(1+j)h/2\delta} \right]} \Delta\dot{V}$$
$$= \frac{2\sigma w \delta}{l\,(1+j)} tgh\left[(1+j)\,h/2\delta \right] \Delta\dot{V}$$

(17.76)

Assim, obtemos a impedância elétrica da lâmina:

$$Z = \Delta\dot{V}/\dot{I} = \frac{l\,(1+j)}{2\sigma w \delta tgh\left[(1+j)\,h/2\delta \right]} = R_o \frac{(1+j)\,h/2\delta}{tgh\left[(1+j)\,h/2\delta \right]}$$

(17.77)

em que R_o é a resistência da lâmina para frequência nula, ou seja, quando a corrente se distribui de maneira uniforme na sua seção transversal.

A Figura 17.9b apresenta as curvas de resistência e reatância da lâmina como funções da frequência. Definindo a frequência de corte como a frequência na qual a profundidade de penetração é igual à metade da espessura da lâmina, temos:

$$f_c = \frac{4}{\pi\mu\sigma h^2}$$

(17.78)

$$Z = R_o \frac{(1+j)\,\sqrt{f/f_c}}{tgh\left[(1+j)\,\sqrt{f/f_c} \right]}$$

(17.79)

Capítulo 17 – Introdução à eletrodinâmica 215

Como se pode verificar no gráfico da Figura 17.9b, a frequência de corte define a transição entre o comportamento em baixas e altas frequências. Note que, em altas frequências ($f \gg f_c$), a resistência e a reatância são iguais e podem ser calculadas pela fórmula aproximada:

$$R = \frac{l}{2\sigma w\delta} = R_o\sqrt{\frac{f}{f_c}} \tag{17.80}$$

Consideremos agora o caso do condutor cilíndrico da Figura 17.8b. A análise é similar, porém usaremos coordenadas cilíndricas. Evidentemente, apenas o termo radial do laplaciano é necessário. Assim, usando a Equação (11.5), a Equação (17.66) é reescrita na seguinte forma:

$$\frac{1}{\rho}\frac{d}{d\rho}\left(\rho\frac{d\dot{E}_z}{d\rho}\right) = j\omega\mu\sigma\dot{E}_z \rightarrow \frac{d^2\dot{E}_z}{d\rho^2} + \frac{1}{\rho}\frac{d\dot{E}_z}{d\rho} - j\omega\mu\sigma\dot{E}_z = 0 \tag{17.81}$$

De acordo com a Equação (14.6), o resultado anterior é igual à equação diferencial de Bessel de ordem zero na qual a constante de separação k é dada por:

$$k = \sqrt{-j\omega\mu\sigma} = \sqrt{e^{j3\pi/2}\,\omega\mu\sigma} = \sqrt{2}e^{j3\pi/4}/\delta \tag{17.82}$$

A solução, então, pode ser escrita na seguinte forma:

$$\dot{E}_z = E_o J_o\left(\sqrt{2}e^{j3\pi/4}\,\rho/\delta\right) \tag{17.83}$$

Como antes, o campo superficial está relacionado à diferença de potencial aplicada nas extremidades do condutor cilíndrico:

$$\dot{E}_s = E_o J_o\left(\sqrt{2}e^{j3\pi/4}\,a/\delta\right) = \Delta\dot{V}/l \tag{17.84}$$

A Figura 17.10a mostra a distribuição de campo elétrico no interior do condutor cilíndrico para diversos valores da relação δ/a. Note que, para $\delta/a \leq 0,1$, uma aproximação muito boa por uma curva com decaimento exponencial ($e^{-s/\delta}$, com s medido a partir da superfície) pode ser obtida. A seguir calculamos a corrente total no condutor cilíndrico:

$$\dot{I} = \int_0^a \sigma\dot{E}_z 2\pi\rho d\rho = 2\pi\sigma E_o\int_0^a \rho\,J_o\left(\sqrt{2}e^{j3\pi/4}\,\rho/\delta\right)d\rho \tag{17.85}$$

e usamos a Equação (14.32) para efetuar a integração:

$$\begin{aligned}
\dot{I} &= 2\pi\sigma E_o\frac{\delta}{\sqrt{2}e^{j3\pi/4}}\left[\rho\,J_1\left(\sqrt{2}e^{j3\pi/4}\,\rho/\delta\right)\right]_0^a \\
&= \frac{2\pi a\delta\sigma}{\sqrt{2}e^{j3\pi/4}}E_o\,J_1\left(\sqrt{2}e^{j3\pi/4}\,a/\delta\right)
\end{aligned} \tag{17.86}$$

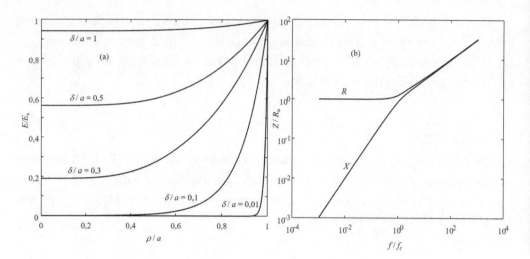

Figura 17.10: (a) Distribuição de campo elétrico no condutor cilíndrico para diversos valores da profundidade de penetração. (b) Impedância de um condutor cilíndrico como função da frequência.

Substituindo E_o segundo a Equação (17.84) e resolvendo para o quociente entre a tensão e a corrente no condutor, obtemos a impedância na seguinte forma:

$$Z = \frac{\Delta \dot{V}}{\dot{I}} = \frac{l\sqrt{2}e^{j3\pi/4}}{2\pi a \delta \sigma} \frac{J_o\left(\sqrt{2}e^{j3\pi/4} a/\delta\right)}{J_1\left(\sqrt{2}e^{j3\pi/4} a/\delta\right)}$$
$$= \frac{R_o}{2}\left[(-1+j)a/\delta\right] \frac{J_o\left[(-1+j)a/\delta\right]}{J_1\left[(-1+j)a/\delta\right]} \qquad (17.87)$$

em que R_o é a resistência do condutor quando a corrente se distribui uniformemente na sua seção transversal, ou seja, em frequências muito baixas.

A Figura 17.10b mostra a dependência da reatância e da resistência do condutor cilíndrico com a frequência. De maneira análoga à impedância da lâmina, a frequência de corte determina a transição entre as respostas em baixas e altas frequências:

$$f_c = \frac{4}{\pi \mu \sigma a^2} \qquad (17.88)$$

Usando a frequência de corte, a Equação (17.87) pode ser reescrita na seguinte forma:

$$Z = \frac{R_o}{2}\left[2(-1+j)\sqrt{f/f_c}\right] \frac{J_o\left[2(-1+j)\sqrt{f/f_c}\right]}{J_1\left[2(-1+j)\sqrt{f/f_c}\right]} \qquad (17.89)$$

Capítulo 17 – Introdução à eletrodinâmica

Em altas frequências, resistência e reatância são aproximadamente iguais e podem ser calculadas por:

$$R = \frac{l}{2\pi a \delta \sigma} = R_o \sqrt{\frac{f}{f_c}} \tag{17.90}$$

Em baixas frequências, a resistência é R_o e a reatância torna-se proporcional à frequência. Para esse caso, a indutância do fio já havia sido deduzida no capítulo anterior. Segundo as Equações (16.36) e (16.37), a indutância de um fio cilíndrico com distribuição uniforme de corrente é $L = \mu l / 8\pi$ e esse valor determina a inclinação da curva de reatância em baixas frequências.

17.6 Questões

17.1) Mostre que a inclusão da corrente de deslocamento torna a lei de Ampère compatível com o princípio da continuidade.

17.2) Obtenha a expressão da corrente de deslocamento em um capacitor com eletrodos coaxiais de comprimento l e raios interno e externo a e b, respectivamente, ao qual é aplicada a diferença de potencial dada por $V(t) = V_o \cos(\omega t)$.

17.3) Analise os circuitos da Figura 17.4 e obtenha a expressão da força eletromotriz em cada caso.

17.4) Considere o circuito da Figura 17.5b no qual a tensão V_1 tem a forma de onda quadrada com amplitude V_o, período T e tempo em nível alto t_1. O circuito magnético tem indutâncias $L_2 = 3 L_1$ e $\eta = 0,5$. Considere que $L_2/R = T/2$. Obtenha a forma de onda da tensão V_2.

17.5) Em um circuito acoplado magneticamente, as indutâncias próprias foram medidas e obteve-se $L_2 = 2 L_1$ e a indutância da associação em série, $L = L_1/2$. Calcule a indutância mútua e o fator de acoplamento.

17.6) No modelo do motor de indução obtido nas Equações (17.58) a (17.60), obtenha a relação ω_m/ω_e como função do coeficiente $c = (B_m l w)^2/2\gamma R$ e $tg\phi = \omega_e L/R$.

17.7) Calcule a frequência de corte para uma lâmina de ferro de espessura 0,5 mm, largura 2 cm e comprimento 20 cm. Após isso, calcule a resistência e a indutância da lâmina nas frequências $0,01 f_c$ e $100 f_c$. Considere $\sigma = 10^7$ S/m e $\mu = 1000 \mu_o$.

17.8) Calcule a frequência de corte para um fio cilíndrico de cobre de diâmetro 0,5 mm e comprimento 20 cm. Após isso, calcule a resistência e a indutância do fio nas frequências $0,01 f_c$ e $100 f_c$. Considere $\sigma = 5,8 \times 10^7$ S/m e $\mu = \mu_o$.

Capítulo 18

Ondas eletromagnéticas

18.1 Ondas no espaço livre não dissipativo

Um dos resultados mais importantes da eletrodinâmica é a descrição matemática da propagação dos campos na forma de ondas. Para descrever ondas eletromagnéticas, procuramos por soluções simultâneas para as Equações (17.22) e (17.23). É necessário usar as relações constitutivas que permitem substituir os campos $\vec{j}_c$, $\vec{D}$ e $\vec{B}$ por expressões relacionadas aos campos elétrico e magnético ($\vec{E}$ e $\vec{H}$).

Inicialmente, consideraremos o modelo físico mais simples possível, ou seja, um meio não condutor, homogêneo e isotrópico, cujas relações constitutivas sejam lineares. Tomemos como exemplo o vácuo. Assim, podemos fazer as seguintes substituições: $\vec{j}_c = 0$, $\vec{D} = \epsilon_o \vec{E}$ e $\vec{B} = \mu_o \vec{H}$. As leis de Ampère e Faraday são então escritas na forma simplificada:

$$\nabla \times \vec{H} = \epsilon_o \frac{\partial \vec{E}}{\partial t} \tag{18.1}$$

$$\nabla \times \vec{E} = -\mu_o \frac{\partial \vec{H}}{\partial t} \tag{18.2}$$

O segundo passo é a separação dessas equações acopladas. Para isso, aplicamos o rotacional em qualquer uma das equações e substituímos o rotacional no lado direito de acordo com a outra equação. Por exemplo, começando com a lei de Ampère e substituindo $\nabla \times \vec{E}$ com a lei de Faraday:

$$\nabla \times \nabla \times \vec{H} = \epsilon_o \frac{\partial}{\partial t} \nabla \times \vec{E} = -\mu_o \epsilon_o \frac{\partial^2 \vec{H}}{\partial t^2} \tag{18.3}$$

No lado esquerdo dessa equação, o duplo rotacional pode ser transformado, de acordo com a Equação (9.24), em $\nabla(\nabla \cdot \vec{H}) - \nabla^2 \vec{H}$. Mas, no vácuo, como em

219

220 Análise de sistemas eletromagnéticos

qualquer meio homogêneo, linear e isotrópico, $\nabla \cdot \vec{H} = 0$. Assim, resulta a equação de onda para o campo magnético:

$$\nabla^2 \vec{H} - \mu_o \epsilon_o \frac{\partial^2 \vec{H}}{\partial t^2} = 0 \tag{18.4}$$

Agora, iniciando com a lei de Faraday e substituindo $\nabla \times \vec{H}$ com a lei de Ampère.

$$\nabla \times \nabla \times \vec{E} = -\mu_o \frac{\partial}{\partial t} \nabla \times \vec{H} = -\mu_o \epsilon_o \frac{\partial^2 \vec{E}}{\partial t^2} \tag{18.5}$$

Usamos novamente a Equação (9.24) e, uma vez que o meio é eletricamente neutro, segundo a lei de Gauss, $\nabla \cdot \vec{E} = 0$. Desse modo, obtemos a equação de onda para o campo elétrico:

$$\nabla^2 \vec{E} - \mu_o \epsilon_o \frac{\partial^2 \vec{E}}{\partial t^2} = 0 \tag{18.6}$$

A constante baseada em μ_o e ϵ_o nas Equações (18.4) e (18.6) tem um significado muito importante:

$$c = \frac{1}{\sqrt{\mu_o \epsilon_o}} \approx 3 \times 10^8 m/s \tag{18.7}$$

Trata-se da velocidade de propagação das ondas eletromagnéticas no vácuo, geralmente denominada velocidade da luz.

Uma propriedade notável da equação de onda é o fato de admitir como solução qualquer função contínua e diferenciável que tenha como argumento uma combinação linear das coordenadas espaciais e do tempo. Por exemplo, considere a seguinte forma geral para o campo elétrico que satisfaz a Equação (18.6):

$$\vec{E} = \vec{E}_o \, g \left(\omega t \pm \vec{K} \cdot \vec{r} \right) \tag{18.8}$$

em que g é uma função qualquer que atende à condição de continuidade e diferenciabilidade, ω é uma constante escalar denominada frequência angular e K é uma constante vetorial denominada vetor de onda.

Os termos diferenciais da Equação (18.6) são calculados a seguir. Para isso, definimos uma variável auxiliar $\varphi = \omega t \pm \vec{K} \cdot \vec{r}$, que, como veremos, tem um significado importante. As seguintes transformações diferenciais são necessárias neste cálculo:

$$\frac{\partial g}{\partial t} = \frac{dg}{d\varphi} \frac{\partial \varphi}{\partial t} = \omega \frac{dg}{d\varphi} \tag{18.9}$$

Capítulo 18 – Ondas eletromagnéticas

$$\nabla g = \frac{dg}{d\varphi}\left(\frac{\partial \varphi}{\partial x}\vec{u}_x + \frac{\partial \varphi}{\partial y}\vec{u}_y + \frac{\partial \varphi}{\partial z}\vec{u}_z\right)$$

$$= \pm\left(K_x\vec{u}_x + K_y\vec{u}_y + K_z\vec{u}_z\right)\frac{dg}{d\varphi} \tag{18.10}$$

$$= \pm\vec{K}\frac{dg}{d\varphi}$$

Com isso, temos:

$$\frac{\partial^2 \vec{E}}{\partial t^2} = \vec{E}_o\omega^2\frac{d^2 g}{d\varphi^2} \tag{18.11}$$

$$\nabla^2\vec{E} = \vec{E}_o\nabla\cdot\nabla g = \vec{E}_o\nabla\cdot\left(\pm\vec{K}\frac{dg}{d\varphi}\right) = \vec{E}_o\left(\pm\vec{K}\right)\cdot\nabla\frac{dg}{d\varphi}$$

$$= \vec{E}_o K^2\frac{d^2 g}{d\varphi^2} \tag{18.12}$$

Substituindo na Equação (18.6), obtemos a seguinte relação entre frequência angular e módulo do vetor de onda, geralmente denominada relação de dispersão:

$$\omega = Kc \tag{18.13}$$

Ou seja, desde que essa relação seja satisfeita, qualquer função do argumento $\varphi = \omega t \pm \vec{K}\cdot\vec{r}$ satisfaz a equação de onda.

Em nome da simplicidade, consideremos por enquanto a função mais elementar, que é a função cosseno (ou seno), pois ela possui apenas uma componente espectral ou harmônica. As soluções para os campos, então, podem ser escritas nas seguintes formas:

$$\vec{E} = \vec{E}_o\cos\left(\omega t \pm \vec{K}\cdot\vec{r}\right) \tag{18.14}$$

$$\vec{H} = \vec{H}_o\cos\left(\omega t \pm \vec{K}\cdot\vec{r}\right) \tag{18.15}$$

O argumento nessas funções, ou seja, $\varphi = \omega t \pm \vec{K}\cdot\vec{r}$, é denominado fase da onda.

A Figura 18.1 mostra essas funções em vários instantes de tempo assumindo que o vetor de onda tem apenas uma componente positiva na direção z (nesse caso, usamos apenas o sinal negativo na fase). Note que um ponto qualquer na onda se desloca com velocidade c na medida em que o tempo passa. Isso é verificado nas equações anteriores, pois a fase não muda com o tempo e sua derivada temporal, portanto, é nula:

$$\frac{d}{dt}\left(\omega t - Kz\right) = 0 \rightarrow \omega - K\frac{dz}{dt} = 0 \rightarrow \frac{dz}{dt} = \frac{\omega}{K} = c \tag{18.16}$$

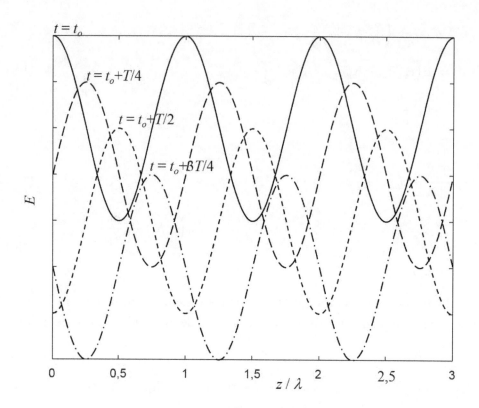

Figura 18.1: Ilustração de uma onda monofrequencial no vácuo em vários instantes de tempo. T é o período e λ é o comprimento de onda.

A última igualdade dessa equação foi obtida a partir da Equação (18.13).

A velocidade de deslocamento de qualquer ponto na onda é denominada velocidade de fase. Note que se usássemos o sinal positivo na fase, a onda estaria se deslocando no sentido $-z$. Observe também que os conceitos elementares de período (T) e comprimento de onda (λ) da teoria ondulatória geral se aplicam em ondas eletromagnéticas e podem ser descritos por $T = 1/f = 2\pi/\omega$ e $\lambda = 2\pi/K = cT$, em que f é a frequência em *hertz* (Hz).

As amplitudes $\vec{E}_o$ e $\vec{H}_o$ descrevem a direção e o sentido dos campos e estão diretamente relacionadas à potência transportada pela onda eletromagnética. Podemos verificar que essas amplitudes não são independentes entre si e que mantêm uma relação com o vetor de onda. Mas, para simplificar o trabalho matemático, vamos utilizar a notação complexa dos campos.

Uma vez que as soluções propostas contém apenas uma frequência (onda monofrequencial), podemos representar os campos dados nas Equações (18.14) e

Capítulo 18 – Ondas eletromagnéticas

(18.15) na seguinte forma:

$$\hat{\vec{E}} = \vec{E}_o e^{j\omega t} e^{-j\vec{K}\cdot\vec{r}} \tag{18.17}$$

$$\hat{\vec{H}} = \vec{H}_o e^{j\omega t} e^{-j\vec{K}\cdot\vec{r}} \tag{18.18}$$

em que os símbolos $\hat{\vec{E}}$ e $\hat{\vec{H}}$ identificam as formas complexas dos campos.

Com o uso da fórmula de Euler a seguir, podemos transitar entre a forma temporal real e a forma complexa dos campos:

$$
\begin{aligned}
e^{j\varphi} &= \cos\varphi + j\, sen\varphi \\
&\to \cos\varphi = Re\left(e^{j\varphi}\right) \\
&\to sen\varphi = Im\left(e^{j\varphi}\right)
\end{aligned}
\tag{18.19}
$$

em que Re e Im são os operadores que retornam às partes real e imaginária, respectivamente, da função complexa.

Quando usamos a forma complexa monofrequencial dos campos, as equações de Maxwell transformam-se para a forma complexa, como mostramos a seguir. Na equação da lei de Ampère, substituímos as Equações (18.17) e (18.18):

$$
\begin{aligned}
\nabla \times \left(\vec{H}_o e^{j\omega t} e^{-j\vec{K}\cdot\vec{r}}\right) &= \epsilon_o \frac{\partial}{\partial t}\left(\vec{E}_o e^{j\omega t} e^{-j\vec{K}\cdot\vec{r}}\right) \\
&\to \nabla \times \left(\vec{H}_o e^{-j\vec{K}\cdot\vec{r}}\right) = j\omega\epsilon_o \vec{E}_o e^{-j\vec{K}\cdot\vec{r}}
\end{aligned}
\tag{18.20}
$$

Para resolver o rotacional no lado esquerdo, usamos a Equação (9.23):

$$
\begin{aligned}
\nabla e^{-j\vec{K}\cdot\vec{r}} \times \vec{H}_o + e^{-j\vec{K}\cdot\vec{r}}\nabla \times \vec{H}_o &= j\omega\epsilon_o \vec{E}_o e^{-j\vec{K}\cdot\vec{r}} \\
&\to -j\vec{K} \times \vec{H}_o e^{-j\vec{K}\cdot\vec{r}} = j\omega\epsilon_o \vec{E}_o e^{-j\vec{K}\cdot\vec{r}} \\
&\to \vec{H}_o \times \vec{K} = \omega\epsilon_o \vec{E}_o
\end{aligned}
\tag{18.21}
$$

em que assumimos que o rotacional de $\vec{H}_o$ é nulo. Isso é óbvio nessa descrição simplificada, uma vez que $\vec{H}_o$ não depende das coordenadas espaciais, mas também é correto de modo geral para ondas eletromagnéticas em qualquer meio homogêneo e isotrópico. A relação final obtida na equação anterior mostra que o campo elétrico é perpendicular ao campo magnético e ao vetor de onda.

Repetimos agora o procedimento usando a lei de Faraday:

$$
\begin{aligned}
\nabla \times \left(\vec{E}_o e^{j\omega t} e^{-j\vec{K}\cdot\vec{r}}\right) &= -\mu_o \frac{\partial}{\partial t}\left(\vec{H}_o e^{j\omega t} e^{-j\vec{K}\cdot\vec{r}}\right) \\
&\to -j\vec{K} \times \vec{E}_o e^{j\omega t} e^{-j\vec{K}\cdot\vec{r}} = -j\omega\mu_o \vec{H}_o e^{j\omega t} e^{-j\vec{K}\cdot\vec{r}} \\
&\to \vec{K} \times \vec{E}_o = \omega\mu_o \vec{H}_o
\end{aligned}
\tag{18.22}
$$

Essa relação mostra que o campo magnético é perpendicular ao campo elétrico e ao vetor de onda.

Assim, concluímos que os três vetores da onda eletromagnética formam um sistema ortogonal. A onda na qual os campos são perpendiculares à direção de propagação é classificada como onda transversal (sigla TEM do inglês). A Figura 18.2 mostra uma ilustração dessa onda. Em um espaço homogêneo e isotrópico, este é o único tipo de onda eletromagnética que pode se propagar.

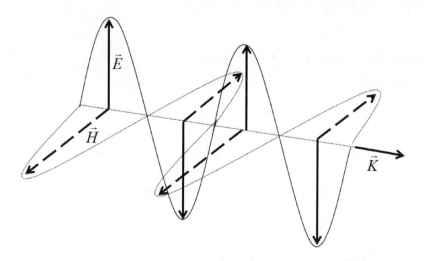

Figura 18.2: Ilustração de uma onda eletromagnética transversal.

É fácil verificar com base nas Equações (18.21) e (18.22) que os vetores unitários estão relacionados por $\vec{u}_K = \vec{u}_E \times \vec{u}_H$. Ainda baseados nessas equações, podemos obter a seguinte relação entre os módulos dos campos:

$$\frac{\left|\vec{K} \times \vec{E}_o\right|}{\left|\vec{H}_o \times \vec{K}\right|} = \frac{\mu_o}{\epsilon_o} \frac{\left|\vec{H}_o\right|}{\left|\vec{E}_o\right|} \rightarrow \frac{\left|\vec{E}_o\right|}{\left|\vec{H}_o\right|} = \sqrt{\frac{\mu_o}{\epsilon_o}} \tag{18.23}$$

Essa relação mostra que os campos têm amplitudes proporcionais. A constante de proporcionalidade é denominada impedância característica do meio, nesse caso, o vácuo:

$$Z_o = \sqrt{\frac{\mu_o}{\epsilon_o}} = 376,8 \; \Omega \tag{18.24}$$

Como exemplo, considere uma onda eletromagnética monofrequencial se propagando no vácuo na direção e no sentido $z > 0$, tendo o campo elétrico na

Capítulo 18 – Ondas eletromagnéticas 225

direção x e o campo magnético na direção y. As equações que descrevem os campos na forma complexa e na forma real são:

$$\hat{\vec{E}} = E_o e^{j(\omega t - Kz)} \vec{u}_x$$
$$\vec{E} = E_o \cos(\omega t - Kz) \vec{u}_x \tag{18.25}$$

$$\hat{\vec{H}} = (E_o/Z_o) e^{j(\omega t - Kz)} \vec{u}_y$$
$$\vec{H} = (E_o/Z_o) \cos(\omega t - Kz) \vec{u}_y \tag{18.26}$$

Após destacar as principais características da propagação de ondas eletromagnéticas monofrequenciais no vácuo, podemos concluir esta seção com uma descrição sucinta de ondas com formas genéricas. Uma onda descrita pela Equação (18.8) pode conter infinitas componentes monofrequenciais ou harmônicas, as quais são obtidas a partir da análise de Fourier da função $g(t)$. Se essa função for periódica com período T, frequência fundamental $\omega_o = 2\pi/T$ e vetor de onda fundamental com módulo $K_o = \omega_o/c$, as seguintes séries de Fourier podem ser usadas para descrever a propagação da onda eletromagnética:

$$\hat{\vec{E}} = \sum_{n=-\infty}^{\infty} E_{on} e^{jn(\omega_o t - \vec{K}_o \cdot \vec{r})} \vec{u}_E \tag{18.27}$$

$$\hat{\vec{H}} = \sum_{n=-\infty}^{\infty} H_{on} e^{jn(\omega_o t - \vec{K}_o \cdot \vec{r})} \vec{u}_H \tag{18.28}$$

Note que cada componente espectral é uma onda monofrequencial com amplitude, frequência e vetor de onda específicos.

Como exemplo, a Figura 18.3a mostra a distribuição de campo elétrico na propagação de uma onda eletromagnética com forma de onda quadrada em vários instantes de tempo. Usando a Equação (13.24), podemos calcular as componentes espectrais para uma onda quadrada de amplitude E_o:

$$
\begin{aligned}
E_{on} &= \frac{E_o}{T} \left[-\int_{-T/2}^{0} e^{-jn2\pi t/T} \, dt + \int_{0}^{T/2} e^{-jn2\pi t/T} \, dt \right] \\
&= \frac{E_o}{jn2\pi} \left\{ \left[e^{-jn2\pi t/T} \right]_{-T/2}^{0} - \left[e^{-jn2\pi t/T} \right]_{0}^{T/2} \right\} \\
&= \frac{E_o}{n\pi} \left[1 - \cos(n\pi) \right] e^{-j\pi/2}
\end{aligned}
\tag{18.29}
$$

Assim, a onda eletromagnética quadrada é descrita pela seguinte série de Fourier:

$$\hat{\vec{E}} = \frac{2E_o}{\pi} \sum_{\substack{n=-\infty \\ \text{ímpar}}}^{\infty} (1/n) \, e^{j(n\omega_o t - nK_o z - \pi/2)} \vec{u}_E \tag{18.30}$$

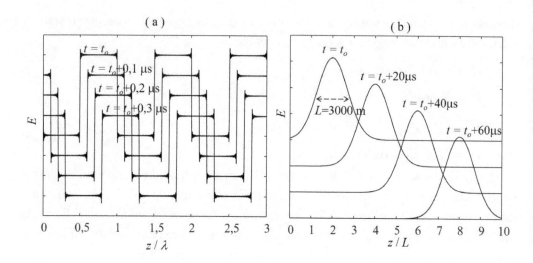

Figura 18.3: Ilustração de ondas multifrequenciais que se propagam na direção e no sentido $z > 0$. (a) Onda com forma quadrada com frequência fundamental de 1 MHz. O comprimento de onda refere-se à frequência fundamental. Reconstrução a partir da série de Fourier com 200 termos. (b) Onda com forma de pulso gaussiano. Note que $L = c/\sqrt{a}$.

Note que a forma de onda não se altera durante a propagação. Esse modelo é adequado apenas se for válida a relação de proporcionalidade entre frequência e vetor de onda dada na Equação (18.13). Meios em que isso ocorre, como o vácuo, são denominados não dispersivos. Nesses meios, todas as componentes espectrais de uma onda viajam com a mesma velocidade de fase.

Se a função $g(t)$ que descreve a forma de onda é não periódica, a expansão em ondas monofrequenciais deve ser feita com o uso da integral de Fourier e as equações de campo tornam-se:

$$\hat{\vec{E}} = \int_{-\infty}^{+\infty} E_o(\omega) e^{j(\omega t - K \cdot r)} d\omega \; \vec{u}_E \tag{18.31}$$

$$\hat{\vec{H}} = \int_{-\infty}^{+\infty} H_o(\omega) e^{j(\omega t - K \cdot r)} d\omega \; \vec{u}_H \tag{18.32}$$

em que agora E_o e H_o são as densidades espectrais de intensidade de campo, ou seja, a intensidade de campo por intervalo unitário de frequência, e devem ser obtidas com a transformada de Fourier de $g(t)$.

Como exemplo, a Figura 18.3b mostra a propagação de uma onda com forma de pulso gaussiano [$g(t) = exp(-at^2)$]. A transformada de Fourier á calculada a

Capítulo 18 – Ondas eletromagnéticas

seguir:

$$E_o\left(\omega\right) = \int\limits_{-\infty}^{+\infty} E_m e^{-at^2} e^{-j\omega t} dt = E_m e^{-\omega^2/4a} \int\limits_{-\infty}^{+\infty} e^{-\left(\sqrt{a}\,t + j\omega/2\sqrt{a}\,\right)^2} dt$$
$$= \sqrt{\pi/a}\, E_m e^{-\omega^2/4a}$$

(18.33)

em que a segunda igualdade foi obtida completando-se o binômio quadrático no argumento da função exponencial com a soma e a subtração do termo $\omega^2/4a$. A última igualdade foi obtida a partir do resultado bem conhecido para a integral definida da função gaussiana:

$$\int\limits_{-\infty}^{\infty} e^{-t^2} dt = \sqrt{\pi}$$

(18.34)

Substituindo esse resultado na Equação (18.31), obtemos:

$$\vec{\tilde{E}} = \sqrt{\pi/a}\, E_m \int\limits_{-\infty}^{+\infty} e^{-\omega^2/4a}\, e^{j(\omega t - Kz)} d\omega \vec{u}_E$$
$$= \sqrt{\pi/a}\, E_m \int\limits_{-\infty}^{+\infty} e^{-\left[\omega^2/4a - j\omega(t-z/c)\right]} d\omega \vec{u}_E$$
$$= \sqrt{\pi/a}\, E_m e^{-a(t-z/c)^2} \int\limits_{-\infty}^{+\infty} e^{-\left[\omega/2\sqrt{a} - j\sqrt{a}(t-z/c)\right]^2} d\omega \vec{u}_E$$
$$= 2\pi E_m e^{-\left(a/c^2\right)(z-ct)^2} \vec{u}_E$$

(18.35)

em que usamos novamente as estratégias de completar o binômio quadrático no argumento da função exponencial e a integral definida da função gaussiana.

Note que o pulso se mantém idêntico na medida em que se propaga. A velocidade de propagação do pulso é exatamente a velocidade de fase de cada uma das componentes espectrais, conforme se verifica pelo termo $(z - ct)$ no argumento da função gaussiana. Enfatizamos, contudo, que este comportamento, pelo qual uma onda eletromagnética multifrequencial mantém a sua forma inalterada durante toda a propagação, somente ocorre em meios não dispersivos, ou seja, nos quais o vetor de onda é proporcional à frequência.

18.2 Ondas no espaço livre dissipativo

Algumas características das ondas eletromagnéticas no vácuo, avaliadas na seção anterior, são alteradas se considerarmos que o meio de propagação é condutor. Continuaremos assumindo que o espaço é homogêneo, isotrópico e linear, mas agora dispõe de cargas livres que podem se movimentar sob a ação da força elétrica e isso, como sabemos, resulta na dissipação de potência.

Esta análise é completamente equivalente ao que foi feito na seção anterior, bastando incluir o efeito da condutividade. Contudo, a intensidade do efeito dissipativo depende também dos fenômenos de polarização e magnetização dos átomos e das moléculas do meio. Desse modo, e ainda procurando manter a simplicidade matemática e conceitual, vamos substituir a permissividade e a permeabilidade do vácuo (ϵ_o e μ_o) pela permissividade e pela permeabilidade de um material genérico (ϵ e μ). Com isso, a lei de Ampère expressa na Equação (17.5) pode ser reescrita na seguinte forma:

$$\nabla \times \vec{H} = \sigma \vec{E} + \epsilon \frac{\partial \vec{E}}{\partial t} \tag{18.36}$$

Se repetirmos o procedimento de desacoplamento das equações de Maxwell já mostrado na seção anterior, obtemos uma versão ampliada da equação de onda. Aplicando o rotacional na equação anterior e substituindo o rotacional do campo elétrico no lado direito segundo a lei de Faraday, obtemos:

$$\nabla^2 \vec{H} - \mu\sigma \frac{\partial \vec{H}}{\partial t} - \mu\epsilon \frac{\partial^2 \vec{H}}{\partial t^2} = 0 \tag{18.37}$$

Mostra-se que para o campo elétrico obtém-se uma equação idêntica:

$$\nabla^2 \vec{E} - \mu\sigma \frac{\partial \vec{E}}{\partial t} - \mu\epsilon \frac{\partial^2 \vec{E}}{\partial t^2} = 0 \tag{18.38}$$

Outra diferença importante está na forma geral da solução da onda monofrequencial. Quando o meio é dissipativo, o vetor de onda torna-se uma quantidade complexa, sendo geralmente representado na forma retangular:

$$K = \alpha + j\beta \tag{18.39}$$

em que α é denominada constante de atenuação e β é denominada constante de fase. Desse modo, as soluções monofrequenciais na forma complexa são:

$$\hat{\vec{E}} = \vec{E}_o e^{j\omega t} e^{-\vec{K}\cdot\vec{r}} = \vec{E}_o e^{j\omega t} e^{-\alpha r} e^{-j\beta r} \tag{18.40}$$

Capítulo 18 – Ondas eletromagnéticas

$$\hat{\vec{H}} = \vec{H}_o e^{j\omega t} e^{-\vec{K}\cdot\vec{r}} = \vec{H}_o e^{j\omega t} e^{-\alpha r} e^{-j\beta r} \tag{18.41}$$

Note que, em relação às Equações (18.17) e (18.18), a unidade imaginária j foi incorporada na parte imaginária do vetor de onda.

Substituindo essas funções na equação de onda, podemos obter uma nova relação de dispersão para a onda eletromagnética. Por exemplo, para o campo elétrico, temos:

$$\begin{aligned} &\nabla^2 \left(\vec{E}_o e^{j\omega t} e^{-\vec{K}\cdot\vec{r}} \right) - \mu\sigma \frac{\partial}{\partial t} \left(\vec{E}_o e^{j\omega t} e^{-\vec{K}\cdot\vec{r}} \right) - \mu\epsilon \frac{\partial^2}{\partial^2 t} \left(\vec{E}_o e^{j\omega t} e^{-\vec{K}\cdot\vec{r}} \right) = 0 \\ &\to \left(K^2 - j\omega\mu\sigma + \omega^2\mu\epsilon \right) \vec{E}_o e^{j\omega t} e^{-\vec{K}\cdot\vec{r}} = 0 \\ &\to K^2 = j\omega\mu\sigma - \omega^2\mu\epsilon \end{aligned} \tag{18.42}$$

A relação final nessa equação nos permite obter as partes real e imaginária do vetor de onda:

$$\begin{aligned} &(\alpha + j\beta)^2 = j\omega\mu\sigma - \omega^2\mu\epsilon \\ &\to \alpha = \frac{\omega\sqrt{\mu\epsilon}}{\sqrt{2}} \sqrt{\left[1 + (\sigma/\omega\epsilon)^2 \right]^{1/2} - 1} \end{aligned} \tag{18.43}$$

$$\to \beta = \frac{\omega\sqrt{\mu\epsilon}}{\sqrt{2}} \sqrt{\left[1 + (\sigma/\omega\epsilon)^2 \right]^{1/2} + 1} \tag{18.44}$$

É interessante neste ponto avaliar os valores de α e β para certas relações entre a condutividade e a permissividade elétrica do meio.

1) Dielétrico perfeito: nesse caso, $\sigma = 0$. Alto vácuo e gases rarefeitos satisfazem razoavelmente essa condição. Esse é o caso já analisado na seção anterior. Temos: $\alpha = 0$, $\beta = \omega/c$ e $K = j\beta$.

2) Bom dielétrico: um meio é considerado bom dielétrico se atende à seguinte relação entre a condutividade e a permissividade elétrica: $\sigma \ll \omega\epsilon$. A condutividade deve ser menor que $\omega\epsilon/10$ para que sejam aceitáveis as seguintes aproximações, em que usamos uma aproximação linear para o binômio $[(1 + x)^n \approx 1 + nx$ se $x \ll 1]$:

$$\alpha \approx \left(\omega\sqrt{\mu\epsilon}/\sqrt{2} \right) \left\{ \left[1 + (1/2)(\sigma/\omega\epsilon)^2 \right] - 1 \right\}^{1/2} = \frac{\sigma}{2}\sqrt{\frac{\mu}{\epsilon}} \tag{18.45}$$

$$\begin{aligned} \beta &\approx \left(\omega\sqrt{\mu\epsilon}/\sqrt{2} \right) \left\{ \left[1 + (1/2)(\sigma/\omega\epsilon)^2 \right] + 1 \right\}^{1/2} \\ &= \omega\sqrt{\mu\epsilon}\sqrt{1 + (1/4)(\sigma/2\omega\epsilon)^2} \\ &\approx \omega\sqrt{\mu\epsilon}\left[1 + (1/8)(\sigma/\omega\epsilon)^2 \right] \\ &= \omega\sqrt{\mu\epsilon} + \sigma^2\sqrt{\mu\epsilon}/8\omega\epsilon^2 \end{aligned} \tag{18.46}$$

Note que a constante de atenuação não depende explicitamente da frequência e geralmente é muito pequena. Por exemplo, para um isolante utilizado em cabos elétricos, como o polietileno, assumindo que a condutividade é 10^{-10} S/m e a permissividade e a permeabilidade são aproximadamente iguais ao vácuo, obtemos uma constante de atenuação da ordem de 10^{-8} Np/m (Neper por metro).

Na equação da constante de fase, o primeiro termo corresponde a um meio não dissipativo. O segundo termo mostra que a constante da fase diminui com o aumento da frequência. Mas essa variação é muito pequena. O quociente do segundo termo pelo primeiro é igual a $(\sigma/\omega\epsilon)^2/8$. No caso do polietileno, esse valor é da ordem de 10^{-3} no caso mais favorável $(\sigma = 10\omega\epsilon)$. Assim, é comum aproximar α e β pelos valores correspondentes ao de um dielétrico perfeito.

3) Bom condutor: um meio é considerado bom condutor se atende à seguinte relação entre a condutividade e a permissividade elétrica: $\sigma >> \omega\epsilon$. Nesse caso, o termo $(\sigma/\omega\epsilon)$ torna-se dominante no radical das Equações (18.43) e (18.44) e as constantes numéricas unitárias podem ser desprezadas:

$$\alpha \approx \sqrt{\frac{\omega\sigma\mu}{2}} \tag{18.47}$$

$$\beta \approx \sqrt{\frac{\omega\sigma\mu}{2}} \tag{18.48}$$

Essa condição geralmente implica uma forte constante de atenuação. Note que as duas constantes são aproximadamente iguais.

Vamos agora discutir os efeitos dessas constantes na propagação da onda eletromagnética. Inicialmente, obtemos a parte real do campo elétrico complexo dado na Equação (18.40). Por exemplo, para uma onda que se propaga na direção e no sentido $z > 0$ com campo elétrico orientado na direção x:

$$\vec{E} = Re\left[\vec{E}_o e^{j\omega t} e^{-\alpha z} e^{-j\beta z}\right] = E_o\, e^{-\alpha z} cos\,(\omega t - \beta z)\, \vec{u}_x \tag{18.49}$$

Essa equação descreve uma onda monofrequencial que se propaga com velocidade $v = \omega/\beta$ e cuja amplitude diminui exponencialmente com a distância percorrida. Esse é um dos efeitos mais importantes, pois a onda perde energia na medida em que se propaga. Isso será discutido em mais detalhes adiante, quando tratarmos do fluxo de potência na onda eletromagnética, mas é simples conceituar que essa potência perdida pela onda é dissipada no meio na forma de calor.

A atenuação de uma onda eletromagnética em um meio dissipativo geralmente é descrita e especificada pela profundidade de penetração (δ) ou pela atenuação

Capítulo 18 – Ondas eletromagnéticas

em *decibéis por metro* (A_{dB}). A profundidade de penetração é a distância percorrida pela onda que corresponde à atenuação para $e^{-1} \approx 0,37$ do valor inicial de sua amplitude. Segundo a Equação (18.49), esse deslocamento é numericamente igual ao inverso da constante de atenuação, ou seja, $\delta = 1/\alpha$. A atenuação especifica o decaimento em *decibéis* da densidade de potência transportada pela onda por unidade de distância percorrida. Embora esse tópico seja devidamente apresentado na próxima seção, a densidade de potência de uma onda eletromagnética é proporcional ao módulo quadrado do campo elétrico (ou do magnético). Assim, temos:

$$A_{dB} = \frac{10}{\delta} Log\left(|E(z)|^2/|E(z+\delta)|^2\right) = 10\alpha Log\left(e^{2\alpha\delta}\right)$$
$$= 8,686\alpha \text{(dB/m)} \tag{18.50}$$

Como exemplo, considere a propagação de ondas eletromagnéticas com frequência de 1 MHz na água com alta concentração iônica. Estipulamos a condutividade da água em 1 S/m e estimamos a permissividade elétrica e a permeabilidade magnética nos valores $80\epsilon_o$ e μ_o, respectivamente. A relação $\sigma/\omega\epsilon \approx 225$ indica que é adequado usar as aproximações dadas nas Equações (18.47) e (18.48) no cálculo de α e β:

$$\alpha \approx \beta \approx \sqrt{\frac{\left(2\pi \times 10^6\right)\left(4\pi \times 10^{-7}\right)(1)}{2}} \approx 1,99 \text{ m}^{-1} \tag{18.51}$$

A profundidade de penetração é $\delta = 1/\alpha \approx 0,5$ m e a atenuação é $A_{dB} = 8,686\alpha \approx 17,22$ dB/m. Isso significa que, ao penetrar nesse meio, a densidade de potência transportada pela onda eletromagnética é atenuada pelo fator $10^{17,22/10}$, ou seja, em cerca de 53 vezes em cada metro de deslocamento. Note também que, nesse caso, $\delta \approx 1/\beta = \lambda/2\pi$, ou seja, ao percorrer uma distância igual ao comprimento de onda ($\lambda = 2\pi/\beta$), os campos diminuem para $e^{-2\pi} \approx 0,19\%$ do valor inicial.

A Figura 18.4 apresenta gráficos das constantes de atenuação e de fase como funções da frequência, para a água com a condutividade deste exemplo, no intervalo de 10^4 Hz a 10^9 Hz. Note que até cerca de 10 MHz as aproximações para bom condutor são válidas, uma vez que α e β são aproximadamente iguais.

Outro efeito importante é a possível dependência da velocidade de fase com a frequência. No caso em que a aproximação por um dielétrico perfeito não seja adequada, a velocidade deve ser obtida da seguinte forma:

$$v = \frac{\omega}{\beta} = \frac{\sqrt{2}}{\sqrt{\mu\epsilon}\sqrt{\left[1 + (\sigma/\omega\epsilon)^2\right]^{1/2} + 1}} \tag{18.52}$$

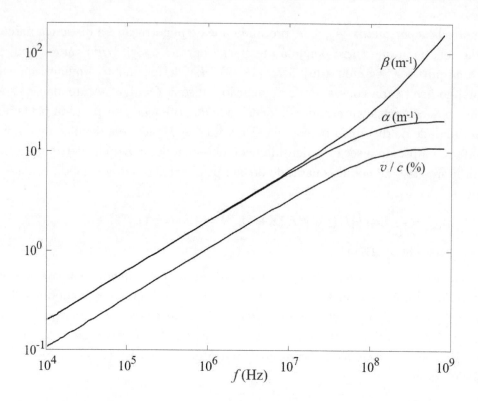

Figura 18.4: Parâmetros de propagação de ondas eletromagnéticas na água com condutividade de 1 S/m no intervalo de frequências de 10^4 Hz a 10^9 Hz.

Inicialmente, note que se $\sigma = 0$ e as constante ϵ e μ não dependerem da frequência, temos exatamente a mesma situação descrita na seção anterior, na qual a velocidade de fase é a mesma para todas as componentes espectrais de uma onda:

$$v = \frac{1}{\sqrt{\mu\epsilon}} \tag{18.53}$$

A velocidade de fase na matéria é menor que no vácuo, uma vez que, devido aos fenômenos da polarização e da magnetização das moléculas, a permissividade e a permeabilidade são maiores que os respectivos valores para o vácuo. Os efeitos dispersivos na polarização e na magnetização da matéria serão estudados em capítulos posteriores e, por isso, consideraremos por enquanto que a permissividade e a permeabilidade são independentes da frequência.

Para um meio condutor, por outro lado, a velocidade de fase é dependente da frequência, conforme mostra a Equação (18.52), e isso resulta em um fenômeno de distorção, pois cada componente espectral de uma onda multifrequencial se

Capítulo 18 – Ondas eletromagnéticas

233

desloca com uma velocidade diferente no espaço. Essa variação contínua da diferença de fase entre as componentes espectrais de uma onda resulta na modificação contínua da sua forma no tempo e no espaço.

A Figura 18.4 mostra a curva de velocidade de fase das ondas eletromagnéticas na água com condutividade de 1 S/m no intervalo de 10^4 Hz a 10^9 Hz. Note que a velocidade aumenta cerca de duas ordens de grandeza nesse intervalo. Além disso, uma vez que o coeficiente de atenuação depende da frequência, ocorre distorção adicional pela atenuação desigual das componentes espectrais da onda. Um modelo simples para descrever a distorção espectral pode ser obtido de maneira similar ao cálculo da resposta ao pulso gaussiano obtida nas Equações (18.33) e (18.35). Contudo, no caso atual, será mais simples se usarmos a transformada de Fourier do pulso descrita em termos da constante de fase.

A frequência e a constante de fase estão relacionadas pela Equação (18.44) e por outras relações derivadas desta, como a Equação (18.46). Uma função que relaciona ω e β em um meio específico é denominada relação de dispersão. A transformada de Fourier do pulso gaussiano como função da constante de fase, em torno de um valor central β_o, pode ser escrita na seguinte forma:

$$E_o\left(\beta\right) = E_m e^{-b(\beta-\beta_o)^2} \tag{18.54}$$

em que b é uma constante relacionada à largura da distribuição espectral, ou seja, quando $\beta = \beta_o \pm 1/\sqrt{b}$, a intensidade da componente é exatamente E_m/e.

Comparando com a Equação (18.33), concluímos que b é proporcional a $1/a$. Assim, quanto maior é a e, portanto, mais concentrado no tempo é o pulso gaussiano, menor é b, ou seja, mais espalhada é a distribuição espectral da onda. Ao escrever essa equação, estamos assumindo que $K_o = \alpha_o + j\beta_o$ é o módulo do vetor de onda central na distribuição espectral da onda. Note que cada componente espectral tem vetor de onda $K = \alpha + j\beta$, amplitude definida pela transformada de Fourier, Equação (18.54), e frequência definida pela relação de dispersão $\omega = F(\beta)$. Se essa função não varia muito intensamente em torno da frequência $\omega_o = F(\beta_o)$, podemos usar sua expansão em série de Taylor limitada ao termo de segunda ordem:

$$\omega - \omega_o \approx \left[\frac{d\omega}{d\beta}\right]_{\beta_o} (\beta - \beta_o) + \left[\frac{1}{2}\frac{d^2\omega}{d\beta^2}\right]_{\beta_o} (\beta - \beta_o)^2 \tag{18.55}$$

O primeiro coeficiente no lado direito é denominado velocidade de grupo. Este termo é numericamente igual à velocidade de fase em um meio não dispersivo, isto é, um meio no qual ω seja proporcional a β. Isso ocorre no vácuo e nos bons dielétricos, nos quais a constante dielétrica seja independente da frequência. Em

234 Análise de sistemas eletromagnéticos

um meio dispersivo, a relação $\omega = F(\beta)$ é não linear e a velocidade de grupo é diferente da velocidade de fase. O segundo termo nessa equação é relevante apenas em meios dispersivos.

Assim, definimos as constantes a seguir:

$$v_g = \left[\frac{d\omega}{d\beta}\right]_{\beta_o} \quad \text{é a velocidade de grupo} \tag{18.56}$$

$$p = \left[\frac{1}{2}\frac{d^2\omega}{d\beta^2}\right]_{\beta_o} \tag{18.57}$$

e substituímos o modelo simplificado de relação de dispersão dado na Equação (18.55) na integral de Fourier para o campo elétrico:

$$\hat{\vec{E}} = E_m e^{-\alpha_o z} \int_{-\infty}^{+\infty} e^{-b(\beta-\beta_o)^2} e^{j\left\{\left[\omega_o + v_g(\beta-\beta_o) + p(\beta-\beta_o)^2\right]t - \beta z\right\}} d\beta \ \vec{u}_E \tag{18.58}$$

em que assumimos, para simplificar os cálculos, que a constante de atenuação não varia significativamente com a frequência em relação ao valor α_o. Podemos usar a substituição de coordenadas $\gamma = \beta - \beta_o$ e organizar os termos da seguinte forma:

$$\hat{\vec{E}} = E_m e^{-\alpha_o z} e^{j(\omega_o t - \beta_o z)} \int_{-\infty}^{+\infty} e^{-\left[(b-jpt)\gamma^2 + j(z-v_g t)\gamma\right]} d\gamma \ \vec{u}_E \tag{18.59}$$

Para resolver essa integral podemos usar novamente a integral definida dada na Equação (18.34), mas precisamos antes completar o binômio quadrático no argumento da função exponencial no integrando:

$$\begin{aligned}(b-jpt)\,\gamma^2 + j\,(z-v_g t)\,\gamma \\ = \left[\sqrt{b-jpt}\,\gamma + \frac{j\,(z-v_g t)}{2\sqrt{b-jpt}}\right]^2 + \frac{(z-v_g t)^2}{4\,(b-jpt)}\end{aligned} \tag{18.60}$$

Com isso, a equação do campo elétrico é obtida na seguinte forma:

$$\hat{\vec{E}} = E_m e^{-\alpha_o z} e^{j(\omega_o t - \beta_o z)} e^{-(z-v_g t)^2/4(b-jpt)} \int_{-\infty}^{+\infty} e^{-\left[\sqrt{b-jpt}\,\gamma + j(z-v_g t)/2\sqrt{b-jpt}\right]^2} d\gamma \vec{u}_E$$

$$= E_m \frac{\sqrt{\pi} e^{-\alpha_o z} e^{-(z-v_g t)^2/4(b-jpt)}}{\sqrt{b-jpt}} e^{j(\omega_o t - \beta_o z)} \vec{u}_E$$

$$\tag{18.61}$$

Capítulo 18 – Ondas eletromagnéticas 235

Esse resultado é equivalente a uma onda de frequência ω_o e constante de fase β_o cujas amplitude e fase inicial se alteram com a posição e o tempo. A amplitude e a fase inicial podem ser separadas na equação anterior, obtendo-se os seguintes resultados:

$$\left|\hat{\vec{E}}\right| = E_m \frac{\sqrt{\pi}e^{-\alpha_o z}e^{-b(z-v_g t)^2/4\left(b^2+p^2 t^2\right)}}{(b^2+p^2 t^2)^{1/4}}$$

$$\theta_o = atg\,(pt/b\,)/2\, - pt(z-v_g t)^2/4\left(b^2+p^2 t^2\right)$$

(18.62)

Comparemos esse resultado com o pulso gaussiano no vácuo obtido na Equação (18.35). No vácuo, o pulso se propaga com a velocidade de grupo igual à velocidade de fase c sem alterar sua largura $(L = c/\sqrt{a})$ e sua amplitude $(2\pi E_m)$. No meio dispersivo, o pulso se propaga com velocidade de grupo v_g, perde intensidade devido aos fatores $e^{-\alpha_o z}$ no numerador e $(b^2+p^2 t^2)^{1/4}$ no denominador e aumenta sua largura de acordo com $L = 2\sqrt{b+p^2 t^2/b}$. Note que se o fator p definido pela Equação (18.57) for nulo, a velocidade de grupo será igual à velocidade de fase e o pulso manterá sua largura e sua amplitude enquanto se propaga. A Figura 18.5 ilustra a atenuação e o alargamento de um pulso gaussiano segundo a Equação (18.61) em um meio dispersivo.

Em meios dissipativos, a impedância característica é afetada pela condutividade e pelas dispersões dielétrica e magnética. A obtenção de uma nova equação para a impedância requer que as etapas realizadas para obter a Equação (18.23) sejam repetidas, mas incluindo a densidade de corrente de condução na lei de Ampère e substituindo jK por K. A seguir será apresentado apenas um resumo, uma vez que o procedimento é essencialmente o mesmo das Equações (18.20) a (18.23). Substituindo as soluções gerais para os campos na lei de Ampère, obtemos:

$$\nabla \times \left(\vec{H}_o e^{j\omega t}e^{-\vec{K}\cdot\vec{r}}\right) = \sigma\vec{E}_o e^{j\omega t}e^{-\vec{K}\cdot\vec{r}} + \epsilon\frac{\partial}{\partial t}\left(\vec{E}_o e^{j\omega t}e^{-\vec{K}\cdot\vec{r}}\right)$$

$$\rightarrow \vec{H}_o \times \vec{K} = (\sigma + j\omega\epsilon)\,\vec{E}_o$$

(18.63)

E, substituindo na lei de Faraday, resulta em:

$$\nabla \times \left(\vec{E}_o e^{j\omega t}e^{-\vec{K}\cdot\vec{r}}\right) = -\mu\frac{\partial}{\partial t}\left(\vec{H}_o e^{j\omega t}e^{-\vec{K}\cdot\vec{r}}\right)$$

$$\rightarrow \vec{K} \times \vec{E}_o = j\omega\mu\vec{H}_o$$

(18.64)

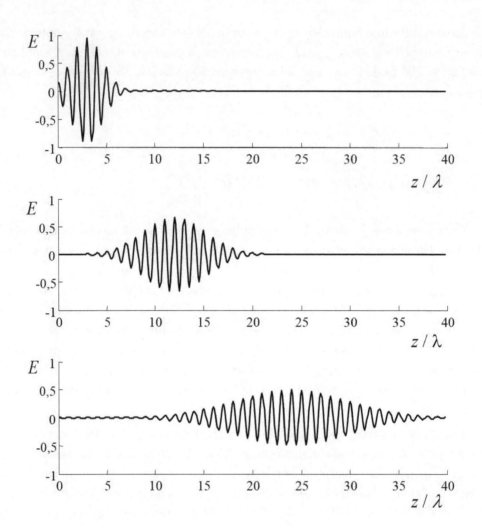

Figura 18.5: Ilustração da atenuação e do alargamento de um pulso gaussiano com amplitude arbitrária, frequência central ω_o e constante de fase β_o em um meio dispersivo.

Combinando essas equações, obtemos uma nova equação para a impedância:

$$Z_o = \frac{E_o}{H_o} = \sqrt{\frac{j\omega\mu}{\sigma + j\omega\epsilon}} = \sqrt{\frac{\mu/\epsilon}{1 - j\sigma/\omega\epsilon}}$$
$$= \frac{\sqrt{\mu/\epsilon}}{\left[1 + (\sigma/\omega\epsilon)^2\right]^{1/4}} e^{j\frac{atg(\sigma/\omega\epsilon)}{2}} \qquad (18.65)$$

Vemos que, em um meio dissipativo, a impedância é complexa e depende da frequência. O campo magnético está atrasado em relação ao elétrico pelo ângulo

Capítulo 18 – Ondas eletromagnéticas   237

$\phi = atg(\sigma/\omega\epsilon)/2$. Como fizemos antes para as componentes real e imaginária do vetor de onda, podemos obter aproximações úteis para a impedância de acordo com a relação entre σ e $\omega\epsilon$.

1) Dielétrico perfeito $(\sigma = 0)$:

$$Z_o = \sqrt{\mu/\epsilon} \tag{18.66}$$

2) Bom dielétrico $(\sigma << \omega\epsilon)$: aplicamos a aproximação para o binômio quadrático no denominador da Equação (18.65) e aproximações usando a fórmula de Euler no termo de fase $exp[jatg(\sigma/\omega\epsilon)/2] \approx (1 + j\sigma/2\omega\epsilon)$:

$$Z_o \approx \sqrt{\mu/\epsilon} \left[1 - (\sigma/2\omega\epsilon)^2\right] (1 + j\sigma/2\omega\epsilon) \tag{18.67}$$

Note que a parte real da impedância é praticamente igual ao termo correspondente para um meio sem perdas. Contudo, existe uma parte imaginária, ou reatância, geralmente muito pequena. A aproximação pela Equação (18.66) é comum nesse caso.

3) Bom condutor $(\sigma >> \omega\epsilon)$:

$$Z_o \approx \sqrt{\frac{j\omega\mu}{\sigma}} = \sqrt{\frac{\omega\mu}{\sigma}} \, e^{j\pi/4} \tag{18.68}$$

A impedância, neste caso, tem partes real e imaginária iguais, aumenta com a frequência, embora geralmente tenha módulo pequeno devido à condutividade no denominador, e a defasagem é aproximadamente constante no valor $\pi/4$. Note que, levando em conta as características da propagação em meios dissipativos, os campos da onda eletromagnética monofrequencial podem ser escritos na seguinte forma (assumindo campo elétrico na direção x e campo magnético na direção y):

$$\hat{\vec{E}} = \vec{E}_o e^{j\omega t} e^{-\vec{K}\cdot\vec{r}} \rightarrow \vec{E} = E_o e^{-\alpha z} cos\,(\omega t - \beta z)\,\vec{u}_x \tag{18.69}$$

$$\hat{\vec{H}} = \frac{E_o}{|Z_o|} e^{j\omega t} e^{-\vec{K}\cdot\vec{r}} e^{-j\phi}\vec{u}_y \rightarrow \vec{H} = \frac{E_o}{|Z_o|} e^{-\alpha z} cos\,(\omega t - \beta z - \phi)\,\vec{u}_y \tag{18.70}$$

em que $\phi = atg(\sigma/\omega\epsilon)/2$ é o ângulo de fase da impedância.

Nas duas últimas seções, a descrição das características de propagação em meios dissipativos não levou em conta explicitamente os efeitos das dispersões dielétrica e magnética. A razão principal é o fato de que os mecanismos de dispersão não foram ainda estudados, o que acontecerá nos capítulos seguintes. Além disso, pretendemos manter os modelos matemáticos e físicos tão simples quanto possível para facilitar a assimilação dos conceitos. Contudo, uma nota de esclarecimento é necessária neste ponto.

238   Análise de sistemas eletromagnéticos

De fato, a dispersão dielétrica torna a permissividade elétrica dependente da frequência e acrescenta as perdas dielétricas no cálculo da potência dissipada no meio. O mesmo acontece em relação à permeabilidade magnética em um meio que apresente dispersão magnética. Antecipando-nos aos estudos detalhados da polarização elétrica e da magnetização dos capítulos seguintes, podemos afirmar que os modelos matemáticos para o vetor de onda, Equação (18.42), e a impedância, Equação (18.65), bem como outras relações na forma complexa entre os campos, são válidos para meios dispersivos, contanto que a permissividade elétrica e a permeabilidade magnética sejam escritas na forma das respectivas grandezas complexas $\epsilon \to (\epsilon' - j\epsilon'')\epsilon_o$ e $\mu \to (\mu' - j\mu'')\mu_o$, de acordo com os mecanismos de dispersão que serão descritos nos capítulos seguintes.

Desse modo, em meios dispersivos, o vetor de onda e a impedância característica são descritos pelas equações a seguir. As partes real e imaginária da permissividade e da permeabilidade podem depender da frequência. No caso de meios não dispersivos, as partes imaginárias podem simplesmente ser anuladas, o que resulta nas expressões já obtidas anteriormente.

$$K = \sqrt{j\omega\mu_o\sigma\left(\mu' - j\mu''\right) - \omega^2\mu_o\epsilon_o\left(\mu' - j\mu''\right)\left(\epsilon' - j\epsilon''\right)} \tag{18.71}$$

$$Z_o = \sqrt{\frac{j\omega\left(\mu' - j\mu''\right)\mu_o}{\sigma + j\omega\left(\epsilon' - j\epsilon''\right)\epsilon_o}} \tag{18.72}$$

18.3   Fluxo de potência em uma onda eletromagnética

A onda eletromagnética transporta energia através do espaço. Para avaliar isso, precisamos desenvolver o teorema da conservação da energia em um sistema eletromagnético, também conhecido como teorema de Poynting. Obteremos inicialmente a densidade de energia eletromagnética como a soma da densidade de energia elétrica, Equação (16.16), com a densidade de energia magnética, Equação (16.29):

$$w = \int_t \vec{E} \cdot d\vec{D} + \int_t \vec{H} \cdot d\vec{B} \tag{18.73}$$

Para que exista conservação de energia, a taxa de diminuição na densidade de energia eletromagnética deve corresponder à quantidade dessa energia por unidade de tempo que se transforma em outras formas de energia, por exemplo, calor, somada à quantidade de energia que flui para fora do volume por unidade

Capítulo 18 – Ondas eletromagnéticas

de tempo:

$$\frac{\partial w}{\partial t} = \vec{E} \cdot \frac{\partial \vec{D}}{\partial t} + \vec{H} \cdot \frac{\partial \vec{B}}{\partial t} \tag{18.74}$$

Usamos agora as equações de Maxwell para substituir as derivadas nessa equação:

$$\begin{aligned}\frac{\partial w}{\partial t} &= \vec{E} \cdot \left[\nabla \times \vec{H} - \vec{j}_c \right] + \vec{H} \cdot \left(-\nabla \times \vec{E} \right) \\ &= -\vec{j}_c \cdot \vec{E} + \nabla \times \vec{H} \cdot \vec{E} - \nabla \times \vec{E} \cdot \vec{H} \\ &= -\vec{j}_c \cdot \vec{E} - \nabla \cdot \left(\vec{E} \times \vec{H} \right)\end{aligned} \tag{18.75}$$

Para obter a última expressão dessa equação, utilizamos a Equação (6.25). O termo $p_{diss} = \vec{j}_c \cdot \vec{E}$ é a potência dissipada por unidade de volume e o termo $\vec{P} = \vec{E} \times \vec{H}$ é denominado vetor de Poynting e tem o significado de densidade de fluxo de potência.

Para apreciar esse conceito e entender adequadamente a conservação de energia, façamos a integração volumétrica em todos os termos da equação anterior, aplicando o teorema de Gauss no último termo:

$$\frac{dW}{dt} = - \int_V p_{diss}\, dV - \oint_S \vec{P} \cdot d\vec{S} \tag{18.76}$$

Essa equação, denominada teorema de Poynting, estabelece que a taxa de variação da energia eletromagnética em um volume depende de dois processos: dissipação de potência nesse volume e fluxo de potência através da superfície limitante desse volume.

Um resultado particular de interesse prático é obtido quando escrevemos a equação anterior na forma de médias temporais para uma onda monofrequencial:

$$\frac{1}{T} \int_0^T \frac{dW}{dt} dt = - \int_V \left(\frac{1}{T} \int_0^T p_{diss} dt \right) dV - \oint_S \left(\frac{1}{T} \int_0^T \vec{P} dt \right) \cdot d\vec{S} \tag{18.77}$$

em que $T = 2\pi/\omega$ é o período da onda. Uma vez que os campos são periódicos, também a densidade de energia e a energia total o são. Assim, é fácil concluir que o termo à esquerda da igualdade é nulo. Nos termos à direita, temos o valor médio da densidade de potência dissipada ($\langle p_{diss} \rangle$) e do vetor de Poynting ($\langle \vec{P} \rangle$) nos integrandos:

$$\oint_S \left\langle \vec{P} \right\rangle \cdot d\vec{S} = - \int_V \langle p_{diss} \rangle\, dV \rightarrow \nabla \cdot \left\langle \vec{P} \right\rangle = - \langle p_{diss} \rangle \tag{18.78}$$

Esse resultado é ilustrado na Figura 18.6 e significa que a densidade de potência transportada pela onda diminui pela transformação da energia eletromagnética em calor (ou eventualmente energia mecânica, energia química, energia luminosa etc.). Os valores médios para uma onda monofrequencial são calculados a seguir.

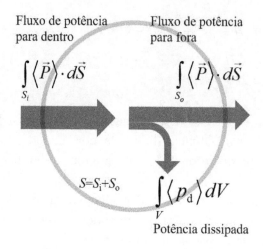

Figura 18.6: Relação entre o fluxo de potência e a potência dissipada segundo o teorema de Poynting.

$$\langle p_{diss} \rangle = \frac{1}{T} \int_0^T \sigma |E|^2 dt = \sigma E_o^2 e^{-2\alpha z} \frac{1}{T} \int_0^T \cos^2(\omega t - \beta z) \, dt \qquad (18.79)$$

$$= \frac{1}{2} \sigma E_o^2 e^{-2\alpha z}$$

$$\langle \vec{P} \rangle = \frac{1}{T} \int_0^T \vec{P} dt = \frac{E_o^2}{|Z_o|} e^{-2\alpha z} \vec{u}_K \frac{1}{T} \int_0^T \cos(\omega t - \beta z) \cos(\omega t - \beta z - \phi) \, dt$$

$$= \frac{E_o^2 e^{-2\alpha z} \cos\phi}{2|Z_o|} \vec{u}_K \qquad (18.80)$$

Na análise da propagação de ondas monofrequenciais, é comum utilizarmos a versão complexa do teorema de Poynting. Para obtê-la devemos utilizar as formas fasoriais das equações de Maxwell. Eliminando o termo comum $e^{j\omega t}$ nas Equações (18.63) e (18.64), obtemos:

$$\nabla \times \dot{\vec{H}} = \sigma \dot{\vec{E}} + j\omega \left(\epsilon' - j\epsilon''\right) \epsilon_o \dot{\vec{E}} = \left(\sigma + \omega \epsilon'' \epsilon_o\right) \dot{\vec{E}} + j\omega \epsilon' \epsilon_o \dot{\vec{E}} \qquad (18.81)$$

Capítulo 18 – Ondas eletromagnéticas 241

$$\nabla \times \dot{\vec{E}} = -j\omega \left(\mu' - j\mu''\right) \mu_o \dot{\vec{H}} = -\omega\mu''\mu_o\dot{\vec{H}} - j\omega\mu'\mu_o\dot{\vec{H}} \tag{18.82}$$

em que utilizamos as formas complexas $\epsilon = (\epsilon' - j\epsilon'')\epsilon_o$ e $\mu = (\mu' - j\mu'')\mu_o$ para a permissividade elétrica e a permeabilidade magnética do meio, respectivamente. A parte imaginária nessas constantes descreve a dissipação de potência nos processos de polarização e magnetização das moléculas do material. Essas e outras questões relacionadas às propriedades eletromagnéticas da matéria serão abordadas nos próximos capítulos.

Os fasores de campo são descritos pelas expressões a seguir:

$$\dot{\vec{E}} = \vec{E}_o e^{-\vec{K}\cdot\vec{r}} \tag{18.83}$$

$$\dot{\vec{H}} = \vec{H}_o e^{-\vec{K}\cdot\vec{r}} \tag{18.84}$$

Agora, transformamos a Equação (18.81) para a forma conjugada e multiplicamos pelo fasor de campo elétrico:

$$\nabla \times \dot{\vec{H}}^* \cdot \dot{\vec{E}} = \left(\sigma + \omega\epsilon''\epsilon_o\right) \left|\dot{\vec{E}}\right|^2 - j\omega\epsilon'\epsilon_o\left|\dot{\vec{E}}\right|^2 \tag{18.85}$$

Então, multiplicamos a Equação (18.82) pelo conjugado do fasor de campo magnético:

$$\nabla \times \dot{\vec{E}} \cdot \dot{\vec{H}}^* = -\omega\mu''\mu_o\left|\dot{\vec{H}}\right|^2 - j\omega\mu'\mu_o\left|\dot{\vec{H}}\right|^2 \tag{18.86}$$

e subtraímos as duas últimas equações para obter:

$$\begin{aligned}
\nabla \times \dot{\vec{E}} \cdot \dot{\vec{H}}^* &- \nabla \times \dot{\vec{H}}^* \cdot \dot{\vec{E}} \\
&= -\left(\sigma + \omega\epsilon''\epsilon_o\right)\left|\dot{\vec{E}}\right|^2 - \omega\mu''\mu_o\left|\dot{\vec{H}}\right|^2 + j\omega\epsilon'\epsilon_o\left|\dot{\vec{E}}\right|^2 - j\omega\mu'\mu_o\left|\dot{\vec{H}}\right|^2
\end{aligned} \tag{18.87}$$

Utilizando novamente a Equação (6.25) e multiplicando todos os termos por $1/2$, obtemos o teorema de Poynting complexo:

$$\begin{aligned}
\nabla \cdot \left(\frac{1}{2}\dot{\vec{E}} \times \dot{\vec{H}}^*\right) &= -\frac{1}{2}\sigma\left|\dot{\vec{E}}\right|^2 - \frac{1}{2}\omega\epsilon''\epsilon_o\left|\dot{\vec{E}}\right|^2 - \frac{1}{2}\omega\mu''\mu_o\left|\dot{\vec{H}}\right|^2 \\
&\quad - j2\omega\left(\frac{1}{4}\mu'\mu_o\left|\dot{\vec{H}}\right|^2 - \frac{1}{4}\epsilon'\epsilon_o\left|\dot{\vec{E}}\right|^2\right)
\end{aligned} \tag{18.88}$$

em que o termo entre parênteses no lado esquerdo é o vetor de Poynting complexo:

$$\hat{P} = \frac{1}{2}\dot{\vec{E}} \times \dot{\vec{H}}^* \tag{18.89}$$

cuja parte real é igual ao vetor de Poynting médio obtido na Equação (18.80).

242   Análise de sistemas eletromagnéticos

Os três primeiros termos no lado direito da Equação (18.88) são os valores médios das densidades de potência dissipadas na condução, na polarização elétrica e na magnetização, respectivamente:

$$\langle p_{diss}\rangle = \frac{1}{2}\sigma\left|\dot{E}\right|^2 + \frac{1}{2}\omega\epsilon''\epsilon_o\left|\dot{E}\right|^2 + \frac{1}{2}\omega\mu''\mu_o\left|\dot{H}\right|^2 \tag{18.90}$$

E no termo restante à direita surgem as expressões dos valores médios da energia elétrica e da energia magnética:

$$\langle w_e\rangle = \frac{1}{4}\epsilon'\epsilon_o\left|\dot{E}\right|^2 \tag{18.91}$$

$$\langle w_m\rangle = \frac{1}{4}\mu'\mu_o\left|\dot{H}\right|^2 \tag{18.92}$$

Assim, o teorema de Poynting na forma complexa pode ser reescrito nas seguintes formas:

$$\nabla \cdot \hat{\vec{P}} = -\langle p_{diss}\rangle - j2\omega\left(\langle w_m\rangle - \langle w_e\rangle\right) \tag{18.93}$$

$$\nabla \cdot \vec{P}_a = \nabla \cdot \left\langle\vec{P}\right\rangle = -\langle p_{diss}\rangle \tag{18.94}$$

$$\nabla \cdot \vec{P}_r = -2\omega\left(\langle w_m\rangle - \langle w_e\rangle\right) \tag{18.95}$$

em que $\vec{P}_a$ e $\vec{P}_r$ são as densidades dos fluxos de potência ativa e reativa transportados pela onda eletromagnética.

A potência ativa diz respeito à parcela de energia trasportada que pode se transformar em outras formas de energia. A Equação (18.94) descreve o efeito de redução no fluxo de potência ativa devido à dissipação, ou seja, transferência para as moléculas do meio, na forma de energia cinética de translação, vibração e rotação (perdas na condução, na polarização e na magnetização). A potência reativa está relacionada com a variação no tempo das energias elétrica e magnética armazenadas no espaço. A Equação (18.95) descreve como a onda eletromagnética acopla energia na polarização e na magnetização das moléculas do meio.

Pode-se verificar que, em um meio não dissipativo e longe da fonte emissora, a onda eletromagnética tem vetor de Poynting real com divergente nulo. Isso ocorre porque $\langle p_{diss}\rangle = 0$ e $\langle w_e\rangle = \langle w_m\rangle$. Note que, segundo as Equações (18.91) e (18.92), as densidades de energia são iguais quando for válida a seguinte relação entre os fasores de campo:

$$\frac{\dot{E}}{\dot{H}} = \sqrt{\frac{\mu'}{\epsilon'}} \tag{18.96}$$

Capítulo 18 – Ondas eletromagnéticas 243

que corresponde ao modelo de impedância no espaço homogêneo, isotrópico e não dissipativo. Sabemos pelo exposto anteriormente que apenas ondas transversais se propagam no espaço homogêneo e isotrópico. Tendo isso em mente, podemos afirmar que nas demais situações, ou seja, meios dissipativos, não homogêneos ou anisotrópicos, a onda eletromagnética apresenta vetor de Poynting reativo cujo divergente é determinado pela taxa de variação da energia eletromagnética segundo a Equação (18.95).

A esse respeito, uma situação particular de grande interesse é o que ocorre nas vizinhanças de um elemento irradiador, como uma antena. Nesse caso, a onda eletromagnética é não transversal e seus campos não seguem a relação da Equação (18.96). Devido a isso, a onda eletromagnética irradiada transporta potência reativa, que é armazenada no espaço em torno da antena. Isso determina um comportamento reativo da impedância do irradiador, como será discutido em capítulo posterior a respeito das características das antenas.

Como exemplo, considere uma onda eletromagnética cujos fasores de campo são descritos pelas Equações (18.83) e (18.84) se propagando com vetor de onda descrito por:

$$
\begin{aligned}
\vec{K} &= (\alpha + j\beta)\,\vec{u}_K \\
&= (\alpha_x + j\beta_x)\,\vec{u}_x + (\alpha_y + j\beta_y)\,\vec{u}_y + (\alpha_z + j\beta_z)\,\vec{u}_z \\
&= (\alpha_x\vec{u}_x + \alpha_y\vec{u}_y + \alpha_z\vec{u}_z) + j\,(\beta_x\vec{u}_x + \beta_y\vec{u}_y + \beta_z\vec{u}_z)
\end{aligned}
\tag{18.97}
$$

A densidade do fluxo de potência na direção de propagação da onda é dada pelo vetor de Poynting:

$$
\begin{aligned}
\hat{\vec{P}} &= \frac{1}{2}\left(\vec{E}_o e^{-\vec{K}\cdot\vec{r}}\right) \times \left(\vec{H}_o e^{-\vec{K}\cdot\vec{r}}\right)^{*} \\
&= \frac{E_o E_o^{*}}{2\,|Z_o|\,e^{-j\phi}}\,e^{-(\vec{K}+\vec{K}^{*})\cdot\vec{r}}\,\vec{u}_K \\
&= \frac{E_o^{2}}{2\,|Z_o|}\,e^{-2(\alpha_x x + \alpha_y y + \alpha_z z)}\,e^{j\phi}\,\vec{u}_K
\end{aligned}
\tag{18.98}
$$

Para maior simplicidade matemática, assumiremos que α_x, α_y e α_z são constantes. Observe que isso não caracteriza um meio isotrópico, uma vez que nesse caso, devemos ter $\vec{\alpha}\cdot\Delta\vec{r}$ independente dos ângulos de direção. Adicionalmente, note que para ter sentido físico, os termos $\alpha_x\Delta x$, $\alpha_y\Delta y$ e $\alpha_z\Delta z$ devem ser positivos. Para evitar preocupação com os sinais no argumento da função exponencial, nos restringiremos ao subespaço com $x, y, z \geq 0$. A densidade do fluxo de potência que atravessa o plano $z = z_o$ é dada pela projeção do vetor de Poynting na direção

$\vec{u}_z$:

$$\hat{P}_z = \frac{E_o^2}{2\,|Z_o|}e^{-2(\alpha_x x + \alpha_y y + \alpha_z z_o)}e^{j\phi}\vec{u}_K \cdot \vec{u}_z$$

$$= \frac{E_o^2}{2\,|Z_o|}e^{-2(\alpha_x x + \alpha_y y + \alpha_z z_o)}e^{j\phi}cos\theta_z \tag{18.99}$$

em que x, y e z são coordenadas de uma posição sobre o plano $z = z_o$ e θ_z é o ângulo de direção do vetor de onda em relação ao eixo z. De modo análogo, nos planos $x = x_o$ e $y = y_o$, obtemos as densidades dos fluxos de potência:

$$\hat{P}_x = \frac{E_o^2}{2\,|Z_o|}e^{-2(\alpha_x x_o + \alpha_y y + \alpha_z z)}e^{j\phi}cos\theta_x \tag{18.100}$$

$$\hat{P}_y = \frac{E_o^2}{2\,|Z_o|}e^{-2(\alpha_x x + \alpha_y y_o + \alpha_z z)}e^{j\phi}cos\theta_y \tag{18.101}$$

Assim, a potência total através de uma área com arestas l_x e l_y em torno da posição (x_o, y_o, z_o) é dada por:

$$\int_{S_z} \hat{P}_z dxdy = \frac{E_o^2\,e^{j\phi}}{2\,|Z_o|}cos\theta_z\,e^{-2\alpha_z z_o}\left[\int_{y_o - l_y/2}^{y_o + l_y/2} e^{-2\alpha_y y}dy\right]\left[\int_{x_o - l_x/2}^{x_o + l_x/2} e^{-2\alpha_x x}dx\right]$$

$$= \left(\frac{E_o^2\,e^{j\phi}}{2\,|Z_o|}\right)\frac{e^{-2(\alpha_x x_o + \alpha_y y_o + \alpha_z z_o)}cos\theta_z\,senh\,(\alpha_x l_x)\,senh(\alpha_y l_y)}{\alpha_x \alpha_y} \tag{18.102}$$

Para os planos x e y obtemos expressões equivalentes.

Com base nesse resultado, calculamos o fluxo total de potência através das paredes de um paralelepípedo de arestas l_x, l_y e l_z centralizado em (x_o, y_o, z_o). A contribuição das faces perpendiculares à direção z é obtida a seguir:

$$\int_{S_{z1}+S_{z2}} \hat{P}_z dxdy = \left(\frac{E_o^2\,e^{j\phi}}{2\,|Z_o|}\right)\frac{e^{-2(\alpha_x x_o + \alpha_y y_o)}cos\theta_z\,senh(\alpha_y l_y)senh\,(\alpha_x l_x)}{\alpha_x \alpha_y}$$

$$\left(e^{-2\alpha_z(z_o + l_z/2)} - e^{-2\alpha_z(z_o - l_z/2)}\right)$$

$$= -\left(\frac{E_o^2\,e^{j\phi}}{|Z_o|}\right)\frac{e^{-2(\alpha_x x_o + \alpha_y y_o + \alpha_z z_o)}cos\theta_z\,senh\,(\alpha_x l_x)\,senh(\alpha_y l_y)senh(\alpha_z l_z)}{\alpha_x \alpha_y} \tag{18.103}$$

E expressões equivalentes são obtidas nas demais direções.

Capítulo 18 – Ondas eletromagnéticas

Somando todas as contribuições, obtemos a potência dissipada no volume do paralelepípedo, de acordo com a Equação (18.94):

$$\langle P_{diss} \rangle = \left(\frac{E_o^2 \cos\phi}{|Z_o|} \right) e^{-2(\alpha_x x_o + \alpha_y y_o + \alpha_z z_o)}$$

$$senh\,(\alpha_x l_x)\,senh(\alpha_y l_y)senh(\alpha_z l_z) \left(\frac{cos\theta_x}{\alpha_y \alpha_z} + \frac{cos\theta_y}{\alpha_x \alpha_z} + \frac{cos\theta_z}{\alpha_x \alpha_y} \right) \tag{18.104}$$

Agora, considere que o volume de interesse seja uma esfera de raio R com centro em (x_o, y_o, z_o). Podemos descrever uma posição na sua superfície como a soma do vetor de posição do centro $\vec{r}_o$ com o vetor $\vec{r}'$ (cujo módulo é R) do centro para a superfície. Com isso, o fluxo de potência pode ser calculado por meio da integral de fluxo do vetor de Poynting dado na Equação (18.98), em que o argumento do termo exponencial pode ser assim escrito:

$$\left(\vec{K} + \vec{K}^* \right) \cdot \left(\vec{r}_o + \vec{r}' \right) = 2 \left(\alpha_x \vec{u}_x + \alpha_y \vec{u}_y + \alpha_z \vec{u}_z \right) \cdot \left(x_o \vec{u}_x + y_o \vec{u}_y + z_o \vec{u}_z + R\vec{u}_{r'} \right)$$

$$= 2 \left(\alpha_x x_o + \alpha_y y_o + \alpha_z z_o + \alpha \vec{u}_K \cdot R\vec{u}_{r'} \right)$$

$$= 2 \left(\alpha_x x_o + \alpha_y y_o + \alpha_z z_o \right) + 2\alpha R cos\theta \tag{18.105}$$

em que $\alpha = \sqrt{\alpha_x{}^2 + \alpha_y{}^2 + \alpha_z{}^2}$ e θ é o ângulo entre o vetor de posição $\vec{r}'$ e o vetor de onda.

Com isso, a potência dissipada no interior da esfera é obtida segundo a Equação (18.94):

$$\langle P_{diss} \rangle = -Re \left[\oint_S \hat{P}dS \left(\vec{u}_K \cdot \vec{u}_{r'} \right) \right]$$

$$= -\frac{E_o^2 \cos\phi}{2|Z_o|} e^{-2(\alpha_x x_o + \alpha_y y_o + \alpha_z z_o)} \int_0^{2\pi} \int_0^{\pi} e^{-2\alpha R cos\theta} \left(R^2 sen\theta d\theta d\phi \right) cos\theta \tag{18.106}$$

$$= -\frac{E_o^2 \cos\phi}{|Z_o|} e^{-2(\alpha_x x_o + \alpha_y y_o + \alpha_z z_o)} \pi R^2 \int_0^{\pi} e^{-2\alpha R cos\theta} cos\theta sen\theta d\theta$$

$$= \frac{E_o^2 \pi R cos\phi}{|Z_o| \alpha} e^{-2(\alpha_x x_o + \alpha_y y_o + \alpha_z z_o)} \left[cosh\,(2\alpha R) - \frac{1}{2\alpha R} senh\,(2\alpha R) \right]$$

18.4   Questões

18.1) Considere a equação a seguir para o campo elétrico de uma onda eletromagnética em um meio linear, homogêneo, isotrópico e não magnético ($\mu = \mu_o$).

246 Análise de sistemas eletromagnéticos

Calcule: (a) a condutividade e a constante dielétrica do meio; (b) a velocidade de propagação da onda; (c) a impedância do meio; e (d) escreva a equação do campo magnético.

$$\hat{\vec{E}} = 252 \ (V/m \ ) \ e^{j6,5\times10^8 t} e^{-(0,22+j3,3)z} \vec{u}_x \qquad (18.107)$$

18.2) Verifique quais são as combinações de sinais nas equações a seguir que corretamente descrevem os campos de uma onda eletromagnética.

$$\vec{E} = \pm E_o \, e^{\pm\alpha z} cos \, (\omega t \pm \beta z) \, \vec{u}_x$$
$$\vec{H} = \pm \frac{E_o}{|Z_o|} \, e^{\pm\alpha z} cos \, (\omega t \pm \beta z \pm \phi) \, \vec{u}_y \qquad (18.108)$$

18.3) A Tabela 18.1 mostra valores típicos de constantes eletromagnéticas de alguns materiais. Calcule, usando as aproximações adequadas, as constantes de atenuação e de fase e a impedância nas frequências 100 Hz, 10 kHz, 1 MHz e 100 MHz.

18.4) Mostre que em um meio bom dielétrico ($\sigma << \omega\epsilon$) a relação de dispersão pode ser escrita na seguinte forma:

$$\omega = \sqrt{(\beta/\sqrt{\mu\epsilon} \ )^2 - (\sigma/2\epsilon \ )^2} \qquad (18.109)$$

18.5) Use o resultado anterior para obter a relação entre a velocidade de grupo e a velocidade de fase (v_g/v) e a velocidade de variação da largura de pulso dL/dt ($L = 2\sqrt{b + p^2 t^2/b}$) para uma onda na forma de pulso gaussiano.

18.6) Considere uma onda eletromagnética se propagando na direção dada pelo vetor unitário $\vec{u}_K = (2/3)\vec{u}_x + (1/3)\vec{u}_y + (2/3)\vec{u}_z$ em um meio com atenuação de 1 dB/m em cada uma das direções do sistema de coordenadas. Assumindo que a densidade de potência ativa transportada pela onda na origem do sistema de coordenadas é 100 W/m^2, calcule a potência dissipada em uma região cúbica com volume de 1 m^3 centrada na posição: $x_o = 10$ m, $y_o = 5$ m, $z_o = 3$ m. Repita para uma esfera de mesmo volume e mesma posição no espaço.

18.7) Considere a propagação de uma onda eletromagnética de frequência 100 MHz em um meio não magnético com constante dielétrica dada por $(15 - j23)$. Calcule a atenuação e a velocidade de fase. Se a onda têm amplitude de campo elétrico de 1000 V/m na origem do sistema de coordenadas, calcule todos os termos e escreva as expressões completas dos campos elétrico e magnético no domínio do tempo assumindo a propagação na direção e no sentido $z > 0$.

18.8) Demonstre as Equações (18.43) e (18.44) para as constantes α e β de uma onda eletromagnética em função das propriedades eletromagnéticas e da

Capítulo 18 – Ondas eletromagnéticas

247

frequência.

18.9) Mostre que, para uma onda eletromagnética no espaço livre, os vetores de campo são perpendiculares entre si e ambos são perpendiculares à direção de propagação.

18.10) Obtenha a expressão geral da impedância característica de um meio e as aproximações para bons isolantes e bons condutores.

18.11) Obtenha as constantes α e β, o módulo e a fase da impedância no caso de um meio que apresenta dispersões dielétrica e magnética conforme as Equações (18.71) e (18.72).

18.12) Considere um meio não magnético no qual $\sigma << \omega\epsilon$. Mostre que a atenuação, a velocidade de fase e a velocidade de grupo são dadas pelas expressões a seguir.

$$A = 1,6365 \times 10^3 \frac{\sigma}{\sqrt{\epsilon_r}} \text{ (dB/m)} \tag{18.110}$$

$$v = v_g = \frac{3 \times 10^8}{\sqrt{\epsilon_r}} \text{ (m/s)} \tag{18.111}$$

18.13) Considere um meio não magnético no qual $\sigma >> \omega\epsilon$. Mostre que a atenuação, a velocidade de fase e a velocidade de grupo são dadas pelas expressões a seguir.

$$A = 0,0173 \sqrt{f\sigma} \text{ (dB/m)} \tag{18.112}$$

$$v = 3,1623 \times 10^3 \sqrt{\frac{f}{\sigma}} \text{ (m/s)} \tag{18.113}$$

$$v_g = 6,3246 \times 10^3 \sqrt{\frac{f}{\sigma}} \text{ (m/s)} \tag{18.114}$$

Tabela 18.1: Valores típicos de constantes eletromagnéticas para alguns materiais selecionados.

Material	σ (S/m)	ϵ_r	u_r
Ar	0	1	1
Água destilada	10^{-5}	80	1
Água do mar	4	80	1
Cobre	$5,8 \times 10^7$	1	1
Ferro	1×10^7	1	1000

Capítulo 19

Ondas eletromagnéticas em interfaces

19.1 Polarização da onda eletromagnética

Este capítulo trata de fenômenos que ocorrem na propagação de ondas eletromagnéticas em meios não homogêneos, mais especificamente quando uma onda incide na interface entre dois materiais com diferentes propriedades eletromagnéticas. Serão estudados os modelos matemáticos e as consequências da reflexão, da refração e da difração. Inicialmente, contudo, precisamos definir um termo muito importante neste estudo: a polarização da onda eletromagnética, um conceito usado para definir a orientação espacial dos vetores de campo.

Uma onda transversal (TEM) tem seus vetores orientados perpendicularmente à direção de propagação. Mas, a direção dos vetores de campo na frente de onda não é única e, assim, existem algumas possibilidades de polarização diferentes, conforme mostra a Figura 19.1. A polarização de uma onda eletromagnética é especificada pela direção de seu vetor de campo elétrico.

Quando os campos estão orientados todo o tempo em uma única direção, chamamos de polarização linear. Em virtude das referências usuais com as direções vertical e horizontal em sistemas de transmissão por ondas de rádio, é muito comum encontrarmos as especificações de onda com polarização vertical, quando o campo elétrico está sempre orientado na direção vertical, ou onda com polarização horizontal, se o campo elétrico está orientado sempre na direção horizontal. Ambos os casos se referem à polarização linear.

Quando os vetores de campo mudam ciclicamente de direção na frente de onda, temos o caso geral de polarização elíptica. Um caso particular muito im-

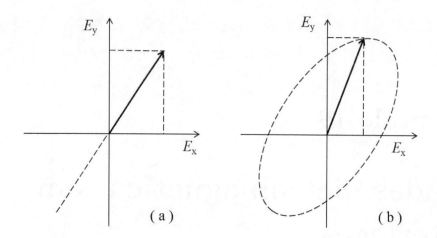

Figura 19.1: Tipos de polarização da onda eletromagnética. (a) Polarização linear; (b) polarização elíptica.

portante da polarização elíptica é a polarização circular, na qual o vetor de campo elétrico tem sempre o mesmo módulo, mas sua direção gira com velocidade angular igual à frequência angular da onda e com sentido horário ou anti-horário no plano da frente de onda.

O caso geral de polarização linear pode ser descrito pela superposição de duas ondas de mesma frequência e fase com seus campos orientados em direções perpendiculares. A onda resultante é então descrita pela seguinte equação:

$$\vec{E} = E_o \left(\cos\theta \, \vec{u}_x + sen\theta \, \vec{u}_y \right) cos(\omega t - \beta z) \tag{19.1}$$

em que θ é o ângulo de direção do campo em relação ao eixo x.

Se as ondas que se superpõem em quadratura estiverem defasadas, o vetor resultante não terá uma direção única e a polarização será elíptica. Podemos descrever a trajetória do vetor campo elétrico pelo lugar geométrico da sua extremidade em relação à origem em um sistema de coordenadas no plano da frente de onda. Considerando que o campo na direção y está adiantado δ radianos em relação ao campo na direção x, temos:

$$E_x = E_{xo} cos(\omega t - \beta z) \tag{19.2}$$

$$\begin{aligned} E_y &= E_{yo} cos(\omega t - \beta z + \delta) \\ &= E_{yo} \left[cos(\omega t - \beta z) cos\delta - sen(\omega t - \beta z) sen\delta \right] \end{aligned} \tag{19.3}$$

Capítulo 19 – Ondas eletromagnéticas em interfaces 251

Podemos escrever $cos(\omega t - \beta z)$ e $sen(\omega t - \beta z)$ como funções de E_x/E_{xo} e substituir na expressão do campo E_y. Com isso, obtemos:

$$\frac{E_x^2}{E_{xo}^2\,sen^2\delta} + \frac{E_y^2}{E_{yo}^2\,sen^2\delta} - \frac{2\,cos\delta}{E_{xo}\,E_{yo}\,sen^2\delta}E_x E_y = 1 \tag{19.4}$$

Essa é a equação de uma elipse no plano dos vetores ortogonais $\vec{E}_x$ e $\vec{E}_y$.

No caso em que $\delta = \pm\pi/2$, temos:

$$\frac{E_x^2}{E_{xo}^2} + \frac{E_y^2}{E_{yo}^2} = 1 \tag{19.5}$$

que é uma elipse com seus eixos coincidindo com as direções x e y. Se $E_{xo} = E_{yo}$ temos o caso particular de polarização circular.

O sinal do ângulo de defasagem determina o sentido de rotação do vetor campo elétrico total da onda, como mostra a Figura 19.2. Para $\delta > 0$, o campo gira no sentido horário (polarização circular esquerda) para um observador que vê a frente de onda se aproximar. Para $\delta < 0$, o campo gira no sentido anti-horário (polarização circular direita).

Se a defasagem entre as componentes ortogonais é diferente de $\pi/2$, a elipse terá seus eixos não coincidentes com as direções x e y. Alguns exemplos são dados na Figura 19.3.

19.2 Reflexão e transmissão com incidência normal

Do ponto de vista eletromagnético, uma interface é caracterizada por uma variação espacial abrupta de uma ou mais propriedades (σ, ϵ, μ), o que resulta na variação abrupta da impedância do meio de propagação da onda eletromagnética. No Capítulo 12, foram obtidas as relações de continuidade dos campos elétrico e magnético em uma interface, e uma das principais conclusões foi a seguinte: em qualquer interface, as componentes paralelas dos campos $\vec{E}$ e $\vec{H}$ são contínuas, ou seja, os campos paralelos são iguais em ambos os lados da interface:

$$E_{1p} = E_{2p} \tag{19.6}$$

$$H_{1p} = H_{2p} \tag{19.7}$$

Considere o esquema mostrado na Figura 19.4. Uma onda eletromagnética incide na interface, resultando em uma onda refletida e outra transmitida. Inicialmente, analisaremos o caso mais simples de incidência perpendicular, ou seja, quando o vetor de onda está orientado na direção normal à interface. Nesse

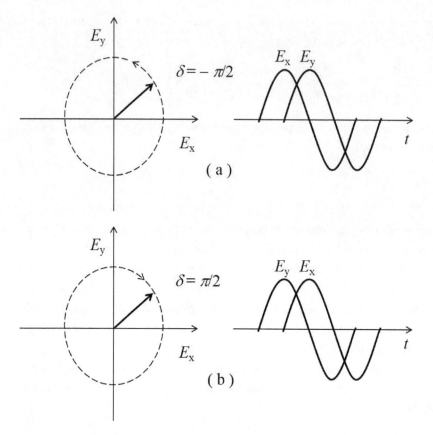

Figura 19.2: Sentido de rotação na polarização circular: (a) Polarização circular direita; (b) polarização circular esquerda.

caso, os campos são paralelos à interface e as equações anteriores são aplicadas diretamente aos campos totais em ambos os lados:

$$\dot{E}_i + \dot{E}_r = \dot{E}_t \tag{19.8}$$

$$\dot{H}_i - \dot{H}_r = \dot{H}_t \tag{19.9}$$

Note que o campo magnético refletido foi definido com sentido contrário ao campo magnético incidente a fim de resultar no vetor de onda refletido com sentido contrário ao vetor de onda incidente.

Na forma fasorial utilizada nas equações anteriores, cada componente do campo magnético está relacionada à correspondente componente de campo elétrico pela impedância do meio. Assim, a Equação (19.9) pode ser reescrita na seguinte forma:

$$\left(\dot{E}_i - \dot{E}_r\right)/Z_1 = \dot{E}_t/Z_2 \tag{19.10}$$

Capítulo 19 – Ondas eletromagnéticas em interfaces

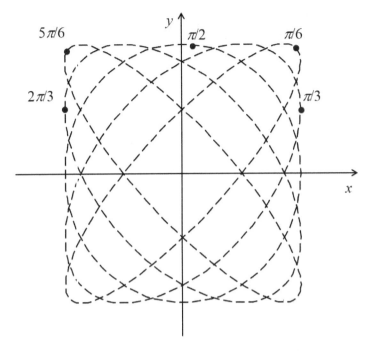

Figura 19.3: Casos de polarização elíptica com campos de mesma amplitude.

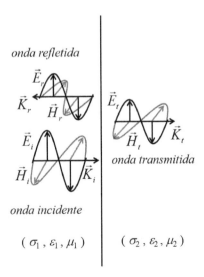

Figura 19.4: Ilustração para análise da reflexão e da transmissão em uma interface com incidência normal.

Resolvendo as Equações (19.8) e (19.10), obtemos as intensidades dos campos refletido e transmitido como funções da intensidade do campo incidente. Os coeficientes de proporcionalidade $\dot{E}_r/\dot{E}_i$ e $\dot{E}_t/\dot{E}_i$ são denominados coeficientes de reflexão (r) e de transmissão (t), respectivamente. Também são denominados genericamente coeficientes de Fresnel:

$$r = \frac{\dot{E}_r}{\dot{E}_i} = \frac{Z_2 - Z_1}{Z_1 + Z_2} \tag{19.11}$$

$$t = \frac{\dot{E}_t}{\dot{E}_i} = \frac{2Z_2}{Z_1 + Z_2} \tag{19.12}$$

Como exemplo, considere a incidência normal de uma onda plana na interface do ar com a água do mar ($\sigma = 4$ S/m, $\epsilon_r = 80$). As impedâncias são calculadas com a Equação (18.65). Se a frequência da onda é 100 MHz, as impedâncias desses meios são: $Z_1 = 376,8\ \Omega$ e $Z_2 = 10,44 + j9,34\ \Omega$ e os coeficientes de Fresnel são obtidos a seguir:

$$r = \frac{10,44 + j9,34 - 376,8}{10,44 + j9,34 + 376,8} = -0{,}945 + j0{,}047 = 0{,}946\,e^{j3,092} \tag{19.13}$$

$$t = \frac{2\,(10,44 + j9,34)}{10,44 + j9,34 + 376,8} = 0{,}055 + j0{,}047 = 0{,}072\,e^{j0,706} \tag{19.14}$$

Isso significa que a onda refletida tem aproximadamente 95% da intensidade da onda incidente e está adiantada 177°. A onda transmitida tem $7,2\%$ da intensidade da onda incidente e está adiantada aproximadamente 40°. Usando os coeficientes de Fresnel, podemos calcular as frações da densidade de potência incidente que se refletem e se transmitem na interface:

$$\frac{P_r}{P_i} = \frac{\left|\dot{E}_r\right|^2 cos\phi_1/2\,|Z_1|}{\left|\dot{E}_i\right|^2 cos\phi_1/2\,|Z_1|} = |r|^2 = 0{,}895 \tag{19.15}$$

$$\frac{P_t}{P_i} = \frac{\left|\dot{E}_t\right|^2 cos\phi_2/2\,|Z_2|}{\left|\dot{E}_i\right|^2 cos\phi_1/2\,|Z_1|} = \frac{|Z_1|\,cos\phi_2}{|Z_2|\,cos\phi_1}|t|^2 = 0{,}105 \tag{19.16}$$

Note que cerca de 90% da potência incidente é refletida e apenas 10% é transmitida.

A superposição das ondas incidente e refletida no meio 1 produz o fenômeno conhecido como onda estacionária. Para descrevê-lo em termos simples, consideremos que a origem do sistema de coordenadas está posicionada na própria

Capítulo 19 – Ondas eletromagnéticas em interfaces

interface e que o meio 1 é não dissipativo. Assim, o campo elétrico total no meio 1 pode ser escrito na seguinte forma:

$$
\begin{aligned}
\dot{E} &= E_o e^{-j\beta z} + r E_o e^{j\beta z} = E_o \left(e^{-j\beta z} + |r|\, e^{j\xi} e^{j\beta z} \right) \\
&= E_o e^{j\xi/2} \left[e^{-j(\beta z + \xi/2)} + |r|\, e^{j(\beta z + \xi/2)} \right] \\
&= E_o e^{j\xi/2} \left[(1 + |r|)\cos(\beta z + \xi/2) - j(1 - |r|)\,sen(\beta z + \xi/2) \right]
\end{aligned}
\tag{19.17}
$$

em que ξ é o ângulo polar do coeficiente de reflexão.

A amplitude do campo elétrico total depende da distância à interface. Para verificar isso, obtemos o módulo do campo elétrico na seguinte forma:

$$
\left| \dot{E} \right| = E_o \sqrt{(1 + |r|)^2 cos^2(\beta z + \xi/2) + (1 - |r|)^2 sen^2(\beta z + \xi/2)}
\tag{19.18}
$$

A Figura 19.5 apresenta a distribuição espacial de intensidade da onda para diversos valores do coeficiente de reflexão. Note as seguintes características gerais: a intensidade do campo elétrico oscila entre valores máximos e mínimos que se repetem periodicamente com metade do comprimento de onda ($\lambda/2$); entre máximos e mínimos sucessivos a distância é de um quarto do comprimento de onda ($\lambda/4$); quando a posição z é tal que $\beta z + \xi/2$ tem valor nulo ou múltiplo de π radianos, o campo elétrico tem amplitude máxima dada por $E_{max} = (1 + |r|)E_o$; quando a posição z é tal que $\beta z + \xi/2$ tem valor múltiplo ímpar de $\pi/2$ radianos, o campo elétrico tem amplitude mínima dada por $E_{min} = (1 - |r|)E_o$.

Note que, se o coeficiente de reflexão for unitário, ou seja, se a reflexão for total, a amplitude máxima é $2E_o$ e a mínima é zero. Essa condição define a onda estacionária. Nesse caso, o campo elétrico na forma real, obtido a partir da Equação (19.17), é dado por:

$$
E(z,t) = 2E_o cos(\beta z)\, cos(\omega t) \quad \leftarrow \quad r = 1
\tag{19.19}
$$

$$
E(z,t) = 2E_o\, sen(\beta z)\, sen(\omega t) \quad \leftarrow \quad r = -1
\tag{19.20}
$$

Se a reflexão não é total ($|r| < 1$), uma grandeza denominada razão de onda estacionária (ROE) é usada para descrever a proporção de onda estacionária existente na superposição das ondas incidente e refletida:

$$
ROE = \frac{E_{max}}{E_{min}} = \frac{1 + |r|}{1 - |r|}
\tag{19.21}
$$

Note que o menor valor da ROE é 1 e isso indica não haver onda estacionária, ou seja, não ocorrer reflexão.

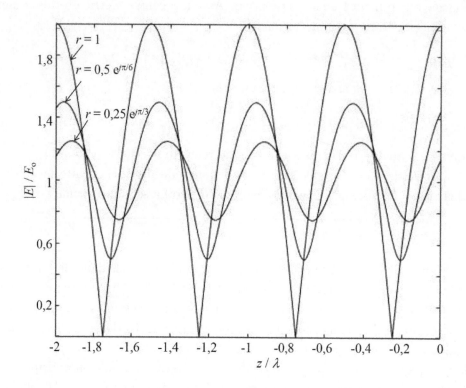

Figura 19.5: Distribuição de amplitude do campo elétrico total no meio de incidência de uma onda eletromagnética para diversos valores do coeficiente de reflexão. A distância à interface está normalizada pelo comprimento de onda.

19.3 Reflexão e transmissão com incidência oblíqua

Considere agora a Figura 19.6. A onda incide com ângulo diferente de zero entre o vetor de onda e o vetor unitário normal $(\vec{u}_n)$ à superfície. Os campos não são paralelos à interface e precisaremos considerar duas possibilidades de polarização.

No primeiro caso, ilustrado na Figura 19.6a, o campo elétrico está localizado no plano que contém o vetor de onda incidente e o vetor normal à interface, denominado plano de incidência. Denominamos essa condição polarização paralela. Note que o campo magnético é perpendicular ao plano de incidência e, portanto, paralelo à interface. Os ângulos que os vetores de onda formam com a normal à interface são: o ângulo de incidência θ_i, o ângulo de reflexão θ_r e o ângulo de transmissão θ_t. Em breve, verificaremos que $\theta_r = \theta_i$ e obteremos uma forma de calcular θ_t com base na lei de Snell. Assim, as equações de continuidade das componentes paralelas à interface são:

Capítulo 19 – Ondas eletromagnéticas em interfaces

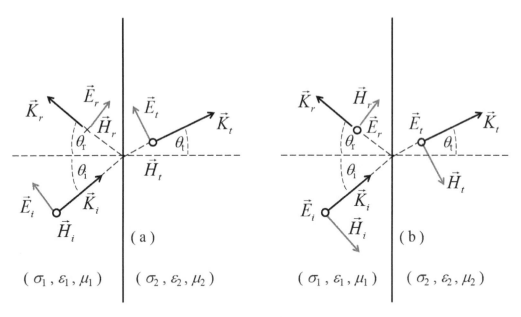

Figura 19.6: Ilustração para análise da reflexão e da transmissão com incidência oblíqua. (a) Polarização paralela ao plano de incidência; (b) polarização perpendicular ao plano de incidência. Os símbolos (o) e (×) indicam vetor orientado perpendicularmente para fora e para dentro da página, respectivamente.

$$\left(\dot{E}_i + \dot{E}_r\right)\cos\theta_i = \dot{E}_t\cos\theta_t \tag{19.22}$$

$$\left(\dot{E}_i - \dot{E}_r\right)/Z_1 = \dot{E}_t/Z_2 \tag{19.23}$$

Resolvendo esse sistema de equações, obtemos os fasores $\dot{E}_r$ e $\dot{E}_i$ e calculamos os coeficientes de Fresnel:

$$r_\parallel = \frac{Z_2\cos\theta_t - Z_1\cos\theta_i}{Z_1\cos\theta_i + Z_2\cos\theta_t} \tag{19.24}$$

$$t_\parallel = \frac{2Z_2\cos\theta_i}{Z_2\cos\theta_t + Z_1\cos\theta_i} \tag{19.25}$$

em que o símbolo $\parallel$ indica polarização paralela da onda eletromagnética.

A outra possibilidade de polarização é a perpendicular, mostrada na Figura 19.6b. Nesse caso, o campo elétrico é perpendicular ao plano de incidência e, portanto, paralelo à interface. Assim, as equações de continuidade das componentes paralelas à interface são:

$$\dot{E}_i + \dot{E}_r = \dot{E}_t \tag{19.26}$$

$$\left(\dot{E}_i - \dot{E}_r\right)\cos\theta_i/Z_1 = \dot{E}_t\cos\theta_t/Z_2 \tag{19.27}$$

e os coeficientes de Fresnel são obtidos na seguinte forma:

$$r_\perp = \frac{Z_2 cos\theta_i - Z_1 cos\theta_t}{Z_1 cos\theta_t + Z_2 cos\theta_i} \tag{19.28}$$

$$t_\perp = \frac{2Z_2 cos\theta_i}{Z_1 cos\theta_t + Z_2 cos\theta_i} \tag{19.29}$$

em que o símbolo $\perp$ indica polarização perpendicular da onda eletromagnética.

As relações entre os ângulos de direção das três ondas envolvidas na interface podem ser obtidas por meio da condição segundo a qual as relações de continuidade das componentes paralelas são verificadas igualmente em todas as posições sobre a interface. Em outras palavras, duas posições quaisquer sobre a interface separadas entre si pelo vetor $\Delta\vec{r}$ apresentam os mesmos coeficientes de Fresnel apenas se os campos das três ondas variam exatamente da mesma forma ao longo desse deslocamento. Uma vez que os campos variam segundo a função $e^{-\vec{K}\cdot\Delta\vec{r}}$, podemos afirmar que isso implica na seguinte relação entre as componentes paralelas à interface dos vetores de onda:

$$K_i sen\theta_i = K_r sen\theta_r = K_t sen\theta_t \tag{19.30}$$

Uma vez que $K_i = K_r$, temos $\theta_r = \theta_i$, ou seja, o ângulo de reflexão é igual ao ângulo de incidência. Para o ângulo de transmissão, é necessário considerar duas possibilidades. Se a interface separa meios não dissipativos, os módulos dos vetores de onda são simplesmente imaginários $K = j\omega\sqrt{\mu\epsilon} = j\omega/v$, em que v é a velocidade de propagação da onda. Substituindo na equação anterior, obtemos:

$$sen\theta_t = \frac{v_2}{v_1} sen\theta_i \tag{19.31}$$

Ao atravessar a interface, devido à mudança na velocidade de propagação da onda, ocorre uma mudança na direção de propagação. Esse fenômeno é denominado refração. Em um meio dielétrico, a velocidade de propagação da onda eletromagnética é proporcional à velocidade da luz no vácuo. O coeficiente de proporcionalidade é denominado índice de refração:

$$v = \frac{1}{\sqrt{\mu\epsilon}} = \frac{c}{n} \rightarrow n = \sqrt{\mu_r \epsilon_r} \tag{19.32}$$

Com essa definição, podemos reescrever a Equação (19.31) na sua forma mais conhecida, denominada lei de Snell:

$$sen\theta_t = \frac{n_1}{n_2} sen\theta_i \tag{19.33}$$

Capítulo 19 – Ondas eletromagnéticas em interfaces

Considere o exemplo a seguir de uma onda eletromagnética plana e uniforme com frequência de 100 MHz incidindo com ângulo $\theta_i = \pi/4$ rad na interface do ar com a água, tendo campo elétrico paralelo ao plano de incidência de 100 V/m e campo perpendicular de 50 V/m. Assumindo que a água tem condutividade muito baixa, de modo que $\sigma << \omega\epsilon$, vamos utilizar as aproximações para a impedância do meio não dissipativo e calcular a fração da potência incidente que é transmitida para a água. As impedâncias são $Z_1 = 376,8\ \Omega$ e $Z_2 = 42,13\ \Omega$ e o ângulo de transmissão, segundo a fórmula anterior, é $\theta_t = 0,079$ rad. Note que, devido à elevada permissividade elétrica da água, a onda eletromagnética no meio 2 é transmitida em uma direção muito próxima da normal.

Os coeficientes de transmissão nas polarizações paralela e perpendicular são:

$$t_{\parallel} = \frac{2 \times 42,13 \times cos\,(\pi/4\,)}{42,13 \times cos\,(0,079) + 376,8 \times cos\,(\pi/4\,)} = 0,193 \tag{19.34}$$

$$t_{\perp} = \frac{2 \times 42,13 \times cos\,(\pi/4\,)}{376,8 \times cos\,(0,079) + 42,13 \times cos\,(\pi/4\,)} = 0,147 \tag{19.35}$$

Com isso, os campos transmitidos são $E_{t\parallel} = 0,193 \times 100$ V/m $= 19,3$ V/m e $E_{t\perp} = 0,147 \times 50$ V/m $= 7,35$ V/m, e a fração da potência transmitida para a potência incidente é:

$$\frac{\langle P_t \rangle}{\langle P_i \rangle} = \frac{\left(E_{t\parallel}^2 + E_{t\perp}^2\right)/Z_2}{\left(E_{i\parallel}^2 + E_{i\perp}^2\right)/Z_1} = \frac{(19,3^2 + 7,35^2)/42,13}{(100^2 + 50^2)/376,8} = 0,305 \tag{19.36}$$

Assim, concluímos que cerca de 30% da potência é transmitida e 70% é refletida.

Quando a interface separa meios dissipativos, a interpretação do resultado obtido com a Equação (19.30) não é trivial, uma vez que $sen\theta_t$ assume valores complexos. Para uma avaliação simples disso, consideraremos que apenas o meio 2 é dissipativo. Assim, os módulos dos vetores de onda podem ser escritos como $K_i = j\beta_1$ e $K_t = \alpha_2 + j\beta_2$. A Equação (19.30) leva aos seguintes resultados para as componentes paralela e normal à interface do vetor de onda no meio 2:

- Componente paralela

$$K_{tp} = j\beta_1 sen\theta_i \tag{19.37}$$

- Componente normal

$$K_{tn} = \sqrt{K_t^2 - K_{tp}^2} = \sqrt{(\alpha_2 + j\beta_2)^2 + \beta_1^2 sen^2\theta_i}$$
$$= \sqrt{(\alpha_2^2 - \beta_2^2 + \beta_1^2 sen^2\theta_i) + j2\alpha_2\beta_2} = \alpha'_2 + j\beta'_2 \tag{19.38}$$

260 Análise de sistemas eletromagnéticos

Note que a componente paralela à interface apresenta constante de atenuação nula.

Considerando a propagação no plano xz, em que x é um eixo paralelo e z é o eixo perpendicular à interface, e definindo a origem do sistema de referência sobre a interface, a onda no meio 2 tem campo elétrico descrito pela seguinte expressão:

$$\dot{E}_t = E_o\,e^{-(K_{tp}x + K_{tn}z)} = E_o\,e^{-\alpha'_2 z}e^{-j(\beta_1 sen\theta_i x + \beta'_2 z)} \tag{19.39}$$

Essa equação representa uma onda na qual a superfície de fase constante (frente de onda) é diferente da superfície de amplitude constante. A superfície de fase constante é perpendicular à direção do vetor $\beta_1 sen\theta_i \vec{u}_x + \beta'_2\vec{u}_z$, enquanto a superfície de amplitude constante é perpendicular à direção $\vec{u}_z$. Portanto, ao penetrar em um meio dissipativo, uma onda plana e uniforme torna-se uma onda não uniforme na qual a frente de onda não coincide mais com o plano de amplitude constante.

Uma vez que a direção de propagação é definida como perpendicular à frente de onda, o ângulo de transmissão nesse caso é dado por:

$$tg\theta_t = \frac{\beta_1 sen\theta_i}{\beta'_2} \tag{19.40}$$

Se o meio 2 for um bom condutor, tal que $\sigma_2 >> \omega\epsilon_2$ e $\mu_2\sigma_2 >> \omega\mu_1\epsilon_1$, então é fácil verificar na Equação (19.38) que $\alpha'_2 \approx \alpha_2 \approx \beta'_2 \approx \beta_2$. Nessas condições o ângulo de transmissão é muito pequeno, ou seja, a onda praticamente se propaga perpendicularmente à interface independentemente do ângulo de incidência.

19.4 Reflexão nula e reflexão total

As Equações (19.24) e (19.28) mostram que existe uma condição para cancelamento do coeficiente de reflexão. O ângulo de incidência no qual isso ocorre é denominado ângulo de Brewster. Os ângulos de Brewster nas polarizações paralela ($\theta_{B\parallel}$) e perpendicular ($\theta_{B\perp}$) devem atender às seguintes equações:

- Polarização paralela

$$Z_1 cos\theta_{B\parallel} = Z_2 cos\theta_t \tag{19.41}$$

- Polarização perpendicular

$$Z_2 cos\theta_{B\perp} = Z_1 cos\theta_t \tag{19.42}$$

Obviamente, isso ocorre apenas se as impedâncias são reais, ou seja, se os meios envolvidos são não dissipativos. Assim, podemos utilizar as fórmulas da

Capítulo 19 – Ondas eletromagnéticas em interfaces 261

impedância para meios não dissipativos e a lei de Snell dada na Equação (19.33) para encontrar uma expressão explícita do ângulo de Brewster como função das propriedades dos meios.

Na polarização paralela as expressões são:

$$\sqrt{\mu_{r1}/\epsilon_{r1}}\,\cos\theta_{B\parallel} = \sqrt{\mu_{r2}/\epsilon_{r2}}\,\cos\theta_t \tag{19.43}$$

$$sen\theta_t = \sqrt{\mu_{r1}\epsilon_{r1}/\mu_{r2}\epsilon_{r2}}\,sen\theta_{B\parallel} \tag{19.44}$$

e a solução é obtida na seguinte forma:

$$\cos\theta_{B\parallel} = \sqrt{\frac{\epsilon_{r1}\left(\mu_{r2}\epsilon_{r2} - \mu_{r1}\epsilon_{r1}\right)}{\mu_{r1}\left(\epsilon_{r2}^2 - \epsilon_{r1}^2\right)}} \tag{19.45}$$

Repetindo o processo para a polarização perpendicular, obtemos:

$$\cos\theta_{B\perp} = \sqrt{\frac{\mu_{r1}\left(\mu_{r2}\epsilon_{r2} - \mu_{r1}\epsilon_{r1}\right)}{\epsilon_{r1}\left(\mu_{r2}^2 - \mu_{r1}^2\right)}} \tag{19.46}$$

Na polarização paralela, se os meios têm permeabilidades magnéticas iguais e constantes dielétricas diferentes, a expressão do ângulo de Brewster torna-se muito mais simples:

$$\cos\theta_{B\parallel} = \sqrt{\frac{\epsilon_{r1}}{\epsilon_{r2} + \epsilon_{r1}}} = \frac{n_1}{\sqrt{n_1^2 + n_2^2}} \rightarrow tg\theta_{B\parallel} = \frac{n_2}{n_1} \tag{19.47}$$

Essa é uma condição comum que envolve materiais dielétricos e não magnéticos. Quando uma onda eletromagnética paralelamente (perpendicularmente) polarizada em relação ao plano de incidência incide sob o ângulo de Brewster $\theta_{B\parallel}(\theta_{B\perp})$, não ocorre reflexão. Para uma onda incidente não polarizada, a onda refletida apresenta apenas a componente que se reflete, ou seja, é uma onda polarizada.

O fenômeno oposto à reflexão nula é a reflexão total. Normalmente ocorre na interface entre um isolante e um metal, uma vez que a impedância de um metal pode ser extremamente pequena comparada com a do isolante. Outra condição para reflexão total ocorre se os meios envolvidos são dielétricos e o meio 2 tem índice de refração menor que o meio 1.

Segundo a Equação (19.33), existe um ângulo de incidência crítico (θ_c) no qual o ângulo de transmissão é igual a $\pi/2$:

$$sen\theta_c = \frac{n_2}{n_1} \tag{19.48}$$

Quando a incidência ocorre com ângulo igual ou maior que θ_c, não existe onda transmitida e toda a potência é mantida no meio 1 por reflexão. Esse fenômeno constitui o princípio de funcionamento dos guias de onda. No guia de paredes metálicas, ocorre reflexão total devido à baixa impedância das paredes, e no guia dielétrico ocorre reflexão total quando o ângulo de incidência nas paredes é maior que o ângulo crítico.

19.5 Reflexão e transmissão através de uma parede

A Figura 19.7 mostra uma parede fina separando dois meios diferentes. Nesse caso existem duas interfaces e a distribuição de campo no interior da parede deve ser descrita como a soma de uma onda progressiva e uma onda regressiva, ambas resultantes de múltiplas reflexões nessas interfaces. Assumimos incidência normal e escrevemos os campos nas três regiões como segue, onde γ é o módulo do vetor de onda.

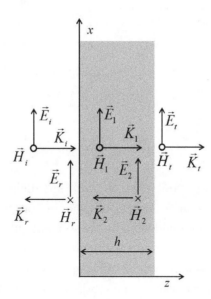

Figura 19.7: Ilustração para cálculo da reflexão e da transmissão em uma parede. O eixo z é perpendicular à parede e sua origem foi posicionada na interface à esquerda. A parede tem espessura h. Os símbolos (o) e ($\times$) indicam vetor orientado perpendicularmente para fora e para dentro da página, respectivamente.

- Onda incidente: $z \leq 0$

$$\vec{E}_i = E_{oi} e^{-\gamma_1 z} \vec{u}_x \tag{19.49}$$

$$\vec{H}_i = \frac{E_{oi}}{Z_1} e^{-\gamma_1 z} \vec{u}_y \tag{19.50}$$

Capítulo 19 – Ondas eletromagnéticas em interfaces 263

- Onda refletida: $z \leq 0$

$$\dot{\vec{E}}_r = E_{or}e^{\gamma_1 z}\,\vec{u}_x \tag{19.51}$$

$$\dot{\vec{H}}_r = -\frac{E_{or}}{Z_1}e^{\gamma_1 z}\vec{u}_y \tag{19.52}$$

- Onda na parede: $0 \leq z \leq h$

$$\dot{\vec{E}}_p = \left(E_1 e^{-\gamma_2 z} + E_2 e^{\gamma_2 z}\right)\vec{u}_x \tag{19.53}$$

$$\dot{\vec{H}}_p = \left(\frac{E_1}{Z_2}e^{-\gamma_2 z} - \frac{E_2}{Z_2}e^{\gamma_2 z}\right)\vec{u}_y \tag{19.54}$$

- Onda transmitida: $z \geq h$

$$\dot{\vec{E}}_t = E_{ot}e^{-\gamma_3(z-h)}\,\vec{u}_x \tag{19.55}$$

$$\dot{\vec{H}}_t = \frac{E_{ot}}{Z_3}e^{-\gamma_3(z-h)}\vec{u}_y \tag{19.56}$$

Aplicando as condições de contorno nas duas interfaces, obtemos as seguintes equações:

$$E_{oi} + E_{or} = E_1 + E_2 \tag{19.57}$$

$$\frac{E_{oi} - E_{or}}{Z_1} = \frac{E_1 - E_2}{Z_2} \tag{19.58}$$

$$E_1 e^{-\gamma_2 h} + E_2 e^{\gamma_2 h} = E_{ot} \tag{19.59}$$

$$\frac{E_1 e^{-\gamma_2 h} - E_2 e^{\gamma_2 h}}{Z_2} = \frac{E_{ot}}{Z_3} \tag{19.60}$$

Resolvendo esse sistema de equações para obter E_{or} e E_{ot} como funções de E_{oi}, podemos calcular os coeficientes de Fresnel para esse caso. Os resultados são:

$$r = \frac{E_{or}}{E_{oi}} = \frac{r_{12} + r_{23}e^{-2\gamma_2 h}}{1 + r_{12}r_{23}e^{-2\gamma_2 h}} \tag{19.61}$$

$$t = \frac{E_{ot}}{E_{oi}} = \frac{t_{12}t_{23}e^{-\gamma_2 h}}{1 + r_{12}r_{23}e^{-2\gamma_2 h}} \tag{19.62}$$

em que:

$$r_{12} = \frac{Z_2 - Z_1}{Z_1 + Z_2} \tag{19.63}$$

$$r_{23} = \frac{Z_3 - Z_2}{Z_2 + Z_3} \tag{19.64}$$

$$t_{12} = \frac{2Z_2}{Z_1 + Z_2} \tag{19.65}$$

$$t_{23} = \frac{2Z_3}{Z_2 + Z_3} \tag{19.66}$$

são os coeficientes de Fresnel das interfaces.

Note que o denominador do coeficiente de transmissão depende da frequência da onda, de modo que o espectro de transmissão apresenta flutuações e valores extremos que se repetem. Para apreciar isso, reescrevemos o denominador da Equação (19.62) substituindo a constante de propagação e os coeficientes de reflexão da seguinte forma:

$$1 + r_{12}r_{23}e^{-2\gamma_2 h} = 1 + |r_{12}| \, |r_{23}| \, e^{-2\alpha_2 h}e^{-j[2\beta_2 h - (\xi_{12} + \xi_{23})]}$$
$$= 1 + |r_{12}| \, |r_{23}| \, e^{-2\alpha_2 h} \{cos\,[2\beta_2 h - (\xi_{12} + \xi_{23})] - jsen\,[2\beta_2 h - (\xi_{12} + \xi_{23})]\} \tag{19.67}$$

em que verificamos a ocorrência dos seguintes valores extremos do módulo:

$$\left| 1 + r_{12}r_{23}e^{-2\gamma_2 h} \right| = 1 + |r_{12}| \, |r_{23}| \, e^{-2\alpha_2 h}$$
$$\leftarrow \ 2\beta_2 h - (\xi_{12} + \xi_{23}) = 2k\pi \tag{19.68}$$

$$\left| 1 + r_{12}r_{23}e^{-2\gamma_2 h} \right| = 1 - |r_{12}| \, |r_{23}| \, e^{-2\alpha_2 h}$$
$$\leftarrow \ 2\beta_2 h - (\xi_{12} + \xi_{23}) = (2k+1)\pi \tag{19.69}$$

com $k = 0, 1, 2, 3, \dots$.

Considere, como exemplo, uma parede na qual $\sigma_2 << \omega\epsilon_2$, de modo que podemos usar a aproximação $\beta_2 = \omega/v_2 = 2\pi f n_2/c$. As frequências do primeiro mínimo e do primeiro máximo ($k = 0$) na transmissão através da parede são:

$$f_{min} = \frac{c\,(\xi_{12} + \xi_{23})}{4\pi n_2 h} \tag{19.70}$$

$$f_{max} = \frac{c\,(\pi + \xi_{12} + \xi_{23})}{4\pi n_2 h} \tag{19.71}$$

A Figura 19.8a mostra os gráficos dos coeficientes de reflexão e de transmissão como funções da frequência assumindo que a parede separa dois meios idênticos. Note que os mínimos do coeficiente de reflexão ocorrem nas frequências dos máximos do coeficiente de transmissão e vice-versa. A Figura 19.8b mostra os coeficientes para paredes metálicas com diferentes condutividades e permeabilidades magnéticas. No caso de uma parede condutora, a transmissão é afetada

Capítulo 19 – Ondas eletromagnéticas em interfaces   265

não só pelas reflexões nas interfaces, mas também pela dissipação na parede. O ferro apresenta menor transmissão em altas frequências por sua alta permeabilidade magnética. Devido à alta reflexão e à baixa transmissão, paredes metálicas constituem excelentes blindagens para sinais de radiofrequência.

19.6 Difração

Quando uma onda eletromagnética incide em um obstáculo que obstrui apenas parte de sua frente de onda, a parte que atravessa a abertura sofre desvio de sua direção original de propagação. Isso ocorre, por exemplo, em fendas, arestas ou no perímetro de um objeto interceptado pela onda. Esse fenômeno é denominado difração, sendo ilustrado na Figura 19.9.

De acordo com um modelo proposto por Kirchhoff, a onda difratada pode ser descrita a partir de uma integração sobre a área não obstruída da onda incidente no objeto. O método proposto por Kirchhoff baseia-se no teorema de Green, que é demonstrado a seguir.

Considere uma função vetorial descrita por $\psi = \phi \nabla \varphi$, em que ϕ e φ são funções escalares contínuas e diferenciáveis no domínio de análise. A aplicação do teorema de Gauss com essa função resulta em:

$$\int_V \nabla \cdot (\varphi \nabla \phi)\, dV = \int_V \left(\nabla \varphi \cdot \nabla \phi + \varphi \nabla^2 \phi \right) dV$$
$$= \oint_S \varphi \nabla \phi \cdot \vec{u}_n dS = \oint_S \varphi \frac{\partial \phi}{\partial x_n} dS \tag{19.72}$$

em que ∂x_n é um deslocamento infinitesimal perpendicular à superfície S. Intercambiando ϕ e φ e subtraindo do resultado anterior, obtemos a fórmula a seguir, conhecida como teorema de Green:

$$\int_V \left(\varphi \nabla^2 \phi - \phi \nabla^2 \varphi \right) dV = \oint_S (\varphi \nabla \phi - \phi \nabla \varphi) \cdot \vec{u}_n dS \tag{19.73}$$

Consideremos o problema ilustrado na Figura 19.10 de um anteparo plano e infinito que separa dois meios. Uma onda eletromagnética incide pelo espaço à esquerda do anteparo. A onda difratada se propaga no espaço à direita. Esse espaço é limitado pela interface e se estende ao infinito nas demais direções. Para simplificar a análise matemática, vamos assumir que o meio no volume à direita é não dissipativo. A função φ descreve qualquer componente dos campos da onda difratada, enquanto ϕ é uma função auxiliar denominada função de Green. Assumimos que ambas satisfazem a equação de onda.

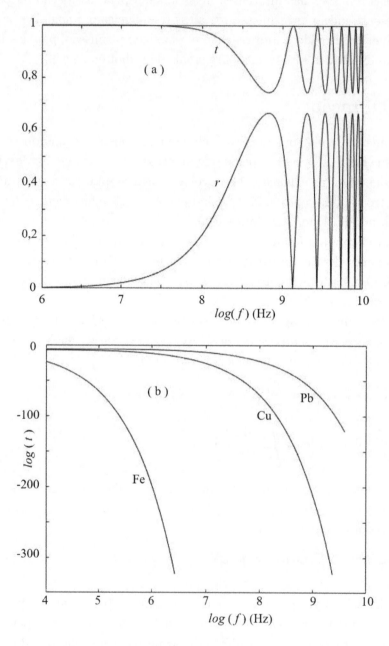

Figura 19.8: (a) Coeficientes de reflexão e transmissão através de uma parede dielétrica com espessura de 5 cm no ar ($\sigma = 10^{-9}$ S/m, $\epsilon_r = 5$, $\mu_r = 1$). (b) Coeficiente de transmissão em uma parede metálica com espessura de 1 mm no ar: Fe ($\sigma = 1,02 \times 10^7$ S/m, $\epsilon_r = 1$, $\mu_r = 5000$); Cu ($\sigma = 5,88 \times 10^7$ S/m, $\epsilon_r = 1$, $\mu_r = 1$); Pb ($\sigma = 0,48 \times 10^7$ S/m, $\epsilon_r = 1$, $\mu_r = 1$).

Capítulo 19 – Ondas eletromagnéticas em interfaces 267

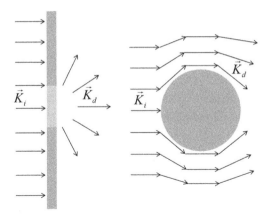

Figura 19.9: Ilustração da difração da onda eletromagnética ao atravessar uma abertura em um anteparo ou contornar um objeto. $\vec{K}_i$ = vetor de onda incidente; $\vec{K}_d$ = vetor de onda difratada.

Usando a notação fasorial, as Equações (18.4) e (18.6) para um meio não dissipativo podem ser reescritas na seguinte forma:

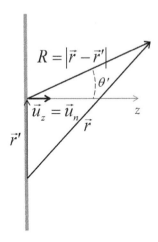

Figura 19.10: Ilustração para cálculo da difração em um anteparo.

$$\nabla^2 \varphi(r) + \beta^2 \varphi(r) = 0 \qquad (19.74)$$

em que φ é qualquer componente fasorial dos campos e $\beta = \omega\sqrt{\mu\epsilon}$. Essa equação é denominada equação de Helmholtz.

Para a função de Green, assumiremos inicialmente que existe uma fonte puntiforme em uma posição genérica $\vec{r}'$ a partir da qual a função $\phi(\vec{r}-\vec{r}')$ se irradia.

268   Análise de sistemas eletromagnéticos

Assim, a equação de onda para essa função é dada por:

$$\nabla^2 \phi \left(\vec{r} - \vec{r}'\right) + \beta^2 \phi \left(\vec{r} - \vec{r}'\right) = \delta \left(\vec{r} - \vec{r}'\right) \tag{19.75}$$

A solução geral dessa equação pode ser obtida em duas etapas. Inicialmente, para $\vec{r} \neq \vec{r}'$, o lado direito da igualdade é nulo. Reescrevendo a equação com $R = |\vec{r} - \vec{r}'|$ em coordenadas esféricas, Equação (11.6), temos:

$$\frac{d^2}{dR^2} \left(R\phi\right) = -\beta^2 R\phi \tag{19.76}$$

cuja solução é obtida na forma:

$$\phi = k \frac{e^{-j\beta R}}{R} \tag{19.77}$$

em que k é uma constante que deve ser calculada para atender à condição de contorno em $\vec{r} = \vec{r}'$.

Para evitar a singularidade na fonte, não faremos uma substituição de valores na Equação (19.75), porém, utilizando o teorema de Gauss, calcularemos o limite da integral de volume dessa equação com $\vec{r} \to \vec{r}'$:

$$\oint_{S \to 0} \nabla \phi \left(R\right) \cdot d\vec{S} + \beta^2 \int_{R \to 0} \phi \left(R\right) 4\pi R^2 dR = \int_{V \to 0} \delta \left(R\right) dV \tag{19.78}$$

em que o primeiro termo foi transformado para integral de fluxo de acordo com o teorema de Gauss.

Uma vez que $\phi(R \to 0) = k/R$ e $\nabla \phi = -k\vec{u}_R/R^2$, a primeira integral à esquerda é igual a $-4\pi k$ e a segunda é nula. No lado direito, o resultado é unitário de acordo com a definição da função impulso. Portanto, a constante k é dada por $k = -1/4\pi$ e a função de Green é obtida na seguinte forma:

$$\phi \left(R\right) = -\frac{e^{-j\beta R}}{4\pi R} \to \phi \left(\vec{r} - \vec{r}'\right) = -\frac{e^{-j\beta |\vec{r} - \vec{r}'|}}{4\pi |\vec{r} - \vec{r}'|} \tag{19.79}$$

Uma função de Green também pode ser obtida com a superposição de vários termos similares à Equação (19.79), o que representa a superposição de diversas ondas provenientes de diferentes fontes puntiformes. Arranjos desse tipo podem ser úteis para satisfazer condições de contorno complexas. Usando as Equações (19.74) e (19.75) para substituir os laplacianos no teorema de Green, o lado esquerdo da Equação (19.73) torna-se.

$$\int_{V'} \left[\varphi \left(\vec{r}'\right) \left(\delta \left(\vec{r} - \vec{r}'\right) - \beta^2 \phi \left(\vec{r} - \vec{r}'\right)\right) + \phi \left(\vec{r} - \vec{r}'\right) \beta^2 \varphi \left(\vec{r}'\right)\right] dV'$$

$$= \int_{V'} \varphi \left(\vec{r}'\right) \delta \left(\vec{r} - \vec{r}'\right) dV' = \varphi \left(\vec{r}\right) \tag{19.80}$$

Capítulo 19 – Ondas eletromagnéticas em interfaces 269

Agora, aplicamos a condição de contorno de Dirichlet com a função $\phi(\vec{r})$ no anteparo, ou seja, $\phi(\vec{r}) = 0$ para $\vec{r}$ indicando uma posição no anteparo. Essa escolha é possível em virtude da natureza arbitrária da função de Green. Segundo o lado direito do teorema de Green, usando $\nabla\phi \cdot d\vec{S} = \nabla'\phi \cdot d\vec{S}'$, obtemos:

$$\varphi(\vec{r}) = \int_{S'} \varphi(\vec{r}\,') \, \nabla'\phi(\vec{r} - \vec{r}\,') \cdot \vec{u}_n dS' \tag{19.81}$$

Essa equação permite calcular as componentes dos campos de uma onda eletromagnética à direita do anteparo a partir de uma integral na superfície do anteparo sobre a qual se conhece o valor desse campo. Uma hipótese razoável consiste em assumir que a intensidade do campo nas aberturas é a mesma, como se não houvesse anteparo, e que nas regiões cobertas o campo é nulo. Isso limita a integração às áreas abertas do anteparo. Assumindo um sistema de coordenadas retangulares no qual o anteparo coincide com o plano $z = 0$ (Figura 19.10), a função de Green que satisfaz a equação de onda e se anula sobre o anteparo é dada por:

$$\phi = \frac{1}{4\pi}\left(\frac{e^{-j\beta R}}{R} - \frac{e^{-j\beta R'}}{R'}\right) \tag{19.82}$$

$$R = \sqrt{(x - x')^2 + (y - y')^2 + (z - z')^2}$$

$$R' = \sqrt{(x - x')^2 + (y - y')^2 + (z + z')^2}$$

Note que essa função é baseada na superposição dos campos de duas fontes puntiformes, uma em $\vec{r}\,' = x'\vec{u}_x + y'\vec{u}_y + z'\vec{u}_z$ e a outra em $\vec{r}\,' = x'\vec{u}_x + y'\vec{u}_y - z'\vec{u}_z$. Observe também que, quando $z = 0$, as distâncias R e R' são iguais e isso resulta em $\phi = 0$.

Para obter o gradiente da função de Green, inicialmente analisamos o primeiro termo na Equação (19.82):

$$\nabla'\phi_1 = \frac{1}{4\pi}\nabla'\left(\frac{e^{-j\beta R}}{R}\right) = \frac{1}{4\pi}\left[\frac{\nabla'\left(e^{-j\beta R}\right)}{R} + e^{-j\beta R}\nabla'\left(\frac{1}{R}\right)\right]$$

$$= -\frac{j\beta}{4\pi R}\left(1 + \frac{1}{j\beta R}\right)e^{-j\beta R}\nabla'R \tag{19.83}$$

Para o segundo termo, obtém-se resultado idêntico, bastando substituir R por R'.

270   Análise de sistemas eletromagnéticos

Usando as expressões de R e R' nessa equação, verifica-se que os gradientes dessas funções sobre o anteparo $(z' = 0)$ estão relacionados da seguinte forma:

$$\left[\nabla' R\right]_{z'=0} - \left[\nabla' R'\right]_{z'=0} = -\frac{2z}{R}\vec{u}_z \tag{19.84}$$

Assim, substituindo a Equação (19.82) na Equação (19.81) e usando os resultados expressos nas Equações (19.83) e (19.84), obtemos:

$$\varphi\left(\vec{r}\right) = -\frac{j\beta}{4\pi}\int\limits_{S'} \varphi\left(\vec{r}'\right)\frac{1}{R}\left(1 + \frac{1}{j\beta R}\right)e^{-j\beta R}\left\{\left[\nabla' R\right]_{z'=0} - \left[\nabla' R'\right]_{z'=0}\right\}\cdot\vec{u}_n dS'$$

$$= \frac{j\beta}{2\pi}\int\limits_{S'} \varphi\left(\vec{r}'\right)\left(1 + \frac{1}{j\beta R}\right)e^{-j\beta R}\frac{z}{R^2}\vec{u}_z\cdot\vec{u}_n dS'$$

$$\tag{19.85}$$

De acordo com a Figura 19.10, $\vec{u}_z = \vec{u}_n$ e $z/R = cos\theta'$. Com isso, podemos reescrever a equação anterior na seguinte forma:

$$\varphi\left(\vec{r}\right) = \frac{j\beta}{2\pi}\int\limits_{S'} \varphi\left(\vec{r}'\right)\left(1 + \frac{1}{j\beta\left|\vec{r}-\vec{r}'\right|}\right)\frac{e^{-j\beta\left|\vec{r}-\vec{r}'\right|}}{\left|\vec{r}-\vec{r}'\right|}cos\theta' dS' \tag{19.86}$$

Essa é a equação de Kirchhoff, usada no cálculo da distribuição de intensidade da onda difratada por um anteparo. O caso clássico é a difração por uma abertura de pequena área em um anteparo plano com o campo sendo observado a uma grande distância em comparação com as dimensões da abertura. A situação é representada na Figura 19.11, em que a posição na abertura é descrita pelas coordenadas polares (ρ, ϕ') e a posição de observação é descrita pelas coordenadas esféricas (r, θ, ϕ). Nesse caso, podemos escrever para o vetor de posição:

$$\vec{r} - \vec{r}' = \left(r\,sen\theta\,cos\phi - \rho cos\phi'\right)\vec{u}_x + \left(r\,sen\theta\,sen\phi - \rho\,sen\phi'\right)\vec{u}_y + r\,cos\theta\,\vec{u}_z$$

$$\rightarrow \left|\vec{r} - \vec{r}'\right| = \sqrt{r^2 + \rho^2 - 2r\rho\,sen\theta\,cos\left(\phi - \phi'\right)} \tag{19.87}$$

Assumindo que a distância do ponto de observação ao anteparo é muito maior que as dimensões da abertura e comprimento de onda, podemos fazer as seguintes aproximações:

i) Aproximação para o termo no denominador da Equação (19.86): $\left|\vec{r} - \vec{r}'\right| \approx r$.

Capítulo 19 – Ondas eletromagnéticas em interfaces

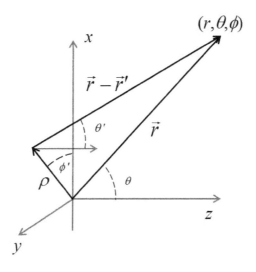

Figura 19.11: Coordenadas e vetores de posição para cálculo da difração em um anteparo.

ii) Aproximação para o termo na função exponencial complexa:

$$|\vec{r} - \vec{r}'| = r\sqrt{1 + \frac{\rho^2}{r^2} - 2\frac{\rho}{r}sen\theta cos(\phi - \phi')} \approx r\left[1 - \frac{\rho}{r}sen\theta cos(\phi - \phi')\right]$$
$$= r - \rho sen\theta cos(\phi - \phi') \tag{19.88}$$
$$\rightarrow e^{-j\beta|r-r'|} = e^{-j\beta r} e^{j\beta\rho\, sen\theta\, cos(\phi-\phi')}$$

iii) Aproximação para ângulo polar independente da posição no anteparo: $\theta' \approx \theta$.

iv) Aproximação para posição muito distante comparada ao comprimento de onda: $\beta|\vec{r} - \vec{r}'| \approx \beta r = 2\pi r/\lambda >> 1$.

Com essas aproximações, a equação de Kirchhoff pode ser reescrita na seguinte forma:

$$\varphi(r,\theta,\phi) = \frac{j\beta}{2\pi}\frac{e^{-j\beta r}}{r}cos\theta \int_{S'} \varphi(\rho,\phi') e^{j\beta\rho\, sen\theta\, cos(\phi-\phi')} dS' \tag{19.89}$$

Consideremos o caso de uma fenda estreita (comprimento l e largura $h << \lambda$), como mostra a Figura 19.12, com campo elétrico incidente paralelo ao seu comprimento. O elemento de área pode ser substituído por $dS' = hd\rho$. A integração nesse caso pode ser efetuada apenas na coordenada radial com dois valores possíveis do ângulo azimutal (ϕ'), zero e π radianos:

$$\varphi(r,\theta,\phi) = \frac{j\beta h\varphi_o}{2\pi}\frac{e^{-j\beta r}}{r}cos\theta \left[\int\limits_{0}^{l/2}\left(e^{j\beta\rho sen\theta cos\phi} + e^{-j\beta\rho sen\theta cos\phi}\right)d\rho\right]$$

$$= \frac{jh\varphi_o}{\pi}\frac{e^{-j\beta r}}{r}\frac{cos\theta sen\left(\beta\frac{l}{2}sen\theta cos\phi\right)}{sen\theta cos\phi}$$

(19.90)

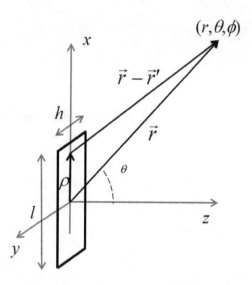

Figura 19.12: Ilustração para cálculo da difração através de uma fenda retangular estreita em um anteparo no plano xy.

Essa equação descreve uma onda transversal com frente de onda esférica cuja amplitude diminui com o inverso da distância radial e apresenta uma dependência particular com os ângulos polar e azimutal descrita pela função $F(\theta,\phi)$ mostrada na Equação (19.91), na qual substituímos $\beta = 2\pi/\lambda$:

$$F(\theta,\phi) = \frac{cos\theta sen\left(\pi\frac{l}{\lambda}sen\theta cos\phi\right)}{sen\theta cos\phi}$$

(19.91)

O gráfico da Figura 19.13 mostra a distribuição de amplitude da onda para $\phi = 0$ e diversos valores da relação l/λ. Note que as ondas de pequeno comprimento ($\lambda < l$) tendem a atravessar a fenda com pouco desvio em relação à direção original de propagação. Ondas longas sofrem maior difração. Para $\lambda \leq l$ ocorrem máximos e nulos na intensidade da onda difratada. O primeiro máximo ocorre em $\theta = 0$ com intensidade dada por $\pi l/\lambda$. Os ângulos de intensidade nula da onda difratada atendem à seguinte relação:

$$\pi (l/\lambda) sen\theta_{nulo} = n\pi \to sen\theta_{nulo} = \frac{n\lambda}{l} \tag{19.92}$$

em que n é um inteiro não nulo.

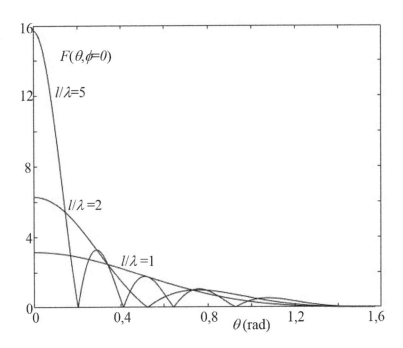

Figura 19.13: Distribuição de amplitude da onda difratada por uma fenda estreita de comprimento l em um anteparo plano com onda incidente polarizada paralelamente ao comprimento da fenda.

No plano perpendicular ao comprimento da fenda, a distribuição de amplitude da onda difratada segue um padrão diferente. Substituindo $\phi = \pi/2$ na Equação (19.91), obtemos $F(\theta) = (\pi l/\lambda) cos\theta$. Esse resultado é válido contanto que a largura da fenda seja muito pequena comparada ao comprimento de onda. Se não for esse o caso, um cálculo adicional deve ser realizado a fim de levar em conta a diferença de fase das ondas provenientes de diversas posições na fenda ao longo de sua largura. Para isso, consideremos as Equações (19.90) e (19.91) com $\phi = \pi/2$ e substituindo a largura h pelo diferencial dy:

$$\varphi(r,\theta,\phi) = \frac{jl\varphi_o}{\lambda} \frac{cos\theta}{r} \int_{-h/2}^{+h/2} e^{-j\beta|\vec{r}-\vec{r}'(y)|} dy \tag{19.93}$$

274   Análise de sistemas eletromagnéticos

Levando em conta que $r' \ll r$, podemos usar a aproximação $|\vec{r} - \vec{r}\,'(y)| \approx r - y\,sen\theta$. Substituindo na equação anterior e integrando, obtemos o seguinte resultado:

$$\varphi(r, \theta, \phi) = \frac{jlh\varphi_o}{\lambda} \frac{e^{-j\beta r}}{r} cos\theta \frac{sen(\beta\, h\, sen\theta/2)}{(\beta\, h\, sen\theta/2)} \tag{19.94}$$

Observe que, se $\lambda < h$, ocorrem nulos nas posições nas quais $sen\theta = n\lambda/h$, em que n é um inteiro não nulo, desde que $n\lambda/h \leq 1$. A aplicação desse resultado em um dispositivo denominado grade de difração é reservada a um exercício no final deste capítulo.

Para uma fenda circular de raio R, a distribuição de amplitude da onda difratada independe do ângulo azimutal. Então, a Equação (19.89) pode ser resolvida para $\phi = 0$. A integração com elementos de área $dS' = \rho d\rho d\phi'$ pode ser efetuada por métodos numéricos e verifica-se que para $\lambda < R$, a seguinte aproximação é válida:

$$\begin{aligned} \varphi(r, \theta) &= \frac{j\beta\varphi_o}{2\pi} \frac{e^{-j\beta r}}{r} cos\theta \int\limits_{0}^{2\pi} \int\limits_{0}^{R} e^{j\beta\rho\, sen\theta\, cos\phi'}\, \rho d\rho\, d\phi' \\ &\approx jR\varphi_o \frac{e^{-j\beta r}}{r} \frac{cos\theta\ J_1(\beta R sen\theta)}{sen\theta} \end{aligned} \tag{19.95}$$

em que J_1 é a função de Bessel de primeira espécie e de ordem 1.

A função $F(\theta)$ que descreve a distribuição angular de intensidade da onda difratada, cujo gráfico é apresentado na Figura 19.14, é escrita na Equação (19.96):

$$F(\theta) = \frac{cos\theta\ J_1\,[2\pi\,(R/\lambda)\,sen\theta]}{sen\theta} \tag{19.96}$$

em que o ponto máximo ocorre para $\theta = 0$ e tem o valor dado por $\pi R/\lambda$. De modo análogo à fenda retangular, as ondas longas sofrem difração intensa enquanto as ondas com menor comprimento de onda (comparado com R) atravessam a abertura com pouco espalhamento em relação à direção original de propagação.

Seja z_n o zero de ordem n da função de Bessel $J_1(x)$, então a ocorrência de interferência destrutiva na onda difratada leva ao cancelamento da onda nos seguintes ângulos:

$$2\pi\frac{R}{\lambda}sen\theta = z_n \rightarrow sen\theta = (z_n/2\pi)\,\lambda/R \tag{19.97}$$

em que os coeficientes $z_n/2\pi$ que correspondem aos seis primeiros zeros de J_1 são $z_n/2\pi = 0,610,\ 1,117,\ 1,619,\ 2,121,\ 2,621,\ 3,122$.

Capítulo 19 – Ondas eletromagnéticas em interfaces

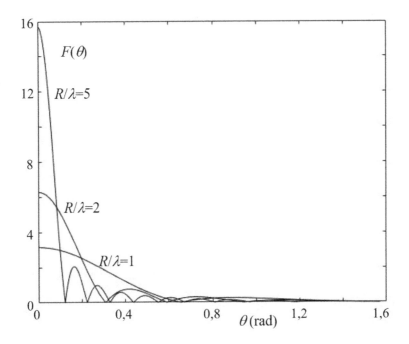

Figura 19.14: Distribuição de amplitude da onda difratada por uma abertura circular de raio R em um anteparo plano.

Consideremos agora que a abertura no anteparo seja equivalente à metade do plano $z = 0$, como mostra a Figura 19.15. Naturalmente, na região iluminada ($x > 0$) a onda se propaga com pouca alteração. Devido à difração, contudo, na região de sombra do anteparo ($x < 0$) a onda apresenta intensidade não nula que depende do comprimento de onda e da distância ao anteparo.

Consideremos que uma onda plana e uniforme linearmente polarizada na direção x incide pelo lado $z < 0$ no anteparo. A amplitude da onda difratada é calculada por meio da Equação (19.86). Podemos substituir $\cos\theta' = z/R$, em que a distância R para uma posição no plano $y = 0$ é dada por:

$$R = \sqrt{x^2 + z^2 + \rho^2 - 2x\rho\cos\phi'} \tag{19.98}$$

Com isso, a equação de Kirchhoff resulta em:

$$\varphi(x, z) = \varphi_o \frac{j\beta z}{2\pi} \int_{-\pi/2}^{\pi/2} \int_0^\infty \left(1 + \frac{1}{j\beta R}\right) \frac{e^{-j\beta R}}{R^2} \rho \, d\rho \, d\phi' \tag{19.99}$$

A Figura 19.16 mostra a amplitude da onda difratada em três distâncias do anteparo como função da posição sobre o eixo x (distâncias normalizadas para o

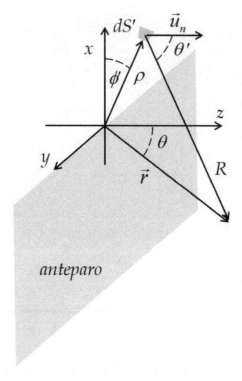

Figura 19.15: Ilustração para cálculo da difração em um plano semi-infinito.

comprimento de onda). Os valores foram obtidos por meio de integração numérica da Equação (19.99). Observe que a onda eletromagnética penetra na região de sombra com mais intensidade quanto maior é a distância ao anteparo. Na região iluminada, a intensidade da onda oscila em torno de um mesmo valor, mas a amplitude e o amortecimento das oscilações dependem da distância ao anteparo.

Devido à difração, ondas de rádio com comprimento de onda de vários metros em diante conseguem contornar eficientemente os objetos interceptados e permitem a comunicação mesmo em ambientes com muitos obstáculos. A capacidade de contornar obstáculos, como prédios, montanhas e a própria curvatura da Terra, diminui na medida em que a frequência aumenta e eventualmente resulta na propagação exclusivamente retilínea, ou seja, com difração desprezível, para ondas de frequência muito alta na faixa espectral das micro-ondas em diante.

19.7 Questões

19.1) Uma piscina com água do mar ($\sigma = 4$ S/m, $\epsilon_r = 80$, $\mu_r = 1$) com profundidade de 2 m está sofrendo a incidência perpendicular a partir do ar de uma

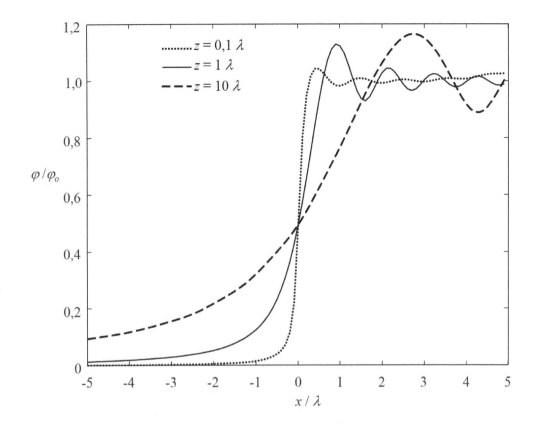

Figura 19.16: Difração por um plano semi-infinito. Amplitude da onda sobre um eixo paralelo ao plano para três diferentes distâncias ao obstáculo.

onda eletromagnética de 100 MHz com densidade de potência média de 20 W/m². Calcule a potência média dissipada na água.

19.2) Uma onda eletromagnética plana e uniforme de comprimento de onda de 2 m no ar incide perpendicularmente em uma interface entre o ar e um dielétrico com $\epsilon_r = 5$ e $\mu_r = 1$. Calcule o percentual de potência que se reflete e se transmite nessa interface em relação à potência incidente.

19.3) Uma onda eletromagnética de 500 MHz incide pelo ar em uma interface com o vidro ($\sigma = 0$, $\epsilon_r = 5$, $\mu_r = 1$). Considere que a potência incidente é de 1 W/m².

a) Qual é o maior ângulo de transmissão possível?

b) Se desejamos que a onda refletida não apresente polarização paralela ao plano de incidência, qual deve ser o ângulo de incidência na interface?

c) Para um ângulo de incidência de 30°, calcule as potências refletida e transmitida no vidro nas duas polarizações.

278 Análise de sistemas eletromagnéticos

19.4) Uma onda eletromagnética plana e uniforme de 100 MHz incide pelo ar perpendicularmente na interface com a água do mar ($\sigma = 4$ S/m, $\epsilon_r = 80$, $\mu_r = 1$). Na profundidade $z = 0,1$ m, a densidade de potência média na água é de 20 mW/m². Calcule as densidades de potência média incidente e refletida na interface ar-água e as amplitudes dos campos na superfície.

19.5) Uma onda eletromagnética de 10 MHz incide perpendicularmente na interface entre dois meios não magnéticos: um dielétrico (meio de incidência) com $\sigma = 0$ e $\epsilon_r = 9$ e um condutor (meio de transmissão) com impedância característica de $100 + j20$ Ω nessa frequência. Se a potência média incidente é 10 W/m², calcule:
a) As amplitudes dos campos elétrico e magnético transmitidos a 1 m da interface.
b) As amplitudes máxima e mínima dos campos no dielétrico. c) As posições de máximo e mínimo mais próximas da interface na distribuição de intensidade do campo elétrico no dielétrico.

19.6) Uma onda eletromagnética de 50 MHz e potência média de 1 W/m² incide perpendicularmente na interface entre o ar e um dielétrico com $\hat{\epsilon}_r = 10 - j2$ e $\mu_r = 1$ nessa frequência. Escreva as expressões completas dos campos elétrico e magnético das ondas incidente, refletida e transmitida no domínio do tempo (considere que a fase inicial do campo elétrico incidente é zero).

19.7) Uma onda eletromagnética cujo campo elétrico é descrito pela equação a seguir incide em uma interface plana entre o ar e um dielétrico com $\epsilon_r = 9$ e $\mu_r = 1$, cuja normal está orientada na direção z. Calcule as potências incidente, transmitida e refletida na interface.

$$\dot{\vec{E}}_i = (88\,\vec{u}_x + 120\,\vec{u}_y + 100\,\vec{u}_z)\,e^{-j(1,5\,x - 2,1\,y + 1,2\,z)}\;\text{V/m} \tag{19.100}$$

19.8) Considere uma fenda de 20 cm de altura e 1 cm de largura em um anteparo plano e infinito e uma onda eletromagnética plana linearmente polarizada na direção do comprimento da fenda incidindo perpendicularmente no anteparo. Na distância de 1 m do anteparo, a largura do feixe central medida como a distância entre os primeiros zeros é de 30 cm. Calcule a frequência da onda incidente.

19.9) Uma onda eletromagnética plana e uniforme de comprimento de onda λ e densidade de potência P_i atravessa uma abertura circular de raio R em um anteparo. Mostre que a relação entre as densidades de potência da onda difratada P_d na distância radial r (em relação ao centro da abertura) e da onda incidente é dada por:

$$\frac{P_d}{P_i} = \frac{R^2}{r^2}\text{cotg}^2\,(\theta)\;\;J_1{}^2\,[2\pi\,(R/\lambda\,)\,sen\theta] \tag{19.101}$$

Capítulo 19 – Ondas eletromagnéticas em interfaces

19.10) Em relação ao exercício anterior, considere $R/\lambda = 2,5$ e calcule a máxima densidade de potência da onda difratada e os primeiros quatro ângulos de intensidade nula.

19.11) A Figura 19.17 mostra uma parte de um dispositivo denominado grade de difração constituído de uma série de fendas paralelas com largura a e espaçamento d. Esse dispositivo é utilizado na medição do comprimento de onda de uma onda eletromagnética que o atravessa por meio do padrão de difração, sendo utilizado, por isso, em equipamentos de análise espectral da radiação emitida ou absorvida por materiais. Assumindo que a grade de difração tenha um número elevado N de fendas, mostre que a intensidade da radiação difratada no plano perpendicular médio ao comprimento das fendas é dada por:

$$I = I_o \left(\frac{sen\alpha}{\alpha}\right)^2 \left(\frac{senN\beta}{sen\beta}\right)^2$$
$$\alpha = \frac{\pi a}{\lambda} sen\theta \qquad (19.102)$$
$$\beta = \frac{\pi d}{\lambda} sen\theta$$

em que θ é o ângulo de direção do vetor de posição em relação à normal da superfície da grade de difração. Mostre que os máximos no espectro de difração ocorrem quando a seguinte condição é satisfeita:

$$sen\,\theta_{max} = \frac{n\lambda}{d} \quad (n = 0, 1, 2, ...) \qquad (19.103)$$

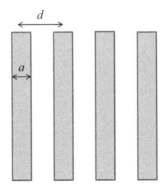

Figura 19.17: Ilustração de uma grade de difração.

Capítulo 20

Radiação e espectro eletromagnético

20.1 Potencial retardado

Este capítulo apresenta alguns processos físicos que resultam na emissão de radiação eletromagnética e a modelagem matemática necessária para descrever os campos irradiados. O princípio básico da radiação reside na aceleração de cargas elétricas. Desse modo, partículas carregadas em movimento acelerado emitem parte de sua energia na forma de ondas eletromagnéticas. Como consequência, correntes elétricas variáveis no tempo também emitem radiação eletromagnética.

Uma fonte de campos elétrico e magnético variável no tempo resulta na geração de ondas eletromagnéticas. A fim de determinar a distribuição de intensidades dos campos irradiados, bem como as características elétricas do irradiador, torna-se necessário relacionar os campos vetoriais produzidos com as distribuições de corrente e de carga elétrica na fonte. Considere o sistema irradiador genérico representado na Figura 20.1. A densidade de corrente elétrica na fonte é definida como uma função do vetor de posição $\vec{r}\,'$. Uma outra posição arbitrária $\vec{r}$ fora do volume ocupado pela distribuição de corrente é designada para cálculo dos campos gerados por essa fonte. Naturalmente, podemos relacionar os campos entre si por meio das equações de Maxwell e das relações constitutivas do meio, nesse caso, considerado como linear, homogêneo e isotrópico. Assim, as equações principais a serem consideradas são:

$$\nabla \times \vec{H} = \vec{J_c} + \sigma \vec{E} + \epsilon \frac{\partial \vec{E}}{\partial t} \tag{20.1}$$

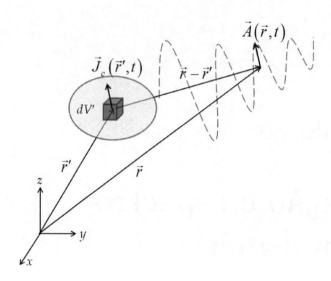

Figura 20.1: Ilustração do processo de geração de ondas eletromagnéticas a partir de uma fonte eletromagnética variável no tempo.

$$\nabla \times \vec{E} = -\mu \frac{\partial \vec{H}}{\partial t} \tag{20.2}$$

$$\vec{H} = \frac{\nabla \times \vec{A}}{\mu} \tag{20.3}$$

$$\vec{E} = -\nabla V - \frac{\partial \vec{A}}{\partial t} \tag{20.4}$$

em que V e $\vec{A}$ são os potenciais elétrico e magnético irradiados, respectivamente, e $\vec{J}_c$ é a densidade de corrente na fonte. Na equação da lei de Ampère, a corrente de condução foi separada em dois termos, $\vec{J}_c$ e $\sigma \vec{E}$, a fim de podermos descrever a relação dos campos irradiados com a distribuição de corrente na fonte e ao mesmo tempo considerar os efeitos dissipativos no meio de propagação da onda eletromagnética.

Uma estratégia possível para o cálculo dos campos irradiados consiste em transformar o conjunto de equações anterior em equações diferenciais para os potenciais V e $\vec{A}$ e, após resolvê-las, calcular os campos por meio das Equações (20.3) e (20.4). Para isso, será necessário substituir as Equações (20.3) e (20.4) na Equação (20.1) e obter a seguinte equação acoplada entre os potenciais:

$$\nabla \times \nabla \times \vec{A} = \mu \vec{J}_c - \nabla \left(\mu \sigma V + \mu \epsilon \frac{\partial V}{\partial t} \right) - \mu \sigma \frac{\partial \vec{A}}{\partial t} - \mu \epsilon \frac{\partial^2 \vec{A}}{\partial t^2} \tag{20.5}$$

Capítulo 20 – Radiação e espectro eletromagnético 283

Além disso, podemos usar a fórmula vetorial $\nabla \times \nabla \times \vec{A} = \nabla(\nabla \cdot \vec{A}) - \nabla^2 \vec{A}$ e, com isso, verificar que os termos envolvendo o operador gradiente acoplam os potenciais elétrico e magnético nos dois lados da Equação (20.5). Portanto, podemos utilizar a transformação de calibre de Lorentz descrita a seguir para simplificar a equação anterior:

$$\nabla \cdot \vec{A} = -\mu\sigma V - \mu\epsilon\frac{\partial V}{\partial t} \tag{20.6}$$

Com isso, obtemos uma equação separada para o potencial magnético:

$$\nabla^2 \vec{A} - \mu\sigma\frac{\partial \vec{A}}{\partial t} - \mu\epsilon\frac{\partial^2 \vec{A}}{\partial t^2} = -\mu\vec{J}_c \tag{20.7}$$

Então, um método de cálculo dos campos irradiados consiste em obter a solução da Equação (20.7) para o potencial magnético e a solução para o potencial elétrico segundo a Equação (20.6) e aplicar as Equações (20.3) e (20.4) para os campos. Outra possibilidade consiste em substituir a Equação (20.4) na lei de Gauss para o campo elétrico e obter a seguinte equação:

$$\nabla \cdot \vec{E} = -\nabla \cdot \nabla V - \frac{\partial\left(\nabla \cdot \vec{A}\right)}{\partial t} = \frac{\rho_V}{\epsilon} \tag{20.8}$$

Substituindo agora a Equação (20.6) para o divergente do potencial magnético, temos:

$$\nabla^2 V - \mu\sigma\frac{\partial V}{\partial t} - \mu\epsilon\frac{\partial^2 V}{\partial t^2} = -\frac{\rho_V}{\epsilon} \tag{20.9}$$

em que ρ_V é a densidade de carga elétrica na fonte. Assim, outro método consiste em resolver a Equação (20.9) para o potencial elétrico, a Equação (20.6) para o potencial magnético e as Equações (20.3) e (20.4) para os campos irradiados. Na prática, é mais conveniente resolver a equação de onda para o potencial magnético, porque geralmente é mais fácil descrever a distribuição de corrente que a distribuição de carga elétrica na fonte. Além disso, o caminho de cálculo resolvendo-se a equação de onda para o potencial magnético é mais simples, uma vez que o campo magnético pode ser calculado com a Equação (20.3) e o campo elétrico pode ser obtido a partir da lei de Faraday ou da lei de Ampère, sem necessidade, portanto, do cálculo do potencial elétrico.

A descrição precedente poderia ser efetuada no domínio frequência usando-se a representação fasorial. Uma vez que essa abordagem é extremamente útil e simplifica significativamente as expressões matemáticas, as Equações (20.1) a

284 Análise de sistemas eletromagnéticos

(20.4) e (20.6) a (20.9) são reescritas a seguir considerando que as grandezas envolvidas variam no tempo com forma de onda senoidal.

$$\nabla \times \dot{\vec{H}} = \dot{\vec{J}}_c + (\sigma + j\omega\epsilon)\,\dot{\vec{E}} \tag{20.10}$$

$$\nabla \times \dot{\vec{E}} = -j\omega\mu\dot{\vec{H}} \tag{20.11}$$

$$\dot{\vec{H}} = \frac{\nabla \times \dot{\vec{A}}}{\mu} \tag{20.12}$$

$$\dot{\vec{E}} = -\nabla\dot{V} - j\omega\dot{\vec{A}} \tag{20.13}$$

$$\nabla \cdot \dot{\vec{A}} = -\mu\,(\sigma + j\omega\epsilon)\,\dot{V} \tag{20.14}$$

$$\nabla^2\dot{\vec{A}} - \gamma^2\dot{\vec{A}} = -\mu\dot{\vec{J}}_c \tag{20.15}$$

$$\nabla^2\dot{V} - \gamma^2\dot{V} = -\frac{\dot{\rho}_V}{\epsilon} \tag{20.16}$$

em que γ é a constante de propagação já descrita e utilizada nos capítulos anteriores.

Uma solução simples será inicialmente obtida para uma distribuição localizada de corrente na origem do sistema de coordenadas ocupando um volume infinitesimal dV. O irradiador é então descrito por um elemento de corrente $\vec{J}_c dV$, que se anula para qualquer outra posição do espaço que não esteja infinitesimalmente próxima da origem. Assim, para $\vec{r} \neq 0$, a equação para o potencial magnético torna-se:

$$\nabla^2\dot{\vec{A}} = \gamma^2\dot{\vec{A}} \tag{20.17}$$

Para um irradiador puntiforme, espera-se uma irradiação isotrópica, ou seja, independente dos ângulos de direção no espaço. Com isso, o laplaciano depende apenas da coordenada radial e a equação anterior pode ser escrita na seguinte forma:

$$\frac{d^2}{dr^2}\left(r\dot{\vec{A}}\right) = \gamma^2 r\dot{\vec{A}} \tag{20.18}$$

cuja solução é obtida na forma $r\vec{A} = \vec{a}_o e^{-\gamma r} + \vec{a}'_o e^{\gamma r}$. Contudo, a solução com argumento positivo da função exponencial não é fisicamente plausível, pois implica uma função que aumenta sem limites quando $r \to \infty$. Uma vez que a radiação ocorre na direção radial, podemos descrever o vetor de onda por $\vec{K} = \gamma\vec{u}_r$. Desse modo, a solução para $r \neq 0$ é obtida na seguinte forma:

$$\dot{\vec{A}} = \frac{\vec{a}_o}{r}e^{-\vec{K}\cdot\vec{r}} \tag{20.19}$$

Capítulo 20 – Radiação e espectro eletromagnético 285

Para determinar a constante $\vec{a}_o$, utilizaremos a condição de contorno na origem. No limite com $r \to 0$, o potencial descrito na equação anterior tende a $\vec{A} \to \vec{a}_o/r$. Na vizinhança da origem, o laplaciano dessa função apresenta o seguinte comportamento:

$$\nabla^2 \dot{\vec{A}} = \vec{a}_o \nabla^2 \left(\frac{1}{r} \right) = -\vec{a}_o 4\pi \delta(r) \tag{20.20}$$

Substituindo na Equação (20.15), obtemos:

$$\vec{a}_o 4\pi \delta(r) + \gamma^2 \frac{\vec{a}_o}{r} = \mu \dot{\vec{J}}_c \tag{20.21}$$

Integrando essa equação em um volume esférico com raio tendendo a zero em torno da origem, o segundo termo no lado esquerdo torna-se nulo uma vez que o volume diferencial diminui com $r^2 dr$, enquanto o integrando aumenta apenas com $1/r$. Os termos restantes fornecem a relação entre a constante $\vec{a}_o$ e o elemento de corrente na origem:

$$\vec{a}_o = \frac{\mu}{4\pi} \dot{\vec{J}}_c \, dV \tag{20.22}$$

Com esse resultado substituído na Equação (20.19), obtemos o potencial magnético irradiado por um elemento diferencial de corrente na origem do sistema de coordenadas:

$$d\dot{\vec{A}} = \frac{\mu}{4\pi} \frac{\dot{\vec{J}}_c \, e^{-\vec{K}\cdot\vec{r}}}{r} dV \tag{20.23}$$

em que agora escrevemos $d\vec{A}$ porque se refere a um elemento diferencial de corrente.

Para uma distribuição de corrente elétrica descrita pela função densidade de corrente $\vec{J}_c(\vec{r}')$, podemos reescrever a equação anterior na forma de uma integral:

$$\dot{\vec{A}}(\vec{r}) = \frac{\mu}{4\pi} \int_{V'} \frac{\dot{\vec{J}}_c(\vec{r}') \, e^{-\vec{K}\cdot(\vec{r}-\vec{r}')}}{|\vec{r} - \vec{r}'|} dV' \tag{20.24}$$

Para uma distribuição superficial de corrente ou para uma corrente filamentar, o potencial irradiado pode ser calculado com essa equação apenas substituindo o elemento de corrente de acordo com as seguintes relações de equivalência: $\vec{J}_c dV = \vec{k} dS = I d\vec{L}$, em que $\vec{k}$ é a densidade superficial de corrente, dS é uma área diferencial, I é a corrente em um condutor filamentar e $d\vec{L}$ é um comprimento diferencial.

A expressão mais utilizada é a dos condutores filamentares devido à semelhança com os elementos irradiadores das antenas mais comuns. Assim, nas análises a seguir, utilizaremos a seguinte equação integral para o potencial magnético irradiado:

$$\vec{A}(\vec{r}) = \frac{\mu}{4\pi} \int_{L'} \frac{\dot{I}(\vec{r}')\, e^{-\vec{K}\cdot(\vec{r}-\vec{r}')}}{|\vec{r}-\vec{r}'|} d\vec{L}' \qquad (20.25)$$

20.2 Dipolo hertziano

O exemplo fundamental de elemento irradiador é denominado dipolo hertziano, constituindo-se de um pequeno segmento de fio condutor que transporta corrente uniformemente distribuída em seu comprimento. Consideremos a Figura 20.2, que mostra um dipolo hertziano no centro do sistema de referência. Se o comprimento do condutor é muito menor que a distância radial e comprimento de onda irradiado, tanto o denominador na Equação (20.25) quanto o argumento da função exponencial não dependerão apreciavelmente de $\vec{r}'$. Assim, a seguinte aproximação para o potencial magnético pode ser utilizada:

$$\vec{A}(\vec{r}) = \frac{\mu I_o l}{4\pi} \frac{e^{-Kr}}{r}\, \vec{u}_z \qquad (20.26)$$

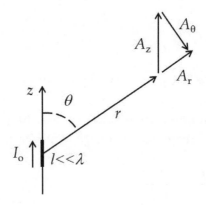

Figura 20.2: Ilustração da irradiação de um dipolo hertziano.

Substituindo $K = j\beta$ para irradiação no espaço livre não dissipativo e retornando ao domínio tempo, o potencial magnético será descrito pela seguinte equação:

$$\vec{A}(r,t) = \frac{\mu I_o l}{4\pi} \frac{\cos(\omega t - \beta r)}{r}\, \vec{u}_z = \frac{\mu I_o l}{4\pi} \frac{\cos[\omega(t-\Delta t)]}{r}\, \vec{u}_z \qquad (20.27)$$

em que $\Delta t = \beta r/\omega$ é o tempo de atraso do potencial em relação à corrente elétrica.

Esse resultado mostra que o potencial magnético irradiado por uma corrente elétrica que varia senoidalmente no tempo também é senoidal, mas está atrasado em relação à corrente pelo tempo necessário para a onda eletromagnética que se origina no elemento irradiador se deslocar até a posição radial $\vec{r}$ onde o potencial é observado. O vetor unitário $\vec{u}_z$ pode ser escrito em função dos vetores radial e polar no sistema esférico de coordenadas. Desse modo, as componentes radial e polar do potencial são:

$$\dot{A}_r = \frac{\mu\,I_o\,l}{4\pi}\,\frac{e^{-Kr}}{r}\,cos\theta \tag{20.28}$$

$$\dot{A}_\theta = -\frac{\mu\,I_o\,l}{4\pi}\,\frac{e^{-Kr}}{r}\,sen\theta \tag{20.29}$$

Uma vez que o potencial tem componentes apenas nas direções radial e polar, que não dependem da coordenada azimutal, o campo magnético terá componente apenas na direção azimutal. Utilizando a fórmula para o rotacional em coordenadas esféricas fornecida na Equação (9.12), obtemos:

$$\begin{aligned}\dot{H}_\phi &= \frac{1}{\mu\,r}\left[\frac{\partial}{\partial r}\left(r\dot{A}_\theta\right) - \frac{\partial \dot{A}_r}{\partial \theta}\right]\\ &= \frac{I_o l}{4\pi}\left[-\frac{1}{r}\frac{\partial}{\partial r}\left(r\frac{e^{-Kr}}{r}\,sen\theta\right) - \frac{1}{r}\frac{\partial}{\partial\theta}\left(\frac{e^{-Kr}}{r}\,cos\theta\right)\right]\\ &= \frac{I_o l\,K^2}{4\pi}\left[\frac{1}{Kr} + \frac{1}{K^2 r^2}\right]e^{-Kr}sen\theta\end{aligned} \tag{20.30}$$

Nesta análise, obteremos o campo elétrico a partir do campo magnético utilizando a lei de Ampère. Uma vez que o campo magnético tem apenas componente azimutal dependente das coordenadas radial e polar, o campo elétrico apresentará componentes nessas direções. Novamente utilizando a Equação (9.12) para o rotacional, temos:

$$\begin{aligned}\dot{\vec{E}} &= \frac{\nabla \times \dot{\vec{H}}}{(\sigma + j\omega\epsilon)}\\ &= \frac{1}{(\sigma + j\omega\epsilon)}\left[\frac{1}{rsen\theta}\left(\frac{\partial}{\partial\theta}\left(\dot{H}_\phi sen\theta\right)\right)\vec{u}_r - \left(\frac{1}{r}\frac{\partial}{\partial r}\left(r\dot{H}_\phi\right)\right)\vec{u}_\theta\right]\end{aligned} \tag{20.31}$$

Substituindo o resultado da Equação (20.30) e realizando as operações diferenciais, obtemos as seguintes componentes do campo elétrico:

$$\dot{E}_r = \frac{I_o l\,K^3}{2\pi\,(\sigma + j\omega\epsilon)}\left[\frac{1}{K^2 r^2} + \frac{1}{K^3 r^3}\right]e^{-Kr}cos\theta \tag{20.32}$$

$$\dot{E}_\theta = \frac{I_o l\, K^3}{4\pi\,(\sigma + j\omega\epsilon)} \left[\frac{1}{Kr} + \frac{1}{K^2 r^2} + \frac{1}{K^3 r^3} \right] e^{-Kr} sen\theta \tag{20.33}$$

Analisando as equações dos campos irradiados, observam-se comportamentos distintos na dependência com as coordenadas de posição. Nas proximidades do irradiador, quando $Kr << 1$, predominam os termos $1/r^2$ e $1/r^3$ e os campos assumem as formas assintóticas:

$$\dot{H}_\phi \approx \frac{I_o l}{4\pi r^2} e^{-Kr} sen\theta \tag{20.34}$$

$$\dot{E}_r \approx \frac{I_o l}{2\pi\,(\sigma + j\omega\epsilon)\, r^3} e^{-Kr} cos\theta \tag{20.35}$$

$$\dot{E}_\theta \approx \frac{I_o l}{4\pi\,(\sigma + j\omega\epsilon)\, r^3} e^{-Kr} sen\theta \tag{20.36}$$

Conforme se verificará no estudo da polarização elétrica (Capítulo 23), as componentes do campo elétrico de um dipolo elétrico estático têm exatamente a mesma dependência com as coordenadas espaciais que o campo elétrico do dipolo hertziano na região próxima ao irradiador segundo as Equações (20.35) e (20.36). Note que, de acordo com as aproximações indicadas nas equações anteriores, os campos elétrico e magnético estão defasados. No vácuo, essa defasagem é $\pi/2$ radianos. Segundo o teorema de Poynting, isso indica um fluxo de potência reativa sendo irradiado pelo dipolo. O espaço definido pela desigualdade $Kr << 1$, ou $r << \lambda/2\pi$ em um meio não dissipativo, é denominado região de campo próximo do irradiador.

Vejamos agora o que ocorre quando consideramos $Kr >> 1$, ou seja, quando a posição de observação dos campos irradiados situa-se no espaço denominado região de campo distante do irradiador. As aproximações para as Equações (20.30) e (20.33) são:

$$\dot{H}_\phi \approx \frac{I_o l\, K}{4\pi r} e^{-Kr} sen\theta \tag{20.37}$$

$$\dot{E}_\theta \approx \frac{I_o l\, K^2}{4\pi\,(\sigma + j\omega\epsilon)\, r} e^{-Kr} sen\theta \tag{20.38}$$

e a componente radial de campo elétrico, por apresentar apenas termos com $1/r^2$ e $1/r^3$, foi considerada desprezível na comparação com a componente polar.

Note que, para meios não dissipativos ($\sigma = 0$ e $K = j\beta$), os campos estão em fase, o que significa que existe um fluxo de potência ativa para longe do dipolo. O cálculo do fluxo de potência, ou simplesmente potência irradiada, é de importância fundamental na descrição de irradiadores. Para isso, utilizamos o

Capítulo 20 – Radiação e espectro eletromagnético 289

teorema de Poynting descrito pelas Equações (18.93) a (18.95). Contudo, esse desenvolvimento do teorema de Poynting não incluiu a potência fornecida pela fonte que alimenta o irradiador. Quando incluímos o termo de corrente de condução nos condutores do irradiador na equação da lei de Ampère, podemos deduzir que as equações anteriormente citadas devem ser modificadas para incluir, à direita da igualdade, a densidade volumétrica de potência fornecida (p_s), ou seja, a Equação (18.93) deve ser reescrita da seguinte forma:

$$\nabla \cdot \hat{\vec{P}} = p_s - \langle p_{diss} \rangle - j2\omega \left(\langle w_m \rangle - \langle w_e \rangle \right)$$

$$\rightarrow \oint_S \hat{\vec{P}} \cdot d\vec{S} = \int_V p_s dV - \int_V \langle p_{diss} \rangle \, dV - j2\omega \int_V \left(\langle w_m \rangle - \langle w_e \rangle \right) dV \quad (20.39)$$

$$= \hat{P}_s - \langle P_{diss} \rangle - j \langle P_r \rangle$$

em que P_{diss} é a potência dissipada, P_r é a potência reativa e $\hat{P}_s$ é a potência total fornecida.

No caso da radiação do dipolo hertziano em um meio não dissipativo, o cálculo da potência irradiada com base no teorema de Poynting complexo é relativamente simples. Os campos que contribuem para o fluxo de potência são H_ϕ e E_θ, pois resultam no vetor de Poynting orientado na direção radial. Considerando as Equações (20.30) e (20.33) com $K = j\beta$, obtemos para o vetor de Poynting a seguinte expressão:

$$\hat{\vec{P}} = \frac{1}{2}\dot{E}_\theta \dot{H}_\phi^* \vec{u}_r = \frac{1}{2}\left(\frac{I_o l}{4\pi}\right)^2 \frac{\beta^5}{\omega\epsilon} sen^2\theta \left(\frac{1}{\beta^2 r^2} - \frac{j}{\beta^5 r^5}\right)\vec{u}_r \quad (20.40)$$

Para um meio não dissipativo, segundo a Equação (20.39), a potência ativa fornecida pela fonte é igual ao fluxo do vetor de Poynting real através de qualquer superfície que envolva o irradiador. Usando uma superfície esférica e integrando a parte real da Equação (20.40), temos:

$$P_{sa} = \int_0^\pi Re\left(\hat{\vec{P}}\right) \cdot 2\pi r^2 sen\theta d\theta \, \vec{u}_r = \pi \left(\frac{I_o l}{4\pi}\right)^2 \frac{\beta^3}{\omega\epsilon} \int_0^\pi sen^3\theta d\theta$$

$$= \frac{Z_o I_o^2 l^2}{12\pi}\beta^2 = \frac{\pi Z_o I_o^2}{3}\left(\frac{l}{\lambda}\right)^2 \quad (20.41)$$

em que $Z_o = \sqrt{\mu/\epsilon}$ é a impedância do espaço livre e P_{sa} é a potência real fornecida, sendo numericamente igual à potência irradiada.

Para obter a potência reativa fornecida, devemos resolver a Equação (20.39) usando as partes imaginárias dos integrandos. Contudo, vemos na Equação

(20.40) que a parte imaginária do vetor de Poynting diminui com $1/r^5$, enquanto a área de integração aumenta apenas com r^2. Portanto, para grandes distâncias do irradiador, o fluxo de potência reativa é nulo. Assim, a potência reativa fornecida pela fonte pode ser calculada a partir da Equação (20.39) igualando-se o lado esquerdo a zero:

$$P_{sr} = 2\omega \int_V \left(\langle w_m \rangle - \langle w_e \rangle \right) dV = 2\omega \left(\langle W_m \rangle - \langle W_e \rangle \right) \tag{20.42}$$

Uma vez que esse cálculo é demasiado extenso, podemos obter uma estimativa por um método diferente. Se o raio da superfície de integração for considerado muito pequeno, de modo que o vetor de Poynting seja muito intenso nas proximidades do irradiador, e, por outro lado, a contribuição dos termos de energia provenientes da integral volumétrica das densidades $\langle w_m \rangle$ e $\langle w_e \rangle$ seja desprezível, a potência reativa fornecida pode ser estimada pela seguinte expressão derivada da Equação (20.39):

$$P_{sr} = \oint_S Im \left(\hat{\vec{P}} \right) \cdot d\vec{S} \tag{20.43}$$

Essa expressão fornece a potência exata se a superfície de integração coincidir com a superfície do irradiador, mas isso torna o cálculo muito complexo. Uma aproximação razoável será obtida utilizando uma superfície esférica com raio igual ao comprimento do dipolo. Substituindo a parte imaginária do vetor de Poynting de acordo com a Equação (20.40) na equação anterior, obtemos:

$$P_{sr} \approx \int_0^\pi -\frac{I_o^2 l^2 sen^2\theta}{32\pi^2 \omega \epsilon l^5} \, \vec{u}_r \cdot 2\pi l^2 sen\theta d\theta \, \vec{u}_r = -\frac{I_o^2}{16\pi\omega\epsilon l} \int_0^\pi sen^3\theta d\theta$$

$$= -\frac{I_o^2}{12\pi\omega\epsilon l} = -\frac{Z_o I_o^2}{24\pi^2} \frac{\lambda}{l} \tag{20.44}$$

Do ponto de vista do gerador, o elemento irradiador comporta-se como um elemento linear de circuito, cuja impedância pode ser calculada por meio da seguinte igualdade:

$$P_{sa} + jP_{sr} = \frac{1}{2} Z_{irr} I_o^2 = \frac{1}{2}(R_{irr} + jX_{irr})I_o^2 \tag{20.45}$$

em que Z_{irr} é a impedância do irradiador, sendo R_{irr} a resistência e X_{irr} a reatância correspondente. Usando as Equações (20.41) e (20.44) para a potência fornecida, obtemos a resistência e a reatância para um dipolo hertziano:

$$R_{irr} = \frac{2P_{sa}}{I_o^2} = \frac{2\pi Z_o}{3} \left(\frac{l}{\lambda} \right)^2 \tag{20.46}$$

Capítulo 20 – Radiação e espectro eletromagnético

$$X_{irr} = \frac{2P_{sr}}{I_o^2} = -\frac{Z_o}{12\pi^2}\frac{\lambda}{l} \tag{20.47}$$

Note que quanto menor o comprimento de onda, mais potência pode ser acoplada à onda eletromagnética para uma mesma amplitude de corrente e menos potência reativa é transferida para o espaço em torno do irradiador. Entretanto, uma vez que foi assumido que o comprimento físico do dipolo é muito pequeno comparado ao comprimento de onda para que a aproximação de corrente uniforme fosse adequada, podemos concluir que a resistência de irradiação do dipolo hertziano é muito pequena e, por sua vez, a reatância pode ser bastante elevada. Como exemplo, considere um dipolo com comprimento $l = \lambda/50$ no vácuo, para o qual obtemos, por meio das equações anteriores, $R_{irr} \approx 0,32\ \Omega$ e $X_{irr} \approx -159\ \Omega$.

As Equações (20.37) e (20.38) mostram que os campos irradiados na região de campo distante do dipolo hertziano são perpendiculares à direção radial, que é a direção de propagação da onda eletromagnética. A onda irradiada é, portanto, uma onda transversal (TEM). Essas equações mostram também que a impedância do meio é igual àquela obtida para ondas planas:

$$Z_o = \frac{\dot{E}_\theta}{\dot{H}_\phi} = \frac{K}{\sigma + j\omega\epsilon} = \sqrt{\frac{j\omega\mu}{\sigma + j\omega\epsilon}} \tag{20.48}$$

Um detalhe final digno de nota é a forma esférica da superfície de fase constante da onda eletromagnética irradiada pelo dipolo hertziano, uma vez que a dependência espacial da fase dos campos descritos nas Equações (20.37) e (20.38) é dada por $\varphi = -\beta r$. Portanto, o dipolo irradia ondas esféricas não uniformes, já que as amplitudes dos campos variam com o ângulo polar na frente de onda. Antecipando-nos ao estudo das antenas que será apresentado no Capítulo 30, podemos afirmar que essas características de irradiação no campo distante são similares a outros irradiadores com diferentes formas geométricas de seus condutores.

20.3   Radiação de partículas carregadas

Nas seções anteriores, a emissão eletromagnética foi descrita a partir de correntes elétricas variáveis no tempo em objetos condutores. Devido à natureza discreta da carga elétrica, a emissão também pode ser descrita a partir do movimento individual de partículas eletricamente carregadas com movimento acelerado. A descrição desse processo é especialmente importante em certas situações, como na radiação de frenagem para produção de raios X, no espalhamento de radiação

292 Análise de sistemas eletromagnéticos

provocado por elétrons livres (espalhamento Thomson) e na radiação síncrotron obtida com a aceleração de partículas em trajetórias circulares. Contudo, um novo modelo de cálculo será necessário para avaliar a emissão de partículas individuais.

Inicialmente, consideremos a solução retardada para o potencial elétrico. Comparando as Equações (20.15) e (20.16), podemos concluir que a solução para o potencial elétrico é similar à do potencial magnético, apenas efetuando uma transformação simples $\mu \vec{J}_c \to \rho_V/\epsilon$. A partir da Equação (20.24), portanto, obtemos:

$$V(\vec{r}) = \frac{1}{4\pi\epsilon} \int_{V'} \frac{\rho_V(\vec{r}') \; e^{-\vec{K}\cdot(\vec{r}-\vec{r}')}}{|\vec{r}-\vec{r}'|} dV' \tag{20.49}$$

Consideremos a situação na qual a partícula se desloca no vácuo, substituindo $K = j\beta$. A expressão correspondente do potencial no domínio do tempo é:

$$V(\vec{r}, t) = \frac{1}{4\pi\epsilon} \int_{V'} \frac{\rho_V(\vec{r}', t - \Delta t)}{|\vec{r}-\vec{r}'|} dV' \tag{20.50}$$

em que $\Delta t = |\vec{r} - \vec{r}'|/c$. Sendo uma carga puntiforme, podemos descrever a densidade de carga por:

$$\rho_V(\vec{r}', t - \Delta t) = q\delta\left[\vec{r}' - \vec{r}_q(t')\right] \tag{20.51}$$

em que $\vec{r}_q(t')$ é a posição da partícula no tempo retardado $t' = t - \Delta t$.

Substituindo e integrando em todo o espaço ocupado pela partícula em movimento e no tempo por meio da variável auxiliar t', resulta:

$$\begin{aligned} V(r, t) &= \frac{q}{4\pi\epsilon} \int_{-\infty}^{\infty} \int_{-\infty}^{\infty} \frac{\delta\left[r' - r_q(t')\right]}{|r - r'|} \delta\left(t' + \Delta t - t\right) dV' dt' \\ &= \frac{q}{4\pi\epsilon} \int_{-\infty}^{\infty} \frac{\delta\left(t' + |r - r_q(t')|/c - t\right)}{|r - r_q(t')|} dt' \end{aligned} \tag{20.52}$$

em que a integração no tempo com a inclusão da função impulso $\delta(t' + \Delta t - t)$ é uma representação equivalente à Equação (20.50). Para facilitar a resolução, a última integral é reescrita na seguinte forma:

$$V(\vec{r}, t) = \int_{-\infty}^{\infty} h(\vec{r}, t') \, \delta\left[g(\vec{r}, t') - t\right] dt' \tag{20.53}$$

Capítulo 20 – Radiação e espectro eletromagnético 293

$$h\left(\vec{r}, t'\right) = \frac{q}{4\pi\epsilon \left|\vec{r} - \vec{r}_q\left(t'\right)\right|}$$

$$g\left(\vec{r}, t'\right) = t' + \left|\vec{r} - \vec{r}_q\left(t'\right)\right| / c$$

Evidentemente, existe contribuição para o potencial apenas no instante $t = g(\vec{r}, t')$. Além disso, usando a seguinte transformação de variáveis: $s = g(\vec{r}, t')$, que implica a relação inversa, $t' = p(s)$, e o diferencial $dt' = ds/(dg/dt')$, reescrevemos a integral da Equação (20.53) e obtemos a solução:

$$\begin{aligned} V\left(\vec{r}, t\right) &= \int_{-\infty}^{\infty} \frac{h\left[\vec{r}, p\left(s\right)\right]\delta\left(s - t\right)}{dg/dt'}\,ds = \left\{\frac{h\left[\vec{r}, p\left(s\right)\right]}{dg/dt'}\right\}_{s=t} \\ &= \frac{h\left(\vec{r}, t'\right)}{dg/dt'} \end{aligned} \qquad (20.54)$$

Substituímos as expressões matemáticas das funções h e g e calculamos dg/dt' da seguinte forma:

$$\begin{aligned} \frac{dg}{dt'} &= 1 + \frac{1}{c}\frac{d}{dt'}\sqrt{\left[x - x_q\left(t'\right)\right]^2 + \left[x - y_q\left(t'\right)\right]^2 + \left[x - z_q\left(t'\right)\right]^2} \\ &= 1 - \frac{1}{c}\frac{\left(\vec{r} - \vec{r}_q\right)}{\left|\vec{r} - \vec{r}_q\right|} \cdot \left(\frac{dx_q}{dt'}\vec{u}_x + \frac{dy_q}{dt'}\vec{u}_y + \frac{dz_q}{dt'}\vec{u}_z\right) \\ &= 1 - \vec{u}_R \cdot \vec{v}/c \end{aligned} \qquad (20.55)$$

em que $\vec{u}_R$ é vetor unitário relativo ao vetor de posição $\vec{R} = \vec{r} - \vec{r}_q$ e $\vec{v} = d\vec{r}_q/dt'$ é a velocidade da partícula carregada. Assim, o potencial elétrico na posição $\vec{r}$ devido à partícula de carga q que se desloca com velocidade $\vec{v}$ na posição $\vec{r}_q$ é dado por:

$$V\left(\vec{r}, t\right) = \frac{1}{4\pi\epsilon}\frac{q}{\left|\vec{r} - \vec{r}_q\left(t'\right)\right|\left(1 - \vec{u}_R \cdot \vec{v}/c\right)} \qquad (20.56)$$

O potencial magnético pode ser obtido pelo mesmo método. Contudo, da relação $\vec{J}_c = \rho_V\vec{v} = qv\delta(\vec{r} - \vec{r}_q)$, verifica-se que o resultado anterior pode ser modificado para o potencial magnético com a seguinte substituição $q/\epsilon \to \mu q\vec{v}$:

$$\vec{A}\left(\vec{r}, t\right) = \frac{\mu}{4\pi}\frac{q\,\vec{v}}{\left|\vec{r} - \vec{r}_q\left(t'\right)\right|\left(1 - \vec{u}_R \cdot \vec{v}/c\right)} \qquad (20.57)$$

As duas equações anteriores definem o que se denomina potenciais de Lienart-Wiechert. A partir desses modelos de potencial, podemos obter os campos gerados por partículas carregadas em movimento usando as relações bem conhecidas $\vec{B} = \nabla \times \vec{A}$ e $\vec{E} = -\nabla V - \partial\vec{A}/\partial t$. Os cálculos, contudo, são muito laboriosos e os

294 Análise de sistemas eletromagnéticos

detalhes não serão mostrados aqui. Seguem os resultados conhecidos da literatura ([1] e [2]):

$$\vec{E} = \frac{q}{4\pi\epsilon_o} \frac{(\vec{u}_R - \vec{v}/c)\left(1 - v^2/c^2\right)}{R^2(1 - \vec{u}_R \cdot \vec{v}/c)^3} \\ + \frac{q\mu_o}{4\pi} \frac{(\vec{a} \cdot \vec{u}_R)\,\vec{u}_R - \vec{a} + \vec{u}_R \times (\vec{a} \times \vec{v}/c)}{R(1 - \vec{u}_R \cdot \vec{v}/c)^3} \tag{20.58}$$

$$\vec{B} = \frac{1}{c}\vec{u}_R \times \vec{E} \tag{20.59}$$

em que $\vec{a} = d\vec{v}/dt$ é a aceleração da partícula. Enfatizamos que as grandezas $\vec{R} = \vec{r} - \vec{r}_q$, $\vec{u}_R$, $\vec{v}$ e $\vec{a}$ devem ser calculadas no tempo retardado $t' = t - \Delta t$.

A Equação (20.58) claramente define duas contribuições: para uma partícula em repouso ou movimento uniforme, apenas o primeiro termo contribui para os campos; para uma partícula acelerada, o segundo termo contribui; e para grandes distâncias R, torna-se dominante. Portanto, o segundo termo nessa equação é o responsável pela emissão eletromagnética da carga elétrica.

Antes de analisar o termo de radiação, entretanto, vale a pena verificar o primeiro termo em duas situações distintas interessantes. No primeiro caso, a partícula está em repouso ($\vec{v} = 0$) e o campo elétrico é dado por:

$$\vec{E} = \frac{q}{4\pi\epsilon_o} \frac{\vec{u}_R}{R^2} \tag{20.60}$$

enquanto a indução magnética é nula. Essa é a situação na eletrostática e a equação anterior é compatível com a lei de Coulomb.

Agora, consideremos uma partícula em movimento uniforme com velocidade não relativística ($v \ll c$). Os campos, nesse caso, são:

$$\vec{E} \approx \frac{q}{4\pi\epsilon_o} \frac{(\vec{u}_R - \vec{v}/c)}{R^2(1 - \vec{u}_R \cdot \vec{v}/c)^3} \tag{20.61}$$

$$\vec{B} = \frac{1}{c}\vec{u}_R \times \left[\frac{q}{4\pi\epsilon_o} \frac{(\vec{u}_R - \vec{v}/c)}{R^2(1 - \vec{u}_R \cdot \vec{v}/c)^3}\right] \approx \frac{\mu_o}{4\pi} \frac{q\vec{v} \times \vec{u}_R}{R^2} \tag{20.62}$$

Note que o campo elétrico continua radial em relação à posição da partícula no instante t, mas essa direção é diferente de $\vec{u}_R$. Para verificar isso, basta multiplicar o vetor no numerador da Equação (20.61) por $c\Delta t$, o que resulta em $c\Delta t\vec{u}_R - \vec{v}\Delta t$. Esse resultado é exatamente o vetor de posição do ponto no espaço onde o campo está sendo calculado em relação à posição da partícula no instante t. Contudo, o campo elétrico não é isotrópico em relação à posição da partícula, pois tanto o numerador quanto o denominador nessa equação dependem do ângulo

Capítulo 20 – Radiação e espectro eletromagnético

entre $\vec{u}_R$ e $\vec{v}$. Além disso, observe que a partícula em movimento produz também campo magnético. É fácil concluir que o resultado aproximado obtido na Equação (20.62) para a indução magnética é uma expressão da lei de Biot-Savart para uma partícula puntiforme em movimento.

Consideremos agora a radiação eletromagnética emitida pela partícula acelerada. Para isso, utilizaremos apenas o segundo termo que é dominante em grandes distâncias:

$$\vec{E} = \frac{q\mu_o}{4\pi} \frac{(\vec{a} \cdot \vec{u}_R)\,\vec{u}_R - \vec{a} + \vec{u}_R \times (\vec{a} \times \vec{v}/c\,)}{R(1 - \vec{u}_R \cdot \vec{v}/c\,)^3}$$
$$= \frac{q\mu_o}{4\pi} \frac{\vec{u}_R \times (\vec{a} \times \vec{v}/c\,) - \vec{a}_\perp}{R(1 - \vec{u}_R \cdot \vec{v}/c\,)^3} \tag{20.63}$$

em que $\vec{a}_\perp$ é a componente da aceleração perpendicular a $\vec{u}_R$. Portanto, o campo elétrico irradiado é perpendicular à direção radial em relação à posição retardada da partícula.

A expressão vetorial no numerador é complexa em um caso geral, mas muito simples no caso de movimento retilíneo da partícula. Se $\vec{a}$ e $\vec{v}$ são vetores paralelos, temos:

$$\vec{E} = \frac{q\mu_o a sen\theta}{4\pi R(1 - vcos\theta/c\,)^3}\vec{u}_\theta \tag{20.64}$$

$$\vec{B} = \frac{1}{c}\vec{u}_R \times \vec{E} = \frac{q\mu_o a sen\theta}{4\pi cR(1 - vcos\theta/c\,)^3}\vec{u}_\phi \tag{20.65}$$

em que $a_\perp = a\,sen\theta$ e $\vec{u}_R \cdot \vec{v} = v\,cos\theta$, sendo θ o ângulo polar da posição onde se calcula o campo em relação à direção do movimento da partícula. Uma vez que os campos são ortogonais à $\vec{u}_R$, o vetor de Poynting está orientado nessa direção, sendo dado por:

$$\vec{P} = \vec{E} \times \frac{\vec{B}}{\mu_o} = \frac{E^2}{\mu_o c}\vec{u}_R = \frac{\mu_o q^2 a^2 sen^2\theta}{16\pi^2 cR^2(1 - vcos\theta/c\,)^6}\vec{u}_R \tag{20.66}$$

A Figura 20.3 mostra a distribuição angular da densidade de potência irradiada segundo essa equação. Para pequenas velocidades da partícula comparadas com a velocidade da luz no vácuo ($v << c$), a densidade do fluxo de potência irradiada pela carga puntiforme acelerada em movimento retilíneo é máxima na direção transversal ao seu movimento e nula na direção do próprio movimento. Para velocidade maiores, os lóbulos se deslocam para ângulos menores, devido à contribuição do termo dependente de θ no denominador.

A potência total irradiada pode ser calculada pela integral de fluxo do vetor de Poynting em uma superfície esférica centrada na partícula. No caso em que $v \ll c$, a integração é simples e o resultado é o seguinte:

$$P_{irr} = \oint_{esfera} \vec{P} \cdot d\vec{S} = \frac{\mu_o}{c} \frac{q^2 a^2}{16\pi^2} \int_0^\pi \left(\frac{sen^2\theta}{R^2} \right) (2\pi R^2\, sen\theta\, d\theta) = \frac{\mu_o q^2 a^2}{6\pi c} \quad (20.67)$$

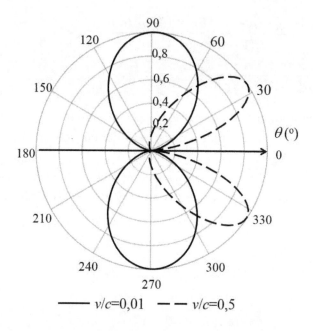

Figura 20.3: Distribuição angular da densidade de potência irradiada por uma carga elétrica puntiforme em movimento retilíneo acelerado. Gráficos normalizados. A seta horizontal indica a direção e o sentido do movimento da partícula.

Consideremos agora a irradiação de uma partícula carregada em movimento circular, como mostra a Figura 20.4. A velocidade tem componente apenas na direção azimutal ($\vec{v} = v\vec{u}_{\phi'}$), enquanto a aceleração tem componentes azimutal e radial ($\vec{a} = a_\rho \vec{u}_{\rho'} + a_\phi \vec{u}_{\phi'}$), em que $a_\phi = dv/dt$, $a_\rho = v^2/r_t$ e r_t é o raio da trajetória. Para simplificar a avaliação da Equação (20.63), vamos assumir que a distância ao ponto de observação do campo é muito maior que o raio da trajetória. Assim, o vetor unitário $\vec{u}_R$ pode ser escrito na forma mais simples:

$$\vec{u}_R = sen\theta cos\phi \vec{u}_x + sen\theta sen\phi \vec{u}_y + cos\theta \vec{u}_z \quad (20.68)$$

Uma vez que $\vec{a}$ e $\vec{v}$ situam-se no plano azimutal, o produto vetorial $\vec{a} \times \vec{v}$ na Equação (20.63) resulta na direção axial. O primeiro termo no numerador dessa

Capítulo 20 – Radiação e espectro eletromagnético

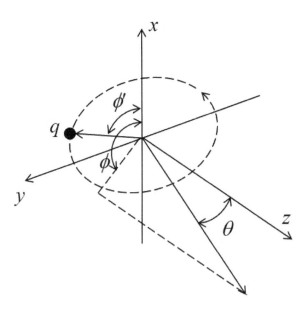

Figura 20.4: Ilustração para o cálculo da irradiação de uma carga elétrica puntiforme em movimento circular.

equação, portanto, é dado por:

$$\vec{u}_R \times (\vec{a} \times \vec{v}/c) = (sen\theta cos\phi\, \vec{u}_x + sen\theta\, sen\phi\, \vec{u}_y + cos\theta\, \vec{u}_z) \times (a_\rho v/c)\, \vec{u}_z$$
$$= (v^3/cr_t)\, sen\theta\, (sen\phi\vec{u}_x - cos\phi\vec{u}_y) = -(v^3/cr_t)\, sen\theta \vec{u}_\phi \quad (20.69)$$

O segundo termo no numerador é mais complexo de avaliar, embora seu módulo possa ser calculado sem dificuldade:

$$\vec{a}_\perp = \vec{a} - (\vec{a} \cdot \vec{u}_R)\, \vec{u}_R \rightarrow a_\perp = \sqrt{a^2 - (\vec{a} \cdot \vec{u}_R)^2} \quad (20.70)$$

Usando a Equação (20.68) e as representações dos vetores $\vec{u}_{\rho'}$ e $\vec{u}_{\phi'}$ em termos dos vetores unitários no sistema retangular de coordenadas, obtém-se o termo $\vec{a} \cdot \vec{u}_R$. Com isso, o módulo da aceleração transversal $\vec{a}_\perp$ pode ser escrito na seguinte forma:

$$a_\perp = \sqrt{a^2 - sen^2\theta [a_\rho cos(\phi - \phi') + a_\phi sen(\phi - \phi')]^2} \quad (20.71)$$

O termo dependente da velocidade no denominador da Equação (20.63) também pode ser calculado com relativa facilidade usando a Equação (20.68) e a expressão da velocidade $\vec{v} = v\vec{u}_{\phi'}$. Assim, a equação do campo elétrico irradiado pela partícula em movimento circular acelerado pode ser reescrita:

$$\vec{E} = -\frac{q\mu_o}{4\pi} \frac{\left(v^3 sen\theta/cr_t\right)\vec{u}_\phi + a_\perp \vec{u}_\perp}{R[1 - sen\theta sen\left(\phi - \phi'\right)v/c\,]^3} \tag{20.72}$$

em que $\vec{u}_\perp$ é um vetor unitário transversal ao vetor de posição $\vec{R}$ e indica a direção e o sentido da aceleração transversal.

Para $v \ll c$, o campo é definido principalmente pela aceleração transversal, o que determina um lóbulo de irradiação em torno da direção axial. A densidade de potência irradiada nesse caso é dada aproximadamente por:

$$\begin{aligned}
\vec{P} &= \frac{E^2}{\mu_o c}\vec{u}_R \approx \frac{q^2\mu_o a_\perp^2}{16c\pi^2 R^2}\vec{u}_R \\
&= \frac{q^2\mu_o}{16c\pi^2 R^2}\left\{a^2 - sen^2\theta\left[a_\rho cos\left(\phi - \phi'\right) + a_\phi sen\left(\phi - \phi'\right)\right]^2\right\}\vec{u}_R
\end{aligned} \tag{20.73}$$

e o valor médio da densidade de potência em uma revolução completa da partícula (variação da coordenada ϕ' entre zero e 2π) é, portanto:

$$\left\langle \vec{P} \right\rangle = \frac{q^2\mu_o a^2}{16c\pi^2 R^2}\left(1 - \frac{1}{2}sen^2\theta\right)\vec{u}_R \tag{20.74}$$

alcançando máxima intensidade para $\theta = 0$ e $\theta = \pi$ rad. Na Equação (20.72), nota-se ainda que no plano azimutal ($\theta = \pi/2$), se $a_\phi = 0$, a máxima intensidade ocorre na direção tangencial à trajetória da partícula, ou seja, para $\phi - \phi' = \pi/2$.

20.4 Espectro eletromagnético

A composição espectral de uma onda eletromagnética é determinada pela fonte que a gerou. Uma carga acelerada produz radiação de amplo espectro de frequências, como é o caso da radiação síncrotron ou do raio X. Por sua vez, correntes elétricas variáveis no tempo em circuitos elétricos e antenas produzem ondas eletromagnéticas geralmente ocupando faixas estreitas do espectro, como no caso das aplicações em eletrônica e especialmente em radiocomunicação.

Assim, seja por métodos naturais ou tecnológicos, existem ondas eletromagnéticas de frequências que se estendem de poucos hertz a mais de 10^{24} hertz. Diferentes características de propagação e utilização permitem dividir e classificar esse amplo intervalo em múltiplas faixas, que são ilustradas nas Tabelas 20.1 e 20.2. Até cerca de 3000 GHz, é mais usual a especificação da onda eletromagnética pela sua frequência. A partir daí, até o final da faixa de luz visível, é mais comum especificar o comprimento de onda. Do ultravioleta em diante, é mais usual especificar o sinal eletromagnético pela energia de fóton.

Capítulo 20 – Radiação e espectro eletromagnético

Tabela 20.1: Espectro eletromagnético de alta energia de fóton.

Classe	f (Hz)	λ (m)	hf (eV)
Raios gama	$0,00005 - 1 \times 10^{24}$	$0,0003 - 6 \times 10^{-12}$	$0,0002 - 4 \times 10^{9}$
Raios X	$0,003 - 5 \times 10^{19}$	$0,0006 - 1 \times 10^{-8}$	$0,00124 - 2 \times 10^{5}$
Ultravioleta	$0,079 - 3 \times 10^{16}$	$0,1 - 3,8 \times 10^{-7}$	$3,26 - 124$
Visível	$4,2 - 7,9 \times 10^{14}$	$3,8 - 7,2 \times 10^{-7}$	$1,72 - 3,26$
Infravermelho	$0,03 - 4,2 \times 10^{14}$	$0,0072 - 1 \times 10^{-4}$	$0,0124 - 1,72$

Tabela 20.2: Espectro eletromagnético de ondas de rádio.

Classe	f (Hz)	λ (m)
Ondas milimétricas	$0,3 - 3 \times 10^{12}$	$0,1 - 1 \times 10^{-3}$
EHF	$0,3 - 3 \times 10^{11}$	$0,1 - 1 \times 10^{-2}$
SHF	$0,3 - 3 \times 10^{10}$	$0,1 - 1 \times 10^{-1}$
UHF	$0,3 - 3 \times 10^{9}$	$0,1 - 1$
VHF	$0,3 - 3 \times 10^{8}$	$0,1 - 1 \times 10^{1}$
HF	$0,3 - 3 \times 10^{7}$	$0,1 - 1 \times 10^{2}$
MF	$0,3 - 3 \times 10^{6}$	$0,1 - 1 \times 10^{3}$
LF	$0,3 - 3 \times 10^{5}$	$0,1 - 1 \times 10^{4}$
VLF	$0,3 - 3 \times 10^{4}$	$0,1 - 1 \times 10^{5}$

As ondas eletromagnéticas no intervalo de 3 KHz a 3000 GHz são denominadas genericamente ondas de rádio. As faixas SHF, EHF e ondas milimétricas recebem também a designação geral de micro-ondas. Essas faixas comportam especialmente as aplicações em radiodifusão comercial e telecomunicações, incluindo telefonia móvel e sensoriamento por radar. A absorção de energia na matéria para ondas de rádio ocorre principalmente por condução e dispersão dielétrica. Na faixa de micro-ondas, um mecanismo importante de dissipação de energia é a relaxação dipolar, que ocorre nas transições entre estados rotacionais de moléculas polares que se alinham com o campo elétrico da onda eletromagnética. Um bom exemplo é a água, que apresenta relaxação com frequência característica de 20 GHz na temperatura de 300 K. Esse é o principal mecanismo de aquecimento de materiais orgânicos em fornos de micro-ondas. Nesse caso, os equipamentos de uso doméstico funcionam com um dispositivo emissor, denominado magnetron, operando na frequência de 2,45 GHz.

Acima de 3000 GHz e até cerca de 400 THz, existe a faixa denominada infravermelho, geralmente dividida em infravermelho próximo (comprimento de onda entre 0,78 μm a 3 μm no vácuo), infravermelho intermediário (3 μm a 6 μm) e infravermelho distante (6 μm a 1000 μm). A radiação no espectro infravermelho pode ser absorvida na matéria gerando transições entre estados vibracionais moleculares. Qualquer corpo aquecido emite radiação no infravermelho pelo mesmo mecanismo de transições vibracionais. O corpo humano, por exemplo, emite radiação com intensidade máxima em torno de 10 μm. A distribuição espectral da radiação emitida por objetos absorventes opacos é descrita pela fórmula de Planck e outras leis relacionadas, como a lei de Wien, que descreve a relação entre o comprimento de onda de máxima intensidade de radiação e a temperatura do objeto ($\lambda_{max} \approx 2898(\mu$m$)/$T(K)), e a lei de Stefan-Boltzmann, que descreve a densidade total de potência emitida como função da temperatura ($P = \sigma T^4$ W/m^2). Essas relações são utilizadas no processo de avaliação da temperatura de objetos por meio da detecção de sua emissão eletromagnética.

A luz visível corresponde a um estreito intervalo de comprimentos de onda de 0,38 μm a 0,72 μm no vácuo. A radiação nessa faixa de frequências é geralmente produzida por alterações nos estados eletrônicos de átomos e moléculas. Moléculas de gases excitadas por calor ou corrente elétrica e átomos em metais aquecidos a altas temperaturas são as fontes mais comuns de luz visível. As cores são o resultado da percepção humana da radiação no espectro visível captado pelo sistema visual. O espectro visível pode ser dividido nas seguintes cores: vermelho, de 622 a 720 nm; laranja, de 597 a 622 nm; amarelo, de 577 a 597 nm; verde, de 492 a 577 nm; azul, de 455 a 492 nm; e violeta, de 380 a 455 nm.

Abaixo do menor comprimento de onda da luz violeta começa a faixa denominada ultravioleta, caracterizada por energias de fóton de 3,3 eV a 124 eV. A radiação ultravioleta é produzida em transições eletrônicas nos átomos envolvendo grande variação de energia, por exemplo, quando um elétron fortemente ligado é excitado para níveis de energia maiores e depois retorna ao nível original ou quando ocorre recombinação entre íons e elétrons. Fótons com energia de dezenas de elétrons-volt conseguem retirar elétrons de superfícies metálicas (efeito fotoelétrico) e produzir ionização em átomos e moléculas.

Os raios X apresentam energias de fóton muito altas, de 124 eV até cerca de 200 keV, e podem ser produzidos por bombardeamento de um alvo metálico por um feixe de elétrons energéticos (radiação de frenagem), como ocorre em tubos de raios X. Um filamento de tungstênio, aquecido pela passagem de corrente elétrica no interior de um tubo de vidro mantido em pressões internas muito baixas, emite elétrons que são acelerados por uma diferença de potencial elétrico

Capítulo 20 – Radiação e espectro eletromagnético

de dezenas a centenas de milhares de volts. A diferença de potencial é aplicada entre o cátodo emissor de elétrons e um alvo metálico, geralmente de tungstênio, que atua como ânodo. Os elétrons, ao colidirem com os átomos da superfície do alvo, são desacelerados e emitem radiação. Os elétrons e os núcleos atômicos do ânodo, acelerados no impacto, também emitem radiação. Em particular, elétrons das camadas mais internas dos átomos do alvo podem ser removidos no impacto e, quando esses estados são posteriormente ocupados por elétrons de camadas mais externas, ocorre a emissão de radiação com espectro característico dos átomos do alvo. Existem muitas aplicações dos raios X na medicina e na pesquisa científica, especialmente no estudo das estruturas molecular e cristalina de materiais.

No topo do espectro eletromagnético estão os raios gama, os quais possuem energias de fóton extremas e são emitidos durante reações nucleares em que ocorrem transições entre diferentes estados de energia das partículas constituintes do núcleo atômico e na aniquilação elétron-pósitron.

20.5 Transformações de Lorentz do campo eletromagnético

As transformações de Lorentz descrevem as relações entre as coordenadas espaciais e o tempo para referenciais que mantêm velocidade constante entre si. Elas foram propostas no início do século XX na tentativa de resolver o paradoxo criado pela constatação experimental de que a velocidade da luz é independente do movimento relativo da fonte e do observador (experimento de Michelson-Morley). Embora as premissas utilizadas nesse desenvolvimento tenham sido refutadas mais tarde por Einstein em sua teoria da relatividade restrita, as equações deduzidas por Lorentz continuam sendo a base matemática para as transformações de coordenadas que são compatíveis com a invariância da velocidade da luz.

As equações a seguir referem-se à Figura 20.5, que mostra os referenciais O e O', com O' se deslocando com velocidade constante $\vec{w}$ na direção z em relação a O. As coordenadas transversais ao movimento não são alteradas, mas a coordenada longitudinal e o tempo são afetados pelo movimento relativo dos referenciais:

$$x = x' \qquad (a)$$
$$y = y' \qquad (b)$$
$$z = \frac{z' + wt'}{\sqrt{1 - \xi^2}} \quad (c) \qquad\qquad (20.75)$$
$$t = \frac{t' + \xi z'/c}{\sqrt{1 - \xi^2}} \quad (d)$$

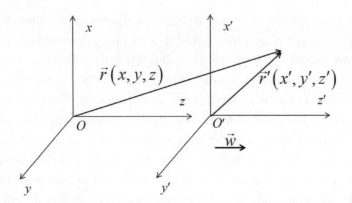

Figura 20.5: Ilustração para aplicação das transformações de Lorentz.

em que $\xi = w/c$ e c é a velocidade da luz no vácuo. As relações inversas são obtidas simplesmente substituindo w por $-w$.

Note que, uma vez que a velocidade da luz é invariante entre referenciais que se deslocam com velocidade constante, comprimentos e intervalos de tempo são diferentes nesses referenciais. Por exemplo, se o comprimento de uma barra em repouso sobre o eixo z' do referencial O' é L', no referencial O, segundo a inversa da Equação (20.75c), esse comprimento é menor: $L = \sqrt{1-\xi^2}L'$. De modo análogo, um evento que ocorra no intervalo de tempo $\Delta t'$ (em uma posição z') no referencial O', segundo a Equação (20.75d), é observado em um intervalo maior no referencial O: $\Delta t = \Delta t'/\sqrt{1-\xi^2}$.

Outra verificação simples e interessante diz respeito à forma como a velocidade de um objeto é medida nos dois referenciais. Utilizando as equações das coordenadas espaciais, calculamos as derivadas em relação ao tempo no referencial O e usamos a Equação (20.75d) para obter a derivada dt'/dt:

$$\frac{dx}{dt} = \frac{dx'}{dt'}\frac{dt'}{dt} \to v_x = v'_x \frac{dt'}{dt} \qquad (a)$$

$$\frac{dy}{dt} = \frac{dy'}{dt'}\frac{dt'}{dt} \to v_y = v'_y \frac{dt'}{dt} \qquad (b) \qquad (20.76)$$

$$\frac{dz}{dt} = \frac{1}{\sqrt{1-\xi^2}}\left(\frac{dz'}{dt'} + w\right)\frac{dt'}{dt} \to v_z = \frac{v'_z + w}{\sqrt{1-\xi^2}}\frac{dt'}{dt} \qquad (c)$$

$$\frac{dt}{dt'} = \frac{1}{\sqrt{1-\xi^2}}\left[1 + (\xi/c)\frac{dz'}{dt'}\right] \to \frac{dt'}{dt} = \frac{\sqrt{1-\xi^2}}{1 + \xi v'_z/c} \qquad (d)$$

Capítulo 20 – Radiação e espectro eletromagnético 303

Substituindo dt'/dt nas derivadas espaciais, resultam as seguintes transformações de velocidade:

$$v_x = v'_x \frac{\sqrt{1-\xi^2}}{1+\xi v'_z/c} \quad (a)$$

$$v_y = v'_y \frac{\sqrt{1-\xi^2}}{1+\xi v'_z/c} \quad (b) \qquad (20.77)$$

$$v_z = \frac{v'_z + w}{1+\xi v'_z/c} \quad (c)$$

É um pouco trabalhoso, mas pode-se verificar que, se o módulo da velocidade do objeto em um dos referenciais é igual a c, então no outro referencial a velocidade também é c. A constatação é trivial no caso em que a velocidade no referencial O' tem componente apenas em um eixo. Por exemplo, se $\vec{v}' = (0, 0, c)$, então, segundo as Equações (20.77), $\vec{v} = (0, 0, c)$. Mas, se $\vec{v}' = (c, 0, 0)$, então $\vec{v} = (c\sqrt{1-\xi^2}, 0, w)$, que também tem módulo igual a c.

Consideremos agora as transformações de grandezas eletromagnéticas. Iniciamos com as fontes $\vec{J_c}$ e ρ_V, relacionadas pela equação da continuidade. No referencial O, temos:

$$\frac{\partial J_x}{\partial x} + \frac{\partial J_y}{\partial y} + \frac{\partial J_z}{\partial z} + \frac{\partial \rho_V}{\partial t} = 0 \qquad (20.78)$$

Utilizando as inversas das Equações (20.75), as derivadas podem ser transformadas da seguinte forma:

$$\frac{\partial}{\partial x} = \frac{\partial}{\partial x'} \quad (a)$$

$$\frac{\partial}{\partial y} = \frac{\partial}{\partial y'} \quad (b)$$

$$\frac{\partial}{\partial z} = \frac{\partial}{\partial z'}\frac{\partial z'}{\partial z} + \frac{\partial}{\partial t'}\frac{\partial t'}{\partial z} = \frac{1}{\sqrt{1-\xi^2}}\frac{\partial}{\partial z'} - \frac{\xi/c}{\sqrt{1-\xi^2}}\frac{\partial}{\partial t'} \quad (c) \qquad (20.79)$$

$$\frac{\partial}{\partial t} = \frac{\partial}{\partial z'}\frac{\partial z'}{\partial t} + \frac{\partial}{\partial t'}\frac{\partial t'}{\partial t} = -\frac{w}{\sqrt{1-\xi^2}}\frac{\partial}{\partial z'} + \frac{1}{\sqrt{1-\xi^2}}\frac{\partial}{\partial t'} \quad (d)$$

Assim, substituindo na Equação (20.78), resulta em:

$$\frac{\partial J_x}{\partial x'} + \frac{\partial J_y}{\partial y'} + \frac{\partial}{\partial z'}\left(\frac{J_z}{\sqrt{1-\xi^2}} - \frac{w\rho_V}{\sqrt{1-\xi^2}}\right)$$

$$+ \frac{\partial}{\partial t'}\left(\frac{\rho_V}{\sqrt{1-\xi^2}} - \frac{\xi J_z/c}{\sqrt{1-\xi^2}}\right) = 0 \qquad (20.80)$$

Análise de sistemas eletromagnéticos

Portanto, as transformações de densidade de carga e de corrente são:

$$J'_\perp = J_\perp \qquad (a)$$
$$J'_\parallel = \frac{J_\parallel - w\rho_V}{\sqrt{1-\xi^2}} \qquad (b)$$
$$\rho'_v = \frac{\rho_V - \xi J_\parallel/c}{\sqrt{1-\xi^2}} \qquad (c)$$

$$(20.81)$$

em que os índices $\perp$ e $\parallel$ indicam componentes perpendicular e paralela à velocidade $\vec{w}$, respectivamente.

Para obter as transformações dos campos, usamos as equações de Maxwell. A lei de Faraday pode ser escrita nas componentes retangulares da seguinte forma:

$$\frac{\partial E_z}{\partial y} - \frac{\partial E_y}{\partial z} + \frac{\partial B_x}{\partial t} = 0 \quad (a)$$
$$\frac{\partial E_x}{\partial z} - \frac{\partial E_z}{\partial x} + \frac{\partial B_y}{\partial t} = 0 \quad (b)$$
$$\frac{\partial E_y}{\partial x} - \frac{\partial E_x}{\partial y} + \frac{\partial B_z}{\partial t} = 0 \quad (c)$$

$$(20.82)$$

Para a Equação (20.82a), substituindo as derivadas mostradas nas Equações (20.79) e reorganizando a expressão, obtemos:

$$\frac{\partial E_z}{\partial y'} - \frac{1}{\sqrt{1-\xi^2}}\frac{\partial E_y}{\partial z'} + \frac{\xi/c}{\sqrt{1-\xi^2}}\frac{\partial E_y}{\partial t'} - \frac{w}{\sqrt{1-\xi^2}}\frac{\partial B_x}{\partial z'} + \frac{1}{\sqrt{1-\xi^2}}\frac{\partial B_x}{\partial t'}$$
$$= \frac{\partial E_z}{\partial y'} - \frac{\partial}{\partial z'}\left(\frac{E_y + wB_x}{\sqrt{1-\xi^2}}\right) + \frac{\partial}{\partial t'}\left(\frac{B_x + \xi E_y/c}{\sqrt{1-\xi^2}}\right) = 0$$

$$(20.83)$$

Comparando com a equação original no referencial O, vemos que as componentes envolvidas devem se transformar da seguinte forma:

$$E'_z = E_z \qquad (a)$$
$$E'_y = \frac{E_y + wB_x}{\sqrt{1-\xi^2}} \qquad (b)$$
$$B'_x = \frac{B_x + \xi E_y/c}{\sqrt{1-\xi^2}} \qquad (c)$$

$$(20.84)$$

Capítulo 20 – Radiação e espectro eletromagnético 305

Repetindo o procedimento para as demais Equações (20.82), obtemos as transformações das demais componentes:

$$E'_x = \frac{E_x - wB_y}{\sqrt{1 - \xi^2}} \qquad (d)$$

$$B'_y = \frac{B_y - \xi E_x/c}{\sqrt{1 - \xi^2}} \qquad (e)$$

$$B'_z = B_z \qquad (f)$$

Aplicando o mesmo procedimento com a lei de Ampère $\nabla \times \vec{H} = \partial \vec{D}/\partial t$, obtém-se relações equivalentes para os campos $\vec{H}$ e $\vec{D}$, embora seja mais fácil utilizar as relações constitutivas $\vec{D} = \epsilon_o \vec{E}$ e $\vec{B} = \mu_o \vec{H}$ nas equações anteriores para obtê-las. A generalização dessas relações de transformação é simples utilizando os índices $\perp$ e $\parallel$ para designar as componentes perpendicular e paralela à velocidade $\vec{w}$, respectivamente:

$$E'_\parallel = E_\parallel \qquad (a)$$

$$B'_\parallel = B_\parallel \qquad (b)$$

$$\vec{E}'_\perp = \frac{\vec{E}_\perp + \vec{w} \times \vec{B}}{\sqrt{1 - \xi^2}} \qquad (c) \tag{20.85}$$

$$\vec{B}'_\perp = \frac{\vec{B}_\perp - \vec{w} \times \vec{E}/c^2}{\sqrt{1 - \xi^2}} \qquad (d)$$

Para deduzir as fórmulas de transformação dos potenciais elétrico e magnético, pode-se utilizar a Equação (20.6) para um meio não dissipativo. Essa fórmula é reescrita a seguir em coordenadas retangulares:

$$\frac{\partial A_x}{\partial x} + \frac{\partial A_y}{\partial y} + \frac{\partial A_z}{\partial z} + \frac{1}{c^2}\frac{\partial V}{\partial t} = 0 \tag{20.86}$$

Essa dedução é idêntica àquela utilizada na transformação da Equação (20.78). Podemos simplesmente substituir $\vec{J}_c \rightarrow \vec{A}$ e $\rho_V \rightarrow V/c^2$ nas Equações (20.81) para obter o resultado a seguir:

$$\vec{A}'_\perp = \vec{A}_\perp \qquad (a)$$

$$A'_\parallel = \frac{A_\parallel - \xi V/c}{\sqrt{1 - \xi^2}} \qquad (b) \tag{20.87}$$

$$V' = \frac{V - \xi c A_\parallel}{\sqrt{1 - \xi^2}} \qquad (c)$$

Além da importância conceitual dessas transformações no contexto da eletrodinâmica relativística, uma aplicação relevante é a obtenção de soluções de problemas complexos a partir de uma solução mais simples obtida em um referencial específico. Como exemplo, considere um dipolo hertziano em repouso no referencial O. Os campos irradiados na região de campo distante nesse referencial são dados pelas Equações (20.37) e (20.38). A Figura 20.6 mostra uma ilustração para esse exemplo.

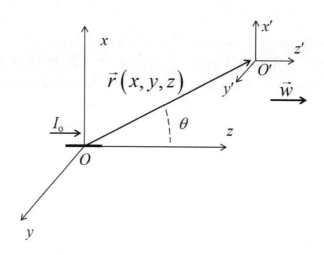

Figura 20.6: Ilustração para transformação dos campos irradiados pelo dipolo hertziano entre dois sistemas de referência.

Em coordenadas retangulares, no plano $y = 0$, esses campos podem ser escritos na seguinte forma:

$$\dot{H}_y = \dot{H}_\phi = jF_o \frac{sen\theta}{r} e^{-Kr} \qquad (20.88)$$

$$\dot{E}_x = \dot{E}_\theta cos\theta = jF_o Z_o \frac{sen\theta cos\theta}{r} e^{-Kr} \qquad (20.89)$$

$$\dot{E}_z = -\dot{E}_\theta sen\theta = -jF_o Z_o \frac{sen^2\theta}{r} e^{-Kr} \qquad (20.90)$$

em que $F_o = I_o l\beta/4\pi$ e $Z_o = \sqrt{\mu_o/\epsilon_o}$. Substituindo $\vec{K} = j\beta(sen\theta\,\vec{u}_x + cos\theta\,\vec{u}_z)$ e $\vec{r} = x\vec{u}_x + z\vec{u}_z$, multiplicando por $e^{j\omega t}$ e tomando a parte real do resultado, obtemos os campos no domínio tempo:

$$H_y = F_o \frac{sen\theta}{r} cos\left(\omega t - \beta x\, sen\theta - \beta z cos\theta + \pi/2\right) \qquad (20.91)$$

Capítulo 20 – Radiação e espectro eletromagnético

$$E_x = F_o Z_o \frac{sen\theta cos\theta}{r} cos\left(\omega t - \beta x\, sen\theta - \beta z cos\theta + \pi/2\right) \qquad (20.92)$$

$$E_z = -F_o Z_o \frac{sen^2\theta}{r} cos\left(\omega t - \beta x\, sen\theta - \beta z cos\theta + \pi/2\right) \qquad (20.93)$$

Para obter os campos no referencial que se move com velocidade $\vec{w} = w\vec{u}_z$, utilizamos as Equações (20.84):

$$H'_y = F_o \left[\frac{1 - \xi cos\theta}{\sqrt{1 - \xi^2}}\right] \frac{sen\theta}{r} cos\left(\psi\right) \qquad (20.94)$$

$$E'_x = F_o Z_o cos\theta \left[\frac{1 - \xi/cos\theta}{\sqrt{1 - \xi^2}}\right] \frac{sen\theta}{r} cos\left(\psi\right) \qquad (20.95)$$

$$E'_z = -F_o Z_o sen\theta \frac{sen\theta}{r} cos\left(\psi\right) \qquad (20.96)$$

em que a fase da onda eletromagnética, com as coordenadas x, z e t substituídas usando as Equações (20.75), é dada por:

$$\psi = \omega \left(\frac{t' + \xi z'/c}{\sqrt{1 - \xi^2}}\right) - \beta x'\, sen\theta - \beta \left(\frac{z' + wt'}{\sqrt{1 - \xi^2}}\right) cos\theta + \pi/2 \,- \beta h sen\theta$$

$$= \left(\frac{1 - \xi cos\theta}{\sqrt{1 - \xi^2}}\right) \omega t' - \beta x'\, sen\theta - \beta \left[\frac{1 - \xi/cos\theta}{\sqrt{1 - \xi^2}}\right] z' cos\theta + \pi/2 \,- \beta h sen\theta$$

$$(20.97)$$

Note que a componente x do campo elétrico (E'_x) e a componente z do vetor de onda (K'_z) são reduzidas exatamente na mesma proporção, enquanto E'_z e K'_x não mudam de um referencial para outro. Isso significa que a direção do vetor de Poynting no sistema O' não coincide com a direção no sistema O. Em outros termos, no sistema de referência em movimento em relação ao dipolo, as ondas eletromagnéticas parecem provir de uma posição no espaço diferente da posição que este ocupa no sistema no qual está em repouso. O vetor de onda $\vec{K'}$ forma um ângulo maior com a direção z que o vetor $\vec{K}$, ou seja, as ondas no referencial O' parecem provir de uma posição anterior à posição original do dipolo na direção e no sentido de movimento relativo entre fonte (dipolo) e observador (referencial O'). Esse fenômeno resulta em uma distorção espacial na distribuição de intensidade da onda eletromagnética designada por aberração.

Outra conclusão importante diz respeito à diferença entre as frequências medidas nos dois referenciais. De acordo com a equação anterior, a frequência no

308   Análise de sistemas eletromagnéticos

referencial O' é dada por:

$$\omega' = \omega \frac{1 - \xi cos\theta}{\sqrt{1 - \xi^2}} \tag{20.98}$$

Para ângulos entre zero e $\pi/2$, o dipolo está se afastando da origem no referencial O'. Nesse caso, a frequência medida nesse referencial é menor que a frequência original no referencial de repouso. Para ângulos maiores que $\pi/2$, o dipolo se aproxima da origem no referencial O' e a frequência medida é maior que a frequência original no referencial de repouso. Portanto, a frequência medida para uma fonte de ondas eletromagnéticas em movimento depende da velocidade da fonte e da posição no referencial em que a medição é efetuada. Isso é denominado efeito Doppler e tem importantes aplicações em sistemas de radar.

20.6   Questões

20.1) Considere um fio de cobre retilíneo com comprimento de 1 m dividido no seu centro em duas metades idênticas formando uma antena dipolo hertziano. Uma fonte de tensão com amplitude de 100 V e frequência de 3 MHz é aplicada no seu centro. Calcule a amplitude da corrente no dipolo. Calcule o campo elétrico máximo na distância de 200 m. Calcule a máxima densidade de potência e a potência irradiada.

20.2) Considere um acelerador linear de elétrons que produz um feixe com comprimento de 10 cm, cujos elétrons são acelerados por uma diferença de potencial de 50 kV com campo elétrico uniforme. No final da trajetória os elétrons são freados em uma distância de 10^{-9} m. Assumindo que 10^{17} elétrons por segundo são injetados no feixe, calcule a potência total irradiada pelo acelerador na aceleração e na desaceleração.

20.3) Uma partícula de carga q se desloca com a seguinte equação de movimento em relação a um certo referencial: $\vec{r} = x_o\vec{u}_x + y_o\vec{u}_y + (z_o + vt)\vec{u}_z$. Escreva as expressões dos campos elétrico e magnético na origem desse referencial.

20.4) Uma estação terrestre irradia na atmosfera um sinal eletromagnético com frequência de 300 MHz e distribuição angular aproximadamente uniforme de densidade de potência. Para uma aeronave sobrevoando o local na altitude de 5 km e velocidade de 1000 km/h, calcule o desvio de frequência do sinal captado nas seguintes situações: aeronave a 10 km de distância da estação e se aproximando, aeronave exatamente sobre a estação e aeronave a 100 km da estação e se afastando.

Capítulo 21

Força e movimento na interação da matéria com o campo eletromagnético

21.1 Movimento de partículas no vácuo

Os campos elétrico e magnético exercem força sobre as partículas eletricamente carregadas. O campo elétrico atua com uma força na sua própria direção e, por isso, realiza trabalho e modifica a energia cinética da partícula. O campo magnético, por sua vez, atua com uma força perpendicular a ele e à velocidade da partícula. Por isso, a força magnética não modifica a energia cinética da partícula, mas pode modificar a direção de seu movimento no espaço. Além da condução ordinária, a ação combinada dos campos elétrico e magnético origina importantes efeitos em meios condutores, alguns dos quais serão discutidos a seguir. Neste capítulo, também apresentaremos o cálculo de força sobre objetos neutros posicionados dentro dos campos elétrico e magnético e obteremos relações de força com energia e campos por meio do tensor das tensões de Maxwell.

No Capítulo 3 os conceitos de indução magnética e força magnética foram introduzidos com base na lei de força entre correntes estabelecida por Oersted e Ampère. A força magnética foi inicialmente formulada na Equação (3.3) para correntes filamentares. Naturalmente, existem formulações para correntes superficiais e volumétricas. De fato, apenas substituir o elemento de corrente $id\vec{L}$ por $\vec{k}dS$ ou $\vec{j}dV$, como fizemos na lei de Biot-Savart, é suficiente para obter as demais formulações da lei de força magnética:

$$\vec{F}_m = \int_L id\vec{L} \times \vec{B} \tag{21.1}$$

$$\vec{F}_m = \int_S \vec{k} \times \vec{B}\, dS \tag{21.2}$$

$$\vec{F}_m = \int_V \vec{j} \times \vec{B}\, dV \tag{21.3}$$

Para partículas isoladas se deslocando em um campo magnético, podemos obter uma lei de força similar utilizando a fórmula da densidade de corrente dada na Equação (6.4) e substituindo na Equação (21.3):

$$\vec{F}_m = \int_V \rho_V \vec{v} \times \vec{B}\, dV \tag{21.4}$$

em que $\rho_V = ne$ é a densidade de carga elétrica no meio. Para uma partícula puntiforme de carga q se deslocando com velocidade $\vec{v}$, a densidade de carga pode ser representada por uma função impulso $\rho_V = q\delta(\vec{r} - \vec{v}t)$. Substituindo na equação anterior, obtemos:

$$\vec{F}_m = q\vec{v} \times \vec{B} \tag{21.5}$$

Quando uma partícula está submetida a campos elétrico e magnético simultaneamente, a força resultante sobre ela é dada pela soma das forças elétrica e magnética:

$$\vec{F} = q\left(\vec{E} + \vec{v} \times \vec{B}\right) \tag{21.6}$$

Essa equação é denominada força de Lorentz. Note que a força elétrica tende a produzir translação da partícula na direção do campo elétrico, e a força magnética, rotação da partícula em torno de uma posição ou eixo, uma vez que a força magnética é sempre perpendicular à velocidade. Quando ambas atuam juntas, elas produzem uma combinação de translação e rotação.

Usando a segunda lei de Newton no vácuo e separando os termos da equação anterior nas três direções do sistema de coordenadas retangulares, obtemos:

$$\frac{dv_x}{dt} = \frac{q}{m}E_x + \frac{q}{m}\left(v_y B_z - v_z B_y\right) \tag{21.7}$$

$$\frac{dv_y}{dt} = \frac{q}{m}E_y + \frac{q}{m}\left(v_z B_x - v_x B_z\right) \tag{21.8}$$

Capítulo 21 – Força e movimento na interação da matéria com... 311

$$\frac{dv_z}{dt} = \frac{q}{m}E_z + \frac{q}{m}\left(v_x B_y - v_y B_x\right) \tag{21.9}$$

A solução desse sistema de equações permite descrever o comportamento da velocidade de uma partícula e, como consequência, o seu deslocamento no espaço. Consideremos alguns casos simples para ilustrar o procedimento.

1) Campos paralelos, $\vec{E} = E_o\vec{u}_z$, $\vec{B} = B_o\vec{u}_z$: as equações anteriores são simplificadas para a seguinte forma:

$$\frac{dv_x}{dt} = \frac{qB_o}{m}v_y \tag{21.10}$$

$$\frac{dv_y}{dt} = -\frac{qB_o}{m}v_x \tag{21.11}$$

$$\frac{dv_z}{dt} = \frac{q}{m}E_o \tag{21.12}$$

A terceira dessas equações mostra que a velocidade na direção do campo magnético depende apenas da força elétrica. As duas primeiras equações formam um sistema acoplado simples de resolver.

Inicialmente, é preciso desacoplá-las. Fazemos isso com a derivação no tempo da Equação (21.10) e a substituição da derivada de v_y com a Equação (21.11):

$$\frac{d^2v_x}{dt^2} = \frac{qB_o}{m}\frac{dv_y}{dt} = -\left(\frac{qB_o}{m}\right)^2 v_x = -\omega_o^2 v_x \tag{21.13}$$

em que $\omega_o = qB_o/m$ é denominada frequência de cíclotron. Repetimos o procedimento invertendo a ordem das equações e obtemos uma equação idêntica para v_y. As soluções dessas equações são simples de obter:

$$v_x = a_1 cos\left(\omega_o t + \phi_1\right) \tag{21.14}$$

$$v_y = a_2 cos\left(\omega_o t + \phi_2\right) \tag{21.15}$$

em que a_1, a_2, ϕ_1 e ϕ_2 são constantes que devem ser determinadas pelas condições iniciais.

Vamos assumir que a velocidade inicial da partícula é $\vec{v}(t=0) = V_{ox}\vec{u}_x + V_{oy}\vec{u}_y + V_{oz}\vec{u}_z$. Desse modo, segundo as Equações (21.10) e (21.11), temos $dv_x/dt = \omega_o V_{oy}$ e $dv_y/dt = -\omega_o V_{ox}$ em $t = 0$. Aplicando essas condições iniciais nas Equações (21.14) e (21.15), obtemos:

$$a_1 = a_2 = \sqrt{V_{ox}^2 + V_{oy}^2} \tag{21.16}$$

$$\phi_1 = acos\left(V_{ox}/\sqrt{V_{ox}^2 + V_{oy}^2}\right) \tag{21.17}$$

$$\phi_2 = acos\left(V_{oy}/\sqrt{V_{ox}^2 + V_{oy}^2}\right) \tag{21.18}$$

Note que $cos^2\phi_1 + cos^2\phi_2 = 1$, ou seja, $cos\phi_1 = sen\phi_2$. Portanto, temos $\phi_2 = \phi_1 + \pi/2$. Desse modo, usando $V_o = \sqrt{V_{ox}^2 + V_{oy}^2}$ e $\phi = \phi_1$, a velocidade da partícula pode ser escrita na seguinte forma:

$$\vec{v}(t) = V_o \cos(\omega_o t + \phi)\,\vec{u}_x - V_o\, sen\,(\omega_o t + \phi)\,\vec{u}_y + (V_{oz} + qE_o t/m\,)\,\vec{u}_z \tag{21.19}$$

No plano perpendicular ao campo magnético, o movimento da partícula é circular com velocidade angular ω_o. Assim, a posição da partícula pode ser calculada a partir da integração da velocidade:

$$\vec{r}(t) = \vec{r}_o + \frac{V_o}{\omega_o}[sen\,(\omega_o t + \phi) - sen\,(\phi)]\,\vec{u}_x + \frac{V_o}{\omega_o}[\cos(\omega_o t + \phi) - \cos(\phi)]\,\vec{u}_y$$
$$+ \left(V_{oz} t + qE_o t^2/2m\,\right)\vec{u}_z$$
$$\tag{21.20}$$

em que $\vec{r}_o$ é a posição inicial da partícula.

A Figura 21.1a mostra a trajetória da partícula de acordo com essa equação. Note que o campo elétrico determina o deslocamento resultante na sua direção e que a amplitude das oscilações no plano perpendicular é inversamente proporcional à intensidade do campo magnético (devido à presença de ω_o no denominador).

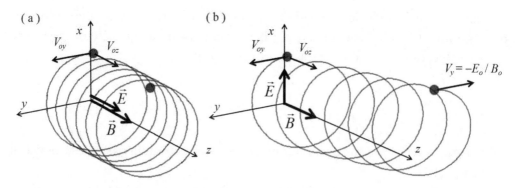

Figura 21.1: Trajetória de uma partícula eletricamente carregada (carga negativa) na presença de campos elétrico e magnético. (a) Campos paralelos; (b) campos perpendiculares.

2) Campos perpendiculares, $\vec{E} = E_o\vec{u}_x$, $\vec{B} = B_o\vec{u}_z$: as Equações (21.7) a (21.9) são simplificadas para a seguinte forma:

$$\frac{dv_x}{dt} = \frac{q}{m}E_o + \omega_o v_y \tag{21.21}$$

Capítulo 21 – Força e movimento na interação da matéria com... 313

$$\frac{dv_y}{dt} = -\omega_o v_x \tag{21.22}$$

$$\frac{dv_z}{dt} = 0 \tag{21.23}$$

Neste caso, a velocidade na direção do campo magnético é constante. Para as componentes transversais da velocidade, resolvemos as Equações (21.21) e (21.22) de maneira idêntica àquela utilizada no caso (1), mas, devido ao termo qE_o/m na equação para v_x, devemos acrescentar um termo constante na solução. Assim, temos:

$$v_x = a_1 cos\,(\omega_o t + \phi_1) + a'_1 \tag{21.24}$$

$$v_y = a_2 cos\,(\omega_o t + \phi_2) + a'_2 \tag{21.25}$$

Substituindo nas Equações (21.21) e (21.22), resulta nas seguintes relações em $t = 0$:

$$-a_1 sen\phi_1 = a_2 cos\phi_2 + \frac{qE_o}{m\omega_o} + a'_2 \tag{21.26}$$

$$a_2 sen\phi_2 = a_1 cos\phi_1 + a'_1 \tag{21.27}$$

Assim, concluímos que:

$$\begin{aligned} a'_2 &= -qE_o/m\omega_o = -E_o/B_o \\ a'_1 &= 0 \\ a_1 &= a_2 = V_o \\ \phi_1 &= \phi \\ \phi_2 &= \phi + \pi/2 \end{aligned} \tag{21.28}$$

e as soluções podem ser escritas nas seguintes formas:

$$v_x = V_o cos\,(\omega_o t + \phi) \tag{21.29}$$

$$v_y = -V_o\, sen\,(\omega_o t + \phi) - E_o/B_o \tag{21.30}$$

Substituindo a condição inicial $\vec{v}(t=0) = V_{ox}\vec{u}_x + V_{oy}\vec{u}_y + V_{oz}\vec{u}_z$, obtemos as constantes de integração:

$$V_o = \sqrt{V_{ox}^2 + (V_{oy} + E_o/B_o\,)^2} \tag{21.31}$$

$$\phi = acos\,(V_{ox}/V_o\,) \tag{21.32}$$

314   Análise de sistemas eletromagnéticos

Assim, a velocidade da partícula pode ser expressa na forma final:

$$\vec{v}(t) = V_o cos\,(\omega_o t + \phi)\,\vec{u}_x - V_o\,sen\,(\omega_o t + \phi)\,\vec{u}_y - E_o/B_o\,\vec{u}_y + V_{oz}\vec{u}_z \quad (21.33)$$

Note as semelhanças e as diferenças para a Equação (21.19). Também ocorre a oscilação da velocidade no plano perpendicular ao campo magnético com frequência ω_o, mas a velocidade tem agora dois termos constantes, nas direções y e z. O termo na direção z decorre apenas da velocidade inicial nessa direção, ou seja, caso a velocidade inicial não tenha componente na direção z, a partícula simplesmente não se deslocará nessa direção em nenhum outro instante de tempo. Na direção y, contudo, a velocidade surge devido ao acoplamento dos campos elétrico e magnético. Isso significa que, independente das condições iniciais, sempre ocorre um deslocamento na direção perpendicular aos campos. A equação da posição da partícula é obtida, como antes, pela integração da velocidade:

$$\vec{r}(t) = \vec{r}_o + \frac{V_o}{\omega_o}\,[sen\,(\omega_o t + \phi) - sen\,(\phi)]\,\vec{u}_x + \frac{V_o}{\omega_o}\,[cos\,(\omega_o t + \phi) - cos\,(\phi)]\,\vec{u}_y$$
$$- (E_o/B_o\,)\,t\,\vec{u}_y + V_{oz}t\,\vec{u}_z$$

$$(21.34)$$

A Figura 21.1b mostra o deslocamento da partícula neste caso.

21.2   Movimento de partículas em um meio condutor

Resultado diverso é obtido para partículas carregadas em movimento no interior de um objeto condutor, pois, nesse caso, a velocidade é limitada pela dissipação de energia por meio de colisões com os átomos do material. Para avaliar isso, devemos introduzir uma força de natureza dissipativa na equação de movimento:

$$m\frac{d\vec{v}}{dt} = q\left(\vec{E} + \vec{v} \times \vec{B}\right) - \gamma\vec{v} \quad (21.35)$$

em que γ é o coeficiente de atrito dinâmico originado pela transferência de energia cinética das partículas móveis para os átomos do material por meio de colisões.

Nesse caso, existe uma condição limite denominada velocidade terminal na qual a força resultante se anula. Proveniente da equação anterior, a velocidade terminal é obtida como solução da seguinte equação:

$$\vec{v} = \mu\vec{E} + \omega_o\tau\,(\vec{v} \times \vec{u}_B) \quad (21.36)$$

em que $\tau = m/\gamma$, $\mu = q\tau/m$, $\omega_o = qB/m$ e $\vec{u}_B$ é o vetor unitário relativo à indução magnética. τ é denominado tempo de relaxação e μ é a mobilidade da

Capítulo 21 – Força e movimento na interação da matéria com...   315

partícula. A mobilidade é a constante de proporcionalidade entre a velocidade e o campo elétrico na ausência de campo magnético, ou quando os campos são paralelos. Note que, para campos $\vec{E}$ e $\vec{B}$ paralelos, a partícula se desloca na direção do campo elétrico com velocidade $\vec{v} = \mu\vec{E}$, ou seja, o campo magnético não interfere no movimento.

Nesta análise, vamos assumir que o campo elétrico tem as três componentes ortogonais, enquanto o campo magnético está alinhado com o eixo x ($\vec{B} = B_o\vec{u}_x$). Sem a presença do campo magnético, o material se comporta como um condutor isotrópico, no qual em cada direção do sistema de coordenadas a mobilidade tem o mesmo valor e a velocidade terminal é proporcional à correspondente componente de campo elétrico. Assim, a Equação (21.36) pode ser reescrita na seguinte forma:

$$v_x\vec{u}_x + v_y\vec{u}_y + v_z\vec{u}_z - \omega_o\tau\left(-v_y\vec{u}_z + v_z\vec{u}_y\right) = \mu\left(E_x\vec{u}_x + E_y\vec{u}_y + E_z\vec{u}_z\right) \quad (21.37)$$

$$\rightarrow v_x = \mu E_x \quad (21.38)$$

$$\rightarrow v_y - \omega_o\tau v_z = \mu E_y \quad (21.39)$$

$$\rightarrow v_z + \omega_o\tau v_y = \mu E_z \quad (21.40)$$

A Equação (21.38) fornece diretamente a componente da velocidade na direção do campo magnético. As duas últimas equações devem ser resolvidas simultaneamente para obter as componentes perpendiculares da velocidade:

$$v_y = \frac{\mu}{1 + \omega_o^2\tau^2}\left(E_y + \omega_o\tau E_z\right) \quad (21.41)$$

$$v_z = \frac{\mu}{1 + \omega_o^2\tau^2}\left(E_z - \omega_o\tau E_y\right) \quad (21.42)$$

Note que as mobilidades nas direções perpendiculares agora dependem da intensidade do campo magnético (devido à ω_o). Nesse caso, a densidade de corrente no meio, usando a Equação (16.2), é obtida na seguinte forma:

$$j_x = \sigma_o E_x \quad (21.43)$$

$$j_y = \frac{\sigma_o}{1 + \omega_o^2\tau^2}\left(E_y + \omega_o\tau E_z\right) \quad (21.44)$$

$$j_z = \frac{\sigma_o}{1 + \omega_o^2\tau^2}\left(E_z - \omega_o\tau E_y\right) \quad (21.45)$$

em que σ_o é a condutividade isotrópica do material não magnetizado ($\sigma_o = qn\mu$). Desse modo, podemos concluir que a condutividade de um material, na presença de um campo magnético, torna-se anisotrópica e dependente da intensidade do campo.

316 Análise de sistemas eletromagnéticos

Outro aspecto importante se manifesta quando estabelecemos que a corrente elétrica na direção perpendicular aos campos elétrico e magnético é nula. Por exemplo, vamos assumir que a corrente elétrica na direção z do objeto é mantida no valor $I_o = j_z wh$ por uma fonte externa aplicada, em que w (direção y) é a largura do objeto e h (direção x) é a sua espessura. Resolvendo as Equações (21.44) e (21.45) para E_y com a condição que $j_y = 0$, obtemos:

$$E_y = -\frac{j_z \omega_o \tau}{\sigma_o} = -\frac{I_o \omega_o \tau}{wh\sigma_o} \tag{21.46}$$

Ou seja, devido à acumulação de cargas elétricas nas faces em $y = 0$ e $y = w$, surge um campo elétrico E_y que se opõe ao fluxo de cargas na direção y, e isso determina uma diferença de potencial elétrico denominada tensão Hall:

$$V_H = -wE_y = \frac{I_o \omega_o \tau}{h\sigma_o} = \frac{I_o B_o \mu}{h\sigma_o} \tag{21.47}$$

A medição da tensão Hall para um objeto condutor com seção transversal regular (espessura e largura uniformes) permite a avaliação da relação μ/σ_o por meio da Equação (21.47) e, consequentemente, o cálculo da densidade de partículas transportadoras de carga. Adicionalmente, para um condutor previamente caracterizado, a tensão Hall pode ser usada para determinar a intensidade da indução magnética ou da corrente elétrica na amostra. Uma vez que a densidade de partículas aparece no denominador na equação anterior, a tensão Hall é muito pequena para condutores metálicos.

A fim de obter a relação equivalente para semicondutores, é necessário somar dois termos semelhantes às Equações (21.44) e (21.45) correspondendo às contribuições de elétrons e lacunas. Isso é mostrado nas equações a seguir, em que os índices e e l indicam elétron e lacuna, respectivamente. Além disso, o produto $\omega_o \tau$ foi substituído por μB_o e as condutividades de elétrons e lacunas são dadas pelas expressões $\sigma_{oe} = qn_e\mu_e$ e $\sigma_{ol} = qn_l\mu_l$, respectivamente. Note que é necessário explicitar o sinal da carga elétrica do elétron nos termos entre parênteses.

$$j_y = \frac{\sigma_{oe}}{1 + \mu_e^2 B_o^2}\left(E_y - \mu_e B_o E_z\right) + \frac{\sigma_{ol}}{1 + \mu_l^2 B_o^2}\left(E_y + \mu_l B_o E_z\right) \tag{21.48}$$

$$j_z = \frac{\sigma_{oe}}{1 + \mu_e^2 B_o^2}\left(E_z + \mu_e B_o E_y\right) + \frac{\sigma_{ol}}{1 + \mu_l^2 B_o^2}\left(E_z - \mu_l B_o E_y\right) \tag{21.49}$$

Visando simplificar a expressão final, vamos assumir que $\mu B_o << 1$ para qualquer uma das mobilidades e, com isso, usar as seguintes aproximações:

$$j_y \approx (\sigma_{oe} + \sigma_{ol})\,E_y + (\sigma_{ol}\mu_l - \sigma_{oe}\mu_e)\,B_o E_z \tag{21.50}$$

Capítulo 21 – Força e movimento na interação da matéria com...   317

$$j_z \approx (\sigma_{oe} + \sigma_{ol}) E_z + (\sigma_{oe}\mu_e - \sigma_{ol}\mu_l) B_o E_y \tag{21.51}$$

Agora, podemos repetir o procedimento utilizado na análise anterior. O campo elétrico que anula a densidade de corrente (j_y) na direção perpendicular aos campos aplicados E_z e B_x é obtido das Equações (21.50) e (21.51) na seguinte forma:

$$E_y = \frac{-\left(\sigma_{ol}\mu_l - \sigma_{oe}\mu_e\right) B_o j_z}{\left(\sigma_{oe} + \sigma_{ol}\right)^2 + \left(\sigma_{ol}\mu_l - \sigma_{oe}\mu_e\right)^2 B_o^2} \tag{21.52}$$

e a tensão Hall é então dada por:

$$\begin{aligned} V_H &= \frac{\left(\sigma_{ol}\mu_l - \sigma_{oe}\mu_e\right) B_o I_o / h}{\left(\sigma_{oe} + \sigma_{ol}\right)^2 + \left(\sigma_{ol}\mu_l - \sigma_{oe}\mu_e\right)^2 B_o^2} \\ &\approx \frac{\left(\sigma_{ol}\mu_l - \sigma_{oe}\mu_e\right) B_o I_o}{\left(\sigma_{oe} + \sigma_{ol}\right)^2} \frac{}{h} \end{aligned} \tag{21.53}$$

A Figura 21.2 mostra um gráfico da tensão Hall como função da concentração de elétrons em uma lâmina de silício com espessura de 1 mm, campo magnético com indução $B_o = 100$ mT e corrente $I_o = 100$ μA na temperatura 300 K. A variação das concentrações de elétrons e lacunas em um semicondutor é obtida com a dopagem com impurezas doadoras de elétrons (elementos pentavalentes como P, As, Sb e Bi, por exemplo), que aumentam a concentração de elétrons, ou aceitadoras de elétrons (elementos trivalentes como B, Al, Ga e In, por exemplo), que aumentam a concentração de lacunas. As concentrações de elétrons e lacunas, embora dependam da concentração de dopante, mantêm entre si uma relação inversamente proporcional $n_e n_l = n_i{}^2$, em que n_i é a concentração de elétrons e lacunas do semicondutor não dopado, denominada concentração intrínseca ($n_i = 1,5 \times 10^{16}$ m^{-3} em $T = 300$ K para Si).

21.3   Relações entre força e intensidade de campo: tensor das tensões de Maxwell

Uma forma de calcular a força exercida sobre objetos colocados em campos eletromagnéticos consiste em considerar a força que os campos exercem sobre as distribuições de carga e de corrente nesse objeto. A força sobre uma partícula de carga q e velocidade $\vec{v}$ no campo eletromagnético é dada pela Equação (21.6). Se existe um conjunto muito numeroso de partículas carregadas em um pequeno volume do espaço, a densidade volumétrica de força pode ser obtida multiplicando-se essa equação pela densidade de partículas. Com isso, obtemos o seguinte resultado:

$$\vec{f} = \rho_V \vec{E} + \vec{j} \times \vec{B} \tag{21.54}$$

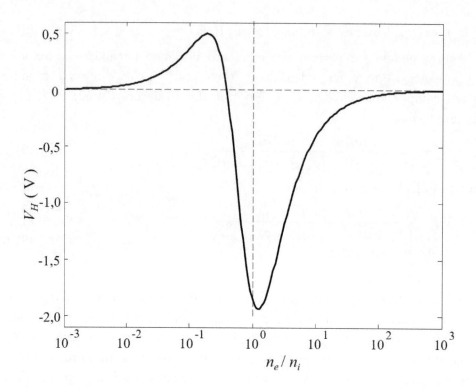

Figura 21.2: Tensão Hall em uma lâmina de silício como função da concentração de elétrons em relação à concentração intrínseca (n_e/n_i). Lâmina com espessura de 1 mm, campo magnético com indução $B_o = 100$ mT e corrente $I_o = 100$ μA na temperatura 300 K. A concentração de lacunas é tal que $n_l/n_i = n_i/n_e$.

Usando a lei de Gauss, podemos substituir a densidade de carga inserindo a indução elétrica na equação e, usando a lei de Ampère, podemos substituir a densidade de corrente inserindo o campo magnético. Desse modo, a densidade de força pode ser reescrita na seguinte forma:

$$\vec{f} = \vec{E}\nabla \cdot \vec{D} + \vec{B} \times \frac{\partial \vec{D}}{\partial t} - \vec{B} \times \nabla \times \vec{H} \tag{21.55}$$

O termo $\vec{B} \times \partial \vec{D}/\partial t$ pode ser desenvolvido como se mostra a seguir:

$$\vec{B} \times \frac{\partial \vec{D}}{\partial t} = \frac{\partial}{\partial t}\left(\vec{B} \times \vec{D}\right) + \vec{D} \times \frac{\partial \vec{B}}{\partial t} = \frac{\partial}{\partial t}\left(\vec{B} \times \vec{D}\right) - \vec{D} \times \left(\nabla \times \vec{E}\right) \tag{21.56}$$

Além disso, levando em conta a lei de Gauss magnética, podemos somar o termo $\vec{H}(\nabla \cdot \vec{B})$ sem afetar o resultado. Fazer essas modificações na Equação (21.55) resulta em:

$$\vec{f} + \frac{\partial}{\partial t}\left(\vec{D} \times \vec{B}\right) = \vec{E}\left(\nabla \cdot \vec{D}\right) + \vec{H}\left(\nabla \cdot \vec{B}\right) - \vec{D} \times \left(\nabla \times \vec{E}\right) - \vec{B} \times \left(\nabla \times \vec{H}\right) \tag{21.57}$$

Capítulo 21 – Força e movimento na interação da matéria com... 319

O termo à esquerda da igualdade, no espaço livre, apresenta uma simples e interessante interpretação. Substituindo as relações constitutivas e considerando a segunda lei de Newton, podemos reescrevê-lo na seguinte forma:

$$\vec{f} + \epsilon_0 \mu_0 \frac{\partial}{\partial t} \left(\vec{E} \times \vec{H} \right) = \frac{\partial \vec{p}_{mec}}{\partial t} + \frac{\partial}{\partial t} \left(\frac{\vec{P}}{c^2} \right) = \frac{\partial}{\partial t} \left(\vec{p}_{mec} + \vec{p}_{emg} \right) \qquad (21.58)$$

em que $\vec{P} = \vec{E} \times \vec{H}$ é o vetor de Poynting, c é a velocidade da luz no vácuo e $\vec{p}_{mec}$ e $\vec{p}_{emg}$ são os momentos lineares mecânico (associado ao movimento das partículas) e eletromagnético (associado ao fluxo de energia eletromagnética), respectivamente, por unidade de volume do espaço. Ou seja, o lado esquerdo na Equação (21.57) é a taxa de variação do momento linear total por unidade de volume.

O lado direito dessa equação, por sua vez, pode ser escrito na forma do divergente de uma densidade de fluxo, permitindo que se interprete essa equação como uma lei de conservação do momento linear. Para a componente x da parte elétrica dessa expressão, temos:

$$\left[\vec{E} \left(\nabla \cdot \vec{D} \right) - \vec{D} \times \left(\nabla \times \vec{E} \right) \right]_x$$
$$= E_x \left(\frac{\partial D_x}{\partial x} + \frac{\partial D_y}{\partial y} + \frac{\partial D_z}{\partial z} \right) - D_y \left(\frac{\partial E_y}{\partial x} - \frac{\partial E_x}{\partial y} \right) - D_z \left(\frac{\partial E_z}{\partial x} - \frac{\partial E_x}{\partial z} \right)$$
$$= \frac{\partial}{\partial x} \left(E_x D_x \right) + \frac{\partial}{\partial y} \left(E_x D_y \right) + \frac{\partial}{\partial z} \left(E_x D_z \right) - \frac{1}{2} \frac{\partial}{\partial x} \left(\vec{E} \cdot \vec{D} \right)$$
$$\qquad (21.59)$$

O último termo é correto apenas se o meio é linear. Então, essa componente pode ser escrita na seguinte forma compacta:

$$\left[\vec{E} \left(\nabla \cdot \vec{D} \right) - \vec{D} \times \left(\nabla \times \vec{E} \right) \right]_i = \sum_j \frac{\partial}{\partial l_j} \left[E_i D_j - \frac{1}{2} \left(\vec{E} \cdot \vec{D} \right) \delta_{ij} \right] \qquad (21.60)$$

em que δ_{ij} é o delta de Kronecker ($\delta_{ij} = 1$ se $i = j$ e $\delta_{ij} = 0$ se $i \neq j$) e $dl_1 = dx$, $dl_2 = dy$ e $dl_3 = dz$. De modo análogo, podemos escrever cada componente do lado direito da Equação (21.57):

$$\left[\vec{E} \left(\nabla \cdot \vec{D} \right) + \vec{H} \left(\nabla \cdot \vec{B} \right) - \vec{D} \times \left(\nabla \times \vec{E} \right) - \vec{B} \times \left(\nabla \times \vec{H} \right) \right]_i$$
$$= \sum_j \frac{\partial}{\partial l_j} \left[E_i D_j + H_i B_j - \frac{1}{2} \left(\vec{E} \cdot \vec{D} + \vec{H} \cdot \vec{B} \right) \delta_{ij} \right] \qquad (21.61)$$

O operando no lado direito dessa equação é uma das componentes do tensor das tensões de Maxwell, cujos termos elétrico e magnético podem ser escritos nas formas matriciais a seguir:

$$T_e = \begin{pmatrix} E_x D_x - w_e & E_x D_y & E_x D_z \\ E_y D_x & E_y D_y - w_e & E_y D_z \\ E_z D_x & E_z D_y & E_z D_z - w_e \end{pmatrix} \ (a) \qquad (21.62)$$

$$T_m = \begin{pmatrix} H_x B_x - w_m & H_x B_y & H_x B_z \\ H_y B_x & H_y B_y - w_m & H_y B_z \\ H_z B_x & H_z B_y & H_z B_z - w_m \end{pmatrix} \ (b)$$

em que w_e e w_m são as densidades de energia elétrica e magnética, respectivamente. Assim, com os resultados expressos nas Equações (21.58) a (21.62), a Equação (20.57) é reescrita na forma da lei de conservação de momento linear:

$$\frac{\partial}{\partial t} \left(\vec{p}_{mec} + \vec{p}_{emg} \right) = \sum_i \left(\sum_j \frac{\partial T_{ij}}{\partial l_j} \right) \vec{u}_i \qquad (21.63)$$

em que $T_{ij} = T_{eij} + T_{mij}$.

Integrar no volume de um objeto imerso no campo eletromagnético resulta na força total aplicada sobre ele. Usando o teorema de Gauss, podemos obter a força resultante na forma do fluxo do tensor $T = T_e + T_m$ através da superfície do objeto:

$$\frac{\partial}{\partial t} \left(\vec{P}_{mec} + \vec{P}_{emg} \right) = \sum_i \left(\int_V \sum_j \frac{\partial T_{ij}}{\partial l_j} dV \right) \vec{u}_i = \sum_i \left(\sum_j \oint_S T_{ij} dS_j \right) \vec{u}_i \quad (21.64)$$

em que dS_j é a projeção de $d\vec{S}$ na direção j do sistema de coordenadas.

Podemos interpretar as linhas do tensor de Maxwell como vetores de densidade superficial de força em cada direção do sistema de coordenadas, ou seja, a tensão mecânica que os campos elétrico e magnético exercem no objeto. Como exemplo, seja a tensão na direção x:

$$t_x dS = T_{xx} dS_x + T_{xy} dS_y + T_{xz} dS_z = (T)_x \cdot d\vec{S} \qquad (21.65)$$

Assim, a tensão pode ser calculada com a seguinte fórmula matricial:

$$\begin{bmatrix} t_x \\ t_y \\ t_z \end{bmatrix} = \begin{pmatrix} T_{xx} & T_{xy} & T_{xz} \\ T_{yx} & T_{yy} & T_{yz} \\ T_{zx} & T_{zy} & T_{zz} \end{pmatrix} \cdot \begin{bmatrix} n_x \\ n_y \\ n_z \end{bmatrix} \qquad (21.66)$$

Capítulo 21 – Força e movimento na interação da matéria com...   321

em que n_x, n_y e n_z são as componentes do vetor unitário normal à superfície do objeto. A Equação (21.64) pode então ser reescrita em uma forma compacta:

$$\vec{f} = \oint_S t\, d\vec{S} - \frac{\partial \vec{P}_{emg}}{\partial t} \tag{21.67}$$

Por meio dessa equação, entendemos que a integração da tensão definida pelo tensor T na superfície de um objeto, descontada a taxa de variação do momento linear eletromagnético, resulta na força exercida pelos campos sobre esse objeto. Em virtude dos pequenos valores das constantes ϵ_o e μ_o, o momento linear eletromagnético geralmente tem valor muito pequeno e sua contribuição na equação anterior é considerável apenas em frequências muito elevadas.

Embora a expressão do tensor das tensões de Maxwell pareça complicada, sua interpretação geométrica é bem simples. Inicialmente calcularemos a componente elétrica da tensão segundo as Equações (21.62) e (21.66):

$$\begin{bmatrix} t_x \\ t_y \\ t_z \end{bmatrix}_e = \begin{bmatrix} (E_x D_x - w_e)\, n_x + E_x D_y n_y + E_x D_z n_z \\ E_y D_x n_x + (E_y D_y - w_e)\, n_y + E_y D_z n_z \\ E_z D_x n_x + E_z D_y n_y + (E_z D_z - w_e)\, n_z \end{bmatrix} \tag{21.68}$$

Combinando as componentes entre si, obtém-se uma fórmula geral para a tensão de origem elétrica:

$$\vec{t_e} = \left(\vec{D} \cdot \vec{u}_n \right) \vec{E} - w_e \vec{u}_n \tag{21.69}$$

Ou seja, a tensão tem uma componente na direção normal à interface e outra na direção do campo. Esses três vetores (tensão, campo e normal) são, portanto, coplanares. Escrevendo o campo nas suas componentes normal e tangencial (E_n, E_t) à interface, temos que:

$$\vec{t_e} = D_n \left(E_n \vec{u}_n + E_t \vec{u}_t \right) - \frac{1}{2} \left(D_n E_n + D_t E_t \right) \vec{u}_n = \frac{1}{2} \left(D_n E_n - D_t E_t \right) \vec{u}_n + D_n E_t \vec{u}_t \tag{21.70}$$

O módulo da tensão pode ser calculado como:

$$t_e^2 = \frac{1}{4}(D_n E_n - D_t E_t)^2 + (D_n E_t)^2$$

$$= \frac{1}{4} \left[(D_n E_n)^2 + (D_t E_t)^2 - 2 D_n E_n D_t E_t + 4(D_n E_t)^2 \right] \tag{21.71}$$

$$\rightarrow t_e = \frac{1}{2} \left(D_n E_n + D_t E_t \right) = \frac{1}{2} \vec{D} \cdot \vec{E} = w_e$$

322 Análise de sistemas eletromagnéticos

em que a expressão final, na qual se conclui que a tensão é igual à densidade de energia, é correta se o meio for linear e isotrópico.

A direção da tensão depende da direção do campo aplicado em relação à normal. De acordo com as duas últimas equações, o vetor de tensão faz um ângulo ϕ_e com a direção normal que satisfaz a seguinte relação:

$$sen\phi_e = \frac{D_n E_t}{\epsilon E^2/2} = 2\frac{E_n}{E}\frac{E_t}{E} = 2\,cos\theta_e sen\theta_e = sen2\theta_e \tag{21.72}$$

em que θ_e é o ângulo entre o vetor campo elétrico e o vetor normal à interface. Concluímos que o ângulo de direção da tensão é sempre o dobro do ângulo de direção do campo.

Para a componente magnética da tensão, as mesmas conclusões são válidas. As equações a seguir descrevem as relações entre a tensão e o campo eletromagnético:

$$\vec{t}_e = \left(\vec{D}\cdot\vec{u}_n\right)\vec{E} - w_e\vec{u}_n = \frac{1}{2}\left(D_n E_n - D_t E_t\right)\vec{u}_n + D_n E_t\vec{u}_t$$
$$\rightarrow\ t_e = w_e,\ \phi_e = 2\theta_e \tag{21.73}$$

$$\vec{t}_m = \left(\vec{B}\cdot\vec{u}_n\right)\vec{H} - w_m\vec{u}_n = \frac{1}{2}\left(B_n H_n - B_t H_t\right)\vec{u}_n + B_n H_t\vec{u}_t$$
$$\rightarrow\ t_m = w_m,\ \phi_m = 2\theta_m \tag{21.74}$$

Como exemplo, consideremos uma esfera de material dielétrico inicialmente posicionada em um campo elétrico uniforme preexistente, como mostra a Figura 21.3. Na última seção do Capítulo 23, o problema do objeto esférico em um campo elétrico uniforme é analisado. Obtém-se como um dos resultados que o campo elétrico total no interior do objeto também é uniforme, embora o campo externo total não o seja. De acordo com a Equação (23.76), para uma esfera de constante dielétrica ϵ_r no ar submetida ao campo aplicado $\vec{E}_o$, o campo no seu interior é dado por:

$$\vec{E} = \frac{3}{\epsilon_r + 2}\vec{E}_o \tag{21.75}$$

Usando as relações de continuidade na interface dadas nas Equações (12.3) e (12.7), escrevemos as expressões dos campos externos normal e tangencial à superfície da esfera:

$$E_n = \frac{3\epsilon_r}{\epsilon_r + 2}E_o cos\theta \quad (a)$$
$$E_t = \frac{3}{\epsilon_r + 2}E_o\,sen\theta \quad (b) \tag{21.76}$$

Capítulo 21 – Força e movimento na interação da matéria com...

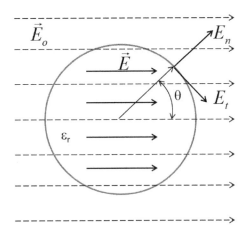

Figura 21.3: Ilustração para cálculo da força sobre uma esfera dielétrica em um campo elétrico aplicado.

Substituindo na Equação (21.73), obtemos a tensão mecânica na superfície:

$$\vec{t}_e = \frac{1}{2}\epsilon_o \left(E_n^2 - E_t^2 \right) \vec{u}_n + \epsilon_o E_n E_t \vec{u}_t$$
$$= \frac{9}{2} \frac{\epsilon_o E_o^2}{(\epsilon_r + 2)^2} \left[\left(\epsilon_r^2 cos^2\theta - sen^2\theta \right) \vec{u}_n + \epsilon_r cos\theta sen\theta \vec{u}_t \right] \quad (21.77)$$

Integrando na área de um hemisfério, por exemplo, no lado direito da Figura 21.3, obtemos a força exercida pelo campo à direita da esfera. Devido à simetria azimutal, a força resultante está orientada na direção do campo aplicado. Assim, calcularemos apenas a componente axial:

$$F' = \int_0^{\pi/2} \left[(t_e)_n cos\theta + (t_e)_t sen\theta \right] 2\pi R^2 sen\theta d\theta$$

$$= 9\pi R^2 \frac{\epsilon_o E_o^2}{(\epsilon_r + 2)^2} \int_0^{\pi/2} \left[\left(\epsilon_r^2 cos^2\theta - sen^2\theta \right) cos\theta sen\theta + \epsilon_r cos\theta sen^3\theta \right] d\theta$$

$$= 9\pi R^2 \frac{\epsilon_o E_o^2}{(\epsilon_r + 2)^2} \quad (21.78)$$

$$\left[(1 + \epsilon_r^2) \int_0^{\pi/2} cos^3\theta sen\theta d\theta - \int_0^{\pi/2} cos\theta sen\theta d\theta + \epsilon_r \int_0^{\pi/2} cos\theta sen^3\theta d\theta \right]$$

$$= \frac{9}{4}\pi R^2 \frac{\epsilon_o E_o^2}{(\epsilon_r + 2)^2} \left[(1 + \epsilon_r^2) + \epsilon_r - 2 \right]$$

324   Análise de sistemas eletromagnéticos

Na face esquerda, a força tem expressão equivalente, porém está orientada no sentido contrário. Se o campo preexistente de fato é uniforme, essas forças são iguais em módulo e a resultante é nula. Assim, apenas existe força resultante se o campo aplicado é não uniforme.

Assumindo que a variação do campo aplicado é pequena no volume da esfera ($R\,dE_o/dz << E_o$ no centro da esfera), os cálculos anteriores podem ser considerados como aproximações válidas. Assim, podemos estimar a força resultante pela variação da força calculada anteriormente em um comprimento equivalente ao raio da esfera:

$$F_z \approx \frac{dF'}{dz}R = \frac{9}{2}\pi R^3 \frac{\epsilon_o}{(\epsilon_r + 2)^2}\left(\epsilon_r^2 + \epsilon_r - 1\right)E_o\frac{dE_o}{dz} \qquad (21.79)$$

em que E_o e dE_o/dz devem ser calculados no centro da esfera. Segundo essa expressão, impulsionada pela força resultante, a esfera tende a se deslocar para as regiões de máxima intensidade de campo elétrico. Devido ao pequeno valor da permissividade elétrica, a força elétrica é muito pequena para valores ordinários de dimensões de objetos e intensidades de campo.

O problema equivalente para cálculo da força magnética em uma esfera posicionada em um campo magnético pode ser resolvido pelo mesmo método. Segundo a Equação (26.9), o campo magnético no interior da esfera em um campo preexistente uniforme é dado por:

$$\vec{H} = \frac{3}{\mu_r + 2}\vec{H}_o \qquad (21.80)$$

em que μ_r é a permeabilidade magnética relativa da esfera. Os cálculos são idênticos aos efetuados anteriormente e levam ao seguinte resultado:

$$F_z \approx \frac{9}{2}\pi R^3 \frac{\mu_o}{(\mu_r + 2)^2}\left(\mu_r^2 + \mu_r - 1\right)H_o\frac{dH_o}{dz} \qquad (21.81)$$

21.4 Questões

21.1) Considere que elétrons são emitidos de um filamento aquecido em $z = 0$ e acelerados em direção a um anteparo localizado no plano $z = 50$ cm por uma diferença de potencial de 10 kV. Considere que na região compreendida entre $z = 20$ cm e $z = 30$ cm existe campo magnético nas direções x e y com intensidades $B_x = 10$ mT e $B_y = 5$ mT. Considere que o campo elétrico é uniforme no espaço entre o filamento e o anteparo. Calcule a posição dos elétrons ao colidirem com o anteparo.

Capítulo 21 – Força e movimento na interação da matéria com... 325

21.2) No dispositivo mostrado na Figura 21.4, íons são acelerados pela diferença de potencial V_o no canal de entrada e, ao atravessarem uma grade, penetram em uma câmara na qual existe campo magnético com intensidade B_o orientado perpendicularmente ao plano da página. Calcule a posição (x) na qual os íons colidem com a placa na base da câmara como função da relação carga/massa (q/m) dos íons.

21.3) Íons de oxigênio O^{2+} penetram em uma região do espaço na qual existe campo magnético orientado na direção z do sistema de coordenadas com intensidade de 100 μT. Assumindo que os íons têm velocidade de entrada de 100 m/s na direção paralela ao campo e 500 m/s na direção perpendicular, calcule o número de revoluções completas que os íons realizam ao se deslocarem por uma distância de 10 m ao longo do eixo z.

21.4) Considere uma amostra de silício intrínseco submetida a um campo magnético com indução de 100 mT. Assumindo que o campo magnético está orientado na direção x do sistema de coordenadas, escreva a expressão matricial da condutividade do silício nesse caso.

21.5) Analise a Equação (21.53) e, usando os dados do exemplo da Figura 21.2, obtenha os seguintes resultados: (a) a tensão Hall para o silício intrínseco; (b) as concentrações n_e e n_l para tensão Hall nula; (c) os valores extremos positivo e negativo da tensão Hall e as concentrações correspondentes.

21.6) Calcule a força exercida sobre uma esfera isolante de raio 5 cm e constante dielétrica 5 submetida ao campo elétrico descrito pela equação: $\vec{E} = (1000 + 1000z)\vec{u}_z$ (V/m). A esfera se encontra na posição $z = 0$.

21.7) Considere que a indução magnética nas proximidades de um dos polos de um ímã varia com a distância até a face segundo a equação $B(z) = 0,11/(1 + 15z + 15000z^2)$ (T). Calcule a distância na qual a força de atração sobre uma esfera de ferro ($\mu_r = 5000$) de pequeno diâmetro, de modo que a aproximação de campo uniforme em seu volume seja válida, é igual ao seu peso. Considere a densidade do ferro igual a 7874 kg/m^3.

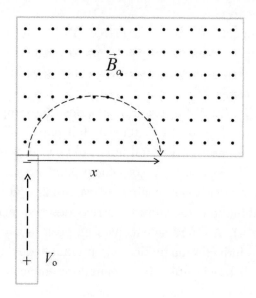

Figura 21.4: Ilustração para a Questão 21.2.

Capítulo 22

Estrutura eletrônica e condutores

22.1 Estrutura cristalina

As propriedades eletromagnéticas da matéria estão intrinsecamente relacionadas à organização dos elétrons de valência e ao tipo de rede molecular que os átomos formam. Em um sólido, a disposição dos elétrons mais externos dos átomos em bandas de energia determina se a substância atua como isolante, semicondutor ou condutor de eletricidade. A forma como os átomos respondem a campos elétricos e magnéticos aplicados no material define suas propriedades dielétricas e magnéticas. Assim, uma compreensão básica da microestrutura no nível atômico é requisito para o estudo das propriedades eletromagnéticas da matéria.

A organização dos átomos em estruturas regulares chamadas de cristais é uma das formas mais estáveis para os agregados atômicos. Existem diversas possibilidades de redes cristalinas, sendo que a Figura 22.1 mostra apenas algumas de maior interesse relacionadas aos materiais de uso comum em sistemas elétricos e eletrônicos. Um cristal é definido pela repetição periódica de um grupo de átomos conectados a uma rede de pontos no espaço. A célula primitiva de uma rede é a estrutura com mínimo volume que define o cristal a partir de operações de translação, tendo como vetores base de deslocamento os próprios vetores primitivos que correspondem às arestas dessa célula. Combinações lineares com múltiplos inteiros desses vetores determinam todas as posições da rede cristalina.

A Figura 22.2 mostra a simbologia usada na representação de direções e planos cristalinos utilizando índices inteiros que indicam as projeções nos eixos coordenados da direção considerada ou da normal ao plano cristalino correspondente.

A Tabela 22.1 apresenta algumas características dimensionais das redes cúbicas. O fator de empacotamento é a fração do volume da célula primitiva ocupada pelos átomos. Para a rede hexagonal compacta, o número de vizinhos mais próximos e o fator de empacotamento são iguais à rede cúbica de face centrada.

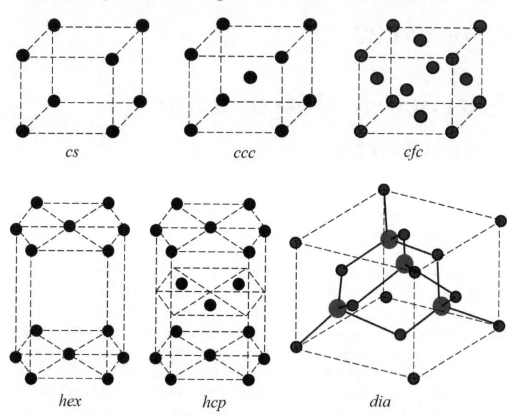

Figura 22.1: Tipos de estruturas cristalinas mais comuns: cs — cúbica simples: CsCl, AgMg, AlNi, CuZn, CuPd, CuBe; ccc — cúbica de corpo centrado: Li, Na, K, Rb, Cs, V, Cr, Fe, Nb, Mo, Ta, W, Eu; cfc — cúbica de face centrada: Ca, Sr, Rh, Ir, Ni, Pd, Pt, Cu, Ag, Au, Al, Pb, Ce, Yb, Th; hex — hexagonal: Se, Te, La, Pr, Nd, Am; hcp — hexagonal compacta: Be, Mg, Sc, Ti, Co, Zn, Y, Zr, Tc, Cd, Hf, Re, Os, Tl, Gd, Tb, Dy, Ho, Tr, Em, Lu; dia — estrutura do diamante: C, Si, Ge, Sn.

22.2 Forças intermoleculares

As força de Van der Waals se originam das interações entre dipolos elétricos de moléculas neutras. Existem três tipos de interação dipolo-dipolo: a força entre dipolos permanentes é conhecida como interação de Keesom; a força entre um

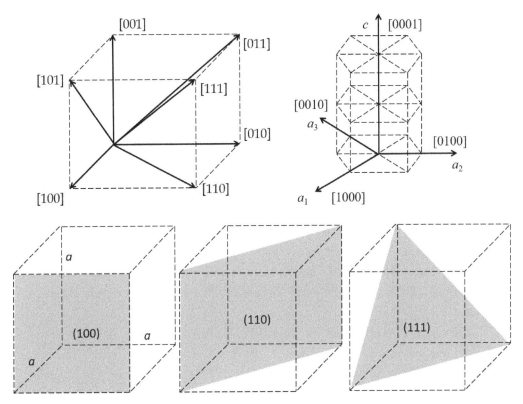

Figura 22.2: Representação de direções e planos cristalinos com índices inteiros. Para indicar uma projeção negativa utiliza-se um traço sobre o respectivo índice. Por exemplo, a direção $[0\,0\,\bar{1}]$ ou o plano $(0\,\bar{1}\,0)$.

dipolo permanente e um dipolo induzido é denominada interação de Debye; e a força entre moléculas apolares provocada pela flutuação aleatória na distribuição de carga elétrica é denominada força de dispersão ou interação de London. Todas as forças de Van der Waals apresentam a mesma dependência com a distância entre as moléculas: $F \propto 1/r^6$. De modo geral, as substâncias que dependem de forças de Van der Waals apresentam temperaturas de fusão e ebulição muito baixas. Exemplos são cristais de gases nobres e diversos cristais de moléculas orgânicas.

A ligação iônica ocorre entre átomos alcalinos, por exemplo, Li, Na, K, Be, Mg e Ca, que possuem eletronegatividades baixas, em torno de 1, e átomos dos grupos 5A, 6A e 7A, por exemplo, N, O, F, Cl, Br e I, que apresentam eletronegatividades elevadas, maiores ou iguais a 3. Na ligação iônica ocorre a transferência de um ou dois elétrons do átomo menos eletronegativo para o mais eletronegativo e a força que se estabelece é essencialmente de atração eletrostática.

330 Análise de sistemas eletromagnéticos

Tabela 22.1: Dimensões da rede cúbica.

Parâmetro	cs	ccc	cfc
Volume da célula primitiva	a^3	a^3	a^3
Número de vizinhos mais próximos	6	8	12
Distância aos vizinhos mais próximos	a	$0,866\,a$	$0,707\,a$
Fator de empacotamento	0,524	0,680	0,740

Na ligação covalente, átomos de elementos com eletronegatividades semelhantes tendem a compartilhar elétrons de valência para se tornarem mais estáveis. A intensidade da força de ligação depende do número de elétrons compartilhados. A força da ligação covalente é, em grande parte, devida à natureza quântica do processo de compartilhamento de elétrons de valência para obtenção de estabilidade química. Exemplos típicos de sólidos covalentes são os cristais de silício e diamante.

Na estrutura cristalina de um metal existe um reticulado de cátions envolvido por uma nuvem de elétrons livres. Os átomos metálicos facilmente liberam elétrons de valência quando se ligam entre si. A força de ligação que mantém o reticulado rígido é consequência da interação dos cátions com a nuvem eletrônica, sendo denominada ligação metálica. As forças envolvidas nas ligações químicas são muito intensas e as principais responsáveis pela coesão e pela rigidez dos sólidos iônicos, covalentes e metálicos.

Quando dois átomos se aproximam muito, suas órbitas eletrônicas mais externas se superpõem e surge uma força de repulsão que aumenta intensamente na medida em que a distância entre eles diminui. Essa força é devida em parte à repulsão eletrostática entre os elétrons de valência, mas sua maior contribuição decorre do fenômeno quântico relacionado ao princípio de exclusão. Quando dois orbitais preenchidos de átomos vizinhos se superpõem, respondendo ao fato de não haver possibilidade de ocupação do mesmo estado quântico por dois elétrons, alguns elétrons são promovidos para estados vazios de maior energia, o que resulta no aumento da energia do sistema e em uma força denominada repulsão estérica.

Um modelo empírico que descreve tanto a repulsão estérica quanto a atração dipolar é mostrado na Equação (22.1), sendo denominado potencial Lennard-Jones:

$$U\left(r\right) = 4q\left[\left(p/r\right)^{12} - \left(p/r\right)^{6}\right] \tag{22.1}$$

Capítulo 22 – Estrutura eletrônica e condutores

em que $U(r)$ é a energia de interação entre dois átomos separados pela distância r tendo q e p como parâmetros característicos de cada elemento, com valores da ordem de $q = 10^{-21}$ J e $p = 0,3$ nm para gases nobres.

A Figura 22.3 mostra a curva conceitual de energia descrita por essa equação e inclui curvas para potenciais atrativos com menor expoente, os quais podem ser usados para descrever as interações íon-íon e íon-dipolo. A posição de mínima energia corresponde à distância interatômica em equilíbrio para a molécula, ou seja, a posição de força nula ($F = -dU/dr$). Note que a curva de energia potencial para pequenos deslocamentos em torno da posição de equilíbrio r_o pode ser aproximada por uma função parabólica característica da força restauradora em um sistema elástico:

$$U(r) \approx \frac{1}{2}k(r - r_o)^2 \qquad (22.2)$$

em que k é a constante elástica do sistema.

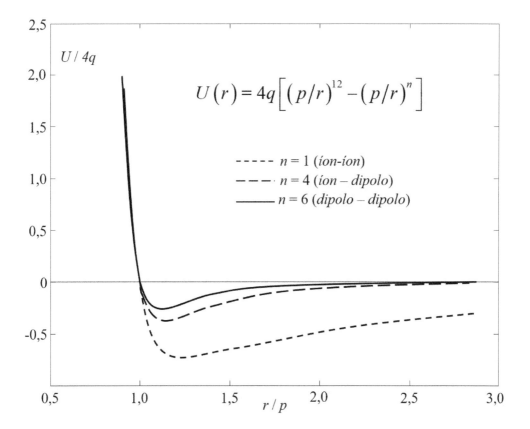

Figura 22.3: Ilustração do potencial Lennard-Jones e outros potenciais atrativos.

Assim, depreende-se que uma molécula apresenta um comportamento semelhante a um oscilador harmônico, ou seja, quando deslocada pela ação de uma força externa, como a de um campo elétrico aplicado no meio, a molécula tende a oscilar em torno da posição de equilíbrio com frequência $\omega_o = \sqrt{k/m^*}$, em que m^* é massa reduzida do sistema. Esse fenômeno tem influência destacada no comportamento da polarização elétrica de moléculas na região espectral do infravermelho, como será discutido mais tarde. Além disso, esse modelo elástico da ligação entre dois átomos serve de base para a descrição conceitual dos modos de vibração de estruturas cristalinas.

A Figura 22.4 ilustra a propagação de ondas mecânicas (transversal e longitudinal) em um cristal unidimensional. Tais ondas podem ser descritas, de maneira simples, por meio da segunda lei de Newton, utilizando o modelo da força elástica e desprezando efeitos dissipativos:

$$m\frac{d^2 x_i}{dt^2} = k(x_{i+1} - x_i) + k(x_{i-1} - x_i) \tag{22.3}$$

em que a posição de um átomo é identificada pelo índice inteiro i. A solução tem a forma geral dada por:

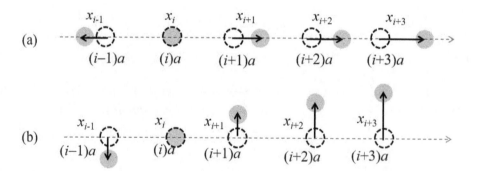

Figura 22.4: Ilustração das ondas mecânicas em um cristal unidimensional. (a) Onda longitudinal; (b) onda transversal. Os círculos tracejados indicam as posições de equilíbrio dos átomos.

$$x_i = x_o e^{j(\omega t - i\beta a)} \tag{22.4}$$

em que a é o espaçamento interatômico, denominado parâmetro de rede, e x_o é a amplitude das ondulações. ω e β são a frequência e a constante de fase da onda, respectivamente.

Capítulo 22 – Estrutura eletrônica e condutores 333

Por substituição na Equação (22.3), verifica-se que a condição a seguir, denominada relação de dispersão, deve ser satisfeita pelas ondas mecânicas no cristal. Essa demonstração é sugerida como exercício ao leitor.

$$\omega = 2\sqrt{k/m}\ sen\,(\beta a/2\,) \tag{22.5}$$

Por meio dessa relação podemos calcular a velocidade de propagação das ondas mecânicas no cristal:

$$v = \frac{d\omega}{d\beta} = a\sqrt{k/m}\ cos\,(\beta a/2\,) \tag{22.6}$$

Note que as ondas longas, ou seja, ondas de baixa frequência e constante de fase pequena, se deslocam com alta velocidade, sendo o valor máximo $v_m = a\sqrt{k/m}$ obtido com $\beta = 0$. Na medida em que a frequência e a constante de fase aumentam, as ondas diminuem de velocidade até atingir velocidade zero quando $\beta = \pi/a$. Essa condição corresponde ao comprimento de onda $\lambda = 2a$, ou seja, os átomos adjacentes se deslocam com fase invertida, o que corresponde a uma onda estacionária.

Os valores extremos da constante de fase que delimitam a propagação das ondas nos dois sentidos do cristal unidimensional $(-\pi/a \leq \beta \leq \pi/a)$ definem uma região espectral denominada zona de Brillouin. A amplitude das ondas no cristal está sujeita ao princípio de quantização da energia relacionado ao modelo quântico do oscilador harmônico, no qual a energia é dada por $W = (n+1/2)\hbar\omega$, em que $\hbar$ é a constante de Planck dividida por 2π e n é o número quântico correspondente. Cada átomo no cristal é um oscilador que pode estar em um dos estados quânticos descritos pelo número n. Se a dissipação é desprezível, a energia potencial máxima do oscilador é igual à energia total. Portanto, temos:

$$kx_o^2/2 = (n+1/2\,)\,\hbar\omega \to x_o = \sqrt{\frac{(2n+1)\,\hbar\omega}{k}} \tag{22.7}$$

A menor quantidade de energia que o oscilador harmônico pode ganhar ou perder é $\hbar\omega$. Essa quantidade é denominada fônon. Assim, o número n de fônons define a amplitude das ondas mecânicas em um cristal. As ondas mecânicas têm efeitos importantes nas propriedades eletromagnéticas dos sólidos. Os elétrons e os fótons no material interagem com essas ondas transferindo ou recebendo energia e momento linear. Nesses processos, as ondas atuam como coleções de fônons que apresentam energia $W = \hbar\omega$ e momento linear $p = \hbar\beta$.

334   Análise de sistemas eletromagnéticos

22.3   Bandas de energia

Os elétrons de um átomo ocupam estados eletrônicos perfeitamente definidos nos quais a energia, o momento linear e o momento angular são quantizados. Para um elétron livre, ou seja, um elétron que não esteja sujeito à ação do potencial elétrico de um núcleo atômico, a solução da equação de Schrödinger resulta em ondas uniformes em todo o espaço.

Para um problema unidimensional, temos:

$$-\frac{\hbar^2}{2m}\frac{\partial^2}{\partial z^2}\psi(z,t) = j\hbar\frac{\partial\psi(z,t)}{\partial t} \rightarrow \psi(z,t) = \phi_o e^{-j(\omega t - Kz)} \tag{22.8}$$

em que $\psi(z,t)$ é a função de onda, cujo módulo quadrado é interpretado como a densidade de probabilidade da localização do elétron na posição z e no instante t. A solução mostrada nessa equação representa uma onda que se desloca no eixo z com frequência ω e vetor de onda K. Ela representa o estado de uma partícula com energia $W = \hbar\omega$ e momento linear $p = \hbar K$. A densidade de probabilidade nesse caso é uniforme, informando que a partícula tem igual probabilidade de estar em qualquer posição do espaço em todos os instantes de tempo. Podemos entender que esse tipo de estado eletrônico define uma órbita para a partícula igualmente distribuída em toda a extensão do espaço.

Esse modelo pode ser usado como uma aproximação simples para descrever os estados eletrônicos dos elétrons livres em um metal. A energia dos elétrons livres é apenas cinética, por isso, existe uma relação parabólica entre energia e vetor de onda $W = \hbar^2 K^2/2m$. De acordo com o princípio de exclusão, cada nível de energia é ocupado por dois elétrons com *spins* invertidos e vetores de onda de mesmo módulo, mas com sentidos opostos. Essa descrição define de maneira simples a banda de condução de um metal. Para se avaliar a ocupação da banda de condução em um metal, devemos inicialmente obter o número de estados eletrônicos disponíveis. Um estado eletrônico é caraterizado pelo seguinte conjunto de variáveis: energia (W), vetor de onda (K) e *spin* (s). A periodicidade da rede atômica estabelece uma condição de quantização para o vetor de onda.

Consideremos que a extensão do cristal na direção z é $L_z = N_z a_z$, em que N_z é o número de células primitivas e a_z é o parâmetro de rede nessa direção. Devido ao fator e^{jKz} na função de onda, o termo KL_z deve ser um múltiplo inteiro de 2π rad. Assim, os valores permitidos para o vetor de onda são:

$$K = \pm\frac{2\pi}{L_z}, \pm\frac{4\pi}{L_z}, \pm\frac{6\pi}{L_z}, ..., \frac{N_z\pi}{L_z} = \frac{\pi}{a_z} \tag{22.9}$$

Note que o maior valor do vetor de onda situa-se na extremidade da zona de Brillouin. Considerando que o mesmo ocorre nas demais direções do sistema

Capítulo 22 – Estrutura eletrônica e condutores 335

de coordenadas, podemos definir a densidade de estados eletrônicos no espaço K da seguinte forma: cada estado é caracterizado por um conjunto (K_x, K_y, K_z) de componentes do vetor de onda. A cada posição nesse espaço corresponde um volume $V_K = (2\pi/L_x)(2\pi/L_y)(2\pi/L_z) = (2\pi)^3/V$, em que $V = L_x L_y L_z$ é o volume do cristal. Então, considerando que cada posição pode ser ocupada por dois elétrons com *spins* opostos, o número de estados por unidade de volume nesse espaço é dado por:

$$D_K = \frac{2}{V_K} = \frac{V}{4\pi^3} \tag{22.10}$$

O número de elétrons que ocupam os estados da banda de condução desde a energia zero até $W = \hbar^2 K^2/2m$ pode ser calculado multiplicando-se a densidade de estados pelo volume do espaço K:

$$N_W = \left(\frac{4}{3}\pi K^3\right)\left(\frac{V}{4\pi^3}\right) = \frac{V}{3\pi^2}\left(\frac{2m}{\hbar^2}\right)^{3/2} W^{3/2} \tag{22.11}$$

em que o resultado após a segunda igualdade foi obtido com a substituição do vetor de onda pela energia $K = \sqrt{2mW/\hbar^2}$. Com esse resultado, podemos calcular a energia do último estado ocupado na temperatura zero Kelvin. Esta é a energia de Fermi:

$$W_F = \frac{\hbar^2\left(3\pi^2 n_e\right)^{2/3}}{2m} \tag{22.12}$$

em que n_e é a densidade volumétrica de elétrons livres no cristal.

A Tabela 22.2 mostra valores de densidade eletrônica e energia de Fermi para alguns metais. Note que a energia de Fermi é muito superior à energia térmica $K_B T$ em temperaturas ordinárias. Por exemplo, a temperatura na qual $K_B T = W_F$ para o cobre é pouco maior que 8×10^4 K.

Na temperatura zero Kelvin, os elétrons livres do metal ocupam todos os estados na banda de condução até W_F. Quando a temperatura aumenta, os elétrons no topo da banda são promovidos para estados de maior energia segundo a distribuição de probabilidade de ocupação definida pela função Fermi-Dirac:

$$f(W) = \frac{1}{1 + e^{(W-\xi)/K_B T}} \tag{22.13}$$

em que ξ é denominado potencial químico, cujo valor é aproximadamente igual a W_F para temperaturas que não sejam extremamente altas.

336 Análise de sistemas eletromagnéticos

Tabela 22.2: Densidade eletrônica, energia de Fermi e velocidade quadrática média de elétrons livres em metais [3]. *Valores estimados a partir da densidade atômica.

Metal	$n_e(\times 10^{28} \text{ m}^{-3})$	$W_F(\text{eV})$	$\sqrt{\langle v^2 \rangle}(\times 10^6 \text{ m/s})$
Li	4,70	4,75	1,001
Cu	8,45	7,02	1,217
Ag	5,85	5,50	1,077
Al	18,06	11,65	1,568
Zn	13,10	9,41	1,409
Be	24,20	14,16	1,729
Mg	8,60	7,10	1,224
Pb	13,20	9,45	1,412
Ga	15,30	10,43	1,484
Sn	14,48	10,06	1,457
Au	5,90	5,53	1,080
Fe	17,0*	11,19	1,537
Ni	9,14*	7,40	1,250

Com essa distribuição, podemos calcular a energia média dos elétrons livres em um metal. Para isso, é necessário inicialmente obter a densidade de estados no espaço da energia eletrônica a partir da Equação (22.11):

$$D_W = \frac{dN_W}{dW} = \frac{V}{2\pi^2}\left(\frac{2m}{\hbar^2}\right)^{3/2}\sqrt{W} \tag{22.14}$$

O número de elétrons com energia entre W e $W + dW$ é então dado por $dN_W = D_W(W)dW$. Assim, a energia média é calculada da seguinte forma:

$$\langle W \rangle = \frac{1}{N_W}\int_0^\infty W\, D_W f(W)dW = \frac{1}{2\pi^2 n_e}\left(\frac{2m}{\hbar^2}\right)^{3/2}\int_0^\infty \frac{W^{3/2}\,dW}{1 + e^{(W-\xi)/K_B T}} \tag{22.15}$$

Como vimos anteriormente, para temperaturas ordinárias em sólidos, $K_B T << W_F$ e, assim, a função Fermi-Dirac pode ser aproximada por 1 para $W < W_F$ e zero para $W > W_F$:

$$\langle W \rangle = \frac{1}{2\pi^2 n_e}\left(\frac{2m}{\hbar^2}\right)^{3/2}\int_0^{W_F} W^{3/2}\,dW = \frac{3}{5}W_F \tag{22.16}$$

Com esse resultado, podemos estimar a velocidade média escalar dos elétrons a partir da média quadrática de acordo com a relação $\langle W \rangle = m\langle v^2 \rangle/2$. Tais

Capítulo 22 – Estrutura eletrônica e condutores

valores são mostrados na Tabela 22.2. Quando um objeto metálico é submetido a um campo elétrico externo, os elétrons livres passam a se movimentar na direção do campo, porém em sentido contrário. Isso constitui a corrente elétrica e define a propriedade denominada condutividade.

O modelo de banda de condução baseado em elétrons livres não prevê qualquer tipo de interação com a rede cristalina. Por isso, a versão simplificada da equação de Schrödinger, Equação (22.8), foi utilizada na obtenção da função de onda de um elétron livre. Segundo esse modelo, os elétrons podem ganhar energia sem limites devido ao trabalho realizado pelo campo elétrico. Cristais reais, contudo, apresentam certos processos de interação que promovem a troca de energia entre elétrons de condução e a rede atômica. Por exemplo, as ondas mecânicas do cristal fazem com que as posições relativas dos íons se modifiquem com o tempo e isso distorce o potencial elétrico gerado pela rede. Em cada instante de tempo, em certas regiões do cristal, a rede cristalina oscilante produz potenciais elétricos com variação espacial maior do que ocorreria em uma rede estática. Assim, o movimento eletrônico nessas regiões é afetado pelo campo elétrico local. É fácil entender que esse processo se intensifica na medida em que a temperatura aumenta, uma vez que mais fônons são excitados na rede e as oscilações dos íons tornam-se mais intensas.

Outros processos de interação relacionam-se com defeitos estruturais no cristal. A estrutura cristalina pode apresentar vacâncias, ou seja, ausência de um íon em uma determinada posição; deslocamentos de íons de suas posições corretas na estrutura periódica; e presença de impurezas, ou seja, átomos diferentes daqueles que constituem o cristal. Esses são defeitos de natureza microscópica que distorcem o potencial e intensificam o campo elétrico em certos locais da estrutura cristalina. Por outro lado, os materiais condutores utilizados em sistemas elétricos, processados mecanicamente na forma de barras, chapas e fios, na verdade apresentam estrutura policristalina, ou seja, são constituídos por agregados de pequenos cristais orientados aleatoriamente no volume do objeto. Esses pequenos cristais com dimensões de micrômetros, denominados grãos ou cristalitos, comportam-se segundo os princípios físicos que estamos descrevendo, mas no contorno dos grãos existem defeitos estruturais que afetam as propriedades eletrônicas do agregado.

A fim de obter uma descrição simples do processo de condução, considere os aspectos a seguir. Na ausência de campo elétrico aplicado, os elétrons de condução deslocam-se aleatoriamente com alta velocidade da ordem de 10^6 m/s, como se pode verificar na Tabela 22.2, à qual denominamos velocidade térmica, uma vez que o gás eletrônico está em equilíbrio térmico com a rede cristalina.

Note que essa é uma velocidade média escalar. A velocidade média vetorial dos elétrons é nula, uma vez que os movimentos são aleatórios e a nuvem eletrônica não se desloca apreciavelmente em qualquer intervalo de tempo grande. Quando o campo elétrico é aplicado, a força elétrica imprime um movimento coletivo do gás eletrônico com velocidade muito menor que a velocidade térmica. Os elétrons que agora apresentam movimento orientado na direção do campo aplicado passam a interagir com as distorções no cristal (fônons e defeitos estruturais) e perdem energia por meio de colisões.

Seja τ o tempo médio entre colisões sucessivas, denominado tempo de relaxação, e γ o coeficiente de atrito dinâmico devido às colisões. Por ser a velocidade de condução muito menor que a velocidade térmica, podemos assumir que τ e γ são inversamente proporcionais e independentes da intensidade do campo elétrico aplicado. Usando a segunda lei de Newton, podemos escrever a seguinte equação para a dinâmica do movimento eletrônico coletivo considerando a velocidade média vetorial dos elétrons:

$$m\frac{d\vec{v}}{dt} = -e\vec{E} - \gamma\vec{v} \rightarrow \frac{d\vec{v}}{dt} = -\frac{e}{m}\vec{E} - \frac{\vec{v}}{\tau} \tag{22.17}$$

Essa equação permite prever que, após um intervalo de tempo (muito curto) da ordem de 5τ, o gás de elétrons alcança uma velocidade terminal proporcional ao campo elétrico aplicado:

$$\vec{v} = -\frac{e\tau}{m}\vec{E} \rightarrow \vec{v} = -\mu\vec{E} \tag{22.18}$$

em que a constante de proporcionalidade μ é denominada mobilidade eletrônica. De acordo com a discussão precedente, é simples deduzir que a mobilidade eletrônica depende do tipo de átomo e do arranjo cristalino do material, bem como diminui com o aumento da temperatura e da concentração volumétrica de defeitos estruturais e impurezas no material.

A Tabela 22.3 mostra valores de mobilidades eletrônicas e condutividades de alguns metais em 300 K. A condutividade, definida como o coeficiente de proporcionalidade entre a densidade de corrente e o campo elétrico aplicado no material segundo conteúdos já apresentados em capítulos anteriores, Equações (6.4) e (16.2), depende da mobilidade e da densidade dos transportadores de carga elétrica no condutor. Para metais, a relação é a seguinte:

$$\sigma = en_e\mu_e \tag{22.19}$$

Capítulo 22 – Estrutura eletrônica e condutores 339

Tabela 22.3: Mobilidades e condutividades eletrônicas de metais em 295 K [3]. *Estimativas a partir da Equação (22.19).

Metal	$\mu_e{}^*(\times 10^{-3} \text{ m}^2\text{V}^{-1}\text{s}^{-1})$	$\sigma(\times 10^7 \text{ S/m})$
Al	1,261	3,65
Cu	4,343	5,88
Sn	0,392	0,91
Fe	0,375	1,02
Ni	0,977	1,43
Au	4,813	4,55
Ag	6,626	6,21
Zn	0,805	1,69
Pb	0,227	0,48

A Tabela 22.4 apresenta resistividades ($\rho = 1/\sigma$) e coeficientes de temperatura para alguns metais. Note que a resistividade metálica aumenta em torno de $0,4\%$ para cada grau centígrado de aumento da temperatura. Se a resistividade é conhecida em uma temperatura T_o, então ela pode ser estimada na temperatura T pela seguinte equação:

$$\rho\left(T\right) = \rho\left(T_o\right)\left[1 + \alpha\left(T - T_o\right)\right] \tag{22.20}$$

Tabela 22.4: Resistividades e coeficientes de temperatura de metais em 295 K *[3] **[4].

Metal	$\rho^*(\times 10^{-8} \text{ }\Omega\text{m})$	$\alpha^{**}(\times 10^{-3} \text{ K}^{-1})$
Al	2,74	4,2
Cu	1,70	4,0
Sn	11,0	4,3
Fe	9,80	5,7
Ni	7,00	6,0
Au	2,20	3,7
Ag	1,61	3,6
Zn	5,92	3,6
Pb	21,0	4,1

340   Análise de sistemas eletromagnéticos

O modelo do gás eletrônico explica bem o comportamento da condutividade metálica. Porém, ignora completamente a interação dos elétrons com a rede cristalina. Desse modo, esse modelo não explica o comportamento de semicondutores e isolantes. Para isso, é necessário considerar agora como o potencial elétrico estabelecido pelos íons do cristal modifica os estados eletrônicos em relação ao modelo do elétron livre. O caminho natural seria resolver a equação de Schrödinger para um cristal com um modelo adequado de energia potencial incluído na formulação e obter as funções de onda e a relação de dispersão entre a energia e o vetor de onda para os estados eletrônicos. Contudo, esse procedimento está além do escopo deste livro.

No modelo do gás de elétrons não havia restrições adicionais para o vetor de onda além do conjunto de valores discretos proposto na Equação (22.9), cada um associado a uma onda plana monofrequencial e homogênea em todo o volume do cristal. Ao incluir agora a interação com o potencial periódico do cristal, novos estados eletrônicos podem ser descritos pela combinação de funções de onda monofrequenciais, do mesmo modo que uma função periódica pode ser expandida em série de Fourier. Em particular, para um estado eletrônico com vetor de onda no limite da zona de Brillouin, pode-se prever a ocorrência de um padrão estável de onda estacionária, como ocorre com ondas ordinárias em câmaras de reverberação. Nesse caso, as funções de onda resultantes seriam descritas por:

$$\psi(z, t) = \left(\phi_1 e^{jKz} + \phi_2 e^{-jKz}\right) e^{-j\omega t} = \varphi(z) e^{-j\omega t} \tag{22.21}$$

em que e^{jKz} descreve uma onda progressiva, e e^{-jKz}, uma onda regressiva.

Ondas em sentidos diferentes agora causam interferência devido às reflexões que ocorrem nas regiões do cristal onde a energia potencial é máxima, ou seja, em torno dos íons. Esse modelo é plausível para estados com vetor de onda no limite da zona de Brillouin, uma vez que a distribuição de probabilidade nesse caso tem período igual à separação entre posições cristalinas adjacentes, o que confere máxima interação entre elétrons e íons. Nesse caso, podemos assumir que os coeficientes ϕ_1 e ϕ_2 são iguais ou opostos. Se $\phi_1 = \phi_2$ o resultado é uma onda simétrica, e se $\phi_1 = -\phi_2$ resulta em uma onda antissimétrica. Essas são as duas combinações possíveis para a onda estacionária e representam os dois estados eletrônicos com diferentes energias que surgem devido à reflexão de onda nos limites da zona de Brillouin. Substituindo na equação de Schrödinger, obtemos:

Capítulo 22 – Estrutura eletrônica e condutores

341

$$-\frac{\hbar^2}{2m}\frac{\partial^2}{\partial z^2}\psi\left(z,t\right)+U\left(z\right)\psi\left(z,t\right)=j\hbar\frac{\partial\psi\left(z,t\right)}{\partial t}$$

$$\rightarrow\frac{\hbar^2 K^2}{2m}\left(\phi_1 e^{jKz}+\phi_2 e^{-jKz}\right)+U\left(z\right)\left(\phi_1 e^{jKz}+\phi_2 e^{-jKz}\right) \qquad (22.22)$$

$$=W\left(\phi_1 e^{jKz}+\phi_2 e^{-jKz}\right)$$

$$\rightarrow W\varphi\left(z\right)=\frac{\hbar^2 K^2}{2m}\varphi\left(z\right)+U\left(z\right)\varphi\left(z\right)$$

em que $W=\hbar\omega$ e $U(z)$ é a energia potencial.

Para calcular a correção nas energias, precisamos obter a distribuição de probabilidade dos estados eletrônicos. Como existem duas possibilidades de simetria, a multiplicação pelo conjugado complexo resulta em duas distribuições de probabilidade (assumindo ϕ_1 e ϕ_2 reais):

$$|\varphi|^2=\phi^2\left(e^{jKz}+e^{-jKz}\right)\cdot\left(e^{jKz}+e^{-jKz}\right)^*$$

$$=\phi^2\left(2+e^{j2Kz}+e^{-j2Kz}\right) \qquad (22.23)$$

$$=4\phi^2\cos^2\left(\pi z/a\right)\;\rightarrow\;\phi_1=\phi_2=\phi$$

$$|\varphi|^2=\phi^2\left(e^{jKz}-e^{-jKz}\right)\cdot\left(e^{jKz}-e^{-jKz}\right)^*$$

$$=\phi^2\left[2-\left(e^{j2Kz}+e^{-j2Kz}\right)\right] \qquad (22.24)$$

$$=4\phi^2 sen^2\left(\pi z/a\right)\;\rightarrow\;\phi_1=-\phi_2=\phi$$

em que substituímos $K=\pi/a$ para representar um estado eletrônico no limite da zona de Brillouin.

Aplicamos o cálculo de valor médio na última das Equações (22.22) multiplicando todos os termos pelo conjugado complexo de $\varphi(z)$ e integrando na extensão L do cristal unidimensional. Podemos organizar a expressão resultante na seguinte forma:

$$W=\frac{\hbar^2 K^2}{2m}+\frac{\int\limits_0^L U\left(z\right)|\varphi|^2 dz}{\int\limits_0^L |\varphi|^2 dz} \qquad (22.25)$$

Note que a energia do estado eletrônico se distingue do valor correspondente ao gás de elétrons exatamente pelo valor esperado da energia potencial.

Para concluir esta análise, devemos substituir um modelo para a função $U(z)$ e efetuar as integrações. Para simplificar os cálculos, assumimos que a energia

342 Análise de sistemas eletromagnéticos

potencial é nula em todo o espaço exceto nas bordas da célula primitiva, onde ocorrem impulsos de intensidade U_o. Ou seja, $U(z) = U_o[\delta(z - a/2) + \delta(z + a/2)]$. Usaremos apenas dois termos nessa função porque, sendo a distribuição de probabilidade periódica com período a, o resultado na Equação (22.25) não se altera se as integrais são calculadas no espaço entre dois íons $(-a/2 \leq z \leq a/2)$. Os cálculos nesse caso são elementares e os detalhes são omitidos. Obtemos para a diferença na energia entre os estados simétrico e antissimétrico nos limites da zona de Brillouin o seguinte resultado:

$$W_- - W_+ = \frac{\displaystyle\int_{-a/2}^{a/2} U_o\,[\delta\,(z - a/2\,) + \delta\,(z + a/2\,)]\,sen^2\,(\pi z/a\,)\,dz}{\displaystyle\int_{-a/2}^{a/2} sen^2\,(\pi z/a\,)\,dz}$$

$$- \frac{\displaystyle\int_{-a/2}^{a/2} U_o\,[\delta\,(z - a/2\,) + \delta\,(z + a/2\,)]\,cos^2\,(\pi z/a\,)\,dz}{\displaystyle\int_{-a/2}^{a/2} cos^2\,(\pi z/a\,)\,dz} \qquad (22.26)$$

$$= \frac{4U_o}{a}$$

Essa diferença nas energias dos estados se deve às diferentes simetrias que distribuem as probabilidades de localização dos elétrons de maneira mais próxima ou mais afastada dos íons, acarretando maior ou menor energia potencial de interação. Essa descontinuidade no limite da zona de Brillouin é denominada *gap* de energia, sendo a razão principal da grande diferença observada no comportamento elétrico entre condutores, semicondutores e isolantes, como se verá a seguir.

A Figura 22.5 mostra um gráfico conceitual da relação de dispersão em um cristal comparando com o resultado obtido com o modelo do gás de elétrons livres. Essa ilustração é baseada em um modelo bem conhecido para cristais denominado modelo Kronig-Penney, baseado em um potencial com a forma de poço retangular. Note que sempre que Ka é um múltiplo inteiro de π rad, ocorrem descontinuidades na distribuição de energia nos estados eletrônicos. Os intervalos de energia para os quais existem estados eletrônicos permitidos são denominados bandas de energia e os intervalos de energias não permitidas são as bandas proibidas.

A Figura 22.5 também remete a um conceito importante. Existem diversas bandas de energia e cada uma corresponde a um estado eletrônico nos átomos

Capítulo 22 – Estrutura eletrônica e condutores 343

constituintes do cristal. Isso ocorre porque, segundo o princípio de exclusão, cada estado eletrônico somente pode ser ocupado por dois elétrons com *spins* opostos. Na medida em que os átomos se agrupam para formar o cristal e seus orbitais eletrônicos começam a se superpor, os estados eletrônicos equivalentes em cada átomo passam a se diferenciar em nível de energia para que o cristal possa acomodar todos os elétrons disponíveis. Para as camadas internas dos átomos, as bandas de energia correspondentes estão totalmente preenchidas. Por isso, elas não têm participação nas propriedades elétricas do material. Somente as duas últimas bandas de energia são relevantes do ponto de vista das propriedades elétricas, pois elas acomodam os elétrons mais externos dos átomos e, em certas circunstâncias, propiciam a esses elétrons a mudança de estado eletrônico motivada pela interação com um campo aplicado. A última banda totalmente preenchida em temperatura 0 K é a banda de valência e a banda seguinte, que pode estar vazia ou semipreenchida em 0 K, é a banda de condução.

A Figura 22.6 ilustra a diferença conceitual entre metais, semicondutores e isolantes. Se o cristal tem uma banda de condução semipreenchida em 0 K, seus elétrons podem facilmente ganhar energia e mudar de estado quando um campo elétrico é aplicado. Materiais desse tipo se comportam como condutores e, como vimos anteriormente, apresentam coeficiente de temperatura positivo da resistividade, devido ao espalhamento do movimento eletrônico pelas ondas mecânicas no cristal. Quando a banda de condução está vazia em 0 K, não existem elétrons que possam ganhar energia de um campo aplicado, pois todos os estados na banda de condução estão ocupados. Esse material não conduz nessas condições. Contudo, aumentando-se a temperatura da amostra, eventualmente os elétrons do topo da banda de valência, devido à agitação térmica aumentada, ganham energia suficiente para sobrepujar o *gap* de energia da banda proibida e passam para a banda de condução. Assim, com o aumento da temperatura, a condução passa a ocorrer tanto na banda de condução quanto na banda de valência e esses materiais apresentam um coeficiente de temperatura negativo da resistividade. Finalmente, se o *gap* de energia for muito maior, de modo que nenhum elétron seja promovido para a banda de condução em condições normais de temperatura, o material se comporta como isolante.

22.4 Condução em semicondutores

A condução em semicondutores ocorre com elétrons na banda de condução e na banda de valência. Em um semicondutor puro (intrínseco), o número de elétrons livres na banda de condução é igual ao número de estados disponíveis na banda

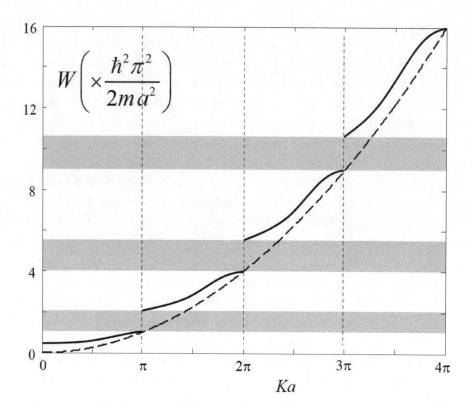

Figura 22.5: Ilustração da relação de dispersão em um cristal mostrando a estrutura na forma de bandas de energia (regiões claras) e bandas proibidas (regiões escuras). A linha tracejada representa a relação de dispersão para um gás de elétrons livres. Fonte: adaptada de [3].

de valência. Tais estados são denominados lacunas e, devido ao movimento dos elétrons nessa banda, as lacunas se comportam como cargas positivas que transportam corrente elétrica. Vejamos a seguinte comparação: elétrons e lacunas são criados aos pares, ou seja, a cada elétron criado na banda de condução corresponde uma lacuna na banda de valência; uma vez que o momento linear do cristal não varia no processo de geração de pares elétron-lacuna, seus vetores de onda são iguais em módulo e têm sentidos opostos; elétrons e lacunas têm cargas elétricas opostas. A carga elétrica da lacuna é igual à carga dos íons formados com a liberação dos elétrons. Ao ganhar energia na forma de trabalho do campo elétrico, os elétrons são promovidos para estados de maior energia na banda de condução. O mesmo ocorre com as lacunas na banda de valência na medida em que os elétrons de valência ganham energia e sobem para os estados no topo dessa banda, liberando posições abaixo onde se situam estados de maior energia

Capítulo 22 – Estrutura eletrônica e condutores

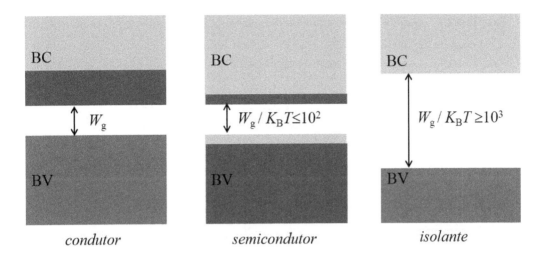

Figura 22.6: Ilustração das diferenças na estrutura de bandas de energia entre condutores, semicondutores e isolantes. As regiões claras denotam estados eletrônicos vazios e as escuras indicam os estados ocupados. BC — banda de condução; BV — banda de valência; W_g — gap de energia; $K_B T$ — ordem de grandeza da energia térmica em temperatura ambiente.

para lacunas. A Tabela 22.5 mostra valores de *gap* de energia e mobilidades para semicondutores.

A interação com a rede cristalina implica alteração da massa aparente que elétrons e lacunas manifestam perante uma força aplicada. Um elétron que possui energia potencial periódica no espaço interno do cristal pode ser representado por uma função de onda que é o resultado da superposição de ondas monofrequenciais. Assim, sua velocidade, segundo a teoria das ondas estudada no Capítulo 18, é a velocidade de grupo dada por $v_g = d\omega/dK = \hbar^{-1} dW/dK$. Pela segunda lei de Newton, sabe-se que para uma partícula de massa constante sujeita a uma força $\vec{F}$, temos $d\vec{v}_g/dt = \vec{F}/m^*$, em que m^* é a massa efetiva da partícula. Combinando essas equações, temos:

$$\frac{dv_g}{dt} = \hbar^{-1}\frac{d}{dt}\left(\frac{dW}{dK}\right) = \hbar^{-2}\frac{d^2W}{dK^2}\frac{d(\hbar K)}{dt} = \hbar^{-2}\frac{d^2W}{dK^2}F$$
$$\rightarrow m^* = \hbar^2\left(\frac{d^2W}{dK^2}\right)^{-1} \quad (22.27)$$

em que usamos o fato de $\vec{p} = \hbar \vec{K}$ e $d\vec{p}/dt = \vec{F}$.

Note que a massa efetiva depende da curvatura da relação de dispersão. Para o gás de elétrons, usando a forma parabólica da relação de dispersão, obtemos

346 Análise de sistemas eletromagnéticos

Tabela 22.5: *Gap* de energia e mobilidade em semicondutores em 300 K [3]. *0 K.

Material	W_g (eV)	μ_e (m^{2}V^{-1}s^{-1})	μ_l (m^{2}V^{-1}s^{-1})
Si	1,11	0,135	0,048
Ge	0,66	0,360	0,180
GaAs	1,43	0,800	0,030
GaSb	0,68	0,500	0,100
GaP	2,25	0,010	0,005
InAs	0,36	3,000	0,045
InSb	0,17	0,080	0,045
InP	1,27	0,450	0,010
SiC	3,00*	0,010	0,002

a massa efetiva igual à massa do elétron livre. Para elétrons e lacunas em um semicondutor, a massa efetiva pode assumir valores diferentes para os diferentes estados em uma mesma banda. As massas efetivas de elétrons e lacunas são geralmente menores que a massa de elétrons livres, sendo a massa das lacunas maior que a massa dos elétrons.

O cálculo da concentração de elétrons e lacunas envolve a densidade de estados nas bandas de condução e valência e a função de distribuição de probabilidade de ocupação desses estados. As densidades de estados nas bandas de condução e valência podem ser descritas pela Equação (22.14) com a inclusão da massa efetiva e do deslocamento da origem para a energia W_C na base da banda de condução e a energia W_V no topo da banda de valência:

$$D_C = \frac{V}{2\pi^2}\left(\frac{2m_e^*}{\hbar^2}\right)^{3/2}\sqrt{W - W_C} \tag{22.28}$$

$$D_V = \frac{V}{2\pi^2}\left(\frac{2m_l^*}{\hbar^2}\right)^{3/2}\sqrt{W_V - W} \tag{22.29}$$

Para um semicondutor intrínseco, o potencial químico se situa no meio da banda proibida. A função Fermi-Dirac pode ser aproximada desde que $|W - \xi| \gg K_B T$. Para elétrons na banda de condução, a aproximação resulta em $f(E) \approx e^{(\xi-W)/K_B T}$. Para lacunas na banda de valência, a probabilidade é $1 - f(E)$ e a aproximação torna-se $1 - f(E) \approx e^{(W-\xi)/K_B T}$. Assim, as densidades

Capítulo 22 – Estrutura eletrônica e condutores

347

de elétrons e lacunas são calculadas com as seguintes expressões:

$$
\begin{aligned}
n_e &= \frac{1}{V} \int_{W_C}^{\infty} D_C f(W) dW \\[2mm]
&= \frac{1}{2\pi^2} \left(\frac{2m_e^*}{\hbar^2} \right)^{3/2} \int_{W_C}^{\infty} \sqrt{W - W_C}\, e^{(\xi - W)/K_B T}\, dW \\[2mm]
&= 2 \left(\frac{m_e^* K_B T}{2\pi\hbar^2} \right)^{3/2} e^{(\xi - W_c)/K_B T}
\end{aligned}
\tag{22.30}
$$

$$
\begin{aligned}
n_l &= \frac{1}{V} \int_{-\infty}^{W_V} D_V [1 - f(W)] dW \\[2mm]
&= \frac{1}{2\pi^2} \left(\frac{2m_l^*}{\hbar^2} \right)^{3/2} \int_{-\infty}^{W_V} \sqrt{W_V - W}\, e^{(W - \xi)/K_B T}\, dW \\[2mm]
&= 2 \left(\frac{m_l^* K_B T}{2\pi\hbar^2} \right)^{3/2} e^{(W_V - \xi)/K_B T}
\end{aligned}
\tag{22.31}
$$

Pode-se eliminar o potencial químico multiplicando as concentrações dadas nas duas equações anteriores e obter com isso a concentração intrínseca do semicondutor: $n_i = \sqrt{n_e n_l}$. Uma vez que $W_g = W_C - W_V$, chegamos à seguinte expressão:

$$
n_i = 2 \left(\frac{K_B T}{2\pi\hbar^2} \right)^{3/2} (m_e^* m_l^*)^{3/4}\, e^{-W_g / 2K_B T}
\tag{22.32}
$$

Para um semicondutor intrínseco, ou seja, sem impurezas, essa expressão fornece as concentrações de elétrons e lacunas. A Figura 22.7 mostra valores calculados da concentração intrínseca para três semicondutores como função da temperatura. Note que a diferença fundamental entre os diversos materiais está no *gap* de energia em virtude da forte dependência exponencial na Equação (22.32).

A importância fundamental dos semicondutores na eletrônica se deve à possibilidade de alterar as concentrações de elétrons e lacunas por meio da inclusão de impurezas na rede cristalina durante a fabricação do material. As impurezas eletricamente ativas são de dois tipos: doadoras, que dispõem de elétrons de valência em excesso em relação ao átomo original do cristal e por isso tendem a ceder elétrons para a banda de condução do cristal, e aceitadoras, que possuem menos elétrons de valência que o átomo original do cristal e dessa forma

348   Análise de sistemas eletromagnéticos

facilmente capturam elétrons da banda de valência do cristal, criando lacunas nesse processo. Para silício e germânio, que formam quatro ligações covalentes no cristal, as impurezas doadoras são átomos pentavalentes, por exemplo, fósforo e arsênio, e as impurezas aceitadoras são átomos trivalentes, como boro e alumínio. A inclusão desses elementos substituindo átomos de silício ou germânio cria estados eletrônicos dentro da banda proibida. As impurezas doadoras criam estados ocupados (estados doadores) próximos de W_C, enquanto as impurezas aceitadoras criam estados vazios (estados aceitadores) muito próximos de W_V. A energia necessária para promover elétrons dos estados doadores para a banda de condução ou elétrons da banda de valência para os estados aceitadores é comparável a $K_B T$, ou seja, de algumas dezenas de 10^{-3} eV. Com isso, em condições normais, a maior parte dos átomos de impureza está ionizada.

Sejam N_A e N_D as concentrações de átomos aceitadores e doadores, respectivamente, em um semicondutor dopado. Podemos, com base no princípio da neutralidade elétrica e assumindo que todas as impurezas estão ionizadas, estabelecer a seguinte relação:

$$n_e + N_A = n_l + N_D \tag{22.33}$$

Além disso, podemos considerar a seguinte relação fundamental para o semicondutor:

$$n_e n_l = n_i^2 \tag{22.34}$$

Tal relação foi utilizada anteriormente na obtenção da Equação (22.32) para a concentração intrínseca, mas é correta também para semicondutores dopados. A razão para isso reside no fato de as concentrações de elétrons e lacunas resultarem do equilíbrio de duas taxas: a taxa de geração térmica (G), que descreve o aumento nas concentrações por unidade de tempo devido à passagem de elétrons da banda de valência para a banda de condução como resultado da agitação térmica do cristal, e a taxa de recombinação $(R = n_e n_l / \tau)$, que corresponde ao processo inverso. A taxa de recombinação é proporcional às concentrações de elétrons e lacunas e τ é definido como tempo médio de vida dos portadores de carga.

Assim, no equilíbrio termodinâmico tem-se $R = G$, o que implica $n_e n_l = G\tau = n_i^2$, independentemente de o semicondutor ser intrínseco ou dopado. Resolvendo o sistema constituído pelas Equações (22.33) e (22.34), obtemos:

$$n_l = \frac{(N_A - N_D)}{2} + \sqrt{\frac{(N_A - N_D)^2}{4} + n_i^2} \tag{22.35}$$

Capítulo 22 – Estrutura eletrônica e condutores

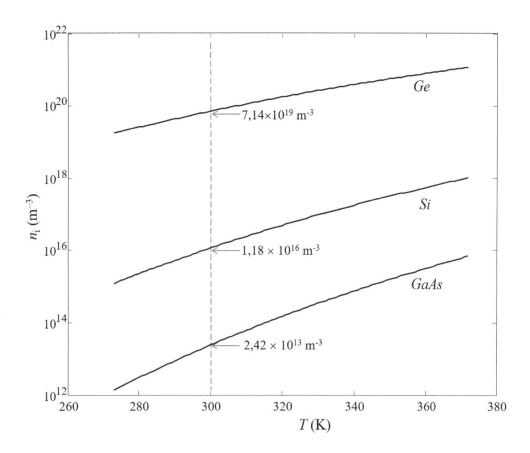

Figura 22.7: Concentração intrínseca como função da temperatura para silício, germânio e arseneto de gálio. As massas efetivas de elétrons e lacunas foram aproximadas para a massa do elétron livre. São indicadas as concentrações em 300 K.

$$n_e = \frac{(N_D - N_A)}{2} + \sqrt{\frac{(N_D - N_A)^2}{4} + n_i^2} \qquad (22.36)$$

e a condutividade de semicondutores pode ser obtida como a soma das condutividades devidas a elétrons e lacunas:

$$\sigma = e\left(n_e \mu_e + n_l \mu_l\right) \qquad (22.37)$$

A Tabela 22.5 apresenta as mobilidades de elétrons e lacunas para diversos semicondutores em 300 K. A mobilidade de lacunas é menor que a de elétrons, o que pode ser considerado um efeito da maior massa efetiva das lacunas. Comparando com as estimativas apresentadas na Tabela 22.3, verifica-se que as mobilidades eletrônicas em semicondutores são cerca de duas ordens de grandeza maiores que em metais. Esse fato resulta das diferenças nas massas efetivas e nos tempos de relaxação de elétrons entre semicondutores e metais.

A Figura 22.8 mostra as condutividades em 300 K para silício e germânio como funções da concentração de impurezas. Para a mesma concentração de impurezas, a condutividade do germânio é cerca de quatro ordens de grandeza maior que a do silício. Note que a dopagem com a concentração máxima mostrada na figura aumenta a condutividade em cerca de duas ordens de grandeza em relação às respectivas condutividades intrínsecas.

A Figura 22.9 apresenta a variação da condutividade com a temperatura para germânio e silício intrínsecos e dopados. Observe que a dopagem torna a condutividade menos dependente da concentração intrínseca e, consequentemente, menos dependente da temperatura.

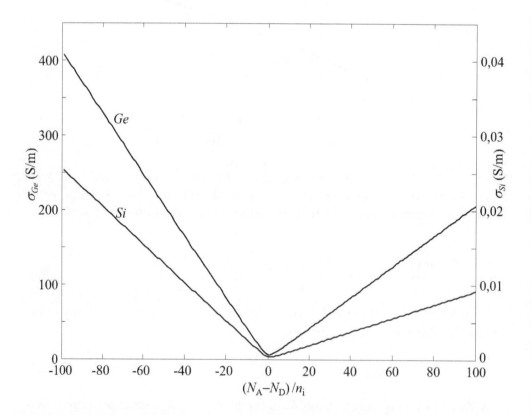

Figura 22.8: Condutividades do germânio e do silício como funções da concentração de dopantes em 300 K.

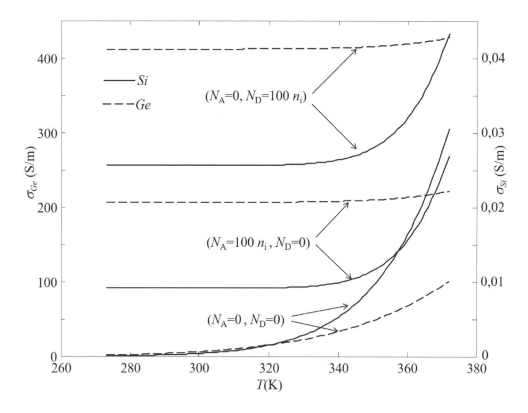

Figura 22.9: Condutividades do germânio e do silício intrínsecos e dopados como funções da temperatura. A dependência das mobilidades com a temperatura não foi considerada no cálculo.

22.5 Supercondutores

A supercondutividade é um fenômeno que se manifesta em diversos sólidos metálicos e compostos de metais com não metais quando resfriados abaixo de temperaturas características. Foi primeiramente observada por Kamerlingh Onnes em 1911 com o resfriamento do mercúrio usando hélio líquido. A resistência elétrica desses materiais diminui repentinamente para quase zero quando a temperatura da amostra diminui abaixo da temperatura crítica de transição para o estado supercondutor. Além disso, nesse estado, a amostra torna-se um diamagneto perfeito, ou seja, reduz a zero em seu interior qualquer campo magnético existente ou aplicado até um limite denominado campo crítico.

A Tabela 22.6 mostra valores de temperatura crítica e campo crítico (em 0 K) para alguns metais, ligas metálicas e compostos cerâmicos. Nos itens a seguir citamos as principais características dos supercondutores que os distinguem dos condutores normais.

Tabela 22.6: Temperatura crítica, campo magnético crítico (em 0 K) e *gap* de energia de alguns supercondutores. Para as ligas metálicas e os compostos cerâmicos, o campo crítico não foi especificado, mas é muito maior que 1 T [3]. *Ref. [5].

Material	T_c (K)	$B_c\,(10^{-3}$ T)	$W_g(10^{-3}$ eV)
Al	1,14	10,5	0,34
Sn	3,72	30,9	1,15
Ta	4,48	83	1,40
V	5,38	142	1,60
Pb	7,19	80,3	2,73
Nb	9,50	198	3,05
Nb_3Sn	18,05	–	–
Nb_3Ge	23,20	–	–
$YBa_2Cu_3O_7$*	90	–	–
$TlBa_2Ca_2Cu_3O_9$*	120	–	–
$Tl_2Ba_2Ca_2Cu_3O_{10}$*	125	–	–
$HgBa_2Ca_3Cu_4O_{10}$*	127	–	–

i) A condutividade no estado supercondutor é cerca de quatorze ordens de grandeza maior que no estado normal. Alguns compostos supercondutores são materiais cerâmicos que apresentam condutividade muito baixa no estado normal, comparada à condutividade metálica normal. A Figura 22.10a mostra conceitualmente a dependência da resistividade com a temperatura nos estados condutor e supercondutor. A resistividade metálica diminui suavemente na medida em que a temperatura se aproxima de 0 K, tendendo a um valor finito limitado por defeitos estruturais e impurezas. Quando ocorre a mudança para a fase supercondutora, a resistividade diminui abruptamente, praticamente se anulando em comparação à fase normal.

ii) O campo magnético é expelido do interior de um objeto no estado supercondutor de modo similar ao que ocorre com o efeito pelicular para campos variáveis no tempo em materiais condutores. Contudo, em supercondutores esse fenômeno não depende da frequência, sendo denominado efeito Meissner. A Figura 22.10b ilustra esse processo. Na presença do campo magnético de um ímã, um objeto ao entrar no estado supercondutor expele o campo magnético do seu interior, tornando-se um diamagneto perfeito. Pode-se afirmar que o objeto supercondutor cria um campo magnético igual em intensidade ao campo aplicado, mas em sentido contrário. Isso significa que o objeto torna-se um dipolo magnético orientado em oposição aos polos do ímã, o que resulta em uma força de repulsão.

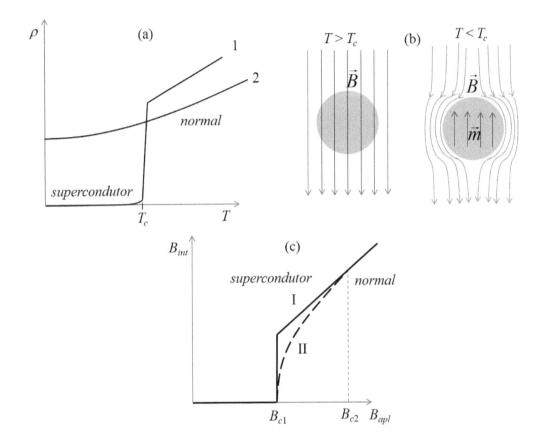

Figura 22.10: Ilustrações das principais características dos supercondutores. (a) Relação resistividade × temperatura: (1) supercondutor; (2) condutor normal. (b) Ilustração do efeito Meissner. (c) Diferença no comportamento magnético entre supercondutores: (I) supercondutor tipo I; (II) supercondutor tipo II. B_{int} – campo interno; B_{apl} – campo aplicado.

A diferença entre condutores e supercondutores quanto ao confinamento de campo na superfície da amostra pode ser descrita com base em um modelo de condução no qual não existe interação entre os elétrons e a rede atômica do cristal. Nesse caso os elétrons são simplesmente acelerados por um campo elétrico:

$$m\frac{d\vec{v}}{dt} = -e\vec{E} \tag{22.38}$$

354   Análise de sistemas eletromagnéticos

Com isso, a taxa de variação temporal da densidade de corrente é dada por:

$$\frac{\partial \vec{j_c}}{\partial t} = -en_s \frac{d\vec{v}}{dt} = \frac{e^2 n_s}{m} \vec{E} \tag{22.39}$$

Aplicando o rotacional em ambos os lados e utilizando a lei de Faraday para substituir o rotacional do campo elétrico ($\nabla \times \vec{E} = -\partial \vec{B}/\partial t$), obtemos:

$$\nabla \times \frac{\partial \vec{j_c}}{\partial t} = \frac{e^2 n_s}{m} \nabla \times \vec{E} = -\frac{e^2 n_s}{m} \frac{\partial \vec{B}}{\partial t} \tag{22.40}$$

Essa equação pode ser resolvida simultaneamente com a lei de Ampère ($\nabla \times \vec{B} = \mu_o \vec{j_c}$) para obter a seguinte equação diferencial para a indução magnética:

$$\nabla^2 \frac{\partial \vec{B}}{\partial t} = \frac{1}{\lambda_L^2} \frac{\partial \vec{B}}{\partial t} \tag{22.41}$$

em que $\lambda_L = \sqrt{m/\mu_o e^2 n_s}$ é uma constante denominada profundidade de penetração de London e tem a mesma interpretação da profundidade de penetração no efeito pelicular ordinário. Equações similares foram resolvidas na análise do efeito pelicular no Capítulo 17, Equações (17.65) e (17.66).

Podemos concluir, portanto, com base na Equação (22.41), que o campo magnético tem sua derivada temporal diminuindo de intensidade quanto mais profundamente se penetra no objeto. Assumindo uma densidade eletrônica da ordem de 10^{28} m^{-3}, estima-se a profundidade de penetração de London como sendo da ordem de 10^{-8} m. Para um condutor perfeito, isso significaria que o campo no seu interior seria constante, ou seja, se havia um campo de intensidade B_o antes do resfriamento, com o resfriamento à temperatura 0 K esse campo não poderia ser alterado, mesmo que a fonte de campo fosse desligada. Contudo, esse não é o efeito Meissner. Para um material supercondutor, o campo magnético é totalmente cancelado no interior da amostra quando ela se encontra abaixo da temperatura crítica.

A Equação (22.40) deve ser reescrita para ser válida nesse caso:

$$\nabla \times \vec{j_c} = -\frac{e^2 n_s}{m} \vec{B} \tag{22.42}$$

sendo então denominada de equação de London. Quando resolvemos essa equação acoplada com a lei de Ampère, como fizemos antes, agora resulta a equação diferencial correta para o campo magnético:

$$\nabla^2 \vec{B} = \frac{\vec{B}}{\lambda_L^2} \rightarrow \vec{B}(z) = \vec{B}_o e^{-z/\lambda_L} \tag{22.43}$$

Capítulo 22 – Estrutura eletrônica e condutores

em que a solução para um problema unidimensional é apresentada e mostra o decaimento exponencial do campo com constante λ_L. A equação anterior é válida para campos constantes apenas no estado supercondutor.

iii) Existem basicamente dois tipos de supercondutores, que são denominados tipo I e tipo II. A Figura 22.10c ilustra o comportamento magnético desses materiais. No supercondutor do tipo I existe apenas um campo magnético crítico que determina a transição de estado. Quando submetida a um campo magnético de indução superior a B_c, a amostra do tipo I muda para o estado normal. Quase todos os supercondutores de um único elemento metálico são do tipo I. Semicondutores do tipo II apresentam dois campos críticos. O menor (B_{c1}) define o início de um estado intermediário denominado estado de vórtice, no qual certas regiões da amostra são supercondutoras e outras não. Nesse estado intermediário o efeito Meissner é apenas parcial, ou seja, o campo magnético penetra parcialmente na amostra. Aumentando-se o campo aplicado, aumenta-se o volume da amostra no estado normal. O campo crítico maior (B_{c2}) determina o limite superior no qual todo o volume da amostra está no estado normal e o campo magnético penetra totalmente no objeto. Ligas metálicas e cerâmicas supercondutoras são do tipo II.

Em 1957 foi proposto um modelo matemático que explica de maneira completa a supercondutividade do tipo I, denominado teoria BCS (sigla derivada dos nomes de seus proponentes John Bardeen, Leon Neil Cooper e John Robert Schrieffer). De acordo com esse modelo, os elétrons que produzem a supercondutividade não atuam isoladamente, mas aos pares, denominados pares de Cooper. Os pares de elétrons se formam devido ao acoplamento com fônons do cristal. Um elétron interage com a rede atômica transferindo energia correspondente a um ou mais fônons. A rede se deforma e outro elétron se ajusta à modificação da energia potencial para diminuir sua energia. Desse modo, dois elétrons se atraem e se deslocam juntos. Os elétrons que formam os pares de Cooper têm *spins* e vetores de onda opostos. Devido ao acoplamento elétron-rede-elétron, o espalhamento dos movimentos eletrônicos pela interação elétron-rede, comum nos metais, não ocorre no estado supercondutor, e os pares de elétrons se deslocam sem perder energia para a rede.

O acoplamento elétron-rede-elétron cria uma lacuna de energia da ordem de 10^{-3} eV no nível da energia de Fermi na banda de condução do cristal separando estados supercondutores de estados normais. A Tabela 22.6 mostra valores do *gap* de energia para supercondutores do tipo I. Essa lacuna de energia é o principal parâmetro que define a temperatura crítica, uma vez que, devido à agitação térmica, elétrons no topo da banda de condução podem ganhar energia para

356 Análise de sistemas eletromagnéticos

sobrepujar a barreira, rompendo desse modo o acoplamento dos pares de Cooper e tornando-se elétrons normais de condução.

Algumas das aplicações atuais dos supercondutores se baseiam nas propriedades de junções supercondutor-isolante-supercondutor, como a ilustrada na Figura 22.11. Essas estruturas são denominadas junções Josephson, pelo fato de Brian David Josephson ter proposto um modelo em 1962 para os efeitos do tunelamento de pares de Cooper nessa estrutura. O que passou a ser denominado efeito Josephson tem as seguintes características: i) uma corrente elétrica circula pela junção mesmo na condição de curto-circuito; ii) uma diferença de potencial DC aplicada na junção resulta em oscilações da corrente elétrica com frequência dada por $f = 4\pi e V_{DC}/\hbar$ (uma tensão de 1 μV produz uma frequência de 483,6 MHz; esse efeito pode ser usado em dispositivos geradores de sinais de UHF e micro-ondas); iii) um anel contendo duas junções Josephson é denominado SQUID (acrônimo para *superconductor quantum interference device*) e ilustrado na Figura 22.11.

O princípio de funcionamento do SQUID é baseado no fato de o fluxo magnético total através da área de um anel supercondutor ser quantizado segundo a expressão $\psi_m = n\psi_o$, em que n é um inteiro e $\psi_o = h/2e \approx 2,0678 \times 10^{-15}$ Wb é denominado fluxoide. Quando um fluxo magnético de origem externa ψ_m ocorre através do dispositivo, surge uma corrente elétrica no anel que torna o fluxo total $\psi_m + Li_a$, em que L é a indutância do anel, igual ao valor quantizado $n\psi_o$ mais próximo. Essa corrente induzida, cuja intensidade depende da fluxo ψ_m, é somada à corrente externamente aplicada (Figura 22.11) em uma das junções e subtraída na outra. Desse modo, uma diferença de potencial elétrico proporcional ao aumento da corrente através das junções do dispositivo pode ser medida e relacionada ao fluxo ψ_m. Fluxos magnéticos da ordem de grandeza do fluxoide podem ser medidos com relativa facilidade, o que proporciona a construção de magnetômetros muito sensíveis utilizados em pesquisas médicas e científicas envolvendo campos magnéticos muito fracos.

22.6 Condução em isolantes amorfos

Diversos tipos de materiais não cristalinos, como vidro, polímeros e cerâmicas, são utilizados como isolantes em sistemas elétricos. Nesse caso, deseja-se que o material suporte campos elétricos intensos apresentando a maior resistência elétrica possível. A ausência da organização cristalina implica uma estrutura eletrônica diferente, resultando em diversos processos de condução.

A Figura 22.12 ilustra a estrutura de níveis de energia em um sólido amorfo. Não existe uma clara distinção entre bandas como nos cristais. Definem-se esta-

Capítulo 22 – Estrutura eletrônica e condutores

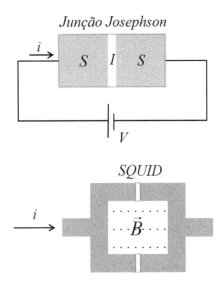

Figura 22.11: Ilustração de uma junção Josephson e de um SQUID.

dos eletrônicos estendidos como aqueles semelhantes aos estados cristalinos, nos quais as funções de onda estão espalhadas em todo o volume do cristal. Elétrons e lacunas nesses estados conduzem corrente elétrica de maneira similar a metais e semicondutores, sendo esses estados denominados bandas de condução e valência, como nos cristais. A separação energética entre estados estendidos em isolantes amorfos é muito maior que em semicondutores, por isso, a densidade de elétrons e lacunas nesses estados, em condições normais de temperatura e campo elétrico aplicado, é muito baixa e a condução normal tem pouca importância nesses materiais.

Entre os estados estendidos situam-se os estados eletrônicos localizados, com funções de onda que não estão espalhadas no volume do cristal, mas que podem apresentar superposição parcial com outros estados localizados próximos. Estados localizados são também denominados armadilhas, porque os elétrons nesses estados apresentam baixa mobilidade. Os estados localizados, grosso modo, podem ser classificados em superficiais, quando se situam próximos dos estados estendidos, e profundos, quando estão a meia distância entre as extremidades das bandas de condução e valência. Essa região intermediária de estados localizados entre os estados estendidos é denominada *gap* de mobilidade.

Elétrons localizados no *gap* de mobilidade contribuem para a condução por meio de saltos para estados localizados vizinhos (condução por saltos) ou para estados estendidos (condução de Poole-Frenkel). Além disso, devido à baixa mobilidade, a injeção de cargas elétricas a partir dos eletrodos metálicos e a acumulação não uniforme de carga elétrica no volume do isolante afetam significativamente as características da condução nesses materiais.

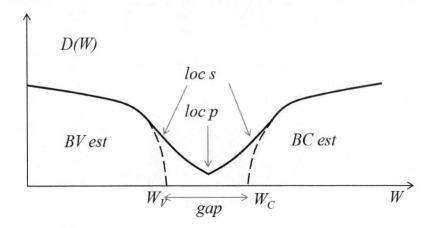

Figura 22.12: Ilustração da distribuição de estados eletrônicos em um isolante amorfo. A linha tracejada indica o *gap* de mobilidade. *BV est* – estados estendidos na banda de valência; *BC est* – estados estendidos na banda de condução; *loc s* – estados localizados superficiais; *loc p* – estados localizados profundos.

A condução por saltos é a teoria predominante da condutividade em isolantes amorfos, descrita como sendo produzida pelo tunelamento de partículas eletricamente carregadas entre estados localizados, processo este ativado pela agitação térmica da rede atômica (fônons) e orientado por um campo elétrico aplicado. A Figura 22.13 ilustra esse processo. Postula-se que a probabilidade de tunelamento nesse caso pode ser descrita por um termo relacionado com a superposição das funções de onda dos estados localizados envolvidos, descrita simplificadamente por $e^{-2\alpha a}$, em que α é uma constante de decaimento e a é a distância entre os sítios dos estados localizados. Essa função informa que quanto maior for a distância entre os sítios das armadilhas, menor será a superposição das funções de onda e, consequentemente, menor a probabilidade de salto. A influência de fônons nesse processo é geralmente modelada pelo termo e^{-W_h/K_BT}, em que W_h é denominada energia de ativação e corresponde à barreira de potencial entre os sítios das armadilhas. Quando um campo elétrico de intensidade E é aplicado, a barreira de energia, no caso dos elétrons, é reduzida pelo termo $-eaE$. Assim, uma expressão geral da densidade de corrente por saltos em um sólido amorfo pode ser escrita na seguinte forma:

$$j = ean_t\nu \; e^{(-2\alpha a)} e^{(-W_h/K_BT)} e^{(eaE/K_BT)} \qquad (22.44)$$

Capítulo 22 – Estrutura eletrônica e condutores

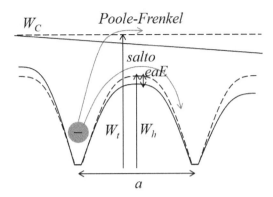

Figura 22.13: Ilustração da distribuição de energia e da condução a partir de estados localizados. O campo elétrico aplicado reduz a barreira de potencial para a transição. As linhas tracejadas indicam os níveis originais de energia, e as linhas contínuas, a energia modificada pelo campo elétrico: condução por salto (W_h); condução Poole-Frenkel (W_t).

em que n_t é a densidade de elétrons nos estados localizados e ν é uma frequência característica de vibração da rede da ordem de 10^{13} Hz. Portanto, a condução por saltos estabelece uma relação não linear entre densidade de corrente e campo elétrico.

Já no mecanismo de condução Poole-Frenkel, ilustrado na Figura 22.13, elétrons em estados localizados superficiais podem ser promovidos para a banda de condução devido à agitação térmica e redução da barreira de potencial por um campo elétrico aplicado. O mesmo ocorre na banda de valência pela passagem de elétrons para os estados localizados, criando lacunas livres. Essas partículas nos estados estendidos conduzem de maneira semelhante a metais e semicondutores. A expressão matemática da densidade de corrente nesse caso é dada por:

$$j = e\mu N_e E \; e^{(-W_t/K_B T)} e^{(\beta\sqrt{E}/K_B T)} \qquad (22.45)$$

em que μ e N_e são a mobilidade e a densidade de estados estendidos (para elétrons e lacunas), W_t é a diferença de energia entre o estado localizado e a banda de estados estendidos (menor energia na banda de condução ou maior energia na banda de valência) e β é uma constante que depende da permissividade elétrica do material [$\beta = 6,18 \times 10^{-24}/\sqrt{\epsilon_r} \; J/\sqrt{V/m}$]. Também nesse caso, a condução é não linear devido ao termo exponencial que descreve a quantidade de partículas promovidas para os estados estendidos como consequência da redução da barreira de potencial pelo campo elétrico aplicado.

Por fim, temos a condução limitada por carga espacial. Um isolante em um sistema elétrico geralmente está ligado fisicamente a condutores metálicos. O contato metal-isolante promove a injeção de elétrons ou de lacunas no interior do isolante. Isso é ilustrado na Figura 22.14. Parte dessa carga pode se localizar nos estados estendidos e parte no *gap* de mobilidade. A quantidade e a energia das partículas injetadas dependem da intensidade do campo elétrico aplicado entre os eletrodos conectados ao isolante. Enquanto a quantidade for pequena e puder ser compensada pela redistribuição de cargas no material, a neutralidade elétrica do meio não é seriamente afetada e a condução é determinada pelo movimento de cargas nos estados estendidos e localizados conforme discutido anteriormente. A partir de certa intensidade de campo elétrico aplicado, contudo, a acumulação de carga nas proximidades dos eletrodos afeta a distribuição de campo elétrico e resulta também em fluxos de difusão de carga. A densidade de corrente no isolante, nessa condição, passa a depender quadraticamente da diferença de potencial elétrico aplicado entre os eletrodos.

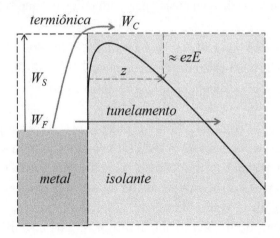

Figura 22.14: Ilustração da redução da barreira de potencial na interface metal-isolante por um campo elétrico aplicado e da emissão (termiônica e tunelamento) de carga elétrica através do contato.

A injeção de elétrons através dos eletrodos ocorre por diversos mecanismos que dependem da barreira de energia entre o nível de Fermi no metal e a banda de condução no isolante, bem como do campo elétrico aplicado na região da interface. Os dois principais mecanismos são a emissão termiônica (emissão Schottky) e o tunelamento (emissão Fowler-Nordheim). A Figura 22.14 ilustra a diferença entre esses processos e as equações a seguir descrevem os modelos matemáticos utilizados na análise quantitativa de resultados experimentais.

A emissão termiônica é descrita por:

$$j = AT^2 \; e^{(-W_S/K_B T)} e^{(\beta \sqrt{E}/K_B T)} \tag{22.46}$$

Capítulo 22 – Estrutura eletrônica e condutores   361

em que A é a constante de Richardson do efeito termiônico em superfícies metálicas [$A = 1,20173 \times 10^6$ A/m^{2}K^2], W_S é a barreira de energia entre a energia de Fermi do metal e a banda de condução do isolante (W_C) e β é mesma constante da Equação (22.45).

Para o tunelamento na interface metal-isolante aplica-se o seguinte modelo:

$$j = C_1 \frac{E^2}{W_S} e^{\left(-C_2 W_S^{3/2}/E\right)} \tag{22.47}$$

em que C_1 e C_2 são constantes que valem $1,58 \times 10^{-6}$ C^2/Vs e $6,87 \times 10^9$ Vm^{-1}J$^{-3/2}$, respectivamente.

Comparando as Equações (22.44) a (22.47), pode-se concluir que a densidade de corrente elétrica em isolantes depende de diversas formas do campo elétrico aplicado e da temperatura, conforme o mecanismo de transporte dominante. A emissão por tunelamento não depende da temperatura, mas os demais processos apresentam efeito principal da temperatura no termo exponencial relacionado à lei de Boltzmann, com energias de ativação W_h, W_t e W_S, o que indica a assistência de fônons ao processo de condução. Quanto à dependência com o campo elétrico, conclui-se que a densidade de corrente pode variar de diversas maneiras em diferentes faixas de intensidade de campo. No caso da condução por saltos, um gráfico $log(j) \times E$ deve ser uma reta crescente; no caso da condução Poole-Frenkel, o gráfico $log(j/E) \times \sqrt{E}$ deve ser uma reta crescente; já para campos muito intensos, a relação tende a ser quadrática devido ao efeito da carga espacial injetada no isolante a partir dos eletrodos.

22.7 Questões

22.1) Considere um fio metálico com diâmetro de 10^{-3} m pelo qual circula corrente elétrica de 1 A. Calcule para os metais da Tabela 22.3: a) o campo elétrico no interior do fio; b) a potência dissipada em um comprimento de 1 m; c) a fração da velocidade de condução em relação à velocidade térmica.

22.2) Considere um fio metálico com diâmetro de 5×10^{-4} m e comprimento de 1 m pelo qual circula corrente elétrica de 2 A. Calcule para os metais da Tabela 22.4 a temperatura e a resistividade assumindo que a resistência térmica total é 20 K/W e que a temperatura ambiente é 295 K.

22.3) Considere três materiais cristalinos com *gaps* de energia de 0,3 eV, 1,0 eV e 5,0 eV. Assumindo que as massas efetivas de elétrons e lacunas são iguais à massa do elétron livre, calcule e compare as concentrações intrínsecas nesses materiais em 300 K.

362 Análise de sistemas eletromagnéticos

22.4) Usando dados da Figura 22.7 e da Tabela 22.5, calcule as concentrações de elétrons e lacunas em Ge, Si e GaAs dopado com fósforo na concentração de 10^{17} m^{-3}. Calcule a condutividade desses materiais em 300 K. Repita este exercício para dopagem com boro na mesma concentração.

22.5) Verifique qual é a proporção entre a lacuna de energia W_g e a energia térmica $K_B T_c$ para os supercondutores do tipo I listados na Tabela 22.6. Justifique esta relação.

22.6) Explique as diferenças entre supercondutores do tipo I e do tipo II em relação a: a) temperatura crítica; b) efeito Meissner; c) comportamento magnético.

22.7) Usando os dados fornecidos a seguir, estime e compare as densidades de corrente devidas a conduções por saltos e Poole-Frenkel em um isolante para campo elétrico de 10 MV/m em 300 K: $a = 1$ nm, $N_t = 10^{12}$ m^{-3}, $\nu = 10^{13}$ Hz, $\alpha = 1/a$, $W_h = 0,1$ eV, $\mu = 0,01$ $m^2V^{-1}s^{-1}$, $N_e = 10^{19}$ m^{-3}, $W_t = 1$ eV, $\epsilon_r = 2$.

22.8) Considere uma interface de metal isolante com $W_S = 2$ eV e $\epsilon_r = 2$. Estime a intensidade de campo elétrico na qual as densidades de corrente por tunelamento e emissão termiônica são iguais em 300 K.

Capítulo 23

Polarização elétrica

23.1 Dipolo elétrico e polarizabilidade molecular

As moléculas de uma substância reagem ao campo elétrico aplicado sobre elas por meio de pequenos deslocamentos de suas partículas eletricamente carregadas. O efeito macroscópico desses deslocamentos moleculares é denominado polarização elétrica e tem importantes consequências na atividade elétrica dos materiais envolvidos. A Figura 23.1 ilustra os tipos de polarização elétrica que serão abordados neste capítulo.

No item (a) é representado o modelo de dipolo elétrico para uma molécula. Trata-se de uma grandeza definida pela carga elétrica dos polos e pela distância entre seus centros geométricos:

$$\vec{p} = q\left(\vec{r}^{\,+} - \vec{r}^{\,-}\right) \tag{23.1}$$

em que $\vec{r}^{\,+}$ e $\vec{r}^{\,-}$ são os vetores de posição dos centros geométricos das cargas elétricas dos polos positivo e negativo, respectivamente. O momento de dipolo elétrico tem como unidade o produto *coulomb* $\times$ *metro* [Cm], mas geralmente é especificado na unidade *debye* (D), que corresponde ao valor de $3,336 \times 10^{-30}$ Cm.

O item (b) ilustra a polarização eletrônica, na qual os elétrons dos átomos se deslocam em relação aos núcleos. No item (c) temos a polarização atômica, com deslocamentos relativos dos átomos de uma molécula ligados entre si por meio de ligações polares. A ligação polar ocorre entre átomos com diferentes eletronegatividades, de modo que os elétrons compartilhados localizam-se mais próximos dos átomos mais eletronegativos. As polarizações eletrônica e atômica são também denominadas polarizações induzidas, porque é necessário que um

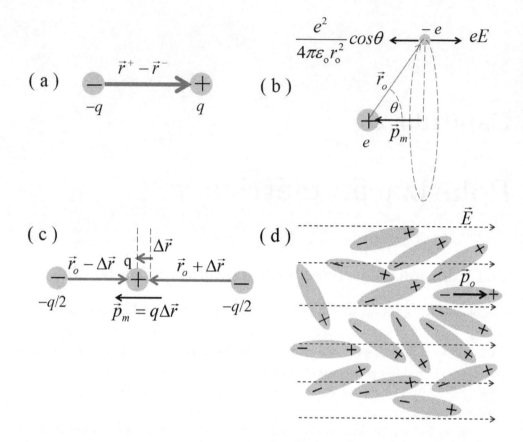

Figura 23.1: Tipos de polarização elétrica: (a) dipolo elétrico; (b) polarização eletrônica; (c) polarização atômica; (d) polarização dipolar.

campo elétrico seja aplicado sobre as moléculas para produzir os deslocamentos das cargas elétricas e surgir o momento de dipolo elétrico.

Por outro lado, algumas moléculas possuem momento de dipolo elétrico permanente. São denominadas moléculas polares e resultam de ligações polares em moléculas nas quais existam assimetrias na distribuição dos átomos que determinam o surgimento de dipolos elétricos. Por exemplo, a molécula de dióxido de carbono (CO_2) é formada por ligações polares, uma vez que o oxigênio tem eletronegatividade (3,44) maior que o carbono (2,55). Porém, é uma molécula não polar, porque os dois momentos de dipolo das suas ligações C=O estão orientados de maneira antiparalela e se cancelam mutuamente. Situação similar, embora com geometrias diferentes, ocorre em diversas substâncias, como: CH_4, CCl_4, $BeBr_2$, C_2H_4, SiF_4 etc. Já na molécula de água, as ligações H–O não estão alinhadas, mas formam um ângulo de 104,5° entre si. Os momentos de dipolo

Capítulo 23 – Polarização elétrica

desses orbitais se somam vetorialmente para resultar em um momento de 1,86 D. Outros exemplos de moléculas polares são: NH_3 (1,48 D), O_3 (0,5 D), HBr (0,8 D), PCl_3 (0,9 D) etc. A Figura 23.1d ilustra o processo de polarização dipolar, na qual os dipolos permanentes das moléculas do meio giram para se alinhar com o campo elétrico aplicado.

Os três tipos de polarização citados (eletrônica, atômica e dipolar) ocorrem simultaneamente para uma mesma substância, mas apresentam diferentes comportamentos dinâmicos devido às diferentes forças de interação entre as partículas envolvidas e das diferentes massas dessas partículas. Uma vez que o estudo e a modelagem do comportamento dinâmico da polarização elétrica é apresentado apenas no próximo capítulo, consideraremos que os campos aplicados variam lentamente e que todos os processos de polarização ocorrem sem qualquer redução de intensidade ou atraso no tempo.

A polarização induzida é descrita por uma constante de proporcionalidade entre o momento de dipolo elétrico molecular e o campo elétrico aplicado, denominada polarizabilidade molecular. Considerando a Figura 23.1b, o deslocamento eletrônico em um átomo pode ser estimado pela condição de equilíbrio entre as forças de interação do elétron com o campo aplicado e com o núcleo. Nesse caso, o momento de dipolo induzido é perpendicular ao plano da órbita. A polarizabilidade eletrônica é calculada como segue:

$$eE = \frac{e^2}{4\pi\epsilon_o r_o^2}cos\theta \;\; \rightarrow \;\; p_m = ercos\theta = 4\pi\epsilon_o r_o^3\,E \rightarrow \alpha_m = 4\pi\epsilon_o r_o^3 \qquad (23.2)$$

Considerando a Figura 23.1c, podemos calcular a polarizabilidade atômica pela condição de equilíbrio de forças no átomo central. Faremos uma aproximação assumindo que o deslocamento Δr é muito menor que a distância interatômica r_o. Nesse caso, podemos utilizar a aproximação dos binômios $(1 + \Delta r/r_o)^{-2}$ e $(1 - \Delta r/r_o)^{-2}$ pelos dois primeiros termos de suas expansões em série de potências:

$$
\begin{aligned}
qE &= \frac{q\,(q/2\,)}{4\pi\epsilon_o(r_o - \Delta r)^2} - \frac{q\,(q/2\,)}{4\pi\epsilon_o(r_o + \Delta r)^2} \\
&\approx \frac{q^2}{8\pi\epsilon_o r_o^2}\left[\left(1 + 2\frac{\Delta r}{r_o}\right) - \left(1 - 2\frac{\Delta r}{r_o}\right)\right] = \frac{q^2}{2\pi\epsilon_o r_o^3}\Delta r \\
&\rightarrow p_m = q\Delta r = 2\pi\epsilon_o r_o^3 E \rightarrow \alpha_m = 2\pi\epsilon_o r_o^3
\end{aligned}
\qquad (23.3)
$$

Note que as polarizabilidades eletrônica e atômica são proporcionais ao volume do átomo ou molécula. Para átomos individuais ou pequenas moléculas, assumindo raio de um angstrom, a polarizabilidade é estimada como sendo da ordem de 10^{-40} Cm^2/V.

A polarização dipolar também pode ser descrita por uma polarizabilidade. Nesse caso, o momento de dipolo não é induzido nas moléculas, mas no meio, como consequência do alinhamento parcial dos dipolos moleculares permanentes. Para calcular o valor médio dos momentos de dipolo na direção do campo elétrico, utilizamos a distribuição de probabilidade de Boltzmann descrita pela função $e^{-U/K_B T}$, em que U é a energia potencial dos dipolos moleculares. Cada polo de um dipolo elétrico, ao interagir com o campo elétrico, adquire a energia $U = qV(r)$, em que V é o potencial elétrico na posição r do espaço. Assim, a energia potencial do dipolo é dada por:

$$U = qV\left(\vec{r}^+\right) - qV\left(\vec{r}^-\right) = -q\vec{E} \cdot \left(\vec{r}^+ - \vec{r}^-\right) = -\vec{p}_m \cdot \vec{E} \tag{23.4}$$

Considerando todas as possíveis orientações de um dipolo no espaço, podemos estabelecer a seguinte equação para o valor médio do momento de dipolo na direção do campo aplicado:

$$\langle p \rangle = \frac{\int\limits_S p_o cos\theta e^{-U/K_B T}\, dS}{\int\limits_S e^{-U/K_B T}\, dS} = p_o \frac{\int\limits_0^\pi cos\theta e^{p_o E cos\theta/K_B T}\, sen\theta d\theta}{\int\limits_0^\pi e^{p_o E cos\theta/K_B T}\, sen\theta d\theta} \tag{23.5}$$

Com a substituição $x = cos\theta$, a integral no numerador pode ser resolvida por partes, enquanto a integral no denominador é trivial:

$$\langle p \rangle = p_o \frac{\int\limits_{-1}^1 x e^{(p_o E/K_B T)x} dx}{\int\limits_{-1}^1 e^{(p_o E/K_B T)x} dx} = p_o \frac{\left[x e^{(p_o E/K_B T)x}\right]_{-1}^1 - \int\limits_{-1}^1 e^{(p_o E/K_B T)x} dx}{\left[e^{(p_o E/K_B T)x}\right]_{-1}^1}$$

$$= p_o \frac{\left[e^{(p_o E/K_B T)} + e^{(p_o E/K_B T)}\right] - \left(\frac{K_B T}{p_o E}\right)\left[e^{(p_o E/K_B T)} - e^{(p_o E/K_B T)}\right]}{\left[e^{(p_o E/K_B T)} - e^{(p_o E/K_B T)}\right]} \tag{23.6}$$

$$= p_o \left[cotgh\left(\frac{p_o E}{K_B T}\right) - \frac{K_B T}{p_o E}\right]$$

A expressão $L(x) = cotgh(x) - 1/x$ é conhecida como função de Langevin. Essa função pode descrever a polarização dipolar em condições extremas de intensidade de campo e temperatura. Entretanto, para condições usuais, devido ao pequeno valor de p_o, o argumento dessa função é muito pequeno e podemos usar a aproximação $L(x) \approx x/3$. Assim, temos:

$$\langle p \rangle = \frac{p_o^2 E}{3 K_B T} \rightarrow \alpha_d = \frac{p_o^2}{3 K_B T} \tag{23.7}$$

Capítulo 23 – Polarização elétrica 367

Então, podemos concluir que, de modo geral, a polarizabilidade de uma substância apresenta um termo constante relacionado às polarizações induzidas eletrônica e atômica e um termo dependente da temperatura devido ao alinhamento dipolar. Usando a fórmula anterior, podemos estimar a polarizabilidade induzida da água na temperatura 300 K em $3,1 \times 10^{-39}$ Cm^2/V. Isso mostra que, para substâncias polares com grandes momentos de dipolo, a polarizabilidade dipolar excede a polarizabilidade induzida em cerca de uma ordem de grandeza.

A polarização de um objeto sujeito a um campo elétrico aplicado é definida como o momento de dipolo elétrico por unidade de volume. Considere uma substância constituída de apenas um tipo de molécula. O momento de dipolo molecular pode ser obtido como a soma dos momentos induzido e permanente:

$$\vec{p}_m = \alpha_m \vec{E}_m + \alpha_d \vec{E}_d \tag{23.8}$$

em que $\vec{E}_m$ é o campo elétrico no nível molecular e $\vec{E}_d$ é a fração desse campo que efetivamente produz alinhamento dos dipolos permanentes.

A Figura 23.2 ilustra esse aspecto da polarização. O campo local $(\vec{E}_m)$ resulta do campo aplicado $(\vec{E}_a)$, mas inclui o campo resultante da acumulação de carga elétrica nas paredes e nas interfaces devido à polarização do meio $(\vec{E}_p)$ e o campo de reação $\vec{E}_r$ devido à polarização adicional provocada pelo dipolo permanente da molécula. Esse último termo não é computado no cálculo do campo diretor $(\vec{E}_d)$, pois $\vec{E}_r$ é paralelo ao momento de dipolo permanente $\vec{p}_o$ e, portanto, não contribui para o alinhamento dipolar. Nessa figura, uma cavidade representa o espaço ocupado pela molécula e a carga elétrica nessa superfície resulta da polarização das moléculas fora da cavidade. Observe que o campo $\vec{E}_p$ devido à carga nas paredes externas do objeto está em sentido contrário ao campo aplicado, enquanto o campo $\vec{E}_p$ devido à carga na parede da cavidade está no mesmo sentido do campo aplicado. O campo elétrico macroscópico no meio $(\vec{E})$ é definido como a soma do campo aplicado com o campo devido à carga de polarização nas paredes externas do objeto. Sendo N_m a densidade molecular, a polarização pode ser calculada da seguinte forma:

$$\vec{P} = N_m \left(\alpha_m \vec{E}_m + \alpha_d \vec{E}_d \right) \tag{23.9}$$

23.2 Polarização macroscópica e relação constitutiva

Um dos efeitos da polarização é a acumulação de carga elétrica ligada às moléculas nas interfaces e descontinuidades do meio. Para avaliar esse fenômeno, conside-

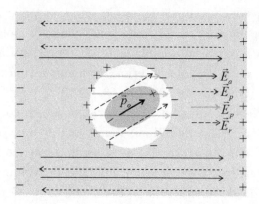

Figura 23.2: Ilustração dos termos de campo elétrico em um meio polarizado.

remos o potencial elétrico produzido pela distribuição de dipolos elétricos no interior do objeto. De acordo com a definição de polarização, um volume infinitesimal contém o momento de dipolo $d\vec{p} = \vec{P}dV$, que pode ser descrito, segundo a Equação (23.1), por $d\vec{p} = dq\Delta\vec{r}'$, em que $\Delta\vec{r}'$ é o vetor de posição do polo positivo em relação ao polo negativo do dipolo. Se o elemento de volume dV está na posição $\vec{r}'$ do espaço, onde $\vec{r}'$ aponta para o centro do dipolo, o potencial na posição $\vec{r}$, obtido como a soma dos potenciais dos dois polos, pode ser calculado da seguinte forma:

$$V(\vec{r}) = \int_{V'} \frac{dq}{4\pi\epsilon_o} \left(\frac{1}{|\vec{r}-\vec{r}^+|} - \frac{1}{|\vec{r}-\vec{r}^-|} \right)$$
$$\vec{r}^- = \vec{r}' - \Delta\vec{r}'/2$$
$$\vec{r}^+ = \vec{r}' + \Delta\vec{r}'/2$$
(23.10)

Sendo um volume infinitesimal, $\Delta r'$ deve ser muito pequeno quando comparado com $|\vec{r} - \vec{r}'|$. Assim, podemos assumir que os vetores de posição nessa equação são praticamente paralelos e seus módulos podem ser calculados aproximadamente por $|\vec{r}-\vec{r}^+| \approx |\vec{r}-\vec{r}'|-(\Delta r'/2)cos\theta$ e $|\vec{r}-\vec{r}^-| \approx |\vec{r}-\vec{r}'|+(\Delta r'/2)cos\theta$, em que θ é o ângulo entre $\vec{P}dV$ e $(\vec{r} - \vec{r}')$. Substituindo na equação anterior e simplificando, obtemos:

$$V(\vec{r}) \approx \int_{V'} \frac{dq}{4\pi\epsilon_o} \left(\frac{1}{|\vec{r}-\vec{r}'|-(\Delta r'/2)cos\theta} - \frac{1}{|\vec{r}-\vec{r}'|+(\Delta r'/2)cos\theta} \right)$$
$$= \int_{V'} \frac{dq}{4\pi\epsilon_o|\vec{r}-\vec{r}'|^2} \left(\frac{\Delta r' cos\theta}{1-(\Delta r'/2|\vec{r}-\vec{r}'|)^2 cos^2\theta} \right)$$
(23.11)

Capítulo 23 – Polarização elétrica 369

O termo $(\Delta r'/2|\vec{r} - \vec{r}'|)^2 cos^2\theta$ é muito pequeno e pode ser desprezado. No numerador temos $dq\Delta r' cos\theta$, que pode ser reescrito na forma $\vec{P}dV.(\vec{r} - \vec{r}')/|\vec{r} - \vec{r}'|$. Com isso, resulta a seguinte expressão para o potencial elétrico da carga de polarização no objeto:

$$V(\vec{r}) = \frac{1}{4\pi\epsilon_o} \int_{V'} \frac{\vec{P} \cdot (\vec{r} - \vec{r}')}{|\vec{r} - \vec{r}'|^3} dV' = \frac{1}{4\pi\epsilon_o} \int_{V'} \vec{P} \cdot \nabla' \left(\frac{1}{|\vec{r} - \vec{r}'|} \right) dV' \quad (23.12)$$

Essa equação pode ser reescrita em uma forma mais conveniente para sua interpretação física, por meio da substituição do integrando usando a Equação (6.24):

$$\begin{aligned} V(\vec{r}) &= \frac{1}{4\pi\epsilon_o} \int_{V'} \nabla' \cdot \left(\frac{\vec{P}}{|\vec{r} - \vec{r}'|} \right) dV' - \frac{1}{4\pi\epsilon_o} \int_{V'} \frac{\nabla' \cdot \vec{P}}{|\vec{r} - \vec{r}'|} dV' \\ &= \frac{1}{4\pi\epsilon_o} \oint_{S'} \frac{\vec{P} \cdot d\vec{S}'}{|\vec{r} - \vec{r}'|} - \frac{1}{4\pi\epsilon_o} \int_{V'} \frac{\nabla' \cdot \vec{P}}{|\vec{r} - \vec{r}'|} dV' \end{aligned} \quad (23.13)$$

De acordo com essa equação, os efeitos da polarização podem ser avaliados por meio de duas distribuições de carga elétrica com densidade volumétrica ρ_{vp} e densidade superficial ρ_{sp}, que dependem da polarização da seguinte forma:

$$\begin{aligned} \rho_{vp} &= -\nabla \cdot \vec{P} \quad (a) \\ \rho_{sp} &= \vec{P} \cdot \vec{u}_n \quad (b) \end{aligned} \quad (23.14)$$

em que $\vec{u}_n$ é o vetor unitário normal na superfície ou interfaces no objeto. Concluímos que a carga de polarização se acumula nas interfaces e na superfície do objeto e em locais de seu volume onde o divergente da polarização é não nulo.

Consideremos inicialmente o efeito da carga superficial e, por enquanto, assumiremos que $\nabla \cdot \vec{P} = 0$. Tomando como referência a Figura 23.2, a carga de polarização se acumula nas paredes externas do objeto e na interface com a cavidade que contém a molécula. Assumindo que o objeto é constituído de moléculas não polares, se o campo macroscópico $\vec{E}$ for uniforme e estiver orientado na direção do eixo polar no sistema de coordenadas esféricas, também a polarização será uniforme e orientada nessa direção. Nesse caso, a carga de polarização nas paredes da cavidade é calculada como $\rho_{sp} = \vec{P} \cdot \vec{u}_r = Pcos\theta$, em que θ é o ângulo de posição em relação à direção do campo aplicado. Devido à simetria azimutal, o campo elétrico $\vec{E}_p$ no centro da cavidade tem componente apenas nessa direção e seu módulo pode ser calculado de acordo com a lei de Coulomb:

$$E_p = \frac{1}{4\pi\epsilon_o} \oint_{S'} \left(\frac{\rho_{Sp}}{R^2} \right) cos\theta dS' = \frac{1}{4\pi\epsilon_o} \int_0^\pi \left(\frac{Pcos\theta}{R^2} \right) cos\theta \left(2\pi R^2 sen\theta d\theta \right)$$

$$= -\frac{P}{2\epsilon_o} \left[\frac{cos^3\theta}{3} \right]_0^\pi = \frac{P}{3\epsilon_o} \tag{23.15}$$

O campo elétrico total na cavidade é uniforme. Isso pode ser provado utilizando a expansão do potencial elétrico em polinômios de Legendre de acordo com a Equação (15.26). Uma vez que o campo macroscópico é uniforme, verifica-se que apenas o polinômio de primeira ordem deve ser usado e a solução interna na cavidade torna-se:

$$V(r, \theta) = -E_m \, rcos\theta \tag{23.16}$$

em que E_m é o módulo do campo elétrico na cavidade. Usando a relação entre potencial e campo elétrico, verifica-se que esse campo é uniforme e orientado na direção do eixo polar como proposto inicialmente. Assim, temos:

$$\vec{E}_m = \vec{E} + \frac{\vec{P}}{3\epsilon_o} \tag{23.17}$$

Substituindo o campo local na Equação (23.9) e considerando $\alpha_d = 0$ (substância não polar), obtemos a polarização como função do campo macroscópico:

$$\vec{P} = \frac{3\epsilon_o N_m \alpha_m}{3\epsilon_o - N_m \alpha_m} \vec{E} \tag{23.18}$$

A polarização é proporcional ao campo elétrico, sendo a constante de proporcionalidade denominada susceptibilidade elétrica, com símbolo χ_e:

$$\vec{P} = \chi_e \epsilon_o \vec{E} \tag{23.19}$$

$$\chi_e = \frac{3N_m \alpha_m}{3\epsilon_o - N_m \alpha_m} \tag{23.20}$$

Esse modelo não considera o efeito dos dipolos permanentes do material. Portanto, aplica-se sem restrições a compostos não polares, mas também pode ser usado em compostos polares nos quais os momentos de dipolo permanentes não possam se alinhar com o campo aplicado. Isso ocorre em duas situações muito importantes: 1) no estado sólido, pois as moléculas estão rigidamente ligadas umas às outras e não podem rotacionar para realizar o alinhamento; e

Capítulo 23 – Polarização elétrica

2) quando o campo aplicado varia muito rapidamente no tempo, não permitindo que as moléculas alcancem o alinhamento devido à inércia do movimento.

A polarização elétrica afeta a relação constitutiva do material, ou seja, a dependência entre campo e indução elétrica. Para entender essa conexão, considere a lei de Gauss no interior do meio polarizado:

$$\nabla \cdot \vec{E} = \frac{\rho_V + \rho_{vp}}{\epsilon_o} \tag{23.21}$$

Nessa equação, ρ_V é a densidade de carga elétrica livre, ou seja, não ligada, enquanto ρ_{vp} é densidade de carga elétrica nos polos das moléculas. Por definição, a indução elétrica depende apenas da densidade de carga livre, enquanto a polarização depende apenas da densidade de carga ligada. Usando as Equações (7.4) e (23.14) para substituir as densidades de carga e reorganizando a equação anterior, obtemos:

$$\vec{D} = \epsilon_o \vec{E} + \vec{P} \tag{23.22}$$

Essa é a relação constitutiva no interior de um objeto polarizado. Substituindo a Equação (23.19) entre campo e polarização, resulta uma forma mais simples para a dependência entre campo e indução:

$$\vec{D} = (1 + \chi_e)\,\epsilon_o \vec{E} = \epsilon_r \epsilon_o \vec{E} \tag{23.23}$$

$$\epsilon_r = 1 + \chi_e \tag{23.24}$$

em que ϵ_r é a constante dielétrica do material. Substituindo a susceptibilidade elétrica pela constante dielétrica na Equação (23.20) e resolvendo para a polarizabilidade induzida, obtemos:

$$\alpha_m = \frac{3\epsilon_o}{N_m}\frac{(\epsilon_r - 1)}{(\epsilon_r + 2)} \tag{23.25}$$

Para uma mistura de substâncias com diferentes concentrações e polarizabilidades, a constante dielétrica pode ser obtida pela soma das contribuições individuais devidas a cada substância. Assim fazendo, resulta o modelo Clausius-Mossotti:

$$\frac{(\epsilon_r - 1)}{(\epsilon_r + 2)} = \frac{1}{3\epsilon_o}\sum_i N_{m_i}\alpha_{m_i} \tag{23.26}$$

O efeito da polarização dipolar na constante dielétrica de uma substância é consideravelmente mais complexo de avaliar em virtude da polarização adicional

372 Análise de sistemas eletromagnéticos

não uniforme que os momentos de dipolo permanentes das moléculas produzem no meio. O modelo bem conhecido de Onsager permite fazer estimativas da constante dielétrica de uma substância polar pura desde que a constante dielétrica devida à polarização induzida seja conhecida e não existam outras forças intermoleculares atuando além da interação dipolo-dipolo:

$$\frac{N_m \, p_o^2}{9\epsilon_o K_B T} = \frac{(\epsilon_r - \epsilon_\infty)\,(2\epsilon_r + \epsilon_\infty)}{\epsilon_r(\epsilon_\infty + 2)^2} \tag{23.27}$$

em que ϵ_∞ é a constante dielétrica devida à polarização induzida, cujo valor pode ser deduzido a partir da Equação (23.25) desde que α_m seja a soma das polarizabilidades eletrônica e atômica.

A Tabela 23.1 mostra alguns valores de polarizabilidade eletrônica e momento de dipolo permanente para algumas substâncias líquidas ou gasosas em temperatura ambiente. A Tabela 23.2 apresenta a constante dielétrica estática para alguns materiais isolantes. Note que os valores situam-se entre 1 e 10 para a maioria dos materiais. Não são apresentados resultados para metais, uma vez que são valores muito próximos da unidade. A Tabela 23.3 mostra a constante dielétrica estática da água líquida como função da temperatura em pressão atmosférica normal. Note que a constante dielétrica da água apresenta um decaimento aproximadamente linear com a temperatura com inclinação de $-0,32\ °C^{-1}$.

Como exemplo de utilização do modelo Clausius-Mossotti, considere o composto apolar benzeno que apresenta polarizabilidade de $11,4 \times 10^{-40}\ Cm^2/V$ e densidade $\rho_m = 879\ kg/m^3$ em pressão atmosférica normal e 25 °C. A massa molar do benzeno é 78,11 g/mol. Sua densidade molecular na temperatura e na pressão indicadas é:

$$N_m = \frac{879\ \left(kg/m^3\right)}{78,11\ (g/mol\,)} \times 1000\,(g/kg\,) \times 6,022 \times 10^{23}\ \left(mol^{-1}\right)$$
$$\approx 6,78 \times 10^{27} m^{-3} \tag{23.28}$$

Substituindo na Equação (23.26) e resolvendo para a constante dielétrica, obtemos:

$$\frac{\epsilon_r - 1}{\epsilon_r + 2} = \frac{6,78 \times 10^{27}\ \left(m^{-3}\right) \times 11,4 \times 10^{-40}\ \left(Cm^2/V\right)}{3 \times 8,85 \times 10^{-12}\ (F/m)} \approx 0,292$$
$$\to \epsilon_r = \frac{1 + 2 \times 0,292}{1 - 0,292} \approx 2,24 \tag{23.29}$$

Esse resultado concorda bem com o valor experimental de 2,3 medido em 25 °C.

Capítulo 23 – Polarização elétrica

Tabela 23.1: Polarizabilidade eletrônica estática e momento de dipolo elétrico de diversas substâncias líquidas ou gasosas em 25 °C [6].

Substância	α_m ($\times 10^{-40}$ Cm^2/V)	p_o (D)
H_2	0,9	0
CH_4	2,9	0
C_2H_6	5,0	0
Cl_2	5,1	0
O_2	1,8	0
CO_2	3,2	0
C_6H_6	11,4	0
CCl_4	11,7	0
CO	2,2	0,11
HCl	2,9	1,08
NH_3	2,6	1,47
C_6H_5Cl	15,7	1,80
$C_6H_5NO_2$	16,3	4,20
H_2O	1,6	1,86
$CHCl_3$	9,1	1,06
CH_3OH	3,6	1,70

Como segundo exemplo, considere agora a água líquida, com densidade de 1000 kg/m^3 em pressão atmosférica normal, temperatura de 20 °C e massa molar de 18,06 g/mol. Repetindo o procedimento do exemplo anterior, obtemos a densidade molecular da água em $N_m = 3,334 \times 10^{28}$ m^{-3}. Para obter a constante dielétrica devida à polarização eletrônica, podemos usar o modelo Clausius-Mossotti com α_m mostrado na Tabela 23.1:

$$\frac{\epsilon_r - 1}{\epsilon_r + 2} = \frac{3,334 \times 10^{28} \left(m^{-3}\right) \times 1,6 \times 10^{-40} \left(Cm^2/V\right)}{3 \times 8,85 \times 10^{-12} \left(F/m\right)} \approx 0,204$$

$$\to \epsilon_r = \frac{1 + 2 \times 0,204}{1 - 0,204} \approx 1,77$$

(23.30)

Esse resultado concorda com o valor do índice de refração da água $n = \sqrt{\epsilon_r} = 1,33$. Contudo, a água tem uma contribuição importante da polarização atômica e a constante dielétrica devida à polarização induzida total (eletrônica + atômica) situa-se em torno de 4. Podemos utilizar esse valor no modelo de Onsager para fazer uma estimativa do momento de dipolo permanente da molécula de água. Com o valor experimental da constante dielétrica $\epsilon_r \approx 80$ e o valor estimado

Tabela 23.2: Constante dielétrica estática de materiais isolantes na temperatura de 25 °C [6].

Material	ϵ_r
Ar	1,00054
Diamante	5,7
Policarbonato	3,0
Teflon	2,0
Polietileno	2,3
Polipropileno	2,6
Silicone	3,1
Nylon	3,7
PVC	3,5
Epóxi	3,6
Neoprene	6,7
Poliuretano	7,0
Vidro comum	7,0
Vidro borossilicato	4,5
Quartzo	4,5
Mica	5,4–7,0
Alumina	8,5
Baquelite	4,8
Porcelana	7,0

$\epsilon_\infty = 4$ na Equação (23.27), resolvemos para p_o e obtemos:

$$p_o = \sqrt{\frac{9\epsilon_o K_B T}{N_m} \left[\frac{(\epsilon_r - \epsilon_\infty)(2\epsilon_r + \epsilon_\infty)}{\epsilon_r(\epsilon_\infty + 2)^2} \right]}$$

$$= \sqrt{\frac{9 \times 8,85 \times 10^{-12}\,(F/m) \times 1,38 \times 10^{-23}\,(J/K) \times 300\,(K)}{3,334 \times 10^{28}\,(m^{-3})}} \qquad (23.31)$$

$$\times \sqrt{\left[\frac{(80 - 4)(2 \times 80 + 4)}{80(4 + 2)^2} \right]} \approx 6,54 \times 10^{-30} Cm = 1,96\,D$$

Embora a diferença entre a estimativa teórica com o modelo de Onsager e o valor experimental não seja grande $(5,4\%)$, ela possivelmente reflete a influência das pontes de hidrogênio, que são importantes interações intermoleculares (não dipolares) na água.

Capítulo 23 – Polarização elétrica   375

Tabela 23.3: Constante dielétrica estática da água como função da temperatura em pressão de 1 atmosfera [7].

Temperatura (°C)	ϵ_r
0	87,90
10	83,96
20	80,20
30	76,60
40	73,17
50	69,88
60	66,73
70	63,73
80	60,86
90	58,12
100	55,51

23.3 Polarização ferroelétrica

O fenômeno da polarização elétrica descrito até aqui é essencialmente linear, na medida em que a polarização é proporcional ao campo elétrico que induz ou orienta os dipolos elétricos moleculares. Alguns materiais, entretanto, comportam-se de modo bem diferente. São denominados ferroelétricos e possuem características muito peculiares:

- Abaixo de uma temperatura crítica apresentam polarização espontânea, ou seja, sem necessidade de aplicação de campo elétrico. O exemplo dado na Figura 23.3a refere-se ao cristal de titanato de bário ($BaTiO_3$). Os deslocamentos espontâneos dos íons Ba^{2+} e Ti^{4+} da ordem de 0,1 angstrom em relação aos íons O^{2-} abaixo da temperatura 393 K (120 °C) resultam em um momento de dipolo da célula cristalina cúbica de cerca de 10^{-29} Cm.

- Quando um campo elétrico é aplicado, a relação entre a polarização e o campo é não linear, apresentando saturação e histerese como mostra a Figura 23.3b.

- A estrutura interna do material é formada por domínios, que são volumes polarizados em diferentes direções. Cada domínio pode ter dimensões de dezenas de micrômetros e são separados por interfaces finas nas quais os

376	Análise de sistemas eletromagnéticos

dipolos elétricos mudam gradualmente de orientação entre os domínios adjacentes. Isso é ilustrado na Figura 23.3c.

- A polarização macroscópica é o resultado da movimentação das interfaces, permitindo que os domínios favoravelmente polarizados em relação ao campo aplicado aumentem de volume enquanto os desfavoravelmente polarizados diminuam.

- Esse processo resulta na saturação, quando todo o volume do objeto torna-se um único domínio com orientação dipolar paralela ao campo. Esse processo também resulta na histerese, uma vez que a energia necessária para movimentar as interfaces é dissipada no cristal e, assim, o processo de polarização é não reversível.

- Todo cristal ferroelétrico apresenta o efeito piezoelétrico, pelo qual uma tensão mecânica aplicada resulta em um momento de dipolo elétrico induzido e, reciprocamente, um campo elétrico aplicado resulta em uma deformação mecânica.

A Tabela 23.4 apresenta valores de temperatura crítica e polarização espontânea para alguns cristais ferroelétricos. A polarização espontânea é o valor obtido após a amostra ser polarizada até a saturação e em seguida ser removido o campo aplicado. Devido à dissipação de energia na movimentação das interfaces, os domínios não retornam ao estado inicial, resultando em uma polarização remanescente.

Tabela 23.4: Temperatura crítica e polarização espontânea de alguns cristais ferroelétricos [3].

Cristal	T_c (K)	P_r (C/m^2)
KH_2PO_4	123	0,05
$BaTiO_3$	393	0,26
$KNbO_3$	712	0,30
$LiTaO_3$	890	0,23
$LiNbO_3$	1470	3,00

23.4 Campo de reação e fator de despolarização

Quando um objeto se polariza, surge uma distribuição de carga elétrica em sua superfície e um campo elétrico contrário ao campo aplicado se estabelece em seu

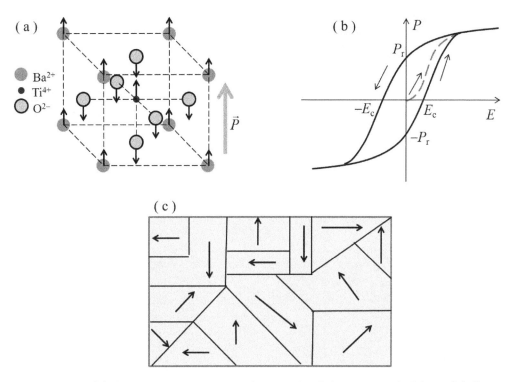

Figura 23.3: (a) Polarização espontânea de um cristal de titanato de bário. (b) Curva de polarização de um material ferroelétrico. O tracejado é a curva de polarização inicial. P_r é a polarização remanescente, E_c é denominado campo coercitivo. (c) Ilustração da estrutura de domínios ferroelétricos. As setas indicam as direções de polarização espontânea.

interior. Este é denominado campo de reação ($\vec{E}_p$) e, por causa dele, o campo elétrico total no interior do objeto é menor que o campo aplicado. Existe uma relação de proporcionalidade entre a polarização e o campo de reação, denominada fator de despolarização (N_d).

Como exemplo, considere uma placa de grande área e pequena espessura como ilustrado na Figura 23.4a. A densidade de carga de polarização nas faces, de acordo com a Equação (23.14), é $\rho_{ps} = \pm P$. Usando a lei de Gauss, mostra-se que o campo de reação no interior da placa é $\vec{E}_p = -\vec{P}/\epsilon_o$. O fator de despolarização é definido por:

$$N_d = -\frac{\epsilon_o E_p}{P} \qquad (23.32)$$

e resulta em $N_d = 1$ para a placa.

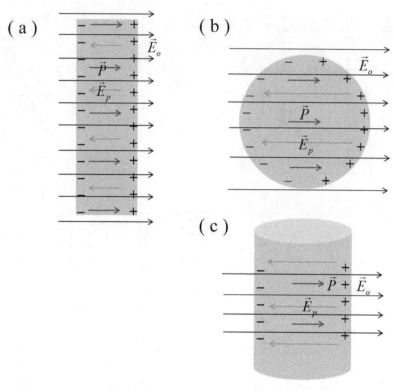

Figura 23.4: Ilustrações para cálculo do campo de reação.

Para um objeto esférico como mostra a Figura 23.4b, a carga de polarização depende do ângulo (θ) entre o vetor de polarização ($\vec{P}$) e o vetor unitário normal na superfície ($\vec{u}_n$), sendo dada por $\rho_{ps} = P\cos\theta$. A análise é idêntica àquela realizada para uma cavidade esférica, com a diferença de que o campo de reação, neste caso, está orientado ao contrário do campo aplicado. O resultado é equivalente ao obtido na Equação (23.15), mas tem sinal contrário, $\vec{E}_p = -\vec{P}/3\epsilon_o$. Assim, o fator de despolarização para a esfera é $N_d = 1/3$. De igual modo, pode-se mostrar que para um cilindro longo, com campo aplicado na direção transversal (Figura 23.4c), o fator de despolarização é $N_d = 1/2$. Se o campo elétrico é aplicado na direção longitudinal, o campo de reação é não uniforme. Nesse caso, o fator de despolarização não tem uma interpretação simples, uma vez que $\vec{E}_p$ e $\vec{P}$ dependem da posição. Em todas as situações nas quais a polarização é não uniforme, um valor médio de N_d no volume do objeto pode ser calculado e utilizado para fazer estimativas do efeito despolarizante. Para isso, geralmente se usam métodos computacionais de cálculo de campo.

A polarização total no interior do objeto é dada por:

Capítulo 23 – Polarização elétrica

$$\vec{P} = \chi_e \epsilon_o \left(\vec{E}_a + \vec{E}_p \right) = \chi_e \epsilon_o \left(\vec{E}_a - N_d \frac{\vec{P}}{\epsilon_o} \right) \rightarrow \vec{P} = \frac{\chi_e \epsilon_o \vec{E}_a}{1 + \chi_e N_d} \tag{23.33}$$

em que $\vec{E}_a$ é o campo elétrico aplicado. Segundo essa equação, a susceptibilidade elétrica efetiva de um objeto depende do fator de despolarização. O campo elétrico total no interior do objeto pode então ser calculado:

$$\vec{E} = \vec{E}_a + \vec{E}_p = \vec{E}_a - \frac{\chi_e N_d}{1 + \chi_e N_d} \vec{E}_a = \frac{\vec{E}_a}{1 + \chi_e N_d} \tag{23.34}$$

Como exemplo, considere uma esfera maciça localizada em um campo elétrico uniforme $\vec{E}_o$. Usando dados da Tabela 23.3, calculamos que a intensidade do campo no interior da esfera será $0,7\,E_o$ para o polietileno, $0,52\,E_o$ para o quartzo e $0,33\,E_o$ para a porcelana.

23.5 Energia de polarização

O trabalho realizado por uma fonte de energia para polarizar um objeto é denominado energia de polarização. Parte da energia de polarização é armazenada no campo elétrico no interior e em torno do objeto polarizado e parte é dissipada no processo de indução e alinhamento dos dipolos elétricos. A energia de polarização pode ser calculada assumindo que um objeto é inserido em um local do espaço com campo elétrico preexistente $\vec{E}_o$ e indução $\vec{D}_o$. A polarização do objeto modifica o campo e a indução elétrica para os valores finais $\vec{E}$ e $\vec{D}$. A variação da energia total no espaço devido à polarização é então:

$$\begin{aligned} W_{pol} &= \frac{1}{2} \int\limits_{V_{\text{int}}+V_{ext}} \left(\vec{E} \cdot \vec{D} - \vec{E}_o \cdot \vec{D}_o \right) dV \\ &= \frac{1}{2} \int\limits_{V_{\text{int}}+V_{ext}} \vec{E} \cdot \left(\vec{D} - \vec{D}_o \right) dV + \frac{1}{2} \int\limits_{V_{\text{int}}+V_{ext}} \left(\vec{E} - \vec{E}_o \right) \cdot \vec{D}_o dV \end{aligned} \tag{23.35}$$

em que V_{int} e V_{ext} são os volumes interno e externo ao objeto, respectivamente.

Se substituirmos $\vec{E} = -\nabla V$ e usarmos a Equação (6.24), podemos desenvolver a primeira das integrais anteriores da seguinte maneira:

$$\begin{aligned} \frac{1}{2} \int\limits_{V_{\text{int}}+V_{ext}} \vec{E} \cdot \left(\vec{D} - \vec{D}_o \right) dV &= -\frac{1}{2} \int\limits_{V_{\text{int}}+V_{ext}} \nabla \cdot \left[V \left(\vec{D} - \vec{D}_o \right) \right] dV \\ &+ \frac{1}{2} \int\limits_{V_{\text{int}}+V_{ext}} V \nabla \cdot \left(\vec{D} - \vec{D}_o \right) dV \end{aligned} \tag{23.36}$$

380   Análise de sistemas eletromagnéticos

Mas, se o objeto não contém cargas livres, a segunda integral é nula, pois $\nabla \cdot \vec{D} = \nabla \cdot \vec{D}_o = 0$. De acordo com o teorema de Gauss, a primeira integral é igual ao fluxo do campo vetorial $V(\vec{D} - \vec{D}_o)$ na superfície que envolve todo o espaço $(V_{int} + V_{ext})$, o que obviamente é zero. Assim, concluímos que a energia de polarização pode ser calculada com a seguinte expressão:

$$
\begin{aligned}
W_{pol} &= \frac{1}{2} \int\limits_{V_{int}+V_{ext}} \left(\vec{E} - \vec{E}_o \right) \cdot \vec{D}_o dV \\
&= \frac{1}{2} \int\limits_{V_{int}} \left(\vec{E} - \vec{E}_o \right) \cdot \vec{D}_o dV + \frac{1}{2} \int\limits_{V_{ext}} \left(\vec{E} - \vec{E}_o \right) \cdot \vec{D}_o dV
\end{aligned}
\tag{23.37}
$$

No volume externo a relação constitutiva é $\vec{D}_o = \epsilon_o \vec{E}_o$ na ausência do objeto e $\vec{D} = \epsilon_o \vec{E}$ na sua presença. Então, a segunda integral na equação anterior pode ser escrita na forma equivalente:

$$
\frac{1}{2} \int\limits_{V_{ext}} \left(\vec{E} - \vec{E}_o \right) \cdot D_o dV = \frac{1}{2} \int\limits_{V_{ext}} \left(\vec{D} - \vec{D}_o \right) \cdot \vec{E}_o dV
\tag{23.38}
$$

Porém, usando o mesmo desenvolvimento aplicado na Equação (23.36), concluímos que:

$$
\begin{aligned}
&\frac{1}{2} \int\limits_{V_{int}+V_{ext}} \vec{E}_o \cdot \left(\vec{D} - \vec{D}_o \right) dV = 0 \\
&\rightarrow \frac{1}{2} \int\limits_{V_{ext}} \vec{E}_o \cdot \left(\vec{D} - \vec{D}_o \right) dV = -\frac{1}{2} \int\limits_{V_{int}} \vec{E}_o \cdot \left(\vec{D} - \vec{D}_o \right) dV
\end{aligned}
\tag{23.39}
$$

Levando esse resultado nas Equações (23.38) e (23.37), obtemos:

$$
\begin{aligned}
W_{pol} &= \frac{1}{2} \int\limits_{V_{int}} \left(\vec{E} - \vec{E}_o \right) \cdot \vec{D}_o dV - \frac{1}{2} \int\limits_{V_{int}} \vec{E}_o \cdot \left(\vec{D} - \vec{D}_o \right) dV \\
&= \frac{1}{2} \int\limits_{V_{int}} \left(\vec{E} \cdot \vec{D}_o - \vec{E}_o \cdot \vec{D} \right) dV
\end{aligned}
\tag{23.40}
$$

Se o objeto é um dielétrico linear, a energia de polarização assume formas mais simples:

$$
\begin{aligned}
W_{pol} &= \frac{1}{2} \int\limits_{V_{int}} \epsilon_o \left(1 - \epsilon_r \right) \vec{E} \cdot \vec{E}_o dV = -\frac{1}{2} \int\limits_{V_{int}} \chi_e \epsilon_o \vec{E} \cdot \vec{E}_o dV \\
&= -\frac{1}{2} \int\limits_{V_{int}} \vec{P} \cdot \vec{E}_o dV
\end{aligned}
\tag{23.41}
$$

Capítulo 23 – Polarização elétrica 381

em que $\vec{P}$ é a polarização da amostra. Podemos então identificar o último integrando como a densidade de energia de polarização, ou seja:

$$w_{pol(q)} = -\frac{1}{2}\vec{P} \cdot \vec{E}_o \qquad (23.42)$$

O índice q na energia de polarização indica que a fonte de campo tem uma distribuição fixa de carga, ou seja, a carga elétrica que gerou o campo inicial $\vec{E}_o$ não se modifica com a introdução do objeto nesse espaço. Contudo, se o campo é mantido a partir de potenciais fixos em eletrodos metálicos, a carga elétrica nesses eletrodos modifica-se com a polarização do meio e o trabalho adicional realizado pela fonte de energia para manter os potenciais inalterados deve ser considerado no cálculo da energia de polarização.

Para avaliar isso, vejamos o exemplo geometricamente simples de um capacitor de placas paralelas com área S e separação d, mostrado na Figura 23.5, no qual o campo elétrico seja uniforme no seu interior. Considere inicialmente que o espaço entre as placas não contém qualquer material. A chave é fechada por um período suficientemente longo de tempo, e a densidade de carga elétrica que se acumula nas placas é calculada como $\rho_S = \epsilon_o V_o/d$. Após isso, a chave é aberta e um isolante com constante dielétrica ϵ_r é introduzido no espaço entre as placas. A carga elétrica no capacitor não muda, mas a diferença de potencial entre as placas é reduzida para $V = \rho_S d/\epsilon_r\epsilon_o = V_o/\epsilon_r$. O trabalho realizado pela fonte de energia na polarização do objeto isolante é calculado da seguinte forma:

$$
\begin{aligned}
W_{pol(q)} &= \frac{1}{2}\rho_s \left(\frac{V_o}{\epsilon_r}\right) S - \frac{1}{2}\rho_s (V_o) S = \frac{1}{2}\rho_s V_o S \frac{(1 - \epsilon_r)}{\epsilon_r} \\
&= -\frac{1}{2}\chi_e\epsilon_o \left(\frac{\rho_s}{\epsilon_r\epsilon_o}\right)\left(\frac{V_o}{d}\right) Sd = -\frac{1}{2}\vec{P} \cdot \vec{E}_o Sd
\end{aligned} \qquad (23.43)
$$

exatamente como prevê a Equação (23.41).

Agora, vamos repetir o experimento mantendo a chave fechada ao introduzir o isolante. Neste caso, a diferença de potencial não muda, mas a densidade de carga nas placas aumenta para o valor $\rho_S = \epsilon_r\epsilon_o V o/d$. A energia de polarização torna-se a seguinte:

$$
\begin{aligned}
W_{pol(V)} &= \frac{1}{2}\Delta\rho_s V_o S = \frac{1}{2}\left(\epsilon_r\epsilon_o \frac{V_o}{d} - \epsilon_o \frac{V_o}{d}\right) V_o S \\
&= \frac{1}{2}\epsilon_o (\epsilon_r - 1)\left(\frac{V_o}{d}\right)\left(\frac{V_o}{d}\right) Sd = \frac{1}{2}\vec{P} \cdot \vec{E}_o Sd
\end{aligned} \qquad (23.44)
$$

Ou seja, a energia de polarização com campo fixo é positiva.

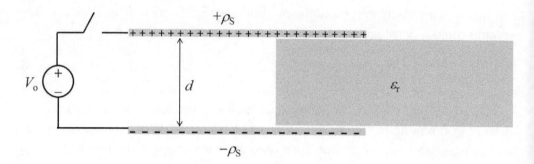

Figura 23.5: Ilustração para cálculo da energia de polarização com carga fixa e campo fixo.

Podemos associar uma força de natureza elétrica à energia de polarização. Essa força atua sobre o objeto que foi polarizado e pode ser calculada com base nas seguintes relações entre força e trabalho:

$$W_{pol} = -\int_L \vec{F} \cdot d\vec{L} \to \vec{F} = -\nabla W_{pol} \qquad (23.45)$$

Segundo essa relação, na polarização com carga fixa a força atrai o objeto para a região de maior intensidade de campo e, no caso de polarização com campo fixo, a força atua em sentido oposto.

Como exemplo, considere uma esfera dielétrica de raio R colocada em um campo elétrico mantido por potenciais fixos. O campo é não uniforme, orientado na direção z e varia apenas nessa direção com derivada conhecida dE_z/dz. Se a variação do campo no diâmetro da esfera é pequena, ou seja, se $(dE_z/dz)2R \ll E_z$, podemos calcular a polarização e a energia como se o campo fosse uniforme no volume da esfera. Usando a Equação (23.33) e o fator de despolarização da esfera, obtemos a polarização:

$$P_z = \frac{3\chi_e \epsilon_o}{3 + \chi_e} E_z \qquad (23.46)$$

Então, a energia de polarização é dada por:

$$\begin{aligned} W_{pol} &= \frac{1}{2} P_z E_z Vol = \frac{1}{2} \frac{3\chi_e \epsilon_o}{3 + \chi_e} E_z^2 \left(\frac{4\pi R^3}{3}\right) \\ &= 2\pi \epsilon_o R^3 \frac{\chi_e}{3 + \chi_e} E_z^2 \end{aligned} \qquad (23.47)$$

Capítulo 23 – Polarização elétrica

E a força é obtida de acordo com a Equação (23.45):

$$\vec{F} = -\frac{d}{dz}\left(2\pi\epsilon_o R^3 \frac{\chi_e}{3+\chi_e}E_z^2\right)\vec{u}_z = -2\pi\epsilon_o R^3 \frac{\chi_e}{3+\chi_e}\left(2E_z\frac{dE_z}{dz}\right)\vec{u}_z$$
$$= -4\pi\epsilon_o R^3 \frac{\chi_e}{3+\chi_e}E_z\frac{dE_z}{dz}\vec{u}_z \tag{23.48}$$

A dissipação de energia no processo de polarização pode ser calculada com base no conceito de potência dissipada em um condutor. Uma vez que a polarização envolve a movimentação de cargas elétricas, podemos calcular a densidade de potência média dissipada em um dielétrico usando a Equação (16.5), mas incluindo a densidade de corrente de deslocamento no objeto:

$$\langle p_{diss}\rangle = \langle \vec{j}_c \cdot \vec{E}\rangle + \langle \frac{\partial \vec{D}}{\partial t}\cdot \vec{E}\rangle = \langle \sigma E^2\rangle + \langle \frac{\partial \vec{D}}{\partial t}\cdot \vec{E}\rangle \tag{23.49}$$

O primeiro termo nessa equação é a densidade de potência dissipada na condução. Em um bom dielétrico, esse termo é geralmente muito pequeno, pois a condutividade é muito baixa. O segundo termo indica a dissipação de potência na polarização, ou seja, na indução e no alinhamento dos dipolos elétricos no objeto. Note que ocorre dissipação na polarização apenas para campo variável no tempo.

A fim de obtermos uma interpretação simples, vamos considerar o campo variando senoidalmente no tempo. Para isso, substituímos $\vec{E} = \vec{E}_m cos(\omega t)$ e $\vec{D} = \vec{D}_m cos(\omega t - \phi)$ na equação anterior. A indução está atrasada em relação ao campo elétrico devido à dissipação de energia na movimentação das cargas elétricas nas moléculas no processo de polarização. Ou seja, a dissipação de energia atrasa a variação temporal da polarização e da indução em relação ao campo elétrico. A relação entre as amplitudes E_m e D_m é dada pela relação constitutiva do material, $D_m = \epsilon_r\epsilon_o E_m$. Com isso, a potência média dissipada no dielétrico é obtida a seguir:

$$\langle p_{diss}\rangle = \frac{1}{T}\int_0^T \sigma[E_m cos(\omega t)]^2 dt + \frac{1}{T}\int_0^T \frac{\partial D_m cos(\omega t - \phi)}{\partial t}E_m cos(\omega t)\, dt$$
$$= \frac{\sigma E_m^2}{T}\int_0^T cos^2(\omega t)\, dt - \frac{\omega D_m E_m}{T}\int_0^T cos(\omega t)\, sen(\omega t - \phi)\, dt \tag{23.50}$$

em que $T = 2\pi/\omega$ é o período de oscilação do campo. Usando as fórmulas trigonométricas, $cos^2(a) = (1 + cos(2a))/2$ e $sen(a)cos(b) = sen(a+b)/2 +$

$sen(a - b)/2$, as integrais anteriores podem ser facilmente resolvidas:

$$\langle p_{diss} \rangle = \frac{1}{2} \sigma E_m^2 + \frac{1}{2} \omega D_m E_m sen\phi$$
$$= \frac{1}{2} \sigma E_m^2 + \frac{1}{2} \omega \epsilon_r \epsilon_o E_m^2 sen\phi \tag{23.51}$$

Com base nesse resultado, concluímos que a potência dissipada na polarização de um objeto depende da amplitude e da frequência do campo elétrico aplicado e do ângulo de atraso da indução elétrica. Note que existe uma conexão entre a constante dielétrica e o ângulo de defasagem. Para avaliar isso, usamos a representação complexa dos campos:

$$\hat{\vec{E}} = \vec{E}_m e^{j\omega t} \tag{23.52}$$

$$\hat{\vec{D}} = \vec{D}_m e^{j(\omega t - \phi)} \tag{23.53}$$

$$\hat{\vec{D}} = \hat{\epsilon}_r \epsilon_o \hat{\vec{E}} \tag{23.54}$$

$$\hat{\epsilon}_r = \epsilon' - j\epsilon'' \tag{23.55}$$

em que o sinal circunflexo indica uma grandeza complexa e a constante dielétrica complexa é representada na forma retangular com parte real ϵ' e parte imaginária $-\epsilon''$. O sinal negativo na parte imaginária resulta do fato de a indução elétrica estar atrasada em relação ao campo.

Reescrevendo a constante dielétrica complexa na forma polar e usando a fórmula de Euler, obtemos as relações com o ângulo de defasagem:

$$\hat{\epsilon}_r = \sqrt{\epsilon'^2 + \epsilon''^2} e^{-jatg(\epsilon''/\epsilon')} = \epsilon_r e^{-j\phi}$$
$$\rightarrow \epsilon' = \epsilon_r cos\phi \tag{23.56}$$
$$\rightarrow \epsilon'' = \epsilon_r sen\phi$$

Com isso, a potência dissipada pode ser reescrita na seguinte forma:

$$\langle p_{diss} \rangle = \frac{1}{2} \sigma E_m^2 + \frac{1}{2} \omega \epsilon'' \epsilon_o E_m^2 \tag{23.57}$$

e concluímos que a parte imaginária da constante dielétrica resulta dos processos de dissipação de energia na polarização do objeto.

Uma forma alternativa de caracterizar essa relação é a tangente do ângulo de defasagem, denominada tangente de perdas:

$$tg\phi = \frac{\epsilon''}{\epsilon'} \tag{23.58}$$

Capítulo 23 – Polarização elétrica

Por outro lado, podemos verificar que a densidade média de energia armazenada em um dielétrico é proporcional à parte real da constante dielétrica:

$$\langle w_e \rangle = \frac{1}{T} \int_0^T \frac{1}{2} \vec{D} \cdot \vec{E} dt = \frac{1}{2} \frac{D_m E_m}{T} \int_0^T cos\,(\omega t) cos\,(\omega t - \phi)\, dt$$

$$= \frac{1}{4} D_m E_m cos\phi = \frac{1}{4} \epsilon_r \epsilon_o E_m^2 cos\phi = \frac{1}{4} \epsilon' \epsilon_o E_m^2$$

(23.59)

Assim, verifica-se que a tangente de perdas pode ser interpretada como uma relação entre os valores médios da potência dissipada (desprezando a condução) e da energia armazenada por unidade de volume do objeto:

$$tg\phi = \frac{\epsilon''}{\epsilon'} = \frac{\langle p_{diss} \rangle}{2\omega \langle w_e \rangle}$$

(23.60)

Como exemplo, considere uma esfera dielétrica com raio R e constante dielétrica $\hat{\epsilon}_r = \epsilon_r e^{-j\phi}$ em um campo uniforme $\vec{E}_o = \vec{E}_m cos(\omega t)$. Usando a Equação (23.34) com $N_d = 1/3$, a amplitude do campo elétrico em seu interior é:

$$E_{\text{int}} = \left| \frac{3\hat{E}_o}{3 + \hat{\chi}_e} \right| = \frac{3E_m}{|2 + \epsilon_r cos\phi - j\epsilon_r sen\phi|}$$

$$= \frac{3E_m}{\sqrt{4 + 4\epsilon_r cos\phi + \epsilon_r^2}}$$

(23.61)

Substituindo na Equação (23.57) e multiplicando pelo volume da esfera, obtemos:

$$\langle P_{diss} \rangle = \frac{1}{2} \omega \epsilon_o \, (\epsilon_r sen\phi) \left(\frac{3E_m}{\sqrt{4 + 4\epsilon_r cos\phi + \epsilon_r^2}} \right)^2 \left(\frac{4}{3} \pi R^3 \right)$$

$$= \frac{6\pi R^3 \omega \epsilon_r \epsilon_o sen\phi E_m^2}{4 + 4\epsilon_r cos\phi + \epsilon_r^2}$$

(23.62)

23.6 Polarização de um objeto esférico em um campo uniforme

Quando um objeto esférico e homogêneo é colocado em um campo elétrico uniforme, ele se polariza de maneira uniforme, embora a densidade de carga em sua superfície não o seja. A seguir vamos resolver o problema de valor de contorno nesse caso e determinar as relações entre o campo aplicado, o potencial elétrico e o campo elétrico dentro e fora do objeto.

386   Análise de sistemas eletromagnéticos

Embora o volume analisado não possua contornos definidos, o potencial a grande distância do objeto segue uma condição de contorno bem definida. Podemos imaginar que o campo inicialmente uniforme produz um potencial linearmente variável com a distância ao centro do sistema de referência. Coloca-se, então, um objeto com condutividade e/ou permissividade diferente do meio original centrado na origem e apresentando simetria nas coordenadas angulares. O potencial no interior e nas imediações do objeto é afetado, mas o potencial a grande distância não muda. Podemos expressar essa condição de contorno da maneira a seguir.

No sistema esférico com ângulo polar medido em relação à direção do campo aplicado $\vec{E}_o$, o potencial elétrico é $V(r \to \infty, \theta) = -\vec{E}_o \cdot r\vec{u}_r = -E_o\,r\,cos\theta$. As soluções interna e externa ao objeto são diferentes e devem ser conectadas pelas condições de continuidade na interface. A solução geral para a equação de Laplace em coordenadas esféricas com simetria azimutal foi apresentada no Capítulo 15:

$$V(r, \theta) = \sum_{n=0}^{\infty} \left[a_{1n}r^n + a_{2n}r^{-(n+1)} \right] P_n(cos\theta) \qquad (23.63)$$

Uma vez que o potencial em $r = 0$ é finito, o termo com expoente negativo em r deve ser eliminado na equação do potencial interno. A solução interna então pode ser escrita na seguinte forma:

$$V(r, \theta) = \sum_{n=0}^{\infty} b_n r^n P_n(cos\theta) \ \leftarrow \ r \leq R \qquad (23.64)$$

em que R é o raio da esfera.

Para que a solução externa satisfaça a condição de contorno com $r \to \infty$, devemos ter:

$$\sum_n c_{1n}r^n P_n(cos\theta) = -E_o r cos\theta \qquad (23.65)$$

Sabendo que $P_1(x) = x$, concluímos que apenas o termo de ordem 1 deve ser não nulo neste somatório, ou seja: $c_{11} = -E_o$ e $c_{1n} = 0$ para $n > 1$. Assim, a solução externa pode ser escrita na seguinte forma:

$$V(r, \theta) = -E_o r cos\theta + \sum_{n=0}^{\infty} c_{2n}r^{-(n+1)} P_n(cos\theta) \ \leftarrow \ r \geq R \qquad (23.66)$$

Na superfície da esfera, a continuidade do potencial resulta na seguinte equação:

$$\sum_n b_n R^n P_n(cos\theta) = -E_o R cos\theta \ + \sum_n c_{2n} R^{-(n+1)} P_n(cos\theta) \qquad (23.67)$$

Capítulo 23 – Polarização elétrica

o que implica nas seguintes relações entre os coeficientes:

$$b_1 R = -E_o R + \frac{c_{21}}{R^2}$$
$$b_n R^n = \frac{c_{2n}}{R^{(n+1)}} \quad \leftarrow n \neq 1$$

(23.68)

O campo elétrico na direção radial é obtido das Equações (23.64) e (23.66):

$$E_{r\,int}(r, \theta) = -\sum_{n=1}^{\infty} n\, b_n r^{n-1} P_n(cos\theta) \quad \leftarrow r < R$$

(23.69)

$$E_{r\,ext}(r, \theta) = E_o\, cos\theta + \sum_{n=1}^{\infty} (n+1)\, c_{2n} r^{-(n+2)} P_n(cos\theta) \quad \leftarrow r > R$$

(23.70)

A condição de continuidade para o campo elétrico na superfície da esfera é obtida a partir da continuidade da densidade de corrente elétrica. Na forma fasorial, a densidade de corrente é dada por:

$$\dot{\vec{J}} = \sigma\dot{\vec{E}} + j\omega\epsilon_r\epsilon_o\dot{\vec{E}}$$

(23.71)

Se a densidade de corrente radial na superfície da esfera é igual para os dois meios, podemos deduzir a seguinte relação entre os campos dentro e fora da esfera.

$$(\sigma_1 + j\omega\epsilon_{r1}\epsilon_o)\, \dot{E}_{r\,int}(R, \theta) = (\sigma_2 + j\omega\epsilon_{r2}\epsilon_o)\, \dot{E}_{r\,ext}(R, \theta)$$
$$\rightarrow \gamma_1 \dot{E}_{r\,int}(R, \theta) = \gamma_2 \dot{E}_{r\,ext}(R, \theta)$$

(23.72)

em que $\gamma = \sigma + j\omega\epsilon$ é denominada condutividade complexa e designamos os meios interno e externo pelos índices 1 e 2, respectivamente.

Usando as Equações (23.69) e (23.70) com $r = R$ e substituindo na Equação (23.72), obtemos as seguintes condições a serem satisfeitas pelos coeficientes:

$$b_1 = -\left(E_o + \frac{2\,c_{21}}{R^3}\right)\frac{\gamma_2}{\gamma_1}$$
$$n\, b_n R^{n-1} = -(n+1)\frac{c_{2n}}{R^{(n+2)}}\frac{\gamma_2}{\gamma_1} \quad \leftarrow n \neq 1$$

(23.73)

Resolvendo o sistema formado pelas Equações (23.68) e (23.73), obtemos o seguinte conjunto de coeficientes:

$$b_1 = -\frac{3\gamma_2 E_o}{\gamma_1 + 2\gamma_2}$$
$$c_{21} = R^3 E_o\frac{\gamma_1 - \gamma_2}{\gamma_1 + 2\gamma_2}$$
$$b_n = c_{2n} = 0 \quad \leftarrow n \neq 1$$

(23.74)

Desse modo, as soluções para o potencial e o campo elétrico para este problema são descritas nas seguintes equações:

388 Análise de sistemas eletromagnéticos

- Para $r < R$

$$\dot{V}(r,\theta) = -\frac{3\gamma_2}{\gamma_1 + 2\gamma_2}\dot{E}_o r cos\theta \tag{23.75}$$

$$\dot{\vec{E}}(r,\theta) = -\frac{\partial}{\partial r}\dot{V}(r,\theta)\vec{u}_r - \frac{1}{r}\frac{\partial}{\partial\theta}\dot{V}(r,\theta)\vec{u}_\theta$$
$$= \frac{3\gamma_2}{\gamma_1 + 2\gamma_2}\dot{E}_o\left(cos\theta\,\vec{u}_r - sen\theta\,\vec{u}_\theta\right) = \frac{3\gamma_2}{\gamma_1 + 2\gamma_2}\dot{\vec{E}}_o \tag{23.76}$$

- Para $r > R$

$$\dot{V}(r,\theta) = \left[\left(\frac{\gamma_1 - \gamma_2}{\gamma_1 + 2\gamma_2}\right)\left(\frac{R}{r}\right)^3 - 1\right]\dot{E}_o r cos\theta \tag{23.77}$$

$$\dot{\vec{E}}(r,\theta) = \dot{\vec{E}}_o + \left(\frac{\gamma_1 - \gamma_2}{\gamma_1 + 2\gamma_2}\right)\left(\frac{R}{r}\right)^3\dot{E}_o\left(2\,cos\theta\,\vec{u}_r + sen\theta\,\vec{u}_\theta\right) \tag{23.78}$$

em que assumimos que o ângulo polar é medido em relação à direção do campo uniforme $\vec{E}_o$.

Note que o campo interno na esfera é uniforme e proporcional ao campo aplicado. O campo externo, por sua vez, é constituído de um termo adicionado ao campo original uniforme. Esse termo é o campo estabelecido pela carga distribuída na interface entre os dois meios e pode ser relacionado ao dipolo elétrico induzido na esfera. Para isso, usamos a Equação (23.12) considerando uma posição arbitrariamente bem distante do centro da esfera e uma polarização uniforme com momento de dipolo $\vec{p}_{ind} = \vec{P}4\pi R^3/3$. Assim, o potencial e o campo elétrico estabelecidos pela carga induzida na esfera são dados por:

$$V(r) = \frac{1}{4\pi\epsilon_o}\frac{\vec{p}_{ind}\cdot\vec{r}}{r^3} = \frac{p_{ind}}{4\pi\epsilon_o}\frac{cos\theta}{r^2}$$
$$\rightarrow \vec{E}(r,\theta) = \frac{p_{ind}}{4\pi\epsilon_o r^3}\left(2cos\theta\,\vec{u}_r + sen\theta\,\vec{u}_\theta\right) \tag{23.79}$$

Comparando com a Equação (23.78), obtemos o momento de dipolo induzido na esfera:

$$\dot{\vec{p}}_{ind} = 4\pi R^3\epsilon_o\left(\frac{\gamma_1 - \gamma_2}{\gamma_1 + 2\gamma_2}\right)\dot{\vec{E}}_o \tag{23.80}$$

Uma aplicação importante desse último resultado é o cálculo das propriedades dielétricas de um material obtido com a diluição de partículas esféricas em um meio dispersor homogêneo. Consideremos uma distribuição homogênea de N partículas esféricas em um volume V_m de um material dispersor conhecido. Usando a relação anterior, podemos calcular a polarização nesse meio:

$$\dot{\vec{P}} = \frac{N}{V_m}\dot{\vec{p}}_{ind} = \frac{NV_e}{V_m}3\epsilon_o\left(\frac{\gamma_p - \gamma_d}{\gamma_p + 2\gamma_d}\right)\dot{\vec{E}}_o \tag{23.81}$$

Capítulo 23 – Polarização elétrica 389

em que V_e é o volume das partículas e os índices p e d indicam partícula e meio dispersor, respectivamente. O termo $c = NV_e/V_m$ é a concentração de partículas especificada na forma de uma fração volumétrica.

Esse resultado permite avaliar o aumento na constante dielétrica do meio devido à acumulação de cargas elétricas na superfície das partículas. Por meio das Equações (23.19) e (23.24) aplicadas na equação anterior, obtemos o aumento na constante dielétrica complexa na seguinte forma:

$$\Delta \hat{\epsilon}_r = 3c \left(\frac{\gamma_p - \gamma_d}{\gamma_p + 2\gamma_d} \right) \tag{23.82}$$

Outro resultando de importância significativa é a condutividade complexa média do meio. Para avaliar isso, calculamos a polarização de outro modo, assumindo que as partículas estão organizadas em volumes esféricos com raio $R_m >> R$ que contêm muitas partículas. Assim, podemos usar novamente a Equação (23.80) para calcular o momento de dipolo induzido nesse volume macroscópico. Assumindo que a condutividade complexa da mistura é γ_m e o campo elétrico médio que envolve esse volume macroscópico é $\vec{E}_m$, a polarização é dada por:

$$\dot{\vec{P}} = 4\pi R_m^3 \epsilon_o \left(\frac{\gamma_m - \gamma_d}{\gamma_m + 2\gamma_d} \right) \dot{\vec{E}}_m / (4/3) \pi R_m^3 = 3\epsilon_o \left(\frac{\gamma_m - \gamma_d}{\gamma_m + 2\gamma_d} \right) \dot{\vec{E}}_m \tag{23.83}$$

Para podermos comparar esse resultado com aquele expresso na Equação (23.81), assumimos adicionalmente que o campo médio $\vec{E}_m$ e o campo local $\vec{E}_o$ são iguais. Assim procedendo, obtemos a relação da condutividade média γ_m com as condutividades das partículas γ_p e do meio dispersor γ_d:

$$\frac{\gamma_m - \gamma_d}{\gamma_m + 2\gamma_d} = c \frac{\gamma_p - \gamma_d}{\gamma_p + 2\gamma_d} \tag{23.84}$$

Esse resultado é conhecido como modelo Maxwell-Wagner e será utilizado no próximo capítulo na descrição da dispersão por polarização interfacial.

23.7 Questões

23.1) Sabendo que o momento de dipolo elétrico da ligação O–H é 1,51 D e o da ligação N–H é 1,31 D, e considerando as geometrias mostradas na Figura 23.6, calcule os momentos de dipolo das moléculas de água e de amônia.

23.2) Usando a Equação (23.12), mostre que o potencial elétrico a uma grande distância de um único dipolo na origem do sistema de coordenadas pode ser escrito na seguinte forma:

$$V(\vec{r}) = \frac{\vec{p} \cdot \vec{r}}{4\pi\epsilon_o r^3} \qquad (23.85)$$

23.3) Usando o resultado anterior, mostre que o campo elétrico de um único dipolo na origem do sistema de coordenadas pode ser escrito na forma a seguir, em que θ é o ângulo entre o vetor de posição e a direção do momento de dipolo:

$$\vec{E}(r) = \frac{p}{4\pi\epsilon_o r^3} \left(2cos\theta\, \vec{u}_r + sen\theta\, \vec{u}_\theta\right) \qquad (23.86)$$

23.4) Considere as geometrias mostradas na Figura 23.4 e calcule o campo de reação, o campo elétrico total e a indução elétrica no interior dos objetos.

23.5) A Tabela 23.5 apresenta dados de três compostos polares. Usando esses dados, calcule a polarizabilidade eletrônica das substâncias indicadas e a contribuição de cada polarização para a constante dielétrica total. Considere que o índice de refração pode ser calculado como função da constante dielétrica devido à polarização eletrônica segundo $n = \sqrt{\epsilon_r}$.

23.6) Considere um objeto cilíndrico com raio de 5 cm e altura de 15 cm sujeito a um campo elétrico transversal com amplitude de 1000 V/m e frequência de 10 MHz. Considere que a condutividade desse material é 10 mS/m e a sua constante dielétrica nessa frequência é dada por $\epsilon' = 20$ e $\epsilon'' = 15$. Calcule a potência média dissipada neste objeto.

23.7) Uma estrutura formada por duas placas metálicas quadradas paralelas de aresta 10 cm e espaçamento de 1 cm é preenchida com um líquido dielétrico contendo água como solvente em que são diluídas 10^{10} partículas esféricas de raio 10 μm de um material com $\epsilon_r = 10$ e $\sigma = 10^{-3}$ S/m. Assumindo que a água tem $\epsilon_r = 81$ e $\sigma = 10^{-2}$ S/m, calcule a capacitância e a condutância dessa estrutura na frequência de 60 Hz. Se for conectada a uma fonte de tensão alternada com amplitude de 100 V, calcule o campo elétrico no interior e o campo máximo na superfície das partículas. Calcule também a energia média armazenada e a potência média dissipada nesse volume.

Capítulo 23 – Polarização elétrica

Figura 23.6: Ilustração para a Questão 23.1.

Tabela 23.5: Informações para a Questão 23.5 – acetona (CH$_3$COCH$_3$), ácido acético (CH$_3$COOH), diclorometano (CH$_2$Cl$_2$).

Propriedade	Acetona	Ácido acético	Diclorometano
Constante dielétrica estática	21	6,2	9,1
Densidade ρ_m (g/ml)	0,786	1,3266	1,049
Momento de dipolo p_o (D)	2,88	1,60	1,74
Massa molar (g/mol)	58,08	60,04	84,93
Índice de refração (20 °C)	1,357	1,372	1,335

Capítulo 24

Dispersão e ruptura dielétrica

24.1 Ressonância

No capítulo anterior a polarização elétrica foi descrita por meio da indução e da orientação dipolar com as Equações (23.2) a (23.7) no estado de regime permanente para um campo elétrico aplicado na forma de degrau. Para avaliar de maneira geral como a polarização se comporta com outras formas de onda, devemos recorrer à análise por meio da transformada de Fourier ou método fasorial. Para isso, é necessário dispor de um modelo dinâmico do processo de polarização que contemple as forças envolvidas, incluindo as forças dissipativas. Obtendo-se a equação diferencial que descreve o estado de movimento de um dipolo molecular para um campo elétrico monofrequencial, a relação fasorial entre momento de dipolo e intensidade de campo elétrico que resulta pode ser usada para descrever o comportamento da polarizabilidade como função da frequência. As grandezas macroscópicas relacionadas, como a susceptibilidade e a constante dielétrica, resultam naturalmente como funções da frequência. Existem dois processos gerais que determinam a resposta em frequência no nível molecular, a ressonância e a relaxação. Iniciamos por discutir esses mecanismos e depois estudaremos a dispersão dielétrica no nível macroscópico. A seção final deste capítulo trata dos mecanismos e dos resultados relacionados à ruptura dielétrica.

A ressonância é o processo de dispersão que ocorre nas polarizações induzidas eletrônica e atômica. Considerando a Figura 23.1 (b ou c), as forças que agem na estrutura molecular são: a força elétrica, a força de Coulomb entre as cargas elétricas e uma força dissipativa que surge como resultado da troca de energia entre as moléculas vizinhas. A força de Coulomb, para pequenas variações da

394 Análise de sistemas eletromagnéticos

distância entre as cargas, atua como uma força restauradora:

$$\vec{F}_o + \Delta\vec{F} = \frac{e^2}{4\pi\epsilon_o(r_o + \Delta r)^2}\vec{u}_r = \frac{e^2}{4\pi\epsilon_o r_o{}^2}\left(1 + \frac{\Delta r}{r_o}\right)^{-2}\vec{u}_r$$
$$= \left(\frac{e^2}{4\pi\epsilon_o r_o{}^2} - \frac{e^2}{2\pi\epsilon_o r_o{}^3}\Delta r\right)\vec{u}_r \to \Delta\vec{F} = -\frac{e^2}{2\pi\epsilon_o r_o{}^3}\Delta r\,\vec{u}_r \qquad (24.1)$$

Podemos considerar que o termo $\vec{F}_o = e^2\vec{u}_r/4\pi\epsilon_o r_o^2$ é compensado pela força de repulsão estérica na distância de equilíbrio r_o da molécula. Assim, quando um campo elétrico aplicado desloca a molécula de sua distância de equilíbrio, a força de atração de Coulomb reage com o termo $\Delta\vec{F}$. Se assumirmos que a força dissipativa é proporcional à velocidade de deslocamento da molécula, podemos descrever o estado de movimento pela seguinte equação baseada na segunda lei de Newton:

$$m\frac{d^2\Delta r}{dt^2} = eE_m - k_m\,\Delta r - \gamma\frac{d\Delta r}{dt} \to \frac{d^2\Delta r}{dt^2} + \nu\frac{d\Delta r}{dt} + \omega_o^2\,\Delta r = \frac{e}{m}E_m \quad (24.2)$$

em que E_m é o campo molecular, $k_m = e^2/2\pi\epsilon_o r_o^3$ é uma constante elástica e γ é o coeficiente de atrito dinâmico. Na segunda expressão, $\nu = \gamma/m$ é o coeficiente de dissipação e $\omega_o = \sqrt{k_m/m}$ é a frequência natural de oscilação da molécula.

Usando o método fasorial, assumimos que o campo elétrico varia no tempo com a forma monofrequencial $E_m = E_o e^{j\omega t}$ e, substituindo na Equação (24.2), calculamos o deslocamento fasorial:

$$-\omega^2\Delta\dot{r} + j\omega\nu\Delta\dot{r} + \omega_o^2\,\Delta\dot{r} = (e/m)\,E_o \to \Delta\dot{r} = \frac{(e/m)\,E_o}{\omega_o^2 - \omega^2 + j\omega\nu} \qquad (24.3)$$

Assim, o momento de dipolo induzido e a polarizabilidade molecular podem ser calculados como funções da frequência:

$$\dot{p}_m = e\Delta\dot{r} = \frac{(e^2/m)\,E_o}{\omega_o^2 - \omega^2 + j\omega\nu} \qquad (24.4)$$

$$\hat{\alpha}_m = \frac{\dot{p}_m}{\dot{E}_m} = \frac{(e^2/\omega_o^2 m)}{1 - (\omega/\omega_o)^2 + j\omega\nu/\omega_o^2} \qquad (24.5)$$

A Figura 24.1 apresenta as curvas conceituais das partes real e imaginária da polarizabilidade molecular. Note que ω_o atua como uma frequência de ressonância, embora neste caso a parte real da função seja anulada nessa frequência. Note também que a intensidade da parte imaginária é máxima na ressonância com valor dado por $\alpha_{mo}\omega_o/\nu$, em que α_{mo} é a polarizabilidade em baixas frequências.

Capítulo 24 – Dispersão e ruptura dielétrica

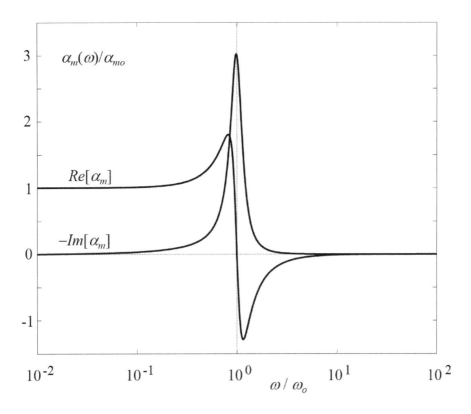

Figura 24.1: Dependência com a frequência da polarizabilidade induzida. Dispersão provocada por ressonância.

Podemos fazer estimativas da frequência de ressonância usando valores típicos da polarizabilidade e igualando ao termo de baixa frequência obtido na equação anterior:

$$\alpha_{mo} = e^2/\omega_o^2 m \rightarrow \omega_o = \frac{e}{\sqrt{m\alpha_{mo}}} \tag{24.6}$$

Usando o valor de $\alpha_{mo} \approx 10^{-40}$ Cm^2/V e a massa do elétron, no caso da ressonância eletrônica, obtemos a frequência $\omega_o = 1,7 \times 10^{16}$ rad/s ($f_o = 2,67 \times 10^{15}$ Hz). Esse valor situa-se na faixa espectral do ultravioleta ($8 \times 10^{14} \leq f \leq 3 \times 10^{16}$ Hz). Por outro lado, aplicando o mesmo modelo para a ressonância atômica, devemos utilizar a massa dos átomos envolvidos. Por exemplo, para o átomo de carbono com número de massa 12 ($m = 12 \times 1,673 \times 10^{-27}$ kg), obtemos $\omega_o = 1,13 \times 10^{14}$ rad/s ($f_o = 1,8 \times 10^{13}$ Hz), que situa-se na região espectral do infravermelho ($3 \times 10^{12} \leq f \leq 4 \times 10^{14}$ Hz). De modo geral, então, ressonâncias eletrônicas ocorrem no ultravioleta e ressonâncias atômicas ocorrem no infravermelho.

Para avaliar o efeito da ressonância molecular na constante dielétrica do material, utilizamos a equação da susceptibilidade elétrica, Equação (23.20), substituindo a polarizabilidade obtida na Equação (24.5):

$$\hat{\epsilon}_r = 1 + \hat{\chi}_e = 1 + \frac{3N_m \hat{\alpha}_m}{3\epsilon_o - N_m \hat{\alpha}_m} \approx 1 + (2N_m/3\epsilon_o)\,\hat{\alpha}_m$$
$$= 1 + \frac{(2N_m \alpha_{mo}/3\epsilon_o)}{1 - (\omega/\omega_o)^2 + j\omega\nu/\omega_o^2} \tag{24.7}$$

em que a aproximação utilizada é válida quando $N_m \alpha_{mo}/3\epsilon_o << 1$ e serve apenas para tornar a expressão mais simples. A constante dielétrica, desse modo, é uma função complexa, que é expressa na forma a seguir:

$$\hat{\epsilon}_r = \epsilon' - j\epsilon'' \tag{24.8}$$

$$\epsilon' = 1 + \frac{2N_m \alpha_{mo}}{3\epsilon_o} \frac{\left[1 - (\omega/\omega_o)^2\right]}{\left[1 - (\omega/\omega_o)^2\right]^2 + \omega^2\nu^2/\omega_o^4} \tag{24.9}$$

$$\epsilon'' = \frac{2N_m \alpha_{mo}}{3\epsilon_o} \frac{(\omega\nu/\omega_o^2)}{\left[1 - (\omega/\omega_o)^2\right]^2 + \omega^2\nu^2/\omega_o^4} \tag{24.10}$$

24.2 Relaxação

A relaxação é o processo que limita a velocidade de alinhamento dipolar ao campo elétrico aplicado, devido à ação da força dissipativa resultante da interação entre moléculas vizinhas no meio. Para uma descrição simples desse processo, considere uma molécula polar com momento de dipolo de módulo $p = ed$, em que d é a distância entre seus polos, sujeita a um campo elétrico de intensidade E orientado na direção z do sistema de coordenadas. O movimento de alinhamento da molécula resulta em uma projeção $p_z = e\Delta z$ do momento de dipolo variável no tempo, em que Δz é a projeção da distância d no eixo z. A molécula em questão interage com as moléculas vizinhas, de modo que existe também uma força dissipativa que se opõe ao movimento de alinhamento. Assumimos que essa força é proporcional à velocidade da molécula. De acordo com a segunda lei de Newton, podemos descrever a dinâmica do processo de alinhamento da seguinte forma:

$$m\frac{d^2\Delta z}{dt^2} = F_z - \gamma\frac{d\Delta z}{dt} \tag{24.11}$$

Capítulo 24 – Dispersão e ruptura dielétrica

em que m é a massa reduzida e F_z é a força motriz resultante nos polos da molécula, cuja origem inclui o campo elétrico aplicado e as forças internas da molécula. Como antes, γ é o coeficiente de atrito dinâmico.

Integrando essa equação no tempo e considerando valores iniciais nulos, temos:

$$\frac{d\Delta z}{dt} = \frac{1}{m} \int_o^t F_z dt' - \frac{\gamma}{m} \Delta z \tag{24.12}$$

Substituindo $\Delta z = p_z/e$, obtemos uma equação que descreve a dinâmica do momento de dipolo elétrico molecular. Podemos organizar essa expressão na forma de uma equação de relaxação:

$$\frac{dp_z}{dt} = \frac{p_\infty - p_z}{\tau_d} \tag{24.13}$$

em que $\tau_d = m/\gamma$ é o tempo de relaxação para orientação dipolar e p_∞ é o valor em regime permanente para um campo elétrico aplicado constante.

A solução da integral na Equação (24.12) não precisa ser avaliada, uma vez que a teoria do alinhamento dipolar apresentada nas Equações (23.4) a (23.7) nos permite escrever $p_\infty = \alpha_{do}E$, em que $\alpha_{do} = p_o^2/3K_BT$ é a polarizabilidade dipolar estática. Usando o método fasorial, transformamos a equação anterior para o domínio frequência:

$$j\omega \dot{p}_z = \frac{\alpha_{do}\dot{E} - \dot{p}_z}{\tau_d} \rightarrow \dot{p}_z = \frac{\alpha_{do}\dot{E}}{1 + j\omega\tau_d} \tag{24.14}$$

Agora, para simplificar a análise, se assumirmos que o campo diretor é exatamente igual ao campo macroscópico, podemos obter a polarização $\vec{P} = N_m\dot{p}_z\vec{u}_z = \hat{\chi}_e\epsilon_o\dot{\vec{E}}$ e calcular a constante dielétrica complexa devido à relaxação dipolar:

$$\hat{\epsilon}_r = 1 + \hat{\chi}_e = 1 + \frac{N_m\alpha_{do}/\epsilon_o}{1 + j\omega\tau_d} \tag{24.15}$$

$$\epsilon' = 1 + \frac{N_m p_o^2}{3\epsilon_o K_B T} \frac{1}{1 + \omega^2\tau_d^2} \tag{24.16}$$

$$\epsilon'' = \frac{N_m p_o^2}{3\epsilon_o K_B T} \frac{\omega\tau_d}{1 + \omega^2\tau_d^2} \tag{24.17}$$

A Figura 24.2 mostra um exemplo de espectro de dispersão dielétrica para um meio que apresenta dispersão por relaxação e ressonâncias atômica e eletrônica. O espectro é dividido em regiões onde os diversos mecanismos de dispersão ocorrem. A relaxação dipolar ocorre na região denominada micro-ondas, que se estende de

3 a 3000 GHz. A ressonância atômica ocorre principalmente no infravermelho, e a ressonância eletrônica, no ultravioleta. Note que duas ressonâncias atômicas são mostradas no gráfico, o que corresponde a dois modos de vibração molecular diferentes. Essa é uma ocorrência comum para moléculas não lineares com mais de dois átomos. Os principais tipos de vibração molecular que produzem ressonâncias atômicas são o estiramento (*stretching*), no qual varia a distância interatômica ao longo do eixo da ligação, e o dobramento (*bending*), no qual varia o ângulo entre duas ligações adjacentes na molécula.

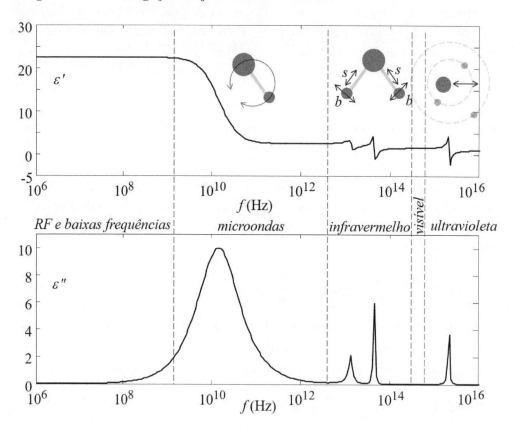

Figura 24.2: Gráficos das partes real e imaginária da constante dielétrica considerando a ocorrência de relaxação e ressonância, incluindo ilustrações dos movimentos moleculares. Principais modos de vibração atômica na molécula: s – estiramento; b – dobramento.

24.3 Dispersão por carga espacial

Materiais heterogêneos apresentam um tipo diferente de dispersão denominado dispersão por carga espacial. Nas interfaces entre dois meios com diferentes con-

Capítulo 24 – Dispersão e ruptura dielétrica

dutividades e/ou permissividades ocorre acumulação de carga elétrica, que modifica a distribuição de campo elétrico, polarização e densidade de corrente elétrica no espaço. A promediação espacial dessas grandezas na forma fasorial resulta em equações de dispersão similares ao processo de relaxação. O mecanismo de polarização dependente da acumulação de carga elétrica em uma interface é denominado polarização interfacial.

Como exemplo básico, considere uma interface plana entre dois meios com condutividades e permissividades diferentes e um campo elétrico aplicado perpendicularmente à interface, como mostra a Figura 24.3. Devido à continuidade da densidade de corrente total através da interface, sabemos que os campos elétricos nos dois lados estão relacionados por:

$$\gamma_2 \dot{\vec{E}}_2 = \gamma_1 \dot{\vec{E}}_1 \qquad (24.18)$$

em que $\gamma_1 = \sigma_1 + j\omega\epsilon_1$ e $\gamma_2 = \sigma_2 + j\omega\epsilon_2$ são as condutividades complexas.

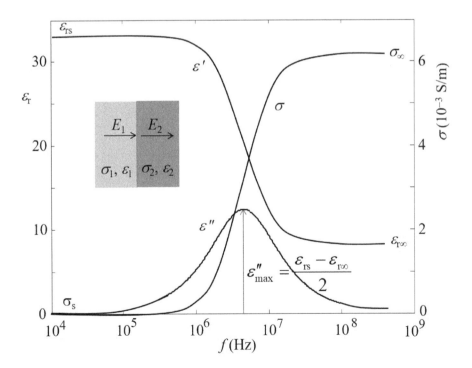

Figura 24.3: Dispersão de primeira ordem produzida pela polarização interfacial. $\sigma_1 = 10^{-2}$ S/m, $\sigma_2 = 10^{-8}$ S/m, $\epsilon_{r1} = 10$, $\epsilon_{r2} = 3$, $a = 0,1$.

Assumindo que os campos são uniformes em ambos os lados, se os meios têm volumes V_1 e V_2, o campo médio e a densidade de corrente média são:

$$\left\langle \dot{E} \right\rangle = \frac{V_1 \dot{E}_1 + V_2 \dot{E}_2}{V_1 + V_2} \tag{24.19}$$

$$\left\langle \dot{J} \right\rangle = \frac{V_1 \gamma_1 \dot{E}_1 + V_2 \gamma_2 \dot{E}_2}{V_1 + V_2} \tag{24.20}$$

Assim, a condutividade complexa média do objeto é dada por:

$$\gamma_m = \frac{\left\langle \dot{J} \right\rangle}{\left\langle \dot{E} \right\rangle} = \frac{\gamma_1 + a\gamma_2 \dot{E}_2/\dot{E}_1}{1 + a\dot{E}_2/\dot{E}_1} = (1 + a)\frac{\gamma_1 \gamma_2}{\gamma_2 + a\gamma_1} \tag{24.21}$$

em que $a = V_2/V_1$.

Substituindo as condutividades complexas dos meios, obtemos a expressão da condutividade complexa do objeto como função das condutividades e das permissividades dos meios e da frequência:

$$\begin{aligned} \gamma_m &= (1 + a)\frac{(\sigma_1 + j\omega\epsilon_1)(\sigma_2 + j\omega\epsilon_2)}{(\sigma_2 + j\omega\epsilon_2) + a(\sigma_1 + j\omega\epsilon_1)} \\ &= (1 + a)\frac{(\sigma_1\sigma_2 - \omega^2\epsilon_1\epsilon_2) + j\omega(\sigma_1\epsilon_2 + \sigma_2\epsilon_1)}{(\sigma_2 + a\sigma_1) + j\omega(\epsilon_2 + a\epsilon_1)} \end{aligned} \tag{24.22}$$

Podemos agora calcular a condutividade e a permissividade do objeto a partir das partes real e imaginária da condutividade complexa: $\sigma = Re(\gamma_m)$ e $\epsilon = Im(\gamma_m)/\omega$.

$$\sigma = (1 + a)\frac{(\sigma_1\sigma_2 - \omega^2\epsilon_1\epsilon_2)(\sigma_2 + a\sigma_1) + \omega^2(\sigma_1\epsilon_2 + \sigma_2\epsilon_1)(\epsilon_2 + a\epsilon_1)}{(\sigma_2 + a\sigma_1)^2 + \omega^2(\epsilon_2 + a\epsilon_1)^2} \tag{24.23}$$

$$\epsilon = (1 + a)\frac{(\sigma_1\epsilon_2 + \sigma_2\epsilon_1)(\sigma_2 + a\sigma_1) - (\sigma_1\sigma_2 - \omega^2\epsilon_1\epsilon_2)(\epsilon_2 + a\epsilon_1)}{(\sigma_2 + a\sigma_1)^2 + \omega^2(\epsilon_2 + a\epsilon_1)^2} \tag{24.24}$$

O gráfico conceitual da Figura 24.3 ilustra a dispersão dielétrica neste caso. Com base nas Equações (24.23) e (24.24), calculamos os valores extremos da condutividade e da permissividade: estáticos (σ_s e ϵ_s) para $\omega = 0$ e em altas frequências (σ_∞ e ϵ_∞) para $\omega \to \infty$.

$$\sigma_s = (1 + a)\frac{(\sigma_1\sigma_2)}{(\sigma_2 + a\sigma_1)} \tag{24.25}$$

$$\sigma_\infty = (1 + a)\frac{(\sigma_1\epsilon_2 + \sigma_2\epsilon_1)(\epsilon_2 + a\epsilon_1) - \epsilon_1\epsilon_2(\sigma_2 + a\sigma_1)}{(\epsilon_2 + a\epsilon_1)^2} \tag{24.26}$$

Capítulo 24 – Dispersão e ruptura dielétrica

$$\epsilon_s = (1+a) \frac{(\sigma_1\epsilon_2 + \sigma_2\epsilon_1)(\sigma_2 + a\sigma_1) - \sigma_1\sigma_2(\epsilon_2 + a\epsilon_1)}{(\sigma_2 + a\sigma_1)^2} \tag{24.27}$$

$$\epsilon_\infty = (1+a) \frac{\epsilon_1\epsilon_2(\epsilon_2 + a\epsilon_1)}{(\epsilon_2 + a\epsilon_1)^2} \tag{24.28}$$

Essa dispersão, como no caso da relaxação dipolar, Equações (24.16) e (24.17), apresenta tempo de relaxação único. Esse é o tipo mais simples de relaxação, sendo também designado por relaxação de Debye. As expressões gerais para uma relaxação de Debye são as seguintes:

$$\sigma(\omega) = \sigma_s + (\sigma_\infty - \sigma_s) \frac{\omega^2\tau^2}{1 + \omega^2\tau^2} \tag{24.29}$$

$$\epsilon(\omega) = \epsilon_\infty + \frac{(\epsilon_s - \epsilon_\infty)}{1 + \omega^2\tau^2} \tag{24.30}$$

$$\tau = \frac{\epsilon_s - \epsilon_\infty}{\sigma_\infty - \sigma_s} \tag{24.31}$$

A dispersão de Debye também pode ser escrita na forma da constante dielétrica complexa:

$$\hat{\epsilon}_r(\omega) = \epsilon_{r\infty} + \frac{(\epsilon_{rs} - \epsilon_{r\infty})}{1 + j\omega\tau} \tag{24.32}$$

$$\epsilon' = \epsilon_{r\infty} + \frac{(\epsilon_{rs} - \epsilon_{r\infty})}{1 + \omega^2\tau^2} \tag{24.33}$$

$$\epsilon'' = \omega\tau \frac{(\epsilon_{rs} - \epsilon_{r\infty})}{1 + \omega^2\tau^2} \tag{24.34}$$

Comparando as Equações (24.29) e (24.34), concluímos que a parte imaginária da constante dielétrica complexa contribui para a condutividade da seguinte forma:

$$\sigma(\omega) = \sigma_s + \omega\epsilon''\epsilon_o \tag{24.35}$$

A polarização interfacial depende da geometria das interfaces internas do objeto. Um modelo bem conhecido e utilizado, denominado modelo Maxwell-Wagner (resultado de contribuições de J. C. Maxwell em 1873 e K. W. Wagner em 1914) [8], aplica-se a uma mistura homogênea de partículas esféricas idênticas em um meio dispersor. Se as partículas têm condutividade complexa $\gamma_p = \sigma_p + j\omega\epsilon_p$ e o meio dispersor tem condutividade complexa $\gamma_d = \sigma_d + j\omega\epsilon_d$, devido à polarização interfacial na superfície das partículas, o objeto apresenta uma condutividade

402 Análise de sistemas eletromagnéticos

média $\gamma_m = \sigma_m + j\omega\epsilon_m$ que pode ser calculada pela Equação (23.84). Substituindo as condutividades complexas e resolvendo para γ_m, obtemos:

$$\sigma_m + j\omega\epsilon_m = (\sigma_d + j\omega\epsilon_d) \frac{2(1-c)\,(\sigma_d + j\omega\epsilon_d) + (1+2c)\,(\sigma_p + j\omega\epsilon_p)}{(2+c)\,(\sigma_d + j\omega\epsilon_d) + (1-c)\,(\sigma_p + j\omega\epsilon_p)} \qquad (24.36)$$

em que c é a fração do volume total do objeto ocupada pelas partículas. Com essa equação pode-se calcular a condutividade e a permissividade do objeto como funções da frequência.

Os gráficos da Figura 24.4 mostram os resultados obtidos com esse modelo para os parâmetros de dispersão como funções da concentração de partículas em uma mistura homogênea de materiais muito diferentes. Note que a diferença entre as opções (a) e (b) nessa figura é a simples inversão dos materiais, ou seja, as propriedades das partículas passam para o meio dispersor e vice-versa. Observe que isso resulta em alterações significativas em todos os parâmetros de dispersão.

Um tipo particularmente importante de dispersão em baixas frequências devido à polarização por carga espacial ocorre em virtude do movimento de íons nas interfaces internas em meios heterogêneos. A Figura 24.5 ilustra esse processo no caso de partículas esféricas diluídas em um meio eletrolítico. Cargas fixas na interface atraem íons de sinal contrário do meio condutor, formando uma dupla camada iônica. Pode-se estimar que a espessura dessa camada seja da ordem do comprimento de Debye:

$$L_D = \sqrt{\frac{\epsilon_r \epsilon_o K_B T}{2ne^2 z^2}} \qquad (24.37)$$

em que n é a concentração iônica e z é a valência dos íons. Para eletrólitos fisiológicos esse valor é da ordem de 10^{-9} m.

Quando o campo elétrico é aplicado no meio, a nuvem de íons contrários se desloca por condução e difusão, o que estabelece uma distribuição não uniforme de íons na superfície das partículas e resulta em um momento de dipolo elétrico induzido. Um modelo proposto por G. Schwarz em 1962 [9] para partículas coloidais permite obter estimativas da variação da constante dielétrica de uma partícula esférica devido a esse processo. O autor resolveu a equação de Laplace para determinar a distribuição de potencial elétrico e a equação da continuidade para obter a distribuição de íons contrários na superfície da partícula. Com isso, pôde calcular o momento de dipolo induzido como função do campo elétrico aplicado e, consequentemente, a polarização e o aumento na constante dielétrica devido à redistribuição iônica na superfície da partícula. A expressão obtida para uma partícula de raio R e condutividade complexa γ_p em um meio dispersor com

Capítulo 24 – Dispersão e ruptura dielétrica

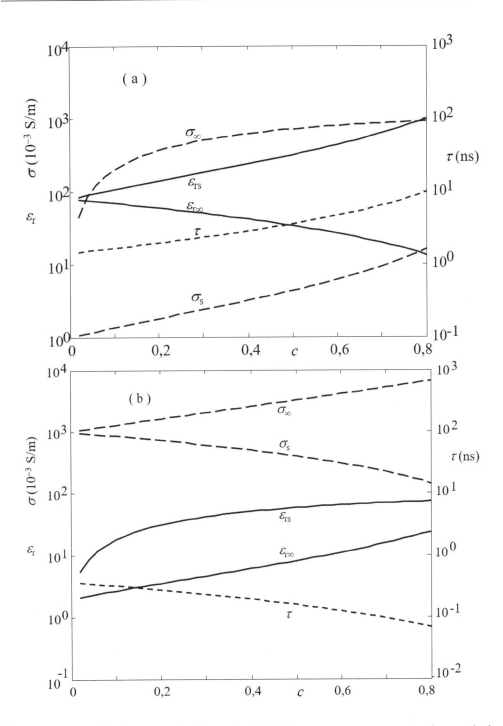

Figura 24.4: Parâmetros de dispersão dielétrica em uma suspensão de partículas esféricas como funções da concentração das partículas no meio dispersor. (a) $\sigma_p = 1$ S/m, $\epsilon_{rp} = 2$, $\sigma_d = 10^{-3}$ S/m, $\epsilon_{rd} = 80$; (b) $\sigma_p = 10^{-3}$ S/m, $\epsilon_{rp} = 80$, $\sigma_d = 1$ S/m, $\epsilon_{rd} = 2$.

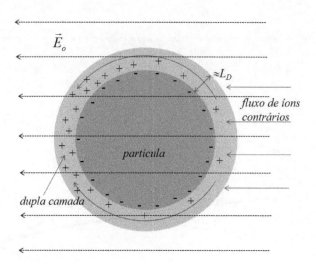

Figura 24.5: Ilustração da polarização induzida devido à movimentação iônica na superfície de uma partícula esférica.

condutividade γ_d é a seguinte:

$$\Delta\hat{\epsilon}_p = \frac{e^2 R n_s}{\epsilon_o K_B T} \frac{3\gamma_d}{\gamma_p + 2\gamma_d} \frac{1}{1 + j\omega\tau} \qquad (24.38)$$

$$\tau = \frac{e R^2}{2\mu K_B T} \qquad (24.39)$$

em que n_s é a densidade superficial de íons contrários e μ é a mobilidade desses íons no eletrólito. Assim, a condutividade complexa da partícula muda para $\gamma_p + j\omega\epsilon_o\Delta\hat{\epsilon}_p$ e isso se reflete na variação da condutividade e da constante dielétrica da suspensão de partículas.

Pode-se avaliar esse tipo de dispersão usando-se o modelo Maxwell-Wagner, Equação (24.36), com o valor alterado da condutividade complexa da partícula. É possível prever que essa dispersão é muito intensa em baixas frequências. Por exemplo, com a diluição de partículas isolantes ($\gamma_p \ll \gamma_d$) com raio de 10 μm em eletrólito, assumindo que a concentração superficial de íons contrários seja da ordem de 10^{17} m^{-2} e sendo a mobilidade iônica da ordem de 10^{-7} m^{2}V^{-1}s^{-1} em 300 K, o aumento na constante dielétrica das partículas é da ordem de 10^6 e o tempo de relaxação é de aproximadamente 0,020 s, o que corresponde a uma frequência de corte de 50 Hz. Esses valores sugerem que a movimentação de íons na superfície de partículas ou cavidades internas em materiais heterogêneos nos quais ocorra condução iônica apreciável pode ser um dos mecanismos principais de dispersão dielétrica em baixas frequências.

Capítulo 24 – Dispersão e ruptura dielétrica 405

24.4 Dispersão por saltos

No Capítulo 22, o processo de condução por saltos foi descrito como um transporte de carga elétrica pela passagem de partículas eletricamente carregadas entre sítios separados por barreiras de potencial que atuam como armadilhas, ou seja, retêm as partículas por certo intervalo de tempo que depende da temperatura e da intensidade do campo elétrico aplicado. A Equação (22.44) mostra que esse processo resulta em uma relação não linear entre densidade de corrente e campo elétrico.

Consideremos, entretanto, para efeito da modelagem da dispersão dielétrica, que o campo elétrico varia senoidalmente no tempo com uma frequência conhecida e tem amplitude pequena para que possamos descrever o movimento das partículas por equações lineares. Inicialmente, assumimos que todos os sítios que atuam como armadilhas se agrupam em pares e que as partículas que saltam entre esses sítios (elétrons ou íons) o fazem com um tempo de relaxação definido (τ), que tem o significado de um tempo médio no qual uma partícula capturada por um sítio é retida até que ocorra um novo salto. Além disso, considerando que o campo elétrico aplicado reduz a barreira de potencial entre os sítios vizinhos, assumimos também que a taxa de variação da carga elétrica entre os sítios é proporcional ao campo aplicado. Desse modo, a seguinte equação da dinâmica da polarização local pode ser estabelecida:

$$\frac{dp_i}{dt} = \frac{\alpha_i E}{\tau_i} - \frac{p_i}{\tau_i} \tag{24.40}$$

em que o índice i identifica um sítio específico. O primeiro termo no segundo membro dessa equação descreve a tendência de os saltos ocorrerem no sentido do campo elétrico aplicado, em que α_i é a polarizabilidade local. O segundo termo descreve a tendência de salto no sentido oposto, quando o sítio já está polarizado no sentido do campo.

Obviamente, a equação anterior indica um processo de relaxação de Debye na polarização local:

$$\dot{p}_i = \frac{\alpha_i \dot{E}}{1 + j\omega\tau_i} \tag{24.41}$$

Contudo, devido à desordem estrutural, os tempos de relaxação e as polarizabilidades não são iguais para todos os sítios, mas devem variar dentro de algum intervalo, em virtude das variações aleatórias nas distâncias e nas barreiras de potencial entre sítios adjacentes. A polarização do meio deve ser considerada uma média volumétrica que envolva um grande número de sítios:

$$\dot{P} = \sum_i \frac{N_i \alpha_i \dot{E}}{1 + j\omega\tau_i} \tag{24.42}$$

em que N_i é o número de sítios por unidade de volume do material com polarizabilidade α_i e tempo de relaxação τ_i.

A polarização por saltos implica aumento da constante dielétrica do material em relação ao valor em altas frequências ($\epsilon_{r\infty}$) devido aos demais processos de polarização que respondem mais rapidamente às variações do campo elétrico aplicado. Assim, podemos substituir $\dot{P} = (\hat{\epsilon}_r - \hat{\epsilon}_{r\infty})\epsilon_o \dot{E}$ no lado esquerdo da equação anterior para obter a constante dielétrica do material:

$$\hat{\epsilon}_r = \hat{\epsilon}_{r\infty} + \sum_i \frac{N_i \alpha_i / \epsilon_o}{1 + j\omega\tau_i} \tag{24.43}$$

Assumindo que a relação dos termos $N_i \alpha_i$ com o tempo de relaxação possa ser descrita por uma função contínua, no intervalo entre τ e $\tau + d\tau$, o coeficiente no numerador $N\alpha$ pode ser escrito na forma diferencial por:

$$d(N\alpha) = N_t \alpha_m g(\tau) d\tau \tag{24.44}$$

em que N_t é a densidade volumétrica de estados localizados, α_m é a polarizabilidade média no processo de salto entre estados localizados e $g(\tau)$ é uma função de distribuição de tempos de relaxação que, no intervalo de zero a τ_o, satisfaz a seguinte condição:

$$\int_0^{\tau_o} g(\tau) d\tau = 1 \tag{24.45}$$

Desse modo, podemos transformar o somatório da Equação (24.43) em uma integral:

$$\hat{\epsilon}_r = \hat{\epsilon}_{r\infty} + \frac{N_t \alpha_m}{\epsilon_o} \int_0^{\tau_o} \frac{g(\tau) d\tau}{1 + j\omega\tau} \tag{24.46}$$

Como exemplo, considere uma função de distribuição uniforme $g(\tau) = 1/\tau_o$ como ilustrada na Figura 24.6. A integração nesse caso é simples e resulta em:

$$\hat{\epsilon}_r = \hat{\epsilon}_{r\infty} + \frac{N_t \alpha_m}{\epsilon_o} \frac{Ln(1 + j\omega\tau_o)}{j\omega\tau_o} \tag{24.47}$$

Capítulo 24 – Dispersão e ruptura dielétrica 407

Usando a seguinte transformação algébrica:

$$Ln\left(1 + j\omega\tau_o\right) = \frac{1}{2}Ln\left(1 + \omega^2\tau_o^2\right) + j\,atg\left(\omega\tau_o\right) \tag{24.48}$$

obtemos a separação das partes real e imaginária da constante dielétrica e a condutividade do material:

$$\epsilon' = \epsilon_{r\infty} + \frac{N_t\alpha_m}{\epsilon_o}\frac{atg\left(\omega\tau_o\right)}{\omega\tau_o} \tag{24.49}$$

$$\epsilon'' = \frac{N_t\alpha_m}{\epsilon_o}\frac{Ln\left(1 + \omega^2\tau_o^2\right)}{2\omega\tau_o} \tag{24.50}$$

$$\sigma = \sigma_s + \omega\epsilon_o\epsilon'' = \sigma_s + \frac{N_t\alpha_m}{2\tau_o}Ln\left(1 + \omega^2\tau_o^2\right) \tag{24.51}$$

Os gráficos da constante dielétrica e da condutividade do meio segundo as Equações (24.49) a (24.51) são mostrados na Figura 24.6 como função da frequência normalizada $\omega\tau_o$. Note na comparação com as linhas tracejadas, as quais se referem ao modelo de Debye, que a diferença em relação à dispersão de primeira ordem é muito destacada na condutividade em altas frequências. O tempo de relaxação máximo determina aproximadamente uma frequência de transição na qual a condutividade aumenta significativamente com a frequência. Abaixo dessa frequência de transição ($\omega_c \approx 1/\tau_o$), a condução por saltos torna-se muito pequena e a condutividade do material é limitada pela condução nos estados estendidos, que é essencialmente independente da frequência.

24.5 Ruptura dielétrica

O termo ruptura dielétrica se refere aos processos que resultam na transição do estado isolante para o estado condutor em um material. Nos isolantes em condições ordinárias, existe uma quantidade ínfima de partículas portadoras de carga elétrica que podem se deslocar longas distâncias quando um campo elétrico é aplicado. Nos gases em temperatura ambiente, existem elétrons livres e íons em pequena concentração, os quais são gerados nas colisões entre moléculas ou pela emissão de elétrons a partir de eletrodos metálicos e moléculas excitadas por radiações eletromagnética, atômica e cósmica. Nos líquidos, a carga elétrica móvel geralmente está localizada em íons provenientes da dissociação das moléculas constituintes. Os sólidos isolantes, por sua vez, contêm pequenas quantidades de elétrons e lacunas móveis em estados eletrônicos estendidos e elétrons e lacunas que saltam entre estados localizados. Em todos os casos, ao aplicar um campo

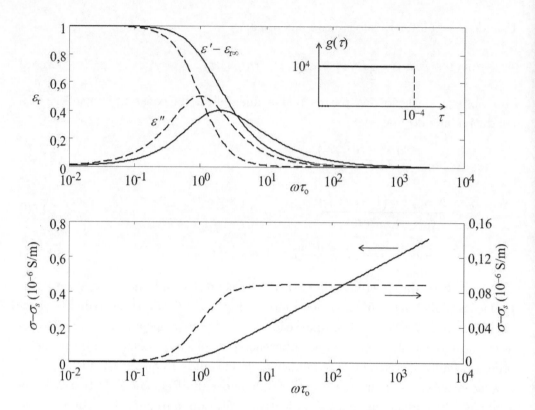

Figura 24.6: Exemplo de dispersão com distribuição uniforme de tempos de relaxação entre zero e τ_o. As linhas tracejadas se referem à relaxação de Debye com tempo de relaxação τ_o. A amplitude de dispersão foi arbitrariamente fixada no valor unitário $N_t \alpha_m / \epsilon_o = 1$.

elétrico intenso, as partículas carregadas móveis ganham energia cinética e passam a interagir com átomos e moléculas do material, produzindo agitação térmica e eventual ionização por impacto. Esses processos tendem a aumentar a quantidade de partículas móveis e realimentar o processo de condução, aquecimento e geração de novas cargas. A partir de certo valor de campo aplicado, isso resulta na perda da capacidade de isolação elétrica.

24.5.1 Ruptura em gases

O mecanismo principal de ruptura em gases é denominado avalanche. Em qualquer meio que contenha elétrons livres, seja gás, líquido ou sólido, a aplicação de campo elétrico fornece energia cinética a essas partículas. Os elétrons livres

Capítulo 24 – Dispersão e ruptura dielétrica

409

acelerados tendem a colidir com átomos ou moléculas do meio, liberando novos elétrons e produzindo íons positivos.

Considere um volume de gás contido entre dois eletrodos separados pela distância d e ligados aos terminais de uma fonte de tensão. Seja β a probabilidade por unidade de deslocamento de ocorrer um impacto ionizante entre um elétron e uma molécula do meio. Uma vez que cada impacto libera outro elétron, o número de elétrons gerados por unidade de volume nesse espaço pode ser calculado da seguinte forma:

$$dn = \beta n dx \to n = n_o e^{\beta d} \tag{24.52}$$

em que n_o é a concentração eletrônica no eletrodo negativo, ou cátodo. A probabilidade de ionização depende do livre caminho médio entre colisões, por isso, varia com a pressão do gás.

A Figura 24.7a esquematiza os processos que produzem liberação de elétrons em uma descarga gasosa. Os elétrons que são acelerados na descarga se originam de duas fontes distintas. Uma parte provém do próprio gás por meio da ionização por impacto entre moléculas, impacto com elétrons, excitação por fótons (ultravioleta, raios X e raios gama), raios cósmicos (núcleos atômicos provenientes do espaço) e emissões radiativas naturais. A outra parte se origina no eletrodo negativo. Os elétrons são liberados pelo metal desse eletrodo pelos seguintes processos: emissão termiônica, emissão fotoelétrica e impacto de íons positivos. Desses processos, o impacto de íons positivos é o que mais afeta a manutenção da descarga e determina a ruptura do gás. Os íons positivos gerados nas colisões com as moléculas do gás são acelerados pelo campo elétrico no sentido do cátodo e, ao atingirem esse eletrodo, podem provocar a emissão de elétrons secundários, que são acelerados no sentido da descarga.

Seja n_o a densidade inicial de elétrons devido aos demais processos e n_c a densidade de elétrons liberados pelo impacto iônico no cátodo. A diferença $n - n_o - n_c$ resulta no número de íons gerados por colisões no gás. Se cada íon no gás alcança o cátodo e libera ν elétrons por unidade de volume para a descarga, a concentração de íons pode ser calculada da seguinte forma:

$$n_c = \nu \left(n - n_o - n_c\right) \to n_c = \frac{\nu \left(n - n_o\right)}{1 + \nu} \tag{24.53}$$

A substituição na Equação (24.52) resulta na densidade de elétrons que alcançam o eletrodo positivo:

$$n = (n_o + n_c) e^{\beta d} = \left[n_o + \frac{\nu \left(n - n_o\right)}{1 + \nu}\right] e^{\beta d} \to n = \frac{n_o e^{\beta d}}{1 - \nu \left(e^{\beta d} - 1\right)} \tag{24.54}$$

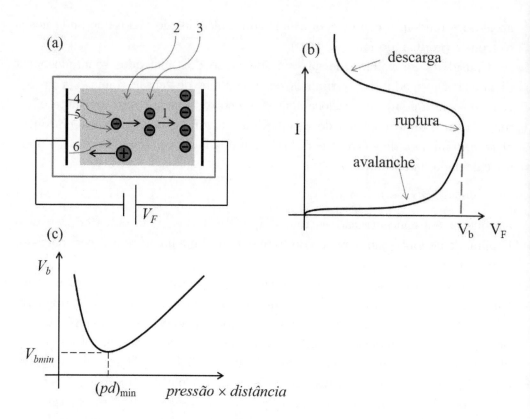

Figura 24.7: (a) Representação esquematizada dos processos de ionização em um gás confinado entre dois eletrodos. 1 – avalanche; 2 e 3 – ionização por fótons e partículas, respectivamente; 4 e 5 – emissão secundária por efeito termiônico e fotoelétrico, respectivamente; 6 – emissão secundária por impacto de íons. (b) Ilustração da curva corrente × tensão em uma descarga gasosa. (c) Ilustração da lei de Paschen para a relação entre tensão de ruptura e produto pressão × distância em um gás.

Note que a eficiência ν de emissão de elétrons do cátodo aumenta com a energia cinética dos íons. Consequentemente, a emissão de elétrons aumenta com a intensidade do campo aplicado. Assim, a equação anterior mostra que a densidade de elétrons que alcança o ânodo aumenta com a intensidade do campo elétrico aplicado.

Evidentemente, o aumento na concentração eletrônica resulta no aumento da corrente elétrica conduzida no gás. Quando o denominador na equação anterior se anula, ou seja, quando $\nu(e^{\beta d} - 1) = 1$, a emissão de elétrons por impacto iônico no cátodo torna-se suficiente para sustentar a descarga independentemente de outros processos de emissão. Isso provoca a ruptura dielétrica do gás, uma vez

Capítulo 24 – Dispersão e ruptura dielétrica 411

que, devido à realimentação positiva, a corrente elétrica não é mais limitada pela condução no gás, mas depende apenas do circuito elétrico externo.

A Figura 24.7b ilustra a relação tensão × corrente de um gás. A corrente elétrica inicialmente aumenta linearmente com a tensão aplicada, mas satura em um valor limitado pela taxa de geração de elétrons, seja pela ionização espontânea das moléculas do gás, seja pela emissão do cátodo pelos efeitos termiônico e fotoelétrico. O processo de avalanche inicia quando os elétrons adquirem energia cinética suficiente para provocar ionização por meio de colisões. A ruptura é finalmente alcançada quando a emissão de elétrons secundários do cátodo torna-se suficiente para sustentar a descarga.

A tensão aplicada na qual isso ocorre é denominada tensão de ruptura (V_b) e o campo elétrico correspondente é denominado rigidez dielétrica (E_b). Os parâmetros β e ν dependem da diferença de potencial elétrico aplicada (V), da pressão do gás (p) e da distância entre eletrodos (d), pois esses fatores interferem na energia e na quantidade das colisões ionizantes no gás e na energia e na quantidade de íons positivos que alcançam o cátodo. A condição de ruptura descrita anteriormente pode então ser definida na seguinte forma:

$$\nu\,(V_b, p, d)\left[e^{\beta(V_b, p, d)d} - 1\right] = 1 \tag{24.55}$$

Isso estabelece uma relação entre tensão de ruptura, pressão e espaçamento entre eletrodos, mostrada na Figura 24.7c, conhecida como lei de Paschen. A tensão de ruptura é mínima em um determinado valor do produto pd que maximiza a quantidade de ionização que ocorre no gás. Note que a pressão pode ser obtida pelo produto $p = N_m K_B T$, em que N_m é a densidade molecular do gás. Uma vez que o espaçamento entre eletrodos pode ser escrito como volume/área, concluímos que o produto pd é proporcional à quantidade de moléculas no espaço entre os eletrodos. Quando pd torna-se menor que $(pd)_{min}$, a quantidade de colisões ionizantes diminui devido à redução no número de moléculas no espaço da descarga. Quando pd torna-se maior que $(pd)_{min}$, o número de colisões aumenta, mas a energia dos elétrons (e dos íons que alcançam o cátodo) diminui devido à redução no livre percurso médio entre colisões. Assim, para pd diferente de $(pd)_{min}$, a tensão aplicada deve ser maior para provocar a ruptura do gás. Portanto, alto vácuo ou altas pressões, tais que pd seja muito diferente de $(pd)_{min}$, são condições favoráveis para evitar a ruptura dielétrica em gases em sistemas elétricos.

A Tabela 24.1 apresenta valores de tensão V_{bmin} e $(pd)_{min}$ para diversos gases. Por exemplo, para o ar entre dois eletrodos separados por 1 cm na pressão de 0,57 mmHg (0,57 torr), a tensão de ruptura é mínima no valor 327 V. Isso corres-

412 Análise de sistemas eletromagnéticos

ponde à rigidez dielétrica de 32,7 KV/m. Na pressão atmosférica (760 mmHg), a rigidez dielétrica aumenta para cerca de 3 MV/m. Nesta tabela destaca-se o valor da tensão de ruptura do gás SF_6 (hexafluoreto de enxofre). Devido à grande afinidade eletrônica dessa molécula, por meio de reações de redução do tipo $SF_6 + e^- \rightarrow SF_6^-$, o hexafluoreto de enxofre captura elétrons na descarga e reduz a densidade eletrônica da avalanche. Isso resulta em tensões de ruptura elevadas e grande rigidez dielétrica. Esse gás é utilizado como isolante em transformadores e chaves elétricas para alta tensão.

Tabela 24.1: Tensão de ruptura mínima e produto $(pd)_{min}$ para diversos gases.

Gás	V_{bmin} (V)	$(pd)_{min}$ (torr× cm)
Atmosfera	327	0,57
Ar	137	0,90
H_2	273	1,15
He	156	4,00
CO_2	420	0,51
N_2	251	0,67
N_2O	418	0,50
O_2	450	0,70
SO_2	457	0,33
H_2S	414	0,60
SF_6	507	0,26

24.5.2 Ruptura em líquidos

Os líquidos usados como isolantes elétricos geralmente são óleos derivados do petróleo (óleo mineral) ou óleo de silicone (óleo sintético). A condução em líquidos é predominantemente realizada por íons originados da dissociação de grupos moleculares. Elétrons, contudo, participam do processo de ruptura por meio da avalanche, quando são liberados pelos eletrodos a partir da emissão termiônica (emissão Schottky) e do tunelamento (emissão Fowler-Nordheim). Sendo o livre caminho médio em um líquido muito menor que em um gás, o campo elétrico necessário para provocar a avalanche em líquidos é muito maior que em gases. Contudo, impurezas na forma de partículas quimicamente diferentes em suspensão no líquido isolante podem provocar uma redução apreciável na rigidez dielétrica.

Podemos utilizar as Equações (23.76) e (23.78), referentes a uma partícula esférica, para avaliar a distribuição de campo elétrico dentro e fora de uma

Capítulo 24 – Dispersão e ruptura dielétrica 413

partícula contaminante em um meio dielétrico. Nessas equações, se assumirmos que a condutividade é nula, obtemos:

$$\vec{E} = \frac{3\epsilon_d}{\epsilon_p + 2\epsilon_d}\vec{E}_o \leftarrow r < R \tag{24.56}$$

$$\vec{E}(r, \theta = 0) = \vec{E}_o \left[1 + 2 \left(\frac{\epsilon_p - \epsilon_d}{\epsilon_p + 2\epsilon_d} \right) \left(\frac{R}{r} \right)^3 \right] \leftarrow r > R \tag{24.57}$$

Note que, se a permissividade elétrica da partícula é maior que a do meio dispersor, o campo elétrico fora da partícula é maior que o campo médio aplicado no isolante. Então, regiões em torno das partículas contaminantes podem sofrer ruptura dielétrica local e acelerar o processo de ruptura do isolante. Esse é, provavelmente, o efeito mais importante da contaminação de óleos isolantes por água. Por outro lado, se a permissividade elétrica da partícula é menor que a do meio dispersor, o campo em seu interior é maior que o campo médio aplicado. Assim, a ruptura pode iniciar no interior da partícula e, nesse caso, a polarização resultante da acumulação de carga na sua superfície provocará o aumento do campo externo, facilitando a ruptura do isolante. Esse mecanismo explica o efeito de redução na rigidez dielétrica de isolantes líquidos e sólidos devido à presença de bolhas de ar ou outro gás em seu interior.

Em se tratando de partículas sólidas diluídas em líquidos isolantes, outro aspecto relevante é a migração das partículas devido à força elétrica em um campo não uniforme, Equação (23.48). Essa migração resulta eventualmente na acumulação de partículas na superfície dos eletrodos, aumentando a distorção local do campo elétrico nessas regiões e reduzindo a distância entre eletrodos. Esses fatores tendem a reduzir a tensão de ruptura do dielétrico.

A Tabela 24.2 apresenta valores de algumas propriedades elétricas de óleos utilizados em equipamentos elétricos. Os óleos isolantes utilizados em equipamentos como transformadores, chaves seccionadoras e capacitores, além da isolação elétrica, têm a função de extinguir descargas que ocorrem em dispositivos de comutação e promover a transferência eficiente de calor das partes internas do equipamento para a carcaça em contato com o ar.

Tabela 24.2: Propriedades elétricas (60 Hz, 20 °C) de óleos isolantes.

Óleo	ϵ_r	ρ (Ωm)	E_b (MV/m)
Mineral	2,2–2,3	$\approx 10^{11}$	9–30
Silicone	2,7–3,0	$\approx 10^{12}$	10–24

24.5.3 Ruptura em sólidos

Os sólidos utilizados como isolantes elétricos são geralmente materiais amorfos (polímeros plásticos, cerâmica, vidro, mica, papel etc.). Assim, a condução elétrica é não linear na relação da densidade de corrente como função do campo elétrico aplicado e altamente dependente da temperatura, como mostra a última seção do Capítulo 22. Portanto, o aquecimento da amostra devido às perdas por condução, bem como às perdas dielétricas, é um fator de grande importância no desenvolvimento da ruptura dielétrica. A condução gera calor e o aumento da temperatura resulta em aumento da densidade de corrente. A realimentação positiva nesse processo pode eventualmente levar à ruptura, quando o calor gerado é maior que o calor dissipado do objeto isolante. Esse mecanismo, denominado ruptura térmica, demanda mais tempo que a ruptura intrínseca (avalanche e outros processos), mas, dependendo da temperatura ambiente, pode envolver tensões de ruptura menores.

A ruptura intrínseca, por sua vez, inclui mecanismos diferentes da instabilidade térmica. A avalanche e o efeito Zener são processos importantes nesse caso. O efeito Zener refere-se ao processo de criação de pares elétron-lacuna por tunelamento de elétrons entre as bandas de valência e condução devido à distorção espacial da distribuição de energia potencial no sólido provocada pelo campo elétrico aplicado. A distorção resultante no diagrama de bandas de energia localiza estados ocupados na banda de valência espacialmente próximos de estados vazios na banda de condução, o que resulta no tunelamento com probabilidade dada pela seguinte fórmula deduzida por Clarence Zener em 1934:

$$\gamma = \frac{eE_o a}{h} \exp\left(-\frac{\pi^2 m a W_g^2}{h^2 e E_o}\right) \tag{24.58}$$

Esse cálculo foi feito para uma rede atômica unidimensional em que a é o parâmetro de rede (distância entre átomos vizinhos), m é a massa dos elétrons, h é a constante de Planck, E_o é o campo elétrico aplicado, e é a carga elementar e W_g é a largura da banda proibida. Isso significa que campos elétricos intensos podem liberar elétrons ligados nos orbitais covalentes do sólido, tornando-os elétrons livres para realizar a condução.

Muitos processos já descritos anteriormente influenciam a tensão de ruptura em um isolante sólido. Os mais importantes são: injeção de carga a partir dos eletrodos por efeito termiônico ou tunelamento, aquecimento da amostra devido às perdas na condução e perdas dielétricas, efeito Zener, avalanche e concentração local de campo elétrico devido à influência de partículas estranhas no

Capítulo 24 – Dispersão e ruptura dielétrica   415

sólido (água, gases e outros contaminantes). Desse modo, é fácil compreender que a rigidez dielétrica de um sólido não depende apenas da sua natureza físico-química, mas também de sua forma geométrica e suas dimensões, do tipo e da geometria dos eletrodos metálicos conectados a ele, das condições ambientais (temperatura, umidade, pressão e tipo de atmosfera que o envolve) e da forma de onda da tensão aplicada. Assim, as informações referentes à rigidez dielétrica de materiais isolantes devem ser obtidas a partir de procedimentos e condições padronizadas estabelecidas em normas. A Tabela 24.3 apresenta valores de rigidez dielétrica de alguns isolantes comuns em sistemas elétricos e eletrônicos.

Tabela 24.3: Rigidez dielétrica de isolantes sólidos (60 Hz, 20 °C, 1 atm). Valores médios provenientes de diversas fontes sem descrição detalhada do método de ensaio.

Material	E_b (MV/m)
Alumina	13
Porcelana	35–160
Sílica	470 – 670
Mica	118
Polipropileno	24
Poliestireno	20
Policarbonato	15
PVC	12 – 20
Polietileno	19 – 22
Epóxi	20
Poliéster	20
Borracha natural	100 – 215
Borracha de silicone	26 – 36
Neoprene	16 – 28
Papel	12 – 29
Fenolite	29
Vidro	10 – 14

24.6 Questões

24.1) Considere uma mistura de partículas metálicas esféricas de condutividade σ_p em um isolante de constante dielétrica ϵ_{rd}. A concentração da mistura é c. Despreze a corrente de deslocamento nas partículas metálicas e a corrente de condução no isolante. Mostre que a mistura apresenta dispersão dielétrica por relaxação de primeira ordem com $\sigma_s = 0$ e demais características dadas por:

$$\tau = \left(\frac{2+c}{1-c}\right)\frac{\epsilon_{rd}\epsilon_o}{\sigma_p} \tag{24.59}$$

$$\sigma_\infty = \frac{(2+c)(1+2c) - 2(1-c)^2}{(2+c)^2}\sigma_p \tag{24.60}$$

$$\epsilon_s = \left(\frac{1+2c}{1-c}\right)\epsilon_{rd} \tag{24.61}$$

$$\epsilon_\infty = 2\left(\frac{1-c}{2+c}\right)\epsilon_{rd} \tag{24.62}$$

24.2) Calcule a potência média dissipada no isolante de polietileno de um cabo coaxial utilizando o modelo de dispersão dielétrica por saltos com $\sigma_s = 1$ nS/m, $\epsilon_{r\infty} = 2,4$, $\tau_o = 0,1$ ms e $N_t\alpha_m/\epsilon_o = 1$. Considere: comprimento 10 m, raio interno 0,45 mm, raio externo 1,65 mm, condutividade do condutor 5×10^7 S/m. Considere que a tensão é aplicada com forma de onda senoidal com amplitude de 300 V. Calcule para frequência de 1 kHz, 100 kHz e 10 MHz.

24.3) Repita o cálculo para uma esfera de polietileno com raio de 1 cm em um campo uniforme gerado entre duas placas metálicas no ar separadas pela distância de 10 cm entre as quais é aplicada a diferença de potencial descrita na questão anterior.

24.4) Considere um volume arbitrário de água sujeito a um campo elétrico de intensidade 500 V/m na frequência de 2,45 GHz (frequência em um forno de micro-ondas doméstico). Assumindo $\sigma_s = 1$ mS/m, $\epsilon_{rs} = 80$ e que a dispersão por relaxação dipolar da água apresenta $\epsilon_{r\infty} = 6$ e frequência de corte de 20 GHz, calcule a densidade de corrente e a densidade de potência dissipada na água.

Capítulo 25

Magnetização

25.1 Momento de dipolo magnético

Os fenômenos relacionados à magnetização da matéria resultam da interação de campos magnéticos com os elétrons de valência nos átomos. Assim como um campo magnético exerce força sobre elétrons livres em movimento nos condutores, também os elétrons que orbitam os núcleos atômicos são afetados pela força magnética. O elemento essencial na descrição dessa interação é o momento de dipolo magnético. Cada elétron de um átomo possui momento angular devido ao seu movimento orbital e ao seu *spin*. Associados a esses momentos angulares existem momentos de dipolo magnético produzidos pelo movimento da carga do elétron.

Para o movimento orbital, o momento magnético pode ser definido como um vetor de módulo dado pelo produto da corrente elétrica pela área da órbita do movimento eletrônico. Como mostra a Figura 25.1, o vetor momento de dipolo magnético está orientado perpendicularmente ao plano da órbita e tem sentido dado pela regra da mão direita. Para um elétron em uma hipotética órbita plana e circular com raio r, o momento angular é descrito por:

$$\vec{L} = \vec{r} \times \vec{p} = \vec{r} \times m\vec{v} = -m\omega r^2 \vec{u}_n \tag{25.1}$$

em que $\vec{v}$ é a velocidade linear tangencial à trajetória orbital, ω é a frequência angular e $\vec{u}_n$ é o vetor unitário normal ao plano da órbita.

O momento magnético orbital é calculado como o produto da corrente elétrica $i = e\omega/2\pi$ pelo vetor de área $\vec{A} = \pi r^2 \vec{u}_n$. Assim, podemos relacionar o momento magnético ao momento angular:

$$\vec{m}_L = \left(\frac{e\omega}{2\pi}\right)\left(\pi r^2 \vec{u}_n\right) = \frac{e\omega r^2}{2}\vec{u}_n = -\frac{e}{2m}\vec{L} \tag{25.2}$$

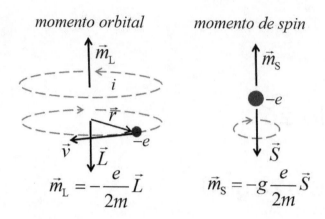

Figura 25.1: Ilustração dos movimentos eletrônicos e dos momentos de dipolo magnético associados.

O outro momento angular importante para as propriedades magnéticas é o *spin* eletrônico. Nesse caso, a relação entre momento magnético e momento angular é mostrada a seguir, em que a constante g é denominada fator espectroscópico e vale aproximadamente 2 para um elétron livre:

$$\vec{m}_S = -g\frac{e}{2m}\vec{S} \tag{25.3}$$

Nas análises que seguem, o momento magnético é modelado como o produto de uma corrente elétrica por uma área ($\vec{m} = i\vec{A}$). A interação do momento magnético com um campo magnético apresenta as características fundamentais a seguir.

1) Quando um campo magnético é aplicado sobre um momento, devido ao fenômeno da indução eletromagnética (lei de Faraday), o circuito reage apresentando um fluxo induzido em sentido contrário. Esse fenômeno resulta na indução de momento magnético contrário ao campo aplicado. Isso ocorre para todos os elétrons de um átomo e para todos os átomos de um objeto. Quando esse efeito é predominante, o objeto se magnetiza em sentido contrário ao campo aplicado, e esse processo é denominado diamagnetismo.

2) A força magnética exerce um torque que tende a alinhar o momento magnético ao campo aplicado. Para uma corrente elétrica em um circuito fechado, o torque pode ser calculado como segue:

$$\vec{T} = \oint_C \vec{r} \times d\vec{F} = \oint_C \vec{r} \times \left(id\vec{L} \times \vec{B}\right) \tag{25.4}$$

Capítulo 25 – Magnetização   419

cujo integrando pode ser transformado usando a seguinte fórmula vetorial:

$$\vec{r} \times \left(d\vec{r} \times \vec{B} \right) = \frac{1}{2} \left(\vec{r} \times d\vec{r} \right) \times \vec{B} + \frac{1}{2} d \left[\vec{r} \left(\vec{B} \cdot \vec{r} \right) \right] - \vec{B} \left(\vec{r} \cdot d\vec{r} \right) \tag{25.5}$$

Uma vez que $d\vec{L}$ é um deslocamento ao longo do caminho de integração, temos $d\vec{r} = d\vec{L}$. Se o campo magnético é uniforme na área do circuito, a integral no caminho fechado dos dois últimos termos é nula. Assim, resulta:

$$\vec{T} = i \left(\frac{1}{2} \oint_C \vec{r} \times d\vec{r} \right) \times \vec{B} = iA\vec{u}_n \times \vec{B} = \vec{m} \times \vec{B} \tag{25.6}$$

em que a integral na equação anterior resulta na área do circuito. Note que o torque é máximo quando o ângulo entre $\vec{m}$ e $\vec{B}$ é 90° e mínimo quando esses vetores são paralelos ou antiparalelos.

3) A tendência de alinhamento pode ser confirmada com o cálculo da energia potencial nesse sistema. De acordo com a dinâmica do movimento de rotação, a relação entre energia potencial e torque no movimento rotacional é dada por:

$$\vec{T} = -\frac{dU}{d\theta} \vec{u}_\theta \rightarrow U\left(\theta_2 \right) - U\left(\theta_1 \right) = - \int_{\theta_1}^{\theta_2} \vec{T} \cdot d\theta \vec{u}_\theta \tag{25.7}$$

em que $\vec{u}_\theta$ é o vetor unitário na direção do eixo de rotação. Substituindo a Equação (25.6) e integrando, obtemos:

$$U\left(\theta_2 \right) - U\left(\theta_1 \right) = - \int_{\theta_1}^{\theta_2} \left(-mB sen\theta \right) d\theta = -mB \left[cos\left(\theta_2 \right) - cos\left(\theta_1 \right) \right]$$

$$\rightarrow U\left(\theta \right) = -\vec{m} \cdot \vec{B} = -mBcos\theta \tag{25.8}$$

Note que, segundo a Figura 25.2, o sentido do torque $\vec{m} \times \vec{B}$ é $-\vec{u}_\theta$, o que resultou no sinal negativo no integrando da equação anterior. Verificamos com esse resultado que a energia potencial é mínima quando os vetores são paralelos, o que significa que o momento magnético tende a se alinhar com o campo magnético aplicado. Se os átomos de um objeto possuem momento magnético total não nulo, então esse objeto, quando submetido a um campo magnético externo, se magnetiza no mesmo sentido do campo devido ao alinhamento dipolar. Esse processo é denominado paramagnetismo.

4) O momento magnético realiza um movimento de precessão em torno do campo aplicado. Para descrever esse processo, usamos a segunda lei de Newton

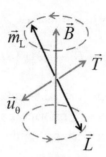

Figura 25.2: Ilustração do torque de alinhamento e do movimento de precessão do momento magnético. Os vetores $\vec{u}_\theta$ e $\vec{T}$ localizam-se no plano azimutal da figura, sendo simultaneamente perpendiculares ao campo e ao momento magnético.

para o movimento rotacional $\vec{T} = d\vec{L}/dt$ e substituímos as Equações (25.2) e (25.6) para obter:

$$\vec{m}_L \times \vec{B} = -\frac{2m}{e}\frac{d\vec{m}_L}{dt} \tag{25.9}$$

Considere que o campo magnético é aplicado na direção z e tem intensidade B_o. Substituindo o momento magnético em coordenadas cilíndricas, em que θ é o ângulo entre o momento magnético e o campo aplicado:

$$\vec{m}_L = m_L\left(sen\theta\,\vec{u}_\rho + cos\theta\,\vec{u}_z\right) \tag{25.10}$$

e efetuando o produto vetorial no lado esquerdo e a derivada no lado direito, obtemos:

$$[m_L\left(sen\theta\,\vec{u}_\rho + cos\theta\,\vec{u}_z\right)] \times B_o\vec{u}_z = -\frac{2m}{e}\frac{d}{dt}\left[m_L\left(sen\theta\,\vec{u}_\rho + cos\theta\,\vec{u}_z\right)\right]$$

$$\rightarrow m_L\left(\frac{eB_o}{2m}\right)sen\theta\,\vec{u}_\phi = \frac{dm_L}{dt}\left(sen\theta\,\vec{u}_\rho + cos\theta\,\vec{u}_z\right) \tag{25.11}$$

$$+ m_L\frac{d}{dt}\left(sen\theta\,\vec{u}_\rho + cos\theta\,\vec{u}_z\right)$$

em que substituímos $\vec{u}_\rho \times \vec{u}_z = -\vec{u}_\phi$. Uma vez que no lado esquerdo o resultado está orientado apenas na direção azimutal, no lado direito, o termo dm_L/dt necessariamente é nulo. Isso significa que o módulo do momento magnético não é afetado pelo torque.

O termo entre parênteses nessa equação é denominado frequência de cíclotron, $\omega_o = eB_o/2m$. Com as modificações possíveis, e desenvolvendo a derivada no segundo termo no lado direito, obtemos a seguinte equação:

$$\omega_o sen\theta\,\vec{u}_\phi = \frac{d\left(sen\theta\right)}{dt}\vec{u}_\rho + sen\theta\frac{d\vec{u}_\rho}{dt} + \frac{d\left(cos\theta\right)}{dt}\vec{u}_z + cos\theta\frac{d\vec{u}_z}{dt} \tag{25.12}$$

Capítulo 25 – Magnetização 421

Novamente, os termos que se referem a direções diferentes da azimutal devem ser nulos. Assim, concluímos que o ângulo θ entre o campo e o dipolo não é modificado pelo torque. O último termo no lado direito também é nulo, pois $\vec{u}_z$ é um vetor constante. Portanto, resta apenas a seguinte expressão:

$$\frac{d\vec{u}_\rho}{dt} = \omega_o \vec{u}_\phi \tag{25.13}$$

que descreve o movimento rotacional da componente radial do momento magnético em torno da direção do campo aplicado com frequência ω_o.

Esse movimento é denominado precessão, sendo ilustrado na Figura 25.2. Uma vez que o momento magnético gira em torno do campo com alta velocidade (para $B_o = 1$ T a frequência de cíclotron corresponde a cerca de 14 bilhões de rotações por segundo), sua componente transversal média torna-se nula, restando apenas a componente axial. Desse modo, ocorre o alinhamento dipolar.

25.2 Magnetização

Sólidos e líquidos possuem densidades atômicas da ordem de 10^{29} átomos por m^3. Quando um objeto é submetido a um campo magnético, os momentos magnéticos atômicos se alinham com o campo aplicado segundo o mesmo princípio de minimização da energia potencial total que foi utilizado no problema do alinhamento dipolar elétrico descrito na Equação (23.5). Embora momentos magnéticos isolados precessionem em torno do campo magnético aplicado sem alterar o ângulo de alinhamento, as interações entre átomos vizinhos que existem em um sólido afetam significativamente o resultado final. Os átomos da rede atômica do objeto estão conectados aos seus vizinhos por ligações químicas e forças de natureza eletromagnética. Desse modo, trocam energia entre si continuamente e, devido ao movimento de precessão provocado pelo acoplamento com o campo magnético aplicado e aos fônons da rede atômica, existe troca de energia cinética por energia potencial magnética dos momentos atômicos dada pela Equação (25.8), com a variação correspondente do ângulo de alinhamento.

O método de cálculo do momento magnético médio na direção do campo usando a distribuição de probabilidade de Boltzmann é idêntico ao caso elétrico, Equações (23.5) a (23.7):

$$\langle m_a \rangle = m_o \frac{\int\limits_0^\pi \cos\theta \, e^{m_o B \cos\theta / K_B T} \, sen\theta d\theta}{\int\limits_0^\pi e^{m_o B \cos\theta / K_B T} \, sen\theta d\theta} = m_o \left[\cotgh\left(\frac{m_o B}{K_B T}\right) - \frac{K_B T}{m_o B} \right] \tag{25.14}$$

em que $\langle m_a \rangle$ é a projeção média do momento magnético atômico na direção do campo e m_o é o módulo do momento magnético atômico que inclui os momentos magnéticos orbital e de *spin* dos elétrons de valência.

Sabe-se que a função de Langevin $L(x) = cotgh(x) - 1/x$ tende à unidade quando $x \to \infty$ e, para $x < 1$, apresenta comportamento linear com inclinação $1/3$. A aproximação para $m_o B/K_B T < 1$ é geralmente adequada em situações práticas. Assim, a expressão obtida na Equação (23.7) pode ser adaptada para o caso magnético:

$$\langle m_a \rangle = \frac{m_o^2 B}{3K_B T} \quad \leftarrow \quad m_o B/K_B T < 1 \tag{25.15}$$

Se a densidade atômica do objeto é N_m, podemos obter o momento de dipolo magnético por unidade de volume como uma função vetorial do campo magnético da seguinte forma:

$$\vec{M} = N_m \langle m_a \rangle \vec{u}_H$$
$$= N_m m_o \left[\cotgh \left(\frac{\mu_o m_o H}{K_B T} \right) - \frac{K_B T}{\mu_o m_o H} \right] \vec{u}_H \tag{25.16}$$

$$\vec{M} = \frac{N_m m_o^2 \mu_o}{3K_B T} \vec{H} \quad \leftarrow \quad H < K_B T/m_o \mu_o \tag{25.17}$$

em que substituímos $\vec{B} = \mu_o \vec{H}$.

O campo vetorial $\vec{M}$ é denominado magnetização. A Figura 25.3 ilustra a curva de magnetização para o ferro no estado paramagnético segundo a Equação (25.16). Os dados necessários para o cálculo são mostrados na Tabela 25.1, em que m_o é especificado em magnetons de Bohr ($\mu_B = 9,27 \times 10^{-24}$ Am^2). A relação linear na Equação (25.17) permite definir a susceptibilidade paramagnética da seguinte forma:

$$\vec{M} = \chi_m \vec{H} \to \chi_m = \frac{N_m m_o^2 \mu_o}{3K_B T} \tag{25.18}$$

Essa equação mostra que a susceptibilidade paramagnética varia com o inverso da temperatura. Esse é o enunciado fundamental da lei de Curie (obtida experimentalmente por Pierre Curie em 1895), que pode ser expresso na seguinte forma:

$$\chi_m = \frac{C}{T} \to C = \frac{N_m m_o^2 \mu_o}{3K_B} \tag{25.19}$$

em que C é denominada constante de Curie.

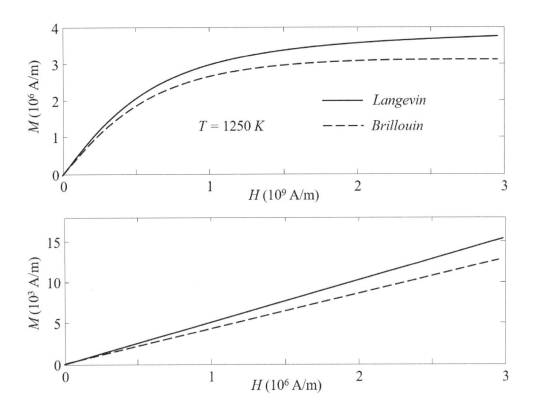

Figura 25.3: Curvas de magnetização paramagnética para o ferro segundo as equações de Langevin e de Brillouin na temperatura 20% maior que a temperatura Curie. Note a diferença nas escalas dos dois gráficos.

A Tabela 25.2 mostra valores de susceptibilidade magnética para diversos materiais. Note que valores negativos correspondem a materiais diamagnéticos, os quais não apresentam momento magnético atômico apreciável e, por isso, o fenômeno de indução eletromagnética predomina e resulta em magnetização contrária ao campo aplicado. Isso ocorre para elementos químicos que, dentro da estrutura atômica do objeto, possuem camadas de valência completas, o que resulta em cancelamento dos momentos magnéticos orbital e de *spin* do átomo ou íon correspondente. Por exemplo, quando os átomos de cobre se unem para formar o cristal metálico, perdem seus elétrons $4s^1$, que se transformam em elétrons livres. A camada de valência dos íons de cobre passa a ser a $3d^{10}$, que está completa. Desse modo, os íons de cobre não possuem momento magnético permanente e o metal se comporta como diamagnético.

424 Análise de sistemas eletromagnéticos

Tabela 25.1: Parâmetros dos modelos Langevin e Curie-Weiss e dados experimentais (*) para ferro, cobalto e níquel. M_o é a magnetização máxima no estado ferromagnético.

Metal	$M_o{}^*$ (10^6 A/m)	N_m (10^{28} m^{-3})	$T_c{}^*$ (K)	$m_o{}^*$ (μ_B)
Fe	1,71	8,49	1043	2,22
Co	1,42	9,10	1403	1,72
Ni	0,48	9,14	631	0,6

Metal	$N_m m_o$ (10^6 A/m)	C (K)	α	$\mu_o \alpha M_o$ (T)
Fe	1,75	1,091	956	2054
Co	1,45	0,702	1998	3565
Ni	0,51	0,086	7352	4435

25.3 Lei Curie-Weiss e transição ferromagnética

Alguns metais e compostos são paramagnéticos apenas acima de certa temperatura, denominada temperatura Curie (T_c). Abaixo dessa temperatura ocorre uma transição para um estado mais organizado, denominado estado ferromagnético. Para explicar esse fenômeno, Pierre Weiss postulou, em 1907, que os momentos magnéticos atômicos interagem entre si por meio de uma força local que tende a alinhá-los paralelamente. Argumentou que essa interação pode ser modelada por um campo macroscópico médio, também denominado campo molecular, proporcional à magnetização do objeto. Isso equivale a reescrever a Equação (25.18) substituindo o campo magnético pelo campo efetivo $\vec{H}_{ef} = \vec{H} + \alpha \vec{M}$, em que α é denominada constante de campo local. Com isso, a magnetização é obtida na seguinte forma:

$$\vec{M} = \frac{C}{T} \left(\vec{H} + \alpha \vec{M} \right) \rightarrow \vec{M} = \frac{C}{T - T_c} \vec{H} \tag{25.20}$$

em que $T_c = \alpha C$. Esse é o modelo Curie-Weiss do paramagnetismo.

Segundo a Equação (25.20), na medida em que a temperatura se aproxima de T_c, o campo molecular força um alinhamento espontâneo dos momentos magnéticos atômicos, de modo que a susceptibilidade paramagnética tende a infinito. O que ocorre de fato é a transição para um estado espontaneamente mais ordenado, ou seja, os momentos magnéticos encontram-se parcialmente alinhados devido às forças de interação entre os dipolos vizinhos. Podemos usar a temperatura Curie e a constante de Curie para calcular a constante de campo local da teoria de Weiss.

Capítulo 25 – Magnetização

Tabela 25.2: Suscetibilidade magnética de materiais puros em 300 K [10].

Elemento	χ_m (10^{-6})
Bi	-1,31
Be	-1,85
Ag	-2,02
Au	-2,74
Ge	-0,56
Cu	-0,77
Sn	0,19
W	6,18
Al	1,65
Pt	21,04
Mn	66,10

A Tabela 25.1 mostra os resultados para alguns metais ferromagnéticos em temperatura ambiente. Note que a intensidade do campo molecular ($\vec{B}_m = \mu_o \alpha \vec{M}_o$), estimada a partir de valores experimentais da temperatura Curie e magnetização máxima M_o no estado ferromagnético, excede em muito a intensidade dos campos ordinários produzidos em máquinas elétricas ou mesmo em laboratórios de pesquisa. Observe que M_o é aproximadamente igual a $N_m m_o$, ou seja, corresponde praticamente ao alinhamento completo de todos os momentos magnéticos do objeto. Para se alcançar 99% desse valor, o argumento da função de Langevin deve ser no mínimo 100, o que implica campos aplicados extremamente elevados. O modelo baseado na equação de Langevin não é adequado para descrever o estado ferromagnético, uma vez que o campo molecular não foi incluído na dedução da Equação (25.14), tampouco foi considerado o efeito da quantização do momento magnético.

25.4 Modelo quântico da magnetização

Os momentos magnéticos atômicos podem ser calculados com base nos modelos quânticos para o momento angular. A mecânica quântica estabelece que tanto o momento angular orbital quanto o momento angular de *spin* dos elétrons de um átomo são quantizados, podendo apenas assumir certos valores múltiplos de $\hbar = h/2\pi$, em que $h = 6,626 \times 10^{-34}$ Js é a constante de Planck:

$$L = \hbar\sqrt{l(l+1)} \tag{25.21}$$

$$S = \hbar\sqrt{s(s+1)} \tag{25.22}$$

em que l é o número quântico de momento angular orbital e s é o número quântico de *spin*. Os valores possíveis para o número quântico orbital são: $l = 0, 1, 2, ...(n-1)$, em que n é o número quântico principal que identifica a camada eletrônica e a energia do elétron no átomo. O único valor possível para o número quântico de *spin* é $1/2$.

Além disso, quando um campo magnético é aplicado ao átomo, a componente paralela dos momentos magnéticos eletrônicos também se torna quantizada, ou seja, apenas algumas orientações dos momentos magnéticos em relação ao campo são possíveis. Essa quantização é definida pelos números quânticos magnéticos m_l e m_s, como ilustrado na Figura 25.4:

$$L_z = m_l \hbar \tag{25.23}$$

$$S_z = m_s \hbar \tag{25.24}$$

em que m_l pode assumir apenas $2l + 1$ valores inteiros no intervalo entre $-l$ e l ($m_l = -l, -l+1, -l+2, ..., l-2, l-1, l$), enquanto m_s pode assumir apenas os valores $1/2$ ou $-1/2$, denominados alinhamento paralelo e antiparalelo, respectivamente.

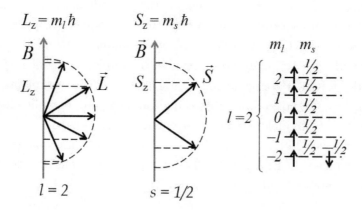

Figura 25.4: Ilustração da ocupação de estados eletrônicos na camada de valência do íon Fe^{2+}.

Devido ao movimento de precessão que cancela a componente perpendicular média do momento magnético, apenas a componente paralela ao campo aplicado é relevante no cálculo da magnetização. Usando as Equações (25.2) e (25.3), obtemos:

$$m_{Lz} = -\frac{e}{2m}L_z = -\frac{e\hbar}{2m}m_l = -\mu_B m_l \tag{25.25}$$

Capítulo 25 – Magnetização

$$m_{Sz} = -g\frac{e}{2m}S_z = -g\frac{e\hbar}{2m}m_s = -g\mu_B m_s \qquad (25.26)$$

em que $\mu_B = 9,27 \times 10^{-24}$ Am^2 é uma constante denominada magneton de Bohr.

Note que as camadas completas dos átomos não contribuem para o momento magnético atômico, pois a soma algébrica dos seus momentos m_{Lz} e m_{Sz} para todos os elétrons se anula. Assim, apenas a camada de valência e a anterior, caso esteja incompleta, devem ser consideradas. Para íons de metais de transição, por exemplo, os elétrons da camada $3d$ devem ser computados, como é o caso do ferro, que possui 26 elétrons, tendo a configuração eletrônica $1s^2$ $2s^2$ $2p^6$ $3s^2$ $3p^6$ $3d^6$ $4s^2$. Na magnetita (Fe_3O_4), o ferro se apresenta com os íons Fe^{2+} e Fe^{3+}. O íon Fe^{2+} possui seis elétrons de valência nos orbitais $3d$. A Figura 25.4 mostra como esses elétrons se distribuem entre os orbitais. Cada seta representa um elétron com *spin* $1/2$.

Os elétrons se ajustam de acordo com os seguintes princípios hierárquicos, denominados regras de Hund: ocupação dos níveis de energia mais baixos; maximização do momento angular de *spin* total condicionado pelo princípio de exclusão de Wolfgang Pauli; e maximização do momento angular orbital total. A soma algébrica dos números quânticos m_l e m_s de todos os elétrons são números quânticos para os momentos angulares orbital e de *spin* totais do átomo e a combinação deles fornece o número quântico de momento angular total do átomo. A regra de Hund para obter esse número quântico é expressa na seguinte forma:

$$
\begin{aligned}
s_a &= \left|\sum\nolimits_{N_v} m_s\right| \\
l_a &= \left|\sum\nolimits_{N_v} m_l\right| \\
j_a &= |l_a - s_a| \quad \leftarrow N_v < 2l + 1 \\
j_a &= |l_a + s_a| \quad \leftarrow N_v > 2l + 1
\end{aligned}
\qquad (25.27)
$$

em que o índice a indica que os valores se referem aos totais para o átomo e N_v é o número de elétrons de valência.

Similarmente às Equações (25.21) a (25.24), com base no valor de j_a, o momento angular atômico é dado por:

$$J = \hbar \sqrt{j_a (j_a + 1)} \qquad (25.28)$$

$$J_z = m_j \hbar \qquad (25.29)$$

em que m_j é o número quântico magnético do átomo e pode assumir apenas $2j_a + 1$ valores no intervalo entre $-j_a$ e j_a ($m_j = -j_a, -j_a + 1, -j_a + 2, ..., j_a - 2, j_a - 1, j_a$).

A relação entre o momento angular atômico e o momento magnético atômico é similar à de um elétron, Equação (25.3), mas envolve outro fator espectroscópico denominado fator espectroscópico de Landé:

$$\vec{m}_a = -g_a \frac{e}{2m_e} \vec{J} \tag{25.30}$$

$$g_a = 1 + \frac{j_a(j_a+1) + s_a(s_a+1) - l_a(l_a+1)}{2j_a(j_a+1)} \tag{25.31}$$

Substituindo as expressões do momento angular atômico na Equação (25.30), obtemos o momento magnético do átomo:

$$\vec{m}_a = -g_a\,\mu_B\,\sqrt{j_a(j_a+1)}\,\vec{u}_J \tag{25.32}$$

$$m_{az} = -g_a\mu_B m_j \tag{25.33}$$

Para o íon Fe^{2+}, segundo Figura 25.4, temos: $s_a = 2$, $l_a = 2$, $j_a = 4$, $g_a = 1,5$ e $m_a = 1,5\mu_B\sqrt{4 \times 5} \approx 6,7\mu_B$. Contudo, o valor experimental do momento magnético do íon Fe^{2+} é $5,4\mu_B$. A principal razão para essa discrepância é o cômputo do momento angular orbital, cuja contribuição pode ser bem menor que o valor l_a previsto na teoria quântica em virtude de um fenômeno conhecido como extinção do momento angular, que ocorre na presença das forças de interação entre os átomos vizinhos no cristal. De fato, se usarmos $l_a = 0$ no cálculo anterior, os resultados serão $j_a = s_a = 2$, $g_a = 2$ e $m_a = 2\mu_B\sqrt{2 \times 3} \approx 4,9\mu_B$. Obtemos então um momento magnético bem mais próximo do valor experimental. Esse fenômeno ocorre em grande parte dos metais de transição. Note que os valores de momento magnético mostrados na Tabela 25.1 são consideravelmente menores que os momentos dos íons divalentes correspondentes ($m_a Fe^{2+} = 5,4\mu_B$, $m_a Co^{2+} = 4,8\mu_B$, $m_a Ni^{2+} = 3,2\mu_B$). Os valores mostrados nessa tabela são representativos dos metais, enquanto os valores para os íons são adequados para os óxidos metálicos, como ocorre nos ferrites.

Uma questão importante que surge como resultado do modelo quântico de momento magnético é o fato de apenas algumas orientações do momento serem possíveis em relação ao campo aplicado. Isso torna o cálculo do momento magnético médio feito na Equação (25.14) apenas uma aproximação, que pode ser melhorada. Para tanto, a integral nessa equação deve ser substituída por um somatório sobre os $2j_a + 1$ valores da projeção paralela do momento na direção

Capítulo 25 – Magnetização 429

do campo aplicado. A equação modificada é a seguinte:

$$\langle m_{az} \rangle = \frac{\displaystyle\sum_{m_j=-j_a}^{m_j=j_a} (-g_a\mu_B m_j)\,\exp\left(-\frac{\mu_o g_a\mu_B m_j H}{K_B T}\right)}{\displaystyle\sum_{m_j=-j_a}^{m_j=j_a} \exp\left(-\frac{\mu_o g_a\mu_B m_j H}{K_B T}\right)} \tag{25.34}$$

A solução dessa equação resulta no modelo baseado na função de Brillouin:

$$\langle m_{az} \rangle = g_a\mu_B j_a B\,(x) \tag{25.35}$$

$$B\,(x) = \frac{2j_a+1}{2j_a}\,\text{cotgh}\left[\frac{(2j_a+1)}{2j_a}x\right] - \frac{1}{2j_a}\,\text{cotgh}\left(\frac{x}{2j_a}\right) \tag{25.36}$$

$$x = \frac{\mu_o g_a\mu_B\,j_a}{K_B T}H \tag{25.37}$$

em que $B(x)$ é a função de Brillouin. Com base nesse novo modelo, deduzimos as equações a seguir para a magnetização e a constante de Curie:

$$\vec{M} = N_m g_a\mu_B j_a B\,(x)\,\vec{u}_H \tag{25.38}$$

$$\vec{M} = \frac{N_m\mu_o g_a^2\,j_a\,(j_a+1)\,\mu_B^2}{3K_B T}\vec{H} \;\leftarrow\; H < K_B T/\mu_o g_a\mu_B j_a \tag{25.39}$$

$$C = \frac{N_m\mu_o g_a^2\,j_a\,(j_a+1)\,\mu_B^2}{3K_B} \tag{25.40}$$

Note que a Equação (25.40) é equivalente à Equação (25.19) do modelo baseado na equação de Langevin, bastando substituir $m_o = g_a\mu_B\sqrt{j_a(j_a+1)}$. A curva de magnetização do ferro segundo o modelo baseado na equação de Brillouin é mostrada na Figura 25.3.

25.5 Estado ferromagnético

O elemento essencial no ferromagnetismo é o campo molecular. No estado ferromagnético, os dipolos magnéticos atômicos tendem a se alinhar espontaneamente devido à forte interação entre átomos vizinhos. A natureza do campo molecular foi explicada por Heisenberg em 1928. O agente físico responsável pela ordenação magnética foi denominado força de troca, uma força de natureza quântica descrita pela expressão da energia de interação entre os *spins* ($\vec{S}_i$ e $\vec{S}_j$) de átomos vizinhos $U_{ij} = -2k_{ij}\vec{S}_i \cdot \vec{S}_j$, em que k_{ij} é a constante de troca que depende da superposição dos orbitais eletrônicos entre os átomos. O sinal da constante de

430 Análise de sistemas eletromagnéticos

troca define se o alinhamento que minimiza a energia de interação será paralelo ou antiparalelo. $k_{ij} > 0$ resulta em alinhamento paralelo e comportamento ferromagnético do material. Se $k_{ij} < 0$, o alinhamento é antiparalelo e o material é dito ser antiferromagnético. Naturalmente, se a superposição de orbitais eletrônicos entre átomos vizinhos é muito pequena, tal que $k_{ij} \approx 0$, o material será apenas paramagnético, não apresentando transição para o estado ordenado.

A magnetização espontânea em um material ferromagnético abaixo da temperatura Curie pode ser descrita com um modelo baseado na equação de Brillouin no qual se substitui o campo aplicado pelo campo molecular. Substituímos $\vec{H} = \alpha \vec{M}$ nas Equações (25.36) a (25.38) e com a Equação (25.40) obtemos a temperatura Curie por meio da expressão $T_c = \alpha C$. Fazendo essas substituições, obtemos um modelo para a magnetização ferromagnética:

$$
\begin{aligned}
M_s &= N_m g_a \mu_B j_a B \left(\frac{\mu_o g_a \mu_B j_a \alpha}{K_B T} M_s \right) = M_o B \left(\frac{\alpha N_m \mu_o g_a^2 \mu_B^2 j_a^2}{K_B T} \frac{M_s}{M_o} \right) \\
&= M_o B \left(\frac{3 j_a}{(j_a + 1)} \frac{T_c}{T} \frac{M_s}{M_o} \right)
\end{aligned}
\tag{25.41}
$$

em que M_o é a magnetização máxima que ocorre quando $m_{az} = g_a \mu_B j_a$ para todos os átomos. A Figura 25.5 mostra o gráfico da magnetização como função da temperatura segundo esse modelo. A magnetização diminui com o aumento da temperatura até T_c, quando então ocorre a transição para o estado paramagnético.

Os materiais ferromagnéticos são naturalmente heterogêneos do ponto de vista da distribuição volumétrica da magnetização. Esses materiais apresentam seu volume total dividido em pequenos volumes internos, denominados domínios magnéticos, que se encontram totalmente magnetizados em direções específicas. Isso é ilustrado na Figura 25.6. Como essas direções se distribuem, a princípio, de maneira randômica no volume do objeto, este pode não manifestar nenhuma magnetização macroscópica. Separando os domínios magnéticos existem as paredes de domínio. Uma parede de domínio tem a espessura de dezenas de nanômetros e, em seu interior, os dipolos magnéticos têm direções que mudam gradualmente de uma face a outra. Um campo magnético externo aplicado resulta em torque de alinhamento sobre os momentos magnéticos dos domínios. O movimento de alinhamento dos dipolos das paredes faz com que as paredes se movimentem, aumentando o volume dos domínios favoravelmente magnetizados e diminuindo o volume dos domínios desfavoravelmente magnetizados. Esse fenômeno pode ser entendido como um processo espontâneo que diminui a energia potencial total do objeto magnetizado. A variação da energia potencial

Capítulo 25 – Magnetização

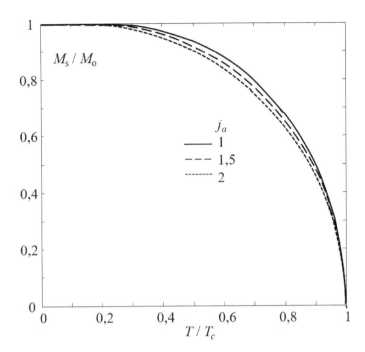

Figura 25.5: Curvas de magnetização no estado ferromagnético como função da temperatura para diferentes números quânticos de momento angular total dos átomos.

magnética total em um domínio sobre o qual é aplicado campo magnético $\vec{H}$ e cuja variação de volume é ΔV, pode ser calculada com a seguinte equação: $\Delta W_m = -\mu_o \vec{H} \cdot \vec{M} \Delta V = -\mu_o H M_s \cos\theta \Delta V$. Assim, a fim de reduzir a energia potencial, os domínios nos quais os ângulos entre a magnetização e o campo aplicado estão no intervalo $|\theta| < 90^o$ tendem a aumentar de volume, enquanto os domínios com ângulo no intervalo $|\theta| > 90^o$ tendem a diminuir de volume. Desse modo, o campo magnético aplicado resulta no aumento da magnetização macroscópica do objeto.

A relação entre magnetização macroscópica e campo magnético aplicado é não linear, apresentando saturação e histerese, como mostra a Figura 25.7. A curva de magnetização para uma amostra não magnetizada inicia com magnetização nula ($M = 0$ para $H = 0$) e aumenta com o aumento do campo, tendendo à saturação com valor M_s para campos intensos. A saturação é alcançada quando a amostra se torna um único domínio, de modo que seus dipolos magnéticos estão todos orientados na mesma direção. Lembre-se de que a magnetização de saturação depende da temperatura da amostra, a qual deve ser menor que T_c. Quando o campo magnético diminui, a trajetória descendente da magnetização

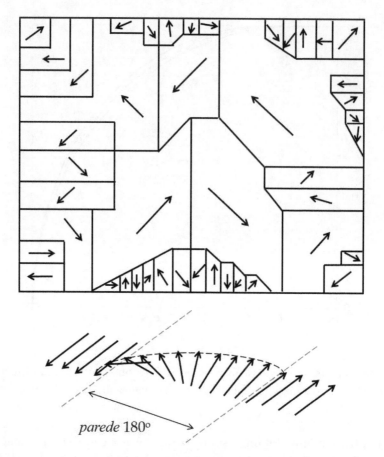

Figura 25.6: Ilustração dos domínios magnéticos e das paredes de domínio no estado ferromagnético. As setas indicam a direção e o sentido da magnetização espontânea dos domínios. A ilustração abaixo mostra a transição dos dipolos em uma parede que separa domínios magnetizados em sentidos opostos. Fonte: adaptada de [3].

é diferente da trajetória ascendente anterior. Isso ocorre porque a magnetização macroscópica resulta da movimentação das paredes de domínio e esse é um processo não reversível. Uma vez que essa movimentação acarreta dissipação de energia na forma de calor, na medida em que o campo aplicado diminui, uma nova distribuição de domínios magnéticos se forma no objeto. Quando o objeto é magnetizado até a saturação e depois o campo é anulado, resulta em um valor residual de magnetização denominado magnetização remanescente, M_r. Para eliminar essa magnetização, o campo magnético deve ser aplicado no sentido inverso até o valor H_c, denominado campo coercitivo.

Quando o campo aplicado varia no tempo alternando semiciclos positivos e negativos simétricos, a curva de magnetização tem o aspecto mostrado na Figura

Capítulo 25 – Magnetização

25.7. A junção das curvas crescente e decrescente forma o laço de histerese. Os laços de histerese podem ocorrer com diversas amplitudes de magnetização, dependendo unicamente da amplitude do campo aplicado. A curva normal de magnetização mostrada na Figura 25.7b é obtida com a junção dos vértices dos laços de histerese com amplitude variando de zero a M_s. Essa curva é importante por ser uma das características fundamentais dos materiais magnéticos usados em máquinas elétricas como motores e transformadores.

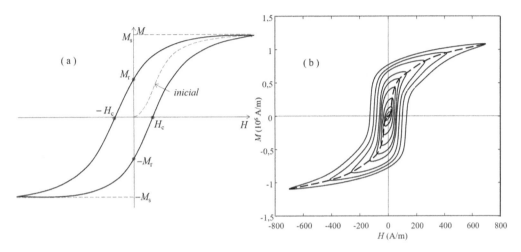

Figura 25.7: Ilustrações da curva de magnetização ferromagnética para um campo magnético alternado e simétrico no tempo. (a) Curva inicial e laço de histerese com saturação: M_r — magnetização remanescente; H_c — campo coercitivo; M_s — magnetização de saturação. (b) Família de curvas de magnetização e curva normal de magnetização para um núcleo de FeSi GNO.

O ferrimagnetismo é uma variação do estado antiferromagnético, ou seja, ocorre quando momentos magnéticos de átomos vizinhos se alinham de maneira antiparalela. Os materiais ferrimagnéticos podem apresentar forte magnetização quando os momentos magnéticos vizinhos são diferentes, de modo que o antiparalelismo não anula o momento magnético macroscópico. A classe de materiais ferrimagnéticos mais importante pelas aplicações técnicas é a das ligas baseadas no óxido de ferro com fórmula molecular $MO \cdot Fe_2O_3$, em que M é um íon metálico, como Fe, Ni, Co, Mn, Zn etc. Esses materiais, chamados popularmente de ferrites, apresentam a estrutura cristalina espinel invertida, mostrada esquematicamente na Figura 25.8. Os íons metálicos Fe^{3+} e M^{2+} estão ligados aos átomos de oxigênio em sítios tetraédricos e octaédricos. A estrutura cúbica é formada por oito íons Fe^{3+} ou M^{2+} localizados em sítios tetraédricos e oito íons Fe^{3+} mais oito íons M^{2+} ou dezesseis íons Fe^{3+} em sítios octaédricos. Os *spins* dos íons metálicos nos sítios tetraédricos e octaédricos se encontram acoplados entre si por meio dos átomos de oxigênio, o que resulta em constante de troca negativa e alinhamento antiparalelo. Uma vez que os momentos magnéticos desses sítios sejam diferentes, teremos um momento magnético não nulo na célula unitária do cristal.

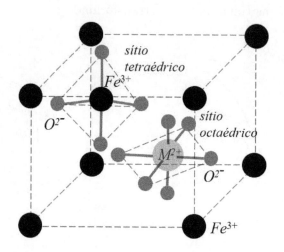

Figura 25.8: Ilustração da estrutura cristalina dos ferrites. Os íons metálicos Fe^{3+} e M^{2+} estão ligados aos átomos de oxigênio em sítios tetraédricos e octaédricos.

Os ferrites se comportam, sob o ponto de vista magnético, de modo similar aos materiais ferromagnéticos, apresentando saturação e histerese na curva de magnetização. Duas diferenças, contudo, devem ser destacadas: a magnetização de saturação e as perdas em altas frequências são menores. Os ferrites são óxidos que apresentam condutividade muito baixa comparados aos materiais ferromagnéticos, que são metálicos. As baixas perdas tornam esse tipo de material especialmente interessante para aplicações em altas frequências. Dois tipos de ferrites compostos são de grande interesse prático: o ferrite MnZn, com fórmula $Zn_xMn_{(1-x)}Fe_2O_4$ e o ferrite NiZn, com fórmula $Zn_xNi_{(1-x)}Fe_2O_4$. O íon Zn^{2+} possui momento magnético nulo e sua inclusão no cristal ocorre sempre nos sítios tetraédricos. Desse modo, o material resultante apresenta maior diferença de momentos magnéticos entre sítios tetraédricos e octaédricos e, consequentemente, maior momento magnético por célula unitária que os compostos originais $MnO \cdot Fe_2O_3$ e $NiO \cdot Fe_2O_3$.

Capítulo 25 – Magnetização 435

25.6 Relação constitutiva magnética

Os materiais paramagnéticos são meios magneticamente lineares, como mostra a Equação (25.18), desde que a magnetização não resulte em variação da temperatura da amostra. Nos ferromagnéticos, contudo, a relação entre magnetização e campo magnético é não linear. Nesse caso, a definição de susceptibilidade magnética precisa ser reavaliada para incluir a dependência com a intensidade do campo magnético. Uma forma prática de levar isso em conta é reescrever a Equação (25.18) na seguinte forma:

$$\vec{M} = \chi_m (H) \, \vec{H} \tag{25.42}$$

na qual a susceptibilidade é obtida como o quociente entre a magnetização e o campo em uma posição da curva de magnetização. Para fins práticos, costuma-se usar a curva normal de magnetização para obter a susceptibilidade ferromagnética como função do campo magnético.

Quando um objeto é magnetizado, a distribuição de dipolos magnéticos parcialmente alinhados no seu interior contribui para a indução magnética total no espaço. Consideremos a Equação (11.32) para o potencial magnético escrito como função do momento magnético de uma espira circular. Se aplicarmos esse resultado para calcular a contribuição do momento de dipolo magnético de um volume infinitesimal $(\vec{M}(\vec{r}\,')dV')$ para o potencial em uma posição arbitrária $\vec{r}$ do espaço, podemos escrever a seguinte equação diferencial:

$$d\vec{A} = \frac{\mu_o}{4\pi} \frac{\vec{M}(\vec{r}\,') \times (\vec{r} - \vec{r}\,')}{|\vec{r} - \vec{r}\,'|^3} dV' = \frac{\mu_o}{4\pi} \vec{M}(\vec{r}\,') \times \nabla' \left(\frac{1}{|\vec{r} - \vec{r}\,'|} \right) dV' \tag{25.43}$$

em que usamos a Equação (10.2) para substituir o vetor de posição $(\vec{r}-\vec{r}\,')/|\vec{r}-\vec{r}\,'|^3$ por $\nabla'(1/|\vec{r} - \vec{r}\,'|)$.

A equação anterior pode ser expandida por meio da Equação (9.23):

$$d\vec{A} = \frac{\mu_o}{4\pi} \left[\frac{\nabla' \times \vec{M}}{|\vec{r} - \vec{r}\,'|} - \nabla' \times \left(\frac{\vec{M}}{|\vec{r} - \vec{r}\,'|} \right) \right] dV' \tag{25.44}$$

Essa forma é conveniente porque, ao integrá-la para obter o potencial magnético produzido por um objeto magnetizado, o segundo termo pode ser transformado usando a seguinte fórmula vetorial:

$$\int_V \nabla \times \vec{F} dV = -\oint_S \vec{F} \times d\vec{S} \rightarrow -\int_V \nabla' \times \left(\frac{\vec{M}}{|\vec{r} - \vec{r}\,'|} \right) dV' = \oint_S \frac{\vec{M} \times d\vec{S}}{|\vec{r} - \vec{r}\,'|} \tag{25.45}$$

Assim, o potencial magnético pode ser calculado por meio de integrações no volume e na superfície do objeto:

$$\vec{A} = \frac{\mu_o}{4\pi} \int_{V'} \frac{\nabla' \times \vec{M}}{|\vec{r} - \vec{r}'|} dV' + \frac{\mu_o}{4\pi} \oint_{S'} \frac{\vec{M} \times d\vec{S}'}{|\vec{r} - \vec{r}'|} \tag{25.46}$$

Segundo as Equações (11.19) e (11.20), comparadas com a Equação (25.46), podemos estabelecer as seguintes relações da magnetização com densidades de corrente equivalentes no volume e na superfície do objeto:

$$\nabla \times \vec{M} = \vec{j}_m \tag{25.47}$$

$$\vec{M} \times \vec{u}_n = \vec{k}_m \tag{25.48}$$

em que $\vec{u}_n$ é um vetor unitário normal na superfície do objeto magnetizado. Essas densidades não representam correntes reais circulando no objeto, mas são apenas correntes equivalentes que permitem o cálculo da indução magnética. Esse cálculo pode ser realizado por meio da lei de Biot-Savart, conforme apresentada nas Equações (8.4) e (8.5), ou do rotacional da Equação (25.46):

$$\vec{B} = \frac{\mu_o}{4\pi} \int_{V'} \frac{\vec{j}_m \times (\vec{r} - \vec{r}')}{|\vec{r} - \vec{r}'|^3} dV' + \frac{\mu_o}{4\pi} \oint_{S'} \frac{\vec{k}_m \times (\vec{r} - \vec{r}')}{|\vec{r} - \vec{r}'|^3} dS' \tag{25.49}$$

Se no meio existirem correntes reais devido ao movimento de cargas no volume ou na superfície do objeto, devemos incluir o efeito delas no cálculo da indução magnética:

$$\vec{B} = \frac{\mu_o}{4\pi} \int_{V'} \frac{\left(\vec{j} + \vec{j}_m\right) \times (\vec{r} - \vec{r}')}{|\vec{r} - \vec{r}'|^3} dV' + \frac{\mu_o}{4\pi} \oint_{S'} \frac{\left(\vec{k} + \vec{k}_m\right) \times (\vec{r} - \vec{r}')}{|\vec{r} - \vec{r}'|^3} dS' \tag{25.50}$$

Essa equação sugere que a indução magnética, o campo magnético e a magnetização estão relacionados da seguinte forma, denominada relação constitutiva do magnetismo:

$$\vec{B} = \mu_o \left(\vec{H} + \vec{M}\right) \tag{25.51}$$

Quando substituímos na Equação 25.42, obtemos a definição da permeabilidade magnética:

$$\vec{B} = \mu_o \left(1 + \chi_m\right) \vec{H} = \mu \vec{H} \tag{25.52}$$

$$\mu = \mu_r \mu_o \tag{25.53}$$

$$\mu_r = 1 + \chi_m \qquad (25.54)$$

em que μ_r é a permeabilidade magnética relativa. No estado paramagnético, μ_r não depende do campo aplicado e tem valor muito próximo da unidade. Por outro lado, no estado ferromagnético, μ_r é muito maior que a unidade, mas dependente da intensidade do campo magnético, como mostra a Figura 25.9.

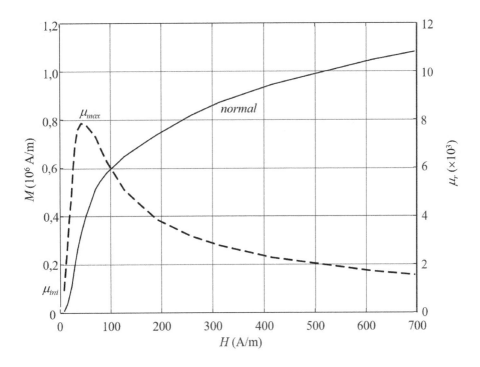

Figura 25.9: Ilustração da dependência da permeabilidade magnética com o campo no estado ferromagnético e sua relação com a curva de magnetização. μ_{ini} – permeabilidade magnética relativa inicial; μ_{max} – permeabilidade magnética relativa máxima. Valores obtidos para um núcleo de FeSi GNO.

A Tabela 25.3 apresenta valores de permeabilidade magnética, campo coercitivo e indução magnética de saturação para diversos materiais no estado ferromagnético. Note que, de modo geral, os materiais que apresentam as maiores permeabilidades também apresentam baixo campo coercitivo e menor indução magnética de saturação.

Tabela 25.3: Propriedades de materiais magnéticos macios [10, 11]:
Fe – 100% Fe;
FeSi GNO (lâminas de ferro-silício de grão não orientado) – 96% Fe + 4% Si;
FeSi GO (lâminas de ferro-silício de grão orientado) – 97% Fe + 3% Si;
Permalloy 78 – 78% Ni + 22% Fe;
Hipernik – 50% Ni + 50% Fe;
Supermalloy – 79% Ni + 16% Fe + 5% Mo;
Mumetal – 77% Ni + 16% Fe + 5% Cu + 2% Cr;
Permendur – 50% Fe + 50% Co;
Hipereo – 64% Fe + 35% Co + 1% Cr;
Ferrite – ZnMnO· Fe_2O_3;
Liga amorfa Fe – 78% Fe + 13% B + 9% Si;
Liga amorfa Co – 71% Co + 4% Fe + 15% B + 10% Si;
Nanocristalino – 73, 5% Fe + 1% Cu + 3% Nb + 9% B + 13, 5% Si.

Material	μ_{ini}	μ_{max}	H_c (A/m)	B_s (T)
Fe	150	5000	80	2,15
FeSi GNO	500	7000	40	1,97
FeSi GO	1500	4×10^4	8	2,0
Permalloy 78	8000	1×10^5	4	1,08
Hipernik	4000	7×10^4	4	1,6
Supermalloy	1×10^5	1×10^6	0,16	0,79
Mumetal	2×10^4	1×10^5	4	0,65
Permendur	800	5000	160	2,45
Hipereo	650	1×10^4	80	2,42
Ferrite	–	3000	$20 - 80$	$0, 2 - 0, 5$
Liga amorfa Fe	–	1×10^5	2	1,56
Liga amorfa Co	–	5×10^5	0,5	0,86
Nanocristalino	–	1×10^5	0,5	1,2

Capítulo 25 – Magnetização 439

25.7 Energia armazenada e energia dissipada na magnetização

O trabalho realizado por uma fonte externa no processo de magnetização de um objeto é denominado energia de magnetização. Uma parte dessa energia é armazenada no campo magnético com densidades $w_m = \int \vec{H} \cdot d\vec{B}$ ou $w_m = \vec{H} \cdot \vec{B}/2$ se a relação entre $\vec{H}$ e $\vec{B}$ é linear (ver Capítulo 16), enquanto outra parte é dissipada na movimentação de paredes de domínio e no alinhamento de dipolos magnéticos.

A energia de magnetização pode ser calculada como a variação da energia magnética em todo o espaço como resultado da variação da densidade de momento magnético no volume do objeto. Para uma avaliação simples desse processo, calcularemos a energia de magnetização a partir do trabalho realizado por uma fonte de energia acoplada a um circuito elétrico. O circuito transporta corrente elétrica e produz campo magnético em todo o espaço. A energia magnética é dada pela Equação (16.24) como $W_m = i\psi_m/2$. Assumindo agora que a densidade de momento magnético no volume do objeto aumenta no valor $d\vec{M}$ no intervalo de tempo dt, a corrente elétrica, o fluxo magnético e a densidade de energia em todo o espaço se alteram. A taxa de variação da energia magnética pode ser escrita na seguinte forma:

$$\frac{dW_{mag}}{dt} = \frac{1}{2}i\frac{d\psi_m}{dt} + \frac{1}{2}\psi_m\frac{di}{dt} \tag{25.55}$$

A partir da lei de Faraday podemos deduzir que a força eletromotriz no circuito da fonte é dada por $U = -d\psi_m/dt = -Ldi/dt$. Assim, substituindo na equação anterior, verificamos que os dois termos são idênticos e que o resultado pode ser expresso na seguinte forma:

$$\frac{dW_{mag}}{dt} = -Ui \tag{25.56}$$

Esse resultado revela que a magnetização do objeto diminui a energia total no sistema, o que deve resultar em uma força de atração sobre o objeto magnetizado na direção e no sentido da região do espaço com maior intensidade de campo. Uma vez que os dois termos na Equação (25.55) são idênticos, podemos reescrevê-la na seguinte forma:

$$\frac{dW_{mag}}{dt} = i\frac{d\psi_m}{dt} \tag{25.57}$$

Podemos relacionar a corrente e o fluxo magnético com os campos $\vec{H}$ e $\vec{B}$ a fim de obter uma expressão equivalente para a densidade de energia de magnetização.

Usando a lei de Ampère, $i = \oint \vec{H} \cdot d\vec{L}$, e a definição de fluxo magnético, $\psi_m = \int \vec{B} \cdot d\vec{S}$, obtemos:

$$\frac{dW_{mag}}{dt} = \oint_C \vec{H} \cdot d\vec{L} \int_S \frac{d\vec{B}}{dt} \cdot d\vec{S} = \int_V \vec{H} \cdot \frac{d\vec{B}}{dt} dV \qquad (25.58)$$

em que definimos um caminho para a circulação e uma área para o fluxo, como mostra a Figura 25.10, de modo que o produto $d\vec{S} \cdot d\vec{L}$ seja igual ao volume infinitesimal dV. Integrando no tempo, a equação anterior resulta:

$$W_{mag} = \int_V \left(\int_{B_o}^{B} \vec{H} \cdot d\vec{B} \right) dV \qquad (25.59)$$

Assim, definimos a densidade de energia de magnetização:

$$w_{mag} = \int_{B_o}^{B} \vec{H} \cdot d\vec{B} \qquad (25.60)$$

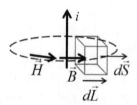

Figura 25.10: Ilustração para o cálculo da energia de magnetização.

Usando a Equação (25.51) para substituir a indução magnética, obtemos:

$$\begin{aligned} w_{mag} &= \int_{B_o}^{B} \vec{H} \cdot \mu_o \left(d\vec{H} + d\vec{M} \right) = \mu_o \int_{H_o}^{H} \vec{H} \cdot d\vec{H} + \mu_o \int_{M_o}^{M} \vec{H} \cdot d\vec{M} \\ &= \frac{1}{2} \mu_o \left(H^2 - H_o^2 \right) + \mu_o \int_{M_o}^{M} \vec{H} \cdot d\vec{M} \end{aligned} \qquad (25.61)$$

A energia de magnetização deve ser calculada como uma integral no volume de todo o espaço onde existe campo magnético. Contudo, em uma situação de especial interesse, quando todo o fluxo magnético está confinado em um volume

Capítulo 25 – Magnetização

finito, o primeiro termo no lado direito é nulo, pois $\vec{H} = \vec{H}_o$. Isso ocorre em circuitos fechados de alta permeabilidade magnética. Assim, a densidade de energia de magnetização assume a forma simples a seguir:

$$w_{mag} = \mu_o \int_{M_o}^{M} \vec{H} \cdot d\vec{M} \qquad (25.62)$$

Desse modo, a energia de magnetização é proporcional à área entre a curva de magnetização e o eixo da magnetização entre as posições M_o e M. Esse resultado equivale à soma da energia armazenada no campo com a energia dissipada na movimentação das paredes de domínio e no alinhamento de dipolos magnéticos. Quando calculamos a integral partindo de uma posição qualquer M_o e retornamos a essa posição após um ciclo completo de magnetização ao longo da curva de histerese do material, as energias armazenadas inicial e final são iguais e, portanto, a energia de magnetização no ciclo é numericamente igual à energia dissipada. Assim, concluímos que a integração na Equação (25.62) ao longo do ciclo de histerese resulta na densidade de energia dissipada no material. Quando a curva de magnetização é obtida com variações muito lentas do campo aplicado, esse resultado é conhecido como dissipação por histerese. É fácil perceber que a área interna do ciclo de histerese é igual a w_{mag}/μ_o, em que w_{mag} é calculado em um ciclo. Então, conclui-se que os materiais que possuem valores elevados de campo coercitivo são aqueles que apresentam maior dissipação de energia por histerese.

A Figura 25.11 mostra algumas curvas de potência dissipada na frequência de 50 Hz para materiais ferromagnéticos como função da amplitude da indução magnética. Note que o ferro-silício de grão orientado (GO) apresenta menores perdas que o de grão não orientado (GNO) e que a liga amorfa é ainda menos dissipativa. Isso está intimamente relacionado às grandes diferenças de permeabilidade magnética e campo coercitivo entre esses materiais, como se verifica na Tabela 25.3. O ferro-silício é o material magnético de maior aplicação em máquinas elétricas em sistemas de geração, transporte e conversão eletromecânica de energia elétrica. Trata-se de um material magnético macio, ou seja, de baixa coercitividade, contendo muito baixo conteúdo de carbono ($< 0,003\%$) e pequena adição de silício da ordem de 3%. A inclusão de silício nessa proporção reduz em cerca de 75% a condutividade em relação ao ferro puro, reduzindo as perdas por correntes induzidas no núcleo. A presença de silício, contudo, tem o efeito prejudicial de reduzir a magnetização de saturação e a temperatura Curie.

De fato, os materiais metálicos apresentam estruturas macroscópicas formadas por pequenos cristais, ou grãos, cujos tamanhos dependem do processamento

442 Análise de sistemas eletromagnéticos

mecânico e térmico na fabricação, sendo da ordem de dezenas ou centenas de micrômetros. Cada grão é um meio magnético anisotrópico. Os cristais de ferro apresentam direções de magnetização fácil ([100] por exemplo), nas quais o campo coercitivo é mínimo e a permeabilidade magnética é máxima, mas apresentam também direções de magnetização média ([110] por exemplo) e magnetização difícil ([111] por exemplo), nas quais a permeabilidade é menor, sendo necessário aplicar maior intensidade de campo para obter a mesma magnetização. A respeito da estrutura de grãos e da anisotropia cristalina veja a ilustração da Figura 25.12.

Do ponto de vista da estrutura cristalográfica existem dois tipos de ferro-silício: de grão orientado (GO) e de grão não orientado (GNO). Ambos são obtidos por laminação na forma de chapas com menos de 1 mm de espessura. O ferro silício GNO é um material praticamente isotrópico no plano das lâminas, sendo constituído por grãos com dimensões entre 20 e 200 micrômetros. Esse material é utilizado na construção das peças magnéticas de máquinas girantes cuja direção de magnetização varia no tempo. O ferro silício GO é obtido por processos de laminação e tratamento térmico diferentes que resultam em grãos com dimensões de milímetros e com eixos de fácil magnetização [001] orientados na direção da laminação e planos [110] paralelos à superfície das lâminas. Trata-se, portanto, de um material fortemente anisotrópico, cuja permeabilidade pode variar em 100 vezes da direção longitudinal para a direção transversal da lâmina. Esse material apresenta máxima permeabilidade e mínima coercitividade na direção longitudinal das lâminas, sendo mais adequado para máquinas e dispositivos que funcionam com campo estacionário, como os transformadores.

A dependência com a espessura da lâmina ocorre devido à dissipação adicional produzida pelas correntes induzidas. Em um objeto condutor sujeito a um campo magnético variável no tempo, a força eletromotriz resulta em correntes elétricas que se distribuem de maneira não uniforme. A Figura 25.13 ilustra duas situações importantes em circuitos magnéticos. A seção transversal retangular é um modelo para lâminas de núcleos magnéticos utilizadas em máquinas e dispositivos que operam em baixas frequências. A seção circular é adequada para modelar o comportamento de núcleos sólidos retangulares ou toroidais.

Consideraremos que o campo magnético é uniforme e está orientado perpendicularmente ao plano da imagem. O campo elétrico induzido na seção transversal pode ser calculado pela lei de Faraday. Em relação à Figura 25.13a, podemos escrever a seguinte equação para o campo elétrico:

$$2E_x w = -\frac{dB_z}{dt}2wy \rightarrow \vec{E} = -y\frac{dB_z}{dt}\vec{u}_x \tag{25.63}$$

Capítulo 25 – Magnetização

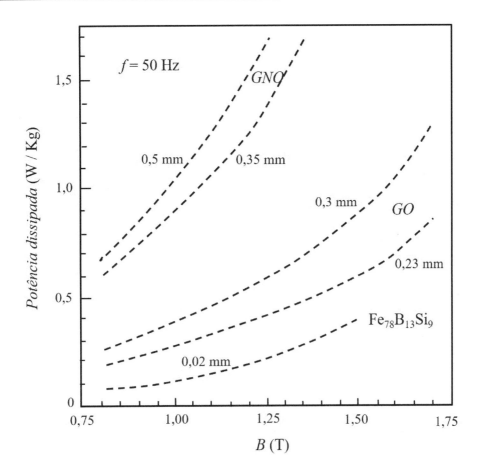

Figura 25.11: Curvas de potência dissipada como função da indução magnética máxima para frequência de 50 Hz. Lâminas GNO com espessuras de 0,35 e 0,5 mm; lâminas GO com espessuras de 0,23 e 0,3 mm; lâmina amorfa (78% Fe +13% B +9% Si) com espessura de 0,02 mm. Fonte: adaptada de [11].

Observe que o campo induzido é mais intenso na superfície que no centro. Isso significa que ocorre maior dissipação no objeto quanto maior sua espessura. A potência média dissipada por unidade de volume na lâmina pode ser calculada como segue:

$$\langle p_{diss} \rangle = \frac{1}{V} \int_V \sigma E^2 dV = \frac{2}{whL} \int_0^{h/2} \sigma y^2 \left(\frac{dB_z}{dt}\right)^2 w dy L = \frac{\sigma h^2}{12} \left(\frac{dB}{dt}\right)^2 \quad (25.64)$$

em que σ é a condutividade do material. Assim, a densidade de potência dissipada apresenta uma forte dependência com a espessura da lâmina e a taxa de variação da indução magnética no núcleo.

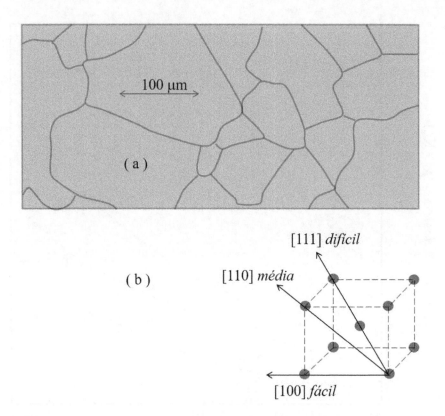

Figura 25.12: Ilustrações da estrutura cristalográfica e da anisotropia do ferro. (a) Estrutura de grãos. (b) Anisotropia cristalina com direções de magnetização fácil, média e difícil. Fonte: adaptada de [3].

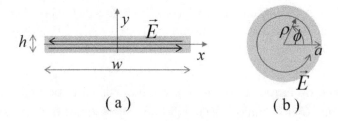

Figura 25.13: Ilustrações da seção transversal de objetos condutores longos para cálculo da dissipação por correntes induzidas. O campo magnético (não indicado) é considerado uniforme e perpendicular ao plano da página.

No caso do objeto cilíndrico representado na Figura 25.13b, escrevemos a seguinte equação para o campo elétrico:

$$E_\phi 2\pi\rho = -\frac{dB_z}{dt}\pi\rho^2 \rightarrow \vec{E} = -\frac{\rho}{2}\frac{dB_z}{dt}\vec{u}_\phi \tag{25.65}$$

Capítulo 25 – Magnetização 445

Novamente, verificamos que o campo induzido é mais intenso na superfície, o que resulta em maior potência dissipada quanto maior o diâmetro do núcleo. A potência média dissipada por unidade de volume é então obtida na seguinte forma:

$$\langle p_{diss} \rangle = \frac{1}{V} \int\limits_V \sigma E^2 dV = \frac{1}{\pi a^2 L} \int\limits_0^a \sigma \frac{\rho^2}{4} \left(\frac{dB_z}{dt} \right)^2 2\pi \rho d\rho L = \frac{\sigma a^2}{8} \left(\frac{dB_z}{dt} \right)^2 \quad (25.66)$$

Nesses cálculos ignoramos o efeito pelicular que, em altas frequências, concentra a indução magnética e o campo elétrico induzido nas regiões mais próximas da superfície do núcleo. Portanto, os resultados obtidos são válidos apenas em baixas frequências nas quais a profundidade de penetração seja grande comparada ao raio do cilindro e à espessura da lâmina. No caso de campo magnético que varia senoidalmente no tempo, os cálculos anteriores podem ser feitos como médias temporais no período de variação dos campos. Para isso, utilizamos o seguinte resultado:

$$\frac{1}{T} \int\limits_0^T \left[\frac{d}{dt} \left(B_o cos\omega t \right) \right]^2 dt = \frac{B_o^2 \omega^2}{2} \quad (25.67)$$

Assim, substituindo nas Equações (25.64) e (25.66), obtemos para a lâmina de espessura h:

$$\langle p_{diss} \rangle = \frac{\sigma h^2 B_o^2 \omega^2}{24} \quad (25.68)$$

e para o cilindro de raio a:

$$\langle p_{diss} \rangle = \frac{\sigma a^2 B_o^2 \omega^2}{16} \quad (25.69)$$

Observe que a densidade média de potência dissipada é proporcional à condutividade do núcleo e aumenta quadraticamente com a dimensão do núcleo perpendicular ao campo (a ou h). Além disso, a potência também aumenta quadraticamente com a amplitude e a frequência do campo magnético.

Para operar em frequências elevadas, é necessário que o material do núcleo apresente baixa condutividade, como ocorre com ferrites. No caso do ferro-silício, que é um material bom condutor, o núcleo deve ser construído com lâminas muito finas superpostas e isoladas umas das outras, a fim de reduzir a dissipação de potência. A potência total dissipada inclui a dissipação por histerese e por

446 Análise de sistemas eletromagnéticos

correntes induzidas e, a princípio, sua densidade volumétrica poderia ser escrita na seguinte forma geral:

$$\langle p_{diss} \rangle = k_{hist} B_o^n f + k_{ind} B_o^2 f^2 \tag{25.70}$$

em que f é a frequência do campo magnético.

O primeiro termo é a dissipação por histerese, em que $k_{hist} B^n$ é um modelo empírico para a densidade de energia dissipada por ciclo, proposto por C. P. Steinmetz em 1892. Os coeficientes k_{hist} e n dependem do material e, para lâminas de ferro-silício, k_{hist} é da ordem de centenas de J/m^3 e n geralmente situa-se entre 1,5 e 2,0 para $B_o \leq 1,2$ T. O segundo termo na equação anterior refere-se à dissipação por correntes induzidas (também denominadas correntes de Foucault ou correntes eddy). O coeficiente k_{ind}, conforme vemos nas Equações (25.68) e (25.69), depende da forma geométrica do núcleo.

Evidentemente, esse modelo não considera a ocorrência do efeito pelicular. Outra limitação importante é a hipótese implícita nas deduções anteriores de que o material é estruturalmente homogêneo e isotrópico quanto a magnetização e condução, o que não corresponde à realidade. A anisotropia cristalina, o movimento não uniforme das paredes de domínio e os defeitos estruturais nos contornos de grãos fazem com que o campo elétrico e a densidade de corrente induzida se distribuam de maneira diferente daquela prevista pelos cálculos anteriores. Um termo de correção denominado dissipação por excesso ou anômala pode ser adicionado à fórmula anterior para dar conta desse processo. Para lâminas de ferro-silício, esse termo é da mesma ordem de grandeza da dissipação por correntes induzidas calculada com os modelos clássicos dados nas Equações (25.68) e (25.69). A equação geral da densidade média de potência dissipada em um núcleo magnético com indução magnética variando senoidalmente no tempo pode ser então escrita na seguinte forma:

$$\langle p_{diss} \rangle = k_{hist} B_o^n f + k_{ind} B_o^2 f^2 + k_{exc} B_o^\alpha f^\alpha \tag{25.71}$$

em que k_{exc} e α são constantes adicionais a serem determinadas a partir da análise das curvas de dissipação do material do núcleo usando procedimentos padronizados. Segundo alguns autores, tanto por métodos analíticos quanto experimentais, mostra-se que $k_{exc} \propto \sqrt{\sigma}$ e $\alpha = 1,5$ [22].

Capítulo 25 – Magnetização   447

25.8 Permeabilidade magnética como função da frequência

O efeito pelicular foi descrito no Capítulo 17, no qual o foco foi a distribuição de campo elétrico e o cálculo da impedância do objeto. Agora, pretendemos analisar a distribuição de campo magnético e calcular a permeabilidade magnética média do objeto. Com isso, obteremos uma descrição da permeabilidade magnética como função da frequência devido à concentração de campo na superfície do objeto.

Consideremos inicialmente uma lâmina como a mostrada na Figura 17.8. Se o campo magnético é aplicado longitudinalmente, a distribuição de amplitude na seção transversal da lâmina é igual ao resultado equivalente obtido para o campo elétrico na Equação (17.71). Então, substituindo E por H nessa equação, obtemos:

$$\dot{H}_z = \frac{H_o}{2} \left[e^{(1+j)x/\delta} + e^{-(1+j)x/\delta} \right] = H_s \frac{\left[e^{(1+j)x/\delta} + e^{-(1+j)x/\delta} \right]}{\left[e^{(1+j)h/2\delta} + e^{-(1+j)h/2\delta} \right]} \quad (25.72)$$

em que H_o é o campo no centro da lâmina, H_s é o campo na superfície ($x = \pm h/2$) e δ é a profundidade de penetração. Agora calculamos o fluxo magnético na lâmina, o que é similar ao cálculo da corrente elétrica feito na Equação (17.75):

$$\dot{\psi}_m = \int_{-h/2}^{h/2} \mu \dot{H}_z w dx = \frac{\mu w \delta H_s}{(1+j)} \frac{\left[e^{(1+j)x/\delta} - e^{-(1+j)x/\delta} \right]_{-h/2}^{h/2}}{\left[e^{(1+j)h/2\delta} + e^{-(1+j)h/2\delta} \right]}$$

$$= \mu w h H_s \frac{tgh\left[(1+j)\,h/2\delta \right]}{(1+j)\,h/2\delta} \quad (25.73)$$

Com esse resultado, podemos obter a densidade média de fluxo magnético no objeto, ou seja, a indução magnética média, e a permeabilidade magnética efetiva:

$$\hat{\mu}_c = \frac{\dot{\psi}_m/wh}{H_s} = \mu_r \mu_o \frac{tgh\left[(1+j)\sqrt{f/f_c} \right]}{(1+j)\sqrt{f/f_c}} \quad (25.74)$$

em que $f_c = 4/\pi\mu\sigma h^2$.

A permeabilidade efetiva do núcleo é uma grandeza complexa que pode ser escrita na forma $\hat{\mu}_c = (\mu' - j\mu'')\mu_o$. A Figura 25.14 apresenta gráficos da permeabilidade relativa efetiva como função da frequência para um núcleo na forma de lâmina e para um núcleo cilíndrico, cuja análise será feita a seguir. Note que até uma década abaixo de f_c a permeabilidade é aproximadamente real e independente da frequência. Para frequências maiores, a permeabilidade real diminui e a imaginária aumenta, alcançando valor máximo próximo de f_c. A densidade de potência dissipada devido às correntes induzidas é proporcional a μ'' e, portanto, também alcança valor máximo em torno dessa frequência. Por exemplo, para lâminas de 0,3 mm com permeabilidade 7000 e condutividade $2,5 \times 10^6$ S/m, a frequência de corte é $f_c = 643$ Hz.

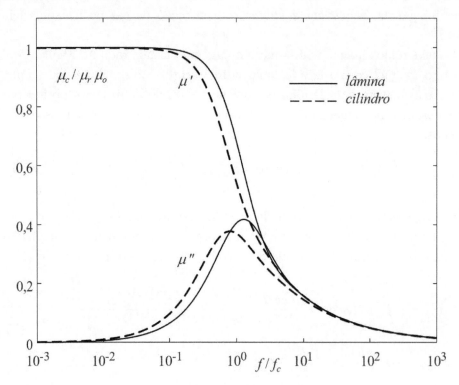

Figura 25.14: Gráficos da permeabilidade relativa efetiva em núcleos com a forma de lâmina e cilindro.

Uma análise similar pode ser feita para um núcleo cilíndrico. Se o campo magnético é aplicado longitudinalmente, podemos utilizar a Equação (17.83) para descrever a distribuição de campo magnético:

$$\dot{H}_z = H_o J_o \left(\sqrt{2} e^{j3\pi/4} \rho/\delta \right) = H_s \frac{J_o \left(\sqrt{2} e^{j3\pi/4} \rho/\delta \right)}{J_o \left(\sqrt{2} e^{j3\pi/4} a/\delta \right)} \quad (25.75)$$

em que J_o é a função de Bessel de primeira espécie e ordem zero.

Capítulo 25 – Magnetização 449

Calculamos agora o fluxo magnético na seção transversal do cilindro. Isso é similar ao cálculo da corrente nas Equações (17.85) e (17.86). Utilizando essas equações, obtemos:

$$\dot{\psi}_m = \int_0^a \mu \dot{H}_z 2\pi \rho d\rho = \frac{2\pi\mu H_s}{J_o\left(\sqrt{2}e^{j3\pi/4}\,a/\delta\right)} \int_0^a \rho J_o\left(\sqrt{2}e^{j3\pi/4}\,\rho/\delta\right) d\rho$$

$$= \frac{2\pi\delta\mu H_s}{\sqrt{2}e^{j3\pi/4}\,J_o\left(\sqrt{2}e^{j3\pi/4}\,a/\delta\right)}\left[\rho J_1\left(\sqrt{2}e^{j3\pi/4}\,\rho/\delta\right)\right]_0^a \qquad (25.76)$$

$$= \frac{2\pi a\delta\mu H_s}{\sqrt{2}e^{j3\pi/4}}\frac{J_1\left(\sqrt{2}e^{j3\pi/4}\,a/\delta\right)}{J_o\left(\sqrt{2}e^{j3\pi/4}\,a/\delta\right)}$$

em que J_1 é a função de Bessel de primeira espécie e ordem 1. A partir desse resultado obtemos a indução magnética média e a permeabilidade efetiva do núcleo:

$$\hat{\mu}_c = \frac{\dot{\psi}_m/\pi a^2}{H_s} = \frac{\mu_r\mu_o}{(-1+j)\sqrt{f/f_c}}\frac{J_1\left[2\left(-1+j\right)\sqrt{f/f_c}\right]}{J_o\left[2\left(-1+j\right)\sqrt{f/f_c}\right]} \qquad (25.77)$$

em que $f_c = 4/\pi\mu\sigma a^2$.

Os gráficos da permeabilidade efetiva como função da frequência devido ao efeito pelicular são mostrados na Figura 25.14. Em razão do efeito pelicular, a dissipação de potência por correntes induzidas no núcleo apresenta dependência com a frequência, diferentemente daquela mostrada nas Equações (25.68) a (25.70), especialmente em frequências elevadas nas quais a profundidade de penetração seja menor que a espessura ou diâmetro do objeto. Para calcular a densidade de potência dissipada no núcleo levando em conta o efeito pelicular, usaremos a equação da densidade de energia de magnetização, Equação (25.62). Para um campo magnético que varia senoidalmente no tempo, o valor médio da derivada no tempo da energia de magnetização é a potência dissipada. Isso ocorre porque a variação da energia armazenada no núcleo ao longo de um período de oscilação do campo é nula, uma vez que a energia é transferida da fonte ao núcleo nos intervalos de tempo nos quais o termo $\int \vec{H} \cdot d\vec{M}$ é positivo e devolvida à fonte nos intervalos nos quais $\int \vec{H} \cdot d\vec{M}$ é negativo. Assim, temos:

$$\langle p_{diss}\rangle = \frac{1}{T}\int_0^T \frac{dw_{mag}}{dt}dt = \frac{1}{T}\int_0^T \mu_o\vec{H}\cdot\frac{d\vec{M}}{dt}dt \qquad (25.78)$$

450   Análise de sistemas eletromagnéticos

Assumindo que $\vec{H} = \vec{H}_o cos(\omega t)$ e $\vec{M} = (\chi'_m - j\chi''_m)\vec{H}$, obtemos:

$$\langle p_{diss} \rangle = -\mu_o \omega \left| \hat{\chi}_m \right| H_o^2 \frac{1}{T} \int_0^T cos\,(\omega t)\,sen\,(\omega t - \phi)\,dt$$

$$= \frac{1}{2}\mu_o \omega \left| \hat{\chi}_m \right| H_o^2\,sen\,(\phi) \tag{25.79}$$

em que a susceptibilidade magnética é representada por uma grandeza complexa, na qual o ângulo ϕ é a defasagem da magnetização em relação ao campo magnético:

$$\hat{\chi}_m = \chi'_m - j\chi''_m = \left| \hat{\chi}_m \right| e^{-j\phi}$$

$$\rightarrow \left| \hat{\chi}_m \right| = \sqrt{\chi'^2_m + \chi''^2_m}$$

$$\rightarrow \phi = atg\,(\chi''_m / \chi'_m) \tag{25.80}$$

$$\rightarrow \chi'_m = \left| \hat{\chi}_m \right| cos\phi$$

$$\rightarrow \chi''_m = \left| \hat{\chi}_m \right| sen\phi$$

A permeabilidade relativa está relacionada com a susceptibilidade magnética segundo a Equação (25.54). Assim, usando os últimos termos da equação anterior, temos:

$$\hat{\mu}_r = \mu' - j\mu'' = 1 + \hat{\chi}_m$$

$$\rightarrow \mu' = 1 + \chi'_m = 1 + \left| \hat{\chi}_m \right| cos\phi \tag{25.81}$$

$$\rightarrow \mu'' = \chi''_m = \left| \hat{\chi}_m \right| sen\phi$$

Substituindo o último termo anterior na equação da densidade de potência dissipada, obtemos:

$$\langle p_{diss} \rangle = \frac{1}{2}\mu''\mu_o \omega H_o^2 \tag{25.82}$$

Essa equação é equivalente às Equações (25.68) e (25.69) para frequências menores que a frequência de corte f_c. Para mostrar isso, no caso da lâmina, usamos a Equação (25.74) para calcular μ'' e substituímos na equação anterior, a qual pode ser reorganizada na seguinte forma:

$$\langle p_{diss} \rangle = 2\pi\,(f/f_c)\,Im\left[\frac{tgh\left[(1+j)\,\sqrt{f/f_c}\right]}{(1+j)\,\sqrt{f/f_c}} \right]\left(\frac{1}{2}\mu_r\mu_o H_o^2 f_c \right) \tag{25.83}$$

Por outro lado, a Equação (25.68) pode ser reescrita substituindo-se $B_o = \mu_r \mu_o H_o$ e $1/f_c = \pi \mu_r \mu_o \sigma h^2/4$:

$$\begin{aligned}\langle p_{diss} \rangle &= \left(\frac{\sigma h^2 \mu_r \mu_o \pi}{4}\right)\left(\frac{4\pi}{3}f^2\right)\left(\frac{1}{2}\mu_r \mu_o H_o^2\right) \\ &= \frac{4\pi}{3}(f/f_c)^2 \left(\frac{1}{2}\mu_r \mu_o H_o^2 f_c\right)\end{aligned} \quad (25.84)$$

Assim, podemos comparar valores obtidos com esses dois modelos e construir gráficos da densidade de potência dissipada usando as fórmulas dadas nas Equações (25.83) e (25.84). Essas curvas são mostradas na Figura 25.15. Note que os resultados são praticamente idênticos até próximo da frequência de corte e que acima de f_c o valor correto é fornecido pela Equação (25.83).

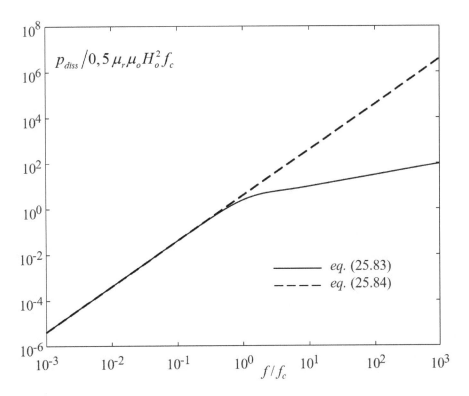

Figura 25.15: Gráficos da densidade de potência dissipada como função da frequência calculada com os modelos mostrados nas Equações (25.83) e (25.84).

25.9 Questões

25.1) Mostre que, na presença de campo magnético, o momento magnético precessiona em torno da indução magnética B_o com velocidade angular $\omega_o = eB_o/2m$. Mostre que o valor médio do momento magnético transversal é nulo e a componente paralela do momento é constante.

25.2) Calcule os momentos magnéticos dos íons divalentes de ferro, cobalto e níquel com base na teoria quântica do momento angular atômico, considerando e desconsiderando a ocorrência de extinção do momento angular orbital, e compare com os valores fornecidos no texto.

25.3) Calcule a constante de Curie, a constante de campo local e o campo molecular para os elementos metálicos ferro, cobalto e níquel com base nas informações da Tabela 25.2 e compare com os valores fornecidos.

25.4) Considere um núcleo toroidal com seção transversal retangular de raio interno ρ_o, largura a, altura b e permeabilidade relativa μ_r, com N espiras enroladas ao longo de seu perímetro e corrente i circulando no circuito. Calcule o campo magnético, a magnetização e a indução magnética no interior do núcleo e a densidade de corrente de magnetização na sua superfície.

25.5) Usando informações da Tabela 25.2 e assumindo $j_a = 1$ e $g_a = 2,22$ para o ferro metálico, calcule a magnetização de saturação em um domínio magnético nas temperaturas: 0 °C, 100 °C e 300 °C.

25.6) Considere como um modelo aproximado para a curva normal de magnetização de um núcleo de ferro a seguinte equação baseada no modelo de Langevin:

$$M(H) = M_o \left[cotgh \left(\frac{H}{a} \right) - \frac{a}{H} \right] \tag{25.85}$$

com $M_o = 1,1 \times 10^6$ A/m e $a = 50$ A/m. Calcule a permeabilidade magnética relativa máxima. Se o campo magnético aumenta de zero a $H_{max} = 200$ A/m, ignorando a histerese, calcule a energia de magnetização deste núcleo.

25.7) Considere um núcleo toroidal com raio interno de 5 cm e seção transversal quadrada com aresta $a = 2$ cm, construído com 40 lâminas de FeSi GO de 0,5 mm de espessura. Uma bobina com 100 espiras de fio de cobre é enrolada ao longo de seu perímetro e a corrente $i(t) = 3\,cos(377t)$ A é mantida por uma fonte de alimentação. A curva de magnetização normal é dada na Equação (25.85). Calcule o campo magnético, a magnetização e a indução magnética no centro do núcleo como funções do tempo e estime a potência dissipada com base nos modelos dados nas Equações (25.68) e (25.70) assumindo que $k_{hist} = 150$ J/m^3 e $n = 1,8$.

Capítulo 25 – Magnetização

453

25.8) Repita a questão anterior para uma tensão aplicada $V(t) = 100\cos(377t)$ V nos terminais da bobina.

25.9) Um indutor é construído com 50 espiras de fio de cobre distribuídas uniformemente em um núcleo cilíndrico de diâmetro 10 mm, comprimento 10 cm e permeabilidade magnética $\mu_r = 2000$. A bobina cobre 60% do comprimento do núcleo. Adotando a aproximação de que o campo magnético é uniforme no interior do núcleo, calcule a indutância desse indutor.

Capítulo 26

Circuito magnético

26.1 Campo desmagnetizante

Neste capítulo discutimos conceitos e modelos relacionados ao cálculo dos campos em materiais magnéticos organizados em circuitos nos quais o fluxo magnético possui uma trajetória preferencial de circulação e que são energizados a partir de bobinas ou ímãs permanentes. Tais circuitos são de larga aplicação na eletrônica e em máquinas elétricas, sendo, portanto, de fundamental importância na engenharia elétrica.

Em um objeto magnetizado no qual a magnetização apresenta uma componente normal não nula na superfície surge o campo desmagnetizante, ou seja, um campo magnético em oposição à magnetização. Por analogia com o caso elétrico discutido no Capítulo 23, podemos afirmar que isso decorre da existência de carga magnética na superfície do objeto. A carga magnética é um conceito útil na utilização do método de cálculo baseado na lei de Gauss para obtenção do campo desmagnetizante. O cálculo do campo requer a determinação da densidade de carga, a qual se baseia na propriedade da divergência nula da indução magnética. No interior do objeto, considerando a relação constitutiva e a divergência da indução, temos:

$$\nabla \cdot \vec{B} = \mu_o \left(\nabla \cdot \vec{H} + \nabla \cdot \vec{M} \right) = 0 \to \nabla \cdot \vec{H} = -\nabla \cdot \vec{M} \tag{26.1}$$

De acordo com o teorema de Gauss, definimos a densidade de carga magnética como dada pelo divergente da magnetização:

$$\rho_{mv} = -\nabla \cdot \vec{M} \tag{26.2}$$

Desse modo, a lei de Gauss para o campo magnético pode ser escrita na seguinte forma:

$$\nabla \cdot \vec{H} = \rho_{mv} \qquad (26.3)$$

Agora, aplicaremos o teorema de Gauss na superfície do objeto. Para isso, consideremos a ilustração da Figura 26.1. Usando uma superfície de integração com a forma cilíndrica perpendicular à superfície (S), temos:

$$\int_V \rho_{mv} dV = -\oint_S \vec{M} \cdot d\vec{S} = \vec{M} \cdot \vec{u}_n \Delta S \to \rho_{ms} = \vec{M} \cdot \vec{u}_n \qquad (26.4)$$

Ou seja, a densidade superficial de carga magnética é igual à componente normal da magnetização na superfície do objeto.

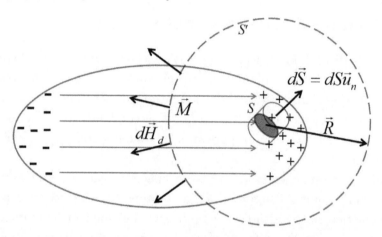

Figura 26.1: Ilustração para cálculo do campo desmagnetizante. Os sinais + e − simbolizam as cargas dos polos norte e sul, respectivamente, do objeto magnetizado.

O campo desmagnetizante pode ser calculado com base na Equação (26.3). Se a carga magnética está localizada na superfície do objeto, usando novamente o teorema da Gauss, desta vez com uma superfície esférica (S') centrada em uma posição qualquer da superfície do objeto, como mostra a Figura 26.1, obtemos:

$$\oint_{S'} d\vec{H} \cdot d\vec{S}' = \rho_{ms} dS \to d\vec{H} = \frac{\vec{M} \cdot \vec{u}_n dS}{4\pi R^2} \vec{u}_R \qquad (26.5)$$

Assumindo que a carga no elemento de área dS é puntiforme, concluímos que o campo gerado é radial em relação à posição da carga. Devemos, portanto, multiplicar pelo vetor unitário radial $(\vec{r}-\vec{r}')/|\vec{r}-\vec{r}'|$ e integrar em toda a superfície do objeto para obter o campo desmagnetizante na seguinte forma:

Capítulo 26 – Circuito magnético

$$\vec{H}(r) = \frac{1}{4\pi} \int_S \frac{\vec{M} \cdot \vec{u}_n \left(\vec{r} - \vec{r}'\right) dS}{|\vec{r} - \vec{r}'|^3} \tag{26.6}$$

Considere, como exemplo, uma esfera uniformemente magnetizada. O campo desmagnetizante no seu centro é calculado da seguinte forma:

$$\begin{aligned}
\vec{H}_d &= \frac{1}{4\pi} \int_S \frac{\left(\vec{M} \cdot \vec{u}_r\right)\left(R^2 sen\theta d\phi d\theta\right)}{R^2} \left(-cos\theta \vec{u}_M\right) \\
&= -\frac{\vec{M}}{4\pi} \int_0^{2\pi} d\phi \int_0^{\pi} cos^2\theta sen\theta d\theta = -\frac{\vec{M}}{3}
\end{aligned} \tag{26.7}$$

O fator de desmagnetização é definido pela relação entre o campo desmagnetizante e a magnetização $N_d = -H_d/M$. Para uma esfera, temos $N_d = 1/3$. Para uma placa magnetizada uniformemente na direção perpendicular às faces, $Nd \approx 1$, e para um cilindro com magnetização perpendicular ao eixo de simetria, resulta $N_d = 1/2$. Para um cilindro longo (comprimento muito maior que diâmetro) com magnetização paralela ao eixo de simetria, $N_d \approx 0$. Mas se o cilindro não é longo, o campo desmagnetizante é não uniforme e apenas um valor médio no seu volume é representativo para o cálculo do fator de desmagnetização.

A Figura 26.2 mostra um gráfico do fator de desmagnetização como função da relação entre comprimento e diâmetro (L/D) para um cilindro, com o campo magnético obtido a partir de cálculo computacional por meio do método dos elementos finitos. A curva contínua é um modelo empírico que resulta em aproximações com erro menor que 10%.

A carga magnética intensifica o campo magnético fora do objeto nas proximidades dos polos e reduz o campo no seu interior. Em um objeto no qual o campo desmagnetizante é uniforme, podemos obter o campo resultante como mostra o desenvolvimento a seguir. Inicialmente, devemos calcular a magnetização para um campo aplicado $\vec{H}_o$:

$$\vec{M} = \chi_m \left(\vec{H}_o + \vec{H}_d\right) = \chi_m \left(\vec{H}_o - N_d\vec{M}\right) \rightarrow \vec{M} = \frac{\chi_m \vec{H}_o}{1 + N_d\chi_m} \tag{26.8}$$

Agora, substituímos na equação do campo total:

$$\vec{H} = \vec{H}_o - N_d\vec{M} = \vec{H}_o - \frac{N_d\chi_m\vec{H}_o}{1 + N_d\chi_m} \rightarrow \vec{H} = \frac{\vec{H}_o}{1 + N_d\chi_m} \tag{26.9}$$

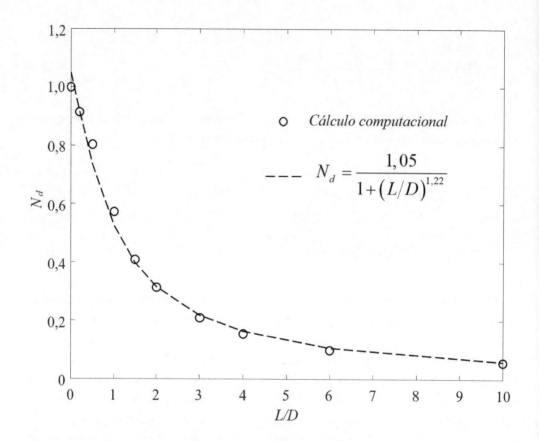

Figura 26.2: Fator de desmagnetização para um cilindro na direção longitudinal como função da razão L/D. A curva tracejada corresponde ao modelo numérico representado pela equação mostrada na legenda. Resultado obtido com cálculo de campo efetuado com o método dos elementos finitos e permeabilidade magnética relativa com valor 1000.

Para um objeto com elevada susceptibilidade magnética e fator de desmagnetização próximo da unidade, o campo total é muito menor que o campo aplicado. Para obtermos a indução magnética no interior do objeto, usamos a relação constitutiva:

$$\vec{B} = \mu_o \left(\vec{H} + \vec{M} \right) = \mu_o \left(1 + \chi_m \right) \vec{H} = \frac{\mu_o \left(1 + \chi_m \right)}{1 + N_d \chi_m} \vec{H}_o$$
$$\rightarrow \vec{B} = \frac{\mu_r}{1 + N_d \left(\mu_r - 1 \right)} \vec{B}_o \quad (26.10)$$

Note que para um objeto de alta permeabilidade magnética, tal que $N_d \mu_r \gg 1$, a indução magnética resultante ($\vec{B} \approx \vec{B}_o / N_d$) depende praticamente apenas do fator de desmagnetização, ou seja, da forma geométrica do objeto, e não de sua permeabilidade magnética.

Capítulo 26 – Circuito magnético   459

A Figura 26.3 mostra resultados obtidos por simulação com a técnica de elementos finitos para o campo e a indução magnética no eixo de um cilindro com comprimento 50 mm, diâmetro 10 mm e permeabilidade magnética relativa 1000 colocado em um campo uniforme. Note que no interior do cilindro o campo desmagnetizante é aproximadamente igual em módulo e contrário ao campo aplicado, o que faz com que o campo total seja muito pequeno nessa região. Por isso mesmo, a indução magnética no interior do núcleo é determinada quase exclusivamente pela magnetização. Fora do cilindro, o campo gerado pela carga magnética dos polos soma-se ao campo aplicado. Destaca-se também o fato de o campo magnético normal ser descontínuo na superfície dos polos, enquanto a indução magnética é contínua. Assim, usando a relação constitutiva e a continuidade da indução magnética, obtemos uma relação entre os campos perpendiculares nas regiões adjacentes aos polos:

$$\mu H_{int\,n} = \mu_o H_{ext\,n} \rightarrow H_{ext\,n} = \mu_r H_{int\,n} \rightarrow H_{ext\,n} = \frac{\mu_r H_o}{1 + N_d \chi_m} \approx \frac{H_o}{N_d} \quad (26.11)$$

em que a última equação é aplicável apenas na posição onde a magnetização é perpendicular à superfície do polo e quando o campo desmagnetizante é uniforme (esfera, esferoide com magnetização paralela aos eixos principais, cilindro longo com magnetização perpendicular ao eixo de simetria, placa de faces paralelas com grande área etc.).

26.2   Força magnetomotriz e relutância

O fluxo magnético sempre se distribui em caminhos fechados no espaço. Em um circuito formado por materiais magnéticos, o fluxo tende a se concentrar nas partes de mais alta permeabilidade. Isso ocorre como consequência do alinhamento parcial dos domínios magnéticos na direção e no sentido do campo aplicado no interior do núcleo. Isso é ilustrado na Figura 26.4.

Se considerarmos que todo o fluxo magnético se concentra nos materiais de alta permeabilidade do circuito, o que significa desprezar a pequena parcela que existe no ar, especialmente em torno das bobinas, o cálculo dos campos, do fluxo e de outras grandezas relacionadas pode ser feito com uma formulação matemática muito simples, usando-se a analogia com circuitos elétricos. Para isso, assumimos que a densidade de fluxo é uniforme na seção transversal do núcleo e, assim, o fluxo é calculado simplesmente como o produto da indução magnética pela área da seção, $\psi_m = BA$.

De modo análogo, usando a lei de Ampère, pode-se relacionar a circulação do campo magnético, denominada força magnetomotriz (F_{mm}), com a corrente

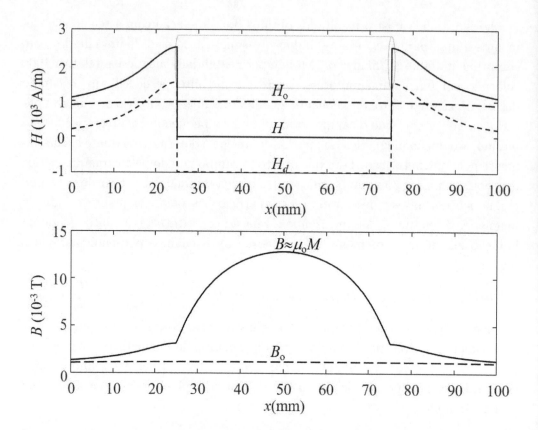

Figura 26.3: Campo e indução magnética no eixo de um cilindro de comprimento 50 mm, diâmetro 10 mm e permeabilidade magnética relativa 1000 colocado em um campo uniforme. Resultados obtidos por simulação com a técnica de elementos finitos.

elétrica nas bobinas. Se o caminho de integração no circuito inclui uma bobina com N espiras por onde circula corrente i, temos:

$$F_{mm} = \oint_C \vec{H} \cdot d\vec{L} = Ni \tag{26.12}$$

Em um trecho com seção transversal uniforme do núcleo, definimos a relutância como a relação entre o fluxo magnético e a força magnetomotriz. Uma vez que, via de regra, o campo e a indução magnética são não uniformes na seção transversal e no comprimento em qualquer parte do caminho magnético, a definição de relutância envolve valores médios da indução na seção transversal e do campo no comprimento do caminho. Assim, para uma seção de área A e

Capítulo 26 – Circuito magnético

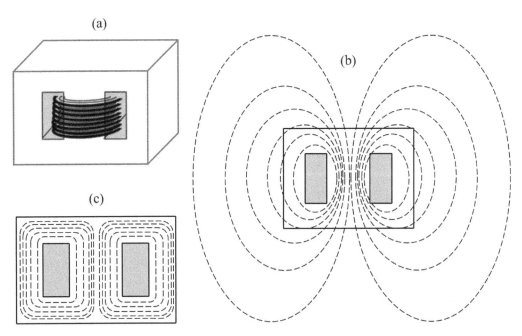

Figura 26.4: Ilustração da distribuição de fluxo em um circuito magnético. (a) Modelo físico de um circuito magnético. Uma bobina de fio metálico envolve o braço central do núcleo. (b) Fluxo disperso no ar para um núcleo não magnético. (c) Fluxo concentrado no interior de um núcleo de alta permeabilidade magnética. As áreas preenchidas são ocupadas pela bobina de fios condutores.

comprimento l, temos:

$$\Re = \frac{F_{mm}}{\psi_m} = \frac{\langle H \rangle l}{\langle B \rangle A} = \frac{l}{\mu A} \qquad (26.13)$$

Para um caminho fechado no circuito que inclua uma bobina transportando corrente elétrica, podemos dividir o caminho de integração na Equação (26.12) em trechos com seção transversal uniforme e reescrever essa equação na seguinte forma:

$$\sum_n \Re_n \psi_{mn} = Ni \qquad (26.14)$$

Com base nesse modelo podemos estabelecer um circuito análogo constituído de relutâncias e fontes de força magnetomotriz como elementos concentrados de circuito e calcular o fluxo magnético usando métodos de análise próprios da teoria de circuitos elétricos. Como exemplo, considere o circuito equivalente ao dispositivo da Figura 26.4 mostrado na Figura 26.5. As equações para análise são:

$$\Re_1\psi_{m1} + \Re_2\psi_{m2} = Ni$$
$$\Re_1\psi_{m1} + \Re_3\psi_{m3} = Ni \qquad (26.15)$$
$$\psi_{m1} = \psi_{m2} + \psi_{m3}$$

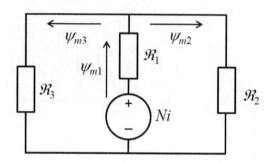

Figura 26.5: Circuito equivalente ao dispositivo da Figura 26.4. $\Re_1$ é a relutância do braço central, enquanto $\Re_2$ e $\Re_3$ são as relutâncias dos braços laterais do circuito.

Resolvendo para os fluxos, obtemos:

$$\psi_{m1} = \frac{(\Re_2 + \Re_3)\,Ni}{\Re_2\Re_3 + (\Re_2 + \Re_3)\,\Re_1}$$
$$\psi_{m2} = \frac{\Re_3 Ni}{\Re_2\Re_3 + (\Re_2 + \Re_3)\,\Re_1} \qquad (26.16)$$
$$\psi_{m3} = \frac{\Re_2 Ni}{\Re_2\Re_3 + (\Re_2 + \Re_3)\,\Re_1}$$

A Figura 26.6 mostra um circuito magnético com um pequeno *gap* de ar denominado entreferro. Estruturas similares ocorrem em dispositivos de armazenamento de energia e equipamentos com partes móveis, como relés e motores. Devido à baixa permeabilidade magnética do ar, o entreferro geralmente apresenta relutância muito maior que o núcleo e, quase sempre, é o termo dominante no cálculo do fluxo. Se o espaçamento no entreferro é muito menor que a aresta ou diâmetro da seção transversal, o fluxo magnético não se dispersa apreciavelmente no ar e as áreas do entreferro e do núcleo são praticamente iguais. Caso contrário, a dispersão torna a área do entreferro maior que a área da seção transversal do núcleo, e isso afeta o cálculo da relutância do entreferro.

Considere que a relutância do núcleo nessa figura seja $\Re_n = l/\mu_r\mu_o A$, em que l é o comprimento médio do caminho ao longo do núcleo magnético e A é a área da seção transversal. Seja $\Re_e = d/\mu_o A_e$ a relutância do entreferro, em que d é a

Capítulo 26 – Circuito magnético

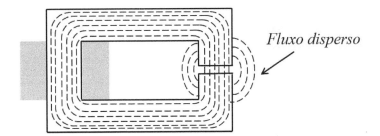

Figura 26.6: Exemplo de circuito magnético com entreferro.

espessura e A_e é a área afetiva. O fluxo magnético é dado por:

$$\psi_m = \frac{Ni}{\Re_n + \Re_e} \qquad (26.17)$$

Como exemplo, seja $l = 10$ cm, $d = 1$ mm, $A = A_e = 2$ cm² e $\mu_r = 10^4$. Assim, temos $\Re_n = 3,98 \times 10^4$ A/Wb e $\Re_e = 3,98 \times 10^6$ A/Wb. A relutância do entreferro, portanto, é maior que a do núcleo a uma proporção de 100 vezes. Considere que existem 100 espiras transportando corrente de 0,1 A. Com isso, o fluxo magnético e a indução no núcleo, se não houvesse entreferro, seriam $2,5 \times 10^{-4}$ Wb e $1,26$ T, respectivamente. Com entreferro, os valores diminuem para $2,5 \times 10^{-6}$ Wb e $0,0126$ T, respectivamente. O campo magnético ($H = B/\mu$), por sua vez, é igual a 0,99 A/m no núcleo e $9,9 \times 10^3$ A/m no entreferro.

Note que, apesar de ser muito menor, o volume do entreferro contém a maior parcela de energia magnética no circuito:

$$\frac{W_{mn}}{W_{me}} = \frac{(1/2)\,\mu_r\mu_o H_n^2 lA}{(1/2)\,\mu_o H_e^2 dA} = \frac{l}{\mu_r d} \qquad (26.18)$$

em que usamos a relação $H_e = \mu_r H_n$. No exemplo anterior, verifica-se que a energia armazenada no entreferro é 100 vezes a energia no núcleo.

A Equação (26.17) nos permite calcular a indutância própria da bobina:

$$L = \frac{N\psi_m}{i} = \frac{N^2}{\Re_t} \qquad (26.19)$$

em que $\Re_t$ é a relutância total do circuito em série com a fonte de força magnetomotriz Ni dessa bobina. Se houver duas bobinas no mesmo circuito, haverá acoplamento magnético entre elas e a indutância mútua é calculada como:

$$M = \frac{N_1 N_2}{\Re_t} \qquad (26.20)$$

em que N_1 e N_2 são os números de espiras nas bobinas.

A Figura 26.7 mostra a ilustração de um circuito magnético com duas bobinas, em que uma delas é conectada a uma fonte de tensão alternada e a outra a uma carga resistiva. Consideremos inicialmente a resposta para um circuito magnético ideal com as seguintes características: material magnético linear (ignorar saturação) sem dissipação (histerese desprezível) e bobinas com resistência elétrica desprezível. Nessas condições, podemos utilizar os resultados obtidos no Capítulo 17 para o acoplamento entre duas bobinas. Assim, de acordo com as Equações (17.39), (17.40) e (17.41) e usando as relações entre indutância e relutância mostradas nas equações anteriores, obtemos as seguintes relações entre corrente e tensão na forma fasorial nas duas bobinas:

$$\frac{\dot{I}_2}{\dot{I}_1} = \frac{j\omega M}{(R + j\omega L_2)} = \frac{j\omega}{(R\Re_t/N_2^2 + j\omega)} \frac{N_1}{N_2} \quad (26.21)$$

$$Z_i = \frac{-\omega^2 (1-\eta^2) L_1 + j\omega (L_1/L_2) R}{R/L_2 + j\omega}$$

$$= \frac{j\omega}{R\Re_t/N_2^2 + j\omega} \left[j\omega (1-\eta^2) L_1 + \left(\frac{N_1}{N_2}\right)^2 R \right] \quad (26.22)$$

$$\frac{\dot{V}_2}{\dot{V}_1} = \frac{M/L_1}{1 + j\omega(1-\eta^2) L_2/R} = \frac{N_2/N_1}{1 + j\omega(1-\eta^2) N_2^2/R\Re_t} \quad (26.23)$$

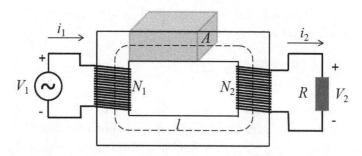

Figura 26.7: Representação esquemática de um circuito magnético com duas bobinas com número de espiras N_1 e N_2. O bloco retangular mostra a perspectiva de uma parte do núcleo com área da seção transversal A. Também é indicado o caminho com comprimento médio l no núcleo.

Note que para frequências bem maiores que $\omega_1 = R\Re_t/N_2^2$, as relações para as correntes e para a impedância de entrada do circuito magnético são as expressões familiares usadas na teoria elementar do transformador de potencial, em que o termo $(1-\eta^2)L_1$ é a indutância de dispersão do circuito de entrada e $(N_1/N_2)^2 R$ é a resistência de carga refletida para o circuito de entrada. Usando os mesmos

Capítulo 26 – Circuito magnético

dados do exemplo anterior (núcleo sem entreferro com $l = 10$ cm, $A = 2$ cm^2 e $\mu_r = 10^4$) e assumindo os valores $N_2 = 80$ e $R = 100$ Ω, estima-se que a frequência característica seja da ordem de 100 Hz. Isso significa que para um transformador com essas características operando na frequência de 60 Hz típica do sistema de energia elétrica, as aproximações geralmente usadas para a relação entre as correntes e para a impedância de entrada podem ser muito imprecisas. Note também que a relação de transformação para tensões N_2/N_1 é válida apenas para frequências bem menores que a frequência característica $\omega_2 = R\Re_t/(1 - \eta^2)N_2^2$, em que o termo $(1 - \eta^2)N_2^2/\Re_t$ é a indutância de dispersão do circuito de saída. Com os mesmos dados anteriores e assumindo um fator de acoplamento de 0,99, estima-se que essa frequência seja de aproximadamente 5 kHz.

Outros dois aspectos importantes em relação à dependência com a frequência são a dispersão magnética do núcleo devido ao efeito pelicular e a existência de capacitâncias parasitas nas bobinas do circuito magnético. Com valores típicos de espessura de lâminas, permeabilidade magnética e condutividade, como discutido na análise da Figura 25.14, pode-se estimar que a frequência característica do efeito pelicular, a partir da qual a permeabilidade magnética diminui e a relutância do núcleo aumenta acentuadamente, seja da ordem de centenas de hertz a quilohertz. Esse aumento de relutância afeta as relações entre tensões, correntes e impedância de entrada, conforme mostram as Equações (26.21) a (26.23). As capacitâncias parasitas dependem da geometria das bobinas (número de espiras, número de camadas, diâmetro do condutor, separação entre seções de uma mesma bobina etc.), sendo da ordem de centenas de picofaradays em transformadores pequenos usados em 60 Hz. A capacitância da bobina de entrada é a mais influente, pois afeta a corrente e a impedância de entrada do circuito magnético.

A Figura 26.8 apresenta espectros da impedância de entrada de um transformador com núcleo laminado de FeSi com relação nominal de tensão de 220 para 30 V RMS. Em todas as situações mostradas ocorre ressonância entre a indutância equivalente e a capacitância da bobina de entrada. No caso (a), que se refere a uma impedância muita alta no circuito de saída, a frequência de ressonância envolve principalmente a indutância própria do circuito de entrada. No caso (b), devido à baixa impedância no circuito de saída, a ressonância envolve a indutância de dispersão. O caso (c) é uma condição intermediária entre as situações anteriores. Como mostra a Figura 26.8c, a impedância refletida para o circuito de entrada nesse último caso se manifesta para frequências maiores que $\omega_1 = R\Re_t/N_2^2$.

Se a não linearidade inerente à curva de magnetização de um núcleo magnético for considerada na análise, os resultados podem ser bem diferentes dependendo

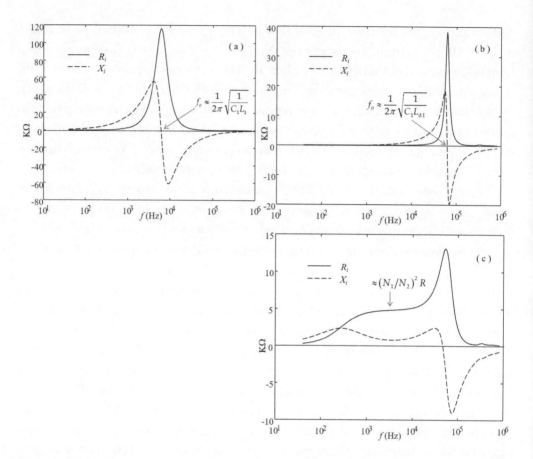

Figura 26.8: Espectros de impedância de entrada de um transformador com núcleo laminado de FeSi com relação de tensão nominal de 220 para 30 V RMS. (a) Com circuito de saída em vazio – L_1 é a indutância própria e C_1 é a capacitância parasita da bobina de entrada. (b) Com circuito de saída em curto – $L_{d1} = (1-\eta^2)L_1$ é a indutância de dispersão do circuito de entrada. (c) Com carga resistiva $R = 100$ Ω no circuito de saída.

da amplitude da tensão aplicada. Uma análise aproximada no domínio do tempo pode ser realizada usando-se uma curva de magnetização simplificada baseada na equação de Langevin, Equação (25.16):

$$B = B_s \left[\cotgh\left(\frac{H}{a}\right) - \frac{a}{H} \right] \tag{26.24}$$

em que B_s é a indução magnética de saturação e a é um parâmetro que deve ser ajustado para que este modelo se aproxime da curva normal de magnetização do material do núcleo.

Capítulo 26 – Circuito magnético

Usando a lei de Faraday, escrevemos a seguinte equação para o circuito de entrada:

$$V_1 = R_1 i_1 + N_1 A \frac{dB}{dt} \tag{26.25}$$

em que R_1 é a resistência da bobina. Para maior simplicidade, a dispersão de fluxo não será considerada nesta análise. Para o circuito de saída, a lei de Faraday resulta na seguinte equação para a corrente:

$$R_2 i_2 = N_2 A \frac{dB}{dt} \tag{26.26}$$

Além disso, a força magnetomotriz no circuito relaciona o campo magnético no núcleo com as correntes nas bobinas da seguinte forma:

$$Hl = N_1 i_1 - N_2 i_2 \tag{26.27}$$

Substituindo as correntes obtidas com as Equações (26.25) e (26.26) na Equação (26.27), obtemos:

$$H = \frac{N_1 V_1}{l R_1} - \frac{A}{l}\left(\frac{N_1^2}{R_1} + \frac{N_2^2}{R_2}\right)\frac{dB}{dt} = \frac{N_1 V_1}{l R_1} - \frac{A}{l}\left(\frac{N_1^2}{R_1} + \frac{N_2^2}{R_2}\right)\mu'\frac{dH}{dt} \tag{26.28}$$

em que μ' é a permeabilidade magnética diferencial obtida a partir da derivada da indução em relação ao campo magnético:

$$\mu' = \frac{dB}{dH} \tag{26.29}$$

A permeabilidade diferencial é uma função do campo magnético que pode ser calculada a partir do modelo simplificado de magnetização descrito pela função de Langevin. A Equação (26.28) pode ser resolvida por integração numérica a partir de uma condição inicial estabelecida por tentativa para se obter uma forma de onda simétrica para o campo magnético quando a tensão de entrada V_1 possui forma de onda simétrica. A partir do campo magnético obtido em cada instante de tempo, a indução magnética é calculada usando-se a Equação (26.24) e as tensões nas bobinas por meio da lei de Faraday. A corrente i_2 é calculada por meio da Equação (26.26), enquanto a corrente de entrada i_1 é calculada com a lei de Ampère, como mostra a Equação (26.27).

A Figura 26.9 mostra as formas de onda do campo e indução magnética, tensões induzidas e correntes nas bobinas para um circuito magnético com as características indicadas na legenda. A tensão de entrada é senoidal com frequência 60 Hz. Note as distorções nas formas de onda, especialmente no campo magnético

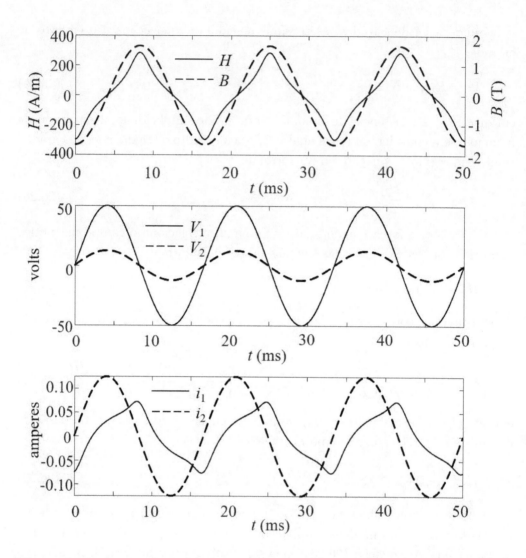

Figura 26.9: Formas de onda do campo e indução magnética, tensões induzidas nas bobinas e correntes nas bobinas do exemplo de análise do circuito magnético mostrado na Figura 26.7. Condições de análise: $B_s = 2$ T, $a = 50$ A/m, $N_1 = 400$, $N_2 = 100$, $R_1 = 1\ \Omega$, $R_2 = 100\ \Omega$, $A = 2$ cm^2, $l = 10$ cm, tensão aplicada com forma de onda senoidal com amplitude 50 V e frequência 60 Hz.

e na corrente de entrada. Circuitos magnéticos reais apresentam distorções adicionais devido a histerese e indutâncias de dispersão das bobinas, efeitos que não foram considerados nesta análise.

A Figura 26.10 mostra um circuito elétrico equivalente a um circuito magnético com duas bobinas. Note que para cada bobina correspondem uma indutância de magnetização (L_1, L_2) e uma indutância de dispersão (L_{d1}, L_{d2}). Além disso, são incluídas as resistências dos condutores (R_1, R_2) e uma resistência associada à dissipação de potência no interior do núcleo devido a histerese e correntes induzidas (R_p). Uma estimativa simples dessa resistência pode ser obtida a partir da potência dissipada no núcleo por meio da Equação (25.71):

$$\langle P_{diss} \rangle = \left(k_{hist}B_o{}^{n-2} + k_{ind}f + k_{exc}B_o{}^{\alpha-2}f^{\alpha-1}\right) f B_o^2 Al \qquad (26.30)$$

em que Al é o volume do núcleo.

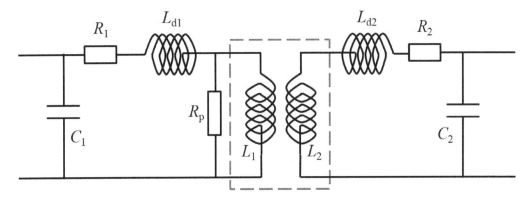

Figura 26.10: Circuito elétrico equivalente a um circuito magnético com duas bobinas. A parte no interior do retângulo tracejado corresponde ao modelo de circuito magnético ideal.

Se for aplicada tensão senoidal com amplitude V_o no circuito de entrada, a amplitude da indução magnética resultante pode ser obtida com a lei de Faraday na seguinte forma: $B_o = V_o/(2\pi f N_1 A)$. Substituindo na equação anterior e comparando com a expressão que define a resistência de perdas, $\langle P_{diss} \rangle = V_o^2/2R_p$, deduzimos uma expressão matemática para avaliação aproximada de seu valor:

$$R_p \approx \frac{2\pi^2 N_1^2 A}{l} \frac{f}{\left(k_{hist}B_o{}^{n-2} + k_{ind}f + k_{exc}B_o{}^{\alpha-2}f^{\alpha-1}\right)} \qquad (26.31)$$

As indutâncias acopladas L_1 e L_2 formam o modelo de circuito ideal, sem dispersão, resistências ou perdas, cujas tensão, corrente e impedância se transformam de acordo com as Equações (26.21) a (26.23), nas quais se deve considerar $\eta = 1$ e a resistência de carga R deve ser substituída pela impedância equivalente conectada em paralelo com L_2.

470 Análise de sistemas eletromagnéticos

26.3 Circuito magnético com ímã permanente

Os materiais magnéticos que apresentam elevado campo coercitivo (maior que 10^4 A/m) e elevada magnetização remanescente são classificados como ímãs permanentes. Os ímãs permanentes são utilizados para estabelecer fluxo magnético em um circuito sem a necessidade de bobinas e correntes elétricas. Devido à alta coercitividade, eles tendem a manter o fluxo magnético relativamente alto e pouco dependente das características do circuito magnético ao qual estão acoplados. São utilizados em alto-falantes, motores elétricos, discos rígidos, atuadores magnéticos etc. A Tabela 26.1 apresenta informações sobre alguns materiais usados como ímãs permanentes.

O alnico foi um dos primeiros ímãs permanentes desenvolvidos já na década de 1930, sendo constituído basicamente de alumínio, níquel e cobalto em uma matriz de átomos de ferro com pequena quantidade de cobre. Os ímãs de ferrite, ou cerâmicos, são constituídos de ferrites com estrutura hexagonal contendo bário $(BaO \cdot 6Fe_2O_3)$ ou estrôncio $(SrO \cdot 6Fe_2O_3)$. Eles apresentam maior coercitividade que os ímãs de alnico, mas a indução remanescente é muito mais baixa, o que resulta em baixos valores do produto BH_{max}. Esse produto está relacionado à quantidade máxima de energia magnética no volume externo de um ímã, um conceito derivado do fato de a energia armazenada no volume do ímã no seu ponto de polarização (ver Figura 26.11) ser dada por $B_p H_p V_i / 2$ (em que V_i é o volume do ímã) e de essa mesma quantidade de energia ser armazenada também no volume externo ao ímã.

Muito mais recentes são os ímãs formados como ligas de terras raras, como samário e neodímio, com metais de transição, como cobalto e ferro. A vantagem desses materiais reside na combinação da alta anisotropia dos metais de terras raras com a elevada temperatura Curie dos metais $3d$. O ímã de samário-cobalto $(SmCo_5)$ foi desenvolvido primeiro, nos anos 1960, apresentando coercitividade cerca de 12 vezes e produto BH_{max} cerca de 4 vezes os valores correspondentes ao alnico. Duas décadas depois surgiu o ímã de neodímio-ferro-boro $(Nd_2Fe_{14}B)$, que apresenta melhora significativa em quase todos os parâmetros em relação ao ímã de samário-cobalto, mas com menor temperatura Curie, de 312 °C, o que significa que esse material não pode ser usado em aplicações que envolvam temperaturas muito elevadas.

A Figura 26.11 mostra a curva de magnetização de um material magnético de alta coercitividade no segundo quadrante, em que o aumento do campo magnético aplicado resulta em diminuição da indução magnética. Na mesma figura é ilustrada uma reta de polarização obtida com a análise do circuito magnético no qual

Capítulo 26 – Circuito magnético

Tabela 26.1: Informações sobre materiais usados como ímãs permanentes [10]:
Alnico – 8% Al + 15% Ni + 24% Co + 3% Cu + 50% Fe;
Ferrite de bário – BaO·6Fe$_2$O$_3$;
Platina-cobalto – 77% Pt + 23% Co;
Samário-cobalto – SmCo$_5$;
Neodimídio-ferro-boro – Nd$_2$Fe$_{14}$B.

Material	BH_{max} (KJ/m^3)	H_c (KA/m)	B_r (T)
Alnico	40	57,6	1,200
Ferrite de bário	28	192	0,395
Platina-cobalto	76	344	0,645
Samário-cobalto	160	696	0,900
Neodimídio-ferro-boro	320	1120	1,300

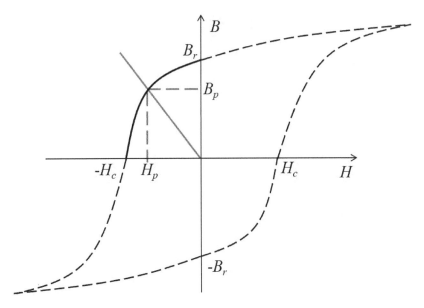

Figura 26.11: Ilustração da curva de desmagnetização de um ímã permanente e da reta de polarização.

o ímã permanente está inserido. Na interseção da curva de magnetização com a reta de polarização localiza-se o ponto de polarização do ímã (H_p, B_p).

As ilustrações na Figura 26.12 mostram três situações de interesse prático. No caso (a), o ímã tem a forma de um cilindro e está localizado no ar. A relação entre campo e indução magnética no interior do ímã é obtida como mostra a equação a seguir:

$$B_i = \mu_o(H_i + M_i) = \mu_o(H_i - H_i/N_d) = -\frac{\mu_o(1-N_d)}{N_d}H_i \qquad (26.32)$$

em que N_d é o fator de desmagnetização do ímã.

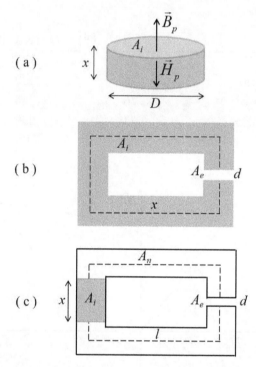

Figura 26.12: Situações para utilização de ímãs permanentes e cálculo da reta de polarização.

No caso (b), o ímã tem a forma de um circuito com entreferro. Usando a lei de Ampère e a continuidade do fluxo magnético, obtemos a relação entre campo e indução no interior do ímã:

$$\begin{aligned}
H_i x + H_e d &= 0 \\
B_i A_i &= \mu_o H_e A_e \\
\to B_i &= -\mu_o \frac{A_e}{A_i}\frac{x}{d}H_i
\end{aligned} \qquad (26.33)$$

em que A_i e x são a área da seção transversal e o comprimento do ímã, respectivamente.

No caso (c), o ímã é pequeno e está inserido em um circuito magnético, que pode ou não incluir um entreferro. Repetindo o procedimento anterior, mas

Capítulo 26 – Circuito magnético

incluindo o trecho referente ao núcleo magnético e a relação de continuidade entre os campos no núcleo e no entreferro, obtemos:

$$H_i x + H_n l + H_e d = 0$$
$$B_i A_i = \mu_o H_e A_e$$
$$\mu_r H_n = H_e \tag{26.34}$$
$$\rightarrow B_i = -\mu_o \frac{A_e}{A_i} \frac{x}{(l/\mu_r + d)} H_i$$

Em todos os casos, podemos utilizar a relação $B_i = -\mu_e H_i$, em que μ_e é uma permeabilidade equivalente. Apenas como ilustração, vamos assumir que a curva de desmagnetização do ímã possa ser bem representada por uma seção de elipse com a seguinte equação:

$$(B_i/B_r)^2 + (H_i/H_c)^2 = 1 \tag{26.35}$$

em que B_r é a indução magnética remanescente e H_c é o campo coercitivo. Podemos calcular analiticamente o ponto de polarização por simples substituição $B_i = -\mu_e H_i$, o que resulta em:

$$H_p = -\frac{B_r H_c}{\sqrt{\mu_e^2 H_c^2 + B_r^2}} \tag{26.36}$$

$$B_p = \frac{\mu_e H_c B_r}{\sqrt{\mu_e^2 H_c^2 + B_r^2}} \tag{26.37}$$

26.4 Força e torque em circuitos magnéticos

Quando um circuito magnético contém alguma parte móvel, pode-se obter por meio dele a conversão de energia elétrica em mecânica e vice-versa. Baseados nesse princípio geral, motores, geradores e atuadores eletromecânicos constituem uma parte essencial dos sistemas eletromagnéticos em engenharia. O cálculo de força e torque em sistemas eletromecânicos pode ser realizado diretamente pelo cálculo da força magnética sobre distribuições de correntes e/ou dipolos magnéticos, com o uso do tensor das tensões de Maxwell ou com a aplicação do princípio da conservação da energia total. Os dois primeiros métodos já foram abordados em capítulos anteriores e são de aplicação mais complexa. O terceiro é o mais indicado para cálculos analíticos envolvendo circuitos magnéticos.

Considere um circuito magnético contendo uma bobina ligada a uma fonte de energia elétrica e uma parte móvel ligada a um sistema mecânico, como mostra a Figura 26.13a. A fonte de energia elétrica fornece energia para o sistema por meio do trabalho $dW_{ele} = Vidt$ e o braço móvel transfere energia mecânica para o meio externo por meio do trabalho da força aplicada $dW_{mec} = Fdx$. Além disso, ocorre armazenamento de energia no campo magnético e, eventualmente, em algum dispositivo mecânico que se deforma elasticamente, como uma mola. Finalmente, ocorre dissipação de energia na resistência elétrica da bobina, na histerese magnética, nas correntes induzidas no núcleo e, eventualmente, no atrito associado ao movimento da parte móvel. Todas essas parcelas de energia se relacionam pelo princípio elementar de conservação, que pode ser descrito da seguinte forma:

$$Vi\,dt = dW_m + dW_{mec} + P_{diss}dt + Fdx \qquad (26.38)$$

em que W_m e W_{mec} são as energias magnética e mecânica armazenadas no sistema e P_{diss} é a potência total relacionada a todos os processos dissipativos nesse sistema.

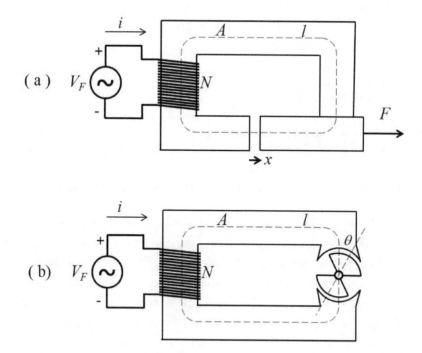

Figura 26.13: Ilustração para aplicação da conservação de energia em um circuito magnético e cálculo de força e torque.

Inicialmente, vamos ignorar a dissipação e qualquer armazenamento de energia mecânica. Substituindo $V = Nd\psi_m/dt$ e $W_m = Ni\psi_m/2$, em que ψ_m é o

Capítulo 26 – Circuito magnético 475

fluxo magnético no circuito, a conservação de energia leva ao seguinte resultado:

$$Nid\psi_m = \frac{1}{2}N\psi_m di + \frac{1}{2}Nid\psi_m + Fdx \rightarrow F = \frac{N}{2}\frac{(id\psi_m - \psi_m di)}{dx} \quad (26.39)$$

O fluxo magnético e a corrente da bobina estão relacionados pela Equação (26.17). Podemos, portanto, substituir a corrente da forma indicada a seguir e obter uma importante relação entre a relutância do circuito magnético e a força:

$$F = \frac{1}{2}\frac{[\Re\psi_m d\psi_m - \psi_m d(\Re\psi_m)]}{dx} = -\frac{\psi_m^2}{2}\frac{d\Re}{dx} \quad (26.40)$$

Note que a força ocorre no sentido de diminuir a relutância do circuito magnético, ou seja, tende a diminuir a distância entre as partes magnéticas fixa e móvel que compõem o circuito.

Usando a Equação (26.19) para substituir a relutância pela indutância, obtemos outra relação importante com a força:

$$F = -\frac{\psi_m^2}{2}\frac{d\left(N^2/L\right)}{dx} = \frac{i^2}{2}\frac{dL}{dx} \quad (26.41)$$

Esse resultado indica que a força atua no sentido de aumentar a indutância do circuito.

A relutância, no caso ilustrado na Figura 26.13a, pode ser calculada se o entreferro é pequeno o suficiente para desprezarmos a dispersão de fluxo no ar:

$$\Re = \frac{l - x}{\mu_r \mu_o A} + \frac{x}{\mu_o A} \rightarrow \frac{d\Re}{dx} = \frac{1 - 1/\mu_r}{\mu_o A} \approx \frac{1}{\mu_o A} \quad (26.42)$$

A aproximação é justificável pois, em geral, $\mu_r \gg 1$. Substituindo na Equação (26.40), obtemos a força descrita da seguinte forma:

$$F = -\frac{\psi_m^2}{2}\frac{1}{\mu_o A} = -\frac{B^2}{2\mu_o}A \quad (26.43)$$

Ou seja, a força por unidade de área, ou tensão, é numericamente igual à densidade de energia magnética no entreferro. Esse resultado poderia ter sido previsto e obtido de modo direto utilizando-se o tensor das tensões de Maxwell.

Uma extensão simples do desenvolvimento anterior se aplica no caso de movimento rotacional, como ilustrado na Figura 26.13b. Na Equação (26.38), podemos substituir o trabalho mecânico no movimento linear $dW_{mec} = Fdx$ pelo trabalho no movimento rotacional $dW_{mec} = Td\theta$ e, com isso, obter as seguintes relações para o torque na parte móvel do circuito:

$$T = -\frac{\psi_m^2}{2}\frac{d\Re}{d\theta} \quad (26.44)$$

476　　　　　　　　　　　　　　　　　Análise de sistemas eletromagnéticos

$$T = \frac{i^2}{2}\frac{dL}{d\theta} \tag{26.45}$$

Um ponto a ser destacado é o fato de as grandezas mecânicas, como deslocamento, força e torque, estarem acopladas às grandezas eletromagnéticas, como corrente elétrica e fluxo magnético. Desse modo, o problema da análise dinâmica do acionamento de uma peça móvel em um circuito magnético requer a solução simultânea das equações diferenciais acopladas mecânica e eletromagnética. Como exemplo, considere que a alimentação elétrica no circuito da Figura 26.13a seja por uma fonte de tensão independente (V_F) e que a resistência total em série com a bobina seja R_b. Com isso, a seguinte equação diferencial pode ser escrita como resultado da utilização da segunda lei de Kirchhoff:

$$L\frac{di}{dt} + R_b i = V_F \tag{26.46}$$

Por sua vez, a dinâmica do movimento da parte móvel do circuito pode ser descrita usando-se a segunda lei de Newton:

$$m\frac{d^2x}{dt^2} + \gamma\frac{dx}{dt} = -\frac{\psi_m^2}{2}\frac{d\Re}{dx} \tag{26.47}$$

em que m é a massa da parte móvel e γ é o coeficiente de atrito dinâmico para esse movimento.

Note que essas equações estão acopladas pelas relações existentes de corrente, indutância e fluxo magnético com a relutância do circuito, que por sua vez depende do espaçamento x do entreferro, conforme mostra a Equação (26.42). Desse modo, a descrição do movimento exige a solução simultânea dessas equações de acordo com certas condições iniciais a serem estabelecidas.

26.5　Questões

26.1) Considere um solenoide constituído de 200 espiras de fio de cobre com diâmetro de 0,5 mm (já incluída a camada isolante de verniz) enroladas em torno de um núcleo cilíndrico com 10 cm de comprimento e 1 cm de raio. O núcleo tem permeabilidade magnética relativa de 5000. Se a corrente elétrica na bobina é de 1 A, calcule a indução e o campo magnético médios no núcleo e a indutância deste solenoide.

26.2) Uma esfera de ferrite com diâmetro de 10 cm é colocada sob a influência de campo magnético uniforme com amplitude de 1000 A/m e frequência de 10 kHz. Considerando a permeabilidade relativa nessa frequência, $\hat{\mu}_r = 1500 - j300$, calcule a amplitude da indução magnética no interior da esfera e a potência média

Capítulo 26 – Circuito magnético 477

dissipada.

26.3) Considere um circuito magnético com duas bobinas com as seguintes especificações: $l = 10$ cm, $A = 2$ cm^2, $N_1 = 500$, $N_2 = 50$, $R = 100$ Ω. As lâminas que constituem o núcleo têm espessura de 0,3 mm, permeabilidade magnética relativa estática igual a 5000 e condutividade de 10^5 S/m. O fator de acoplamento das bobinas é 0,98. Considere as resistências das bobinas $R_1 = 30$ Ω e $R_2 = 1$ Ω e as capacitâncias $C_1 = 300$ pF e $C_2 = 100$ pF. Use a Equação (25.70) para estimar a potência dissipada com $k_{hist} = 150$ J/m^3 e $n = 1,8$ e deduza o valor de k_{ind} a partir da Equação (25.68). Calcule para frequência 60 Hz e amplitude da tensão de entrada de 100 V: (a) a resistência de perdas; (b) a amplitude da corrente de entrada; (c) a amplitude da tensão na carga; (d) a potência média dissipada no núcleo.

26.4) Calcule a indutância e o campo magnético no entreferro nos circuitos da Figura 26.14. Dados: $i = 1$ A, $N = 50$, raio médio do toroide $= 30$ mm, aresta do núcleo retangular $(z) = 50$ mm, entreferro $= 1$ mm, área da seção transversal $= 2$ cm^2, permeabilidade magnética $\mu_r = 2000$.

26.5) Considere as geometrias da Figura 26.12, nas quais temos: $A_i = A_e = 2$ cm^2, $x = 1$ cm em (a) e (c) e 10 cm em (b), $l = 9$ cm e $d = 1$ mm. Se o ímã for alnico, calcule em cada caso a indução magnética no ímã e o campo magnético no entreferro. Repita para o ímã de neodimídio-ferro-boro.

26.6) Um circuito magnético idêntico ao mostrado na Figura 26.13a tem as seguintes características: $l = 14$ cm, $A = 2$ cm^2, $\mu_r = 3000$, $N = 300$. A tensão de alimentação é aplicada na forma de um degrau em $t = 0$ com amplitude 12 V. A resistência em série do circuito de alimentação (incluindo fonte e bobina) é 5 Ω.

a) Se a peça móvel está bloqueada com entreferro de 2 mm, calcule a força magnética como função do tempo.

b) Considere que a peça é livre para se mover, partindo do repouso com entreferro de 2 mm, e que o coeficiente de atrito dinâmico é 0,1 Ns/m. Elabore um método computacional para resolver as Equações (26.46) e (26.47) e calcular a posição, a velocidade e a força aplicada na peça móvel como funções do tempo.

c) Considere que a peça móvel está presa a uma mola externa com coeficiente elástico de 5 N/m e refaça a análise anterior com essa força adicional, calculando novamente a posição e a velocidade como funções do tempo.

26.7) A Figura 26.15 mostra uma representação esquemática de um rotor no interior de um circuito magnético. O ângulo de superposição (α) dos polos do rotor e do estator está indicado. Considere que o raio médio entre rotor e estator é a, largura da peça é w e que o espaçamento do entreferro é d. Despreze a relutância do núcleo e o fluxo magnético disperso nas partes laterais do rotor. Com isso, calcule o torque como função do ângulo de posição (θ) do rotor.

26.8) A Figura 26.16 mostra um circuito magnético com movimento rotacional com alimentação elétrica tanto na parte fixa quanto na parte móvel. Mostre que o torque pode ser calculado segundo a Equação (26.44) desde que o fluxo magnético no circuito seja calculado como a soma dos fluxos próprios estabelecidos pelos dois circuitos de alimentação, ou seja, $\psi_m = (N_1 i_1 + N_2 i_2)/\Re$.

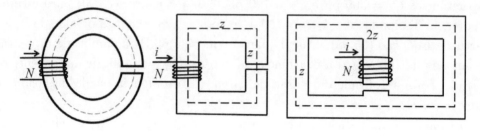

Figura 26.14: Ilustrações para a Questão 26.4.

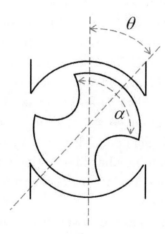

Figura 26.15: Ilustração para a Questão 26.7.

Capítulo 26 – Circuito magnético

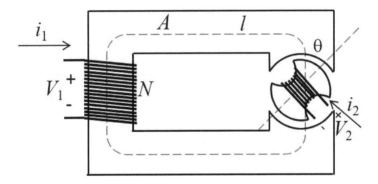

Figura 26.16: Ilustração para a Questão 26.8.

Capítulo 27

Cálculo eletromagnético computacional

27.1 Integração computacional

A maioria dos problemas eletromagnéticos reais não pode ser resolvida por métodos analíticos de maneira exata. Essa dificuldade resulta fundamentalmente da geometria das interfaces ou das condições de contorno complexas que geralmente ocorrem em situações práticas. O cálculo numérico por meio computacional surge então como uma alternativa de grande importância, especialmente se algum aplicativo adequado estiver disponível. O propósito deste capítulo é apresentar um resumo dos fundamentos matemáticos dos métodos numéricos para cálculo eletromagnético. Os exemplos foram implementados na linguagem MATLAB® e seus códigos-fonte estão disponíveis para livre utilização no endereço eletrônico da editora Blucher (www.blucher.com.br) no setor de material de apoio em engenharia e materiais.

Conforme apresentado nos capítulos iniciais, alguns problemas eletromagnéticos simples podem ser resolvidos por meio de integrais, quando as distribuições espaciais de carga ou de corrente elétrica são conhecidas nos condutores do sistema. Nesses casos, a simples transformação das integrais de Coulomb ou de Biot-Savart em somatórios obtidos a partir da discretização do espaço ocupado pelas cargas ou correntes é suficiente para obter estimativas adequadas dos campos gerados.

Vamos ilustrar o processo de cálculo com um exemplo prático. Considere o condutor com forma helicoidal mostrado na Figura 27.1. R é o raio e Z é o passo da hélice. Os vetores de posição $\vec{r}$ e $\vec{r}'$ estão descritos no sistema de eixos retangulares e suas projeções são especificadas em coordenadas cilíndricas.

Com base nos métodos apresentados nos Capítulos 5 e 8, obtemos os termos das integrais de Coulomb e Biot-Savart:

$$\vec{r} = \rho\cos\phi\,\vec{u}_x + \rho\,sen\phi\,\vec{u}_y + z\,\vec{u}_z \tag{27.1}$$

$$\vec{r}' = R\cos\phi'\,\vec{u}_x + R\,sen\phi'\,\vec{u}_y + (Z\phi'/2\pi)\,\vec{u}_z \tag{27.2}$$

$$\vec{r} - \vec{r}' = (\rho\cos\phi - R\cos\phi')\,\vec{u}_x + (\rho\,sen\phi - R\,sen\phi')\,\vec{u}_y \\ + (z - Z\phi'/2\pi)\,\vec{u}_z \tag{27.3}$$

$$|\vec{r} - \vec{r}'| = \sqrt{\rho^2 + R^2 - 2\rho R\cos(\phi - \phi') + (z - Z\phi'/2\pi)^2} \tag{27.4}$$

$$d\vec{L}' = \left[-R\,sen\phi'\,\vec{u}_x + R\cos\phi'\,\vec{u}_y + (Z/2\pi)\,\vec{u}_z\right]d\phi' \tag{27.5}$$

$$dL' = \sqrt{R^2 + (Z/2\pi)^2}\,d\phi' \tag{27.6}$$

$$d\vec{L}' \times (\vec{r} - \vec{r}') \\ = \left[zR\cos\phi' - Z\rho\,sen\phi/2\pi + ZR\left(sen\phi' - \phi'\cos\phi'\right)/2\pi\right]d\phi'\vec{u}_x \\ + \left[zR\,sen\phi' + Z\rho\cos\phi/2\pi - ZR\left(\phi'\,sen\phi' + \cos\phi'\right)/2\pi\right]d\phi'\vec{u}_y \\ + R\left[R - \rho\cos(\phi - \phi')\right]d\phi'\vec{u}_z \tag{27.7}$$

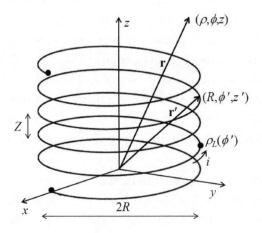

Figura 27.1: Ilustração de um problema de cálculo de campos elétrico e magnético por meio de integração usando as leis de Coulomb e Biot-Savart. Um condutor com forma helicoidal está carregado com distribuição uniforme de cargas e transporta corrente elétrica. A curva helicoidal possui N hélices com mesmos raio R e passo Z.

Com isso, as equações integrais dos campos nas três direções do sistema de coordenadas são dadas a seguir. Se a diferença de potencial elétrico entre as

Capítulo 27 – Cálculo eletromagnético computacional

extremidades do condutor é pequena, podemos assumir que a densidade de carga é constante no comprimento do condutor.

$$E_x = \frac{\sqrt{R^2 + (Z/2\pi)^2}}{4\pi\epsilon_o} \int_0^{2\pi N} \frac{\rho_L(\phi')(\rho\cos\phi - R\cos\phi')\,d\phi'}{\left[\rho^2 + R^2 - 2\rho R\cos(\phi - \phi') + (z - Z\phi'/2\pi)^2\right]^{3/2}}$$

(27.8)

$$E_y = \frac{\sqrt{R^2 + (Z/2\pi)^2}}{4\pi\epsilon_o} \int_0^{2\pi N} \frac{\rho_L(\phi')(\rho\,sen\phi - R\,sen\phi')\,d\phi'}{\left[\rho^2 + R^2 - 2\rho R\cos(\phi - \phi') + (z - Z\phi'/2\pi)^2\right]^{3/2}}$$

(27.9)

$$E_z = \frac{\sqrt{R^2 + (Z/2\pi)^2}}{4\pi\epsilon_o} \int_0^{2\pi N} \frac{\rho_L(\phi')(z - Z\phi'/2\pi)\,d\phi'}{\left[\rho^2 + R^2 - 2\rho R\cos(\phi - \phi') + (z - Z\phi'/2\pi)^2\right]^{3/2}}$$

(27.10)

$$B_x = \frac{\mu_o i}{4\pi} \int_0^{2\pi N} \frac{[zR\cos\phi' - Z\rho sen\phi/2\pi + ZR(sen\phi' - \phi'\cos\phi')/2\pi]\,d\phi'}{\left[\rho^2 + R^2 - 2\rho R\cos(\phi - \phi') + (z - Z\phi'/2\pi)^2\right]^{3/2}}$$

(27.11)

$$B_y = \frac{\mu_o i}{4\pi} \int_0^{2\pi N} \frac{[zR\,sen\phi' + Z\rho\cos\phi/2\pi - ZR(\phi'sen\phi' + \cos\phi')/2\pi]\,d\phi'}{\left[\rho^2 + R^2 - 2\rho R\cos(\phi - \phi') + (z - Z\phi'/2\pi)^2\right]^{3/2}}$$

(27.12)

$$B_z = \frac{\mu_o R i}{4\pi} \int_0^{2\pi N} \frac{[R - \rho\cos(\phi - \phi')]\,d\phi'}{\left[\rho^2 + R^2 - 2\rho R\cos(\phi - \phi') + (z - Z\phi'/2\pi)^2\right]^{3/2}}$$

(27.13)

Tomemos como referência para exemplificar a integração computacional as equações das componentes axiais dos campos. Dividimos a extensão do domínio de integração em N_d intervalos de valor $\Delta\phi' = 2\pi N/N_d$, denominado parâmetro de malha, o qual é equivalente no espaço discreto ao termo infinitesimal $d\phi'$. Com isso, o valor discreto da variável de integração é especificado com um índice inteiro $\phi'_n = (n+1/2)\Delta\phi'$ com $n = 0, 1, 2, ..., N_d - 1$. Naturalmente, quanto maior o valor de N_d, maiores resolução espacial e exatidão no cálculo serão obtidas. Contudo, o processo de cálculo torna-se mais demorado. Com as substituições adequadas, as integrais para cálculo de E_z e B_z tornam-se:

$$\tilde{E}_z = \frac{\sqrt{R^2 + (Z/2\pi)^2}}{4\pi\epsilon_o}$$
$$\sum_{n=0}^{N_d-1} \frac{\rho_L(\phi'_n)(z - Z\phi'_n/2\pi)\Delta\phi'}{\left[\rho^2 + R^2 - 2\rho R cos(\phi - \phi'_n) + (z - Z\phi'_n/2\pi)^2\right]^{3/2}} \qquad (27.14)$$

$$\tilde{B}_z = \frac{\mu_o R i}{4\pi}$$
$$\sum_{n=0}^{N_d-1} \frac{\left[R - \rho cos(\phi - \phi'_n)\right]\Delta\phi'}{\left[\rho^2 + R^2 - 2\rho R cos(\phi - \phi'_n) + (z - Z\phi'_n/2\pi)^2\right]^{3/2}} \qquad (27.15)$$

em que o sinal (~) acima dos campos indica que se trata de um valor aproximado.

O Programa 1 (disponível em www.blucher.com.br) foi elaborado para cálculo dos campos sobre o eixo de simetria do condutor helicoidal, segundo as Equações (27.14) e (27.15). Os gráficos da Figura 27.2 mostram os resultados obtidos com esse programa. As demais componentes de campo podem ser calculadas de maneira similar. A partir dos campos, outras grandezas eletromagnéticas podem ser obtidas, como densidade de energia e força. Os potenciais elétrico e magnético também podem ser calculados por integração numérica de forma análoga e os campos podem ser obtidos a partir dos potenciais por meio das operações diferenciais gradiente e rotacional, que no espaço discreto se transformam em equações de diferenças, como se mostrará na seção seguinte. Contudo, todos esses métodos são aplicáveis apenas em situações estáticas ou em baixa frequência, porque as leis de Coulomb e Biot-Savart não são corretas para descrever campos variáveis no tempo. Além disso, é necessário conhecer *a priori* as distribuições de carga e de corrente elétrica nos condutores do sistema, algo que geralmente não ocorre.

27.2 Método das diferenças finitas

O método das diferenças finitas é um método de resolução de equações diferenciais que se baseia na aproximação de derivadas por quocientes de diferenças finitas. As fórmulas de aproximação das derivadas são obtidas a partir da série de Taylor da função. Seja uma função $f(x)$ contínua e derivável em um intervalo definido em torno de uma posição $x = x_o$. A expansão em série de Taylor de $f(x)$ em

Capítulo 27 – Cálculo eletromagnético computacional

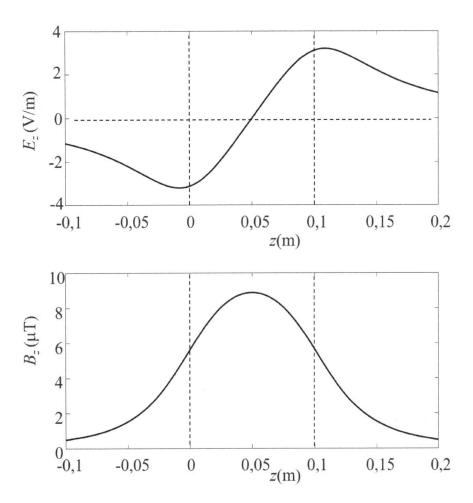

Figura 27.2: Gráficos das componentes axiais dos campos elétrico e magnético obtidos para o condutor helicoidal no seu eixo de simetria para os seguintes dados: $\rho_L = 10^{-12}$ C/m; $i = 100$ mA; $R = 5$ cm; $Z = 1$ cm; $N = 10$. As linhas verticais tracejadas indicam as extremidades do condutor.

torno de x_o é dada por:

$$f(x) = f(x_o) + \sum_{n=1}^{\infty} \frac{f^{(n)}(x_o)}{n!} \Delta x^n \tag{27.16}$$

em que $f^{(n)}(x_o)$ é a derivada de ordem n da função $f(x)$ calculada na posição $x = x_o$ e $\Delta x = x - x_o$. Assim, para uma posição anterior, $x_o - \Delta x$, temos:

$$f(x_o - \Delta x) = f(x_o) - f^{(1)}(x_o)\Delta x + \frac{1}{2}f^{(2)}(x_o)\Delta^2 x - \frac{1}{3!}f^{(3)}(x_o)\Delta^3 x \\ + \frac{1}{4!}f^{(4)}(x_o)\Delta^4 x + \ldots \tag{27.17}$$

enquanto para uma posição posterior, $x_o + \Delta x$, resulta:

$$f(x_o + \Delta x) = f(x_o) + f^{(1)}(x_o)\Delta x + \frac{1}{2}f^{(2)}(x_o)\Delta^2 x + \frac{1}{3!}f^{(3)}(x_o)\Delta^3 x \\ + \frac{1}{4!}f^{(4)}(x_o)\Delta^4 x + \ldots \tag{27.18}$$

Se subtrairmos a Equação (27.17) da Equação (27.18), obteremos:

$$f(x_o + \Delta x) - f(x_o - \Delta x) = 2f^{(1)}(x_o)\Delta x + \frac{2}{3!}f^{(3)}(x_o)\Delta^3 x + \ldots \tag{27.19}$$

Assim, podemos escrever a primeira derivada da função no ponto x_o da seguinte forma:

$$f^{(1)}(x_o) = \frac{f(x_o + \Delta x) - f(x_o - \Delta x)}{2\Delta x} + erro^{(1)}(\Delta x) \tag{27.20}$$

Se tomarmos apenas o primeiro termo como uma aproximação para a primeira derivada da função, estamos cometendo um erro que depende das derivadas da função e das potências pares de Δx, segundo a expressão:

$$erro^{(1)}(\Delta x) = -\frac{1}{3!}f^{(3)}(x_o)\Delta^2 x - \frac{1}{5!}f^{(5)}(x_o)\Delta^4 x - \frac{1}{7!}f^{(7)}(x_o)\Delta^6 x - \ldots \tag{27.21}$$

Por outro lado, se somarmos as Equações (27.17) e (27.18), obteremos:

$$f(x_o + \Delta x) + f(x_o - \Delta x) = 2f(x_o) + f^{(2)}(x_o)\Delta^2 x + \frac{2}{4!}f^{(4)}(x_o)\Delta^4 x + \ldots \tag{27.22}$$

Então, podemos escrever a segunda derivada da função no ponto x_o da seguinte forma:

$$f^{(2)}(x_o) = \frac{f(x_o + \Delta x) + f(x_o - \Delta x) - 2f(x_o)}{\Delta^2 x} + erro^{(2)}(\Delta x) \tag{27.23}$$

Se tomarmos apenas o primeiro termo como uma aproximação para a segunda derivada da função, estamos cometendo um erro que depende das derivadas da função e das potências pares de Δx, segundo a expressão:

$$erro^{(2)}(\Delta x) = -\frac{2}{4!}f^{(4)}(x_o)\Delta^2 x - \frac{2}{6!}f^{(6)}(x_o)\Delta^4 x - \frac{2}{8!}f^{(8)}(x_o)\Delta^6 x - \ldots \tag{27.24}$$

Capítulo 27 – Cálculo eletromagnético computacional 487

Com a condição de escolhermos um Δx suficientemente pequeno para que os erros possam ser ignorados, as expressões para as derivadas de primeira e segunda ordem são:

$$\tilde{f}^{(1)}(x_o) = \frac{f(x_o + \Delta x) - f(x_o - \Delta x)}{2\Delta x} \tag{27.25}$$

$$\tilde{f}^{(2)}(x_o) = \frac{f(x_o + \Delta x) + f(x_o - \Delta x) - 2f(x_o)}{\Delta^2 x} \tag{27.26}$$

Para uma função de três variáveis, podemos expandir as equações anteriores de modo a obter as derivadas parciais de primeira e segunda ordem:

$$\tilde{f}^{(1x)}(x_o, y_o, z_o) = \frac{f(x_o + \Delta x, y_o, z_o) - f(x_o - \Delta x, y_o, z_o)}{2\Delta x} \tag{27.27}$$

$$\tilde{f}^{(1y)}(x_o, y_o, z_o) = \frac{f(x_o, y_o + \Delta y, z_o) - f(x_o, y_o - \Delta y, z_o)}{2\Delta y} \tag{27.28}$$

$$\tilde{f}^{(1z)}(x_o, y_o, z_o) = \frac{f(x_o, y_o, z_o + \Delta z) - f(x_o, y_o, z_o - \Delta z)}{2\Delta z} \tag{27.29}$$

$$\tilde{f}^{(2x)}(x_o, y_o, z_o) = \frac{f(x_o + \Delta x, y_o, z_o) + f(x_o - \Delta x, y_o, z_o) - 2f(x_o, y_o, z_o)}{\Delta^2 x} \tag{27.30}$$

$$\tilde{f}^{(2y)}(x_o, y_o, z_o) = \frac{f(x_o, y_o + \Delta y, z_o) + f(x_o, y_o - \Delta y, z_o) - 2f(x_o, y_o, z_o)}{\Delta^2 y} \tag{27.31}$$

$$\tilde{f}^{(2z)}(x_o, y_o, z_o) = \frac{f(x_o, y_o, z_o + \Delta z) + f(x_o, y_o, z_o - \Delta z) - 2f(x_o, y_o, z_o)}{\Delta^2 z} \tag{27.32}$$

Substituindo as derivadas aproximadas em uma equação diferencial, obtemos a equação de diferenças correspondente. Por exemplo, no caso da equação de Laplace, resulta:

$$\tilde{f}^{(2x)}(x_o, y_o, z_o) + \tilde{f}^{(2y)}(x_o, y_o, z_o) + \tilde{f}^{(2z)}(x_o, y_o, z_o) = 0 \tag{27.33}$$

Substituindo as aproximações mostradas nas Equações (27.30) a (27.32) e resolvendo para o valor da função na posição (x_o, y_o, z_o), obtemos:

$$\begin{aligned}
\tilde{f}(x_o, y_o, z_o) = {}& \frac{1}{2}\left(\frac{1}{\Delta^2 x} + \frac{1}{\Delta^2 y} + \frac{1}{\Delta^2 z}\right)^{-1} \\
& \left[\frac{\tilde{f}(x_o + \Delta x, y_o, z_o) + \tilde{f}(x_o - \Delta x, y_o, z_o)}{\Delta^2 x} \right. \\
& \left. + \frac{\tilde{f}(x_o, y_o + \Delta y, z_o) + \tilde{f}(x_o, y_o - \Delta y, z_o)}{\Delta^2 y} \right. \\
& \left. + \frac{\tilde{f}(x_o, y_o, z_o + \Delta z) + \tilde{f}(x_o, y_o, z_o - \Delta z)}{\Delta^2 z}\right]
\end{aligned} \tag{27.34}$$

O método das diferenças finitas consiste em resolver o sistema de equações algébricas obtido com a aplicação da equação das diferenças em cada posição de um espaço discreto no interior de um domínio limitado por superfícies que determinam condições de contorno conhecidas. A Figura 27.3a mostra um sistema de coordenadas retangulares com posições discretas definidas pelos índices inteiros (i, j, k). Em princípio, trataremos aqui apenas de distribuições regulares de posições no espaço, ou seja, Δx, Δy e Δz são constantes denominadas parâmetros de malha. Com base nesse esquema de discretização, podemos reescrever a equação anterior na seguinte forma:

$$\tilde{f}(i,j,k) = \frac{1}{2}\left(\frac{1}{\Delta^2 x} + \frac{1}{\Delta^2 y} + \frac{1}{\Delta^2 z}\right)^{-1} \left[\begin{array}{l} \dfrac{\tilde{f}(i+1,j,k) + \tilde{f}(i-1,j,k)}{\Delta^2 x} \\ + \dfrac{\tilde{f}(i,j+1,k) + \tilde{f}(i,j-1,k)}{\Delta^2 y} \\ + \dfrac{\tilde{f}(i,j,k+1) + \tilde{f}(i,j,k-1)}{\Delta^2 z} \end{array}\right] \quad (27.35)$$

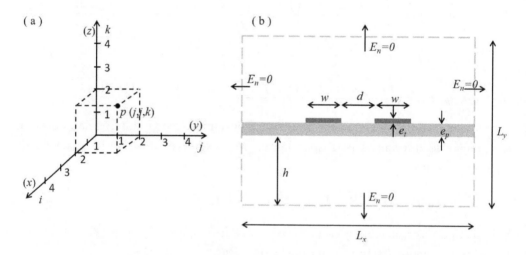

Figura 27.3: Ilustrações para a análise com o método das diferenças finitas. (a) Sistema de coordenadas discretas. Uma posição p é identificada por três coordenadas com valor inteiro (i,j,k). (b) Exemplo de análise para um sistema bidimensional contendo duas trilhas metálicas paralelas em uma placa isolante com contorno arbitrário. $E_n = 0$ é o valor do campo elétrico normal na superfície de contorno.

A Figura 27.3b apresenta um problema para cálculo de potencial elétrico em um modelo bidimensional contendo duas trilhas metálicas paralelas ligadas a fontes de potencial elétrico constante sobre uma placa isolante. Uma vez que

Capítulo 27 – Cálculo eletromagnético computacional 489

não existem paredes físicas limitando o domínio de análise, devemos definir um domínio arbitrário com uma condição de contorno arbitrária. Duas condições são tipicamente utilizadas: a condição de Dirichlet, que define o potencial elétrico na superfície de contorno, e a condição de Neumann, que define o campo elétrico normal. As condições de contorno são exclusivas, ou seja, apenas uma delas pode ser usada em cada superfície de contorno. A equação de diferenças bidimensional para o potencial neste caso pode ser escrita na seguinte forma:

$$\tilde{V}(i,j) = \frac{\Delta^2 y \left[\tilde{V}(i+1,j) + \tilde{V}(i-1,j) \right] + \Delta^2 x \left[\tilde{V}(i,j+1) + \tilde{V}(i,j-1) \right]}{2 \left(\Delta^2 x + \Delta^2 y \right)}$$

(27.36)

Quando a posição de cálculo corresponde ao contorno, devemos substituir o potencial correspondente pelo potencial do contorno, no caso da condição de Dirichlet, ou eliminar o potencial correspondente, no caso da condição de Neumann. Por exemplo, se todas as posições com $i = 1$ estão sobre o contorno, a equação anterior no caso da condição de Dirichlet é a seguinte:

$$\tilde{V}(1,j) = \frac{\Delta^2 y \left[\tilde{V}(2,j) + V_{contorno} \right] + \Delta^2 x \left[\tilde{V}(1,j+1) + \tilde{V}(1,j-1) \right]}{2 \left(\Delta^2 x + \Delta^2 y \right)}$$

(27.37)

e na condição de Neumann obtemos o seguinte resultado:

$$\tilde{V}(1,j) = \frac{\Delta^2 y \, \tilde{V}(2,j) + \Delta^2 x \left[\tilde{V}(1,j+1) + \tilde{V}(1,j-1) \right]}{2 \, \Delta^2 x + \Delta^2 y}$$

(27.38)

Se o domínio de análise é heterogêneo, apresentando regiões com diferentes constantes dielétricas, a modelagem anterior deve ser modificada para incluir a descontinuidade do campo elétrico nas interfaces. Isso é necessário na análise do problema da Figura 27.3b, uma vez que a placa isolante tem constante dielétrica diferente do ar que a envolve. Nesse caso, a própria equação de Laplace deve ser reavaliada. No Capítulo 11, a equação de Laplace foi obtida para um meio homogêneo, Equações (11.1), (11.2) e (11.7). Repetindo o procedimento, mas agora considerando a permissividade elétrica como uma função das coordenadas espaciais, obtemos:

$$\nabla \cdot (\epsilon \nabla V) = 0 \rightarrow \nabla \epsilon \cdot \nabla V + \epsilon \nabla^2 V = 0$$

(27.39)

Usando as Equações (27.27) a (27.32) para as aproximações das derivadas, obtemos a seguinte equação de diferenças no espaço discreto bidimensional:

$$
\frac{[\epsilon(i+1,j)-\epsilon(i-1,j)]}{2\Delta x}\cdot\frac{\left[\tilde{V}(i+1,j)-\tilde{V}(i-1,j)\right]}{2\Delta x}
$$
$$
+\frac{[\epsilon(i,j+1)-\epsilon(i,j-1)]}{2\Delta y}\cdot\frac{\left[\tilde{V}(i,j+1)-\tilde{V}(i,j-1)\right]}{2\Delta y}
$$
$$
+\;\epsilon(i,j)\left\{\frac{\left[\tilde{V}(i+1,j)+\tilde{V}(i-1,j)-2\tilde{V}(i,j)\right]}{\Delta^2 x}\atop{+\dfrac{\left[\tilde{V}(i,j+1)+\tilde{V}(i,j-1)-2\tilde{V}(i,j)\right]}{\Delta^2 y}}\right\}=0 \tag{27.40}
$$

Resolvendo para o potencial elétrico central $V(i,j)$, resulta:

$$
\tilde{V}(i,j)=\frac{1}{2\left(\Delta^2 x+\Delta^2 y\right)}
$$
$$
\left\{\Delta^2 y\left[\tilde{V}(i+1,j)\left(1+\delta\epsilon_x\right)+\tilde{V}(i-1,j)\left(1-\delta\epsilon_x\right)\right]\atop{+\,\Delta^2 x\left[\tilde{V}(i,j+1)\left(1+\delta\epsilon_y\right)+\tilde{V}(i,j-1)\left(1-\delta\epsilon_y\right)\right]}\right\} \tag{27.41}
$$

em que os termos adicionais em relação à Equação (27.36) são definidos a seguir:

$$
\delta\epsilon_x=\frac{[\epsilon(i+1,j)-\epsilon(i-1,j)]}{4\epsilon(i,j)} \tag{27.42}
$$

$$
\delta\epsilon_y=\frac{[\epsilon(i,j+1)-\epsilon(i,j-1)]}{4\epsilon(i,j)} \tag{27.43}
$$

O Programa 2 (disponível em www.blucher.com.br) foi elaborado para calcular a distribuição de potencial elétrico no problema descrito na Figura 27.3b. A placa foi definida com espessura de 1 mm e as trilhas com espessura de 0,1 mm, largura de 1 mm e separação de 1 mm. A constante dielétrica da placa é 4,7 e foram aplicados potenciais de +1 e −1 V nas trilhas. Foi utilizado o método Gauss-Seidel para solução do sistema de equações com tolerância de 1 μV para convergência.

A Figura 27.4 mostra alguns resultados dessa simulação. O gráfico (a) mostra a distribuição de linhas equipotenciais e o gráfico (b) mostra a distribuição de campo elétrico na superfície da placa. As componentes do campo elétrico são calculadas com as seguintes equações:

$$
\tilde{E}_x(i,j)=-\frac{\tilde{V}(i+1,j)-\tilde{V}(i,j)}{\Delta x} \tag{27.44}
$$

$$\tilde{E}_y(i,j) = -\frac{\tilde{V}(i,j+1) - \tilde{V}(i,j)}{\Delta y} \qquad (27.45)$$

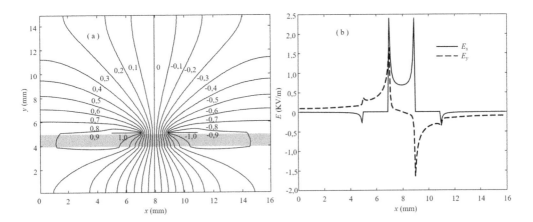

Figura 27.4: Resultados para o cálculo do potencial elétrico no problema bidimensional mostrado na Figura 27.3b. (a) Distribuição de linhas equipotenciais. A região destacada indica a posição da placa. (b) Distribuição de campo elétrico na superfície da placa. Dados: $e_p = 1$ mm, $e_t = 0,1$ mm, $w = 1$ mm, $d = 1$ mm, $h = 4$ mm, $L_x = 16$ mm, $L_y = 15$ mm, ϵ_r da placa $= 4,7$.

Note que a componente E_y é perpendicular à superfície da placa e, portanto, seu valor sobre as trilhas está relacionado à densidade superficial de carga elétrica ($\rho_S = \epsilon_o E_y$). Observe como a densidade de carga é muito mais elevada na parte interna das trilhas. Essa é uma consequência da atração eletrostática entre as cargas de sinais contrários.

Análises magnéticas também podem ser feitas com o método das diferenças finitas. A equação de Laplace para o potencial magnético em um meio homogêneo pode ser resolvida da mesma maneira que para o potencial elétrico, embora as condições de contorno não sejam tão óbvias. Para meios heterogêneos em relação à permeabilidade magnética, o nível de complexidade aumenta consideravelmente.

Vamos utilizar um exemplo para apresentar os passos principais. A Figura 27.5 mostra uma bobina solenoidal em torno de um núcleo magnético cilíndrico. Devido à simetria circular em relação ao eixo do núcleo (axissimetria), a análise pode ser realizada em duas dimensões. A corrente elétrica estabelece um valor para o potencial magnético na superfície do condutor e devemos calcular o potencial em todo o espaço. Para isso, iniciamos com a equação da lei de Ampère, na qual substituímos a relação constitutiva magnética. Assumindo que os meios são magneticamente lineares, temos:

$$\nabla \times \left(\frac{\vec{B}}{\mu}\right) = \vec{j} \to \nabla \left(\frac{1}{\mu}\right) \times \vec{B} + \frac{1}{\mu}\nabla \times \vec{B} = \vec{j} \qquad (27.46)$$

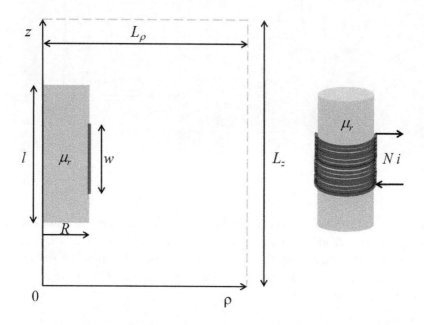

Figura 27.5: Modelo físico para a análise magnética de uma bobina solenoidal em torno de um núcleo cilíndrico magnético. N é o número de espiras e i é a corrente na bobina. Em virtude da simetria azimutal (axissimetria), o modelo geométrico é bidimensional nas coordenadas radial (ρ) e axial (z).

A seguir, substituímos a relação entre indução e potencial magnético, $\vec{B} = \nabla \times \vec{A}$, e usamos a Equação (9.24) para simplificar o resultado:

$$\begin{aligned}\mu\nabla\left(\frac{1}{\mu}\right) \times \nabla \times \vec{A} + \nabla \times \nabla \times \vec{A} &= \mu\vec{j} \\ \to -\frac{1}{\mu}\nabla(\mu) \times \nabla \times \vec{A} + \nabla\left(\nabla \cdot \vec{A}\right) - \nabla^2 \vec{A} &= \mu\vec{j}\end{aligned} \qquad (27.47)$$

Aplicando a transformação de calibre de Coulomb ($\nabla \cdot \vec{A} = 0$), obtemos a equação diferencial a ser discretizada:

$$\nabla(\mu) \times \nabla \times \vec{A} + \mu\nabla^2 \vec{A} = -\mu^2 \vec{j} \qquad (27.48)$$

Para analisar a geometria da Figura 27.5 usando coordenadas cilíndricas, reconhecemos previamente que o potencial está orientado na direção azimutal e

Capítulo 27 – Cálculo eletromagnético computacional 493

a equação anterior pode ser reescrita na seguinte forma:

$$\left(\frac{\partial \mu}{\partial \rho}\vec{u}_\rho + \frac{\partial \mu}{\partial z}\vec{u}_z\right) \times \left[-\frac{\partial A}{\partial z}\vec{u}_\rho + \frac{1}{\rho}\frac{\partial}{\partial \rho}(\rho A)\vec{u}_z\right] + \mu \left[\frac{1}{\rho}\frac{\partial}{\partial \rho}\left(\rho\frac{\partial A}{\partial \rho}\right) + \frac{\partial^2 A}{\partial z^2}\right]\vec{u}_\phi$$
$$= -\mu^2 j_s \vec{u}_\phi$$

(27.49)

em que j_s é a densidade de corrente na bobina. Resolvendo o produto vetorial e reorganizando a equação, obtemos:

$$\rho\mu\frac{\partial^2 A}{\partial \rho^2} + \rho\mu\frac{\partial^2 A}{\partial z^2} - \frac{\partial \mu}{\partial \rho}A = \left(\rho\frac{\partial \mu}{\partial \rho} - \mu\right)\frac{\partial A}{\partial \rho} + \rho\frac{\partial \mu}{\partial z}\frac{\partial A}{\partial z} - \mu^2\rho j_s \quad (27.50)$$

Usando as Equações (27.27) a (27.32) para as aproximações das derivadas, obtemos a seguinte equação de diferenças no espaço discreto bidimensional para o problema magnético axissimétrico:

$$\tilde{A}(i,j) = \frac{1}{a}\left\{\begin{array}{l}\Delta^2 z\left[b_1\tilde{A}(i+1,j) + b_2\tilde{A}(i-1,j)\right] \\ + \Delta^2\rho\left[c_1\tilde{A}(i,j+1) + c_2\tilde{A}(i,j-1)\right] + \mu^2\rho j_s\Delta^2 z\Delta^2\rho\end{array}\right\} \quad (27.51)$$

em que os coeficientes são calculados com as seguintes equações:

$$a = 2\rho(i)\mu(i,j)\left(\Delta^2\rho + \Delta^2 z\right) + \frac{1}{2}\delta\mu_\rho\Delta^2 z\,\Delta\rho \quad (27.52)$$

$$b_1 = \rho(i)\mu(i,j) + \left[\frac{2\mu(i,j)\Delta\rho - \rho(i)\delta\mu_\rho}{4}\right] \quad (27.53)$$

$$b_2 = \rho(i)\mu(i,j) - \left[\frac{2\mu(i,j)\Delta\rho - \rho(i)\delta\mu_\rho}{4}\right] \quad (27.54)$$

$$c_1 = \rho(i)\left[\mu(i,j) - \frac{\delta\mu_z}{4}\right] \quad (27.55)$$

$$c_2 = \rho(i)\left[\mu(i,j) + \frac{\delta\mu_z}{4}\right] \quad (27.56)$$

e os diferenciais da permeabilidade magnética são definidos por:

$$\delta\mu_\rho = \mu(i+1,j) - \mu(i-1,j) \quad (27.57)$$

$$\delta\mu_z = \mu(i,j+1) - \mu(i,j-1) \quad (27.58)$$

O Programa 3 (disponível em www.blucher.com.br) foi elaborado para implementação do método das diferenças finitas na análise magnética do exemplo mostrado na Figura 27.5. Alguns resultados da simulação com esse código são mostrados na Figura 27.6. A figura (a) mostra a distribuição de linhas equipotenciais. A figura (b) mostra a distribuição de indução magnética em uma linha paralela ao eixo z. A indução magnética é obtida a partir do potencial usando a relação $\vec{B} = \nabla \times \vec{A}$. No exemplo atual, uma vez que apenas a componente azimutal do potencial é relevante, as expressões discretas da indução magnética são:

$$\tilde{B}_\rho(i,j) = -\frac{\tilde{A}(i,j+1) - \tilde{A}(i,j)}{\Delta z} \qquad (27.59)$$

$$\tilde{B}_z(i,j) = \frac{\rho(i+1)\tilde{A}(i+1,j) - \rho(i)\tilde{A}(i,j)}{\rho(i)\Delta\rho} \qquad (27.60)$$

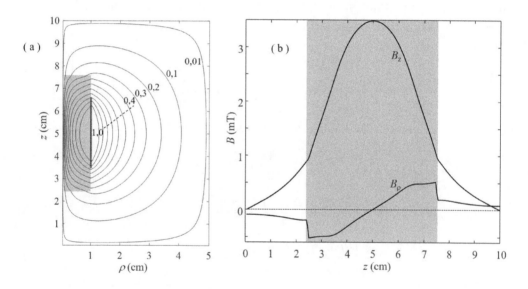

Figura 27.6: Resultados para a análise magnética no problema bidimensional mostrado na Figura 27.5. (a) Linhas equipotenciais com valores normalizados. (b) Distribuição de indução magnética em uma linha paralela ao eixo z com coordenada radial $\rho = 5$ mm. As regiões destacadas representam o núcleo magnético. Dados: $l = 50$ mm, $w = 30$ mm, $R = 10$ mm, $L_\rho = 50$ mm, $L_z = 100$ mm, $j_s = 10^6$ A/m^2, $\mu_r = 1000$.

27.3 Método das diferenças finitas no domínio tempo

O método das diferenças finitas no domínio tempo (FDTD na sigla em inglês) é usado para simular a propagação de ondas eletromagnéticas. Usando princípios

Capítulo 27 – Cálculo eletromagnético computacional

similares aos mostrados na seção anterior, as equações de Maxwell são discretizadas e resolvidas simultaneamente para as três componentes de campo elétrico e de campo magnético no meio de propagação. A Figura 27.7 mostra um elemento cúbico de discretização volumétrica com as componentes de campo nas três direções do sistema de coordenadas. Nesse esquema de modelagem, dentro de um elemento de volume, as componentes de campo elétrico estão localizadas sobre as arestas e as componentes de campo magnético estão nos centros das faces. Inicialmente, as equações de Maxwell são escritas na forma integral:

$$\oint_C \vec{H} \cdot d\vec{L} = \int_S \left(\sigma \vec{E} + \epsilon \frac{\partial \vec{E}}{\partial t} \right) \cdot d\vec{S} \qquad (27.61)$$

$$\oint_C \vec{E} \cdot d\vec{L} = -\int_S \left(\sigma_m \vec{H} + \mu \frac{\partial \vec{H}}{\partial t} \right) \cdot d\vec{S} \qquad (27.62)$$

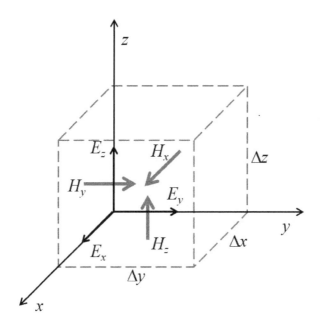

Figura 27.7: Ilustração da célula unitária de discretização espacial para o método das diferenças finitas no domínio tempo.

O termo $\sigma_m \vec{H}$ incluído na equação da lei de Faraday está relacionado à dissipação de energia no processo de magnetização. Para campos que variam senoidalmente no tempo, o coeficiente σ_m é proporcional à frequência e à permeabilidade magnética imaginária $\sigma_m = \omega \mu'' \mu_o$. Com base nas duas equações anteriores e na Figura 27.7, as equações discretas para as componentes dos campos são obtidas a seguir:

$$\left[\tilde{H}_z^n(i,j,k) - \tilde{H}_z^n(i,j-1,k)\right]\Delta z + \left[\tilde{H}_y^n(i,j,k-1) - \tilde{H}_y^n(i,j,k)\right]\Delta y$$

$$= \left[\sigma_x \tilde{E}_x^n(i,j,k) + \epsilon_x \frac{\tilde{E}_x^{n+1}(i,j,k) - \tilde{E}_x^n(i,j,k)}{\Delta t}\right]\Delta y \Delta z$$

$$\to \tilde{E}_x^{n+1}(i,j,k) = \left(1 - \frac{\sigma_x \Delta t}{\epsilon_x}\right)\tilde{E}_x^n(i,j,k) \tag{27.63}$$

$$+ \left[\tilde{H}_z^n(i,j,k) - \tilde{H}_z^n(i,j-1,k)\right]\frac{\Delta t}{\epsilon_x \Delta y}$$

$$+ \left[\tilde{H}_y^n(i,j,k-1) - \tilde{H}_y^n(i,j,k)\right]\frac{\Delta t}{\epsilon_x \Delta z}$$

$$\left[\tilde{H}_x^n(i,j,k) - \tilde{H}_x^n(i,j,k-1)\right]\Delta x + \left[\tilde{H}_z^n(i-t1,j,k) - \tilde{H}_z^n(i,j,k)\right]\Delta z$$

$$= \left[\sigma_y \tilde{E}_y^n(i,j,k) + \epsilon_y \frac{\tilde{E}_y^{n+1}(i,j,k) - \tilde{E}_y^n(i,j,k)}{\Delta t}\right]\Delta x \Delta z$$

$$\to \tilde{E}_y^{n+1}(i,j,k) = \left(1 - \frac{\sigma_y \Delta t}{\epsilon_y}\right)\tilde{E}_y^n(i,j,k) \tag{27.64}$$

$$+ \left[\tilde{H}_x^n(i,j,k) - \tilde{H}_x^n(i,j,k-1)\right]\frac{\Delta t}{\epsilon_y \Delta z}$$

$$+ \left[\tilde{H}_z^n(i-1,j,k) - \tilde{H}_z^n(i,j,k)\right]\frac{\Delta t}{\epsilon_y \Delta x}$$

$$\left[\tilde{H}_y^n(i,j,k) - \tilde{H}_y^n(i-1,j,k)\right]\Delta y + \left[\tilde{H}_x^n(i,j-1,k) - \tilde{H}_x^n(i,j,k)\right]\Delta x$$

$$= \left[\sigma_z \tilde{E}_z^n(i,j,k) + \epsilon_z \frac{\tilde{E}_z^{n+1}(i,j,k) - \tilde{E}_z^n(i,j,k)}{\Delta t}\right]\Delta x \Delta y$$

$$\to \tilde{E}_z^{n+1}(i,j,k) = \left(1 - \frac{\sigma_z \Delta t}{\epsilon_z}\right)\tilde{E}_z^n(i,j,k) \tag{27.65}$$

$$+ \left[\tilde{H}_y^n(i,j,k) - \tilde{H}_y^n(i-1,j,k)\right]\frac{\Delta t}{\epsilon_z \Delta x}$$

$$+ \left[\tilde{H}_x^n(i,j-1,k) - \tilde{H}_x^n(i,j,k)\right]\frac{\Delta t}{\epsilon_z \Delta y}$$

$$\left[\tilde{E}_y^n(i,j,k) - \tilde{E}_y^n(i,j,k+1)\right]\Delta y + \left[\tilde{E}_z^n(i,j+1,k) - \tilde{E}_z^n(i,j,k)\right]\Delta z$$

$$= -\left[\sigma_{mx}\tilde{H}_x^n(i,j,k) + \mu_x\frac{\tilde{H}_x^{n+1}(i,j,k) - \tilde{H}_x^n(i,j,k)}{\Delta t}\right]\Delta y\Delta z$$

$$\rightarrow \tilde{H}_x^{n+1}(i,j,k) = \left(1 - \frac{\sigma_{mx}\Delta t}{\mu_x}\right)\tilde{H}_x^n(i,j,k) \qquad (27.66)$$

$$- \left[\tilde{E}_y^n(i,j,k) - \tilde{E}_y^n(i,j,k+1)\right]\frac{\Delta t}{\mu_x\Delta z}$$

$$- \left[\tilde{E}_z^n(i,j+1,k) - \tilde{E}_z^n(i,j,k)\right]\frac{\Delta t}{\mu_x\Delta y}$$

$$\left[\tilde{E}_z^n(i,j,k) - \tilde{E}_z^n(i+1,j,k)\right]\Delta z + \left[\tilde{E}_x^n(i,j,k+1) - \tilde{E}_x^n(i,j,k)\right]\Delta x$$

$$= -\left[\sigma_{my}\tilde{H}_y^n(i,j,k) + \mu_y\frac{\tilde{H}_y^{n+1}(i,j,k) - \tilde{H}_y^n(i,j,k)}{\Delta t}\right]\Delta x\Delta z$$

$$\rightarrow \tilde{H}_y^{n+1}(i,j,k) = \left(1 - \frac{\sigma_{my}\Delta t}{\mu_y}\right)\tilde{H}_y^n(i,j,k) \qquad (27.67)$$

$$- \left[\tilde{E}_z^n(i,j,k) - \tilde{E}_z^n(i+1,j,k)\right]\frac{\Delta t}{\mu_y\Delta x}$$

$$- \left[\tilde{E}_x^n(i,j,k+1) - \tilde{E}_x^n(i,j,k)\right]\frac{\Delta t}{\mu_y\Delta z}$$

$$\left[\tilde{E}_x^n(i,j,k) - \tilde{E}_x^n(i,j+1,k)\right]\Delta x + \left[\tilde{E}_y^n(i+1,j,k) - \tilde{E}_y^n(i,j,k)\right]\Delta y$$

$$= \left[\sigma_{mz}\tilde{H}_z^n(i,j,k) + \mu_z\frac{\tilde{H}_z^{n+1}(i,j,k) - \tilde{H}_z^n(i,j,k)}{\Delta t}\right]\Delta x\Delta y$$

$$\rightarrow \tilde{H}_z^{n+1}(i,j,k) = \left(1 - \frac{\sigma_{mz}\Delta t}{\mu_z}\right)\tilde{H}_z^n(i,j,k) \qquad (27.68)$$

$$- \left[\tilde{E}_x^n(i,j,k) - \tilde{E}_x^n(i,j+1,k)\right]\frac{\Delta t}{\mu_z\Delta y}$$

$$- \left[\tilde{E}_y^n(i+1,j,k) - \tilde{E}_y^n(i,j,k)\right]\frac{\Delta t}{\mu_z\Delta x}$$

Nessas equações, (i,j,k) são as coordenadas discretas de posição e n é a coordenada discreta de tempo. Note que cada equação permite calcular uma componente de campo no instante $n+1$ a partir das componentes de campo no instante n. Observe adicionalmente que as propriedades σ, μ e ϵ podem ter valores diferentes nas três direções do sistema de referência. Embora não esteja explicitado nas equações, não há qualquer impedimento ou dificuldade adicional para incluir a variação dessas propriedades com a posição no espaço ou no tempo e com a intensidade dos campos elétrico e magnético. Ou seja, é possível simular

498 Análise de sistemas eletromagnéticos

a propagação de ondas eletromagnéticas em meios anisotrópicos, heterogêneos, dispersivos e não lineares por meio dessa técnica.

Um importante efeito dispersivo é devido à discretização. Mesmo que o meio seja não dispersivo, a relação entre frequência e constante de fase é não linear, ou seja, a velocidade de fase numérica é dependente da frequência, o que acarreta a distorção espectral de sinais multifrequenciais. Para avaliar isso de maneira simples, faremos uma análise unidimensional para uma onda plana uniforme que se propaga na direção z do sistema de coordenadas em um meio não dispersivo, com campo elétrico orientado na direção x e campo magnético na direção y. A partir das Equações (27.63) e (27.67), obtemos:

$$\tilde{E}_x^{n+1}(k) - \tilde{E}_x^n(k) = \frac{\Delta t}{\epsilon_x \Delta z} \left[\tilde{H}_y^n(k-1) - \tilde{H}_y^n(k) \right] \tag{27.69}$$

$$\tilde{H}_y^{n+1}(k) - \tilde{H}_y^n(k) = -\frac{\Delta t}{\mu_y \Delta z} \left[\tilde{E}_x^n(k+1) - \tilde{E}_x^n(k) \right] \tag{27.70}$$

Em qualquer dessas equações, para obter a relação de dispersão, podemos substituir a solução bem conhecida para ondas planas uniformes monofrequenciais. Usando coordenadas discretas, as soluções fasoriais são:

$$\tilde{E}_x = E_o \exp\left(-j\beta k \Delta z\right) \exp(j\omega n \Delta t) \tag{27.71}$$

$$\tilde{H}_y = H_o \exp\left(-j\beta k \Delta z\right) \exp(j\omega n \Delta t) \tag{27.72}$$

Substituindo na Equação (27.69) e tomando o módulo da expressão resultante, obtemos:

$$\begin{aligned} E_o \left|\exp(j\omega \Delta t/2) - \exp(-j\omega \Delta t/2)\right| = \\ \frac{\Delta t}{\epsilon_x \Delta z} H_o \left|\exp\left(j\beta \Delta z/2\right) - \exp\left(-j\beta \Delta z/2\right)\right| \end{aligned} \tag{27.73}$$

Simplificando a expressão com o uso da fórmula de Euler e usando a definição de impedância característica, $Z_o = E_o/H_o = \sqrt{\mu/\epsilon}$, temos a seguinte relação de dispersão:

$$sen(\omega \Delta t/2) = \frac{v\Delta t}{\Delta z} sen\left(\beta \Delta z/2\right) \tag{27.74}$$

em que $v = 1/\sqrt{\mu\epsilon}$ é a velocidade de fase da onda eletromagnética no meio.

Usando a Equação (27.70) e o mesmo procedimento mostrado anteriormente obtém-se a mesma relação. Portanto, a relação entre frequência e constante de fase é não linear. Esse efeito resulta da discretização, sendo denominado dispersão numérica. Note que a dispersão diminui na medida em que Δz e Δt tendem a

Capítulo 27 – Cálculo eletromagnético computacional $\qquad$ 499

zero e, no limite no qual essas quantidades se tornam infinitesimais, a relação de dispersão torna-se igual à do meio no espaço contínuo. Outra possibilidade para não dispersão é alcançada quando $v\Delta t = \Delta z$, mas essa condição não é adequada para obter a convergência no processo recursivo de cálculo das componentes descritas pelas Equações (27.63) a (27.68). De fato, para obter a convergência é necessário que $\Delta t << \Delta z/v$. Se o meio é dissipativo, é igualmente necessário que o passo de tempo seja bem menor que os tempos de relaxação ϵ/σ e μ/σ_m.

A Figura 27.8 mostra um esquema para análise da propagação de ondas eletromagnéticas a partir de um irradiador linear em um volume cúbico. Dois estilos de condição de contorno podem ser utilizados nessa análise. Se as paredes são condutoras, como em uma câmara ressonante, as componentes paralelas de campo elétrico nas paredes são nulas. A onda eletromagnética irradiada a partir da antena sofre reflexão nas paredes da câmara e a superposição de ondas estabelece uma distribuição de amplitudes conhecida como onda estacionária. Se a análise se refere ao espaço livre, as paredes da câmara devem ser modeladas como uma camada não refletora (geralmente designada pela sigla PML, da expressão em inglês *perfect matched layer*). Para modelar um contorno sem reflexão, é necessário definir uma camada de espessura w com propriedades $(\sigma, \mu, \epsilon, \sigma_m)$ diferentes do meio original, mas que resultem na mesma impedância característica do meio original e com um coeficiente de atenuação que resulte na absorção total da onda na espessura w (incluindo a onda refletida na parede refletora externa).

Se incorporarmos todas as perdas nas partes imaginárias da permeabilidade e da permissividade, a impedância característica e a constante de propagação serão dadas por:

$$Z_o = \sqrt{\frac{\mu_o}{\epsilon_o}} \sqrt{\frac{\mu' - j\mu''}{\epsilon' - j\epsilon''}} \qquad (27.75)$$

$$\gamma = j\omega\sqrt{\mu_o\epsilon_o}\sqrt{(\mu' - j\mu'')(\epsilon' - j\epsilon'')} \qquad (27.76)$$

Se assumirmos que $\mu''/\mu' = \epsilon''/\epsilon' = a$, obtemos:

$$Z_{PML} = \sqrt{\frac{\mu_o}{\epsilon_o}} \sqrt{\frac{\mu'}{\epsilon'}} \qquad (27.77)$$

$$\gamma_{PML} = j\omega\sqrt{\mu_o\mu'\epsilon_o\epsilon'}(1 - ja) = a\frac{\omega}{c}\sqrt{\mu'\epsilon'} + j\frac{\omega}{c}\sqrt{\mu'\epsilon'} \qquad (27.78)$$

Portanto, os parâmetros μ', ϵ' e a devem ser escolhidos de modo que Z_{PML} seja igual à impedância do meio de propagação e $Re(\gamma_{PML})$ seja adequada para

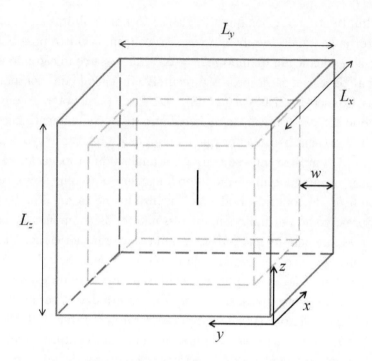

Figura 27.8: Esquema para análise da propagação de ondas eletromagnéticas a partir de um elemento irradiador linear no centro do volume cúbico. As paredes são perfeitamente refletoras. O contorno tracejado indica o limite interno da PML.

absorver toda a potência que entra na PML:

$$\exp\left(a\frac{\omega}{c}\sqrt{\mu'\epsilon'}w\right) = A \to a = \frac{c \ \ln(A)}{\omega w \sqrt{\mu'\epsilon'}} \tag{27.79}$$

em que A é a atenuação total dos campos da onda na espessura w da PML. Se o valor da atenuação for especificado em decibéis, deve-se substituir $ln(A)$ por $A/8,686$. Os coeficientes σ e σ_m da PML são obtidos a partir dos parâmetros μ', ϵ' e a da seguinte forma:

$$\sigma_{PML} = a\omega\epsilon'\epsilon_o \tag{27.80}$$

$$\sigma_{m\,PML} = a\omega\mu'\mu_o \tag{27.81}$$

O Programa 4 (disponível em www.blucher.com.br) foi elaborado para implementação do método das diferenças finitas no domínio tempo no caso da Figura 27.8. As arestas correspondem a quatro comprimentos de onda e são divididas em 100 segmentos. O parâmetro de malha em cada eixo é, portanto, $h = \lambda/25$. O meio de propagação é o vácuo e o passo de tempo foi definido em um décimo de h/c. O campo gerado na posição do irradiador foi definido como senoidal com frequência $f = c/\lambda$. Na Figura 27.9 são apresentados gráficos de superfície da distribuição de campo E_z no plano $z = 11$ m (1 m acima da posição do elemento irradiador) ao final do intervalo de tempo de simulação $t_{sim} = 2000\, dt = 200\, h/c$ (esse intervalo correspondente ao dobro do tempo necessário para a onda com velocidade c percorrer uma aresta do domínio de análise). O gráfico (a) refere-se a uma câmara ressonante, e o gráfico (b) ao espaço livre com atenuação $A = 10^3$ (60 dB) na PML. A distribuição de campo com paredes refletoras apresenta picos e vales característicos da onda estacionária como resultado da interferência entre ondas incidentes e refletidas nas paredes. Na simulação com PML a distribuição de campo obtida não apresenta interferência e a onda se propaga apenas para longe da posição central, onde se situa o elemento irradiador. Ao entrar na PML, a intensidade do campo cai rapidamente a zero devido ao processo de absorção da camada de material dissipativo.

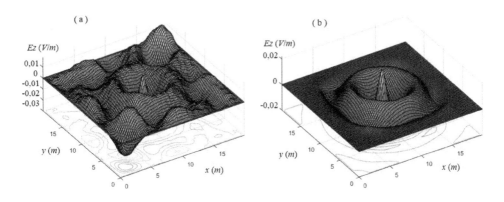

Figura 27.9: Distribuição de campo elétrico E_z no plano $z = 11$ m. Discretização com 100 divisões em cada eixo e parâmetro de malha de $0,2$ m. O meio de propagação é o vácuo e a frequência da onda gerada é 60 MHz. O tempo de simulação foi 133×10^{-9} s. (a) Paredes refletoras; b) espaço livre com PML.

As mais importantes aplicações do método FDTD ocorrem na análise de dispositivos ópticos e de micro-ondas com dimensões comparáveis ao comprimento de onda. Suas grandes vantagens são a simplicidade do algoritmo, a análise no domínio tempo com modelagem fácil de meios heterogêneos, anisotrópicos e não lineares, e o grande número de variáveis calculadas durante o processamento. Sua maior limitação é a forma retangular dos elementos de discretização espacial, que dificulta a representação de superfícies curvilíneas e pequenos detalhes geométricos. Essa dificuldade é superada com o método dos elementos finitos, que será abordado em seguida.

27.4 Método dos elementos finitos

O método dos elementos finitos utiliza elementos de discretização com ângulos que podem ser diferentes de 90°, o que permite a representação fiel de pequenos detalhes geométricos dos objetos no domínio de análise. A Figura 27.10 mostra os elementos geométricos mais comumente utilizados na discretização espacial nesse método (o triângulo nas análises bidimensionais e o tetraedro em três dimensões). A discussão a seguir aplica-se em duas dimensões.

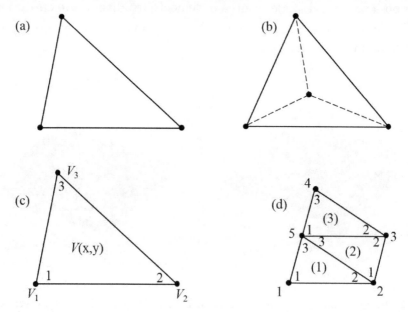

Figura 27.10: Elementos de discretização espacial usados no método dos elementos finitos. a) Elemento triangular em duas dimensões; b) elemento tetraédrico em três dimensões; c) numeração interna de um elemento e potencial como função das coordenadas espaciais e dos potenciais nos vértices; d) malha com três elementos e cinco nós. Os números entre parênteses indicam os elementos. Os números internos são locais e os externos são globais.

Um domínio bidimensional é dividido em um grande número de triângulos. No interior de cada triângulo, o potencial (elétrico ou magnético) é escrito como uma função linear das coordenadas espaciais:

$$V(x, y) = k_1 + k_2 x + k_3 y \tag{27.82}$$

Capítulo 27 – Cálculo eletromagnético computacional

em que k_1, k_2, e k_3 são coeficientes a determinar. Substituindo essa função nas posições dos nós 1, 2 e 3 nos vértices de um triângulo (Figura 27.10c), podemos organizar um sistema linear com a seguinte forma geral:

$$\begin{bmatrix} V_1 \\ V_2 \\ V_3 \end{bmatrix} = \begin{pmatrix} 1 & x_1 & y_1 \\ 1 & x_2 & y_2 \\ 1 & x_3 & y_3 \end{pmatrix} \begin{bmatrix} k_1 \\ k_2 \\ k_3 \end{bmatrix} \tag{27.83}$$

A solução desse sistema fornece os valores dos coeficientes:

$$\begin{bmatrix} k_1 \\ k_2 \\ k_3 \end{bmatrix} = \begin{pmatrix} t_{11} & t_{12} & t_{13} \\ t_{21} & t_{22} & t_{23} \\ t_{31} & t_{32} & t_{33} \end{pmatrix} \begin{bmatrix} V_1 \\ V_2 \\ V_3 \end{bmatrix} \tag{27.84}$$

$$\begin{pmatrix} t_{11} & t_{12} & t_{13} \\ t_{21} & t_{22} & t_{23} \\ t_{31} & t_{32} & t_{33} \end{pmatrix} = \begin{pmatrix} 1 & x_1 & y_1 \\ 1 & x_2 & y_2 \\ 1 & x_3 & y_3 \end{pmatrix}^{-1}$$

o que permite reescrever o potencial no interior de um elemento como função dos potenciais dos vértices:

$$\begin{aligned} V_e\left(x, y\right) &= [1 \; x \; y]_e \begin{pmatrix} t_{11} & t_{12} & t_{13} \\ t_{21} & t_{22} & t_{23} \\ t_{31} & t_{32} & t_{33} \end{pmatrix}_e \begin{bmatrix} V_1 \\ V_2 \\ V_3 \end{bmatrix}_e \\ &= (t_{11} + t_{21}x + t_{31}y)_e V_{1e} + (t_{12} + t_{22}x + t_{32}y)_e V_{2e} + (t_{13} + t_{23}x + t_{33}y)_e V_{3e} \\ &= T_{1e}V_{1e} + T_{2e}V_{2e} + T_{3e}V_{3e} \end{aligned} \tag{27.85}$$

em que o índice e indica um elemento triangular da malha de discretização.

Uma solução geral para o potencial em todo o domínio de análise pode ser obtida com a superposição linear dos potenciais nos elementos:

$$\tilde{V}\left(x, y\right) = \sum_{e=1}^{N_e} V_e\left(x, y\right) \tag{27.86}$$

em que N_e é o número de elementos na malha. Note que cada termo V_e se anula fora dos limites do elemento correspondente.

Para mostrar de maneira simples como a função resultante para o potencial no domínio depende dos potenciais dos nós da malha, usaremos o esquema de

504 Análise de sistemas eletromagnéticos

discretização mostrado na Figura 27.10d. Note que existe uma numeração global dos nós diferente da numeração local. Por exemplo, enquanto o nó 1 da malha corresponde ao nó 1 do elemento 1, o nó 2 corresponde aos nós 2 e 1 dos elementos 1 e 2, respectivamente, e o nó 5 corresponde aos nós 3, 3 e 1 dos elementos 1, 2 e 3, respectivamente. Usando a Equação (27.85), a soma descrita na equação anterior pode ser reescrita na seguinte forma:

$$
\begin{aligned}
\tilde{V} &= (T_{11}V_{11} + T_{21}V_{21} + T_{31}V_{31}) + (T_{12}V_{12} + T_{22}V_{22} + T_{32}V_{32}) \\
&\quad + (T_{13}V_{13} + T_{23}V_{23} + T_{33}V_{33})
\end{aligned}
\tag{27.87}
$$

Agora, substituindo a numeração local pela global, obtemos:

$$
\begin{aligned}
\tilde{V} &= (T_{11}V_1 + T_{21}V_2 + T_{31}V_5) + (T_{12}V_2 + T_{22}V_3 + T_{32}V_5) \\
&\quad + (T_{13}V_5 + T_{23}V_3 + T_{33}V_4) = T_{11}V_1 + (T_{21} + T_{12})\,V_2 \\
&\quad + (T_{22} + T_{23})\,V_3 + T_{33}V_4 + (T_{31} + T_{32} + T_{13})\,V_5 = \sum_{n=1}^{N_p} f_n V_n
\end{aligned}
\tag{27.88}
$$

em que N_p é o número de nós na malha.

As funções f são obtidas como combinações das funções T segundo uma lógica bem simples: a função f_n é a soma das funções T_{ie} do nós locais i (=1, 2 ou 3) dos elementos e que estão conectados ao nó global n. A Equação (27.88) sugere que a solução para o potencial em todo o domínio de análise seja encarada como uma expansão na base de funções f_n na qual os coeficientes da série são os potenciais de nó da malha. O cálculo desses potenciais pode ser realizado em um processo de minimização de erro médio entre a resposta esperada na equação diferencial correspondente e a resposta obtida pelo processamento numérico.

Considere a equação diferencial para o potencial $\nabla \cdot (\alpha \nabla V) = g$, em que $\alpha(x, y)$ é uma função que descreve uma propriedade do meio e $g(x, y)$ é a função que descreve a fonte. Se α é a permissividade elétrica do meio e g é o negativo da densidade volumétrica de carga, temos a equação de Poisson. Se α for a condutividade elétrica do meio e g for a taxa de variação no tempo da densidade volumétrica de carga, resulta a equação da continuidade. Se g é nula, temos a equação de Laplace. O erro (resíduo) no cálculo da solução aproximada é dado por $R = \nabla \cdot (\alpha \nabla V) - g$. A solução $V(x, y)$ aproximada pode ser obtida com o método dos resíduos ponderados, no qual o valor médio do resíduo convenientemente calculado é igualado a zero e os coeficientes V_n da série mostrada na Equação (27.88) são obtidos como solução do sistema de equações resultante. Para isso, devem ser usadas funções de ponderação $w(x, y)$ que descrevem a importância

Capítulo 27 – Cálculo eletromagnético computacional · 505

relativa de cada elemento de malha no cálculo do valor médio:

$$\int_S \left[\nabla \cdot \left(\alpha(x,y) \nabla \tilde{V}(x,y) \right) - g(x,y) \right] w(x,y) dS = 0 \tag{27.89}$$

em que a área S refere-se ao domínio de análise. O método de Galerkin consiste em utilizar como funções de ponderação as próprias funções f_m (com m variando entre 1 e N_p) da base de expansão do potencial no domínio de análise. Assim, substituindo o resultado da Equação (27.88), obtemos:

$$\int_S \left[\nabla \cdot \left(\alpha \sum_{n=1}^{N_p} V_n \nabla f_n \right) - g \right] f_m dS = 0 \tag{27.90}$$

Usando operações algébricas simples e a Equação (6.24), podemos expandir essa equação na seguinte forma:

$$\int_S \nabla \cdot \left(\alpha \sum_{n=1}^{N_p} V_n \nabla f_n \right) f_m dS = \int_S f_m g dS$$

$$\rightarrow \int_S \nabla \cdot \left(f_m \alpha \sum_{n=1}^{N_p} V_n \nabla f_n \right) dS - \int_S \nabla f_m \cdot \left(\alpha \sum_{n=1}^{N_p} V_n \nabla f_n \right) dS = \int_S f_m g dS \tag{27.91}$$

Utilizando o teorema de Gauss em duas dimensões, resulta:

$$\oint_C f_m \alpha \vec{E} \cdot \vec{u}_n dL + \sum_{n=1}^{N_p} V_n \int_S \alpha \nabla f_m \cdot \nabla f_n dS = - \int_S f_m g dS \tag{27.92}$$

em que $\vec{E} = - \sum V_n \nabla f_n$ é o campo elétrico. Essa equação relaciona os potenciais dos nós na malha com a fonte g e com o campo elétrico normal ($\vec{E} \cdot \vec{u}_n$) no contorno do domínio de análise. Usando todas as funções f_m com m variando de 1 até N_p, obtemos um sistema de equações para os potenciais dos nós:

$$\sum_{n=1}^{N_p} C_{mn} V_n = - \int_S f_m g dS - \oint_C f_m \alpha \vec{E} \cdot \vec{u}_n dL \quad \leftarrow m = 1, 2, ..., N_p \tag{27.93}$$

$$C_{mn} = \int_S \alpha \nabla f_m \cdot \nabla f_n dS \tag{27.94}$$

506   Análise de sistemas eletromagnéticos

Uma vez que as funções f_n são lineares nas coordenadas x e y, os gradientes na Equação (27.94) são uniformes nas áreas dos elementos da malha. Assim, os coeficientes podem ser calculados por meio de um somatório incluindo apenas os elementos comuns às funções f_m e f_n:

$$C_{mn} = \sum_e \alpha_e (t_{2m'}\vec{u}_x + t_{3m'}\vec{u}_y)_e \cdot (t_{2n'}\vec{u}_x + t_{3n'}\vec{u}_y)_e S_e$$

$$= \sum_e \alpha_e (t_{2m'} t_{2n'} + t_{3m'} t_{3n'})_e S_e \qquad (27.95)$$

em que m' e n' são os números internos que correspondem aos nós m e n no elemento e.

A solução do sistema formado pelas Equações (27.93) e (27.94) fornece os potenciais de nós. A partir desses valores, o potencial em qualquer posição de um elemento pode ser obtido com a Equação (27.85). Como exemplo, consideremos a solução do problema eletrostático ilustrado na Figura 27.11a: dois eletrodos paralelos ligados a potenciais elétricos estáticos e separados por um isolante com área um pouco maior que os eletrodos. Nas superfícies de contorno do domínio de análise, o campo elétrico normal é considerado nulo. Para esse sistema, as equações dos potenciais dos nós são homogêneas:

$$\sum_{n=1}^{N_p} C_{mn} V_n = 0 \ \leftarrow\ m = 1, 2, ..., N_p \qquad (27.96)$$

A Figura 27.11b apresenta uma possível malha de discretização espacial para essa análise. A malha é mais bem resolvida na região central para que a interface entre os materiais seja mais bem representada. Além disso, os elementos da malha são menores onde o campo elétrico é mais intenso. Essa é uma estratégia importante para maximizar a exatidão do cálculo. Esse esquema de discretização é relativamente simples e fácil de implementar no programa de simulação. Para interfaces mais complexas, outros esquemas mais elaborados podem ser utilizados de modo a garantir que os triângulos adjacentes tenham arestas coincidentes com a interface. Esse é um requisito importante para obter melhor representação de geometrias complexas.

O Programa 5 (disponível em www.blucher.com.br) foi elaborado para essa análise. Alguns passos importantes no processo de cálculo podem ser destacados para maior clareza no estudo desse código-fonte:

a) Os vetores de coordenadas discretas são definidos de acordo com o número de divisões e parâmetros de malha.

Capítulo 27 – Cálculo eletromagnético computacional

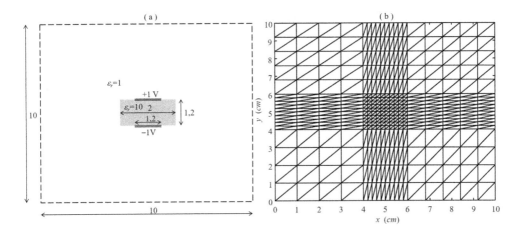

Figura 27.11: Ilustração para análise de uma estrutura bidimensional por elementos finitos. (a) Esquema geométrico com dimensões em centímetros. A área sombreada é o isolante com constante dielétrica 10 e as barras ligadas aos potenciais simétricos são eletrodos metálicos. (b) Esquema de discretização com malha não regular com grande densidade de elementos nas regiões em que o campo elétrico é mais intenso.

b) Os elementos triangulares da malha são numerados e os nós de seus vértices são identificados pelas numerações interna e externa.

c) Os vetores de área e a constante dielétrica dos elementos são definidos.

d) A matriz tridimensional T contém os coeficientes das funções T_{ie} de cada elemento. Note que, para cada elemento, a matriz bidimensional correspondente é organizada da seguinte forma:

$$T_e = \begin{pmatrix} t_{11} & t_{21} & t_{31} \\ t_{12} & t_{22} & t_{32} \\ t_{13} & t_{23} & t_{33} \end{pmatrix} \qquad (27.97)$$

Ou seja, é a transposta da matriz dos coeficientes t_{mn} mostrada na Equação (27.84).

e) Os coeficientes C_{mn} do sistema de equações para os potenciais de nós são calculados de acordo com a Equação (27.95). O vetor de conexões é organizado para permitir localizar e identificar todos os nós conectados por arestas de elementos da malha.

f) Finalmente, na última parte do programa os nós ligados aos eletrodos são identificados e o sistema de equações para os potenciais é resolvido com o método de Gauss-Seidel.

A Figura 27.12 mostra dois resultados obtidos nessa análise: a distribuição de linhas equipotenciais e a distribuição de intensidade de campo elétrico. Essas imagens foram construídas com valores de potencial e campo calculados em uma malha de 100 × 100 pontos distribuídos uniformemente no domínio de análise. Para uma posição arbitrária (x_o, y_o) no domínio, o cálculo do potencial pode ser feito usando-se a matriz T_e descrita na equação anterior:

$$V(x_o, y_o) = [V_1 V_2 V_3]_e \begin{pmatrix} t_{11} & t_{21} & t_{31} \\ t_{12} & t_{22} & t_{32} \\ t_{13} & t_{23} & t_{33} \end{pmatrix}_e \begin{bmatrix} 1 \\ x_o \\ y_o \end{bmatrix} \qquad (27.98)$$

em que o elemento que contém essa posição deve ser identificado previamente. O campo elétrico é obtido a partir do gradiente do potencial no interior do elemento na seguinte forma:

$$[E_x \; E_y] = -[V_1 V_2 V_3]_e \begin{pmatrix} t_{21} & t_{31} \\ t_{22} & t_{32} \\ t_{23} & t_{33} \end{pmatrix}_e \qquad (27.99)$$

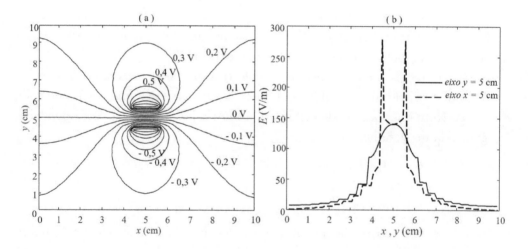

Figura 27.12: Resultados da análise do sistema bidimensional da Figura 27.11a com o método dos elementos finitos. Malha com 1600 nós e 3042 elementos triangulares. (a) Distribuição de linhas equipotenciais. Para maior clareza, apenas os valores de potencial até ±0,5 V são indicados. (b) Distribuição de campo elétrico nos eixos $x = 5$ cm e $y = 5$ cm. Os gráficos foram construídos com uma resolução de 100 × 100 pontos distribuídos uniformemente no domínio de análise.

Uma aplicação especialmente importante do método dos elementos finitos ocorre na análise de circuitos magnéticos. A Figura 27.13 mostra um modelo bidimensional de circuito magnético contendo um núcleo retangular e uma bobina.

Capítulo 27 – Cálculo eletromagnético computacional

Usaremos uma malha de discretização espacial semelhante àquela mostrada na Figura 27.11b. O circuito será posicionado no interior da região de alta densidade de elementos. A equação a ser discretizada e resolvida é baseada na lei de Ampère. Assumindo que a permeabilidade magnética e a condutividade são funções das coordenadas espaciais, a equação para o potencial magnético pode ser escrita na seguinte forma:

$$\nabla \times \left[\frac{\nabla \times \vec{A}}{\mu} \right] = \vec{j}_s - \sigma \frac{\partial \vec{A}}{\partial t} \qquad (27.100)$$

em que $\vec{j}_s$ é a densidade de corrente na bobina e o termo $-\partial \vec{A}/\partial t$ é o campo elétrico induzido pela variação de fluxo magnético no meio.

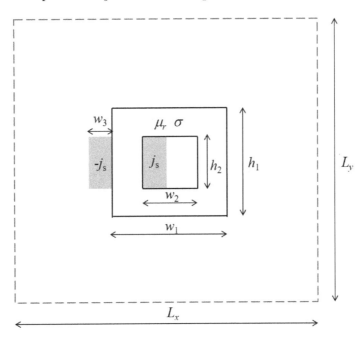

Figura 27.13: Modelo geométrico bidimensional de um circuito magnético no qual o núcleo tem permeabilidade relativa μ_r e condutividade σ e a bobina tem densidade de corrente j_s.

Consideraremos que a excitação $\vec{j}_s$ varia senoidalmente no tempo e, por isso, usaremos a representação fasorial da equação anterior. Uma vez que o circuito magnético é bidimensional e a densidade de corrente é perpendicular ao plano da imagem na Figura 27.13, o potencial magnético apresenta apenas componente perpendicular. Desse modo, para o lado esquerdo da equação anterior, temos:

$$\nabla \times \vec{A} = \frac{\partial A}{\partial y} \vec{u}_x - \frac{\partial A}{\partial x} \vec{u}_y = \nabla A \times u_z \qquad (27.101)$$

$$\nabla \times \left(\frac{\nabla A}{\mu} \times \vec{u}_z \right) = (\nabla \cdot \vec{u}_z) \frac{\nabla A}{\mu} - \left(\nabla \cdot \frac{\nabla A}{\mu} \right) \vec{u}_z + (\vec{u}_z \cdot \nabla) \frac{\nabla A}{\mu}$$

$$- \left(\frac{\nabla A}{\mu} \cdot \nabla \right) \vec{u}_z = - \left(\nabla \cdot \frac{\nabla A}{\mu} \right) \vec{u}_z \qquad (27.102)$$

em que usamos a Equação (9.25) e o fato de $\vec{u}_z$ ser constante e perpendicular ao plano no qual o potencial é definido. Substituindo esse resultado na Equação (27.100) e usando a representação fasorial, obtemos:

$$\nabla \cdot \left(\frac{\nabla \dot{A}}{\mu_r} \right) - j\omega\sigma\mu_o \dot{A} = -\mu_o \dot{j}_s \qquad (27.103)$$

Procedemos agora à minimização do resíduo, de modo análogo ao efetuado anteriormente por ocasião da Equação (27.90):

$$\int_S \left[\nabla \cdot \left(\frac{\nabla \dot{A}}{\mu_r} \right) - j\omega\sigma\mu_o \dot{A} + \mu_o \dot{j}_s \right] f_m dS = 0 \qquad (27.104)$$

Separando os termos e aplicando o teorema de Gauss, resulta:

$$\int_S \nabla \cdot \left(\frac{\nabla \dot{A}}{\mu_r} \right) f_m dS - j\omega\mu_o \int_S \sigma \dot{A} f_m dS + \int_S \mu_o \dot{j}_s f_m dS = 0$$

$$\rightarrow \int_S \frac{\nabla f_m \cdot \nabla \dot{A}}{\mu_r} dS + j\omega\mu_o \int_S \sigma \dot{A} f_m dS = \int_S \mu_o \dot{j}_s f_m dS + \oint_C f_m \frac{\nabla \dot{A}}{\mu_r} \cdot \vec{u}_n dL$$

$$(27.105)$$

Assumimos como válida a condição de contorno de Neumann ($\nabla A \cdot \vec{u}_n = 0$) e substituímos a solução aproximada pela série das funções dos nós como mostra a Equação (27.88):

$$\tilde{A} = \sum_{n=1}^{N_p} f_n \dot{A}_n \qquad (27.106)$$

Como resultado, temos:

$$\sum_{n=1}^{N_p} \dot{A}_n \left[\int_S \frac{\nabla f_m \cdot \nabla f_n}{\mu_r} dS + j\omega\mu_o \int_S \sigma f_n f_m dS \right] = \mu_o \int_S \dot{j}_s f_m dS$$

$$\rightarrow \sum_{n=1}^{N_p} C_{mn} \dot{A}_n = g_m \qquad (27.107)$$

Capítulo 27 – Cálculo eletromagnético computacional

$$C_{mn} = \int_S \frac{\nabla f_m \cdot \nabla f_n}{\mu_r} dS + j\omega\mu_o \int_S \sigma f_n f_m dS \qquad (27.108)$$

$$g_m = \mu_o \int_S j_s f_m dS \qquad (27.109)$$

Resolvendo esse sistema de equações, obtemos os potenciais dos nós e, a partir disso, o potencial magnético em qualquer parte do domínio de análise pode ser calculado.

O Programa 6 (disponível em www.blucher.com.br) apresenta o código computacional para esse procedimento. A parte relativa à discretização e à obtenção da matriz T e do vetor de conexões é igual ao código já apresentado no exemplo anterior. As diferenças no procedimento atual são os cálculos da parte imaginária dos coeficientes C_{mn} e do vetor de excitação g_m. Esses cálculos envolvem integrações nas áreas dos elementos de malha. No código apresentado, esse processo é executado calculando-se a posição média em cada elemento e realizando os somatórios:

$$Im\,[C_{mn}] = \omega\mu_o \sum_e \sigma f_n\,(\bar{x}, \bar{y})\,f_m\,(\bar{x}, \bar{y})\,\Delta S \qquad (27.110)$$

$$g_m = \mu_o \sum_e j_s f_m\,(\bar{x}, \bar{y})\,\Delta S \qquad (27.111)$$

em que a barra acima das coordenadas indica a posição central nos elementos triangulares da malha. O somatório estende-se a todos os elementos que contêm os nós correspondentes às funções f_m e f_n.

As Figuras 27.14 e 27.15 apresentam resultados obtidos a partir da distribuição de potencial magnético calculado para o sistema descrito na Figura 27.13. A Figura 27.14a mostra a distribuição superficial de potencial, e a Figura 27.14b, a distribuição de indução magnética para um núcleo com condutividade nula. Note que o potencial varia apenas no interior do núcleo, o que resulta em indução magnética fortemente concentrada nessa região e praticamente nula fora dela. A Figura 27.15a mostra a indução magnética ao longo de um eixo y que atravessa perpendicularmente as paredes do núcleo na posição central da figura. A Figura 27.15b mostra a indução magnética em uma direção x que atravessa paralelamente um dos braços do núcleo.

Três valores de condutividade foram usados nas simulações e notam-se diferenças muito significativas entre os três resultados. Basicamente, a indução magnética diminui com o aumento da condutividade. Isso resulta das correntes induzidas pelo fluxo magnético variável no tempo, sendo a principal razão para o mau desempenho de núcleos de ferro em altas frequências. A laminação do núcleo reduz esse efeito, de modo que a utilização em 60 Hz ou frequências próximas torna-se possível. Nas aplicações que envolvam frequências na faixa de kHz a MHz, é necessário utilizar núcleos magnéticos de baixa condutividade como aqueles construídos com ferrites.

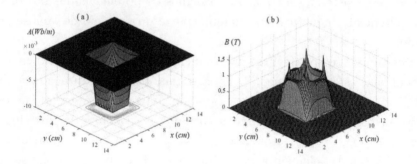

Figura 27.14: Resultados obtidos da análise do circuito da Figura 27.13 com o método dos elementos finitos. a) Potencial magnético; b) módulo da indução magnética. Dados: malha com 2500 nós e 4802 elementos; $w_1 = h_1 = 5$ cm; $w_2 = h_2 = 3$ cm; $w_3 = 0,5$ cm; $\mu_r = 1000$; $\sigma = 0$ S/m; $j_s = 10^6$ A/m^2.

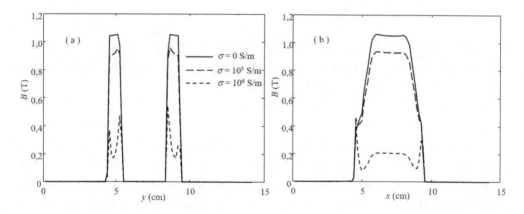

Figura 27.15: Distribuição de indução magnética no circuito em dois eixos perpendiculares para três condutividades diferentes do núcleo. a) Eixo y, que atravessa perpendicularmente o núcleo na posição central; b) eixo x, que atravessa paralelamente um dos braços do núcleo.

Além da técnica dos resíduos ponderados, o método dos elementos finitos também pode ser aplicado com a técnica variacional de solução de equações diferenciais, a qual é baseada na minimização de funcionais relacionados a certas

Capítulo 27 – Cálculo eletromagnético computacional   513

leis de conservação do sistema. Considere, como exemplo, a equação diferencial:

$$Df = g \tag{27.112}$$

em que D é um operador diferencial, g é uma função que caracteriza a fonte e f é a solução desejada. Um funcional pode ser obtido da seguinte forma:

$$I\left(f\right) = \frac{1}{2}\left\langle f, Df \right\rangle - \left\langle f, g \right\rangle \tag{27.113}$$

em que o símbolo $\left\langle f, g \right\rangle$ indica produto escalar das funções.

Considere um incremento na função $f \to f + \delta f$. A variação correspondente do funcional é:

$$\begin{aligned}
\Delta I &= I\left(f + \delta f\right) - I\left(f\right) = \frac{1}{2}\left\langle f + \delta f, D\left(f + \delta f\right) \right\rangle - \left\langle f + \delta f, g \right\rangle \\
&- \frac{1}{2}\left\langle f, Df \right\rangle + \left\langle f, g \right\rangle
\end{aligned} \tag{27.114}$$

Assumindo a linearidade do operador D, o primeiro produto escalar do lado direito da igualdade pode ser expandido em quatro termos. O segundo produto pode ser expandido em dois termos. Assim, a expressão pode ser significativamente simplificada:

$$\Delta I = \frac{1}{2}\left\langle \delta f, Df \right\rangle + \frac{1}{2}\left\langle f, D\delta f \right\rangle + \frac{1}{2}\left\langle \delta f, D\delta f \right\rangle - \left\langle \delta f, g \right\rangle \tag{27.115}$$

Se o operador diferencial é autoadjunto (hermitiano), os dois primeiros termos no lado direito são iguais. O terceiro termo envolve multiplicação de diferenças infinitesimais e pode ser desprezado. Assim, a variação do funcional é obtida na seguinte forma:

$$\begin{aligned}
\Delta I &= \left\langle \delta f, Df \right\rangle - \left\langle \delta f, g \right\rangle \\
&\to \Delta I = \int_{\Omega} \delta f^* \, Df \, d\Omega - \int_{\Omega} \delta f^* \, g \, d\Omega = \int_{\Omega} \delta f^* \left(Df - g\right) d\Omega
\end{aligned} \tag{27.116}$$

Com isso, vemos que para minimizar o funcional deve-se minimizar o termo $\left(Df - g\right)$. O estado estacionário é obtido quando $\Delta I = 0$, o que resulta na condição $Df = g$, ou seja, implica a função f que satisfaz a equação diferencial original. Portanto, uma solução aproximada para o problema pode ser obtida com o método dos elementos finitos pela minimização do funcional no domínio de análise.

514 Análise de sistemas eletromagnéticos

Por exemplo, em um problema bidimensional como aqueles tratados nos exemplos anteriores, substituindo $f = \sum f_n V_n$, podemos escrever:

$$\sum_n V_n \int_S \left(\frac{1}{2} \langle f_n, D f_n \rangle - \langle f_n, g \rangle \right) f_m dS = 0 \tag{27.117}$$

Se $D = -\nabla \cdot (\epsilon \nabla)$ e $g = \rho_V$, a solução dessa equação na malha de elementos finitos fornece a distribuição de potencial elétrico no domínio de análise. O desenvolvimento desse cálculo é similar ao que foi apresentado nos exemplos anteriores, mas não trataremos dos detalhes desse processo.

27.5 Método dos momentos

O método dos momentos é especialmente apropriado para resolver equações que envolvem operadores integrais em domínios abertos, como os cálculos de densidade de carga e potencial elétrico a partir de um condutor carregado e de potencial magnético e campos irradiados por um condutor que transporta corrente elétrica variável no tempo. Seja um problema caracterizado pela equação $Df = g$ com condições de contorno especificadas. Se a solução f é escrita como uma combinação de funções de uma base predefinida (h_n), $f = \sum a_n h_n$, então o problema numérico a resolver é descrito da seguinte forma:

$$\sum_n a_n D h_n = g \tag{27.118}$$

Para aplicar o método dos resíduos ponderados na obtenção dos coeficientes a_n, devemos definir um conjunto de funções de ponderação w_m para calcular a média do resíduo que deve ser nula:

$$\sum_n a_n \langle w_m, D h_n \rangle = \langle w_m, g \rangle \tag{27.119}$$

Se o número de funções de base e de ponderação é o mesmo, essa expressão descreve um sistema de equações para os coeficientes a_n. O método de Galerkin consiste em utilizar $w_n = h_n$.

Como exemplo elementar considere um condutor retilíneo de raio r_c ligado a uma fonte de tensão constante de potencial V_o, como mostra a Figura 27.16a. De acordo com resultados bem conhecidos da eletrostática, podemos calcular o potencial em todo o espaço por meio da equação:

$$\frac{1}{4\pi\epsilon_o} \int_0^l \frac{\rho_L(z')dz'}{|r - r'|} = V(r) \tag{27.120}$$

Capítulo 27 – Cálculo eletromagnético computacional

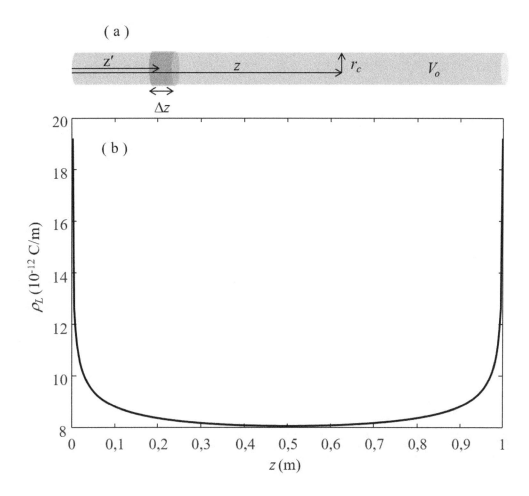

Figura 27.16: Distribuição de densidade de carga elétrica em um fio condutor ligado a um potencial elétrico. Cálculo efetuado com o método dos momentos. Discretização com 300 elementos. Dados: $r_c = 1$ mm, $l = 1$ m, $V_o = 1$ V.

Para calcular o potencial elétrico no espaço, precisamos obter a distribuição de densidade de carga no fio. Dividimos o fio em N segmentos de comprimento $\Delta z = l/N$ e definimos uma base de funções para expansão da função $\rho_L(z)$. Embora existam diversas opções, a mais simples é a função constante por intervalos:

$$h_n(z) = \begin{cases} 1 \leftarrow (n-1)\Delta z \leq z < n\Delta z \\ 0 \leftarrow z < (n-1)\Delta z \text{ ou } z \geq n\Delta z \end{cases} \quad (27.121)$$

516   Análise de sistemas eletromagnéticos

A densidade de carga no fio é então descrita pela expressão:

$$\rho_L(z) = \sum_{n=1}^{N} a_n h_n(z) \tag{27.122}$$

Substituindo na Equação (27.120), obtemos para o potencial na superfície do fio a seguinte expressão:

$$\sum_{n=1}^{N} a_n \left[\int_0^l \frac{h_n(z')dz'}{|r - r'|_s} \right] = 4\pi\epsilon_o V_o \tag{27.123}$$

em que o índice s indica que a posição de cálculo situa-se na superfície do condutor.

Podemos adotar o ponto central $(n - 1/2)\Delta z$ para designar uma posição axial discreta. Mostra-se que a integral na equação anterior resulta nas expressões a seguir conforme a posição axial na superfície do fio:

$$\int_0^l \frac{h_n(z')dz'}{|r - r'|_s} = \frac{\Delta z}{\sqrt{r_c^2 + [z - (n - 1/2)\,\Delta z]^2}} \quad \leftarrow z \neq (n - 1/2)\Delta z \tag{27.124}$$

$$\int_0^l \frac{h_n(z')dz'}{|r - r'|_s} = 2Ln \left[\frac{\Delta z + \sqrt{\Delta z^2 + (2r_c)^2}}{2r_c} \right] \quad \leftarrow z = (n - 1/2)\Delta z \tag{27.125}$$

Designando esse resultado como $p_n(z)$, podemos agora obter a minimização da média do resíduo na Equação (27.123), $R = \sum a_n p_n - 4\pi\epsilon_o V_o$, com a função de ponderação $h_m(z)$:

$$\left\langle h_m(z), \sum_{n=1}^{N} a_n p_n(z) - 4\pi\epsilon_o V_o \right\rangle = 0$$

$$\rightarrow \sum_{n=1}^{N} a_n \left\langle h_m(z), p_n(z) \right\rangle = 4\pi\epsilon_o \left\langle h_m(z), V_o \right\rangle \tag{27.126}$$

$$\rightarrow \sum_{n=1}^{N} C_{mn} a_n = 4\pi\epsilon_o V_m$$

Capítulo 27 – Cálculo eletromagnético computacional

Com esse procedimento, obtemos um sistema de equações para os coeficientes a_n da distribuição de carga no fio. Os coeficientes desse sistema são:

$$C_{nm} = \int_0^l h_m^* p_n dz = \int_{(m-1)\Delta z}^{m\Delta z} p_n dz$$

$$= 2\Delta z Ln \left[\frac{\Delta z + \sqrt{\Delta z^2 + (2r_c)^2}}{2r_c} \right] \quad \leftarrow \quad m = n \tag{27.127}$$

$$C_{nm} = \int_0^l h_m^* p_n dz = \int_{(m-1)\Delta z}^{m\Delta z} \frac{\Delta z}{\sqrt{r_c^2 + [z - (n-1/2)\Delta z]^2}} dz$$

$$= \frac{(\Delta z)^2}{\sqrt{r_c^2 + (m-n)^2 (\Delta z)^2}} \quad \leftarrow \quad m \neq n \tag{27.128}$$

$$V_m = \int_0^l h_m^* V_o dz = V_o \Delta z \tag{27.129}$$

A solução computacional para conclusão dessa análise é deixada como exercício ao leitor. A Figura 27.16b mostra a distribuição de densidade de carga obtida com o método dos momentos em um condutor retilíneo com comprimento de 1 m e raio de 1 mm ligado a uma fonte de potencial de 1 V.

Uma aplicação muito importante do método dos momentos é a análise de dispositivos irradiadores e refletores de ondas eletromagnéticas. Tomemos como exemplo o irradiador prático mais simples e popular, conhecido como antena dipolo, mostrado na Figura 27.17. De acordo com a teoria do potencial retardado apresentada no Capítulo 20, o potencial irradiado por uma corrente filamentar e o campo elétrico associado no vácuo são dados por:

$$\dot{\vec{A}} = \frac{\mu_o}{4\pi} \int_{L'} \frac{\dot{I}(\vec{r}') e^{-j\beta|\vec{r}-\vec{r}'|} d\vec{L}}{|\vec{r}-\vec{r}'|} \tag{27.130}$$

$$\dot{\vec{E}} = -j\omega\dot{\vec{A}} - \nabla\dot{V} = -j\omega\dot{\vec{A}} - j\nabla\left(\frac{\nabla\cdot\dot{\vec{A}}}{\omega\mu_o\epsilon_o}\right)$$

$$= -\frac{j}{\omega\mu_o\epsilon_o}\left[\omega^2\mu_o\epsilon_o\dot{\vec{A}} + \nabla\left(\nabla\cdot\dot{\vec{A}}\right)\right] \tag{27.131}$$

$$= -\frac{j}{\omega\mu_o\epsilon_o}\left[\beta^2\dot{\vec{A}} + \nabla\left(\nabla\cdot\dot{\vec{A}}\right)\right]$$

em que usamos a transformação de calibre de Lorentz envolvendo os potenciais elétrico e magnético.

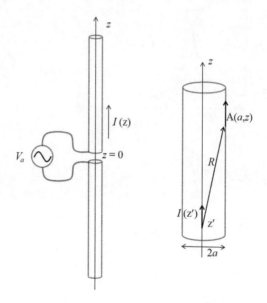

Figura 27.17: Modelo físico para análise da irradiação de uma antena dipolo com o método dos momentos.

Na Figura 27.17, o irradiador é retilíneo e está localizado no eixo z. Assim, o potencial magnético tem apenas uma componente na direção z. Na superfície do condutor, devemos calcular o potencial e o campo paralelos. Segundo as equações anteriores, essas componentes podem ser reescritas de maneira mais simples:

$$\dot{A}_z = \frac{\mu_o}{4\pi} \int_{-l/2}^{+l/2} \frac{\dot{I}(z') e^{-j\beta R}}{R} dz' \tag{27.132}$$

$$\dot{E}_z = -\frac{j}{\omega \mu_o \epsilon_o} \left(\beta^2 \dot{A}_z + \frac{\partial^2 \dot{A}_z}{\partial z^2} \right) \tag{27.133}$$

em que R é a distância entre um ponto na superfície do condutor e outro no filamento central no qual, por hipótese, a corrente elétrica está concentrada:

$$R = \sqrt{a^2 + (z - z')^2} \tag{27.134}$$

Reunindo as Equações (27.132) e (27.133), obtemos:

$$\int_{-l/2}^{+l/2} \dot{I}(z') \left(\beta^2 + \frac{\partial^2}{\partial z^2} \right) \left(\frac{e^{-j\beta R}}{R} \right) dz' = j4\pi\omega\epsilon_o \dot{E}_z \tag{27.135}$$

Capítulo 27 – Cálculo eletromagnético computacional

que é conhecida como equação integral de Pocklington. O termo diferencial no integrando é calculado a seguir:

$$\frac{d^2}{dz^2}\left(\frac{e^{-j\beta R}}{R}\right) = \frac{d}{dz}\left[\frac{d}{dR}\left(\frac{e^{-j\beta R}}{R}\right)\frac{dR}{dz}\right] = -\frac{d}{dz}\left[e^{-j\beta R}\frac{1+j\beta R}{R^3}(z-z')\right]$$

$$= -\left[\frac{(z-z')^2}{R}\frac{d}{dR}\left(e^{-j\beta R}\frac{1+j\beta R}{R^3}\right) + e^{-j\beta R}\frac{1+j\beta R}{R^3}\right]$$

$$(27.136)$$

em que dR/dz é calculado a partir da Equação (27.134). Efetuando as derivadas finais e substituindo na Equação (27.135), após simplificações, obtemos:

$$\int_{-l/2}^{+l/2} \dot{I}\left(z'\right)\left[\beta^2 a^2 + \left(2 - 3a^2/R^2\right)(1+j\beta R)\right]\frac{e^{-j\beta R}}{R^3}dz' = j4\pi\omega\epsilon_o\dot{E}_z \quad (27.137)$$

Por meio do método dos momentos, podemos resolver essa equação para obter a distribuição de corrente na antena. Para isso, é necessário especificar a distribuição de campo elétrico na sua superfície. Uma aproximação geralmente utilizada consiste em definir o campo elétrico no *gap* no centro do dipolo como dado pela tensão aplicada dividida pelo espaçamento do *gap*: $E_z(z=0) = V_a/d$. No restante do comprimento do dipolo, o campo paralelo é considerado nulo. A distribuição de corrente na antena pode ser expandida em funções de base estendidas no comprimento do dipolo:

$$\dot{I}_n\left(z'\right) = \sum_n i_n cos\left[\pi\left(2n-1\right)z'/l\right] \quad (27.138)$$

Note que as funções de base satisfazem a condição de contorno $\dot{I}_n(z' = \pm l/2) = 0$. Substituindo na Equação (27.137), obtemos:

$$\sum_n i_n p_n\left(z\right) = j4\pi\omega\epsilon_o\dot{E}_z \quad (27.139)$$

$$p_n\left(z\right) = \int_{-l/2}^{+l/2} cos\left[\pi\left(2n-1\right)z'/l\right]\left[\beta^2 a^2 + \left(2 - 3a^2/R^2\right)(1+j\beta R)\right]\frac{e^{-j\beta R}}{R^3}dz'$$

$$(27.140)$$

Calculamos agora o produto escalar da Equação (27.139) com a família de funções de base e organizamos o sistema de equações para os coeficientes de

520   Análise de sistemas eletromagnéticos

expansão da corrente:

$$\sum_n C_{mn}\, i_n = j4\pi\omega\epsilon_o E_m \tag{27.141}$$

$$C_{mn} = \langle cos\,[\pi\,(2m-1)\,z/l\,]\,,p_n\,(z)\rangle \tag{27.142}$$

$$E_m = \left\langle cos\,[\pi\,(2m-1)\,z/l\,]\,,\dot{E}_z\,(z)\right\rangle \tag{27.143}$$

O Programa 7 (disponível em www.blucher.com.br) mostra um exemplo de código computacional para obter a distribuição de corrente na antena dipolo. Nesse exemplo, um dipolo com 1,5 m de comprimento e raio de 5 mm é excitado com campo elétrico de frequência 100 MHz. O *gap* no centro do dipolo tem comprimento de 10 mm. Foram utilizadas 1500 divisões de 1 mm na discretização espacial e 200 harmônicas como base de expansão. Para reduzir as oscilações características da expansão em série de Fourier nas descontinuidades, a distribuição de campo foi definida com a forma triangular com valor máximo no centro e base igual à largura do *gap*.

As distribuições de corrente elétrica e de campo elétrico na antena são mostradas na Figura 27.18. O campo elétrico mostrado foi reconstruído com as funções da base. A corrente e a diferença de potencial elétrico no *gap* foram calculadas a partir das distribuições de corrente e campo elétrico e, com esses resultados, a impedância de entrada do dipolo foi obtida em $Z = 68 + j38\ \Omega$. Esse valor é razoavelmente próximo do esperado para um dipolo filamentar com distribuição senoidal de corrente ($Z = 73 + j42,5\ \Omega$).

27.6   Questões

27.1) Refaça o Programa 1 para calcular as distribuições de E_x, E_y, E_z e B_x, B_y, B_z ao longo de um eixo radial (pode coincidir com os eixos x ou y).

27.2) Elabore um programa para cálculo da indutância e da capacitância do condutor helicoidal da Figura 27.1 usando as relações entre as energias elétrica e magnética com a carga e a corrente elétrica no condutor.

27.3) Considere dois condutores helicoidais iguais e concêntricos separados pela distância d. Utilizando a integração computacional para o cálculo do potencial magnético, calcule a indutância mútua entre eles.

27.4) A Figura 5.5 mostra seções transversais de linhas de transmissão. Obtenha a distribuição de linhas equipotenciais para microlinha, *stripline* e cabo coaxial. Calcule a capacitância por unidade de comprimento dessas estruturas usando a relação entre diferença de potencial e energia elétrica.

Capítulo 27 – Cálculo eletromagnético computacional

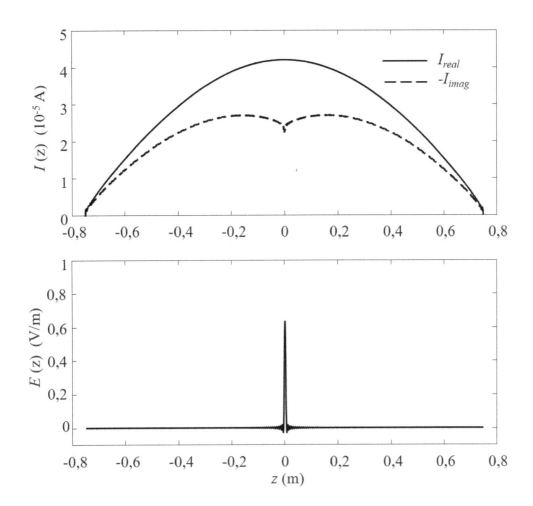

Figura 27.18: Distribuição de corrente elétrica em uma antena dipolo obtida com o método dos momentos. O gráfico abaixo refere-se ao campo elétrico reconstruído com as funções de base. Dipolo com 1,5 m de comprimento e raio 5 mm, alimentado com sinal de 100 MHz. Foram utilizadas 1500 divisões de 1 mm na discretização espacial e 200 harmônicas como base de expansão.

27.5) Considere o problema magnético ilustrado na Figura 27.5 e, modificando apropriadamente o código apresentado no Programa 3, calcule a indutância do circuito para $l = 10$ cm, $R = 2$ cm, $w = 5$ cm e $\mu_r = 2000$.

27.6) No problema de propagação de ondas eletromagnéticas ilustrado na Figura 27.8, modifique o código apresentado no Programa 4 para obter a potência total irradiada pelo dipolo central, considerando propagação no espaço livre.

27.7) Utilize o código apresentado no Programa 5, fazendo as alterações necessárias, para calcular a energia elétrica e a capacitância da estrutura mostrada na Figura 27.11.

27.8) Utilize o código apresentado no Programa 6, fazendo as alterações necessárias, para calcular a energia magnética e a indutância da estrutura mostrada na Figura 27.13.

27.9) Calcule a distribuição de densidade de cargas elétricas no condutor retilíneo ilustrado na Figura 27.16 e compare com o resultado apresentado nessa figura.

27.10) Modifique o código do Programa 7 para que seja calculada a potência total irradiada pela antena e verifique se a impedância de entrada obtida na análise é compatível com esse valor.

Capítulo 28

Linhas de transmissão

28.1 Circuito equivalente de uma linha de transmissão

Linha de transmissão é um termo genérico usado para designar um dispositivo de transporte de energia ou sinal eletromagnético entre um gerador e uma carga através de um sistema de dois ou mais condutores. As ondas que se propagam dessa forma são denominadas ondas guiadas, em contrapartida às ondas que se espalham no espaço livre. O confinamento da onda eletromagnética na linha de transmissão permite que o transporte ocorra com mínimas perdas por irradiação em outras direções. Apesar disso, os problemas inerentes à propagação de ondas eletromagnéticas também existem em linhas de transmissão, especialmente a dissipação e a distorção devido à resistência não nula dos condutores e à condutância não nula e à dispersão dielétrica do isolante.

A Figura 28.1 mostra algumas configurações comuns de linhas de transmissão. Essas linhas se diferenciam pela geometria dos condutores e pela distribuição dos campos, mas o modo como operam é completamente análogo. Contudo, elas têm diferentes aplicações. A linha de trilhas paralelas pode ser eficientemente fabricada usando-se a tecnologia de circuito impresso e é de especial interesse em circuitos de micro-ondas. A linha de fios paralelos é usada principalmente na transmissão de energia elétrica, bem como na telefonia e na transmissão de dados. O cabo coaxial, por sua vez, encontra aplicação principalmente em instrumentação eletrônica e sistemas de rádiofrequência. Outras estruturas bastante utilizadas em circuitos de micro-ondas são a linha de microfita e a linha *stripline*, cujas seções transversais são mostradas na Figura 5.5.

A modelagem das características de transporte de uma linha de transmissão é facilitada pela utilização de um circuito equivalente que relaciona os campos

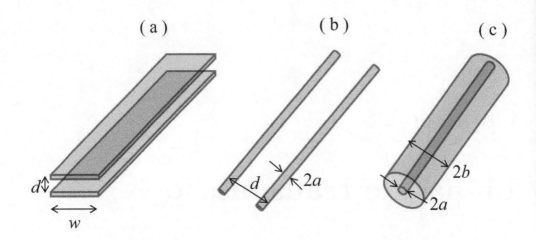

Figura 28.1: Três tipos de linha de transmissão: (a) trilhas paralelas; (b) fios paralelos; (c) cabo coaxial.

elétrico e magnético da onda com a corrente e a diferença de potencial entre os condutores. Esse modelo é baseado em parâmetros distribuídos de circuito elétrico. Essa designação deve diferenciar o circuito equivalente de uma linha de transmissão de um circuito elétrico ordinário em baixas frequências. Parâmetros concentrados podem ser utilizados na representação de um circuito elétrico se as dimensões desse sistema são muito menores que o comprimento de onda das ondas que se propagam. Nesse caso, o circuito pode ser analisado por meio de sistemas de equações algébricas ou equações diferenciais sem referência explícita à posição espacial, uma vez que tanto as correntes como as diferenças de potencial variam apenas em certas posições onde as propriedades capacitância, indutância e resistência elétrica estão concentradas no circuito. Em uma linha de transmissão em altas frequências, contudo, pode ocorrer de a onda transmitida ter comprimento de onda comparável ou menor que o comprimento da linha. Assim, a tensão e a corrente são ondas distribuídas ao longo da linha, e o comportamento elétrico desse sistema somente pode ser modelado por meio de equações diferenciais dependentes da posição espacial e do tempo. Ainda é possível nesse caso aplicar o conceito de circuito elétrico, devendo-se considerar, porém, que os parâmetros de circuito relacionam quantidades diferenciais de tensão e corrente em seções de comprimento dos condutores muito menores que o comprimento de onda.

A Figura 28.2 apresenta uma ilustração do conceito de elemento distribuído de circuito elétrico e do circuito equivalente de uma linha de transmissão. Devido

Capítulo 28 – Linhas de transmissão

à aplicação de uma diferença de potencial elétrico entre os condutores, cargas elétricas de sinais contrários se acumulam ao longo de seu comprimento com uma certa distribuição de densidade linear $\rho_L(z)$. Embora a densidade de carga e o potencial elétrico variem com a posição, o quociente entre a carga acumulada entre as posições z e $z+\Delta z$ e o potencial elétrico $V(z)$ é independente da posição se Δz é muito pequeno quando comparado ao comprimento de onda do sinal transmitido.

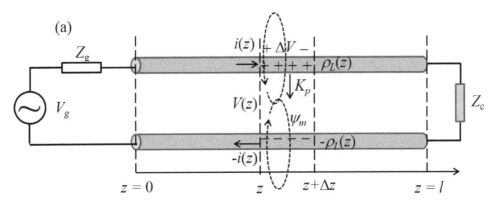

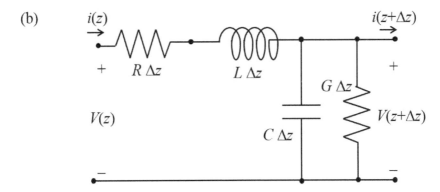

Figura 28.2: (a) Representação esquemática de um sistema de transmissão. V_g – tensão do gerador; Z_g – impedância do gerador; Z_c – impedância de carga. (b) Circuito equivalente para um segmento de comprimento Δz da linha de transmissão.

Uma vez que $\Delta Q = \rho_L \Delta z$ se $\Delta z \ll \lambda$, a capacitância por unidade de comprimento da linha de transmissão é definida como:

$$C = \frac{\rho_L(z)}{V(z)} \tag{28.1}$$

De modo análogo, podemos descrever a condutância como o quociente entre a corrente total que circula no isolante da linha entre as posições z e $z + \Delta z$ e o

526 Análise de sistemas eletromagnéticos

potencial elétrico $V(z)$. A corrente no isolante no segmento $\Delta z << \lambda$ pode ser calculada como $\Delta i_p = K_p \Delta z$, em que K_p é a densidade linear de corrente paralela na linha. Assim, a condutância por unidade de comprimento é definida como:

$$G = \frac{K_\rho(z)}{V(z)} \tag{28.2}$$

Seguindo o mesmo raciocínio, a indutância por unidade de comprimento da linha de transmissão é definida como o quociente entre o fluxo magnético por unidade de comprimento $\psi_m(z)$ confinado entre os condutores e a corrente $i(z)$ nos condutores, considerando neste cálculo um comprimento $\Delta z << \lambda$:

$$L = \frac{\varphi_m(z)}{i(z)} \tag{28.3}$$

E, para obter a resistência por unidade de comprimento da linha, devemos calcular a queda de potencial elétrico $\Delta V(z)$ por unidade de comprimento, considerando o comprimento $\Delta z << \lambda$, e dividir pela corrente nos condutores $i(z)$:

$$R = \frac{\Delta V(z)}{i(z)} \tag{28.4}$$

A maneira simples de obter as equações que descrevem os parâmetros distribuídos da linha de transmissão como funções das dimensões e das propriedades eletromagnéticas dos materiais consiste em considerar que o comprimento da linha é muito pequeno comparado ao comprimento de onda e usar resultados bem conhecidos da teoria eletromagnética em baixas frequências a fim de determinar as relações de proporcionalidade usadas nas Equações (28.1) a (28.4): $\rho_L \propto V(z)$, $K_p \propto V(z)$, $\psi_m \propto i(z)$, $\Delta V(z) \propto i(z)$. As relações a seguir são baseadas em resultados obtidos em capítulos anteriores:

- Linha de trilhas paralelas (assumindo $d << w$)

$$C = \epsilon_d \epsilon_o \frac{w}{d} \tag{28.5}$$

$$L = \mu_d \mu_o \frac{d}{w} \tag{28.6}$$

$$G = \sigma_d \frac{w}{d} \tag{28.7}$$

$$R = \frac{2}{w} \sqrt{\frac{\pi f \mu_c \mu_o}{\sigma_c}} \tag{28.8}$$

em que ϵ_d, μ_d, σ_d e σ_c são, respectivamente: a constante dielétrica do isolante, a permeabilidade magnética relativa do isolante, a condutividade do isolante e

Capítulo 28 – Linhas de transmissão

a condutividade do condutor. No cálculo da resistência assumimos que a profundidade de penetração é muito menor que a espessura dos condutores. Se a espessura do condutor é e, a Equação (28.8) é válida contanto que:

$$f >> \frac{4}{\pi \mu_c \mu_o \sigma_c \, e^2} \tag{28.9}$$

- Linha de fios paralelos

$$C = \frac{\pi \epsilon_d \epsilon_o}{Ln \left[\left(\frac{d}{2a} \right) + \sqrt{\left(\frac{d}{2a} \right)^2 - 1} \right]} = \frac{\pi \epsilon_d \epsilon_o}{acosh \left(\frac{d}{2a} \right)} \tag{28.10}$$

$$L = \frac{\mu_d \mu_o}{\pi} Ln \left[\left(\frac{d}{2a} \right) + \sqrt{\left(\frac{d}{2a} \right)^2 - 1} \right] = \frac{\mu_d \mu_o}{\pi} acosh \left(\frac{d}{2a} \right) \tag{28.11}$$

$$G = \frac{\pi \sigma_d}{Ln \left[\left(\frac{d}{2a} \right) + \sqrt{\left(\frac{d}{2a} \right)^2 - 1} \right]} = \frac{\pi \sigma_d}{acosh \left(\frac{d}{2a} \right)} \tag{28.12}$$

$$R = \frac{1}{a} \sqrt{\frac{f \mu_c \mu_o}{\pi \sigma_c}} \tag{28.13}$$

em que as duas diferentes formas funcionais mostradas são equivalentes:

$$Ln \left(x + \sqrt{x^2 - 1} \right) = acosh(x) \tag{28.14}$$

- Cabo coaxial

$$C = \frac{2\pi \epsilon_d \epsilon_o}{Ln \left(\frac{b}{a} \right)} \tag{28.15}$$

$$L = \frac{\mu_d \mu_o}{2\pi} Ln \left(\frac{b}{a} \right) \tag{28.16}$$

$$G = \frac{2\pi \sigma_d}{Ln \left(\frac{b}{a} \right)} \tag{28.17}$$

$$R = \frac{1}{2\pi} \sqrt{\frac{\pi f \mu_c \mu_o}{\sigma_c}} \left(\frac{1}{a} + \frac{1}{b} \right) \tag{28.18}$$

Nas equações anteriores para a resistência da linha, a condição de validade da aproximação para altas frequências é similar à Equação (28.9), apenas substituindo a espessura e pelo raio dos condutores cilíndricos (raio a na linha de fios paralelos ou condutor interno do cabo coaxial) e pela espessura do condutor externo no caso do cabo coaxial.

A indutância obtida com as fórmulas anteriores não inclui o fluxo magnético no interior dos condutores. No caso de condutores cilíndricos maciços e não magnéticos, o fluxo magnético interno contribui com o valor de 50 nH/m para a indutância em baixas frequências. Essa indutância, contudo, devido ao efeito pelicular, diminui com o inverso da raiz quadrada da frequência a partir da frequência de corte dada pela Equação (28.9) com a espessura e substituída pelo raio do condutor. Os parâmetros R, G e C também são dependentes da frequência. A resistência aumenta com a frequência devido à diminuição da profundidade de penetração do campo elétrico nos condutores. A condutância aumenta com a frequência como consequência do aumento da condutividade que ocorre na faixa de frequências desde zero até centenas de MHz em isolantes poliméricos devido ao processo de condução por saltos eletrônicos entre estados localizados na matriz molecular amorfa desses materiais. Como consequência do mesmo processo, a constante dielétrica do isolante diminui com o aumento da frequência, o que resulta na diminuição da capacitância da linha de transmissão. Outros mecanismos que podem contribuir em frequências mais elevadas para a dispersão dielétrica e a variação dos parâmetros da linha de transmissão com a frequência são a relaxação dipolar e a polarização interfacial no isolante.

28.2 Solução geral para tensão e corrente na linha de transmissão

Uma vez que alguns parâmetros da linha de transmissão dependem da frequência, a análise da propagação de onda no domínio tempo torna-se muito complexa para um sinal que não varia no tempo com forma de onda senoidal. Uma alternativa simples e elegante consiste em analisar o circuito equivalente da linha de transmissão assumindo que a fonte de alimentação varia senoidalmente no tempo e usando para isso a representação fasorial. Uma vez obtida a solução para a propagação da onda senoidal, usando as técnicas da análise de Fourier, pode-se estender os resultados para qualquer forma de onda.

No circuito da Figura 28.2b, a variação de tensão e corrente da entrada (posição z) para a saída (posição $z + \Delta z$) é obtida considerando a linearidade dos parâmetros de circuito e aplicando a lei de Ohm:

$$\dot{V}(z + \Delta z) - \dot{V}(z) = -(R + j\omega L)\Delta z\, \dot{I}(z) \tag{28.19}$$

$$\dot{I}(z + \Delta z) - \dot{I}(z) = -(G + j\omega C)\Delta z\, \dot{V}(z) \tag{28.20}$$

Capítulo 28 – Linhas de transmissão

Dividindo essas equações por Δz e tomando-se o limite quando Δz tende a zero, obtêm-se as seguintes equações diferenciais:

$$\frac{d\dot{V}(z)}{dz} = -(R + j\omega L)\,\dot{I}(z) \tag{28.21}$$

$$\frac{d\dot{I}(z)}{dz} = -(G + j\omega C)\,\dot{V}(z) \tag{28.22}$$

Para resolvê-las, é necessário primeiro desacoplá-las. Isso é obtido simplesmente aplicando derivação em relação à posição z em cada equação e substituindo a primeira derivada no segundo termo. Por exemplo, para a primeira equação o resultado é o seguinte:

$$\frac{d^2\dot{V}(z)}{dz^2} = -(R + j\omega L)\,\frac{d\dot{I}(z)}{dz} = (R + j\omega L)\,(G + j\omega C)\,\dot{V}(z)$$
$$\rightarrow \frac{d^2\dot{V}(z)}{dz^2} = \gamma^2\,\dot{V}(z) \tag{28.23}$$

De modo análogo, obtemos a equação para a corrente:

$$\frac{d^2\dot{I}(z)}{dz^2} = \gamma^2\,\dot{I}(z) \tag{28.24}$$

em que γ é denominada constante de propagação e definida pela Equação (28.25), sendo uma quantidade complexa que depende da frequência e dos parâmetros da linha de transmissão. Essa constante determina as propriedades da propagação, como velocidade e atenuação, conforme será visto adiante.

$$\gamma = \sqrt{(R + j\omega L)\,(G + j\omega C)} \tag{28.25}$$

As soluções das Equações (28.23) e (28.24) são obtidas na forma geral a seguir:

$$\dot{V}(z) = V_i\,e^{-\gamma z} + V_r\,e^{\gamma z} \tag{28.26}$$

$$\dot{I}(z) = I_i\,e^{-\gamma z} + I_r\,e^{\gamma z} \tag{28.27}$$

em que V_i, V_r, I_i e I_r são constantes de integração.

Pode-se antecipar, pela experiência anterior com ondas no espaço livre, que os primeiros termos nas equações anteriores descrevem ondas que se propagam no sentido $z > 0$, ou seja, do gerador para a carga (ver Figura 28.2a), enquanto os últimos termos descrevem ondas que se deslocam em sentido contrário. Considerando que as ondas se originam no gerador, é lógico assumir que as ondas que

530   Análise de sistemas eletromagnéticos

retornam resultam da reflexão que ocorre na carga. Por essa razão, as ondas progressivas $(e^{-\gamma z})$ são denominadas ondas incidentes, e as regressivas $(e^{\gamma z})$, ondas refletidas.

Antes de determinar as constantes nas Equações (28.26) e (28.27), será importante avaliar as relações que existem entre as amplitudes de tensão e corrente e a constante de propagação. Para isso, as soluções gerais devem ser substituídas nas equações de circuito obtidas anteriormente. Por exemplo, substituindo na Equação (28.21):

$$
\frac{d}{dz}\left(V_i\, e^{-\gamma z} + V_r\, e^{\gamma z}\right) = -\gamma V_i\, e^{-\gamma z} + \gamma V_r\, e^{\gamma z}
$$
$$
= -(R + j\omega L)\left(I_i\, e^{-\gamma z} + I_r\, e^{\gamma z}\right) \qquad (a)
$$

(28.28)

Uma vez que as funções exponenciais são linearmente independentes, os coeficientes dessa equação devem se ajustar independentemente para cada função:

$$\gamma V_i = (R + j\omega L)I_i \qquad (b)$$
$$\gamma V_r = -(R + j\omega L)I_r \qquad (c)$$

As amplitudes de corrente são proporcionais às amplitudes de tensão. O coeficiente de proporcionalidade é denominado impedância característica da linha de transmissão:

$$
Z_o = \frac{V_i}{I_i} = -\frac{V_r}{I_r} = \frac{(R + j\omega L)}{\gamma} = \sqrt{\frac{R + j\omega L}{G + j\omega C}}
$$

(28.29)

Devido às relações lineares de $\dot{V}(z)$ e $\dot{I}(z)$ com os campos elétrico e magnético no isolante, respectivamente, pode-se concluir que a impedância característica da linha de transmissão é análoga à impedância característica do meio no caso de ondas no espaço livre. Por exemplo, segundo a Equação (28.29), em uma linha sem perdas $(R = G = 0)$, a impedância característica é determinada simplesmente pelo quociente entre a indutância e a capacitância por metro. Contudo, a indutância é proporcional à permeabilidade magnética do dielétrico, e a capacitância, à permissividade do dielétrico. Então, a impedância característica da linha de transmissão é proporcional à impedância característica do dielétrico.

Consideremos a linha de fios paralelos. Usando as Equações (28.10) e (28.11), a impedância característica é obtida na seguinte forma:

$$
Z_o = \frac{Z_{od}}{\pi}acosh\left(\frac{d}{2a}\right)
$$

(28.30)

Capítulo 28 – Linhas de transmissão   531

em que $Z_{od} = \sqrt{\mu/\epsilon}$ é a impedância característica do dielétrico homogêneo e ilimitado para uma onda eletromagnética transversal. Para o cabo coaxial, usando as Equações (28.15) e (28.16), obtém-se o seguinte resultado:

$$Z_o = \frac{Z_{od}}{2\pi} Ln\left(\frac{b}{a}\right) \tag{28.31}$$

Agora, usando a impedância característica, as equações da tensão e da corrente na linha de transmissão podem ser escritas com apenas duas constantes de integração. Deste ponto em diante, é conveniente fazer a seguinte transformação de coordenada de posição: $z = l - z'$, ou seja, definir a posição na linha de transmissão pela distância à carga (z'). Assim, as Equações (28.26) e (28.27) são reescritas na seguinte forma:

$$\dot{V}(z') = V_i\,e^{\gamma z'} + V_r\,e^{-\gamma z'} \tag{28.32}$$

$$\dot{I}(z') = \frac{V_i\,e^{\gamma z'} - V_r\,e^{-\gamma z'}}{Z_o} \tag{28.33}$$

e as constantes V_i e V_r podem ser determinadas pelas condições de contorno nas extremidades da linha de transmissão.

Na extremidade da carga, a lei de Ohm fornece a seguinte condição:

$$\dot{V}(0) = Z_c\dot{I}(0) \tag{28.34}$$

Nessa equação, substituindo $\dot{V}(0)$ e $\dot{I}(0)$ segundo as Equações (28.32) e (28.33), obtém-se:

$$V_i + V_r = \frac{Z_c}{Z_o}(V_i - V_r) \rightarrow V_r = \frac{Z_c - Z_o}{Z_c + Z_o}V_i \tag{28.35}$$

O coeficiente de proporcionalidade entre a amplitude da onda refletida e a amplitude da onda incidente é denominado coeficiente de reflexão na carga:

$$\Gamma_c = \frac{V_r}{V_i} = \frac{Z_c - Z_o}{Z_c + Z_o} \tag{28.36}$$

Resulta da Equação (28.35) a seguinte conclusão muito importante: não ocorre reflexão se a impedância de carga é igual à impedância característica da linha de transmissão.

Na outra extremidade da linha, a condição de contorno é definida a seguir:

$$\dot{V}(l) = V_g - Z_g\dot{I}(l) \tag{28.37}$$

532   Análise de sistemas eletromagnéticos

Nessa equação, substituindo $\dot{V}(l)$ e $\dot{I}(l)$ segundo as Equações (28.32) e (28.33), obtém-se:

$$V_i\, e^{\gamma l} + V_r\, e^{-\gamma l} = V_g - \frac{Z_g}{Z_o}\left(V_i\, e^{\gamma l} - V_r\, e^{-\gamma l}\right)$$

$$\to \quad V_i\, e^{\gamma l} - V_r\, e^{-\gamma l}\frac{Z_g - Z_o}{Z_g + Z_o} = \frac{Z_o}{Z_g + Z_o}V_g \tag{28.38}$$

O coeficiente que multiplica a onda refletida nessa equação é definido como coeficiente de reflexão no gerador:

$$\Gamma_g = \frac{Z_g - Z_o}{Z_g + Z_o} \tag{28.39}$$

Resolvendo o sistema formado pelas Equações (28.35) e (28.38), obtemos:

$$V_i = \frac{Z_o V_g}{(Z_g + Z_o)}\frac{e^{-\gamma l}}{(1 - \Gamma_g \Gamma_c\, e^{-2\gamma l})} \tag{28.40}$$

A equação anterior descreve como a amplitude da onda incidente na carga depende da tensão de circuito aberto do gerador, das impedâncias do sistema e do produto γl. Substituindo nas equações para tensão e corrente, Equações (28.32) e (28.33), junto com a Equação (28.35), obtém-se as soluções na forma particular para a propagação de ondas na linha de transmissão:

$$\dot{V}(z') = \frac{Z_o V_g}{(Z_g + Z_o)}\frac{\left(e^{\gamma z'} + \Gamma_c\, e^{-\gamma z'}\right)e^{-\gamma l}}{(1 - \Gamma_g \Gamma_c\, e^{-2\gamma l})} \tag{28.41}$$

$$\dot{I}(z') = \frac{V_g}{(Z_g + Z_o)}\frac{\left(e^{\gamma z'} - \Gamma_c\, e^{-\gamma z'}\right)e^{-\gamma l}}{(1 - \Gamma_g \Gamma_c\, e^{-2\gamma l})} \tag{28.42}$$

Essas equações descrevem como as amplitudes e as fases da tensão e da corrente na linha de transmissão se distribuem ao longo de seu comprimento. São aplicáveis a qualquer sistema em regime permanente com excitação por fonte senoidal ou a qualquer harmônica de um gerador com forma de onda periódica não senoidal. A seguir, serão analisados casos particulares do regime de funcionamento do sistema de transmissão.

28.3   Sistema sem reflexão

As Equações (28.41) e (28.42) são as soluções gerais válidas para quaisquer impedâncias Z_g, Z_o e Z_c. O sistema ideal, contudo, é aquele em que não há reflexão.

Capítulo 28 – Linhas de transmissão

Para isso, é necessário que $Z_o = Z_c$. Essa condição é denominada casamento de impedância. Em um sistema casado não existe onda refletida e as equações anteriores ficam muito mais simples:

$$\dot{V}(z') = \frac{Z_o V_g}{(Z_g + Z_o)} e^{\gamma(z'-l)} \tag{28.43}$$

$$\dot{I}(z') = \frac{V_g}{(Z_g + Z_o)} e^{\gamma(z'-l)} \tag{28.44}$$

Além disso, para que ocorra máxima transferência de potência do gerador para a carga, é desejável também que a impedância do gerador seja igual ao conjugado complexo da impedância característica da linha de transmissão. Será visto mais tarde que a parte imaginária da impedância característica de uma linha de transmissão com pequenas perdas é muito menor que a parte real, sendo geralmente ignorada. Assim, em geral, considera-se que a condição de máxima transferência de potência exige que $Z_g = Z_o$. Segundo as Equações (28.43) e (28.44), a tensão e a corrente que alcançam a carga estão defasadas e atenuadas em relação à tensão e à corrente na entrada da linha de transmissão. Obtêm-se as seguintes relações a partir das equações anteriores:

$$\dot{V}(0) = \dot{V}(l) e^{-\gamma l} \tag{28.45}$$

$$\dot{I}(0) = \dot{I}(l) e^{-\gamma l} \tag{28.46}$$

A constante de propagação é uma quantidade complexa que, quando representada na forma retangular, define duas outras constantes muito importantes na caracterização das propriedades da propagação:

$$\gamma = \alpha + j\beta \tag{28.47}$$

em que α é a constante de atenuação e β é a constante de fase. Suas unidades são, respectivamente, *Neper por metro* [Np/m] e *radianos por metro* [rad/m]. Substituindo a Equação (28.47) nas Equações (28.45) e (28.46), as seguintes relações de amplitude e de fase das ondas da entrada para a saída da linha de transmissão são obtidas:

$$\frac{\left|\dot{V}(0)\right|}{\left|\dot{V}(l)\right|} = \frac{\left|\dot{I}(0)\right|}{\left|\dot{I}(l)\right|} = e^{-\alpha l} \tag{28.48}$$

$$\Delta\varphi = \varphi(0) - \varphi(l) = -\beta l \tag{28.49}$$

em que φ representa a fase das ondas.

534   Análise de sistemas eletromagnéticos

A tensão e a corrente na linha de transmissão casada estão defasadas pelo ângulo de fase da impedância característica. Geralmente ignora-se a parte imaginária dessa impedância e, assim, a tensão e a corrente estariam em fase. Contudo, ambas se defasam em relação à tensão e à corrente na entrada de um ângulo proporcional ao comprimento da linha. Devido à dissipação de potência na resistência e na condutância da linha de transmissão, a tensão e a corrente chegam com menor amplitude na carga. A relação entre as potências no gerador e na carga, calculada em *decibéis*, é denominada atenuação na linha de transmissão. Usando a expressão para a potência média na forma fasorial, $\hat{P} = 0,5\dot{V}\dot{I}^*$ (o asterisco indica conjugado complexo), e as Equações (28.45) e (28.46), a atenuação é obtida na seguinte forma:

$$A = 10\,Log\left[\frac{\hat{P}\,(l)}{\hat{P}\,(0)}\right] = 10\,Log\left[\frac{\dot{V}(l)}{\dot{V}(0)}\left(\frac{\dot{I}(l)}{\dot{I}(0)}\right)^*\right] = 10\,Log\left[e^{(\gamma+\gamma*)l}\right]$$

$$= 10\,Log\left[e^{2\alpha l}\right] = 20\,\alpha l\,Log\,(e) \rightarrow A = 8,686\,\alpha l \qquad (28.50)$$

Considerando Z_o, Z_g e V_g como quantidades reais e substituindo $l - z' = z$ nas Equações (28.43) e (28.44), obtém-se a forma temporal da tensão e da corrente na linha de transmissão tomando-se a parte real dos fasores multiplicada pela função $e^{j\omega t}$:

$$v(z,t) = Re\left[\dot{V}(z)e^{j\omega t}\right] = V_o e^{-\alpha z}cos\,(\omega t - \beta z) \qquad (28.51)$$

$$i(z,t) = Re\left[\dot{I}(z)e^{j\omega t}\right] = \frac{V_o}{Z_o}e^{-\alpha z}cos\,(\omega t - \beta z) \qquad (28.52)$$

em que V_o é a amplitude da tensão na saída do gerador.

Como para ondas no espaço livre, a velocidade de fase é dada pela relação entre a frequência angular e a constante de fase da onda:

$$u = \frac{\omega}{\beta} \qquad (28.53)$$

O tempo de atraso de propagação é o tempo necessário para uma frente de onda percorrer a extensão completa da linha de transmissão:

$$t_D = \frac{l}{u} \qquad (28.54)$$

Destaca-se o fato de que a velocidade de fase e a constante de atenuação geralmente dependem da frequência. Isso significa que se o sinal transportado na linha de transmissão for composto por várias ondas de frequências diferentes,

Capítulo 28 – Linhas de transmissão 535

cada componente chegará a um tempo diferente e com uma atenuação diferente na carga. Ou seja, a tensão na carga não será uma cópia atenuada e defasada da tensão de saída do gerador, mas apresentará forma de onda diferente. Esse processo é denominado distorção espectral e pode apresentar sérias dificuldades para a transmissão confiável em altas frequências e longas distâncias.

28.4 Sistema com reflexão

As Equações (28.41) e (28.42) para a tensão e a corrente na linha de transmissão são reescritas a seguir em uma forma compacta:

$$\dot{V}(z') = V_i \left(e^{\gamma z'} + \Gamma_c e^{-\gamma z'} \right) \tag{28.55}$$

$$\dot{I}(z') = \frac{V_i}{Z_o} \left(e^{\gamma z'} - \Gamma_c e^{-\gamma z'} \right) \tag{28.56}$$

Com o objetivo de analisar o efeito da reflexão na distribuição de tensão, as operações algébricas a seguir serão executadas na Equação (28.55).

a) Substituir $\gamma = \alpha + j\beta$, $\Gamma_c = |\Gamma_c|e^{j\phi}$ e fatorar o termo $e^{j\phi/2}$:

$$\dot{V}(z') = V_i \left\{ e^{[\alpha z' + j(\beta z' - \phi/2)]} + |\Gamma_c| \, e^{-[\alpha z' + j(\beta z' - \phi/2)]} \right\} e^{j\phi/2} \tag{28.57}$$

b) Somar e subtrair o seguinte termo:

$$|\Gamma_c| \, e^{[\alpha z' + j(\beta z' - \phi/2)]} e^{j\phi/2} \tag{28.58}$$

c) Usar a fórmula de Euler ($e^{j\theta} = cos\theta + j sen\theta$) para substituir as funções exponenciais complexas por funções trigonométricas. Como resultado, a tensão na linha de transmissão é obtida na forma a seguir:

$$\dot{V}(z') = V_i \left(1 - |\Gamma_c| \right) e^{\alpha z'} e^{j\beta z'}$$
$$+ 2 |\Gamma_c| V_i \left[cosh\left(\alpha z' \right) cos\left(\beta z' - \phi/2 \right) + j \, senh\left(\alpha z' \right) sen\left(\beta z' - \phi/2 \right) \right] e^{j\phi/2} \tag{28.59}$$

Note que o primeiro termo à direita da igualdade refere-se a uma onda progressiva que se desloca do gerador para a carga. O segundo termo não apresenta a função de propagação $e^{j\beta z'}$ e, portanto, não constitui de fato uma onda, sendo apenas uma distribuição estacionária de tensão na linha. Para melhor visualização desse processo, podemos obter a forma temporal da tensão multiplicando o fasor por $e^{j\omega t}$ e tomando a parte real do resultado:

$$v(z', t) = V_i \left(1 - |\Gamma_c|\right) e^{\alpha z'} cos\left(\omega t + \beta z'\right)$$
$$+ 2 |\Gamma_c| V_i \cosh\left(\alpha z'\right) cos\left(\beta z' - \phi/2\right) cos\left(\omega t + \phi/2\right) \qquad (28.60)$$
$$- 2 |\Gamma_c| V_i senh\left(\alpha z'\right) sen\left(\beta z' - \phi/2\right) sen\left(\omega t + \phi/2\right)$$

Para obter esse resultado foi necessário assumir que V_i é real. O primeiro termo descreve uma onda progressiva com amplitude reduzida em relação a V_i pelo fator $(1 - |\Gamma_c|)$. Isso significa que a onda que se propaga e efetivamente entrega potência à carga é reduzida pela reflexão de onda. Os termos restantes na Equação (28.60) descrevem a distribuição estacionária de tensão. Embora não seja uma onda, essa distribuição é denominada onda estacionária e faz com que a amplitude de tensão varie com a posição na linha de transmissão, apresentando máximos e mínimos regularmente espalhados.

Para $\beta z' - \phi/2 = (n + 1/2)\pi$, em que n é um inteiro incluindo zero, ocorre um mínimo na tensão, porque o segundo termo se anula e o terceiro é máximo. Para obter a tensão resultante, substitui-se $\phi/2 = \beta z' - (n + 1/2)\pi$ na Equação (28.60):

$$v_{\min}(z'_{\min}, t) = V_i \left[\left(1 - |\Gamma_c|\right) e^{\alpha z'_{\min}} + 2 |\Gamma_c| \, senh\left(\alpha z'_{\min}\right)\right] cos\left(\omega t + \beta z'_{\min}\right)$$
$$= V_i \left(e^{\alpha z'_{\min}} - |\Gamma_c| e^{-\alpha z'_{\min}}\right) cos\left(\omega t + \beta z'_{\min}\right)$$
$$(28.61)$$

Nas posições em que $\beta z' - \phi/2 = n\pi$ ocorre um máximo, porque o terceiro termo é nulo e o segundo é máximo. Para obter a tensão resultante, substitui-se $\phi/2 = \beta z' - n\pi$ na Equação (28.60):

$$v_{\max}(z'_{\max}, t) = V_i \left[\left(1 - |\Gamma_c|\right) e^{\alpha z'_{\max}} + 2 |\Gamma_c| V_i \cosh\left(\alpha z'_{\max}\right)\right] cos\left(\omega t + \beta z'_{\max}\right)$$
$$= V_i \left(e^{\alpha z'_{\max}} + |\Gamma_c| e^{-\alpha z'_{\max}}\right) cos\left(\omega t + \beta z'_{\max}\right)$$
$$(28.62)$$

Portanto, as posições de máximos e mínimos e as amplitudes nessas posições são:

$$z'_{\min} = n\frac{\lambda}{2} + \frac{\lambda}{4} + \frac{\phi\lambda}{4\pi} \qquad (28.63)$$

$$z'_{\max} = n\frac{\lambda}{2} + \frac{\phi\lambda}{4\pi} \qquad (28.64)$$

$$V_{\min} = V_i \left(e^{\alpha z'_{\min}} - |\Gamma_c| e^{-\alpha z'_{\min}}\right) \qquad (28.65)$$

Capítulo 28 – Linhas de transmissão 537

$$V_{\max} = V_i \left(e^{\alpha z'_{\max}} + |\Gamma_c| e^{-\alpha z'_{\max}} \right) \qquad (28.66)$$

O quociente entre um máximo e seu mínimo consecutivo é denominado razão de onda estacionária (ROE):

$$ROE = \frac{V_{\max}}{V_{\min}} = \frac{e^{\alpha z'_{\max}} + |\Gamma_c| e^{-\alpha z'_{\max}}}{e^{\alpha z'_{\min}} - |\Gamma_c| e^{-\alpha z'_{\min}}} \qquad (28.67)$$

Para linhas de transmissão com pequenas perdas, tal que $\alpha\lambda << 1$, a aproximação comumente usada mostrada na equação a seguir permite obter uma estimativa da ROE como função exclusiva do coeficiente de reflexão:

$$ROE = \frac{1 + |\Gamma_c|}{1 - |\Gamma_c|} \qquad (28.68)$$

Note que a ROE mínima é um, o que corresponde a um sistema de transmissão casado, ou seja, sem reflexão.

A Figura 28.3 mostra algumas distribuições de amplitude da tensão na linha de transmissão para alguns valores do coeficiente de reflexão. Essas curvas foram obtidas a partir do módulo do fasor de tensão na linha segundo a Equação (28.57), o que resulta na seguinte expressão:

$$|\dot{V}(z')| = V_i \sqrt{ \left(e^{\alpha z'} + |\Gamma_c| e^{-\alpha z'} \right)^2 \cos^2 \left(\beta z' - \phi/2 \right) + \left(e^{\alpha z'} - |\Gamma_c| e^{-\alpha z'} \right)^2 sen^2 \left(\beta z' - \phi/2 \right) } \qquad (28.69)$$

Observe que máximos e mínimos consecutivos estão separados pela distância correspondente a um quarto de comprimento de onda. O coeficiente de atenuação neste exemplo é típico de cabos coaxiais no início da faixa de radiofrequência e, como se verifica na Figura 28.3, o efeito da atenuação é imperceptível na distribuição de amplitudes de tensão nos primeiros comprimentos de onda da linha de transmissão. Se a análise precedente for repetida, iniciando-se com a Equação (28.56) para a corrente elétrica, o resultado para sua amplitude é mostrado na Equação (28.70). Essa equação indica que a corrente elétrica também apresenta máximos e mínimos, mas as posições dos valores extremos diferem daquelas para a tensão. Na verdade, as posições de mínima corrente coincidem com os máximos de tensão, e as de máxima corrente, com os mínimos de tensão. Esta análise é deixada como exercício para o leitor.

$$|\dot{I}(z')| = \frac{V_i}{Z_o} \sqrt{ \left(e^{\alpha z'} - |\Gamma_c| e^{-\alpha z'} \right)^2 \cos^2 \left(\beta z' - \phi/2 \right) + \left(e^{\alpha z'} + |\Gamma_c| e^{-\alpha z'} \right)^2 sen^2 \left(\beta z' - \phi/2 \right) } \qquad (28.70)$$

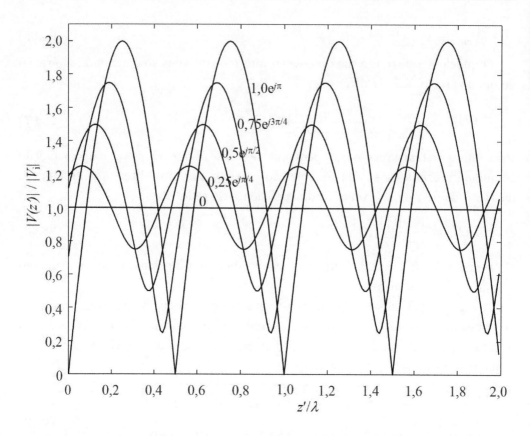

Figura 28.3: Distribuição de amplitude de tensão em uma linha de transmissão para diversos valores do coeficiente de reflexão e $\alpha = 0,01$ Np/m.

28.5 Transitório na linha de transmissão

Até agora, a propagação na linha de transmissão foi considerada apenas na condição de regime permanente com excitação senoidal. Contudo, um aspecto muito importante do funcionamento de certos sistemas de transporte de energia ou sinais é o comportamento transitório da tensão e da corrente nos instantes iniciais de energização do sistema ou mesmo na transição entre estados, no caso de sinais descontínuos como ondas quadradas ou pulsos. A tensão na linha de transmissão na forma fasorial foi obtida como a soma de dois termos: a onda incidente e a onda refletida na carga. Essas ondas são escritas a seguir considerando-se a referência de posição na extremidade do gerador:

$$\dot{V}_{inc}(z) = V_i\, e^{-\gamma z} \tag{28.71}$$

$$\dot{V}_{ref}(z) = V_r\, e^{\gamma z} \tag{28.72}$$

Capítulo 28 – Linhas de transmissão 539

Com o objetivo de facilitar a análise transitória, será considerado que na faixa de frequências ocupada pelo sinal que se propaga no sistema não ocorre dispersão significativa, ou seja, as constantes de fase e de atenuação não variam significativamente com a frequência. Desse modo, todas as componentes harmônicas do sinal se propagam com a mesma velocidade e sofrem a mesma atenuação. Assim, o sinal transmitido mantém a sua forma de onda original, embora apresente menor amplitude ao trafegar de um extremo ao outro da linha de transmissão.

Inicialmente será considerado um sinal com forma de onda degrau com amplitude V_o originando-se na extremidade da linha ligada ao gerador. A onda incidente no tempo pode ser escrita na seguinte forma:

$$v_{inc0}(z, t) = V_o\, e^{-\alpha z} D\left(t - z/u\right) \quad \leftarrow \quad 0 \leq t \leq t_D \tag{28.73}$$

em que D é a função degrau unitário. A frente de onda originada no gerador leva o tempo $t_D = l/u$ para alcançar a carga na outra extremidade da linha de transmissão. Assumindo que o coeficiente de reflexão na carga é real e independente da frequência, a partir de $t = t_D$ ocorre reflexão e uma onda refletida passa a se deslocar no sentido do gerador:

$$v_{ref0}(z, t) = \Gamma_c V_o\, e^{-\alpha l} e^{-\alpha(l-z)} D\left(t - t_D - (l-z)/u\right) \quad \leftarrow \quad t_D \leq t \leq 2t_D \tag{28.74}$$

Quando essa onda chega à extremidade do gerador, se $Z_g \neq Z_o$, ocorre nova reflexão e uma nova onda passa a se propagar no sentido da carga:

$$v_{inc1}(z, t) = \Gamma_g \Gamma_c V_o\, e^{-2\alpha l} e^{-\alpha z} D\left(t - 2t_D - z/u\right) \quad \leftarrow \quad 2t_D \leq t \leq 3t_D \tag{28.75}$$

Esse processo continua teoricamente até um tempo infinito, mas a tensão em qualquer parte do sistema tende a um valor final como resultado da soma algébrica das ondas parciais que se propagam em cada intervalo de tempo.

Na carga, a tensão apresenta o seguinte comportamento no tempo:

$$v_c = 0 \quad \leftarrow \quad t < t_D$$
$$v_c = V_o\, e^{-\alpha l} + \Gamma_c V_o\, e^{-\alpha l} \quad \leftarrow \quad t_D \leq t < 3t_D$$
$$v_c = V_o\, e^{-\alpha l} + \Gamma_c V_o\, e^{-\alpha l} + \Gamma_g \Gamma_c V_o\, e^{-3\alpha l} + \Gamma_g \Gamma_c^2 V_o\, e^{-3\alpha l} \quad \leftarrow \quad 3t_D \leq t < 5t_D$$
$$v_c = V_o\, e^{-\alpha l} + \Gamma_c V_o\, e^{-\alpha l} + \Gamma_g \Gamma_c V_o\, e^{-3\alpha l} + \Gamma_g \Gamma_c^2 V_o\, e^{-3\alpha l} + \Gamma_g^2 \Gamma_c^2 V_o\, e^{-5\alpha l}$$
$$+ \Gamma_g^2 \Gamma_c^3 V_o\, e^{-5\alpha l} \quad \leftarrow \quad 5t_D \leq t < 7t_D$$

$$\tag{28.76}$$

Após múltiplas reflexões, a tensão na carga pode ser calculada pela seguinte série:

$$v_c = V_o\, e^{-\alpha l}\,(1+\Gamma_c)\sum_{n=0}\left(\Gamma_g\Gamma_c\, e^{-2\alpha l}\right)^n = \frac{V_o\, e^{-\alpha l}\,(1+\Gamma_c)}{1-\Gamma_g\Gamma_c\, e^{-2\alpha l}} \quad (28.77)$$

A Figura 28.4 mostra uma ilustração para o transitório de tensão na carga de acordo com a análise precedente. A duração do transitório depende dos coeficientes de reflexão. Coeficientes de reflexão grandes implicam longos intervalos de acomodação da tensão. Por outro lado, se qualquer dos coeficientes de reflexão for nulo, o transitório tem a duração t_D apenas. Na Figura 28.5 mostra-se a tensão na carga para a propagação de um pulso retangular na linha de transmissão sem perdas. Observa-se distorção significativa do sinal, que resulta inclusive em partes negativas. Se qualquer dos coeficientes de reflexão fosse nulo, não ocorreria tal distorção.

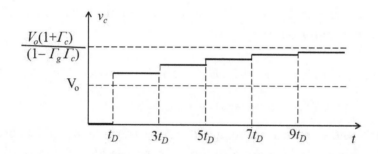

Figura 28.4: Ilustração do transitório em uma linha sem perdas com coeficientes de reflexão Γ_c e Γ_g não nulos, positivos e independentes da frequência. O sinal transmitido tem a forma de onda de um degrau de tensão com amplitude V_o.

28.6 Fluxo de potência na linha de transmissão

Uma parcela da potência transportada em uma linha de transmissão é dissipada nos elementos condutivos da linha. Se o sistema não estiver casado, outra parte é devolvida ao gerador. A diferença entre a potência disponibilizada pelo gerador e esses processos resulta na potência efetivamente entregue à carga. Para descrever matematicamente esse resultado, a potência transportada é calculada a seguir a partir das equações de tensão e corrente na linha:

Capítulo 28 – Linhas de transmissão

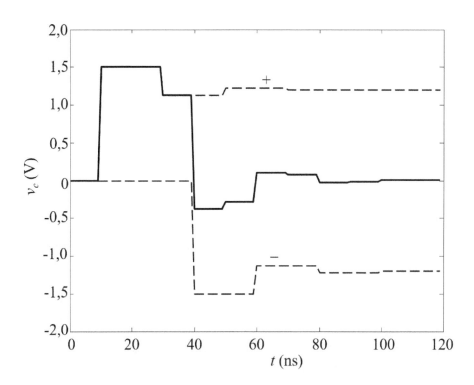

Figura 28.5: Distorção na propagação de um pulso de tensão de duração 30 ns e amplitude 1 V em um sistema de transmissão sem perdas com $t_D = 10$ ns, $\Gamma_c = 0,5$ e $\Gamma_g = -0,5$. As linhas tracejadas indicam o transitório para os degraus de subida (+) e descida (−) do pulso e a linha contínua é o sinal resultante.

$$\begin{aligned}
P(z') &= Re\left[\frac{1}{2}\dot{V}(z')\dot{I}^*(z')\right] \\
&= Re\left[\frac{1}{2}V_i\left(e^{\gamma z'} + \Gamma_c e^{-\gamma z'}\right)\frac{V_i^*}{Z_o}\left(e^{\gamma^* z'} - \Gamma_c^* e^{-\gamma^* z'}\right)\right] \\
&= \frac{|V_i|^2}{2Z_o}Re\left(e^{(\gamma+\gamma^*)z'} - |\Gamma_c|^2 e^{-(\gamma+\gamma^*)z'} + \Gamma_c e^{-(\gamma-\gamma^*)z'} - \Gamma_c^* e^{(\gamma-\gamma^*)z'}\right) \\
&\to P(z') = \frac{|V_i|^2}{2Z_o}\left(e^{2\alpha z'} - |\Gamma_c|^2 e^{-2\alpha z'}\right)
\end{aligned} \quad (28.78)$$

Apenas a potência ativa está sendo calculada e a impedância característica da linha foi considerada real. A potência entregue à carga é obtida substituindo-se $z' = 0$:

$$P_c = \frac{|V_i|^2}{2Z_o} \left(1 - |\Gamma_c|^2\right) \tag{28.79}$$

A amplitude da tensão na carga é fornecida na Equação (28.40). O quadrado de seu módulo é, portanto:

$$|V_i|^2 = \left|\frac{Z_o V_g}{(Z_g + Z_o)}\right|^2 \frac{e^{-2\alpha l}}{|1 - \Gamma_g \Gamma_c\, e^{-2\gamma l}|^2} \tag{28.80}$$

O termo exponencial está relacionado à dissipação de potência nos condutores e no dielétrico da linha de transmissão. Os demais termos dependem diretamente da impedância do gerador. Usualmente a impedância do gerador coincide com a impedância da linha de transmissão, uma vez que isso minimiza o tempo de acomodação no sistema e maximiza a potência entregue à carga. Nesse caso, a Equação (28.80) fornece um resultado simples, e a potência na carga pode ser escrita na seguinte forma:

$$P_c = \frac{|V_g|^2}{8Z_o} e^{-2\alpha l} \left(1 - |\Gamma_c|^2\right) \tag{28.81}$$

O primeiro termo no lado direito é a potência disponibilizada pelo gerador:

$$P_g = \frac{|V_g|^2}{8Z_o} \tag{28.82}$$

A potência que retorna ao gerador após reflexão na carga e atenuação na linha de transmissão é dada por:

$$P_{ret} = P_g\, e^{-4\alpha l} |\Gamma_c|^2 \tag{28.83}$$

A diferença entre a potência disponibilizada pelo gerador e a soma da potência de retorno com a potência na carga é a potência dissipada na linha de transmissão:

$$P_{diss} = P_g \left[1 - e^{-2\alpha l}\left(1 - |\Gamma_c|^2\right) - e^{-4\alpha l}|\Gamma_c|^2\right] \tag{28.84}$$

Como exemplo, considere a especificação do cabo coaxial RG58 com $Z_o = 50$ Ω e atenuação de 0,1 dB/m em 100 MHz. Deseja-se alimentar uma antena com impedância $Z_c = 73 + j43\ \Omega$ em 100 MHz com 100 W através desse cabo com a extensão de 10 m. Quanta potência o gerador deve disponibilizar no sistema, quanta potência retorna ao gerador e quanta potência será dissipada na linha de transmissão?

Capítulo 28 – Linhas de transmissão   543

Inicialmente, vamos calcular o coeficiente de atenuação na linha e o coeficiente de reflexão na carga:

$$\alpha = \frac{0,1}{8,686} = 0,0115 \text{ Np/m} \qquad\qquad (a)$$
$$\Gamma_c = \frac{73 + j43 - 50}{73 + j43 + 50} = 0,286 + j0,253 \rightarrow |\Gamma_c| = 0,374 \quad (b)$$

$$(28.85)$$

Agora, calculamos a potência disponibilizada pelo gerador usando a Equação (28.81), usamos a Equação (28.83) para calcular a potência que retorna e a Equação (28.84) para calcular a potência dissipada, ou simplesmente calculamos $P_{diss} = P_g - P_c - P_{ret}$:

$$P_g = \frac{(100 \text{ W}) \times e^{2 \times 0,0115 \times 10}}{1 - 0,374^2} = 146,4 \text{ W} \qquad\qquad (c)$$

$$P_{ret} = 146,4 \text{ W} \times e^{-4 \times 0,0115 \times 10} \times 0,374^2 = 12,94 \text{ W} \qquad (d)$$

$$P_d = 146,4 \text{ W} \left[1 - e^{-2 \times 0,0115 \times 10} \left(1 - 0,374^2 \right) - e^{-4 \times 0,0115 \times 10} 0,374^2 \right]$$
$$= 33,46 \text{ W} \qquad\qquad (e)$$

Uma vez que é muito comum o uso da unidade *decibel* (dB) nas especificações de potência em sistemas de radiofrequência, é conveniente escrever as equações já transformadas para essa unidade. A potência na carga em dB, segundo a Equação (28.81), é obtida na seguinte forma:

$$P_c(\text{dB}) = 10 \log \left[P_c(\text{W}) \right] = P_g(\text{dB}) - 20 \log(e)\, \alpha\, l + 10 \log \left(1 - |\Gamma_c|^2 \right)$$
$$= P_g(\text{dB}) - A\, l + 10 \log \left(1 - |\Gamma_c|^2 \right)$$

$$(28.86)$$

em que $A = 20\alpha log(e) = 8,686\alpha$ é a atenuação em dB/m da linha de transmissão.

A unidade dB refere-se a uma potência de 1 W. Para pequenas potências, pode-se usar dBm ou dBμ, que utilizam valores de referência de 1 mW e 1 μW, respectivamente. A conversão entre essas unidades é simples:

$$P(\text{dBm}) = P(\text{dB}) + 30$$
$$P(\text{dB}\mu) = P(\text{dB}) + 60$$

$$(28.87)$$

28.7   Aproximações para Z_o e γ

O coeficiente de propagação e a impedância característica da linha de transmissão podem ser calculados usando-se as Equações (28.25) e (28.29), respectivamente. Os termos $(R + j\omega L)$ e $(G + j\omega C)$ que determinam esses parâmetros podem ser

544   Análise de sistemas eletromagnéticos

estimados pelos modelos matemáticos apresentados no início deste capítulo para os três tipos de linha de transmissão, ou calculados por métodos computacionais para estruturas mais complexas. Na análise a seguir, o cabo coaxial é tomado como exemplo.

As dimensões e outras características do cabo são apresentadas na Tabela 28.1. Note que a condutividade do isolante mostrada nessa tabela aumenta com uma potência fracionária da frequência. Esse é um modelo aproximado do processo de condução por saltos eletrônicos entre estados localizados no *gap* de mobilidade em isolantes poliméricos na faixa de frequência de poucos Hz a centenas de MHz.

Tabela 28.1: Características de um cabo coaxial RG58.

Dimensão	Valor
Raio do condutor interno	0,45 mm
Raio do condutor externo	1,65 mm
Espessura do condutor externo	0,15 mm
Condutividade do condutor	4×10^7 S/m
Condutividade do isolante	$10 + \omega^{0,8}$ pS/m
Constante dielétrica do isolante	2,4

Na Figura 28.6 são apresentados os gráficos da resistência e da reatância em série e da condutância e da susceptância paralelas do modelo de parâmetros concentrados para esse cabo. Verifica-se que, em toda a faixa de frequência mostrada, a susceptância capacitiva é muito maior que a condutância. Quanto aos elementos em série, observa-se que existe uma frequência de transição abaixo da qual predomina a resistência e acima predomina a reatância. A resistência dos condutores aumenta com a frequência devido ao efeito pelicular. Com base no estudo do efeito pelicular apresentado no Capítulo 17, uma expressão aproximada da resistência pode ser escrita na seguinte forma:

$$R \approx R_o \left(1 + \sqrt{\frac{f}{f_c}} \right) \tag{28.88}$$

em que R_o é a resistência em frequência zero e f_c é uma frequência de corte associada ao efeito pelicular.

Para um condutor cilíndrico maciço de raio a e condutividade σ, f_c é dada por:

$$f_c = \frac{4}{\pi \mu_o \sigma a^2} \tag{28.89}$$

Capítulo 28 – Linhas de transmissão

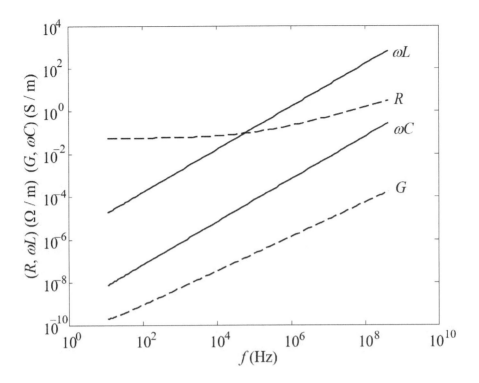

Figura 28.6: Resistência e reatância em série e condutância e susceptância paralelas para o cabo coaxial com características mostradas na Tabela 28.1.

Neste exemplo, $f_c = 125$ kHz para o condutor interno. A frequência de transição na qual $\omega L = R$ pode ser calculada como $f_t = R_o/2\pi L = 34$ kHz.

A impedância característica e a constante de propagação apresentam comportamentos diferentes conforme a frequência do sinal transportado seja menor ou maior que f_t. Para $f \ll f_t$, desprezando-se a reatância em série e a condutância paralela, obtêm-se as expressões a seguir para Z_o e γ:

$$Z_o \approx \sqrt{\frac{R}{j\omega C}} = \sqrt{\frac{R}{2\omega C}} - j\sqrt{\frac{R}{2\omega C}} \qquad (28.90)$$

$$\gamma \approx \sqrt{j\omega RC} = \sqrt{\frac{\omega RC}{2}} + j\sqrt{\frac{\omega RC}{2}} \qquad (28.91)$$

Para $f \gg f_t$, simplesmente ignorar as partes reais de $(R + j\omega L)$ e $(G + j\omega C)$ resulta no modelo de linha ideal sem perdas. Para evitar essa simplificação excessiva, pode-se usar o recurso da aproximação do binômio $(1 + x)^n \approx 1 + nx$ quando $x \ll 1$:

$$Z_o = \sqrt{\frac{R + j\omega L}{G + j\omega C}} = \sqrt{\frac{L}{C}}\sqrt{\frac{1 - j\frac{R}{\omega L}}{1 - j\frac{G}{\omega C}}} \approx \sqrt{\frac{L}{C}}\frac{\left(1 - j\frac{R}{2\omega L}\right)}{\left(1 - j\frac{G}{2\omega C}\right)}$$

$$= \sqrt{\frac{L}{C}}\frac{\left(1 + \frac{RG}{4\omega^2 LC}\right) + \frac{j}{2\omega}\left(\frac{G}{C} - \frac{R}{L}\right)}{1 + \left(\frac{G}{2\omega C}\right)^2} \tag{28.92}$$

$$\approx \sqrt{\frac{L}{C}} + \frac{j}{2\omega}\sqrt{\frac{L}{C}}\left(\frac{G}{C} - \frac{R}{L}\right)$$

$$\gamma = \sqrt{(R + j\omega L)(G + j\omega C)} = \sqrt{-\omega^2 LC\left(1 - j\frac{R}{\omega L}\right)\left(1 - j\frac{G}{\omega C}\right)}$$

$$\approx j\omega\sqrt{LC}\left(1 - j\frac{R}{2\omega L}\right)\left(1 - j\frac{G}{2\omega C}\right)$$

$$= j\omega\sqrt{LC}\left[\left(1 - \frac{RG}{4\omega^2 LC}\right) - \frac{j}{2\omega}\left(\frac{G}{C} + \frac{R}{L}\right)\right] \tag{28.93}$$

$$\approx j\omega\sqrt{LC} + \frac{1}{2}\left(G\sqrt{\frac{L}{C}} + R\sqrt{\frac{C}{L}}\right)$$

em que a aproximação final baseia-se na desconsideração de termos de segunda ordem nos quais aparecem $RG \ll \omega^2 LC$ ou $G^2 \ll \omega^2 C^2$.

As Figuras 28.7 e 28.8 mostram gráficos da impedância e da constante de propagação para o cabo coaxial da Tabela 28.1 em uma ampla faixa de frequências. As conclusões a seguir são baseadas nas Equações (28.90) a (28.93) e nesses gráficos.

- Para $f \ll f_t$, a reatância é negativa com módulo igual à resistência. Ambas diminuem com o inverso da raiz quadrada da frequência.

- Para $f \ll f_t$ os coeficientes de atenuação e fase são iguais e aumentam proporcionalmente com a raiz quadrada da frequência.

- Para $f \gg f_t$, a parte real da impedância não apresenta dependência explícita com a frequência. A dependência que efetivamente existe é pequena e relacionada à variação da indutância devido ao efeito pelicular nos condutores e da capacitância devido à dispersão dielétrica no isolante do cabo.

- Para $f \gg f_t$, a parte imaginária da impedância diminui com a frequência porque R aumenta com $\sqrt{\omega}$ e G aumenta com uma potência de ω menor que 1 no numerador, enquanto o denominador da reatância aumenta com

Capítulo 28 – Linhas de transmissão

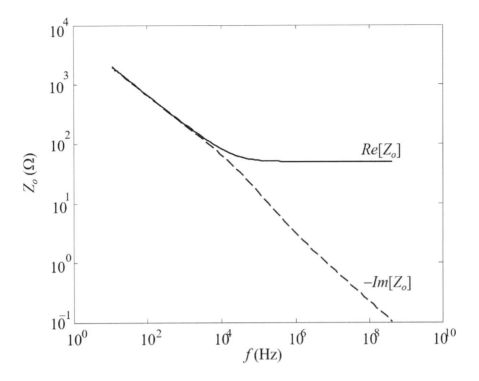

Figura 28.7: Impedância característica do cabo coaxial com as características mostradas na Tabela 28.1.

ω. Assim, para frequências pelo menos uma década acima de f_t, a reatância pode ser ignorada.

- Para $f \gg f_t$, a constante de fase aumenta proporcionalmente com a frequência. Isso resulta em uma velocidade de fase não dependente explicitamente da frequência:

$$u = \frac{1}{\sqrt{LC}} \qquad (28.94)$$

Contudo, devido ao efeito pelicular e à dispersão dielétrica, a velocidade de fase aumenta levemente com a frequência.

- Para $f \gg f_t$, a constante de atenuação aumenta proporcionalmente aos aumentos da resistência e da condutância. É interessante observar a influência da impedância característica no coeficiente de atenuação. Segundo as Equações (28.92) e (28.93), desprezando a reatância do cabo, obtém-se:

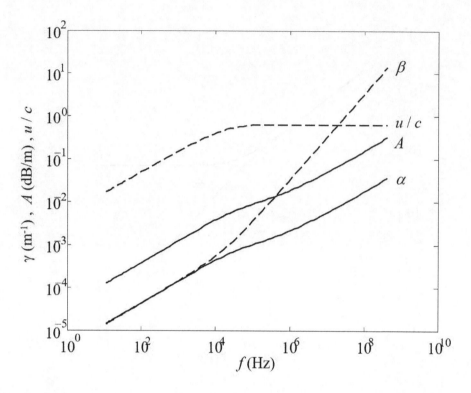

Figura 28.8: Constante de propagação do cabo coaxial com as características mostradas na Tabela 28.1. Também são mostradas as curvas de velocidade de fase e atenuação.

$$\alpha = \frac{1}{2}\left(GZ_o + \frac{R}{Z_o}\right) \tag{28.95}$$

Desse modo, conclui-se que grandes valores de impedância favorecem as perdas no isolante, enquanto pequenas impedâncias favorecem as perdas nos condutores.

28.8 Distorção

A análise anterior mostra que a velocidade de deslocamento e a intensidade da atenuação do sinal transportado na linha de transmissão dependem da frequência. Essa dependência existe devido ao efeito pelicular nos condutores e da dispersão dielétrica no isolante. Como resultado, um sinal que contenha diversas componentes espectrais sofre distorção ao se propagar no sistema, porque as relações de fase e amplitude que caracterizam o sinal enviado pelo gerador não se mantêm para o sinal que alcança a carga.

Capítulo 28 – Linhas de transmissão

A Figura 28.9 mostra a função de transferência da tensão de circuito aberto do gerador V_g para a tensão na carga de acordo com a Equação (28.41):

$$H(f) = \frac{V_c}{V_g} = \frac{Z_o}{(Z_g + Z_o)} \frac{(1 + \Gamma_c)e^{-\gamma l}}{(1 - \Gamma_g \Gamma_c e^{-2\gamma l})} \tag{28.96}$$

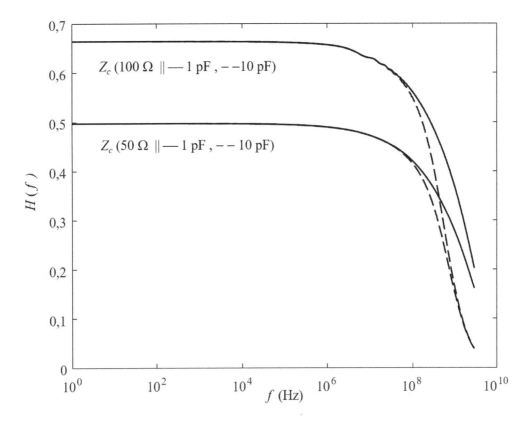

Figura 28.9: Módulo da função de transferência para o sistema constituído de gerador com $Z_g = 50\ \Omega$, cabo coaxial (Tabela 28.1) e as seguintes cargas: 50 Ω com capacitor de 1 pF ou 10 pF em paralelo; 100 Ω com capacitor de 1 pF ou 10 pF em paralelo.

O sistema para esta análise é constituído pelo cabo coaxial descrito na Tabela 28.1 com 10 m de comprimento conectando um gerador de impedância 50 Ω a uma carga resultante da associação paralela de resistor e capacitor (50 Ω e 100 Ω, 1 pF e 10 pF). As funções de transferência apresentam módulo independente da frequência até cerca de 1 MHz. A partir desse valor o módulo diminui com o aumento da frequência. Para a carga capacitiva aumentada, as variações com a frequência são mais intensas. Em ambos os casos as componentes espectrais acima de 1 MHz do sinal transportado serão atenuadas mais intensamente que as componentes de baixa frequência e a atenuação é maior quanto maior for a frequência da componente considerada. A linha de transmissão neste caso funciona como um filtro que rejeita altas frequências. Naturalmente, as ondas com maior conteúdo de energia em frequências altas, especialmente acima de 100 MHz, apresentarão maior distorção.

A Figura 28.10 mostra as formas de onda nas duas extremidades da linha de transmissão quando a tensão V_g é um trem de pulsos trapezoidais com tempo de subida igual a 1% do período. Observa-se claramente o aumento da distorção com o aumento da frequência fundamental do sinal transportado. No último caso da figura, a capacitância aumentada contribui para distorcer adicionalmente o sinal na carga. As curvas de fase não foram mostradas porque a fase decresce linearmente com a frequência segundo a equação $\Delta\phi = -\beta l = -\omega l \sqrt{LC}$. Contudo, o modelo utilizado para o isolante não incluiu qualquer descrição da variação da constante dielétrica com a frequência e, assim, a capacitância por metro do cabo coaxial foi considerada constante. Levando em conta os efeitos dispersivos da constante dielétrica, que tende a diminuir com o aumento da frequência, a velocidade de fase e a constante de fase tornam-se funções da frequência. Isso acarreta outro tipo de distorção, porque o deslocamento de fase das componentes espectrais do sinal transportado não ocorre de maneira proporcional à suas frequências.

28.9 Impedância na linha de transmissão

O modelo da impedância da linha de transmissão tem aplicações importantes na descrição de propriedades da linha e no projeto de acopladores para casamento de impedância. A impedância em uma posição z' em relação à carga pode ser calculada usando-se as Equações (28.55) e (28.56):

$$Z(z') = \frac{\dot{V}(z')}{\dot{I}(z')} = Z_o \frac{e^{\gamma z'} + \Gamma_c\, e^{-\gamma z'}}{e^{\gamma z'} - \Gamma_c\, e^{-\gamma z'}} \tag{28.97}$$

Substituindo-se o coeficiente de reflexão $\Gamma_c = (Z_c - Z_o)/(Z_c + Z_o)$ e fatorando-se as impedâncias Z_o e Z_c, obtém-se:

$$\begin{aligned} Z(z') &= Z_o \frac{\left(e^{\gamma z'} + e^{-\gamma z'}\right) Z_c + \left(e^{\gamma z'} - e^{-\gamma z'}\right) Z_o}{\left(e^{\gamma z'} + e^{-\gamma z'}\right) Z_o + \left(e^{\gamma z'} - e^{-\gamma z'}\right) Z_c} \\ &= Z_o \frac{Z_c + Z_o\, tgh\,(\gamma z')}{Z_o + Z_c\, tgh\,(\gamma z')} \end{aligned} \tag{28.98}$$

Capítulo 28 – Linhas de transmissão

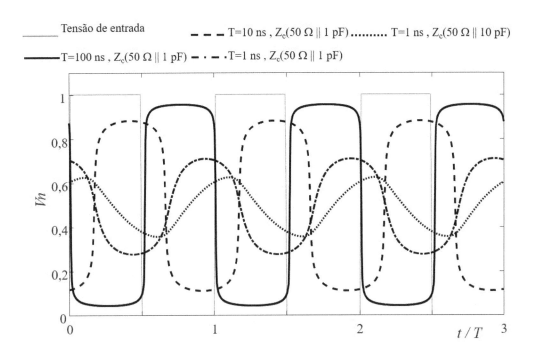

Figura 28.10: Formas de onda nas extremidades do cabo (Tabela 28.1). V_g é um trem de pulsos com tempo de subida igual a 1% do período e $Z_g = 50\ \Omega$.

A função tangente hiperbólica do argumento complexo $\gamma z' = (\alpha + j\beta)z'$ pode ser reescrita na seguinte forma:

$$tgh\left(\gamma z'\right) = \frac{tgh\left(\alpha z'\right) + j\, tg\left(\beta z'\right)}{1 + j\, tgh\left(\alpha z'\right)\, tg\left(\beta z'\right)} \tag{28.99}$$

É comum usar a aproximação da Equação (28.98) quando a linha de transmissão apresenta pequenas perdas e para posições próximas da carga, de modo que $\alpha z' \ll 1$. Nesse caso, considerando $tgh(\alpha z') \ll tg(\beta z')$ e $tgh(\alpha z')tg(\beta z') \ll 1$, essa equação torna-se mais simples:

$$Z(z') \approx Z_o \frac{Z_c + jZ_o\, tg\left(\beta z'\right)}{Z_o + jZ_c\, tg\left(\beta z'\right)} \tag{28.100}$$

Observe que se $Z_c = Z_o$, a impedância em qualquer posição da linha de transmissão é igual a Z_o. Além disso, em virtude das propriedades da função tangente, a impedância apresenta as seguintes características:

- A impedância varia periodicamente com a posição, ou seja, a cada meio comprimento de onda a impedância se repete.

552   Análise de sistemas eletromagnéticos

- A impedância é igual a Z_c em todas as posições nas quais $\beta z' = n\pi$ ($n = 0, 1, 2, \ldots$):

$$Z\left(z' = \frac{n\lambda}{2}\right) = Z_c \tag{28.101}$$

- A impedância é igual a Z_o^2/Z_c em todas as posições nas quais $\beta z' = (n + 1/2)\pi$ ($n = 0, 1, 2, \ldots$):

$$Z\left(z' = \frac{n\lambda}{2} + \frac{\lambda}{4}\right) = \frac{Z_o^2}{Z_c} \tag{28.102}$$

- Quando $Z_c = 0$, a impedância da linha é puramente reativa:

$$Z_{sc} = jZ_o\, tg\left(\beta z'\right) \tag{28.103}$$

- Quando $Z_c = \infty$, a impedância da linha também é puramente reativa:

$$Z_{oc} = -jZ_o\, cotg\left(\beta z'\right) \tag{28.104}$$

- Multiplicando-se as impedâncias Z_{sc} e Z_{oc}, obtém-se o quadrado da impedância característica da linha de transmissão:

$$Z_{oc}Z_{sc} = Z_o^2 \tag{28.105}$$

Outra característica importante da impedância está relacionada diretamente à onda estacionária. Usando os valores de tensão e corrente nas posições de máximo e mínimo da onda estacionária, podem-se obter os valores extremos da impedância na linha. De acordo com as conclusões obtidas na descrição da onda estacionária, nas posições em que $\beta z' - \phi/2 = n\pi$, ocorre máxima tensão e mínima corrente na linha de transmissão. Os valores extremos podem ser obtidos com base na Equação (28.57) para a tensão e na equação correspondente para a corrente:

$$\begin{aligned}
\dot{V}_{\max} &= V_i \left\{ e^{(\alpha z'_{\max} + jn\pi)} + |\Gamma_c|\, e^{-(\alpha z'_{\max} + jn\pi)} \right\} e^{j\phi/2} \\
&= V_i \left(e^{\alpha z'_{\max}} + |\Gamma_c|\, e^{-\alpha z'_{\max}} \right) e^{j\phi/2} cosn\pi
\end{aligned} \tag{28.106}$$

$$\begin{aligned}
\dot{I}_{\min} &= \frac{V_i}{Z_o} \left\{ e^{(\alpha z'_{\max} + jn\pi)} - |\Gamma_c|\, e^{-(\alpha z'_{\max} + jn\pi)} \right\} e^{j\phi/2} \\
&= \frac{V_i}{Z_o} \left(e^{\alpha z'_{\max}} - |\Gamma_c|\, e^{-\alpha z'_{\max}} \right) e^{j\phi/2} cosn\pi
\end{aligned} \tag{28.107}$$

Capítulo 28 – Linhas de transmissão   553

A impedância é máxima nessas posições, sendo dada pela seguinte expressão:

$$Z_{max} = \frac{\dot{V}_{\max}}{\dot{I}_{\min}} = Z_o \frac{e^{\alpha z'_{\max}} + |\Gamma_c| \, e^{-\alpha z'_{\max}}}{e^{\alpha z'_{\max}} - |\Gamma_c| \, e^{-\alpha z'_{\max}}} \approx Z_o ROE \qquad (28.108)$$

Nas posições em que $\beta z' - \phi/2 = (n+1/2)\pi$, ocorre mínima tensão e máxima corrente na linha. A tensão e a corrente são obtidas de maneira análoga ao caso anterior:

$$\dot{V}_{\min} = V_i \left\{ e^{(\alpha z'_{\min} + jn\pi + j\pi/2)} + |\Gamma_c| \, e^{-(\alpha z'_{\min} + jn\pi + j\pi/2)} \right\} e^{j\phi/2}$$
$$= jV_i \left(e^{\alpha z'_{\min}} - |\Gamma_c| \, e^{-\alpha z'_{\min}} \right) e^{j\phi/2} cosn\pi \qquad (28.109)$$

$$\dot{I}_{\max} = \frac{V_i}{Z_o} \left\{ e^{(\alpha z'_{\min} + jn\pi + j\pi/2)} - |\Gamma_c| \, e^{-(\alpha z'_{\min} + jn\pi + jn\pi/2)} \right\} e^{j\phi/2}$$
$$= j\frac{V_i}{Z_o} \left(e^{\alpha z'_{\min}} + |\Gamma_c| \, e^{-\alpha z'_{\min}} \right) e^{j\phi/2} cosn\pi \qquad (28.110)$$

Verifica-se que a impedância nessas posições é mínima, sendo dada por:

$$Z_{\min} = \frac{\dot{V}_{\min}}{\dot{I}_{\max}} = Z_o \frac{e^{\alpha z'_{\min}} - |\Gamma_c| \, e^{-\alpha z'_{\min}}}{e^{\alpha z'_{\min}} + |\Gamma_c| \, e^{-\alpha z'_{\min}}} \approx \frac{Z_o}{ROE} \qquad (28.111)$$

É interessante observar que as impedâncias mínima e máxima são reais, independentemente de a impedância de carga apresentar ou não reatância.

28.10   Casamento de impedância

O casamento de impedância tem por finalidade permitir máxima transferência de potência para a carga, evitar o retorno de potência ao gerador, minimizar a duração do transitório no sistema de transmissão e minimizar a distorção espectral do sinal transportado. Existem várias técnicas para acoplar a impedância de carga à linha de transmissão de modo que não ocorra reflexão de onda. Serão apresentadas três técnicas simples e eficientes para a maioria das aplicações.

28.10.1   Acoplador com rede de reatâncias

Um circuito contendo duas ou três reatâncias dispostas de maneira conveniente entre a carga e a linha pode compensar a reatância da carga e ajustar a resistência para que se iguale à impedância característica da linha. Usar reatâncias, e não resistências, é importante para garantir que não seja dissipada potência no acoplador. O circuito da Figura 28.11 é o mais utilizado de maneira geral. Para haver casamento de impedância, é necessário que a impedância de entrada do circuito seja igual a Z_o. A equação a seguir representa essa condição:

$$Z_o = jX_1 + \frac{jX_3\left[R_c + j(X_c + X_2)\right]}{R_c + j(X_c + X_2 + X_3)} \qquad (28.112)$$

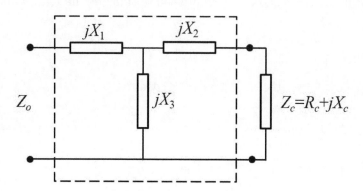

Figura 28.11: Esquema de um acoplador de impedâncias baseado em uma rede de reatâncias.

Assumindo que a impedância característica da linha de transmissão seja real, de imediato surgem duas possibilidades de solução simples.

a) Se $X_c + X_2 + X_3 = 0$, a equação anterior torna-se:

$$Z_o = \frac{(X_c + X_2)^2}{R_c} + j(X_1 + X_3) \qquad (28.113)$$

Então, o casamento de impedância é alcançado com os seguintes valores de reatâncias:

$$X_2 = \pm\sqrt{Z_o R_c} - X_c \qquad (28.114)$$

$$X_1 = -X_3 = \pm\sqrt{Z_o R_c} \qquad (28.115)$$

b) Se $X_c + X_2 = 0$, obtém-se para a Equação (28.112):

$$Z_o = \frac{R_c X_3^2}{R_c^2 + X_3^2} + j\left(X_1 + \frac{X_3 R_c^2}{R_c^2 + X_3^2}\right) \qquad (28.116)$$

Então, se $R_c > Z_o$, os valores de reatâncias que proporcionam casamento de impedância são:

$$X_2 = -X_c \qquad (28.117)$$

Capítulo 28 – Linhas de transmissão

$$X_3 = \pm\sqrt{\frac{Z_o}{R_c - Z_o}} R_c \tag{28.118}$$

$$X_1 = -\frac{X_3 R_c^2}{R_c^2 + X_3^2} \tag{28.119}$$

c) Por outro lado, a solução geral para a Equação (28.112) é obtida com a separação das partes real e imaginária:

$$Z_o = \frac{R_c X_3^2}{R_c^2 + (X_c + X_2 + X_3)^2} \tag{28.120}$$

$$X_1 = -X_3 \frac{\left[R_c^2 + (X_c + X_2)(X_c + X_2 + X_3)\right]}{R_c^2 + (X_c + X_2 + X_3)^2} \tag{28.121}$$

Da primeira dessas equações obtém-se a seguinte relação entre X_2 e X_3:

$$X_2 = \sqrt{\frac{R_c}{Z_o} \left(X_3^2 - Z_o R_c\right)} - (X_c + X_3) \tag{28.122}$$

e pode-se concluir que, para existir solução, deve-se ter $|X_3| \geq \sqrt{Z_o R_c}$. Além disso, obtém-se solução válida mesmo se $X_2 = 0$. Nesse caso, a Equação (28.120) fornece para X_3 os valores dados por:

$$X_3 = \frac{Z_o X_c \pm \sqrt{R_c Z_o \left(R_c^2 + X_c^2 - Z_o R_c\right)}}{R_c - Z_o} \tag{28.123}$$

Uma vez que existem muitas possibilidades de escolha das reatâncias para obter o casamento de impedância em uma certa frequência de operação do sistema de transmissão, cabe avaliar qual das configurações do acoplador de impedâncias permite obter a máxima faixa de frequência em torno da frequência central na qual o coeficiente de reflexão e a razão de onda estacionária estejam abaixo de valores máximos considerados adequados para o bom funcionamento do sistema. Em outras palavras, qual conjunto de reatâncias maximiza a banda passante do acoplador. Usando cálculo computacional, pode-se verificar que não existe uma única configuração que maximize a banda passante para quaisquer frequência central e impedância de carga (R_c, X_c). Contudo, é possível concluir que as configurações que usam:

$$X_3 = \pm\sqrt{R_c Z_o} \tag{28.124}$$

ou:

$$X_3 = 2\sqrt{R_c Z_o} \tag{28.125}$$

556 Análise de sistemas eletromagnéticos

são as que geralmente garantem maior banda passante.

Optando-se pela Equação (28.124), obtém-se o caso (a) descrito anterior-mente. Optando-se pela Equação (28.125), obtém-se as reatâncias a seguir:

$$X_2 = \sqrt{3}R_c - 2\sqrt{R_c Z_o} - X_c \tag{28.126}$$

$$X_1 = \sqrt{3}Z_o - 2\sqrt{R_c Z_o} \tag{28.127}$$

O caso (b) descrito anteriormente proporciona banda passante semelhante às obtidas com as Equações (28.124) e (28.125), mas apresenta a restrição $R_c > Z_o$.

A Figura 28.12 mostra a razão de onda estacionária calculada para uma carga composta de resistência e capacitância ou indutância em série acoplada a uma linha de transmissão pelos quatro métodos discutidos anteriormente.

28.10.2 Acoplador com transformador de quarto de onda

Um pedaço de linha de transmissão com comprimento de $\lambda/4$ na frequência de operação do sistema de transmissão funciona como um adaptador de impedâncias. De acordo com a Equação (28.102), a impedância de entrada de um transformador $\lambda/4$ é obtida na seguinte forma:

$$Z_e = \frac{Z_t^2}{Z_c} \tag{28.128}$$

em que Z_t é a impedância característica do transformador e Z_c é a impedância de carga. Para não haver reflexão é necessário que $Z_e = Z_o$. Então, a impedância característica do transformador pode ser calculada pela seguinte expressão:

$$Z_t = \sqrt{Z_o Z_c} \tag{28.129}$$

Porém, uma vez que Z_t e Z_o são valores reais, o transformador $\lambda/4$ consegue apenas acoplar cargas resistivas. Se a impedância a ser acoplada apresenta reatância, esta deve ser compensada usando-se outra reatância em série ou paralelo.

Outra opção consiste em localizar o transformador $\lambda/4$ em uma das posições de valor extremo da onda estacionária, pois nessas posições a impedância é real. Pelos estudos anteriores, sabe-se que ocorrem máximos na impedância da linha de transmissão nas distâncias até a carga dadas por $l = (n\pi + \phi/2)\lambda/2\pi$, em que ϕ é o ângulo polar do coeficiente de reflexão na carga. Se $\phi > 0$, o primeiro máximo ocorre em uma distância menor que $\lambda/4$ e a impedância nessa posição, segundo a Equação (28.108), é:

$$Z_{\max}\left(l = \frac{\phi\lambda}{4\pi}\right) = Z_o\, ROE \tag{28.130}$$

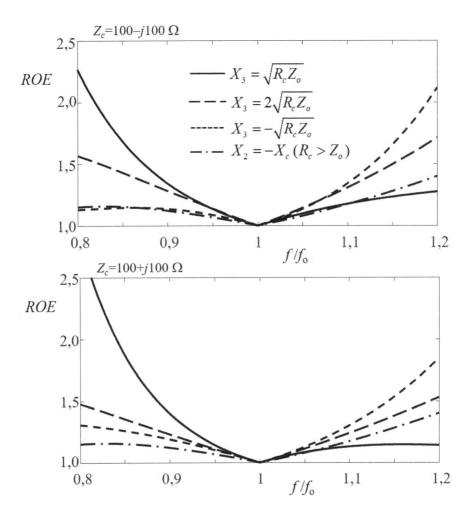

Figura 28.12: Razão de onda estacionária para uma carga de impedância $Z_c = 100 \pm j100$ Ω na frequência $f_o = 100$ MHz acoplada pelos métodos descritos nesta seção a uma linha de transmissão com impedância $Z_o = 50$ Ω

Por outro lado, os mínimos ocorrem nas posições $l = [(n+1/2)\pi + \phi/2]\lambda/2\pi$, e se $\phi < 0$, o primeiro mínimo ocorre em uma distância menor que $\lambda/4$. A impedância nessa posição, segundo a Equação (28.111), é:

$$Z_{\min}\left(l = \frac{(\pi + \phi)\lambda}{4\pi}\right) = \frac{Z_o}{ROE} \qquad (28.131)$$

Como exemplo, considere $Z_c = 100 - j100$ Ω e $Z_o = 50$ Ω. O coeficiente de reflexão e a *ROE* são dados por:

$$\Gamma_c = \frac{100 - j100 - 50}{100 - j100 + 50} = 0,62\,e^{-j0,52} \quad (a)$$

$$ROE = \frac{1 + 0,62}{1 - 0,62} = 4,27 \qquad\qquad (b)$$

$$(28.132)$$

Assumindo que a velocidade de fase na linha de transmissão em 100 MHz é 60% daquela no vácuo, o comprimento de onda correspondente é $\lambda = 0,6c/f_o = 1,8$ m. Usando a Equação (28.131), obtêm-se a posição e a impedância do transformador:

$$l = \frac{(\pi + \phi)\lambda}{4\pi} = \frac{(\pi - 0,52) \times 1,8\,m}{4\pi} = 0,38\,m \quad (c)$$

$$Z_t = \frac{Z_o}{\sqrt{ROE}} = \frac{50\,\Omega}{\sqrt{4,27}} = 24,2\,\Omega \qquad\qquad (d)$$

Para $Z_c = 100 + j100\,\Omega$ e $Zo = 50\,\Omega$, o coeficiente de reflexão apenas muda de sinal no ângulo e a ROE tem mesmo valor. Nesse caso, com a Equação (28.130), obtêm-se a posição e a impedância do transformador:

$$l = \frac{\phi\lambda}{4\pi} = \frac{0,52 \times 1,8\,m}{4\pi} = 0,074\,m \qquad\qquad (e)$$

$$Z_t = Z_o\,\sqrt{ROE} = 50\,\sqrt{4,27}\,\Omega = 103,3\,\Omega \quad (f)$$

Podem-se obter soluções alternativas compensando a reatância da carga. No caso da carga capacitiva com reatância $-j100\,\Omega$ em 100 MHz, a colocação de um indutor de indutância 159 nH em série anula a reatância total nessa frequência. No caso da carga indutiva com reatância $j100\,\Omega$ em 100 MHz, uma capacitância de 15,9 pF pode ser associada em série para cancelar a reatância total. Em ambos os casos o transformador deve ser conectado diretamente nos terminais da carga e sua impedância deve ser $Z_t = \sqrt{Z_oR_c} = 70,7\,\Omega$ para obter o casamento de impedância com a linha de 50 Ω. A Figura 28.13 mostra a razão de onda estacionária calculada para os casos analisados no exemplo anterior. Observe que a compensação com reatância em série e conexão do transformador nos terminais da carga proporciona menor variação do coeficiente de reflexão e, com isso, maior banda passante para a ROE.

28.10.3   Acoplador com *stub* simples

O *stub* é um pedaço curto de linha de transmissão geralmente conectado em paralelo com a carga ou a pequena distância desta a fim de compensar sua reatância. Uma seção de comprimento l_s de uma linha de transmissão sem perdas e com

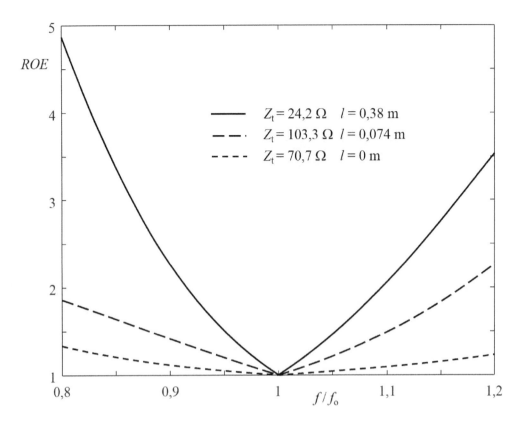

Figura 28.13: Razão de onda estacionária para uma carga de impedância $Z_c = 100 \pm j100\ \Omega$ na frequência $f_o = 100$ MHz acoplada com transformador $\lambda/4$ a uma linha de transmissão com impedância $Z_o = 50\ \Omega$.

impedância nula em uma das extremidades apresenta impedância puramente reativa na outra extremidade dada pela Equação (28.103). A admitância do *stub*, portanto, pode ser escrita na seguinte forma:

$$Y_s = -\frac{j}{Z_o\, tg\,(\beta l_s)} \qquad (28.133)$$

Visando obter o casamento de impedância, o *stub* deve ser conectado na posição da linha na qual a admitância tem parte real igual a $1/Z_o$. Podemos calcular a posição do *stub* z_s usando a Equação (28.100) da seguinte forma:

$$Re\left[\frac{1}{Z_o}\frac{Z_o + jZ_c\, tg\,(\beta z_s)}{Z_c + jZ_o\, tg\,(\beta z_s)}\right] = \frac{1}{Z_o} \qquad (28.134)$$

Substituindo $Z_c = R_c + jX_c$ e $tg(\beta z_s) = x$ e manipulando essa equação, obtemos:

$$(R_c - Z_o) Z_o x^2 - 2X_c Z_o x + Z_o R_c - R_c^2 - X_c^2 = 0 \qquad (28.135)$$

A solução é obtida da forma tradicional para equações algébricas de segunda ordem:

$$x = \frac{X_c}{R_c - Z_o} \pm \sqrt{\left(\frac{X_c}{R_c - Z_o}\right)^2 + \frac{R_c^2 + X_c^2 - Z_o R_c}{Z_o (R_c - Z_o)}} \qquad (28.136)$$

e a posição do *stub* é então obtida na seguinte forma:

$$z_s = atg\,(x)\,\frac{\lambda}{2\pi} \leftarrow x > 0$$
$$z_s = [atg\,(x) + \pi]\,\frac{\lambda}{2\pi} \leftarrow x < 0 \qquad (28.137)$$

Os dois valores para x determinam dois valores para z_s entre zero e $\lambda/2$ que satisfazem a condição para casamento de impedância. A posição mais próxima da carga entre os dois valores obtidos deve ser escolhida.

A susceptância da linha de transmissão na posição do *stub* é calculada por meio da parte imaginária da admitância:

$$\begin{aligned}
B &= Im \left[\frac{1}{Z_o} \frac{Z_o + j\,(R_c + jX_c)\,x}{(R_c + jX_c) + jZ_o x}\right] \\
&= \frac{1}{Z_o} \frac{R_c^2 x - (X_c + Z_o\,x)\,(Z_o - X_c\,x)}{R_c^2 + (X_c + Z_o\,x)^2}
\end{aligned} \qquad (28.138)$$

e, para obter o casamento de impedância, o comprimento do *stub* deve ser ajustado para que sua susceptância seja igual em módulo, mas tenha sinal contrário ao resultado obtido com a equação anterior. Com isso, a Equação (28.133) fornece a relação para cálculo do comprimento do *stub*:

$$Y_s = -jB$$
$$\rightarrow l_s = atg\left(\frac{1}{Z_o B}\right)\frac{\lambda}{2\pi} \leftarrow B > 0$$
$$\rightarrow l_s = \left[atg\left(\frac{1}{Z_o B}\right) + \pi\right]\frac{\lambda}{2\pi} \leftarrow B < 0 \qquad (28.139)$$

Usando as Equações (28.136) a (28.139), a posição e o comprimento do *stub* para acoplar a carga $Z_c = 100 \pm j100\ \Omega$ a uma linha de transmissão de 50 Ω foi calculada. Os gráficos da razão de onda estacionária são apresentados na Figura 28.14. Comparando com a Figura 28.13, percebe-se a vantagem em termos de banda passante para o transformador $\lambda/4$ com acoplamento direto na carga.

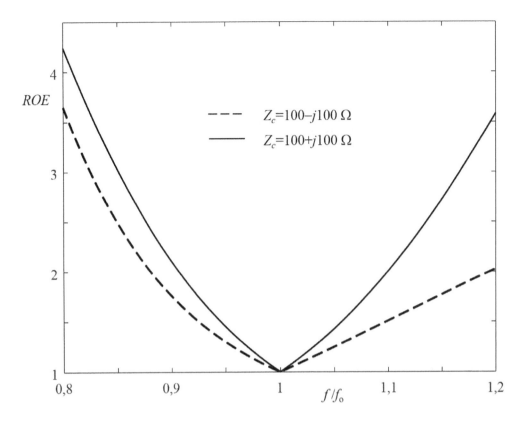

Figura 28.14: Razão de onda estacionária para uma carga de impedância $Z_c = 100 \pm j100\ \Omega$ na frequência $f_o = 100$ MHz acoplada com *stub* simples a uma linha de transmissão com impedância $Z_o = 50\ \Omega$.

28.11 Questões

28.1) Considere as dimensões das linhas de transmissão indicadas na Tabela 28.2, em que e é a espessura da trilha ou do condutor externo do cabo coaxial e d é a separação entre as trilhas ou entre os condutores da linha paralela. Calcule para as frequências 1, 10 e 100 MHz: a) os parâmetros R, L, C e G; b) a velocidade de fase e a atenuação.

28.2) Considere que um cabo coaxial com impedância de 75 Ω e comprimento de 20 m está sendo usado para conectar um gerador de RF operando em 100 MHz a uma antena dipolo de meia onda com impedância $Z_c = 73 + j42,5\ \Omega$. A impedância do gerador é 50 Ω e a potência irradiada (potência média na resistência de 73 Ω da carga) é de 100 W. Considere que a atenuação no cabo é de 150 dB/km. Calcule: a) a tensão de circuito aberto nos terminais do gerador; b) a potência dissipada na linha de transmissão; c) a razão de onda estacionária; d)

562   Análise de sistemas eletromagnéticos

as tensões máxima e mínima na linha de transmissão; e) as posições do primeiro
máximo e do primeiro mínimo mais próximos da carga.

28.3) Em relação ao exercício anterior, considere que uma rede de reatâncias foi
utilizada para acoplar a antena ao cabo de modo que a reflexão seja nula em 100
MHz. Calcule novamente a tensão de circuito aberto no gerador e a potência
dissipada na linha de transmissão.

28.4) Um cabo coaxial com 3 m de comprimento, impedância característica de
50 Ω e velocidade de fase de $0,5c$ é utilizado para conectar um circuito oscilador
a uma carga resistiva de 100 Ω. A tensão de saída do oscilador tem forma de
onda quadrada e, em circuito aberto, oscila entre 0 e 10 V na frequência de 20
MHz. Considere a impedância de saída do oscilador em 10 Ω. Calcule e desenhe
a forma de onda da tensão na carga.

28.5) Um par de fios de cobre com diâmetro de 1 mm é usado para construir
uma linha paralela com impedância característica de 100 Ω usando o polietileno
como isolante. Calcule a separação entre os condutores. Estime os parâmetros
distribuídos dessa linha, a velocidade de propagação e a atenuação em 10 MHz.
Considere $\epsilon_r = 2,3$, $\sigma_d = 10^{-5}$ S/m para o polietileno nessa frequência.

28.6) Considere um sistema de transmissão conforme indicado no esquema da
Figura 28.15. A linha de transmissão pode ser considerada sem perdas para
efeito de cálculo de impedâncias. A velocidade de propagação é $0,6c$. Projete
acopladores de impedância baseados nos seguintes métodos: rede de reatâncias;
transformador $\lambda/4$ e *stub* simples. Considere as situações a seguir: a) $f = 100$
MHz, $Z_g = Z_o = 50$ Ω, $Z_c \to C(10 \text{ pF})\|R(120 \text{ }\Omega)$; b) $f = 50$ MHz, $Z_g = Z_o = 75$
Ω, $Zc \to L(300 \text{ nH})\|R(30 \text{ }\Omega)$.

28.7) Descubra qual acoplador apresenta menor variação da ROE com a frequência
nos casos da Questão 28.6. Considere uma banda de frequências de $\pm10\%$ da
frequência central e calcule a variação da ROE nos extremos dessa banda em
relação ao valor na frequência central ($ROE = 1$).

Tabela 28.2: Informações sobre as linhas de transmissão para a Questão 28.1.

Trilhas	Cabo coaxial	Linha paralela
$d = 1$ mm	$a = 1$ mm	$a = 1$ mm
$w = 3$ mm	$b = 3$ mm	$d = 3$ mm
$e = 0,1$ mm	$e = 0,1$ mm	$\epsilon_d = 1,5$
$\epsilon_d = 4,7$	$\epsilon_d = 2,4$	$\sigma_c = 4 \times 10^7$ S/m
$\sigma_c = 5,8 \times 10^7$ S/m	$\sigma_c = 4 \times 10^7$ S/m	$\sigma_d = 10 + \omega^{0,8}$ pS/m
$\sigma_d = 10 + \omega^{0,8}$ pS/m	$\sigma_d = 10 + \omega^{0,8}$ pS/m	

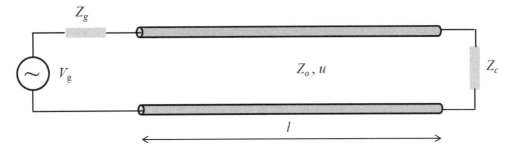

Figura 28.15: Ilustração de um sistema de transmissão para a Questão 28.6.

Capítulo 29

Guias de onda

29.1 Equações dos campos em um guia de onda retangular

Como a linha de transmissão, o guia de onda é uma estrutura usada para o transporte orientado de ondas eletromagnéticas de um ponto a outro. Consideraremos neste capítulo o guia de onda de paredes metálicas, de seção retangular ou circular, e o guia de onda dielétrico, mais conhecido pelo nome de fibra óptica. Os guias de onda são utilizados no transporte de sinal e energia eletromagnética em frequências mais elevadas que as linhas de transmissão. Devido à elevada dissipação de potência em altas frequências, normalmente as linhas de transmissão são utilizadas até o limite da faixa de UHF (3 GHz). Para comprimentos de onda da ordem de poucos centímetros ou menores, os guias de onda metálicos podem ser utilizados e apresentam muito menor atenuação de sinal. Os guias de onda dielétricos são utilizados principalmente na faixa de frequências ópticas para o transporte eficiente de sinais para diversos fins, como instrumentação eletrônica e telecomunicações.

Consideremos a equação da onda eletromagnética na forma fasorial já desenvolvida nos Capítulos 17 e 18:

$$\nabla^2 \dot{\vec{E}} = \gamma^2 \dot{\vec{E}} \tag{29.1}$$

$$\nabla^2 \dot{\vec{H}} = \gamma^2 \dot{\vec{H}} \tag{29.2}$$

em que, como na descrição das ondas planas, a constante de propagação γ é dada por:

$$\gamma = \sqrt{j\omega\mu\left(\sigma + j\omega\epsilon\right)} \tag{29.3}$$

Em um guia de onda oco, a condutividade pode ser desprezada. Nesse caso, a constante de propagação é apenas um número imaginário dado por:

$$\gamma = j\omega\sqrt{\mu\epsilon} \tag{29.4}$$

Uma característica importante da propagação em um guia de onda é a necessidade da existência de ao menos uma componente de campo na direção de propagação. Assim, vamos escrever e analisar, inicialmente, as equações para a componente longitudinal dos campos elétrico e magnético. A Figura 29.1 define um sistema de referência para a análise de um guia retangular. As equações de onda para a componente z dos campos são dadas por:

$$\frac{\partial^2 \dot{E}_z}{\partial x^2} + \frac{\partial^2 \dot{E}_z}{\partial y^2} + \frac{\partial^2 \dot{E}_z}{\partial z^2} = \gamma^2 \dot{E}_z \tag{29.5}$$

$$\frac{\partial^2 \dot{H}_z}{\partial x^2} + \frac{\partial^2 \dot{H}_z}{\partial y^2} + \frac{\partial^2 \dot{H}_z}{\partial z^2} = \gamma^2 \dot{H}_z \tag{29.6}$$

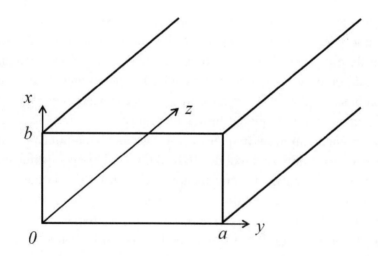

Figura 29.1: Esquema geométrico para análise da propagação de ondas eletromagnéticas em um guia de onda retangular com arestas a e b.

Com base na descrição das ondas eletromagnéticas no espaço livre e mesmo nas linhas de transmissão, podemos propor que a dependência com a coordenada longitudinal é do tipo e^{-Kz}, em que K é o vetor de onda para uma onda se propagando no sentido $z > 0$. Assim, as soluções das Equações (29.5) e (29.6) podem ser escritas nas formas a seguir:

$$\dot{E}_z = \dot{E}_{zt} e^{-Kz} \tag{29.7}$$

Capítulo 29 – Guias de onda

$$\dot{H}_z = \dot{H}_{zt}e^{-Kz} \tag{29.8}$$

em que $\dot{E}_{zt}$ e $\dot{H}_{zt}$ são as parcelas dos campos dependentes apenas das coordenadas transversais. Substituindo essas soluções nas Equações (29.5) e (29.6), obtemos equações apenas para $\dot{E}_{zt}$ e $\dot{H}_{zt}$:

$$\frac{\partial^2 \dot{E}_{zt}}{\partial x^2} + \frac{\partial^2 \dot{E}_{zt}}{\partial y^2} + s^2 \dot{E}_{zt} = 0 \tag{29.9}$$

$$\frac{\partial^2 \dot{H}_{zt}}{\partial x^2} + \frac{\partial^2 \dot{H}_{zt}}{\partial y^2} + s^2 \dot{H}_{zt} = 0 \tag{29.10}$$

em que definimos uma constante auxiliar s pela relação:

$$s^2 = K^2 - \gamma^2 \tag{29.11}$$

As soluções nas coordenadas x e y podem ser obtidas usando o método de separação de variáveis. Para o campo elétrico, por exemplo, escrevemos a solução na forma:

$$\dot{E}_{zt} = X(x)Y(y) \tag{29.12}$$

Substituindo na Equação (29.9), obtemos após algumas operações simples:

$$\frac{1}{X}\frac{d^2X}{dx^2} + \frac{1}{Y}\frac{d^2Y}{dy^2} + s^2 = 0 \tag{29.13}$$

Como as funções X e Y são completamente independentes entre si, a única possibilidade de a Equação (29.13) ser satisfeita para quaisquer valores de x e y é considerar cada termo constante, ou seja:

$$\frac{1}{X}\frac{d^2X}{dx^2} = -k_x^2 \tag{29.14}$$

$$\frac{1}{Y}\frac{d^2Y}{dy^2} = -k_y^2 \tag{29.15}$$

$$s^2 = k_x^2 + k_y^2 \tag{29.16}$$

em que k_x e k_y são as constantes de separação.

As Equações (29.14) e (29.15) têm soluções bem conhecidas e podem ser expressas na forma geral:

$$X = a_1 cos(k_x x) + a_2 sen(k_x x) \tag{29.17}$$

$$Y = b_1 cos(k_y y) + b_2 sen(k_y y) \tag{29.18}$$

em que os coeficientes devem ser determinados a partir das condições de contorno. Assim, retornando à Equação (29.12) e depois à Equação (29.7), obtemos a expressão geral da componente longitudinal do campo elétrico:

$$\dot{E}_z = [a_1 cos(k_x x) + a_2 sen(k_x x)] [b_1 cos(k_y y) + b_2 sen(k_y y)] e^{-Kz} \qquad (29.19)$$

Obtida de modo idêntico, a componente longitudinal do campo magnético pode ser escrita na seguinte forma:

$$\dot{H}_z = [c_1 cos(k_x x) + c_2 sen(k_x x)] [d_1 cos(k_y y) + d_2 sen(k_y y)] e^{-Kz} \qquad (29.20)$$

O vetor de onda pode ser obtido para cada valor da constante s resolvendo-se a Equação (29.11) e considerando o valor de γ dado na Equação (29.4):

$$K = \sqrt{s^2 - \omega^2 \mu \epsilon} \qquad (29.21)$$

Por essa equação, se μ e ϵ são reais, o vetor de onda somente pode ser real ou imaginário puro. Contudo, para que as soluções descritas pelas Equações (29.19) e (29.20) representem ondas que se propagam na direção z, o vetor de onda deve ser um número imaginário. Assim, existe uma frequência mínima, denominada frequência de corte, abaixo da qual não ocorre propagação no guia de onda. Da Equação (29.21), deduzimos que a frequência de corte é dada por:

$$f_c = \frac{s}{2\pi \sqrt{\mu \epsilon}} \qquad (29.22)$$

29.2   Modos TM

Para o modo transversal magnético de propagação (TM), a componente H_z é nula e devemos determinar a solução particular para E_z a partir das seguintes condições de contorno: $E_z(x = 0) = 0$ e $E_z(x = b) = 0$ para $0 < y < a$, $E_z(y = 0) = 0$ e $E_z(y = a) = 0$ para $0 < x < b$. A primeira dessas condições leva a $a_1 = 0$ e $k_x = n\pi/b$, em que n é um inteiro. A segunda leva a $b_1 = 0$ e $k_y = m\pi/a$, com m inteiro. Assim, o campo elétrico longitudinal na onda TM é dado por:

$$\dot{E}_z = E_o sen\left(\frac{n\pi}{b}x\right) sen\left(\frac{m\pi}{a}y\right) e^{-Kz} \qquad (29.23)$$

em que $E_o = a_2 b_2$ é uma constante que depende da intensidade do sinal injetado no guia. De acordo com a Equação (29.16), a constante s tem um valor dependente de m e n, sendo dada por:

$$s = \pi \sqrt{\frac{m^2}{a^2} + \frac{n^2}{b^2}} \qquad (29.24)$$

Capítulo 29 – Guias de onda   569

Segundo as Equações (29.22) a (29.24), a cada combinação de inteiros m e n corresponde uma frequência de corte e uma distribuição de campo específicas na seção transversal do guia de onda. Portanto, cada combinação define um modo de propagação no guia. Para determinar as componentes transversais dos campos podemos usar as equações de Maxwell para obter relações entre essas componentes e E_z.

A Tabela 29.1 mostra as relações entre as componentes dos campos elétrico e magnético segundo as leis de Faraday e Ampère. Segundo essas equações, com $H_z = 0$, obtêm-se as seguintes relações úteis para o modo TM no guia retangular:

$$\frac{\partial \dot{H}_y}{\partial z} = -j\omega\epsilon\dot{E}_x \tag{29.25}$$

$$\frac{\partial \dot{H}_x}{\partial z} = j\omega\epsilon\dot{E}_y \tag{29.26}$$

$$\frac{\partial \dot{E}_y}{\partial z} - \frac{\partial \dot{E}_z}{\partial y} = j\omega\mu\dot{H}_x \tag{29.27}$$

$$\frac{\partial \dot{E}_x}{\partial z} - \frac{\partial \dot{E}_z}{\partial x} = -j\omega\mu\dot{H}_y \tag{29.28}$$

Tabela 29.1: Relações entre componentes retangulares dos campos na onda eletromagnética.

Lei de Ampère	Lei de Faraday
$\partial \dot{H}_z/\partial y - \partial \dot{H}_y/\partial z = j\omega\epsilon\dot{E}_x$	$\partial \dot{E}_z/\partial y - \partial \dot{E}_y/\partial z = -j\omega\mu\dot{H}_x$
$\partial \dot{H}_x/\partial z - \partial \dot{H}_z/\partial x = j\omega\epsilon\dot{E}_y$	$\partial \dot{E}_x/\partial z - \partial \dot{E}_z/\partial x = -j\omega\mu\dot{H}_y$
$\partial \dot{H}_y/\partial x - \partial \dot{H}_x/\partial y = j\omega\epsilon\dot{E}_z$	$\partial \dot{E}_y/\partial x - \partial \dot{E}_x/\partial y = -j\omega\mu\dot{H}_z$

Mas, como os campos variam com a coordenada longitudinal segundo a forma e^{-Kz}, podemos substituir as derivadas em z nas Equações (29.25) a (29.28) por $-K$ multiplicado pelo respectivo campo. Fazendo assim, obtemos:

$$\dot{H}_y = \frac{j\omega\epsilon}{K}\dot{E}_x \tag{29.29}$$

$$\dot{H}_x = -\frac{j\omega\epsilon}{K}\dot{E}_y \tag{29.30}$$

$$\frac{\partial \dot{E}_z}{\partial y} = -j\omega\mu\dot{H}_x - K\dot{E}_y \tag{29.31}$$

$$\frac{\partial \dot{E}_z}{\partial x} = j\omega\mu\dot{H}_y - K\dot{E}_x \tag{29.32}$$

Combinando as Equações (29.30), (29.31) e (29.23), obtemos $\dot{E}_y$ e $\dot{H}_x$:

$$\dot{E}_y = -\frac{K}{s^2}\frac{\partial \dot{E}_z}{\partial y} = -jE_o\frac{m\pi\beta}{as^2}sen\left(\frac{n\pi}{b}x\right)cos\left(\frac{m\pi}{a}y\right)e^{-j\beta z} \tag{29.33}$$

$$\dot{H}_x = jE_o\frac{\omega\epsilon m\pi}{as^2}sen\left(\frac{n\pi}{b}x\right)cos\left(\frac{m\pi}{a}y\right)e^{-j\beta z} \tag{29.34}$$

De modo análogo, combinando as Equações (29.29), (29.32) e (29.23), obtemos $\dot{E}_x$ e $\dot{H}_y$:

$$\dot{E}_x = -\frac{K}{s^2}\frac{\partial \dot{E}_z}{\partial x} = -jE_o\frac{n\pi\beta}{bs^2}cos\left(\frac{n\pi}{b}x\right)sen\left(\frac{m\pi}{a}y\right)e^{-j\beta z} \tag{29.35}$$

$$\dot{H}_y = -jE_o\frac{\omega\epsilon n\pi}{bs^2}cos\left(\frac{n\pi}{b}x\right)sen\left(\frac{m\pi}{a}y\right)e^{-j\beta z} \tag{29.36}$$

Nessas equações, podemos substituir o vetor de onda por $j\beta$, o que é rigorosamente válido apenas para um sistema sem dissipação. Contudo, essa aproximação será melhorada mais tarde, quando calcularmos a constante de atenuação para uma onda guiada.

De acordo com a Equação (29.21), a constante de fase é dada por:

$$\beta = \sqrt{\omega^2\mu\epsilon - s^2} = 2\pi f\sqrt{\mu\epsilon}\sqrt{1 - \left(\frac{f_c}{f}\right)^2} \tag{29.37}$$

Cada par de valores (m, n) define um modo de propagação para as ondas TM, denominados genericamente TM_{mn}. Note que m e n não podem ser nulos. Assim, temos os modos TM_{11}, TM_{12}, TM_{21}, TM_{22} etc. A Figura 29.2 mostra a distribuição de amplitude de campo no guia de onda retangular para alguns modos TM.

29.3 Modos TE

Para o modo transversal elétrico de propagação (TE), a componente E_z é nula e devemos determinar a solução particular para H_z a partir das condições de contorno que se obtêm da lei de Ampère considerando nulas as componentes transversais do campo elétrico nas paredes laterais do guia de onda: $\partial \dot{H}_z/\partial x = 0$ em $x = 0$ e $x = b$ para $0 < y < a$; $\partial \dot{H}_z/\partial y = 0$ em $y = 0$ e $y = a$ para $0 < x < b$. A primeira dessas condições leva a $a_2 = 0$ e $k_x = n\pi/b$. A segunda leva a $b_2 = 0$ e $k_y = m\pi/a$. Assim, o campo magnético longitudinal na onda TE é dado por:

Capítulo 29 – Guias de onda

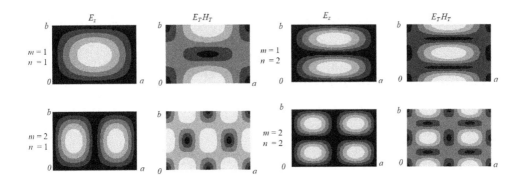

Figura 29.2: Distribuição de amplitude de campo elétrico longitudinal e dos campos transversais em um guia de onda retangular para alguns modos TM. Os tons mais claros indicam maior intensidade de campo.

$$\dot{H}_z = H_o \cos\left(\frac{n\pi}{b}x\right) \cos\left(\frac{m\pi}{a}y\right) e^{-Kz} \tag{29.38}$$

em que $H_o = a_1 b_1$ é uma constante que depende da intensidade do sinal injetado no guia.

Para determinar as componentes transversais dos campos, como fizemos para a onda TM, usaremos as equações de Maxwell para obter relações entre essas componentes e H_z. Segundo a Tabela 29.1, com $E_z = 0$, temos:

$$\frac{\partial \dot{H}_z}{\partial y} - \frac{\partial \dot{H}_y}{\partial z} = j\omega\epsilon \dot{E}_x \rightarrow \frac{\partial \dot{H}_z}{\partial y} = j\omega\epsilon \dot{E}_x - K\dot{H}_y \tag{29.39}$$

$$\frac{\partial \dot{H}_x}{\partial z} - \frac{\partial \dot{H}_z}{\partial x} = j\omega\epsilon \dot{E}_y \rightarrow \frac{\partial \dot{H}_z}{\partial x} = -j\omega\epsilon \dot{E}_y - K\dot{H}_x \tag{29.40}$$

$$\frac{\partial \dot{E}_y}{\partial z} = j\omega\mu \dot{H}_x \rightarrow \dot{E}_y = -\frac{j\omega\mu}{K}\dot{H}_x \tag{29.41}$$

$$\frac{\partial \dot{E}_x}{\partial z} = -j\omega\mu \dot{H}_y \rightarrow \dot{E}_x = \frac{j\omega\mu}{K}\dot{H}_y \tag{29.42}$$

em que novamente substituímos as derivadas em z por $-K$ multiplicado pelo respectivo campo.

Combinando as Equações (29.39), (29.42) e (29.38), obtemos $\dot{E}_x$ e $\dot{H}_y$:

$$\dot{E}_x = jH_o \frac{\omega\mu m\pi}{as^2} \cos\left(\frac{n\pi}{b}x\right) \operatorname{sen}\left(\frac{m\pi}{a}y\right) e^{-j\beta z} \tag{29.43}$$

$$\dot{H}_y = jH_o \frac{m\pi\beta}{as^2} \cos\left(\frac{n\pi}{b}x\right) \operatorname{sen}\left(\frac{m\pi}{a}y\right) e^{-j\beta z} \tag{29.44}$$

De modo análogo, combinando as Equações (29.40), (29.41) e (29.38), obtemos $\dot{E}_y$ e $\dot{H}_x$:

$$\dot{E}_y = -jH_o\frac{\omega\mu n\pi}{bs^2}sen\left(\frac{n\pi}{b}x\right)cos\left(\frac{m\pi}{a}y\right)e^{-j\beta z} \tag{29.45}$$

$$\dot{H}_x = jH_o\frac{n\pi\beta}{bs^2}sen\left(\frac{n\pi}{b}x\right)cos\left(\frac{m\pi}{a}y\right)e^{-j\beta z} \tag{29.46}$$

Diferentemente das ondas TM, as ondas TE admitem m ou n nulos e, por isso, apresentam, nesses casos, as menores frequências de corte de todos os modos possíveis em um guia de onda retangular. O modo TE_{10} é considerado o modo fundamental, pois apresenta a menor frequência de corte. Para esse modo, os campos E_z, E_y e H_x são nulos. As demais componentes de campo são:

$$\dot{E}_x = jH_o\frac{\omega\mu\pi}{as_{10}^2}sen\left(\frac{\pi}{a}y\right)e^{-j\beta z} \tag{29.47}$$

$$\dot{H}_z = H_o cos\left(\frac{\pi}{a}y\right)e^{-j\beta z} \tag{29.48}$$

$$\dot{H}_y = jH_o\frac{\pi\beta_{10}}{as_{10}^2}sen\left(\frac{\pi}{a}y\right)e^{-j\beta z} \tag{29.49}$$

em que as constantes β_{10}, s_{10} e a frequência de corte são dadas por:

$$s_{10} = \frac{\pi}{a} \tag{29.50}$$

$$f_{c10} = \frac{1}{2a\sqrt{\mu\epsilon}} \tag{29.51}$$

$$\beta_{10} = \sqrt{\omega^2\mu\epsilon - s_{10}^2} = 2\pi f\sqrt{\mu\epsilon}\sqrt{1 - \left(\frac{f_{c10}}{f}\right)^2} \tag{29.52}$$

A Figura 29.3 mostra a distribuição de amplitude de campo no guia de onda retangular para alguns modos TE.

29.4 Características de propagação no guia de onda retangular

Os modos que podem se propagar em um guia de onda são determinados pela frequência do sinal. Todos os modos com frequência de corte menor que a frequência do sinal podem se propagar. De acordo com as Equações (29.22) e

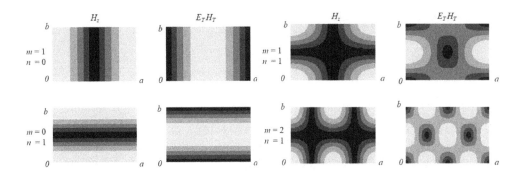

Figura 29.3: Distribuição de amplitude do campo magnético longitudinal e dos campos transversais em um guia de onda retangular para alguns modos TE. Os tons mais claros indicam maior intensidade de campo.

(29.24), a frequência de corte de um modo definido pelos inteiros m e n é dada por:

$$f_{cmn} = \frac{1}{2\sqrt{\mu\epsilon}}\sqrt{\frac{m^2}{a^2} + \frac{n^2}{b^2}} \qquad (29.53)$$

Por ter a menor frequência de corte, o modo TE_{10} é o modo dominante em guias de onda retangular. O segundo modo com menor frequência de corte é o TE_{01}. Se um guia retangular é alimentado com sinal de frequência entre f_{c10} e f_{c01}, apenas o modo dominante se propaga. Essa condição é quase sempre desejada, pois, com apenas um modo se propagando, as distribuições dos campos no guia são conhecidas e o projeto e a construção de dispositivos de acoplamento e detecção de sinais tornam-se mais fáceis.

Quando a frequência do sinal é maior que as frequências de corte de vários modos, todos esses modos podem se propagar, e os campos resultantes podem ser obtidos como a superposição linear de todos os modos que se propagam. Comparando as componentes transversais das ondas TM e TE, verificamos que para mesmos valores de m e n, ambos diferentes de zero, as ondas TM e TE têm a mesma distribuição espacial dos campos transversais. Os modos com mesmos valores de m e n (ambos não nulos) são denominados modos degenerados.

A impedância de onda no interior do guia, do mesmo modo que para ondas no espaço livre, é definida como a relação entre os campos elétrico e magnético transversais. Para as ondas TM, usando as Equações (29.33) a (29.36), obtemos:

$$Z_{TM} = \frac{\dot{E}_x}{\dot{H}_y} = -\frac{\dot{E}_y}{\dot{H}_x} = \frac{\beta}{\omega\epsilon} \qquad (29.54)$$

574   Análise de sistemas eletromagnéticos

Substituindo β de acordo com a Equação (29.37), resulta:

$$Z_{TM} = Z_o \sqrt{1 - \left(\frac{f_c}{f}\right)^2} \tag{29.55}$$

em que $Z_o = \sqrt{\mu/\epsilon}$ é a impedância característica do dielétrico no interior do guia. Vemos, então, que a impedância para ondas guiadas nos modos TM é sempre menor que a impedância no espaço livre com mesmos valores de μ e ϵ, sendo nula na frequência de corte e tendendo a Z_o em altas frequências.

Para ondas TE, usando as Equações (29.43) a (29.46), obtemos:

$$Z_{TE} = \frac{\dot{E}_x}{\dot{H}_y} = -\frac{\dot{E}_y}{\dot{H}_x} = \frac{\omega\mu}{\beta} \to Z_{TE} = \frac{Z_o}{\sqrt{1 - \left(\frac{f_c}{f}\right)^2}} \tag{29.56}$$

e concluímos que a impedância para ondas guiadas nos modos TE é sempre maior que a impedância no espaço livre com mesmos valores de μ e ϵ, tendendo ao infinito na frequência de corte e a Z_o em altas frequências.

A faixa de frequências anterior à frequência de corte de um modo específico é chamada região evanescente daquele modo. Nessa região não existe propagação de ondas do modo correspondente, não sendo possível, portanto, excitar nenhum modo em um guia de onda retangular com frequência menor que f_{c10}.

O comprimento de onda guiada é obtido pela expressão familiar da teoria de ondas planas, $\lambda = 2\pi/\beta$. De acordo com a Equação (29.37), a expressão do comprimento de onda guiada em função da frequência é:

$$\lambda_g = \frac{\lambda_o}{\sqrt{1 - \left(\frac{f_c}{f}\right)^2}} \tag{29.57}$$

em que $\lambda_o = 1/f\sqrt{\mu\epsilon}$ é o comprimento de onda no espaço livre. Vemos que, em um guia de onda, as ondas se propagam sempre com comprimento de onda maior que no espaço livre.

A velocidade de fase da onda guiada pode ser calculada da mesma maneira que para ondas planas, $u = \omega/\beta$. Substituindo β, obtemos:

$$u = \frac{1}{\sqrt{\mu\epsilon}\sqrt{1 - \left(\frac{f_c}{f}\right)^2}} \tag{29.58}$$

A velocidade de fase de uma onda eletromagnética dentro de um guia de ondas é sempre maior que a velocidade no espaço livre. A velocidade depende da

Capítulo 29 – Guias de onda   575

frequência, o que significa que o guia de ondas é um meio dispersivo. Qualquer
sinal que não seja monofrequencial sofrerá distorção ao se propagar em um guia
de onda suficientemente longo para que a variação de fase entre as suas componentes espectrais seja significativa. Na medida em que a frequência aumenta, a
velocidade de fase tende ao valor limite da velocidade no espaço livre, e com isso
a dispersão diminui.

A velocidade de grupo em um guia de onda pode ser calculada pela definição
usual para ondas planas, $u_g = d\omega/d\beta$. Usando a expressão de β dada na Equação
(29.37), resulta:

$$u_g = \frac{1}{\sqrt{\mu\epsilon}}\sqrt{1 - \left(\frac{f_c}{f}\right)^2} \tag{29.59}$$

Esse resultado significa que, embora as ondas individuais tenham velocidade
maior que no espaço livre, o pacote de ondas formado pela superposição das
harmônicas do sinal é transportado com velocidade menor. Como se percebe pelas duas equações anteriores, o produto $u.u_g$ é igual ao quadrado da velocidade
no espaço livre.

29.5   Potência transportada e atenuação
em um guia de onda

A potência média transportada em um guia de onda retangular pode ser calculada
como a parte real do fluxo do vetor de Poynting complexo na seção transversal
do guia. Obviamente, o resultado depende da distribuição de campos e, por
isso, será diferente para cada modo que se propaga. Além disso, a frequência
e a amplitude do campo longitudinal que é induzido no guia também afetam a
potência transportada. Para um certo modo descrito pelos campos transversais:

$$\dot{\vec{E}}_T = (\dot{E}_{ox}\vec{u}_x + \dot{E}_{oy}\vec{u}_y)e^{-Kz} \tag{29.60}$$

$$\dot{\vec{H}}_T = (\dot{H}_{ox}\vec{u}_x + \dot{H}_{oy}\vec{u}_y)e^{-Kz} \tag{29.61}$$

o vetor de Poynting complexo é dado por:

$$\dot{\vec{P}} = \frac{1}{2}\dot{\vec{E}}_T \times \dot{\vec{H}}_T^* = \frac{1}{2}\left(\dot{E}_{ox}\dot{H}_{oy}^* - \dot{E}_{oy}\dot{H}_{ox}^*\right)e^{-2\alpha z}\vec{u}_z \tag{29.62}$$

em que $K + K^* = 2\alpha$, sendo α o coeficiente de atenuação no guia. A potência
média transportada é então obtida pela integral de superfície do vetor de Poynting
na sua seção transversal:

$$P_t = \left[\frac{1}{2} Re \int_0^a \int_0^b \left(\dot{E}_{ox} \dot{H}_{oy}^* - \dot{E}_{oy} \dot{H}_{ox}^* \right) dx dy \right] e^{-2\alpha z} = P_o e^{-2\alpha z} \qquad (29.63)$$

em que P_o é a potência em $z = 0$.

A potência diminui com a propagação do sinal ao longo do guia. A perda de potência com a distância é determinada pelo coeficiente de atenuação:

$$\frac{dP_t}{dz} = -2\alpha P_t \qquad (29.64)$$

O cálculo de P_o a partir das expressões dos campos transversais, Equações (29.33) a (29.36) para os modos TM e Equações (29.43) a (29.46) para os modos TE, substituídas na Equação (29.63) é simples e deixado como exercício ao leitor. As expressões resultantes são mostradas a seguir.

- Para modos TM

$$P_o = \frac{ab E_o^2}{8 Z_o} \left(\frac{f}{f_c} \right)^2 \sqrt{1 - \left(\frac{f_c}{f} \right)^2} \qquad (29.65)$$

- Para modos TE com m ou n nulo

$$P_o = \frac{Z_o ab H_o^2}{4} \left(\frac{f}{f_c} \right)^2 \sqrt{1 - \left(\frac{f_c}{f} \right)^2} \qquad (29.66)$$

- Para modos TE com m e n não nulos

$$P_o = \frac{Z_o ab H_o^2}{8} \left(\frac{f}{f_c} \right)^2 \sqrt{1 - \left(\frac{f_c}{f} \right)^2} \qquad (29.67)$$

Quando vários modos se propagam simultaneamente no guia de onda, a potência total transportada deve ser calculada considerando-se a superposição dos campos dos vários modos. Devido à ortogonalidade das funções $sen(n\pi x/b)$, $cos(n\pi x/b)$, $sen(m\pi y/a)$ e $cos(m\pi y/a)$, os produtos cruzados dos campos elétrico e magnético de modos distintos não contribuem para o fluxo de potência. Com isso, a potência total transportada no guia de onda é igual à soma das potências transportadas em cada modo:

$$P_t = \sum_i P_{oi} e^{-2\alpha_i z} \qquad (29.68)$$

Capítulo 29 – Guias de onda

em que o índice i indica a contagem sobre todos os modos que se propagam no guia de onda e P_{oi} é obtida com as Equações (29.65) a (29.67).

Contudo, isso está correto apenas para os modos não degenerados. Verificamos anteriormente que para mesmos valores de m e n, ambos diferentes de zero, as ondas TM e TE têm a mesma distribuição espacial dos campos transversais. Evidentemente, o fluxo de potência não se anula para os produtos cruzados dos campos desses modos. Assim, o termo de potência P_{oi} para os modos degenerados deve ser obtido considerando-se a soma algébrica dos campos das ondas TM e TE envolvidas, e isso não é igual à soma algébrica das potências P_{oi} individuais.

Consideraremos agora o cálculo do coeficiente de atenuação em um guia de onda. Existem dois mecanismos de dissipação de energia a serem considerados: dissipação no dielétrico e dissipação nas paredes do condutor. As perdas no dielétrico levam em conta a condutividade não nula e a dispersão dielétrica no isolante. As perdas nas paredes ocorrem por causa da condutividade finita do condutor. Se o interior do guia de onda é preenchido com um dielétrico que, devido à condução e à dispersão dielétrica, apresenta condutividade σ, a constante de propagação, de acordo com a Equação (29.3), é dada por:

$$\gamma^2 = j\omega\mu\sigma - \omega^2\mu\epsilon'\epsilon_o \tag{29.69}$$

Usando a Equação (29.11), podemos calcular o vetor de onda nesta situação:

$$
\begin{aligned}
K &= \sqrt{s^2 + j\omega\mu\sigma - \omega^2\mu\epsilon'\epsilon_o} \\
&= j\sqrt{\omega^2\mu\epsilon'\epsilon_o - s^2}\sqrt{1 - j\frac{\omega\mu\sigma}{\omega^2\mu\epsilon'\epsilon_o - s^2}} \\
&\cong j\sqrt{\omega^2\mu\epsilon'\epsilon_o - s^2}\left(1 - j\frac{1}{2}\frac{\omega\mu\sigma}{\omega^2\mu\epsilon'\epsilon_o - s^2}\right) \\
&= \frac{1}{2}\frac{\omega\mu\sigma}{\sqrt{\omega^2\mu\epsilon'\epsilon_o - s^2}} + j\sqrt{\omega^2\mu\epsilon'\epsilon_o - s^2}
\end{aligned}
\tag{29.70}
$$

em que usamos uma aproximação para o segundo radical, cuja validade é justificável para dielétricos com poucas perdas. Como se vê no último termo, a constante de fase é a mesma dada na Equação (29.37). A constante de atenuação, por sua vez, é dada por:

$$\alpha = \frac{1}{2}\frac{\omega\mu\sigma}{\sqrt{\omega^2\mu\epsilon'\epsilon_o - s^2}} = \frac{1}{2}\sqrt{\frac{\mu}{\epsilon'\epsilon_o}}\frac{\sigma_s + 2\pi f\epsilon''\epsilon_o}{\sqrt{1 - \left(\frac{f_c}{f}\right)^2}} \tag{29.71}$$

em que σ_s é a condutividade estática e $\epsilon' - j\epsilon''$ é a constante dielétrica complexa do isolante.

578 Análise de sistemas eletromagnéticos

Nas vizinhanças de f_c, a atenuação é muito intensa e a energia injetada no guia em um dado modo é praticamente toda dissipada em torno do ponto de conexão da fonte. A constante de atenuação apresenta um mínimo em alguma frequência, mas, para frequências bem maiores que f_c, a dissipação aumenta devido à contribuição da parte imaginária da permissividade. Se o isolante apresenta dispersão dielétrica nas proximidades da frequência de corte do guia, a atenuação pode ser muito acentuada e fortemente dependente da frequência. Nesse caso, a aproximação usada na Equação (29.70) possivelmente não será válida.

Consideraremos agora a dissipação de energia nos condutores do guia. A impedância característica de um bom condutor é dada por:

$$Z_c = R_c + jX_c = \sqrt{\frac{\omega\mu}{2\sigma}} + j\sqrt{\frac{\omega\mu}{2\sigma}} \tag{29.72}$$

Para uma onda plana se propagando em um condutor, o módulo do vetor de Poynting complexo pode ser escrito na forma:

$$\hat{P} = \frac{1}{2}Z_c\left|\dot{H}\right|^2 = \frac{1}{2}R_c\left|\dot{H}\right|^2 + j\frac{1}{2}X_c\left|\dot{H}\right|^2 \tag{29.73}$$

Segundo o teorema de Poynting, a potência dissipada em um dado volume pode ser calculada como o fluxo total da parte real do vetor de Poynting através da superfície que limita esse volume. No caso da parede do guia de ondas, supondo que sua espessura é bem maior que a profundidade de penetração dos campos tangenciais, a potência dissipada pode ser calculada apenas pelo fluxo que penetra nas faces internas do guia.

Para um determinado modo se propagando no guia de onda, a componente de campo magnético tangencial a qualquer das paredes é contínua através da interface do condutor com o dielétrico. De acordo com a Figura 29.1 e as Equações (29.38) e (29.46), nas paredes $y = 0$ e $y = a$, para modos TE, o módulo do campo magnético tangencial é:

$$\left|\dot{H}\right|^2 = |\dot{H}_z|^2 + |\dot{H}_x|^2 = H_o^2 cos^2\left(\frac{n\pi}{b}x\right) + H_o^2\left(\frac{n\pi\beta}{bs^2}\right)^2 sen^2\left(\frac{n\pi}{b}x\right) \tag{29.74}$$

Então, a potência dissipada por unidade de comprimento do guia, nessas paredes, pode ser calculada da seguinte forma:

$$P_{diss} = 2\int\limits_0^b \frac{1}{2}R_c\left(|\dot{H}_z|^2 + |\dot{H}_x|^2\right)dx \tag{29.75}$$

em que multiplicamos a integral de fluxo por dois para levar em conta a contribuição das duas paredes. Substituindo a Equação (29.74) e integrando, obtemos:

Capítulo 29 – Guias de onda

$$P_{diss} = \begin{cases} R_c H_o^2 b \quad \leftarrow \quad n = 0 \\ \dfrac{1}{2} R_c H_o^2 b \left[1 + \left(\dfrac{n\pi\beta}{bs^2} \right)^2 \right] \quad \leftarrow \quad n > 0 \end{cases} \tag{29.76}$$

Nas paredes $x = 0$ e $x = b$, o módulo do campo magnético tangencial, de acordo com as Equações (29.38) e (29.44), é dado por.:

$$\left| \dot{H} \right|^2 = |\dot{H}_z|^2 + |\dot{H}_y|^2 = H_o^2 \cos^2 \left(\dfrac{m\pi}{a} y \right) + H_o^2 \left(\dfrac{m\pi\beta}{as^2} \right)^2 sen^2 \left(\dfrac{m\pi}{a} y \right) \tag{29.77}$$

Então, o fluxo de potência dissipada por unidade de comprimento do guia nessas paredes é obtido na seguinte forma:

$$P_{diss} = 2 \int_0^a \dfrac{1}{2} R_c \left(|\dot{H}_z|^2 + |\dot{H}_y|^2 \right) dy \tag{29.78}$$

Substituindo a Equação (29.77) e integrando, resulta:

$$P_{diss} = \begin{cases} R_c H_o^2 a \quad \leftarrow \quad m = 0 \\ \dfrac{1}{2} R_c H_o^2 a \left[1 + \left(\dfrac{m\pi\beta}{as^2} \right)^2 \right] \quad \leftarrow \quad m > 0 \end{cases} \tag{29.79}$$

A potência dissipada total por unidade de comprimento, então, depende do modo que se propaga no guia de onda. Considerando os resultados obtidos nas Equações (29.76) e (29.79), temos os seguintes resultados:

$$P_{diss} = R_c H_o^2 b + \dfrac{1}{2} R_c H_o^2 a \left[1 + \left(\dfrac{m\pi\beta}{as^2} \right)^2 \right] = \dfrac{1}{2} R_c H_o^2 a \left[\dfrac{2b}{a} + \left(\dfrac{f}{f_c} \right)^2 \right] \quad \leftarrow \quad TE_{m0}$$
$$\tag{29.80}$$

em que s foi substituído por $s_{m0} = m\pi/a$ e β é dado pela Equação (29.37),

$$P_{diss} = R_c H_o^2 a + \dfrac{1}{2} R_c H_o^2 b \left[1 + \left(\dfrac{n\pi\beta}{bs^2} \right)^2 \right] = \dfrac{1}{2} R_c H_o^2 b \left[\dfrac{2a}{b} + \left(\dfrac{f}{f_c} \right)^2 \right] \quad \leftarrow \quad TE_{0n}$$
$$\tag{29.81}$$

em que s foi substituído por $s_{0n} = n\pi/b$, e

$$P_{diss} = \frac{1}{2} R_c H_o^2 \left[a + b + a \left(\frac{m\pi\beta}{as^2} \right)^2 + b \left(\frac{n\pi\beta}{bs^2} \right)^2 \right]$$

$$= \frac{1}{2} R_c H_o^2 ab \left\{ \frac{a+b}{ab} + \frac{an^2 + bm^2}{a^2 n^2 + b^2 m^2} \left[\left(\frac{f}{f_c} \right)^2 - 1 \right] \right\} \tag{29.82}$$

$$\leftarrow TE_{mn} \operatorname{com} m > 0 \operatorname{e} n > 0$$

em que s foi substituído pela Equação (29.24).

Podemos calcular o coeficiente de atenuação para ondas TE em um guia de onda usando a Equação (29.64) e reconhecendo que $P_{diss} = -dP_t/dz$. Assim, considerando as equações anteriores para a potência dissipada e as Equações (29.66) e (29.67) para a potência transportada nos modos TE, temos:

$$\alpha = \frac{P_d}{2P_o} = \frac{R_c}{bZ_o} \frac{1 + \frac{2b}{a} \left(\frac{f_c}{f} \right)^2}{\sqrt{1 - \left(\frac{f_c}{f} \right)^2}} \quad \leftarrow TE_{m0} \tag{29.83}$$

$$\alpha = \frac{R_c}{aZ_o} \frac{1 + \frac{2a}{b} \left(\frac{f_c}{f} \right)^2}{\sqrt{1 - \left(\frac{f_c}{f} \right)^2}} \quad \leftarrow TE_{0n} \tag{29.84}$$

$$\alpha = \frac{2R_c}{Z_o} \frac{\left(\frac{a+b}{ab} \right) \left(\frac{f_c}{f} \right)^2 + \left(\frac{an^2 + bm^2}{a^2 n^2 + b^2 m^2} \right) \left[1 - \left(\frac{f_c}{f} \right)^2 \right]}{\sqrt{1 - \left(\frac{f_c}{f} \right)^2}} \tag{29.85}$$

$$\leftarrow TE_{mn} \operatorname{com} m > 0 \operatorname{e} n > 0$$

Para as ondas TM, usamos as Equações (29.34) e (29.36) para os campos tangenciais às paredes e calculamos a potência dissipada do mesmo modo que fizemos para as ondas TE. Como as ondas TM não admitem m ou n nulos, existe apenas um resultado geral dado por:

$$P_{diss} = \frac{1}{2} R_c \left(\frac{E_o}{Z_o} \right)^2 \left(\frac{f}{f_c} \right)^2 \left(\frac{n^2 a^3 + m^2 b^3}{n^2 a^2 + m^2 b^2} \right) \tag{29.86}$$

Usando a Equação (29.65) para a potência transportada, obtemos o coeficiente de atenuação para ondas TM na seguinte forma:

$$\alpha = \frac{2R_c}{Z_o ab} \left(\frac{n^2 a^3 + m^2 b^3}{n^2 a^2 + m^2 b^2} \right) \frac{1}{\sqrt{1 - \left(\frac{f_c}{f} \right)^2}} \tag{29.87}$$

$$\leftarrow TM_{mn} \operatorname{com} m > 0 \operatorname{e} n > 0$$

Capítulo 29 – Guias de onda

A Figura 29.4 mostra como os coeficientes de atenuação de diversos modos variam com a frequência. Nota-se principalmente como a atenuação no modo TE_{10} diminui rapidamente para um valor muito baixo logo acima da frequência de corte. Por ter a menor frequência de corte e a menor atenuação em baixas frequências, o modo TE_{10} é o mais utilizado em sistemas de transmissão por guias de onda retangular. O modo TE_{01}, por sua vez, apresenta a vantagem da menor atenuação em altas frequências, sendo por isso também bastante utilizado. Contudo, como $f_{c01} > f_{c10}$, a excitação exclusiva do modo TE_{01} exigirá a aplicação de técnicas especiais que eliminem o modo fundamental. Note adicionalmente que, além de reduzir a amplitude dos campos, a atenuação dependente da frequência resulta em distorção espectral da onda eletromagnética que se propaga no guia de onda.

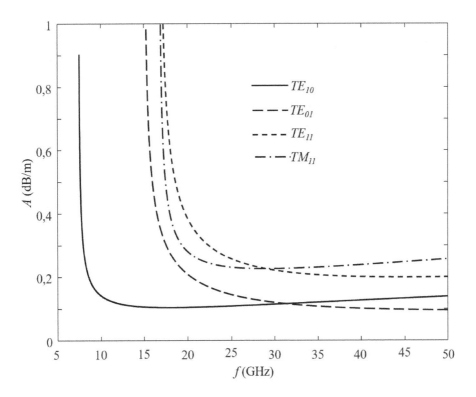

Figura 29.4: Atenuação em um guia de onda retangular com paredes de cobre preenchido com ar e arestas $a = 2$ cm e $b = 1$ cm nos modos TE_{10}, TE_{01}, TE_{11} e TM_{11}.

29.6 Análise de um guia de onda circular

A Figura 29.5 mostra um guia de onda circular com um sistema de coordenadas cilíndricas que será usado na representação dos campos. As Equações (29.1) e (29.2) são o ponto de partida para o cálculo das distribuições de campo no guia de onda. Consideremos a equação para o campo elétrico na direção axial, reescrevendo-a para a componente longitudinal em coordenadas cilíndricas:

$$\frac{1}{\rho}\frac{\partial}{\partial \rho}\left(\rho\frac{\partial \dot{E}_z}{\partial \rho}\right) + \frac{1}{\rho^2}\frac{\partial^2 \dot{E}_z}{\partial \phi^2} + \frac{\partial^2 \dot{E}_z}{\partial z^2} = \gamma^2 \dot{E}_z \tag{29.88}$$

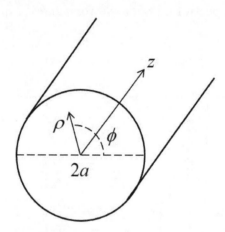

Figura 29.5: Sistema de coordenadas para o estudo do guia de onda circular.

Para a propagação na direção z, podemos especificar que a solução tem a forma geral:

$$\dot{E}_z = \dot{E}_{zt} e^{-Kz} \tag{29.89}$$

Substituindo na Equação (29.88), obtemos a equação para a variação no plano transversal:

$$\frac{1}{\rho}\frac{\partial \dot{E}_{zt}}{\partial \rho} + \frac{\partial^2 \dot{E}_{zt}}{\partial \rho^2} + \frac{1}{\rho^2}\frac{\partial^2 \dot{E}_{zt}}{\partial \phi^2} + s^2 \dot{E}_{zt} = 0 \tag{29.90}$$

Novamente usamos a variável auxiliar s dada na Equação (29.11).

Podemos aplicar o método de separação de variáveis, definindo uma solução geral para E_{zt} na forma $E_{zt} = P(\rho)\varphi(\phi)$ e substituindo na Equação (29.90) para obter a seguinte relação entre as funções P e φ:

$$\frac{1}{P}\left(\rho\frac{\partial P}{\partial \rho} + \rho^2\frac{\partial^2 P}{\partial \rho^2} + \rho^2 s^2 P\right) = -\frac{1}{\varphi}\frac{\partial^2 \varphi}{\partial \phi^2} \tag{29.91}$$

Capítulo 29 – Guias de onda 583

Usando a constante de separação m^2, obtemos as equações separadas a seguir:

$$\frac{1}{\varphi}\frac{\partial^2 \varphi}{\partial \phi^2} = -m^2 \tag{29.92}$$

$$\frac{1}{P}\left(\rho\frac{\partial P}{\partial \rho} + \rho^2\frac{\partial^2 P}{\partial \rho^2} + \rho^2 s^2 P\right) = m^2 \tag{29.93}$$

As soluções para essas equações já foram obtidas no Capítulo 14:

$$\varphi(\phi) = b_1 sen(m\phi) + b_2 cos(m\phi) \tag{29.94}$$

$$P(\rho) = a_m J_m(s\rho) \tag{29.95}$$

em que a_m, b_1 e b_2 são constantes e J_m é a função de Bessel de primeira espécie. Devido à simetria circular no guia de ondas, apenas um dos termos de $\varphi(\phi)$ é necessário. Assim, o campo elétrico longitudinal para ondas TM tem a seguinte forma:

$$\dot{E}_z = E_o J_m(s\rho)cos(m\phi)e^{-Kz} \tag{29.96}$$

De modo análogo, para o campo magnético longitudinal em ondas TE, obtido como solução da Equação (29.2), temos a expressão:

$$\dot{H}_z = H_o J_m(s\rho)cos(m\phi)e^{-Kz} \tag{29.97}$$

em que E_o e H_o são constantes que devem ser determinadas de acordo com a intensidade do sinal injetado no guia de onda. Também o parâmetro s é determinado pelas condições de contorno.

Para o cilindro de raio a da Figura 29.5, no caso das ondas TM, o campo elétrico longitudinal deve se anular nas paredes do cilindro. Assim, para a solução de ordem m, devemos ter $E_z(\rho = a, \phi) = 0$, o que implica $J_m(sa) = 0$ e, portanto, devemos ter $s = x_{mn}/a$, em que x_{mn} é o n-ésimo zero da função de Bessel de primeira espécie e ordem m. Então, para os modos TM, temos:

$$s_{TMmn} = \frac{x_{mn}}{a} \tag{29.98}$$

Para ondas TE, a condição de contorno é que a derivada em relação à coordenada radial do campo magnético longitudinal deve se anular nas paredes do guia. Seja x'_{mn} o n-ésimo zero da primeira derivada da função de Bessel de primeira espécie e ordem m. Segundo a Equação (29.97), essa condição de contorno é satisfeita se $s = x'_{mn}/a$. Assim, para modos TE, temos:

$$s_{TEmn} = \frac{x'_{mn}}{a} \tag{29.99}$$

584 Análise de sistemas eletromagnéticos

Valores numéricos dos primeiros zeros de $J_m(x)$ e $J'_m(x)$ são dados na Tabela 29.2. Da mesma maneira que acontece com os guias retangulares, nos guias circulares cada valor de s determina uma frequência mínima para ocorrer a propagação do sinal no modo correspondente. Abaixo da frequência de corte, o vetor de onda K é real e não ocorre propagação. Usando a Equação (29.22), as frequências de corte para guias circulares são obtidas segundo as fórmulas:

$$f_{cTM} = \frac{x_{mn}}{2\pi a\sqrt{\mu\epsilon}} \tag{29.100}$$

$$f_{cTE} = \frac{x'_{mn}}{2\pi a\sqrt{\mu\epsilon}} \tag{29.101}$$

Tabela 29.2: Primeiros zeros das funções $J_m(x)$ e $J'_m(x)$.

x_{nm}	$m = 0$	$m = 1$	$m = 2$	$m = 3$
$n = 1$	2,405	3,832	5,136	6,380
$n = 2$	5,520	7,016	8,417	9,761
$n = 3$	8,654	10,174	11,620	13,015
x'_{nm}	$m = 0$	$m = 1$	$m = 2$	$m = 3$
$n = 1$	3,832	1,841	3,054	4,201
$n = 2$	7,016	5,331	6,706	8,015
$n = 3$	10,174	8,536	9,970	11,346

Vemos na Tabela 29.2 que o menor zero de J_m é $x_{01} = 2,405$ e o menor zero de J'_m é $x'_{11} = 1,841$. Assim, os modos principais em um guia de onda circular são TM_{01} e TE_{11}. Suas frequências de corte são dadas por:

$$f_{cTM01} = 0,383\frac{c}{a} \tag{29.102}$$

$$f_{cTE11} = 0,293\frac{c}{a} \tag{29.103}$$

sendo que o modo TE_{11} é dominante em guias de onda circulares.

As demais componentes de campo, E_ρ, E_ϕ, H_ρ e H_ϕ, devem ser obtidas de maneira semelhante àquela usada para o guia de onda retangular. Usamos as equações diferenciais das leis de Ampère e Faraday, cujas componentes são mostradas na Tabela 29.3. Deixamos ao leitor a tarefa de demonstrar que as componentes transversais estão relacionadas às componentes axiais da forma mostrada a seguir e, usando as soluções para os campos axiais dadas pelas Equações (29.96) e (29.97), com $K = j\beta$, obter as componentes transversais no guia de onda circular.

Capítulo 29 – Guias de onda

Tabela 29.3: Relações entre componentes cilíndricas dos campos na onda eletromagnética.

Lei de Ampère
$(1/\rho)\partial \dot{H}_z/\partial \phi - \partial \dot{H}_\phi/\partial z = j\omega\epsilon \dot{E}_\rho$
$\partial \dot{H}_\rho/\partial z - \partial \dot{H}_z/\partial \rho = j\omega\epsilon \dot{E}_\phi$
$(1/\rho)\partial(\rho\dot{H}_\phi)/\partial \rho - (1/\rho)\partial \dot{H}_\rho/\partial \phi = j\omega\epsilon \dot{E}_z$
Lei de Faraday
$(1/\rho)\partial \dot{E}_z/\partial \phi - \partial \dot{E}_\phi/\partial z = -j\omega\mu \dot{H}_\rho$
$\partial \dot{E}_\rho/\partial z - \partial \dot{E}_z/\partial \rho = -j\omega\mu \dot{H}_\phi$
$(1/\rho)\partial(\rho\dot{E}_\phi)/\partial \rho - (1/\rho)\partial \dot{E}_\rho/\partial \phi = -j\omega\mu \dot{H}_z$

- Para ondas TM

$$\dot{E}_\phi = -\frac{K}{s^2\rho}\frac{\partial \dot{E}_z}{\partial \phi} = jE_o\frac{\beta m}{s^2\rho}J_m(s\rho)sen(m\phi)e^{-j\beta z} \tag{29.104}$$

$$\dot{E}_\rho = -\frac{K}{s^2}\frac{\partial \dot{E}_z}{\partial \rho} = -jE_o\frac{\beta}{s}J'_m(s\rho)cos(m\phi)e^{-j\beta z} \tag{29.105}$$

$$\dot{H}_\phi = -j\frac{\omega\epsilon}{s^2}\frac{\partial \dot{E}_z}{\partial \rho} = -jE_o\frac{\omega\epsilon}{s}J'_m(s\rho)cos(m\phi)e^{-j\beta z} \tag{29.106}$$

$$\dot{H}_\rho = j\frac{\omega\epsilon}{s^2\rho}\frac{\partial \dot{E}_z}{\partial \phi} = -jE_o\frac{\omega\epsilon m}{s^2\rho}J_m(s\rho)sen(m\phi)e^{-j\beta z} \tag{29.107}$$

- Para ondas TE

$$\dot{E}_\phi = j\frac{\omega\mu}{s^2}\frac{\partial \dot{H}_z}{\partial \rho} = jH_o\frac{\omega\mu}{s}J'_m(s\rho)cos(m\phi)e^{-j\beta z} \tag{29.108}$$

$$\dot{E}_\rho = -j\frac{\omega\mu}{s^2\rho}\frac{\partial \dot{H}_z}{\partial \phi} = jH_o\frac{\omega\mu m}{s^2\rho}J_m(s\rho)sen(m\phi)e^{-j\beta z} \tag{29.109}$$

$$\dot{H}_\phi = -\frac{K}{s^2\rho}\frac{\partial \dot{H}_z}{\partial \phi} = jH_o\frac{\beta m}{s^2\rho}J_m(s\rho)sen(m\phi)e^{-j\beta z} \tag{29.110}$$

$$\dot{H}_\rho = -\frac{K}{s^2}\frac{\partial \dot{H}_z}{\partial \rho} = -jH_o\frac{\beta}{s}J'_m(s\rho)cos(m\phi)e^{-j\beta z} \tag{29.111}$$

As Figuras 29.6 e 29.7 mostram as distribuições de campo para alguns modos TE e TM de mais baixa frequência de corte em um guia de onda circular.

Uma vez que as relações entre vetor de onda, constante de propagação e constante s para guias retangulares e circulares são idênticas, também são idênticas as

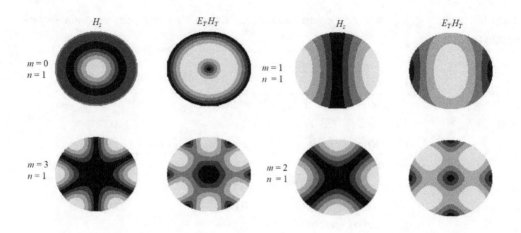

Figura 29.6: Distribuição de amplitude do campo magnético longitudinal e dos campos transversais em um guia de onda circular para alguns modos TE. Os tons mais claros indicam maior intensidade de campo.

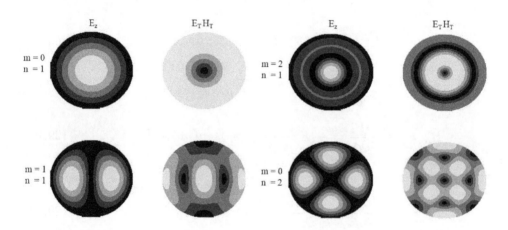

Figura 29.7: Distribuição de amplitude do campo elétrico longitudinal e dos campos transversais em um guia de onda circular para alguns modos TM. Os tons mais claros indicam maior intensidade de campo.

expressões de constante de fase, velocidade de propagação e impedâncias no guia de onda circular. O cálculo da potência transportada e da potência dissipada por unidade de comprimento do guia de onda circular pode ser feito de maneira análoga àquela usada na análise da absorção no guia retangular. A dificuldade em manipular as integrais das funções de Bessel, porém, torna o cálculo em guias circulares consideravelmente mais complexo. Em vista disso, nos limitaremos a

Capítulo 29 – Guias de onda

apresentar os resultados para o coeficiente de absorção em guias circulares obtidos na literatura. De acordo com [12], o coeficiente de atenuação para guias circulares é dado por:

- Para ondas TM

$$\alpha = \frac{R_c}{aZ_o} \frac{1}{\sqrt{1 - \left(\frac{f_c}{f}\right)^2}} \tag{29.112}$$

- Para ondas TE

$$\alpha = \frac{R_c}{aZ_o} \frac{1}{\sqrt{1 - \left(\frac{f_c}{f}\right)^2}} \left[\left(\frac{f_c}{f}\right)^2 + \frac{m^2}{(x'_{mn})^2 - m^2} \right] \tag{29.113}$$

A Figura 29.8 mostra a variação do coeficiente de atenuação com a frequência para diversos modos em um guia de onda circular. Note que os modos que apresentam mais baixa atenuação em frequências bem superiores ao corte são os modos TE_{0n}. Por isso, esses modos são preferidos para a propagação de ondas milimétricas em grandes distâncias. Contudo, o modo TE_{01} não é o modo dominante e existem certos problemas para excitar e manter esse modo em um guia circular. Esses problemas estão relacionados à excitação simultânea de outros modos de mais baixa frequência de corte, como TE_{11} e TM_{01}, o que pode levar a perdas adicionais de energia e distorção do sinal devido às diferentes velocidades de propagação e constantes de atenuação envolvidas. Esses problemas podem ser superados com o uso de filtros supressores de modos para eliminar os modos indesejáveis.

29.7 Acoplamento de sinal em um guia de onda

A forma geralmente utilizada para excitar ou detectar um sinal em um guia de onda requer a inserção de sondas adequadamente posicionadas nas extremidades do guia, conforme mostra a Figura 29.9.

Uma sonda na forma de antena monopolo linear pode ser construída como um prolongamento do condutor central de um cabo coaxial e servirá especialmente para excitar modos com campo elétrico transversal no guia de onda retangular (Figuras 29.9 a e b). A posição da sonda deve ser no centro da face mais larga para o modo TE_{10}. Seu comprimento e sua distância para a parede transversal devem ser aproximadamente $\lambda_g/4$, mas devem ser ajustadas para resultar reatância nula

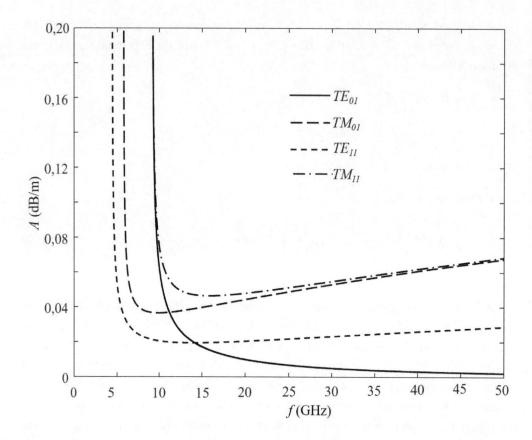

Figura 29.8: Atenuação em um guia de onda circular com paredes de cobre preenchido com ar e raio de 2 cm nos modos TE$_{01}$, TE$_{11}$, TM$_{01}$ e TM$_{11}$.

e resistência de entrada igual à impedância característica do cabo coaxial a fim de obter máxima transferência da potência incidente.

Para excitar modos TM em guias circulares, a sonda linear deve ser posicionada no centro da base circular, como mostra a Figura 29.9c. A Figura 29.9d mostra a excitação com sonda circular de modo a produzir campo magnético transversal ou longitudinal conforme a localização do plano da espira em relação à direção de propagação no guia. Para pequenos comprimentos comparados a λ_g, a resistência de irradiação é proporcional ao quadrado da área da sonda. A posição da sonda em relação à base transversal do guia tem grande influência na reatância, que pode ser minimizada pelo ajuste da distância entre $\lambda_g/4$ e $\lambda_g/2$ [13].

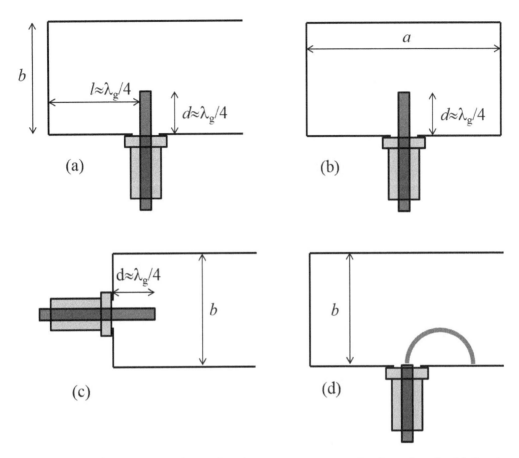

Figura 29.9: Acoplamento de sondas de campo em um guia de onda. (a, b) Sonda linear transversal; (c) sonda linear longitudinal; (d) sonda circular.

29.8 Cavidades ressonantes

Uma cavidade ressonante pode ser formada por uma seção curta de um guia de onda retangular ou circular, sendo suas extremidades fechadas com paredes condutoras e usando-se aberturas para inserção e retirada de sinais. Uma cavidade ressonante é um importante dispositivo usado em circuitos de micro-ondas como filtro sintonizado de alta seletividade.

Considere a Figura 29.10, que mostra uma cavidade retangular com arestas a, b e c. Usando as Equações (29.4), (29.5) e (29.6), podemos escrever as equações a seguir para os campos longitudinais em seu interior:

$$\frac{\partial^2 \dot{E}_z}{\partial x^2} + \frac{\partial^2 \dot{E}_z}{\partial y^2} + \frac{\partial^2 \dot{E}_z}{\partial z^2} = -\omega^2 \mu \epsilon \dot{E}_z \qquad (29.114)$$

$$\frac{\partial^2 \dot{H}_z}{\partial x^2} + \frac{\partial^2 \dot{H}_z}{\partial y^2} + \frac{\partial^2 \dot{H}_z}{\partial z^2} = -\omega^2 \mu \epsilon \dot{H}_z \qquad (29.115)$$

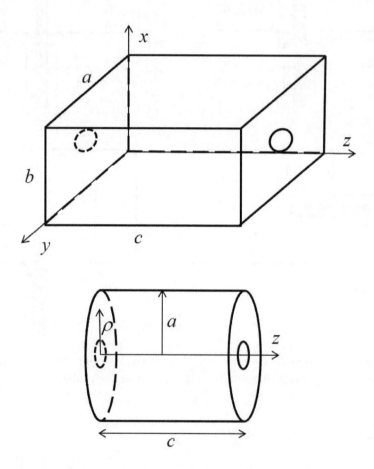

Figura 29.10: Ilustração de cavidades ressonantes retangular e cilíndrica. As aberturas são para inserção de sondas.

Como antes, as soluções podem ser obtidas por separação de variáveis para modos TE (com $E_z = 0$) e TM (com $H_z = 0$). A diferença fundamental para as soluções obtidas no guia de onda são as condições de contorno que devem ser aplicadas nas paredes transversais em $z = 0$ e $z = c$, que resultam em ondas estacionárias no interior da cavidade. Assim, as Equações (29.19) e (29.20) devem ser reescritas nas seguintes formas:

Capítulo 29 – Guias de onda

591

- Para ondas TM

$$\dot{E}_z = [a_1 cos(k_x x) + a_2 sen(k_x x)] [b_1 cos(k_y y) + b_2 sen(k_y y)]$$
$$[c_1 cos(k_z z) + c_2 sen(k_z z)] \tag{29.116}$$

- Para ondas TE

$$\dot{H}_z = [d_1 cos(k_x x) + d_2 sen(k_x x)] [e_1 cos(k_y y) + e_2 sen(k_y y)]$$
$$[g_1 cos(k_z z) + g_2 sen(k_z z)] \tag{29.117}$$

No caso das ondas TM, o campo elétrico longitudinal deve se anular sobre as paredes laterais da cavidade. Aplicando essas condições de contorno na Equação (29.116), obtém-se:

$$\dot{E}_z = sen\left(\frac{n\pi}{b}x\right) sen\left(\frac{m\pi}{a}y\right) [c_1 cos(k_z z) + c_2 sen(k_z z)] \tag{29.118}$$

Levando em conta a lei de Gauss para o campo elétrico no interior da cavidade, $\nabla \cdot \vec{E} = 0$, e o fato de as componentes transversais $\dot{E}_x$ e $\dot{E}_y$ se anularem (bem como suas derivadas nas direções x e y) em $z = 0$ e $z = c$, temos que $\partial \dot{E}_z / \partial z = 0$. Essa condição aplicada na equação anterior leva ao seguinte resultado:

$$\dot{E}_z = E_o sen\left(\frac{n\pi}{b}x\right) sen\left(\frac{m\pi}{a}y\right) cos\left(\frac{p\pi}{c}z\right) \tag{29.119}$$

em que E_o é a amplitude do campo elétrico longitudinal e m, n e p são inteiros positivos. Os modos ressonantes nesse caso são descritos por TM_{mnp}.

Para as ondas TE, usando as condições de contorno que anulam as componentes transversais do campo elétrico nas paredes laterais da cavidade: $\partial \dot{H}_z / \partial x = 0$ em $x = 0$ e $x = b$ e $\partial \dot{H}_z / \partial y = 0$ em $y = 0$ e $y = a$, obtemos:

$$\dot{H}_z = cos\left(\frac{n\pi}{b}x\right) cos\left(\frac{m\pi}{a}y\right) [g_1 cos(k_z z) + g_2 sen(k_z z)] \tag{29.120}$$

A partir da lei de Faraday, pode-se deduzir que a componente longitudinal do campo magnético está relacionada com as componentes transversais do campo elétrico por meio da seguinte equação (ver Tabela 29.1):

$$\frac{\partial \dot{E}_y}{\partial x} - \frac{\partial \dot{E}_x}{\partial y} = -j\omega\mu\dot{H}_z \tag{29.121}$$

Uma vez que $\dot{E}_x$ e $\dot{E}_y$, bem como suas derivadas nas direções x e y, devem se anular nas paredes transversais, a condição de contorno a ser utilizada é $\dot{H}_z = 0$ em $z = 0$ e $z = c$. Com isso, temos:

$$\dot{H}_z = H_o cos\left(\frac{n\pi}{b}x\right) cos\left(\frac{m\pi}{a}y\right) sen\left(\frac{p\pi}{c}z\right) \tag{29.122}$$

em que H_o é a amplitude do campo magnético longitudinal e m, n e p são inteiros positivos. Os modos ressonantes nesse caso são descritos por TE_{mnp}. As demais componentes dos campos elétrico e magnético no interior da cavidade retangular para quaisquer dos modos podem ser obtidas a partir das relações entre os campos fornecidas pelas leis de Ampère e Faraday segundo a Tabela 29.1. Contudo, este cálculo não será apresentado aqui, sugerindo-se como exercício para o leitor.

Para que as funções descritas nas Equações (29.119) e (29.122) sejam soluções das Equações (29.114) e (29.115), respectivamente, é necessário que a seguinte relação entre as constantes de separação seja atendida:

$$\left(\frac{m\pi}{a}\right)^2 + \left(\frac{n\pi}{b}\right)^2 + \left(\frac{p\pi}{c}\right)^2 = \omega^2 \mu\epsilon$$
$$\rightarrow f_o = \frac{1}{2\sqrt{\mu\epsilon}} \sqrt{\left(\frac{m}{a}\right)^2 + \left(\frac{n}{b}\right)^2 + \left(\frac{p}{c}\right)^2} \qquad (29.123)$$

em que f_o é a frequência de ressonância da cavidade. Sinais com frequências diferentes de f_o são atenuados e extintos devido à superposição destrutiva entre as componentes de campo que incidem e refletem nas paredes da cavidade. Contudo, uma banda estreita de frequências em torno de f_o pode se propagar devido à atenuação que ocorre nas paredes e evita um completo cancelamento entre as ondas incidente e refletida. A cavidade ressonante, então, funciona como um filtro passa-faixa com banda passante muito estreita.

Assim, define-se o coeficiente de qualidade Q da cavidade pela relação entre a energia armazenada e a energia dissipada por ciclo:

$$Q = \omega \frac{W_e + W_m}{P_{diss}} = \frac{f_o}{\Delta f} \qquad (29.124)$$

em que W_e e W_m são as energias elétrica e magnética armazenadas no volume, P_{diss} é a potência dissipada nas paredes e Δf é a banda passante da cavidade. Para uma cavidade na qual $c > a > b$, o modo TE_{101} tem a menor frequência de ressonância. Nesse caso, o coeficiente de qualidade da cavidade é dado por [12]:

$$Q_{TE_{101}} = \frac{\pi Z_o}{2R_c} \left[\frac{b\left(a^2 + c^2\right)^{3/2}}{ac\left(a^2 + c^2\right) + 2b\left(a^3 + c^3\right)} \right] \qquad (29.125)$$

em que Z_o é a impedância característica do dielétrico que preenche o volume da cavidade ($Z_o = \sqrt{\mu/\epsilon}$) e R_c é a parte real da impedância característica do metal das paredes da cavidade ($R_c = \sqrt{\omega\mu/2\sigma}$). Como exemplo, considere uma cavidade com paredes de cobre com dimensões $c = a = 2b$ e frequência de ressonância de 10 GHz preenchida com ar. A equação anterior, nesse caso, fornece o valor do coeficiente de qualidade em torno de 8000.

Capítulo 29 – Guias de onda

593

A Figura 29.10 também mostra uma cavidade ressonante circular. A análise a seguir é semelhante ao caso da cavidade retangular. As equações de onda dos campos longitudinais para os modos TM e TE, respectivamente, são:

$$\frac{1}{\rho}\frac{\partial}{\partial\rho}\left(\rho\frac{\partial\dot{E}_z}{\partial\rho}\right) + \frac{1}{\rho^2}\frac{\partial^2\dot{E}_z}{\partial\phi^2} + \frac{\partial^2\dot{E}_z}{\partial z^2} = -\omega^2\mu\epsilon\dot{E}_z \qquad (29.126)$$

$$\frac{1}{\rho}\frac{\partial}{\partial\rho}\left(\rho\frac{\partial\dot{H}_z}{\partial\rho}\right) + \frac{1}{\rho^2}\frac{\partial^2\dot{H}_z}{\partial\phi^2} + \frac{\partial^2\dot{H}_z}{\partial z^2} = -\omega^2\mu\epsilon\dot{H}_z \qquad (29.127)$$

As soluções para ondas estacionárias, segundo as Equações (29.96) e (29.97), podem ser escritas na seguinte forma:

$$\dot{E}_z = J_m(s\rho)cos(m\phi)\left[a_1cos(k_zz) + a_2sen(k_zz)\right] \qquad (29.128)$$

$$\dot{H}_z = J_m(s\rho)cos(m\phi)\left[b_1cos(k_zz) + b_2sen(k_zz)\right] \qquad (29.129)$$

Como no caso retangular, as condições de contorno nas paredes em $z = 0$ e $z = c$ envolvem o cancelamento das componentes transversais do campo elétrico. No caso das ondas TM, de acordo com a lei de Gauss, isso implica $\partial\dot{E}_z/\partial z = 0$ em $z = 0$ e $z = c$. Essa condição aplicada na Equação (29.128) resulta em:

$$\dot{E}_z = E_oJ_m(s\rho)cos(m\phi)cos\left(\frac{p\pi}{c}z\right) \qquad (29.130)$$

No caso das ondas TE, as relações entre as componentes dos campos da onda eletromagnética apresentadas na Tabela 29.3 mostram que o cancelamento das componentes transversais do campo elétrico implica cancelamento da componente $\dot{H}_z$ em $z = 0$ e $z = c$. Assim, aplicando essa condição na Equação (29.129), obtemos:

$$\dot{H}_z = H_oJ_m(s\rho)cos(m\phi)sen\left(\frac{p\pi}{c}z\right) \qquad (29.131)$$

Nas duas equações anteriores, p é um inteiro positivo. Para que essas funções sejam soluções das Equações (29.126) e (29.127), respectivamente, é necessário que as constantes de separação s e k_z atendam às seguintes equações (igualmente válidas para o campo $\dot{H}_z$):

$$\frac{1}{\rho}\frac{\partial}{\partial\rho}\left(\rho\frac{\partial\dot{E}_z}{\partial\rho}\right) + \frac{1}{\rho^2}\frac{\partial^2\dot{E}_z}{\partial\phi^2} = -s^2\dot{E}_z \quad (a)$$

$$\frac{\partial^2\dot{E}_z}{\partial z^2} = -k_z^2\dot{E}_z \qquad\qquad (b) \qquad\qquad (29.132)$$

$$s^2 + k_z^2 = \omega^2\mu\epsilon \qquad\qquad (c)$$

594 Análise de sistemas eletromagnéticos

Assim, as frequências de ressonância da cavidade circular são obtidas da última dessas equações para os modos TE_{mnp} e TM_{mnp} nas formas a seguir:

$$f_{oTE_{mnp}} = \frac{1}{2\pi\sqrt{\mu\epsilon}}\sqrt{\left(\frac{x'_{mn}}{a}\right)^2 + \left(\frac{p\pi}{c}\right)^2} \qquad (29.133)$$

$$f_{oTM_{mnp}} = \frac{1}{2\pi\sqrt{\mu\epsilon}}\sqrt{\left(\frac{x_{mn}}{a}\right)^2 + \left(\frac{p\pi}{c}\right)^2} \qquad (29.134)$$

Conforme avaliado anteriormente, os modos principais em um guia de onda circular são TM_{01} e TE_{11}, porque possuem as menores frequências de corte dentre todos os modos. Assim, os modos dominantes em uma cavidade circular, ou seja, aqueles modos com menor frequência de ressonância, são TM_{010} e TE_{111}. Observe que p não pode ser nulo para modos TE, como mostra a Equação (29.131). As frequências de ressonância desses modos são, portanto:

$$f_{oTE_{111}} = \frac{1}{2\pi\sqrt{\mu\epsilon}}\sqrt{\left(\frac{1,841}{a}\right)^2 + \left(\frac{\pi}{c}\right)^2} \qquad (29.135)$$

$$f_{oTM_{010}} = \frac{2,405}{2\pi a\sqrt{\mu\epsilon}} \qquad (29.136)$$

Pode-se verificar que se $c/a > 2,03$, o modo TE_{111} é dominante porque tem a menor frequência de ressonância. Se $c/a < 2,03$, o modo dominante é TM_{010}. O coeficiente de qualidade Q para uma cavidade circular operando no modo TM_{010}, deduzido por [12], é dado por:

$$Q_{TM_{010}} = \frac{2,405Z_o}{2R_c\left(1 + a/c\right)} \qquad (29.137)$$

Como exemplo, consideremos uma cavidade cilíndrica com paredes de cobre com raio $a = 1$ cm e comprimento $c = 2$ cm preenchida com ar. As frequências de ressonância para os modos TM_{010} e TE_{111} são, respectivamente, 11,478 GHz e 11,55 GHz. O fator Q para o modo dominante, segundo a Equação (29.137), é 10808.

29.9 Guia de onda dielétrico

A onda eletromagnética é confinada ao interior do guia de paredes metálicas devido à reflexão total que ocorre nas paredes laterais. Contudo, um fenômeno similar ocorre em interfaces dielétricas se o ângulo de incidência da onda eletromagnética é maior que o ângulo crítico obtido com a lei de Snell.

Capítulo 29 – Guias de onda

Um dispositivo constituído de um núcleo com índice de refração maior que o meio circundante apresenta a propriedade de guiar ondas eletromagnéticas, como é o caso da fibra óptica, a qual analisaremos nesta seção e cujo esquema é apresentado na Figura 29.11. Ela é construída na forma cilíndrica, contendo um núcleo de vidro ou polímero plástico revestido por uma cobertura plástica com índice de refração levemente inferior ao núcleo. Em uma fibra óptica típica, o núcleo tem diâmetro de 10 a 50 μm e o revestimento apresenta diâmetro de 125 μm. O índice de refração do núcleo é aproximadamente 1,46, enquanto a cobertura apresenta índice de refração cerca de 1% menor. Nessas condições, o ângulo crítico para reflexão total na interface núcleo-cobertura é 82°.

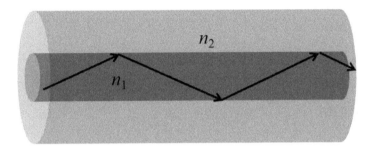

Figura 29.11: Estrutura básica de uma fibra óptica. Os vetores indicam a trajetória seguida pela onda eletromagnética guiada.

A propagação da onda eletromagnética no interior da fibra óptica segue os mesmos princípios gerais descritos para os guias de onda com paredes metálicas. Assim, podemos iniciar esta análise utilizando as mesmas equações do guia de onda cilíndrico. Por exemplo, com as Equações (29.88) a (29.90), substituindo $\gamma = jn\omega/c = jn\beta_o$, em que β_o é o coeficiente de fase no vácuo, e $K = j\beta$, sendo β o coeficiente de fase da onda guiada, obtemos para uma componente arbitrária do campo elétrico na fibra óptica:

$$\dot{E}(\rho,\phi,z) = \dot{E}_T(\rho,\phi)\, e^{-j\beta z} \tag{29.138}$$

$$\frac{1}{\rho}\frac{\partial \dot{E}_T}{\partial \rho} + \frac{\partial^2 \dot{E}_T}{\partial \rho^2} + \frac{1}{\rho^2}\frac{\partial^2 \dot{E}_T}{\partial \phi^2} + \left(n^2\beta_o^2 - \beta^2\right)\dot{E}_T = 0 \tag{29.139}$$

em que E_T á a parte dependente apenas das coordenadas transversais (ρ,ϕ).

Como sabemos do estudo do guia de onda cilíndrico, as soluções da Equação (29.139) podem ser obtidas por meio da separação de variáveis $E_T(\rho,\phi) = A(\rho)B(\phi)$, cuja solução na coordenada azimutal é do tipo:

$$B(\phi) = b_1\, sen(m\phi) + b_2 cos(m\phi) \tag{29.140}$$

em que b_1 e b_2 são constantes. A solução radial, por sua vez, deve satisfazer a equação diferencial de Bessel. No caso da fibra óptica, essa equação pode ser escrita na seguinte forma:

$$\rho^2 \frac{\partial^2 A}{\partial \rho^2} + \rho \frac{\partial A}{\partial \rho} + \left[\left(n^2 \beta_o^2 - \beta^2 \right) \rho^2 - m^2 \right] A = 0 \qquad (29.141)$$

Para um guia dielétrico com índice de refração variando abruptamente na interface entre o núcleo e a cobertura, denominado índice degrau, podemos substituir n na equação anterior pela seguinte função da posição radial:

$$n = \begin{cases} n_1 \leftarrow \rho < a \\ n_2 \leftarrow \rho > a \end{cases} \qquad (29.142)$$

em que a é o raio do núcleo. Com isso, a Equação (29.141) deve ser separada em duas equações, as quais, por conveniência, serão escritas na seguinte forma:

$$\rho^2 \frac{\partial^2 A}{\partial \rho^2} + \rho \frac{\partial A}{\partial \rho} + \left[F^2 \frac{\rho^2}{a^2} - m^2 \right] A = 0 \leftarrow \rho < a \qquad (29.143)$$

$$\rho^2 \frac{\partial^2 A}{\partial \rho^2} + \rho \frac{\partial A}{\partial \rho} - \left[G^2 \frac{\rho^2}{a^2} + m^2 \right] A = 0 \leftarrow \rho > a \qquad (29.144)$$

em que:

$$F = a \sqrt{n_1^2 \beta_o^2 - \beta^2} \qquad (29.145)$$

$$G = a \sqrt{\beta^2 - n_2^2 \beta_o^2} \qquad (29.146)$$

Assumindo que $n_2 \beta_o < \beta < n_1 \beta_o$, os coeficientes F e G serão reais. Com isso, as soluções gerais das Equações (29.143) e (29.144) serão as seguintes combinações de funções de Bessel:

$$A(\rho) = c_1 J_m \left(F \frac{\rho}{a} \right) + c_2 Y_m \left(F \frac{\rho}{a} \right) \leftarrow \rho < a \qquad (29.147)$$

$$A(\rho) = c'_1 I_m \left(G \frac{\rho}{a} \right) + c'_2 K_m \left(G \frac{\rho}{a} \right) \leftarrow \rho > a \qquad (29.148)$$

em que c_1, c_2, c'_1 e c'_2 são constantes. A Equação (29.143) é a equação diferencial de Bessel e J_m e Y_m são as funções de Bessel de primeira e segunda espécies e ordem m, respectivamente. Por sua vez, a Equação (29.144) é a equação diferencial de Bessel modificada e I_m e K_m são as funções de Bessel modificadas de primeira e segunda espécies e ordem m, respectivamente. Uma vez que Y_m diverge para

Capítulo 29 – Guias de onda

$\rho \to 0$ e I_m diverge para $\rho \to \infty$, essas funções não podem ser usadas na representação dos campos guiados. Assim, a solução no guia de onda dielétrico deve ser escrita na seguinte forma:

$$\dot{E}(\rho, \phi, z) = J_m\left(F\frac{\rho}{a}\right)\left[b_1 sen(m\phi) + b_2 cos(m\phi)\right]e^{-j\beta z} \leftarrow \rho < a \qquad (29.149)$$

$$\dot{E}(\rho, \phi, z) = K_m\left(G\frac{\rho}{a}\right)\left[b'_1 sen(m\phi) + b'_2 cos(m\phi)\right]e^{-j\beta z} \leftarrow \rho > a \qquad (29.150)$$

A Figura 29.12 mostra os gráficos de $J_o(Fx)$ e $K_o(Gx)$ para valores reais e imaginários dos parâmetros F e G. Observe que a hipótese $n_2\beta_o < \beta < n_1\beta_o$ é necessária para obter uma onda estável (amplitude oscilante e decrescente do centro para a interface) no interior do guia e uma onda evanescente (amplitude monotonicamente decrescente) na cobertura. Devido à simetria azimutal, podemos utilizar apenas uma das funções trigonométricas nas equações anteriores. Além disso, se essas equações se referem ao campo longitudinal, podemos aplicar a condição de continuidade na interface, o que resulta nas seguintes soluções:

$$\dot{E}(\rho, \phi, z) = \frac{E_o}{J_m(F)} J_m\left(F\frac{\rho}{a}\right) cos(m\phi)e^{-j\beta z} \leftarrow \rho < a \qquad (29.151)$$

$$\dot{E}(\rho, \phi, z) = \frac{E_o}{K_m(G)} K_m\left(G\frac{\rho}{a}\right) cos(m\phi)e^{-j\beta z} \leftarrow \rho > a \qquad (29.152)$$

De acordo com as Equações (29.139) ou (29.141), é necessário assumir adicionalmente que a primeira derivada do campo em relação à coordenada radial seja contínua, pois, do contrário, a segunda derivada seria uma função impulso e essas equações não teriam solução na interface. Aplicando a condição $\partial\dot{E}/\partial\rho(\rho \to a^+) = \partial\dot{E}/\partial\rho(\rho \to a^-)$, obtemos a seguinte relação:

$$F\frac{J'_m(F)}{J_m(F)} = G\frac{K'_m(G)}{K_m(G)} \qquad (29.153)$$

As derivadas das funções de Bessel podem ser escritas em termos das funções primitivas pelas seguintes relações:

$$\begin{aligned} J'_m(x) &= \frac{1}{2}\left[J_{m-1}(x) - J_{m+1}(x)\right] \qquad (a) \\ K'_m(x) &= -\frac{1}{2}\left[K_{m-1}(x) + K_{m+1}(x)\right] \quad (b) \end{aligned} \qquad (29.154)$$

Substituindo na Equação (29.153) e reorganizando a expressão, obtemos as equações a seguir:

$$\begin{aligned} F J_{m-1}(F) K_m(G) + G J_m(F) K_{m-1}(G) &= 0 \quad (a) \\ F J_{m+1}(F) K_m(G) - G J_m(F) K_{m+1}(G) &= 0 \quad (b) \end{aligned} \qquad (29.155)$$

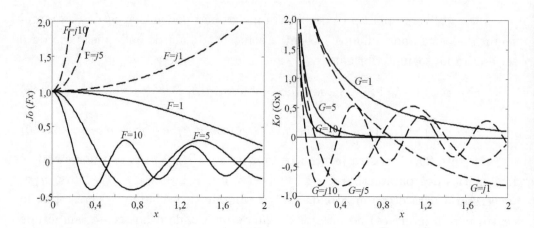

Figura 29.12: Gráficos de $J_0(Fx)$ para diversos valores do parâmetro F e de $K_0(Gx)$ para diversos valores do parâmetro G.

Pode-se verificar que essas equações possuem soluções idênticas. A fim de obtê-las, é conveniente fazer as transformações de variáveis indicadas a seguir. Com base nas Equações (29.145) e (29.146), definimos os parâmetros N e ξ:

$$N^2 = F^2 + G^2 = a^2 \left(n_1^2 \beta_o^2 - \beta^2\right) + a^2 \left(\beta^2 - n_2^2 \beta_o^2\right) \\ = a^2 \beta_o^2 \left(n_1^2 - n_2^2\right) \tag{29.156}$$

$$\xi^2 = \frac{G^2}{N^2} = \frac{\beta^2 - n_2^2 \beta_o^2}{\beta_o^2 \left(n_1^2 - n_2^2\right)} = \frac{(\beta/\beta_o)^2 - n_2^2}{\left(n_1^2 - n_2^2\right)} \tag{29.157}$$

O parâmetro N é determinado por aspectos construtivos do guia de onda (raio e perfil do índice de refração) e pela frequência. Já o parâmetro ξ define a constante de fase β da onda guiada. Observe que, devido à condição já estabelecida $n_2 \beta_o < \beta < n_1 \beta_o$, temos $0 < \xi < 1$. Com base nesses parâmetros, reescrevemos as variáveis F e G e as Equações (29.155) a e b:

$$G = \xi N \tag{29.158}$$

$$F = \sqrt{1 - \xi^2} N \tag{29.159}$$

$$J_{m-1}\left(\sqrt{1-\xi^2}N\right) K_m(\xi N) + \frac{\xi}{\sqrt{1-\xi^2}} J_m\left(\sqrt{1-\xi^2}N\right) K_{m-1}(\xi N) = 0 \quad (a)$$

$$J_{m+1}\left(\sqrt{1-\xi^2}N\right) K_m(\xi N) - \frac{\xi}{\sqrt{1-\xi^2}} J_m\left(\sqrt{1-\xi^2}N\right) K_{m+1}(\xi N) = 0 \quad (b)$$

$$\tag{29.160}$$

A Figura 29.13 apresenta curvas que mostram a dependência do parâmetro ξ como função de N, obtido como solução da Equação (29.160)a. Cada curva refere-se a um valor da ordem da função de Bessel ($m = 0, 1, 2, ...$) e da posição do zero dessa equação ($l = 1, 2, 3...$). Cada par de valores (m, l) representa um modo de propagação no guia de onda dielétrico, designados como LP$_{ml}$ (linearmente polarizados). A designação por modos linearmente polarizados baseia-se em uma aproximação na qual, devido à pequena diferença de índice de refração entre o núcleo e a cobertura, o ângulo crítico para reflexão total é próximo de 90° e, com isso, as ondas são aproximadamente transversais e se propagam paralelamente ao eixo do guia de onda com polarização linear.

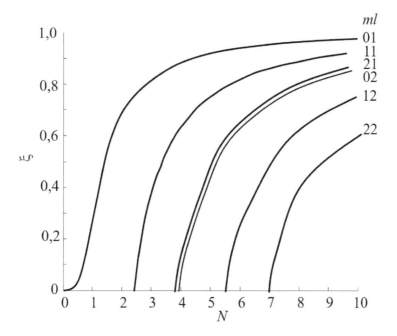

Figura 29.13: Esboço dos valores de ξ como função de N obtidos como solução da Equação (29.160)a. Fonte: adaptada de [14]

Observe que as curvas, com exceção da (01), apresentam valores mínimos não nulos do parâmetro N para existir o modo correspondente. Esse valor mínimo de $N = N_c$ determina uma frequência de corte daquele modo. N_c corresponde a $\xi = 0$, ou seja, $\beta = n_2\beta_o$, o menor valor da constante de fase da onda guiada. Nessa condição temos $G = 0$ e $F = N$ e, das Equações (29.160) a e b, verifica-se que $J_{m-1}(N_c) = 0$ e $J_{m+1}(N_c) = 0$. Portanto, as frequências de corte na fibra óptica podem ser determinadas a partir dos zeros da função de Bessel J_m.

600   Análise de sistemas eletromagnéticos

A Tabela 29.4 mostra valores de N_c para os modos de mais baixa frequência de corte. Observe que no intervalo $0 < N < 2,4048$ apenas o modo LP_{01} pode se propagar. Quando operando nessa condição, o guia dielétrico é denominado monomodo, tendo grande importância prática em sistemas de comunicação óptica por apresentar a mais baixa dispersão na propagação do sinal.

Tabela 29.4: Valores de corte do parâmetro N para propagação dos modos de mais baixa ordem em um guia de onda dielétrico cilíndrico.

Modo	Condição	N_c
LP_{01}	$J_{-1}(N_{c01}) = 0$	0
LP_{02}	$J_{-1}(N_{c02}) = 0$	3,8317
LP_{03}	$J_{-1}(N_{c03}) = 0$	7,0156
LP_{11}	$J_0(N_{c11}) = 0$	2,4048
LP_{12}	$J_0(N_{c12}) = 0$	5,5201
LP_{13}	$J_0(N_{c13}) = 0$	8,6537
LP_{21}	$J_1(N_{c21}) = 0$	3,8317
LP_{22}	$J_1(N_{c22}) = 0$	7,0156
LP_{23}	$J_1(N_{c23}) = 0$	10,1735

A Figura 29.14 apresenta as distribuições de intensidade de campo na seção transversal do guia de onda dielétrico para alguns modos de mais baixa ordem. Nesse caso, o guia de onda tem diâmetro do núcleo de 10 μm, $n_1 = 1,461$ e $n_2 = 1,458$. As curvas (1), (2) e (3) referem-se a três frequências diferentes: $2,31 \times 10^{14}$ Hz, $3,46 \times 10^{14}$ Hz e $5,8 \times 10^{14}$ Hz.

A Tabela 29.5 apresenta os valores numéricos calculados para os parâmetros de modo referentes às curvas da Figura 29.14. Observe que, com comprimento de onda no vácuo de 1300 nm, apenas o modo fundamental LP_{01} pode se propagar ($N < 2,4048$). Com comprimento de 867 nm, dois modos, LP_{01} e LP_{11}, podem se propagar. Finalmente, com comprimento de onda ainda menor, de 517 nm, quatro modos, LP_{01}, LP_{02}, LP_{11} e LP_{21}, podem se propagar.

Como se verifica na Figura 29.14, o modo fundamental concentra maior intensidade de campo e, consequentemente, maior densidade de potência transportada no centro do guia de onda. Os demais modos LP_{0l} (com $l > 1$) apresentam nulos no intervalo $0 < \rho < a$, e os modos LP_{ml} (com $m > 0$), no centro do guia de onda. Uma vez que a intensidade de campo depende do ângulo azimutal segundo a função $cos(m\phi)$, os modos com $m > 0$ também apresentam nulos nas posições

Capítulo 29 – Guias de onda

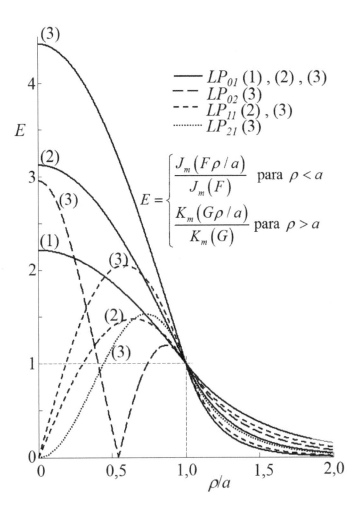

Figura 29.14: Distribuição de intensidade de campo (em unidades arbitrárias) como função da coordenada radial em um guia de onda dielétrico cilíndrico para alguns modos obtidos em diferentes frequências, conforme especificado no texto.

angulares $\phi = (n + 1/2)\pi/m$, em que n é um inteiro tal que $0 \leq n \leq 2m - 1$, ou seja, o número de nulos é igual a $2m$.

A potência transportada no guia de onda se divide entre o núcleo e a cobertura e essa divisão depende dos modos que estão se propagando. De modo geral, devemos calcular o fluxo do vetor de Poynting na área da seção transversal do guia de onda. Assumindo a propagação como onda transversal (TEM) e que a cobertura se estende ao infinito com impedância característica igual à do núcleo, a partir das Equações (29.151) e (29.152), obtemos a seguinte equação para a

Tabela 29.5: Valores calculados para os parâmetros de modo em um guia de onda dielétrico com diâmetro de 10 μm, $n_1 = 1,461$ e $n_2 = 1,458$.

f (Hz)	λ (nm)	Modo	N	ξ
$2,31 \times 10^{14}$	1300	LP_{01}	2,2614	0,7033
$3,46 \times 10^{14}$	867	LP_{01}	3,3922	0,8412
$3,46 \times 10^{14}$	867	LP_{11}	3,3922	0,5434
$5,8 \times 10^{14}$	517	LP_{01}	4,9752	0,9160
$5,8 \times 10^{14}$	517	LP_{02}	4,9752	0,4593
$5,8 \times 10^{14}$	517	LP_{11}	4,9752	0,7750
$5,8 \times 10^{14}$	517	LP_{21}	4,9752	0,5450

potência transportada:

$$
\begin{aligned}
P_t = {} & \frac{E_o^2}{2Z} \frac{1}{J_m^2\left(F\right)} \int\limits_0^{2\pi} \int\limits_0^a J_m^2\left(F\frac{\rho}{a}\right) cos^2(m\phi)\rho d\rho d\phi \\
& + \frac{E_o^2}{2Z} \frac{1}{K_m^2\left(G\right)} \int\limits_0^{2\pi} \int\limits_a^\infty K_m^2\left(G\frac{\rho}{a}\right) cos^2(m\phi)\rho d\rho d\phi
\end{aligned}
\tag{29.161}
$$

Resolvendo a integral na coordenada azimutal e usando a substituição de coordenadas $x = F\rho/a$ na primeira integral e $x = G\rho/a$ na segunda, obtemos:

$$
\begin{aligned}
P_t = {} & \frac{\pi a^2 E_o^2}{2Z} \left[\frac{1}{J_m^2\left(F\right)F^2} \int\limits_0^F J_m^2\left(x\right)xdx + \frac{1}{K_m^2\left(G\right)G^2} \int\limits_G^\infty K_m^2\left(x\right)xdx \right] \\
= {} & \frac{\pi a^2 E_o^2}{2ZN^2} \left[\frac{1}{J_m^2\left(F\right)\left(1-\xi^2\right)} \int\limits_0^{\sqrt{1-\xi^2}N} J_m^2\left(x\right)xdx + \frac{1}{K_m^2\left(G\right)\xi^2} \int\limits_{\xi N}^\infty K_m^2\left(x\right)xdx \right]
\end{aligned}
\tag{29.162}
$$

Devido à da ortogonalidade das funções $cos(m\phi)$ para modos diferentes, a potência total transportada é dada pela soma das potências de cada modo. Uma vez que a solução analítica das integrais na Equação (29.162) é pouco informativa, será mais útil apresentar uma solução numérica na forma de curvas de potência transportada para cada modo. A Figura 29.15 apresenta a potência transportada no núcleo e na cobertura (normalizada para o pré-fator $\pi a^2 E_o^2/2Z$) para alguns modos de mais baixa ordem como função do parâmetro N. Observe que a potência se concentra cada vez mais no núcleo na medida em que N aumenta, ou seja, para um determinado modo, ao aumentar a frequência, obtém-se maior parcela de potência útil transportada. Segundo a curva para $m = 0$, a máxima potência útil transportada na operação monomodo ($N < 2,4048$) é aproximadamente 82% do fator de normalização $\pi a^2 E_o^2/2Z$.

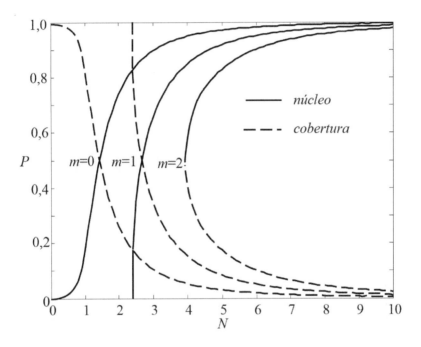

Figura 29.15: Potência transportada normalizada no guia de onda dielétrico para os modos LP_{01}, LP_{11} e LP_{21} como função do parâmetro N. Normalização em relação ao pré-fator $\pi a^2 E_o^2/2Z$. Fonte: adaptada de [14].

Outro fator de grande importância na utilização de guias dielétricos é a dispersão modal. Um sinal que entra no guia de onda demora um tempo para alcançar a outra extremidade dependendo da velocidade de propagação. Contudo, a velocidade depende da frequência e do modo de propagação. Segundo a Equação (29.157), a constante de fase da onda guiada é definida pelo parâmetro ξ da seguinte forma:

$$\beta = \beta_0 \sqrt{\xi^2 \left(n_1^2 - n_2^2\right) + n_2^2}$$

$$= \frac{\omega}{c} \sqrt{\xi^2(n_1 - n_2)(n_1 + n_2) + n_2^2} \qquad (29.163)$$

$$\approx \frac{\omega}{c} n \sqrt{1 + 2\frac{\Delta n}{n}\xi^2}$$

em que a aproximação é justificável pois $n_1 \approx n_2$. Assim, a velocidade de fase para um modo que se propaga no guia de onda pode ser calculada da seguinte forma:

$$u = \frac{\omega}{\beta} = \frac{c/n}{\sqrt{1 + 2\frac{\Delta n}{n}\xi^2}} \qquad (29.164)$$

em que $\Delta n/n$ é da ordem de 0,01 para uma fibra óptica monomodo com índice degrau.

A dispersão modal ocorre de duas formas: dispersão dielétrica no núcleo e existência de diversos modos que se propagam simultaneamente. No primeiro caso, o índice de refração é uma função da frequência em devido à dependência da constante dielétrica do material do núcleo com a frequência. Assim, um sinal que ocupa uma banda de frequências terá cada componente espectral se propagando com uma velocidade própria e alcançando a extremidade do guia em um tempo diferente. Essa defasagem provoca, por exemplo, o alargamento e a atenuação de um pulso retangular. Verifica-se experimentalmente que, na fibra óptica de sílica, a distorção modal devido à dispersão dielétrica no infravermelho apresenta um mínimo em torno do comprimento de onda 1,3 μm. Valores típicos de alargamento de pulso situam-se em torno de 10^{-13} segundos por quilômetro e por nanômetro de largura de faixa espectral ($\Delta\lambda$) [14]. Isso ocorre porque a derivada $dn/d\lambda$, que é negativa, alcança valor máximo próximo de zero nessa região espectral e, com isso, a velocidade de grupo, conforme calculada por $u_g = (d\beta/d\omega)^{-1}$ aplicada na Equação (29.163), alcança valor mínimo próximo da velocidade de fase dada pela Equação (29.164).

A dispersão provocada por múltiplos modos que se propagam simultaneamente no guia de onda ocorre devido ao parâmetro ξ na Equação (29.164), o qual é diferente para cada modo conforme mostra a Tabela 29.5. Uma forma de eliminar essa dispersão consiste na operação monomodo, que, como citado anteriormente, implica limitar a frequência de operação de maneira que o parâmetro N seja menor que 2,4048. Existem, entretanto, fibras ópticas dopadas nas quais o índice de refração diminui gradualmente de maneira aproximadamente parabólica

Capítulo 29 – Guias de onda 605

do centro do núcleo para a interface com a cobertura. Essas fibras, denominadas multimodo com índice gradual, apresentam baixa dispersão intermodal. A razão para isso é que os modos de mais alta ordem se propagam principalmente na periferia do núcleo, onde o índice de refração é menor. Esses modos seguem caminhos ópticos oblíquos devido às múltiplas reflexões com a interface e, por isso, apresentam maior comprimento percorrido pelas ondas que os modos de baixa ordem que se propagam paralelamente ao eixo do guia de onda. Esse efeito é parcialmente compensado pela maior velocidade de fase na periferia do núcleo, proporcionando menor dispersão intermodal que a fibra com índice degrau. Para comparação, considere os valores de dispersão intermodal de 50 ns/km para fibra com índice degrau e 0,25 ns/km para a fibra com índice parabólico [14].

29.10 Questões

29.1) Considere um guia de onda retangular com paredes de cobre e isolante de ar com seção transversal de arestas 1 cm e 3 cm, excitado por um sinal de frequência de portadora 25 GHz. Verifique quais modos podem se propagar nesse guia. Calcule para cada modo: impedância de onda, comprimento de onda, velocidade de fase e de grupo, e atenuação em dB/m.

29.2) Repita para um guia circular com raio de 2 cm.

29.3) Ainda com relação ao guia de onda descrito na Questão 29.1, considere seu comprimento com 1,5 m e que um sinal senoidal com frequência de 15,5 GHz e amplitude de campo elétrico axial de 1000 V/m é injetado na extremidade ligada à fonte. Calcule a potência total transportada até a outra extremidade.

29.4) Uma caixa metálica com arestas $20 \times 25 \times 30$ cm é usada como cavidade ressonante. Calcule a frequência de ressonância e a banda passante dessa cavidade. Repita para uma cavidade cilíndrica com raio de 10 cm e comprimento de 20 cm.

29.5) Considere um guia de onda dielétrico com diâmetro de 10 μm e índice de refração com perfil em degrau com $n_1 = 1,461$ e $n_2 = 1,458$. Calcule as cinco menores frequências de corte, indicando os respectivos modos. Usando dados da Tabela 29.5, calcule a velocidade de fase para o modo dominante nas frequências $2,31 \times 10^{14}$, $3,46 \times 10^{14}$ e $5,8 \times 10^{14}$ Hz.

Capítulo 30

Teoria das antenas

30.1 Enlace por ondas eletromagnéticas

Antenas são dispositivos projetados para acoplar eficientemente uma fonte ou receptor de energia eletromagnética ao meio ambiente a fim de permitir a comunicação entre dois ou mais sistemas por meio de ondas eletromagnéticas. Contudo, a emissão eletromagnética é um fato inerente ao funcionamento de qualquer sistema eletromagnético que funcione a partir de fontes variáveis no tempo. Assim, uma antena é um objeto condutor pelo qual circula corrente elétrica variável no tempo. Este capítulo trata especificamente das características dos irradiadores intencionais, utilizados especialmente na faixa de frequências designada radiofrequência. As teorias do potencial irradiado e do dipolo hertziano já foram apresentadas no Capítulo 20 e os resultados principais serão utilizados no estudo das antenas.

A Figura 30.1 ilustra o conceito de enlace de radiofrequência (RF). Uma antena alimentada por um gerador de energia eletromagnética variável no tempo irradia ondas eletromagnéticas que, na região de campo distante, transportam potência na direção radial. Outra antena posicionada no raio de alcance da primeira receberá uma pequena parte dessa potência, que será convertida em um sinal elétrico nos terminais da antena receptora que será medido e processado pelo circuito do receptor. Este sistema é definido como um enlace por ondas eletromagnéticas ou enlace de radiofrequência. Consideraremos nesta seção alguns aspectos fundamentais do funcionamento das antenas que afetam a qualidade de um enlace de RF. O modelo de irradiação do dipolo hertziano servirá de base para os cálculos e os exemplos iniciais.

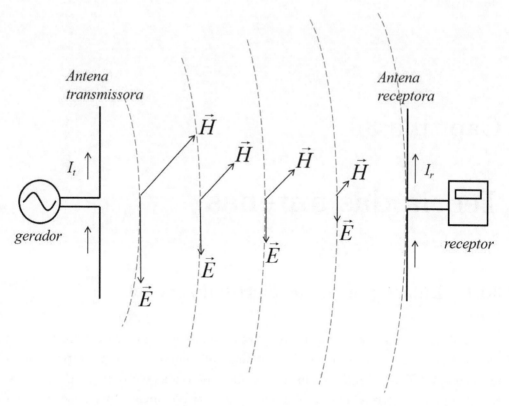

Figura 30.1: Ilustração de um enlace de radiofrequência.

30.1.1 Potência irradiada

De acordo com o teorema de Poynting complexo, apresentado no Capítulo 18, as potências ativa e reativa liberadas por um irradiador de ondas eletromagnéticas podem ser calculadas a partir de integrais de fluxo das partes real e imaginária do vetor de Poynting complexo. Assim, a potência irradiada pela antena é definida pela integral de fluxo da parte real do vetor de Poynting complexo em uma superfície esférica centrada na antena:

$$P_{irr} = \int_{0}^{2\pi} \int_{0}^{\pi} Re\left(\hat{\vec{P}}\right) \cdot r^2 sen\theta d\theta d\phi \vec{u}_r \qquad (30.1)$$

Uma vez que os campos elétrico e magnético de qualquer irradiador variam com $1/r$ na região de campo distante, o vetor de Poynting varia com $1/r^2$ e a integral anterior, em um meio não dissipativo, não depende do raio da superfície esférica. Isso leva ao conceito de intensidade de irradiação, definido como a

Capítulo 30 – Teoria das antenas

potência irradiada por unidade de ângulo sólido:

$$U\left(\theta,\phi\right) = \frac{dP_{irr}}{d\Omega} = r^2 Re\left[\hat{P}\left(r,\theta,\phi\right)\right] \tag{30.2}$$

em que $d\Omega = sen\theta d\theta d\phi$ é o elemento diferencial de ângulo sólido. Para um irradiador genérico, a intensidade de irradiação depende apenas dos ângulos de direção. Em função da intensidade da irradiação, a potência irradiada é escrita na seguinte forma:

$$P_{irr} = \int_{4\pi} U\left(\theta,\phi\right) d\Omega = \int_0^{2\pi} \int_0^{\pi} U\left(\theta,\phi\right) sen\theta d\theta d\phi \tag{30.3}$$

sendo que o ângulo sólido de uma superfície fechada é 4π.

Um caso particular de importância conceitual é o irradiador isotrópico, ou seja, um dispositivo que espalha a potência uniformemente no espaço em todas as direções. Nesse caso, a intensidade da irradiação é independente dos ângulos de direção e, segundo a equação anterior, pode ser calculada da seguinte forma:

$$U_{iso} = \frac{P_{irr}}{4\pi} \tag{30.4}$$

Para um dipolo hertziano no vácuo, a intensidade de irradiação e a potência irradiada, segundo as Equações (20.40) e (20.41), são dadas por:

$$U\left(\theta\right) = \frac{1}{2}\left(\frac{I_o l}{4\pi}\right)^2 \frac{\beta^3}{\omega\epsilon_o} sen^2\theta = \frac{I_o^2}{8}\sqrt{\frac{\mu_o}{\epsilon_o}}\left(\frac{l}{\lambda}\right)^2 sen^2\theta \tag{30.5}$$

$$P_{irr} = \frac{\pi}{3}\sqrt{\frac{\mu_o}{\epsilon_o}}\left(\frac{l}{\lambda}\right)^2 I_o^2 \tag{30.6}$$

Nessa equação, percebemos o papel destacado do comprimento elétrico do irradiador na capacidade deste de acoplar potência à onda eletromagnética.

Como exemplo, consideremos um segmento retilíneo de fio metálico de comprimento 1 m transportando corrente elétrica senoidal com frequência 1 MHz e amplitude 1 A. O comprimento de onda nesse caso é 300 m, e o comprimento elétrico, $3,3 \times 10^{-3}$. Substituindo na Equação (30.6) e usando a impedância característica do vácuo, obtemos 4,3 mW. Assumindo que o fio seja de cobre com raio 1 mm, sua resistência elétrica nessa frequência será $R_p \approx 0,04\ \Omega$ e a potência média dissipada no fio será aproximadamente 20 mW. Isso ilustra o fato de que irradiadores de pequeno comprimento elétrico são muito ineficientes.

610 Análise de sistemas eletromagnéticos

30.1.2 Ganho diretivo

O ganho diretivo de uma antena é uma medida de sua capacidade de concentrar a potência irradiada em direções específicas do espaço. É definido pelo quociente entre a intensidade real de irradiação na direção especificada pelos ângulos (θ, ϕ) e a intensidade que resultaria se toda a potência fosse irradiada isotropicamente no espaço:

$$G_d(\theta, \phi) = \frac{U(\theta, \phi)}{U_{iso}} = 4\pi \frac{U(\theta, \phi)}{P_{irr}} \tag{30.7}$$

O ganho diretivo é, pois, uma função dos ângulos de direção.

Para um irradiador isotrópico, o ganho diretivo é unitário. Para um dipolo hertziano, usando as Equações (30.5) e (30.6), obtém-se o seguinte resultado:

$$G_d(\theta, \phi) = \frac{3}{2} sen^2\theta \tag{30.8}$$

Neste caso, o ganho depende apenas do ângulo polar.

Um irradiador que irradia igualmente em todas as direções em seu plano azimutal é denominado omnidirecional. O ganho do dipolo hertziano aumenta com o ângulo polar, medido em relação à direção do dipolo. O ganho máximo ocorre na direção perpendicular. O valor máximo do ganho diretivo é denominado diretividade. Trata-se de uma grandeza escalar usada como um fator de mérito que qualifica a direcionalidade de uma antena. Quanto maior é a diretividade, maior a sua capacidade de concentrar a potência irradiada em uma direção específica do espaço. O ganho diretivo geralmente é apresentado em *decibéis* (dB). Novamente usando o dipolo hertziano como exemplo, temos:

$$D = 10\, Log\,(G_{d\max}) = 10\, Log\left(\frac{3}{2}\right) = 1,761\, dB \tag{30.9}$$

30.1.3 Diagrama de irradiação

A forma usual de representar graficamente as propriedades diretivas de uma antena é o diagrama de irradiação. A Figura 30.2 mostra os gráficos do ganho diretivo normalizado do dipolo hertziano. O gráfico na coordenada polar geralmente é denominado diagrama vertical, e o gráfico na coordenada azimutal, diagrama horizontal. Esses são diagramas de potência. Também é usual a representação dos diagramas de campo, nos quais o módulo normalizado dos campos é apresentado como função dos ângulos de direção.

Capítulo 30 – Teoria das antenas

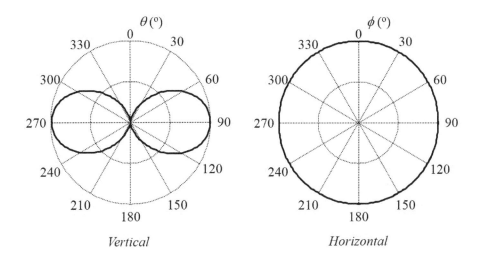

Figura 30.2: Diagramas de irradiação normalizados para um dipolo hertziano.

Como se verá nas seções seguintes, na região de campo distante de qualquer irradiador, o campo elétrico irradiado pode ser escrito na seguinte forma geral:

$$E = \xi \frac{e^{j\beta r}}{r} F(\theta, \phi) \quad (30.10)$$

em que ξ é um coeficiente que depende da amplitude e da distribuição da corrente e da forma geométrica da antena e $F(\theta, \phi)$ é a função que descreve a distribuição espacial da intensidade dos campos. Os diagramas de irradiação de uma antena são, pois, os gráficos polares normalizados da função $|F(\theta, \phi)|$ ou $|F(\theta, \phi)|^2$.

Conhecida a função $F(\theta, \phi)$ a partir de métodos analíticos ou experimentais (ensaio de diagrama de irradiação), pode-se obter o ganho diretivo da antena. Considerando a equação genérica de campo e aplicando a definição de ganho diretivo expressa na Equação (30.7), temos:

$$G_d(\theta, \phi) = \frac{4\pi \, |F(\theta, \phi)|^2}{\int_0^{2\pi} \int_0^{\pi} |F(\theta, \phi)|^2 \sin\theta \, d\theta \, d\phi} \quad (30.11)$$

A diretividade é obtida usando-se o valor máximo da função $F(\theta, \phi)$ no numerador da equação anterior.

30.1.4 Impedância da antena

No circuito do sistema de transmissão constituído basicamente de gerador de RF, linha de transmissão e antena, esse último elemento atua como uma impedância

612 Análise de sistemas eletromagnéticos

que apresenta resistência e reatância. A resistência da antena tem uma pequena contribuição da resistência ôhmica do condutor que, em virtude do efeito pelicular, pode tornar-se significativa em altas frequências. Contudo, a maior parte da resistência equivalente de uma antena é denominada resistência de irradiação e está relacionada à potência irradiada pela antena:

$$P_{irr} = \frac{1}{2}R_{irr}I_o^2 \to R_{irr} = \frac{2P_{irr}}{I_o^2} \tag{30.12}$$

em que I_o é a amplitude da corrente na antena.

Neste caso, estamos assumindo que o ponto de conexão da antena na linha de transmissão coincide com a posição de máxima corrente. Se assim for, a resistência de irradiação realmente é a resistência de carga na linha de transmissão (somada à resistência de perdas, naturalmente). Se o ponto de conexão não coincide com a máxima corrente I_o, então a resistência efetiva de carga é maior que a resistência de irradiação da antena.

Qualquer antena também apresenta uma reatância, sendo seu valor relacionado à potência reativa que o gerador fornece para estabelecer os campos elétrico e magnético nas imediações da antena:

$$P_{sr} = \frac{1}{2}X_aI_o^2 \to X_a = \frac{2P_{sr}}{I_o^2} \tag{30.13}$$

em que P_{sr} é a potência reativa fornecida pelo gerador, que pode ser calculada, de acordo com o teorema de Poynting e com a Equação (20.39), pela integral da parte imaginária do vetor de Poynting na superfície da antena:

$$P_{sr} = \oint_{S_a} Im\left(\vec{\hat{P}}\right) \cdot d\vec{S} \tag{30.14}$$

em que S_a corresponde à superfície da antena.

Para um dipolo hertziano, as expressões da resistência de irradiação e da reatância obtidas nas Equações (20.46) e (20.47) mostram que esses parâmetros dependem do comprimento elétrico da antena. Pequenos comprimentos ($l \ll \lambda$) determinam pequenas resistências e grandes reatâncias capacitivas. Ou seja, a antena torna-se ineficiente e de difícil acoplamento à linha de transmissão. Assim, um aspecto construtivo importante em antenas é o comprimento elétrico comparável ao comprimento de onda.

Qualquer irradiador pode ser representado por um circuito equivalente passivo contendo uma resistência total que é a soma da resistência associada à irradiação (cujo valor mínimo é R_{irr}) com a resistência ôhmica do condutor (R_p) e uma reatância em série. Isso é mostrado na Figura 30.3.

Capítulo 30 – Teoria das antenas

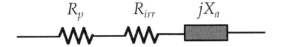

Figura 30.3: Circuito equivalente de uma antena.

30.1.5 Reciprocidade e acoplamento entre antenas

Um importante conceito utilizado para descrever a forma como as antenas interagem é o princípio da reciprocidade. Considere duas antenas em um espaço linear e isotrópico, como mostra a Figura 30.4. Na situação a, a antena 1 é alimentada com corrente $\dot{I}_{1a}$ e na antena 2 é medida a tensão $\dot{V}_{2a}$. Os campos irradiados a partir da antena transmissora são $\vec{\dot{E}}_{1a}$ e $\vec{\dot{H}}_{1a}$. Na situação b, a antena 2 é alimentada com corrente $\dot{I}_{2b}$ e na antena 1 é medida a tensão $\dot{V}_{1b}$. Os campos irradiados a partir da antena transmissora são $\vec{\dot{E}}_{2b}$ e $\vec{\dot{H}}_{2b}$. Formamos agora as seguintes combinações algébricas:

$$\begin{aligned}
\nabla \cdot \left(\vec{\dot{E}}_{2b} \times \vec{\dot{H}}_{1a}\right) &= \nabla \times \vec{\dot{E}}_{2b} \cdot \vec{\dot{H}}_{1a} - \nabla \times \vec{\dot{H}}_{1a} \cdot \vec{\dot{E}}_{2b} \quad (a) \\
\nabla \cdot \left(\vec{\dot{E}}_{1a} \times \vec{\dot{H}}_{2b}\right) &= \nabla \times \vec{\dot{E}}_{1a} \cdot \vec{\dot{H}}_{2b} - \nabla \times \vec{\dot{H}}_{2b} \cdot \vec{\dot{E}}_{1a} \quad (b)
\end{aligned} \quad (30.15)$$

Utilizando as equações de Maxwell, podemos substituir os termos envolvendo rotacionais:

$$\begin{aligned}
\nabla \cdot \left(\vec{\dot{E}}_{2b} \times \vec{\dot{H}}_{1a}\right) &= -j\omega\mu \vec{\dot{H}}_{2b} \cdot \vec{\dot{H}}_{1a} - (\sigma + j\omega\epsilon)\vec{\dot{E}}_{1a} \cdot \vec{\dot{E}}_{2b} - \vec{\dot{j}}_{1a} \cdot \vec{\dot{E}}_{2b} \quad (a) \\
\nabla \cdot \left(\vec{\dot{E}}_{1a} \times \vec{\dot{H}}_{2b}\right) &= -j\omega\mu \vec{\dot{H}}_{1a} \cdot \vec{\dot{H}}_{2b} - (\sigma + j\omega\epsilon)\vec{\dot{E}}_{2b} \cdot \vec{\dot{E}}_{1a} - \vec{\dot{j}}_{2b} \cdot \vec{\dot{E}}_{1a} \quad (b)
\end{aligned}$$
$$(30.16)$$

Agora, subtraímos as duas equações anteriores. Uma vez que as propriedades do meio são independentes da direção e do sentido de propagação das ondas, os termos dessas equações que envolvem essas propriedades são idênticos e serão cancelados. Assim, teremos:

$$\nabla \cdot \left(\vec{\dot{E}}_{2b} \times \vec{\dot{H}}_{1a} - \vec{\dot{E}}_{1a} \times \vec{\dot{H}}_{2b}\right) = \vec{\dot{j}}_{2b} \cdot \vec{\dot{E}}_{1a} - \vec{\dot{j}}_{1a} \cdot \vec{\dot{E}}_{2b} \quad (30.17)$$

Podemos obter a forma integral dessa equação aplicando o teorema de Gauss:

$$\oint_S \left(\vec{\dot{E}}_{2b} \times \vec{\dot{H}}_{1a} - \vec{\dot{E}}_{1a} \times \vec{\dot{H}}_{2b}\right) \cdot d\vec{S} = \int_V \vec{\dot{j}}_{2b} \cdot \vec{\dot{E}}_{1a} dV - \int_V \vec{\dot{j}}_{1a} \cdot \vec{\dot{E}}_{2b} dV \quad (30.18)$$

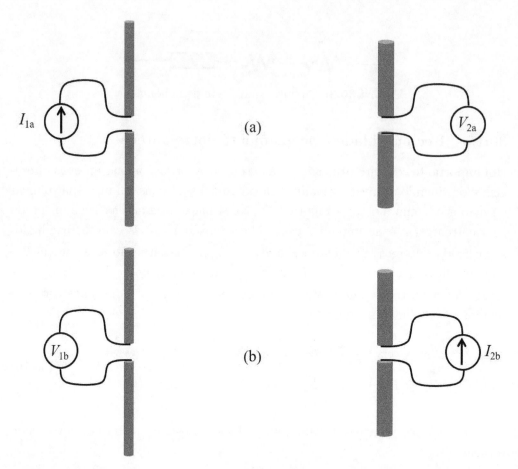

Figura 30.4: Ilustração com duas antenas acopladas e o princípio da reciprocidade.

Contudo, a superfície e o volume de integração estendem-se ao infinito e, consequentemente, a integral no lado esquerdo é nula. Isso pode ser facilmente verificado considerando-se que, em posições muito afastadas das antenas, os campos constituem ondas transversais que se deslocam na direção radial. Usando as relações $\dot{E}_\theta/\dot{H}_\phi = Z_o$ e $\dot{E}_\phi/\dot{H}_\theta = -Z_o$, pode-se concluir que os dois termos que se subtraem no integrando no lado esquerdo da Equação (30.18) são iguais na região de campo distante das antenas e, por isso, a integral é nula no limite em que o raio da superfície de integração tende ao infinito. Assim, obtém-se a seguinte identidade, que constitui a forma vetorial para o princípio da reciprocidade:

$$\int_V \vec{\dot{j}}_{2b} \cdot \vec{\dot{E}}_{1a} dV = \int_V \vec{\dot{j}}_{1a} \cdot \vec{\dot{E}}_{2b} dV \tag{30.19}$$

Capítulo 30 – Teoria das antenas   615

Existem diversas conclusões relevantes desse resultado. Discutiremos duas que serão essenciais na próxima seção. A primeira diz respeito à impedância de acoplamento entre as antenas, mais comumente denominada impedância mútua, que pode ser definida como o quociente entre a tensão nos terminais da antena receptora e a corrente de entrada na antena transmissora. Na Equação (30.19), o domínio de integração é o espaço infinito, mas na verdade apenas o volume interno das antenas contribui para o resultado. Então, escrevendo o elemento de volume como $dV = d\vec{S} \cdot d\vec{L}$ em cada antena, teremos:

$$\int_{S_2} \dot{\vec{j}}_{2b} \cdot d\vec{S} \int_{L_2} \dot{\vec{E}}_{1a} \cdot d\vec{L} = \int_{S_1} \dot{\vec{j}}_{1a} \cdot d\vec{S} \int_{L_1} \dot{\vec{E}}_{2b} \cdot d\vec{L} \qquad (30.20)$$

As integrais das densidades de corrente resultam nas correntes e as integrais dos campos resultam nos potenciais induzidos em cada antena. Portanto, essa equação resulta em:

$$\dot{I}_{2b}\dot{V}_{2a} = \dot{I}_{1a}\dot{V}_{1b}$$
$$\rightarrow \frac{\dot{V}_{2a}}{\dot{I}_{1a}} = \frac{\dot{V}_{1b}}{\dot{I}_{2b}} \qquad (30.21)$$

Assim, a impedância mútua entre as antenas é a mesma independentemente de qual antena transmite e qual recebe.

A outra conclusão refere-se à relação entre ganho diretivo e área efetiva de uma antena. Consideremos a Figura 30.5 para esta demonstração. Define-se área efetiva a partir da relação entre o vetor de Poynting da onda eletromagnética incidente $\vec{P}_{inc}$ e a potência entregue à carga conectada à antena:

$$P_r = A_{ef}\left(\theta', \phi'\right) P_{inc}\left(\theta, \phi\right) \qquad (30.22)$$

em que (θ', ϕ') são os ângulos de incidência da onda eletromagnética tendo como referência a própria antena receptora e (θ, ϕ) são os ângulos em relação à antena transmissora.

No cálculo de área efetiva considera-se que a carga esteja casada com a antena de modo que existe máxima transferência de potência. O circuito mostrado na Figura 30.6 apresenta o modelo para acoplamento elétrico da antena na carga. A dissipação na antena é ignorada. Assim, o modelo de impedância da antena contém a resistência de irradiação e uma reatância. A tensão $\dot{V}_{oc}$ surge nos terminais da antena quando ela está em circuito aberto. A potência na carga é

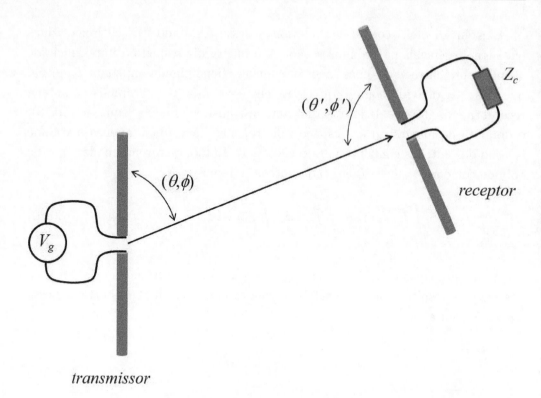

Figura 30.5: Ilustração para análise do acoplamento entre antenas e área efetiva.

calculada como mostrado na equação a seguir:

$$P_r = Re\left[\frac{1}{2}\dot{V}_c\dot{I}_c^*\right] = Re\left[\frac{1}{2}\frac{Z_c\dot{V}_{oc}}{Z_a+Z_c}\left(\frac{\dot{V}_{oc}}{Z_a+Z_c}\right)^*\right]$$
$$= \frac{R_c\dot{V}_{oc}\dot{V}_{oc}^*}{2\left[(R_a+R_c)^2+(X_a+X_c)^2\right]} \tag{30.23}$$

A máxima potência é obtida quando $Z_c = Z_a^*$. Neste caso, assumindo que R_a é a resistência de irradiação da antena, a potência é obtida na seguinte forma:

$$P_r = \frac{\dot{V}_{oc}\dot{V}_{oc}^*}{8R_{irr2}} = \frac{\left|\dot{V}_{oc}\right|^2}{8R_{irr2}} \tag{30.24}$$

em que o índice 2 identifica a antena receptora. Usando as Equações (30.2), (30.7) e (30.12), o vetor de Poynting da onda irradiada a partir da antena transmissora pode ser escrito na seguinte forma:

$$\vec{P}_{inc} = \frac{G_{d1}(\theta,\phi)P_{irr}}{4\pi r^2}\vec{u}_r = \frac{G_{d1}(\theta,\phi)R_{irr1}I_oI_o^*}{8\pi r^2}\vec{u}_r \tag{30.25}$$

Capítulo 30 – Teoria das antenas

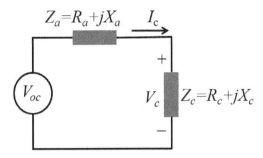

Figura 30.6: Circuito equivalente da antena receptora conectada à sua carga.

em que o índice 1 identifica a antena transmissora.

A potência recebida é descrita nas Equações (30.22) e (30.24). Igualando essas equações e substituindo o vetor de Poynting dado na Equação (30.25), obtém-se, após o reagrupamento de termos:

$$A_{ef2}(\theta', \phi') G_{d1}(\theta, \phi) = \frac{\pi r^2}{R_{irr1} R_{irr2}} \frac{\dot{V}_{oc} \dot{V}_{oc}^*}{\dot{I}_o \dot{I}_o^*} = \frac{\pi r^2}{R_{irr1} R_{irr2}} |Z_m|^2 \quad (30.26)$$

em que $Z_m = \dot{V}_{oc}/\dot{I}_o$ é a impedância mútua entre as antenas. Agora, deslocamos a fonte de excitação para a antena 2 e incluímos uma carga $Z_c = Z_a^*$ na antena 1. Repetindo o procedimento descrito anteriormente, obtemos uma relação equivalente à Equação (30.26):

$$A_{ef1}(\theta, \phi) G_{d2}(\theta', \phi') = \frac{\pi r^2}{R_{irr1} R_{irr2}} |Z_m|^2 \quad (30.27)$$

Uma vez que os lados direito nas duas equações anteriores são idênticos, igualando os seus lados esquerdos obtém-se:

$$\frac{A_{ef2}(\theta', \phi')}{G_{d2}(\theta', \phi')} = \frac{A_{ef1}(\theta, \phi)}{G_{d1}(\theta, \phi)} \quad (30.28)$$

Assim, pode-se concluir que o quociente entre o ganho diretivo e a área efetiva de qualquer antena é uma constante. A fim de determinar essa constante, usaremos os resultados já obtidos para o dipolo hertziano. O ganho diretivo é dado na Equação (30.8). A área efetiva pode ser calculada usando-se as Equações (30.22) e (30.24), na qual a intensidade do vetor de Poynting incidente é substituída por $P = |E|^2/2Z_o$ e a tensão de circuito aberto máxima (polarização paralela do campo elétrico incidente em relação ao dipolo) é $V_{oc} = |E|l$:

$$A_{ef\,hertz} \frac{|E|^2}{2Z_o} = \frac{|E|^2 l^2}{8 R_{irr\,hertz}} \rightarrow A_{ef\,hertz} = \frac{Z_o l^2}{4 R_{irr\,hertz}} \quad (30.29)$$

618   Análise de sistemas eletromagnéticos

Substituindo a resistência de irradiação do dipolo hertziano, Equação (20.46), na equação anterior e usando o ganho diretivo máximo ($G_{dhertz} = 3/2$), obtém-se $A_{ef\,hertz}/G_{dhertz} = \lambda^2/4\pi$. Assim, pode-se concluir que, para qualquer antena, a relação entre a área efetiva e o ganho diretivo é dada por:

$$A_{ef}\left(\theta, \phi\right) = \frac{\lambda^2}{4\pi} G_d\left(\theta, \phi\right) \tag{30.30}$$

30.1.6 Fórmula de transmissão de Friis

A fórmula de transmissão de Friis descreve a relação entre a potência na carga conectada à antena receptora e a potência irradiada pela antena transmissora. Substituindo a Equação (30.25) para o vetor de Poynting incidente e a Equação (30.30) para a área efetiva da antena receptora na Equação (30.22), obtém-se:

$$P_r = G_{dr}\left(\theta', \phi'\right) G_{dt}\left(\theta, \phi\right) \left(\frac{\lambda}{4\pi r}\right)^2 P_t \tag{30.31}$$

em que usamos os índices t e r para transmissor e receptor, respectivamente. O termo $(\lambda/4\pi r)^2$ é denominado fator de perda no espaço livre. Na dedução dessa equação, consideram-se as seguintes condições necessárias:

a) As antenas encontram-se na região de campo distante uma da outra. Para dipolos hertzianos, isso exige que $r > \lambda/2\pi$, mas, para antenas de tamanho comparável ao comprimento de onda, geralmente a condição usada é $r > 2L^2/\lambda$, em que L é a maior dimensão linear da antena.

b) O meio de propagação é homogêneo. Do contrário, os ganhos são afetados por reflexão, refração e difração nas interfaces entre materiais com diferentes propriedades eletromagnéticas.

c) O meio de propagação é isotrópico. Do contrário, os ganhos apresentam diferentes dependências com as coordenadas angulares em relação aos modelos obtidos para meios isotrópicos e o princípio da reciprocidade pode não ser válido.

Diversos fatores podem reduzir a potência recebida pela carga: dissipação nas linhas de transmissão, nas antenas e no espaço livre, reflexões nos acoplamentos do gerador com a antena transmissora e da antena receptora com a carga, e perdas por descasamento da polarização das antenas. Veja a seguir uma lista de termos de ajuste da fórmula de Friss para incluir esses fatores de perda.

a) As perdas por reflexão devido ao não casamento de impedância nos circuitos de transmissão e recepção devem ser incluídas no cálculo da potência entregue à carga. Por exemplo, se o gerador e a antena transmissora têm impedâncias diferentes, a Equação (30.31) deve ser multiplicada por $(1 - |\Gamma_t|^2)$, em que Γ_t

Capítulo 30 – Teoria das antenas

619

é o coeficiente de reflexão no circuito do transmissor. De modo análogo, se a antena receptora e a carga têm impedâncias diferentes, devemos incluir o termo $(1 - |\Gamma_c|^2)$ devido à reflexão no circuito do receptor.

b) As perdas por dissipação nos cabos de conexão devem ser incluídas multiplicando-se a Equação (30.31) por $e^{-2\alpha_g l}$ para cada linha de transmissão, em que α_g é o coeficiente de atenuação da onda guiada e l é o comprimento da linha. Se o meio de propagação é dissipativo, deve-se incluir também o termo $e^{-2\alpha_o r}$, em que α_o é o coeficiente de atenuação no espaço. Antenas reais apresentam dissipação nos condutores e nos isolantes de sua estrutura. Levando em conta a resistência dos condutores (R_p), pode-se definir a eficiência da antena pela seguinte expressão:

$$e = \frac{R_{irr}}{R_{irr} + R_p} \tag{30.32}$$

Uma vez que a área efetiva está relacionada à potência transferida para a carga conectada à antena, concluímos que a eficiência afeta a área efetiva. Na antena transmissora a eficiência afeta a potência irradiada. Consequentemente, o produto das eficiências nas duas antenas, $e_r\, e_t$, deve ser incluído no cálculo da potência recebida.

c) As antenas acopladas devem ter a mesma polarização para máxima transferência de potência. Se isso não ocorre, deve-se multiplicar a Equação (30.31) pelo fator de perda na polarização $|\vec{u}_r \cdot \vec{u}_t|^2$, em que $\vec{u}_t$ e $\vec{u}_r$ são os vetores unitários da polarização das antenas transmissora e receptora, respectivamente.

Como exemplo, consideremos um sistema de transmissão operando em 100 MHz constituído de um gerador conectado a uma antena dipolo de meia onda sintonizada $(R_a \approx 70\ \Omega, X_a = 0)$ por meio de um cabo coaxial $(Z_o = 50\ \Omega, A = 0,15\ \text{dB/m})$ com 10 m de comprimento. O sistema de recepção é formado pelo mesmo tipo de antena ligado por um cabo idêntico a uma carga casada com $Z_c = 50\ \Omega$. Ignorando as perdas nas antenas e no espaço livre, considerando a distância entre elas de 1 km e estando ambas localizadas à mesma altura e com a mesma polarização, o coeficiente de atenuação nos cabos é $\alpha = 0,0173\ \text{Np/m}$. O módulo do coeficiente de reflexão nos dois cabos é $|\Gamma_t| = |\Gamma_r| = 20/120 = 0,1667$. O comprimento de onda no espaço livre é $\lambda = 3 \times 10^8/100 \times 10^6 = 3$ m. O ganho diretivo máximo de uma antena dipolo, como se verá na próxima seção é aproximadamente 1,64. Substituindo esses valores na Equação (30.31) e incluindo as perdas por dissipação e reflexão nas linhas de transmissão, obtemos:

$$\begin{aligned} \frac{P_r}{P_g} &= 1,64 \times 1,64 \times \left(\frac{3}{4\pi \times 1000}\right)^2 e^{-2\times 0,0173 \times 10} \\ &\times e^{-2\times 0,0173 \times 10} \times \left(1 - 0,1667^2\right) \times \left(1 - 0,1667^2\right) = 7,25 \times 10^{-8} \end{aligned} \tag{30.33}$$

A potência entregue à carga é uma fração diminuta da potência gerada no sistema de transmissão. O termo dominante é de longe o fator de perdas no espaço livre $(\lambda/4\pi r)^2$, que neste exemplo vale $5,7 \times 10^{-8}$.

30.2 Antena dipolo

Uma antena eficiente deve ter comprimento físico comparável ao comprimento de onda para que sua resistência de irradiação seja suficientemente elevada (dezenas de ohms) e sua reatância seja suficientemente baixa, de modo que possa ser facilmente acoplada a uma linha de transmissão ou conectada diretamente a um gerador. A antena dipolo é a mais simples e a mais utilizada das antenas. É constituída por dois condutores retilíneos alinhados sobre um mesmo eixo e separados por um pequeno espaçamento. Os terminais da linha de transmissão ou gerador geralmente são conectados no centro do dipolo. A Figura 30.7 mostra o esquema geométrico para cálculo dos campos irradiados por um dipolo filamentar.

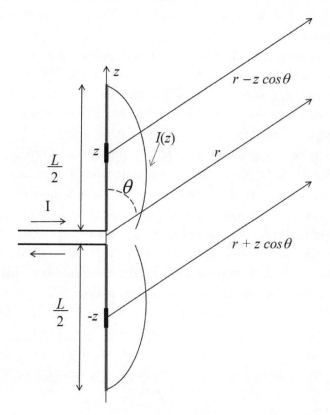

Figura 30.7: Arranjo geométrico para cálculo dos campos irradiados a longas distâncias por uma antena dipolo.

Capítulo 30 – Teoria das antenas

30.2.1 Distribuição de corrente em uma antena dipolo

Para um dipolo isolado no espaço livre, a distribuição de corrente em seus condutores é simétrica em relação ao seu centro e depende da amplitude e da frequência da tensão de alimentação, bem como do comprimento e do diâmetro dos condutores. Um dipolo filamentar alimentado com tensão que varia senoidalmente no tempo apresenta distribuição aproximadamente senoidal da corrente ao longo de seu comprimento. Isso pode ser facilmente verificado considerando a antena como um prolongamento em uma linha de transmissão aberta. A corrente na extremidade da linha é dada por:

$$\dot{I}(z') = \frac{V_o}{Z_o}\left(e^{j\beta z'} - e^{-j\beta z'}\right) = I_o sen\left(\beta z'\right) \tag{30.34}$$

em que z' é a distância medida a partir da extremidade aberta, V_o é a amplitude da tensão incidente, Z_o é a impedância característica da linha de transmissão e I_o é a amplitude da corrente. Deslocando a origem para a posição $z' = L/2$, obtemos a Equação (30.35) para a corrente:

$$\dot{I}(z) = I_o sen\left[\beta\left(L/2 - |z|\right)\right] \tag{30.35}$$

Evidentemente, a equação anterior não pode representar exatamente a distribuição de corrente em um dipolo, já que os condutores não são paralelos e a impedância Z_o deveria ser considerada uma função da posição. Na verdade, o dipolo é um elemento irradiador que converte a potência incidente em potência irradiada, apresentando assim uma impedância determinada principalmente pela resistência de irradiação. Assim, em condições ideais de acoplamento de impedância, todo o fluxo de potência é irradiado e não ocorre reflexão, apesar de a corrente se distribuir nos condutores de maneira similar a uma linha aberta. Além disso, qualquer dipolo real é não filamentar e sua distribuição de corrente não pode corresponder exatamente à Equação (30.35). Contudo, resultados experimentais comprovam que, para pequenos diâmetros do condutor em relação ao comprimento de onda, essa equação constitui uma boa aproximação.

30.2.2 Campos e potência irradiada por uma antena dipolo

Para uma antena com comprimento físico comparável ao comprimento de onda, a condição de campo distante é diferente daquela estabelecida para o dipolo hertziano. Nesse caso, é comum usar como referência para o campo distante a relação $r > 2L^2/\lambda$. Consideraremos apenas a irradiação no campo distante, assim, os vetores de posição indicados na Figura 30.7 são paralelos por aproximação. Na

622 Análise de sistemas eletromagnéticos

região de campo distante, considerando a propagação no vácuo $(K = j\beta)$, os campos irradiados por um segmento dz da antena são obtidos do modelo de irradiação do dipolo hertziano, Equações (20.37) e (20.38):

$$d\dot{H}_\phi = j\frac{\dot{I}}{2\lambda}\frac{e^{-j\beta\,|\vec{r}-\vec{r}'|}\,sen\theta\,dz}{|\vec{r}-\vec{r}'|}$$ (30.36)

$$d\dot{E}_\theta = Z_o d\dot{H}_\phi$$ (30.37)

Podemos calcular o campo magnético irradiado substituindo a corrente descrita na Equação (30.35) e integrando no comprimento da antena:

$$\dot{H}_\phi = j\frac{I_o}{2\lambda}sen\theta \left[\int_{-L/2}^{0} \frac{e^{-j\beta\,(r+zcos\theta)}\,sen\,[\beta\,(L/2+z)]\,dz}{r+zcos\theta} + \int_{0}^{L/2} \frac{e^{-j\beta\,(r-zcos\theta)}\,sen\,[\beta\,(L/2-z)]\,dz}{r-zcos\theta} \right]$$ (30.38)

Assumindo que a contribuição de $z\,cos\theta$ seja muito pequena e possa ser desprezada nos denominadores, essa equação pode ser consideravelmente simplificada:

$$\dot{H}_\phi = j\frac{I_o}{2\lambda}\frac{sen\theta e^{-j\beta r}}{r} \left[\int_{-L/2}^{0} e^{-j\beta\,zcos\theta}\,sen\,[\beta\,(L/2+z)]\,dz + \int_{0}^{L/2} e^{-j\beta\,zcos\theta}\,sen\,[\beta\,(L/2-z)]\,dz \right]$$ (30.39)

Usando a expressão da integral indefinida:

$$\int e^{az}sen(bz+c)dz = \frac{e^{az}}{a^2+b^2}\,[asen(bz+c)-bcos(bz+c)]$$ (30.40)

podemos obter a solução para o campo magnético, após simplificações algébricas, na seguinte forma:

$$\dot{H}_\phi = j\frac{I_o}{2\pi}\frac{e^{-j\beta r}}{r} \left[\frac{cos\left(\frac{\pi L}{\lambda}cos\theta\right) - cos\left(\frac{\pi L}{\lambda}\right)}{sen\theta} \right] = j\frac{I_o}{2\pi}\frac{e^{-j\beta r}}{r}F(\theta)$$ (30.41)

em que $F(\theta)$ é a função que descreve a distribuição angular dos campos irradiados:

$$F(\theta) = \frac{cos\left(\frac{\pi L}{\lambda}cos\theta\right) - cos\left(\frac{\pi L}{\lambda}\right)}{sen\,\theta}$$ (30.42)

Capítulo 30 – Teoria das antenas

A densidade de potência irradiada pela antena dipolo é obtida por meio do vetor de Poynting complexo:

$$\hat{\vec{P}} = \frac{1}{2}\dot{E}_\theta \dot{H}_\phi^* \vec{u}_r = \frac{Z_o I_o^2}{8\pi^2 r^2} F^2(\theta) \vec{u}_r \tag{30.43}$$

A Figura 30.8 apresenta gráficos polares da função $F^2(\theta)$ para diversos valores da relação L/λ (comprimento elétrico da antena). Observe que existem direções preferenciais de irradiação e que a máxima densidade de potência depende do comprimento elétrico. Até $L/\lambda = 1$, a irradiação no plano polar ocorre com apenas dois lóbulos simétricos em torno dos ângulos $\theta = 90°$ e $270°$. A partir daí, surgem outros lóbulos que crescem na medida em que aumenta o comprimento elétrico do dipolo. A máxima irradiação na direção perpendicular ao dipolo se mantém até aproximadamente $L/\lambda = 1,44$. Observe que no plano azimutal a irradiação é isotrópica.

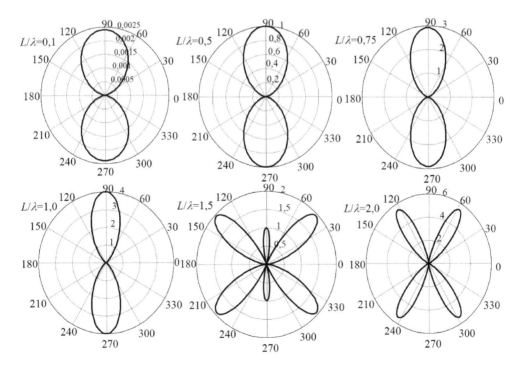

Figura 30.8: Diagramas polares da função $F^2(\theta)$ de antenas dipolo para diversos valores do comprimento elétrico.

624   Análise de sistemas eletromagnéticos

A potência total irradiada (P_{irr}), como antes, será calculada por meio da integração da densidade de potência em uma superfície esférica centrada na antena:

$$P_{irr} = \oint_S Re\left(\hat{\vec{P}}\right) \cdot d\vec{S} = \frac{Z_o I_o^2}{8\pi^2} \int_0^\pi \frac{F^2(\theta)}{r^2} 2\pi r^2 sen\theta d\theta = \frac{Z_o I_o^2}{4\pi} \int_0^\pi F^2(\theta) sen\theta d\theta$$

(30.44)

A Figura 30.9 apresenta a potência irradiada pela antena dipolo como função de seu comprimento elétrico para a amplitude de corrente $I_o = 1$ A. A potência irradiada inicialmente aumenta com o comprimento elétrico da antena até $L/\lambda = 0,9$. Depois, apresenta máximos e mínimos sucessivos na medida em que o comprimento elétrico aumenta. A antena cujo comprimento elétrico é igual a 0,5 é denominada dipolo de meia onda, sendo muito popular. Essa antena operando na condição de ressonância, como mostra a Figura 30.8, irradia preferencialmente no seu plano azimutal. Se a posição de conexão da fonte for o centro geométrico do dipolo e se ignorarmos possíveis fatores de dissipação, a potência fornecida pelo gerador será igual à potência irradiada, sendo dada por $P_{sa} \approx 0,097 Z_o I_o^2$. Isso equivale a uma resistência de carga no valor aproximado de 73 Ω na extremidade de conexão da fonte (gerador + linha de transmissão) com a antena. O ganho diretivo de uma antena dipolo pode ser calculado numericamente usando a Equação (30.11):

$$G_d(\theta) = \frac{2F^2(\theta)}{\int_0^\pi F^2(\theta) sen\theta d\theta}$$

(30.45)

A Figura 30.10 apresenta a diretividade da antena dipolo como função do comprimento elétrico até o valor $L/\lambda = 2,5$. Observe que para um dipolo de pequeno comprimento a diretividade tende a 1,76 dB, que é o valor para um dipolo hertziano, e para um dipolo de meia onda o valor é 2,15 dB. A diretividade aumenta com o comprimento da antena até 5,16 dB quando o comprimento é $1,25\,\lambda$. Usando a relação entre a potência irradiada e a resistência de irradiação, Equação (30.12), podemos obter a expressão a seguir para a diretividade de uma antena dipolo com lóbulo principal no ângulo $\theta = \pi/2$ (isso é válido até aproximadamente $L/\lambda = 1,44$):

$$D = 4\pi \frac{\left(\frac{Z_o I_o^2}{8\pi^2} F_{max}^2\right)}{R_{irr} I_o^2 / 2} = \frac{Z_o}{\pi R_{irr}} \left[1 - cos\left(\frac{\pi L}{\lambda}\right)\right]^2$$

(30.46)

Capítulo 30 – Teoria das antenas

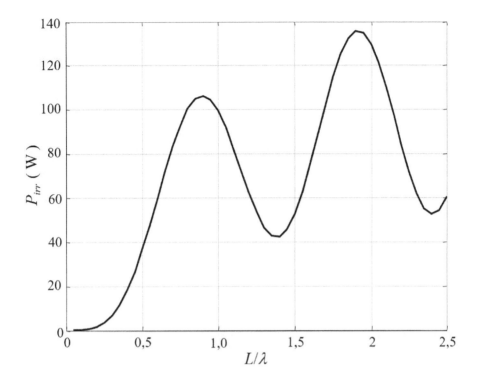

Figura 30.9: Potência irradiada pela antena dipolo como função de seu comprimento elétrico para a amplitude de corrente $I_o = 1$ A.

30.2.3 Impedância da antena dipolo

A seguir calcularemos a impedância de uma antena dipolo. Inicialmente, será necessário obter o fluxo total de potência que atravessa a superfície da antena para o meio externo. Se o condutor é cilíndrico e retilíneo e orientado na direção z do sistema de coordenadas, a densidade de potência na sua superfície pode ser calculada apenas com as componentes axial (z) do campo elétrico e azimutal (ϕ) do campo magnético:

$$\hat{\vec{P}} = -\frac{1}{2}\dot{E}_z \dot{H}_\phi^* \vec{u}_\rho \tag{30.47}$$

A potência total transferida para o meio pode ser calculada pela integração do vetor de Poynting na superfície do condutor. Assumindo condutor cilíndrico com raio a, temos:

$$\hat{P}_s = \int_{-L/2}^{L/2}\int_0^{2\pi}\left(-\frac{1}{2}\dot{E}_z\dot{H}_\phi^*\vec{u}_\rho\right)\cdot(ad\phi dz\vec{u}_\rho) = -\frac{1}{2}\int_{-L/2}^{L/2}\dot{E}_z\left(\int_0^{2\pi}\dot{H}_\phi ad\phi\right)^* dz \tag{30.48}$$

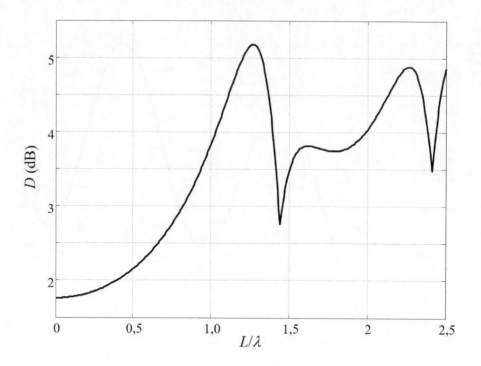

Figura 30.10: Diretividade da antena dipolo como função de seu comprimento elétrico até $L/\lambda = 2,5$.

Nessa equação, o campo elétrico foi considerado independente da coordenada azimutal, o que é correto se a antena localiza-se no espaço livre. O termo entre parênteses, segundo a lei de Ampère, é igual à corrente elétrica na antena.

Um gerador conectado nos terminais de entrada da antena determina uma tensão $\dot{V}_a$ e, com isso, estabelece uma corrente $\dot{I}_a$. A potência fornecida pelo gerador, que pode ser calculada por $\dot{V}_a \dot{I}_a^*/2$, é igual à potência que a antena transfere para o meio. Dessa igualdade, obtemos a diferença de potencial elétrico nos terminais da antena:

$$\dot{V}_a = -\frac{1}{\dot{I}_a^*} \int_{-L/2}^{+L/2} \dot{E}_z(z)\, \dot{I}^*(z) dz \tag{30.49}$$

Agora, a impedância da antena pode ser calculada segundo a lei de Ohm:

$$Z_a = \frac{\dot{V}_a}{\dot{I}_a} = -\frac{1}{\dot{I}_a^2} \int_{-L/2}^{+L/2} \dot{E}_z(z)\, \dot{I}^*(z) dz \tag{30.50}$$

Capítulo 30 – Teoria das antenas 627

em que I_a é a amplitude da corrente nos terminais de entrada da antena, ou seja, segundo a Equação (30.35), para uma antena dipolo alimentada pelo centro, temos:

$$I_a = I_o sen\left(\frac{\beta L}{2}\right) = I_o sen\left(\frac{\pi L}{\lambda}\right) \qquad (30.51)$$

O cálculo do campo elétrico na superfície da antena é feito de acordo com o método utilizado no estudo do dipolo hertziano. Inicialmente, deve-se calcular o potencial magnético utilizando a distribuição de corrente descrita pela Equação (30.35). O potencial tem componente apenas na direção z:

$$\dot{A}_z = \frac{\mu_o I_o}{4\pi}\left[\int_{-L/2}^{0}\frac{e^{-j\beta R} sen\left[\beta\left(L/2 + z'\right)\right]dz'}{R} + \int_{0}^{L/2}\frac{e^{-j\beta R} sen\left[\beta\left(L/2 - z'\right)\right]dz'}{R}\right]$$
$$(30.52)$$

em que R é a distância da posição no espaço onde o potencial está sendo calculado (ρ, z) para uma posição z' na antena. A Figura 30.11 mostra os detalhes geométricos desse cálculo.

Em seguida, calculam-se os campos magnético e elétrico em torno da antena usando, como antes, a relação entre potencial e indução magnética e a lei de Ampère:

$$\dot{\vec{H}} = \frac{\nabla \times \dot{\vec{A}}}{\mu_o} = -\frac{1}{\mu_o}\frac{\partial A_z}{\partial \rho}\vec{u}_\phi \qquad (30.53)$$

$$\dot{E}_z = \frac{1}{j\omega\epsilon_o}\frac{1}{\rho}\frac{\partial}{\partial \rho}\left(\rho\dot{H}_\phi\right) \qquad (30.54)$$

Esse procedimento é bastante envolvente e não será executado aqui. Como alternativa, utilizaremos resultados publicados. O campo elétrico axial na região de campo próximo do dipolo é dado por [15, 16]:

$$\dot{E}_z = -j\frac{Z_o I_o}{4\pi}\left[\frac{e^{-j\beta R_1}}{R_1} + \frac{e^{-j\beta R_2}}{R_2} - 2cos\left(\frac{\beta L}{2}\right)\frac{e^{-j\beta r}}{r}\right] \qquad (30.55)$$

em que:

$$r = \sqrt{\rho^2 + z^2} \qquad (a)$$

$$R_1 = \sqrt{\rho^2 + \left(z - \frac{L}{2}\right)^2} \qquad (b)$$

$$R_2 = \sqrt{\rho^2 + \left(z + \frac{L}{2}\right)^2} \qquad (c)$$

$$(30.56)$$

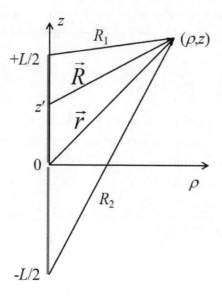

Figura 30.11: Representação das posições e das distâncias usadas no cálculo do potencial magnético na região de campo próximo de um dipolo.

Para obter a impedância da antena dipolo, devemos substituir as Equações (30.35) e (30.55) na Equação (30.50) e efetuar a integração. Esse processo de cálculo é denominado método da força eletromotriz induzida. Resultados publicados para a resistência e a reatância da antena dipolo obtidos com esse método são apresentados nas equações a seguir [15, 16]:

$$R_a = \frac{Z_o}{2\pi sen^2\left(\frac{\beta L}{2}\right)}$$

$$\left\{ \begin{array}{l} 0,5772 + Ln\left(\beta L\right) - Ci\left(\beta L\right) \\ + \dfrac{1}{2} sen\left(\beta L\right)\left[Si\left(2\beta L\right) - 2Si\left(\beta L\right)\right] \\ + \dfrac{1}{2} cos\left(\beta L\right)\left[0,5772 + Ln(\beta L/2) + Ci(2\beta L) - 2Ci(\beta L)\right] \end{array} \right\} \quad (30.57)$$

$$X_a = \frac{Z_o}{4\pi sen^2\left(\frac{\beta L}{2}\right)} \times \left\{ \begin{array}{l} 2Si\left(\beta L\right) + cos\left(\beta L\right)\left[2Si\left(\beta L\right) - Si\left(2\beta L\right)\right] \\ - sen\left(\beta L\right)\left[2Ci\left(\beta L\right) - Ci\left(2\beta L\right) - Ci\left(\dfrac{2\beta a^2}{L}\right)\right] \end{array} \right\}$$

(30.58)

Capítulo 30 – Teoria das antenas

em que Ci e Si são as funções cosseno integral e seno integral, definidas da seguinte forma:

$$Ci\,(x) = -\int_x^\infty \frac{cosy}{y}dy \quad (a)$$

$$Si\,(x) = \int_0^x \frac{seny}{y}dy \quad (b)$$

(30.59)

A Figura 30.12 apresenta a impedância da antena dipolo como função de seu comprimento elétrico segundo o modelo descrito pelas Equações (30.57) e (30.58), nas quais Z_o é a impedância característica do vácuo e o raio da antena foi arbitrado como uma pequena fração de seu comprimento $a = 2,5 \times 10^{-4}L$. Observe que a impedância aumenta aparentemente sem limites na medida em que o comprimento físico se aproxima de um valor múltiplo inteiro de um comprimento de onda. Isso ocorre porque a distribuição de corrente na antena passa por zero no centro do dipolo nessas condições. Tais comprimentos de dipolo não são de utilidade prática em virtude da dificuldade para realizar o acoplamento eficiente com uma linha de transmissão. Do mesmo modo, dipolos muito curtos são inadequados devido à resistência de irradiação muito pequena. A resistência de irradiação para $L = \lambda/2$ é 73 Ω.

A reatância do dipolo apresenta alternância de regiões capacitivas e indutivas. As transições de uma região para outra ocorrem nas passagens por zero que aparecem no gráfico da Figura 30.12 nas posições de mínima reatância. Para comprimentos entre zero e aproximadamente $0,486\lambda$, o dipolo apresenta reatância capacitiva, e entre esse último valor e aproximadamente $1,050\lambda$, reatância indutiva. A figura apresenta a reatância da antena dipolo para valores do comprimento elétrico em torno de 0,5 e diferentes frações do raio do condutor para o comprimento físico da antena (a/L). As curvas se interceptam na posição $L = \lambda/2$ com reatância $42,5$ Ω. Observa-se que o comprimento de dipolo que anula a reatância diminui na medida em que o raio do condutor aumenta. A Tabela 30.1 apresenta os valores do comprimento elétrico e da resistência da antena dipolo na condição de ressonância próxima de $\lambda/2$ para as curvas da Figura 30.13.

30.2.4 Efeitos da reflexão em uma superfície horizontal

Todos os modelos e os resultados anteriores aplicam-se como apresentado para um dipolo isolado no espaço livre. Entretanto, situações reais geralmente envolvem a presença de pelo menos uma superfície nas proximidades da antena.

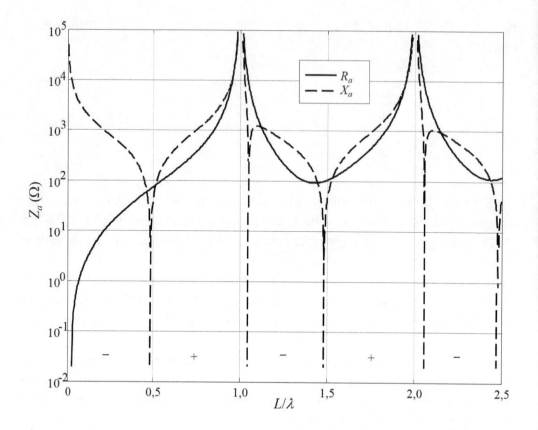

Figura 30.12: Impedância da antena dipolo como função de seu comprimento elétrico até $L/\lambda = 2,5$. Os símbolos $+$ e $-$ indicam o sinal da reatância.

Quando a antena se localiza a pequena altura da superfície da Terra, ocorre reflexão e transmissão nessa superfície e isso influencia o diagrama de irradiação e impedância da antena. Nos casos em que a superfície próxima da antena apresenta alta condutividade, ocorre reflexão total que modifica dramaticamente as características da irradiação.

A seguir, apresentamos uma descrição matemática do efeito da reflexão em uma superfície plana horizontal no diagrama de irradiação considerando a influência da polarização da antena. O diagrama na Figura 30.14 nos ajudará a estabelecer as relações entre as coordenadas angulares e as distâncias que devem ser consideradas para o cálculo da intensidade da irradiação como a superposição da onda direta com a onda refletida na superfície horizontal (plano $z = 0$). O resultado que se deseja é o que ocorre na região de campo distante, de modo que as aproximações já utilizadas anteriormente em relação ao paralelismo dos

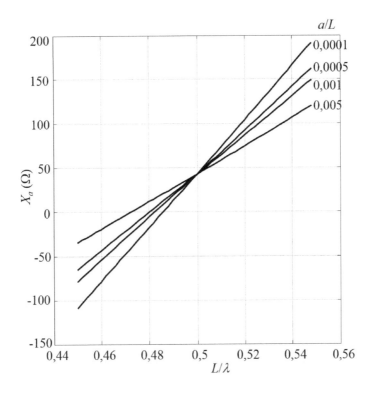

Figura 30.13: Reatância da antena dipolo como função de seu comprimento elétrico para quatro valores da fração a/L.

vetores de posição e ao efeito da distância radial no denominador e no argumento da função exponencial continuam válidas.

No caso da polarização vertical, o ângulo de incidência da onda na superfície é igual ao ângulo polar em relação à antena. Uma vez que os ângulos de incidência e reflexão na superfície são iguais, a onda refletida pode ser descrita com a utilização de uma antena imagem com mesmas polarização, corrente e distância em relação à superfície. Iniciamos com o campo elétrico irradiado pela antena no espaço livre:

$$\dot{E}_\theta = j\frac{Z_o I_o}{2\pi}\frac{e^{-j\beta r}}{r}F(\theta) \tag{30.60}$$

A superposição da onda direta com a onda refletida tem o seguinte resultado geral:

$$\dot{E}_\theta = j\frac{Z_o I_o}{2\pi}\left(\frac{e^{-j\beta r_1}}{r_1} + R\frac{e^{-j\beta r_2}}{r_2}\right)F(\theta) \tag{30.61}$$

Tabela 30.1: Comprimento elétrico e resistência do dipolo na ressonância próxima de $\lambda/2$.

a/L	L/λ	$R\,(\Omega)$
0,0001	0,486	68
0,0005	0,483	66
0,001	0,480	65
0,005	0,473	62

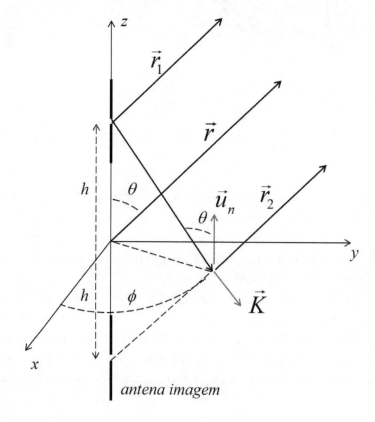

Figura 30.14: Representação geométrica de uma antena dipolo verticalmente polarizada em relação a um plano refletor horizontal.

em que R é o coeficiente de reflexão na superfície. Uma vez que o campo elétrico está contido no plano de incidência (definido pelo vetor de onda e pelo vetor normal à interface), o coeficiente de reflexão corresponde à polarização paralela

Capítulo 30 – Teoria das antenas

da onda incidente, Equação (19.24):

$$R = -r_\| = \frac{Z_o cos\theta - Z_t cos\theta_t}{Z_o cos\theta + Z_t cos\theta_t} \qquad (30.62)$$

em que Z_t é a impedância do meio abaixo da superfície e θ_t é o ângulo de transmissão. O sinal negativo é usado aqui porque as componentes paralelas ao plano refletor do campo elétrico da onda incidente no plano e da onda irradiada na região de campo distante têm sentidos contrários.

Embora a reflexão não necessariamente ocorra na região de campo distante, na qual a onda incidente é transversal (campos perpendiculares à direção de propagação), consideraremos a impedância dos meios envolvidos como as impedâncias características para onda transversal. A justificativa para essa escolha baseia-se no fato de que o cálculo da superposição da onda direta com a onda refletida é feito na região de campo distante, onde as componentes não transversais da onda refletida são desprezíveis. Assim, a impedância do meio de transmissão é dada pela seguinte fórmula:

$$Z_t = \sqrt{\frac{j\omega\mu_r\mu_o}{\sigma + j\omega\epsilon_r\epsilon_o}} \qquad (30.63)$$

O ângulo de transmissão pode ser obtido por meio da fórmula da refração em uma superfície plana:

$$K_o sen\theta = K_t sen\theta_t \qquad (30.64)$$

em que podemos substituir os vetores de onda pela relação com a impedância, $K = j\omega\mu_r\mu_o/Z$, e com isso obter expressões para o seno e o cosseno do ângulo de transmissão:

$$sen\theta_t = \frac{Z_t}{\mu_r Z_o} sen\theta \qquad (a)$$

$$\qquad\qquad\qquad\qquad\qquad\qquad\qquad (30.65)$$

$$cos\theta_t = \sqrt{1 - \left(\frac{Z_t}{\mu_r Z_o}\right)^2 sen^2\theta} \qquad (b)$$

As distâncias r_1 e r_2 percorridas pela onda direta e refletida, respectivamente, são dadas em função da distância à origem do sistema de coordenadas por $r_1 = r - h\,cos\theta$ e $r_2 = r + h\,cos\theta$. Substituindo na Equação (30.61) e considerando que as diferenças das distâncias r_1 e r_2 para r têm influência desprezível nos denominadores dessa equação, obtemos a forma aproximada e simplificada para o campo na região distante do dipolo:

$$\dot{E}_\theta = j\frac{Z_o I_o}{2\pi}\frac{e^{-j\beta r}}{r}\left(e^{j\beta h cos\theta} + Re^{-j\beta h cos\theta}\right) F(\theta) \qquad (30.66)$$

634 Análise de sistemas eletromagnéticos

O diagrama de irradiação nessas condições é dado pelo produto de duas funções das coordenadas angulares: a função $F(\theta)$ da antena isolada e a função $G(\theta)$ devido à reflexão no plano horizontal. Substituindo $\beta = 2\pi/\lambda$ e $R = |R|e^{j\xi}$, podemos escrever essa função na seguinte forma:

$$G(\theta) = \left\{ e^{j[2\pi(h/\lambda)\cos\theta - \xi/2]} + |R|\, e^{-j[2\pi(h/\lambda)\cos\theta - \xi/2]} \right\} e^{j\xi/2} \tag{30.67}$$

A principal propriedade dessa função pode ser apreciada quando calculamos o seu módulo:

$$|G(\theta)| = \sqrt{ \begin{aligned} &(1+|R|)^2 \cos^2\left[2\pi\,(h/\lambda)\,\cos\theta - \xi/2\right] \\ &+ (1-|R|)^2 \operatorname{sen}^2\left[2\pi\,(h/\lambda)\,\cos\theta - \xi/2\right] \end{aligned} } \tag{30.68}$$

Ou seja, a função $G(\theta)$ apresenta máximos e mínimos com valores $(1+|R|)$ e $(1-|R|)$, respectivamente, quando o ângulo polar satisfaz as condições estabelecidas a seguir:

$$
\begin{aligned}
\cos\theta_{\max} &= \left(n\pi + \frac{\xi}{2}\right)\frac{\lambda}{2\pi h} \qquad (a) \\
\cos\theta_{\min} &= \left(n\pi + \frac{\pi}{2} + \frac{\xi}{2}\right)\frac{\lambda}{2\pi h} \quad (b)
\end{aligned}
\tag{30.69}
$$

em que n é um número inteiro e desde que os termos à direita da igualdade estejam limitados ao intervalo $(-1, 1)$. Para uma interface perfeitamente condutora, por exemplo, para a qual $Z_t = 0$ e $R = 1$, a Equação (30.69a) nos permite deduzir que n deve atender à seguinte relação: $n \leq 2h/\lambda$. Esse é o número de lóbulos que a interface refletora introduz no diagrama de irradiação da antena.

A Figura 30.15 apresenta diagramas da função $|G(\theta)F(\theta)|^2$ de uma antena dipolo de meia onda polarizada verticalmente e situada em diferentes alturas em relação a dois tipos de superfícies refletoras: condutor perfeito e solo típico terrestre (com $\mu_r = 1$ e $f = 100$ MHz). Observando esses gráficos, podemos concluir que:

a) A presença da superfície com condutividade infinita implica reflexão total. Nesse caso, a reflexão reforça a irradiação no hemisfério superior (ângulo polar entre $0°$ e $90°$ e entre $270°$ e $360°$) e impede a irradiação no hemisfério inferior (ângulo polar entre $90°$ e $270°$).

b) As direções com ângulos $90°$ e $270°$ são de máxima irradiação, como no dipolo no espaço livre, mas a presença da superfície refletora aumenta a intensidade da onda irradiada.

Capítulo 30 – Teoria das antenas

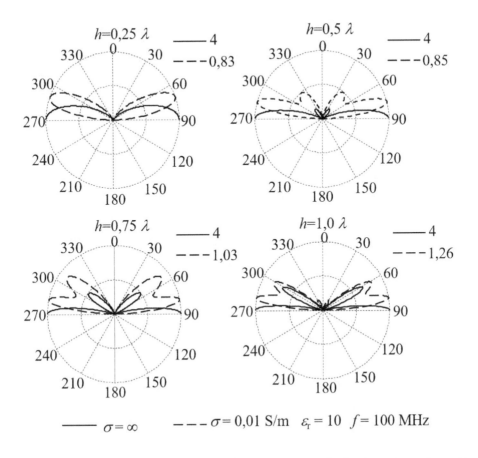

Figura 30.15: Diagramas de irradiação de uma antena dipolo de meia onda verticalmente polarizada e situada na altura h em relação a uma superfície plana horizontal. Os diagramas estão normalizados. Os valores máximos para cada traço são indicados.

c) Surgem lóbulos secundários que aumentam de intensidade na medida em que a altura da antena aumenta. Conforme análise anterior, o número de lóbulos secundários é menor ou igual ao valor $2h/\lambda$.

d) No caso da reflexão na superfície da Terra, a intensidade da irradiação é menor que no espaço livre e os lóbulos principais estão deslocados entre $10°$ e $20°$ acima do plano horizontal. Com isso, as direções $90°$ e $270°$ apresentam irradiação nula.

e) Os lóbulos secundários aparecem praticamente nas mesmas posições que no caso da superfície perfeitamente refletora, mas suas intensidades são consideravelmente menores. Além disso, nota-se que os mínimos intermediários entre $0°$ e $90°$ e $270°$ e $360°$ não se anulam.

f) Claramente, a reflexão em uma superfície perfeitamente refletora diminui a largura do lóbulo principal e, com isso, aumenta a diretividade da antena.

Consideremos agora o efeito da reflexão em um plano horizontal na irradiação de uma antena dipolo horizontal. A Figura 30.16 mostra o esquema geométrico para essa análise. Nesse caso, ambas as antenas, a real e a imagem, estão posicionadas paralelamente à interface do plano refletor em $z = 0$.

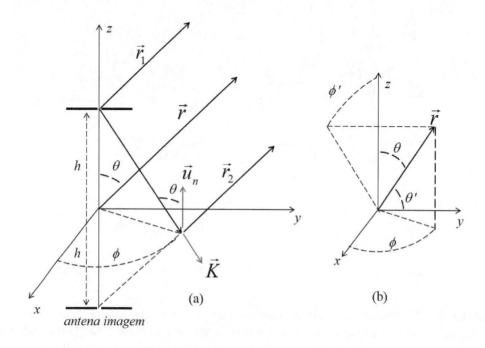

Figura 30.16: Esquema geométrico para análise da irradiação de um dipolo horizontal sobre um plano refletor horizontal.

O campo elétrico irradiado no hemisfério superior é descrito por uma equação semelhante à Equação (30.66). Entretanto, são necessárias duas modificações. A primeira diz respeito ao fato de a polarização da onda ser oblíqua em relação ao plano de incidência. Por isso, as duas possíveis situações de polarização (paralela e perpendicular) devem ser consideradas e o campo resultante será obtido como a soma vetorial dessas componentes. A segunda modificação diz respeito ao fato de a antena estar posicionada paralelamente à superfície refletora e, por isso, os ângulos de direção em relação à antena e à normal são diferentes.

Com base Figura 30.16b, podemos estabelecer as relações entre os ângulos de direção (θ, ϕ) e (θ', ϕ'). Inicialmente, escrevemos o vetor de posição nos dois

Capítulo 30 – Teoria das antenas

637

conjuntos de coordenadas:

$$\begin{aligned}\vec{r} &= r sen\theta cos\phi \vec{u}_x + r sen\theta sen\phi \vec{u}_y + r cos\theta \vec{u}_z \\ &= r sen\theta' sen\phi' \vec{u}_x + r cos\theta' \vec{u}_y + r sen\theta' cos\phi' \vec{u}_z\end{aligned} \tag{30.70}$$

Dessa equação, obtemos as seguintes relações:

$$\begin{aligned} sen\theta cos\phi &= sen\theta' sen\phi' &&(a) \\ sen\theta sen\phi &= cos\theta' &&(b) \\ cos\theta &= sen\theta' cos\phi' &&(c)\end{aligned} \tag{30.71}$$

Então, usando a Equação (30.71b), a função $F(\theta')$ para a antena dipolo de meia onda pode ser escrita na seguinte forma:

$$F(\theta, \phi) = \frac{cos\left(\frac{\pi}{2} sen\theta sen\phi\right)}{\sqrt{1 - sen^2\theta sen^2\phi}} \tag{30.72}$$

Além disso, será necessário decompor o campo elétrico incidente no plano refletor em uma componente paralela e uma componente perpendicular ao plano de incidência. A direção do campo elétrico irradiado é descrita pelo ângulo polar θ'. Seu vetor unitário é dado pela seguinte expressão:

$$\vec{u}_{\theta'} = \frac{1}{r}\frac{\partial \vec{r}}{\partial \theta'} = cos\theta' sen\phi' \vec{u}_x - sen\theta' \vec{u}_y + cos\theta' cos\phi' \vec{u}_z \tag{30.73}$$

As demais direções de interesse são a de propagação da onda incidente, $\vec{u}_K = \vec{u}_r$, e a normal, $\vec{u}_n = \vec{u}_z$. Com isso, podemos calcular o vetor unitário na direção perpendicular ao plano de incidência:

$$\begin{aligned}\vec{u}_\perp &= \frac{\vec{u}_K \times \vec{u}_n}{|\vec{u}_K \times \vec{u}_n|} \\ &= \frac{(sen\theta' sen\phi' \vec{u}_x + cos\theta' \vec{u}_y + sen\theta' cos\phi' \vec{u}_z) \times \vec{u}_z}{|\vec{u}_K \times \vec{u}_n|} \\ &= \frac{cos\theta' \vec{u}_x - sen\theta' sen\phi' \vec{u}_y}{sen\theta}\end{aligned} \tag{30.74}$$

e a componente perpendicular do campo elétrico incidente é calculada como segue:

$$E_\perp = E\vec{u}_{\theta'} \cdot \vec{u}_\perp = E\frac{sen\phi'}{sen\theta} = E\frac{cos\phi}{\sqrt{1 - sen^2\theta sen^2\phi}} \tag{30.75}$$

em que o último termo foi obtido usando-se as Equações (30.71) para substituir $sen\phi'$.

638 Análise de sistemas eletromagnéticos

Assim, as componentes paralela e perpendicular do campo elétrico incidente no plano horizontal são obtidas como funções das coordenadas (θ, ϕ) da seguinte forma:

$$E_\perp = \kappa E \qquad (a)$$

$$E_\| = \sqrt{1 - \kappa^2} E \qquad (b)$$

$$\kappa = \frac{cos\phi}{\sqrt{1 - sen^2\theta sen^2\phi}} \qquad (c)$$

$$(30.76)$$

Agora, podemos adaptar a Equação (30.66) para obter o campo elétrico total. O seu módulo quadrado é obtido como a soma dos módulos quadrados das componentes paralela e perpendicular ao plano de incidência. Desse modo, temos:

$$\left|\dot{\vec{E}}\right|^2 = \left|\dot{\vec{E}}_\|\right|^2 + \left|\dot{\vec{E}}_\perp\right|^2 = \left(\frac{Z_o I_o}{2\pi r}\right)^2 \left[\kappa^2 |G_\perp(\theta)|^2 + \left(1 - \kappa^2\right)\left|G_\|(\theta)\right|^2\right] |F(\theta, \phi)|^2$$

$$(30.77)$$

em que $F(\theta, \phi)$ é dada na Equação (30.72) e as funções $G(\theta)$ para polarização perpendicular e paralela são dadas por:

$$G_\perp(\theta) = e^{j\beta\, h cos\theta} + R_\perp e^{-j\beta\, h cos\theta} \qquad (30.78)$$

$$G_\|(\theta) = e^{j\beta\, h cos\theta} + R_\| e^{-j\beta\, h cos\theta} \qquad (30.79)$$

Com base na Equação (30.77), foram construídos os diagramas de irradiação do dipolo de meia onda horizontal para quatro alturas em relação ao plano refletor perfeito e para um meio equivalente ao solo típico terrestre. A Figura 30.17 mostra os diagramas para o plano $\phi = 0°$, e a Figura 30.18, os diagramas para o plano $\phi = 90°$. No plano azimutal da antena ($\phi = 0°$), a reflexão apresenta um efeito dramático, uma vez que a irradiação omnidirecional típica do dipolo no espaço livre se converte em uma irradiação fortemente concentrada em algumas poucas direções. Quando a altura é um múltiplo ímpar de um quarto de onda ocorre máxima irradiação na direção vertical, e quando é um múltiplo par ocorre irradiação nula nessa direção. Verifica-se que o número de lóbulos aumenta com a altura da antena e que a natureza da superfície refletora (mais condutora ou mais dielétrica) tem influência pequena na distribuição da intensidade da irradiação. Nos diagramas para $\phi = 90°$, observa-se que existe um lóbulo dominante em torno da direção vertical quando a altura é um múltiplo ímpar de um quarto de onda. Quando é um múltiplo par, ocorrem dois lóbulos entre $30°$ e $60°$ e entre $300°$ e $330°$. Quando a altura é igual ou maior que um comprimento de onda, surgem

Capítulo 30 – Teoria das antenas

lóbulos secundários muito pequenos. O efeito do solo terrestre na comparação com a superfície perfeitamente refletora consiste em intensidade cerca de 50% menor e o não cancelamento na direção vertical para $h = \lambda/2, \lambda, 3\lambda/2, ...$

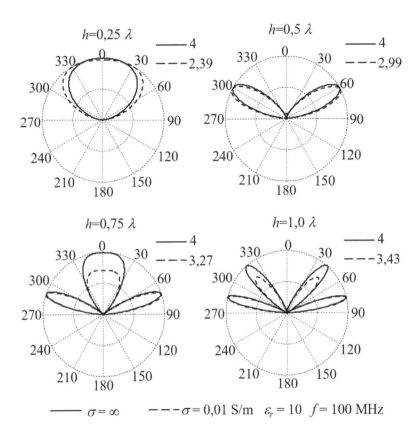

Figura 30.17: Diagramas de irradiação no plano $\phi = 0°$ de um dipolo de meia onda horizontal com altura h acima de um plano refletor perfeito e meio com características típicas do solo terrestre.

Consideremos agora a influência de um plano perfeitamente refletor na diretividade e na resistência de irradiação de um dipolo. No caso do dipolo vertical, com $R = 1$ na Equação (30.66), obtemos:

$$\left|\vec{E}_V\right|^2 = \left(\frac{Z_o I_o}{\pi r}\right)^2 cos^2\left(2\pi\frac{h}{\lambda}cos\theta\right) F^2(\theta) \tag{30.80}$$

Para um dipolo horizontal sobre um plano perfeitamente refletor, os coeficientes de reflexão são iguais nas duas polarizações, ou seja, $R_\| = R_\perp = -1$. Assim, a

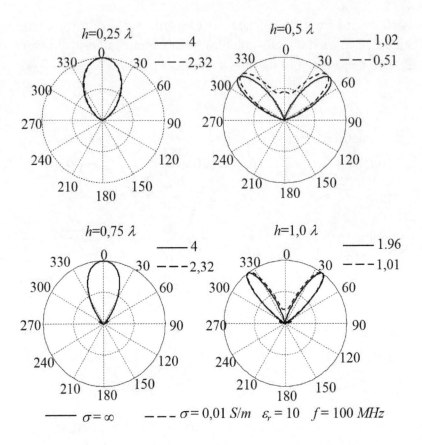

Figura 30.18: Diagramas de irradiação no plano $\phi = 90°$ de um dipolo de meia onda horizontal com altura h acima de um plano refletor perfeito e meio com características típicas do solo terrestre.

Equação (30.77) torna-se:

$$\left|\dot{\vec{E}}_H\right|^2 = \left(\frac{Z_o I_o}{\pi r}\right)^2 sen^2\left(2\pi\frac{h}{\lambda}cos\theta\right) F^2(\theta, \phi) \tag{30.81}$$

Com isso, os seguintes resultados são obtidos:

- Vetor de Poynting

$$\begin{aligned}\hat{\vec{P}}_V &= \frac{\left|\dot{E}_V\right|^2}{2Z_o}\vec{u}_r = \frac{Z_o I_o^2}{2\pi^2 r^2}cos^2\left(2\pi\frac{h}{\lambda}cos\theta\right) F^2(\theta)\vec{u}_r \quad (a)\\ \hat{\vec{P}}_H &= \frac{\left|\dot{E}_H\right|^2}{2Z_o}\vec{u}_r = \frac{Z_o I_o^2}{2\pi^2 r^2}sen^2\left(2\pi\frac{h}{\lambda}cos\theta\right) F^2(\theta,\phi)\vec{u}_r \quad (b)\end{aligned} \tag{30.82}$$

Capítulo 30 – Teoria das antenas $\qquad$ 641

- Potência irradiada

$$P_{irrV} = \frac{Z_o I_o^2}{\pi} \int\limits_{0}^{\pi/2} cos^2 \left(2\pi \frac{h}{\lambda} cos\theta \right) F^2(\theta) sen\theta d\theta \qquad (a)$$

(30.83)

$$P_{irrH} = \frac{Z_o I_o^2}{2\pi^2} \int\limits_{0}^{2\pi} \int\limits_{0}^{\pi/2} sen^2 \left(2\pi \frac{h}{\lambda} cos\theta \right) F^2(\theta,\phi) sen\theta d\theta d\phi \qquad (b)$$

- Diretividade

$$D_V = 4\pi \frac{r^2 \left| \hat{P}_V \right|_{\text{max}}}{P_{irrV}} = \frac{2}{\int\limits_{0}^{\pi/2} cos^2 \left(2\pi \frac{h}{\lambda} cos\theta \right) F^2(\theta) sen\theta d\theta} \qquad (a)$$

$$D_H = 4\pi \frac{r^2 \left| \hat{P}_H \right|_{\text{max}}}{P_{irrH}} = \frac{4\pi \left[sen^2 \left(2\pi \frac{h}{\lambda} cos\theta \right) F^2(\theta,\phi) \right]_{\text{max}}}{\int\limits_{0}^{2\pi} \int\limits_{0}^{\pi/2} sen^2 \left(2\pi \frac{h}{\lambda} cos\theta \right) F^2(\theta,\phi) sen\theta d\theta d\phi} \qquad (b)$$

(30.84)

- Resistência de irradiação

$$R_{irrV} = \frac{2P_{irrV}}{I_o^2} = \frac{2Z_o}{\pi} \int\limits_{0}^{\pi/2} cos^2 \left(2\pi \frac{h}{\lambda} cos\theta \right) F^2(\theta) sen\theta d\theta \qquad (a)$$

$$R_{irrH} = \frac{2P_{irrH}}{I_o^2} = \frac{Z_o}{\pi^2} \int\limits_{0}^{2\pi} \int\limits_{0}^{\pi/2} sen^2 \left(2\pi \frac{h}{\lambda} cos\theta \right) F^2(\theta,\phi) sen\theta d\theta d\phi \qquad (b)$$

(30.85)

As Figuras 30.19 e 30.20 apresentam a diretividade e a resistência de irradiação da antena dipolo de meia onda como funções da altura em relação ao plano horizontal perfeitamente refletor. Em ambas as polarizações das antenas, a diretividade e a resistência de irradiação oscilam com a altura em torno dos valores 8,2 dB e 73 Ω, respectivamente. O plano refletor aumenta a diretividade em quase quatro vezes em relação ao espaço livre. Os comportamentos das antenas diferem apreciavelmente nas proximidades da superfície refletora e também pelo fato de a antena vertical apresentar oscilações de menor amplitude e rapidamente amortecidas.

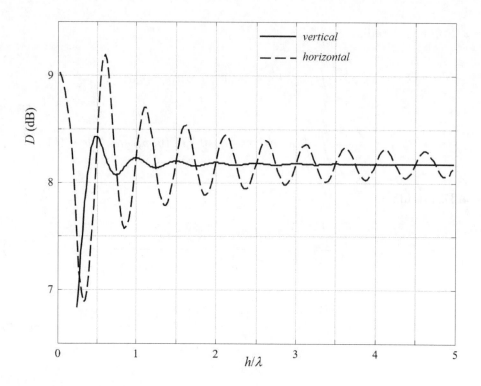

Figura 30.19: Diretividade de um dipolo de meia onda como função da altura a um plano horizontal perfeitamente refletor, para duas polarizações em relação ao plano.

A Figura 30.21 mostra o esquema de montagem de uma antena monopolo. Esse tipo de antena tornou-se popular para transmissão de ondas longas, que exigem antenas de grande comprimento, ou para dispositivos de comunicação móvel. Aproveitando a reflexão total em uma superfície metálica, por exemplo, um monopolo produz irradiação idêntica ao dipolo no hemisfério superior. Mas, uma vez que a potência irradiada é metade da de um dipolo no espaço livre, a impedância de um monopolo é exatamente a metade, e a diretividade, o dobro (ou 3 dB maior) em relação ao dipolo. Por exemplo, para um monopolo de quarto de onda a impedância é $36,5 + j21,25$ Ω e a diretividade é $5,17$ dB.

A Figura 30.22 mostra a variação da razão de onda estacionária em um cabo coaxial (50 Ω e 75 Ω) conectado no centro de uma antena dipolo de meia onda ($a = 0,005L$, $L = 0,473\lambda$) e da diretividade com a variação da frequência de transmissão em torno da frequência de ressonância da antena. A banda passante de uma antena é definida em função de um ou mais parâmetros da antena que variam com a frequência. Esses parâmetros referem-se ao diagrama de irradiação (ganho, diretividade, direção do lóbulo principal, largura de lóbulo principal,

Capítulo 30 – Teoria das antenas

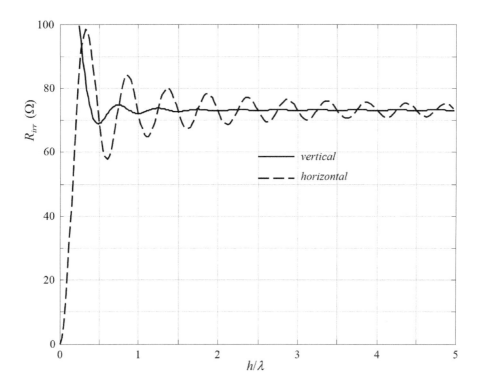

Figura 30.20: Resistência de irradiação de um dipolo de meia onda como função da altura a um plano horizontal perfeitamente refletor, para duas polarizações em relação ao plano.

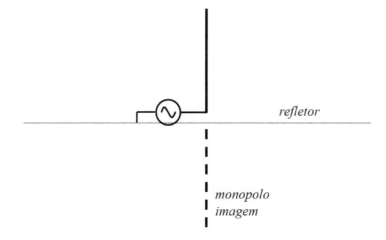

Figura 30.21: Esquema de uma antena monopolo sobre uma superfície perfeitamente refletora.

intensidade de lóbulos secundários etc.) ou às características elétricas, especialmente a impedância. Geralmente a banda passante é especificada em uma das duas formas: a fração (f_{max}/f_{min}) entre as frequências máxima e mínima na banda passante, frequentemente usada com antenas de banda larga, e a fração ou porcentagem da diferença entre as frequências máxima e mínima em relação à frequência central, $(f_{max} - f_{min})/f_o$. Essa última forma geralmente é usada para antenas sintonizadas como a antena dipolo. A Figura 30.22 mostra que a diretividade da antena dipolo de meia onda varia minimamente ao longo de faixa de 20% da frequência de ressonância. Contudo, a razão de onda estacionária apresenta variação muito mais intensa. Considerando o valor máximo de $ROE = 2$, então a banda passante do dipolo de meia onda é aproximadamente 10% da frequência de ressonância.

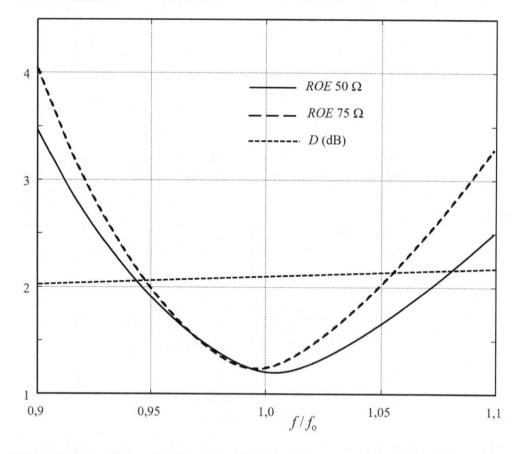

Figura 30.22: Razão de onda estacionária no cabo coaxial (50 Ω e 75 Ω) e diretividade da antena dipolo de meia onda ($a = 0,005L$, $L = 0,473\lambda$) como funções da frequência em torno da frequência de ressonância.

30.3 Antena em anel

Outra geometria de elemento irradiador muito popular é o anel, principalmente nas formas circular e retangular. Essas antenas são usadas, como a antena dipolo, especialmente nas faixas de frequência designadas como HF (*high frequency*), VHF (*very high frequency*) e UHF (*ultra high frequency*). Outra semelhança com o dipolo é o fato de a antena em anel apresentar grandes mudanças no padrão de irradiação na medida em que seu perímetro aumenta e torna-se comparável ao comprimento de onda.

A Figura 30.23 apresenta um esquema geométrico para a análise de uma antena em anel planar com apenas uma espira. Considere que o anel tem raio R e está posicionado no plano $z = 0$, com seu centro coincidindo com a origem do sistema de coordenadas. Os vetores de posição e de deslocamento necessários para o cálculo do potencial magnético irradiado são descritos pelas seguintes equações:

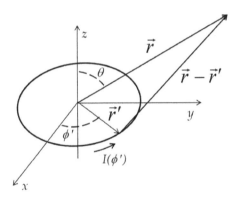

Figura 30.23: Esquema para modelagem da irradiação da antena em anel.

$$\begin{aligned}
\vec{r}' &= R\cos\phi'\vec{u}_x + R\sen\phi'\vec{u}_y & (a) \\
\vec{r} &= x\vec{u}_x + y\vec{u}_y + z\vec{u}_z & (b) \\
\vec{r} - \vec{r}' &= (x - R\cos\phi')\vec{u}_x + (y - R\sen\phi')\vec{u}_y + z\vec{u}_z & (c) \\
|\vec{r} - \vec{r}'| &= \sqrt{r^2 + R^2 - 2R(x\cos\phi' + y\sen\phi')} & (d) \\
d\vec{L} &= \frac{d\vec{r}'}{d\phi'}d\phi' = R\left(-\sen\phi'\vec{u}_x + \cos\phi'\vec{u}_y\right)d\phi & (e)
\end{aligned} \quad (30.86)$$

Antes de fazermos as substituições na equação para o potencial magnético, vamos aplicar algumas transformações algébricas na equação da distância $|\vec{r}-\vec{r}'|$ visando facilitar o processo de integração. Uma vez que geralmente estamos interessados no cálculo dos campos irradiados em distâncias muito maiores que o

646　　　　　　　　　　　　　　　　　　　Análise de sistemas eletromagnéticos

raio do anel, podemos fatorar a coordenada radial de posição e aplicar as seguintes aproximações válidas quando $r >> R$:

$$
\begin{aligned}
|\vec{r} - \vec{r}'| &= r\left[1 + \left(\frac{R}{r}\right)^2 - 2\frac{R}{r^2}\left(x\,cos\phi' + y\,sen\phi'\right)\right]^{1/2} \\
&\approx r - \frac{R}{r}\left(x\,cos\phi' + y\,sen\phi'\right)
\end{aligned}
\tag{30.87}
$$

$$
\begin{aligned}
|\vec{r} - \vec{r}'|^{-1} &= \frac{1}{r}\left[1 + \left(\frac{R}{r}\right)^2 - 2\frac{R}{r^2}\left(x\,cos\,\phi' + y\,sen\,\phi'\right)\right]^{-1/2} \\
&\approx \frac{1}{r}\left[1 + \frac{R}{r^2}\left(x\,cos\,\phi' + y\,sen\,\phi'\right)\right]
\end{aligned}
\tag{30.88}
$$

Substituindo as Equações (30.86) a (30.88) na equação para o potencial magnético, tem-se como resultado:

$$
\begin{aligned}
\dot{\vec{A}} &= \frac{\mu_o R}{4\pi r}e^{-j\beta r}\int_0^{2\pi} \dot{I}\left(\phi'\right)e^{j\frac{\beta R}{r}\left(x\,cos\phi' + y\,sen\phi'\right)} \\
&\quad \left[1 + \frac{R}{r^2}\left(x\,cos\phi' + y\,sen\phi'\right)\right]\left(-sen\phi'\vec{u}_x + cos\phi'\vec{u}_y\right)d\phi'
\end{aligned}
\tag{30.89}
$$

Ainda falta especificar a distribuição de corrente como função do ângulo azimutal sobre o anel. De qualquer modo, a equação anterior é muito complexa para ser integrada analiticamente. Existe, contudo, uma aproximação possível que apresenta solução analítica. Quando o perímetro do anel é pequeno comparado ao comprimento de onda, podemos assumir que a corrente é aproximadamente uniforme, ou seja, não depende da posição no anel. Nesse caso, o potencial irradiado está sempre orientado na direção azimutal e não depende do ângulo azimutal da posição onde se calcula o potencial. Assim, podemos escolher uma posição conveniente que simplifique a integração. No momento, é conveniente substituir as coordenadas retangulares por coordenadas esféricas na Equação 30.89 da seguinte forma: $x = r\,sen\theta cos\phi$, $y = r\,sen\theta sen\phi$ e $z = r\,cos\theta$. Fazendo isso e considerando a corrente uniforme no anel, obtemos:

$$
\begin{aligned}
\dot{\vec{A}} &= \frac{\mu_o I_o R}{4\pi r}e^{-j\beta r}\int_0^{2\pi} e^{j\beta R\,sen\theta\,cos\left(\phi' - \phi\right)} \\
&\quad \left[1 + \frac{R}{r}sen\theta cos\left(\phi' - \phi\right)\right]\left(-sen\phi'\vec{u}_x + cos\phi'\vec{u}_y\right)d\phi'
\end{aligned}
\tag{30.90}
$$

Capítulo 30 – Teoria das antenas

Agora, uma vez que neste caso o potencial está orientado na direção azimutal e não depende dessa coordenada, podemos escolher uma posição específica que facilite a integração. Por exemplo, escolhendo $\phi = 0$ e substituindo $\vec{u}_y = \vec{u}_\phi$, resulta:

$$\dot{\vec{A}} = \frac{\mu_o I_o R}{4\pi r} e^{-j\beta r} \vec{u}_\phi \int_0^{2\pi} e^{j\beta R \, sen\theta \cos\phi'} \left(1 + \frac{R}{r} sen\theta cos\phi'\right) cos\phi' d\phi' \qquad (30.91)$$

Finalmente, para obter uma integração analítica, devemos substituir a função exponencial por uma forma aproximada válida quando o perímetro $l = 2\pi R$ da antena é pequeno comparado ao comprimento de onda ($l << \lambda$). Usaremos a aproximação pelos dois primeiros termos da série de Taylor:

$$e^{j\beta R sen\theta cos\phi'} \approx 1 + j\beta R sen\theta cos\phi' \qquad (30.92)$$

Substituindo na Equação (30.91) e integrando os diversos termos que resultam, obtemos o potencial magnético para um anel pequeno:

$$\dot{\vec{A}} = \frac{\mu_o I_o R}{4\pi r} e^{-j\beta r} \vec{u}_\phi \int_0^{2\pi} \left(1 + j\beta R sen\theta cos\phi'\right) \left(1 + \frac{R}{r} sen\theta cos\phi'\right) cos\phi' d\phi'$$

$$= j \frac{\mu_o I_o \beta R^2}{4r} sen\theta \left(1 + \frac{1}{j\beta r}\right) e^{-j\beta r} \vec{u}_\phi \qquad (30.93)$$

Podemos agora calcular o campo magnético irradiado a partir do rotacional do potencial magnético e o campo elétrico por meio da lei de Ampère. Os detalhes desses cálculos são deixados como exercício ao leitor. Os resultados obtidos são os seguintes:

$$\dot{H}_r = \frac{1}{\mu_o} \left[\nabla \times \dot{\vec{A}}\right]_r = j \frac{I_o \beta R^2}{2r^2} cos\theta \left(1 + \frac{1}{j\beta r}\right) e^{-j\beta r} \qquad (30.94)$$

$$\dot{H}_\theta = \frac{1}{\mu_o} \left[\nabla \times \dot{\vec{A}}\right]_\theta = -\frac{I_o \beta^2 R^2}{4r} sen\theta \left(1 + \frac{1}{j\beta r} - \frac{1}{\beta^2 r^2}\right) e^{-j\beta r} \qquad (30.95)$$

$$\dot{E}_\phi = \frac{\left[\nabla \times \dot{\vec{H}}\right]_\phi}{j\omega\epsilon_o} = \frac{I_o Z_o \beta^2 R^2}{4r} \left(1 + \frac{1}{j\beta r}\right) sen\theta e^{-j\beta r} \qquad (30.96)$$

em que a impedância característica do vácuo surge na forma final do campo elétrico devido à seguinte combinação de termos: $Z_o = \beta/\omega\epsilon_o$.

Como ocorre com o dipolo hertziano, podemos separar a análise dos campos gerados pelo anel em duas regiões, campo próximo e campo distante, segundo a

648 Análise de sistemas eletromagnéticos

condição $\beta r \ll 1$ $(r \ll \lambda/2\pi)$ ou $\beta r \gg 1$ $(r \gg \lambda/2\pi)$. Na região de campo próximo prevalecem os termos com potência 2 e 3 na coordenada radial. Assim, temos:

$$\dot{H}_r = \frac{I_o R^2}{2r^3} \cos\theta e^{-j\beta r} \qquad (a)$$

$$\dot{H}_\theta = \frac{I_o R^2}{4r^3} sen\theta e^{-j\beta r} \qquad (b) \qquad\qquad (30.97)$$

$$E_\phi = -j\frac{I_o Z_o \beta R^2}{4r^2} sen\theta e^{-j\beta r} \qquad (c)$$

A potência fornecida pelo anel é predominantemente reativa. O vetor de Poynting pode ser calculado usando-se as Equações (30.97b) e (30.97c):

$$\hat{\vec{P}} = \frac{1}{2}(-\dot{E}_\phi)(\dot{H}_\theta)^* \vec{u}_r = j\frac{I_o^2 Z_o \beta R^4}{32r^5} sen^2\theta \vec{u}_r \qquad\qquad (30.98)$$

e constata-se que a densidade de potência é reativa indutiva, ou seja, a energia fornecida é armazenada principalmente no campo magnético em torno do anel. Uma vez que a densidade de potência decai com r^{-5}, conclui-se que apenas a região muito próxima do anel armazena quantidade significativa de energia.

Na região de campo distante, os termos com potência 2 e 3 tornam-se rapidamente desprezíveis na comparação com o termo de potência unitária na coordenada radial. Assim, mantendo apenas o termo dependente de r^{-1} nas equações dos campos, a componente radial do campo magnético é desprezada e as demais componentes tornam-se:

$$\dot{H}_\theta = -\frac{I_o \beta^2 R^2}{4r} sen\theta e^{-j\beta r} \qquad (a)$$

$$\dot{E}_\phi = \frac{I_o Z_o \beta^2 R^2}{4r} sen\theta e^{-j\beta r} \qquad (b) \qquad\qquad (30.99)$$

Assim, podemos calcular o vetor de Poynting na seguinte forma:

$$\hat{\vec{P}} = \frac{1}{2}Z_o\left|\dot{H}_\theta\right|^2 \vec{u}_r = \frac{Z_o I_o^2 \beta^4 R^4}{32r^2} sen^2\theta \vec{u}_r \qquad\qquad (30.100)$$

Como a antena dipolo, o anel pequeno ($l \ll \lambda$) não irradia na direção $\theta = 0°$ e irradia com máxima intensidade na direção $\theta = 90°$. Então, podemos concluir que duas antenas em anel terão máximo acoplamento se foram coplanares. A potência irradiada, como antes, é obtida com a integração em uma superfície esférica centrada com a antena:

$$P_{irr} = \oint_S \hat{\vec{P}} \cdot dS\vec{u}_r = \frac{Z_o I_o^2 \beta^4 R^4 \pi}{16} \int_0^\pi sen^3\theta d\theta = \frac{\pi Z_o I_o^2 \beta^4 R^4}{12} \qquad (30.101)$$

Capítulo 30 – Teoria das antenas
649

Com esse resultado, podemos calcular a resistência de irradiação da antena em anel:

$$R_{irr} = \frac{2P_{irr}}{I_o^2} = \frac{\pi Z_o \beta^4 R^4}{6} = \frac{\pi}{6} Z_o \left(\frac{l}{\lambda}\right)^4 \tag{30.102}$$

A dependência com o comprimento elétrico $l/\lambda = 2\pi R/\lambda$ é muito forte e, no caso da antena pequena de espira simples, acarreta baixas resistências de irradiação. Contudo, se a antena for constituída por N espiras idênticas e muito próximas, os campos aumentarão de intensidade pelo fator N, a potência irradiada aumentará pelo fator N^2 e a resistência de irradiação aumentará na mesma proporção:

$$R_{irr} = \frac{\pi}{6} N^2 Z_o \left(\frac{l}{\lambda}\right)^4 \tag{30.103}$$

Uma vez que a dependência do vetor de Poynting da antena em anel com os ângulos de direção é igual à do dipolo hertziano, podemos concluir que ambas têm diagramas de irradiação e diretividades idênticas, ou seja, $D = 10Log(3/2) = 1,76$ dB.

Consideremos agora o que ocorre com a irradiação de uma antena em anel na medida em que seu comprimento elétrico aumenta e a distribuição de corrente não mais pode ser considerada constante. Uma vez que o problema exato não possui solução analítica, nos satisfaremos com uma aproximação de primeira ordem assumindo que $r >> R$ para que possamos substituir o denominador no integrando do potencial magnético simplesmente pela coordenada radial r. Além disso, aproximaremos a distribuição de corrente no anel pela corrente em uma linha de transmissão em curto-circuito:

$$I(z') = I_o cos(\beta z') \rightarrow I(\phi') = I_o cos\left(\frac{l}{\lambda}\phi'\right) \tag{30.104}$$

em que z' é a distância linear até a extremidade em curto e, na segunda expressão, foi substituída pelo comprimento do arco $z' = R\phi'$. Com essas considerações e substituições na Equação (30.90), obtemos as seguintes componentes retangulares do potencial magnético irradiado:

$$\begin{aligned}
\dot{A}_x &= \frac{\mu_o I_o R}{4\pi r} e^{-j\beta r} f_1(\theta, \phi) \quad (a) \\
\dot{A}_y &= \frac{\mu_o I_o R}{4\pi r} e^{-j\beta r} f_2(\theta, \phi) \quad (b)
\end{aligned} \tag{30.105}$$

em que as funções das coordenadas angulares são:

$$f_1(\theta, \phi) = -\int_{-\pi}^{\pi} \cos\left(\frac{l}{\lambda}\phi'\right) e^{j\frac{l}{\lambda}\, sen\theta\, cos\,(\phi'-\phi)} sen\phi' d\phi' \quad (a)$$

$$f_2(\theta, \phi) = \int_{-\pi}^{\pi} \cos\left(\frac{l}{\lambda}\phi'\right) e^{j\frac{l}{\lambda}\, sen\theta\, cos\,(\phi'-\phi)} cos\phi' d\phi' \quad (b)$$

(30.106)

A Figura 30.24 mostra as relações entre componentes retangulares, esféricas e cilíndricas do potencial. Com isso, podemos estabelecer as seguintes equações:

$$A_\rho = A_x cos\phi + A_y sen\phi = A_r sen\theta + A_\theta cos\theta \quad (a)$$
$$A_z = A_r cos\theta - A_\theta sen\theta \quad (b)$$
$$A_\phi = -A_x sen\phi + A_y cos\phi \quad (c)$$

(30.107)

Uma vez que a componente z do potencial magnético é nula, resolvemos o sistema formado pelas Equações (30.107a) e (30.107b) para obter as componentes radial e polar:

$$A_r = (A_x cos\phi + A_y sen\phi)\, sen\theta \quad (d)$$
$$A_\theta = (A_x cos\phi + A_y sen\phi)\, cos\theta \quad (e)$$

Substituindo as Equações (30.105a) e (30.105b) nas Equações (30.107c) a (30.107e), resultam as componentes esféricas do potencial irradiado pela antena em anel:

$$\dot{A}_r = \frac{\mu_o I_o R}{4\pi r} e^{-j\beta r} \left[f_1(\theta, \phi) cos\phi + f_2(\theta, \phi) sen\phi \right] sen\theta \quad (a)$$

$$\dot{A}_\theta = \frac{\mu_o I_o R}{4\pi r} e^{-j\beta r} \left[f_1(\theta, \phi) cos\phi + f_2(\theta, \phi) sen\phi \right] cos\theta \quad (b)$$

$$\dot{A}_\phi = \frac{\mu_o I_o R}{4\pi r} e^{-j\beta r} \left[f_2(\theta, \phi) cos\phi - f_1(\theta, \phi) sen\phi \right] \quad (c)$$

(30.108)

O próximo passo consiste em calcular o campo magnético a partir do rotacional do potencial magnético:

$$\dot{H}_r = \frac{1}{\mu_o} \frac{1}{r sen\theta} \left(\frac{\partial}{\partial\theta}(A_\phi sen\theta) - \frac{\partial A_\theta}{\partial\phi} \right) \quad (a)$$

$$\dot{H}_\theta = \frac{1}{\mu_o} \left(\frac{1}{r sen\theta} \frac{\partial A_r}{\partial\phi} - \frac{1}{r} \frac{\partial}{\partial r}(r A_\phi) \right) \quad (b)$$

$$\dot{H}_\phi = \frac{1}{\mu_o} \frac{1}{r} \left(\frac{\partial}{\partial r}(r A_\theta) - \frac{\partial A_r}{\partial\theta} \right) \quad (c)$$

(30.109)

Capítulo 30 – Teoria das antenas

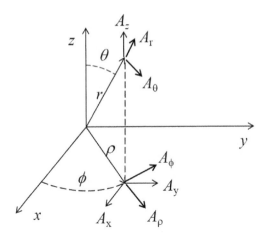

Figura 30.24: Diagrama para obter as relações entre componentes do potencial no plano azimutal.

Substituindo as componentes do potencial magnético nas equações anteriores e efetuando as derivadas na coordenada radial, verificamos que H_r depende de r^{-2} e pode ser ignorado na região de campo distante. Além disso, o primeiro termo em H_ϕ e o segundo em H_θ também dependem de r^{-2} e podem ser desprezados. Com isso, as componentes resultantes, azimutal e polar, do campo magnético são:

$$\dot{H}_\theta = j\frac{I_o \beta R}{4\pi r} e^{-j\beta r} \left[f_2(\theta,\phi) \cos\phi - f_1(\theta,\phi) \, sen\phi \right] \quad (a)$$
$$\dot{H}_\phi = -j\frac{I_o \beta R}{4\pi r} e^{-j\beta r} \left[f_1(\theta,\phi) \cos\phi + f_2(\theta,\phi) \, sen\phi \right] cos\theta \quad (b)$$
(30.110)

Substituindo as funções f_1 e f_2 descritas nas Equações (30.106) resultam as equações para o campo magnético na região de campo distante do anel:

$$\dot{H}_\theta = j\frac{I_o \beta R}{4\pi r} e^{-j\beta r} F_\theta(\theta,\phi) \quad (a)$$

$$\dot{H}_\phi = j\frac{I_o \beta R}{4\pi r} e^{-j\beta r} F_\phi(\theta,\phi) \quad (b)$$

$$F_\theta(\theta,\phi) = \int_{-\pi}^{\pi} \cos\left(\frac{l}{\lambda}\phi'\right) e^{j\frac{l}{\lambda} sen\theta \cos(\phi'-\phi)} \cos(\phi'-\phi) \, d\phi' \quad (c)$$
(30.111)

$$F_\phi(\theta,\phi) = cos\theta \int_{-\pi}^{\pi} \cos\left(\frac{l}{\lambda}\phi'\right) e^{j\frac{l}{\lambda} sen\theta \cos(\phi'-\phi)} sen(\phi'-\phi) \, d\phi' \quad (d)$$

652   Análise de sistemas eletromagnéticos

em que $F_\theta(\theta, \phi)$ e $F_\phi(\theta, \phi)$ devem ser obtidas por integração numérica. Conhecidas essas funções, podemos calcular o vetor de Poynting:

$$\hat{P} = \frac{1}{2} Z_o \left(\left| \dot{H}_\theta \right|^2 + \left| \dot{H}_\phi \right|^2 \right) \vec{u}_r = \frac{Z_o I_o^2 R^2}{8\lambda^2 r^2} \left(|F_\theta(\theta, \phi)|^2 + |F_\phi(\theta, \phi)|^2 \right) \vec{u}_r \quad (30.112)$$

a potência irradiada:

$$P_{irr} = \frac{Z_o I_o^2 R^2}{8\lambda^2} \int\limits_0^{2\pi} \int\limits_0^\pi \left(|F_\theta(\theta, \phi)|^2 + |F_\phi(\theta, \phi)|^2 \right) sen\theta d\theta d\phi \qquad (30.113)$$

a resistência de irradiação:

$$R_{irr} = \frac{Z_o R^2}{4\lambda^2} \int\limits_0^{2\pi} \int\limits_0^\pi \left(|F_\theta(\theta, \phi)|^2 + |F_\phi(\theta, \phi)|^2 \right) sen\theta d\theta d\phi \qquad (30.114)$$

e a diretividade:

$$D = \frac{4\pi \left[\left(|F_\theta(\theta, \phi)|^2 + |F_\phi(\theta, \phi)|^2 \right) \right]_{\max}}{\int\limits_0^{2\pi} \int\limits_0^\pi \left(|F_\theta(\theta, \phi)|^2 + |F_\phi(\theta, \phi)|^2 \right) sen\theta d\theta d\phi} \qquad (30.115)$$

A Figura 30.25 apresenta os diagramas verticais de irradiação obtidos da função $|F_\theta|^2 + |F_\phi|^2$ para a antena em anel tendo como parâmetros o comprimento elétrico l/λ e o ângulo azimutal. No cálculo computacional das integrais das funções $F_\theta(\theta, \phi)$ e $F_\phi(\theta, \phi)$ usou-se 200 passos do ângulo azimutal no valor de $3,14 \times 10^{-2}$ rad. O aspecto mais evidente nesses gráficos é a mudança na direção de máxima irradiação de 90° e 270° nos anéis pequenos $(0,1\lambda$ e $0,25\lambda)$ para 0° e 180° nos anéis de comprimentos comparáveis ao comprimento de onda $(0,75\lambda$ e $1,0\lambda)$. De modo geral, a variação com o ângulo azimutal é pequena, afetando mais significativamente a irradiação para $l = 0,5\lambda$.

As Figuras 30.26 e 30.27 apresentam a diretividade e a resistência de irradiação da antena em anel como funções do comprimento elétrico de seu perímetro. Todas as integrações nas coordenadas angulares foram realizadas com 200 passos de ângulo (azimutal e polar) no valor de $3,14 \times 10^{-2}$ rad. Os valores que se destacam no gráfico de diretividade são: 1,76 dB para a antena pequena $(l << \lambda)$, o que concorda com a previsão feita antes para a primeira parte do estudo da antena em anel; o valor mínimo obtido para $l/\lambda \approx 0,6$ devido ao fato de a irradiação ser muito espalhada em todas as direções, observado na Figura 30.25; o valor aproximado de 3,5 dB para um anel com perímetro igual ao comprimento

Capítulo 30 – Teoria das antenas

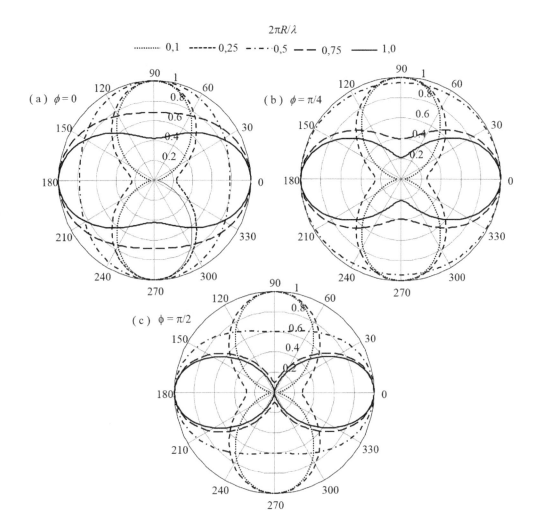

Figura 30.25: Diagramas de irradiação de uma antena em anel para diversos comprimentos elétricos $2\pi R/\lambda$ e ângulo azimutal.

de onda; e o valor máximo de 4,1 dB obtido para $l/\lambda \approx 1,3$. Em relação à resistência de irradiação, observa-se na Figura 30.27 que o anel pequeno apresenta resistência muito baixa, mas que aumenta intensamente a partir de $l/\lambda = 0,5$. Para $l/\lambda = 1,0$, a resistência de irradiação é aproximadamente 133 Ω e o primeiro máximo de 183 Ω ocorre para $l/\lambda \approx 1,3$. A antena em anel mais popular é a de comprimento elétrico unitário (anel de onda completa) devido à direcionalidade axial e da máxima corrente elétrica na conexão com a linha de transmissão, o que determina que a impedância de entrada tenha parte real aproximadamente igual a 133 Ω. Nesse caso, a reatância é da ordem de −100 Ω.

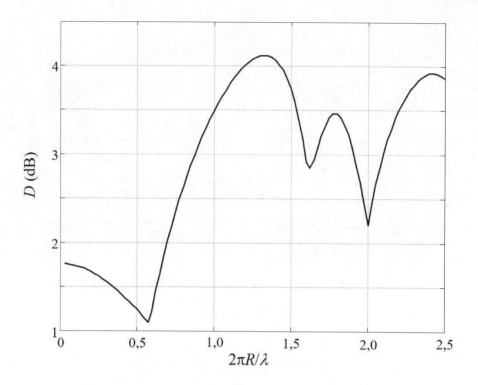

Figura 30.26: Diretividade de uma antena em anel como função do comprimento elétrico $2\pi R/\lambda$.

30.4 Questões

30.1) Considere um enlace de radiofrequência com duas antenas dipolo de meia onda ressonantes em 200 MHz, ambas com polarização vertical, separadas por 1000 m de distância e posicionadas no topo de dois prédios com alturas de 100 m e 50 m. Os cabos coaxiais utilizados para conectar o transmissor e o receptor às respectivas antenas apresentam impedância característica de 50 Ω, atenuação de 0,24 dB/m e fator de velocidade de 0,68 em 200 MHz. Considere que os cabos possuem 10 m de comprimento e que o transmissor e o receptor possuem impedâncias de 50 Ω. Se a potência disponível no gerador do transmissor é 20 dB, calcule a potência entregue ao receptor.

30.2) Considere uma antena dipolo irradiando 100 W na frequência de 50 MHz no espaço livre. Calcule para os comprimentos 1, 3 e 6 m da antena: (a) impedância, diretividade e área efetiva máxima; (b) amplitude do campo elétrico e densidade de potência na distância de 1000 m no plano azimutal do dipolo; (c) a fração da potência disponibilizada que é efetivamente irradiada se o gerador e o cabo de

Capítulo 30 – Teoria das antenas

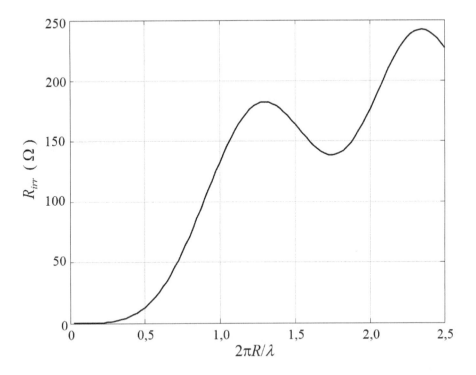

Figura 30.27: Resistência de irradiação de uma antena em anel como função do comprimento elétrico $2\pi R/\lambda$.

conexão têm impedâncias de 50 Ω e a atenuação no cabo é 2 dB.

30.3) Considere duas antenas em anel idênticas com comprimento elétrico unitário em 300 MHz, com impedância $Z_a = 130 - j100$ Ω e diretividade de 3,5 dB, distantes 100 m e alinhadas com o mesmo eixo de simetria. Calcule a amplitude da corrente que deve circular na antena transmissora para que a intensidade de sinal em uma carga $Z_c = 50$ Ω ligada na antena receptora seja -30 dBm. Calcule a potência irradiada e a potência disponibilizada pelo gerador se sua impedância é 100 Ω.

30.4) Uma antena dipolo de meia onda com polarização vertical e altura de 25 m em relação a um plano horizontal perfeitamente refletor está irradiando 250 W com frequência de 30 MHz. Calcule, na distância de 2000 m, as intensidades dos campos elétrico e magnético e a densidade de potência. Repita o cálculo para um monopolo de quarto de onda posicionado exatamente sobre o plano refletor.

Capítulo 31

Antenas direcionais

31.1 Conjunto de antenas

Conjuntos são associações de elementos irradiadores simples como dipolos ou anéis para obter características específicas e aprimoradas em relação ao desempenho da antena, por exemplo, o diagrama de irradiação, a impedância de entrada ou a banda passante. Antenas com alta diretividade são importantes em aplicações que envolvem comunicação com receptores localizados com pequeno ângulo de espalhamento em torno de uma direção. Com isso, consegue-se alta eficiência na transmissão, uma vez que a potência irradiada se concentra em um pequeno ângulo sólido de abertura do lóbulo principal da antena transmissora. Além dos sistemas de comunicação, os sistemas de localização e posicionamento por ondas de rádio, bem como os sistemas de medição, utilizam antenas direcionais. O tema é vasto e apenas uma síntese com as principais características das antenas direcionais mais comuns será apresentada. O leitor interessado em se aprofundar no assunto deve consultar as referências citadas no final do livro.

Um conjunto de antenas é um arranjo geralmente uniforme de elementos irradiadores simples. A Figura 31.1 mostra um conjunto de dipolos idênticos organizados uniformemente ao longo de um eixo. Além do diagrama de irradiação particular dos elementos, teremos o diagrama de irradiação do conjunto determinado pelos parâmetros separação e defasagem da corrente de excitação dos elementos. A análise da irradiação do conjunto de antenas leva em conta as aproximações já utilizadas para as antenas individuais na região de campo distante. Consideramos que os vetores de posição em relação a cada elemento do conjunto são paralelos, como mostra a figura. Desse modo, podemos escrever expressões simples para as distâncias como função da coordenada radial r:

$$r_o = r$$
$$r_1 = r - d\cos\theta$$
$$r_1 = r - 2d\cos\theta \quad (31.1)$$
$$...$$
$$r_n = r - nd\cos\theta$$

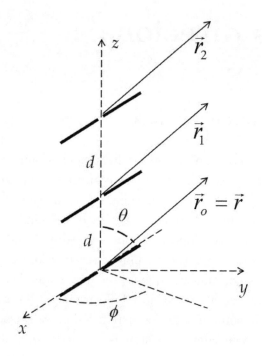

Figura 31.1: Diagrama esquemático de um conjunto de antenas dipolo.

Além disso, assumimos que os vetores de campo irradiados pelos diversos elementos são paralelos. Assim, uma simples adição algébrica fornece as intensidades dos campos irradiados pelo conjunto. Consideremos adicionalmente que cada elemento apresenta um diagrama de irradiação descrito pela função normalizada $F_e(\theta, \phi)$ e a corrente de excitação de cada elemento está defasada de um ângulo α em relação aos elementos adjacentes, de tal modo que podemos escrever para o campo elétrico irradiado pelo elemento n do conjunto a seguinte expressão:

$$\dot{E} = kI_o e^{jn\alpha} \frac{e^{-j\beta r_n}}{r_n} F_e(\theta, \phi) \quad (31.2)$$

em que k é uma constante.

Capítulo 31 – Antenas direcionais   659

Assumindo que a corrente tem mesma amplitude em todos os elementos e que $r_n \approx r$ no denominador e substituindo as distâncias definidas na Equação (31.1), o campo elétrico resultante de um conjunto com N irradiadores é obtido na forma da seguinte série:

$$\dot{E} = kI_o \frac{e^{-j\beta r}}{r} F_e(\theta, \phi) \sum_{n=0}^{N-1} e^{jn(\beta d cos\theta + \alpha)} \tag{31.3}$$

em que soma é facilmente calculada com a fórmula:

$$\sum_{n=0}^{N-1} x^n = \frac{1 - x^N}{1 - x} \tag{31.4}$$

Substituindo o argumento exponencial complexo e usando a fórmula de Euler, obtemos a função de irradiação do conjunto:

$$\sum_{n=0}^{N-1} e^{jn(\beta d cos\theta + \alpha)} = \frac{1 - e^{jN(\beta d cos\theta + \alpha)}}{1 - e^{j(\beta d cos\theta + \alpha)}}$$

$$= e^{j(\beta d cos\theta + \alpha)(N-1)/2} \frac{sen\left[(\beta d cos\theta + \alpha) N/2\right]}{sen\left[(\beta d cos\theta + \alpha)/2\right]} \tag{31.5}$$

Considerando que o fator de fase nessa equação em nada interfere nas análises subsequentes, podemos simplesmente ignorá-lo. Além disso, podemos facilmente avaliar que o valor máximo da soma é N. Assim, descrevemos a função normalizada do conjunto da seguinte forma:

$$F_c(\theta) = \frac{1}{N} \frac{sen\left[(\beta d cos\theta + \alpha) N/2\right]}{sen\left[(\beta d cos\theta + \alpha)/2\right]} \tag{31.6}$$

Com isso, o campo elétrico irradiado pelo conjunto é dado por:

$$\dot{E} = kNI_o \frac{e^{-j\beta r}}{r} F_e(\theta, \phi) F_c(\theta) \tag{31.7}$$

Para uma antena dipolo, a função que descreve a distribuição angular dos campos irradiados depende unicamente do ângulo do vetor de posição em relação à direção da antena. Baseando-se na Figura 31.1, esse ângulo pode ser obtido a partir da relação: $cos\theta' = sen\theta\, cos\phi$. Com isso, a função de irradiação normalizada de cada dipolo, segundo a Equação (30.42), é a seguinte:

$$F_e(\theta, \phi) = \frac{cos\left(\frac{\pi L}{\lambda} sen\theta cos\phi\right) - cos\left(\frac{\pi L}{\lambda}\right)}{\left[1 - cos\left(\frac{\pi L}{\lambda}\right)\right]\sqrt{1 - sen^2\theta cos^2\phi}} \tag{31.8}$$

em que o valor máximo usado na normalização $(1 - cos(\pi L/\lambda))$ é correto até $L/\lambda = 1,44$. A partir das Equações (31.6) e (31.8), os diagramas de densidade de potência são obtidos como gráficos polares do módulo do vetor de Poynting normalizado:

$$P_n(\theta, \phi) = F_e^2(\theta, \phi)F_c^2(\theta) \tag{31.9}$$

Consideremos o argumento $\eta = \beta d cos\theta + \alpha$ da função F_c. O numerador dessa função se anula sempre que $N\eta/2$ for igual a um múltiplo inteiro de π. Por sua vez, o denominador se anula sempre que $\eta/2$ for igual a um múltiplo inteiro de π. Então, se $\eta = 2\pi m/N$, em que m é inteiro e múltiplo de N, a função F_c tem valor máximo unitário. Isso ocorre na seguinte condição:

$$\beta d cos\theta_{max} + \alpha = \frac{2\pi m}{N} \rightarrow cos\theta_{max} = \left(\frac{m}{N} - \frac{\alpha}{2\pi}\right)\frac{\lambda}{d} \tag{31.10}$$

em que $m = 0, N, 2N, ...$ desde que $|cos\theta_{max}| \leq 1$. Por outro lado, para m não múltiplo de N $(0 < m < N, N < m < 2N, ...)$, o denominador não se anula e, nessas posições, a função F_c apresenta mínimos nulos. Posições de máximos com intensidade menor que a unidade não são descritos pela Equação (31.10), mas situam-se entre as posições de nulos consecutivos.

A Figura 31.2 apresenta gráficos de $F_c(\theta)$ para N=2, 4 e 8, $\alpha = 0$ e $\alpha = \pi/2$, mantendo a separação d em $\lambda/4$. No conjunto de 2 antenas, ocorrem máximos em $\theta = \pi/2$ e $\theta = 3\pi/2$ para $\alpha = 0$ e em $\theta = \pi$ para $\alpha = \pi/2$. Adicionalmente, com a mudança na defasagem entre os elementos do conjunto, surgiram os nulos em $\theta = 0$ e $\theta = 2\pi$. Nos conjuntos mais numerosos, verifica-se que a quantidade de nulos e máximos secundários aumenta com o número de elementos. A Figura 31.3 apresenta os diagramas verticais de potência para um conjunto de dipolos de meia onda.

A Figura 31.3a mostra o diagrama de um dipolo isolado $F_e(\theta, \phi)$. A Figura 31.3b apresenta os diagramas dos conjuntos $F_c(\theta)$ para N=2, 4 e 8 com separação de um quarto de onda entre os dipolos e defasagem $\pi/2$. A Figura 31.3c mostra os diagramas resultantes do produto conforme estabelece a Equação (31.9).

Verifica-se que a irradiação omnidirecional do dipolo isolado no espaço livre é modificada pela quase extinção da irradiação no hemisfério direito. Assim, a irradiação do conjunto passa a ser direcional com aumento significativo da diretividade. O aumento no número de elementos torna o lóbulo principal em torno da direção 180° mais fechado. A Tabela 31.1 apresenta valores de diretividade de conjuntos de dipolos de meia onda com número variável de elementos entre 3 e 11. Esses resultados foram obtidos utilizando as Equações (31.6) e (31.8) e

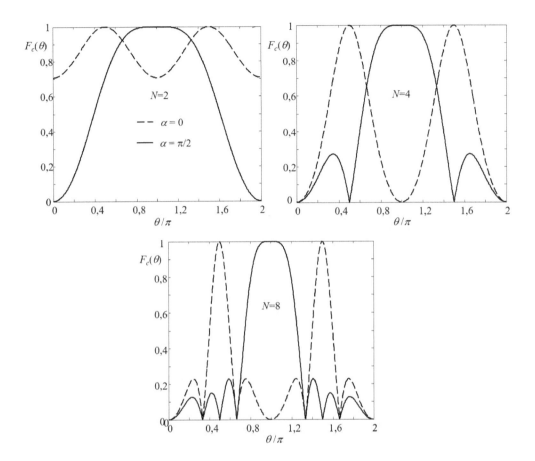

Figura 31.2: Gráficos da função de irradiação do conjunto de antenas para 2, 4 e 8 elementos, com defasagens $\alpha = 0$ e $\pi/2$ rad e distância fixa $d = \lambda/4$.

resolvendo numericamente a equação a seguir com passos $d\theta = d\phi = 2\pi/1000$. Vemos que a diretividade aumenta monotonicamente com o número de elementos no conjunto dentro do intervalo analisado.

$$D = \frac{4\pi \left[F_e^2(\theta,\phi) F_c^2(\theta)\right]_{max}}{\int_0^{2\pi} \int_0^{\pi} F_e^2(\theta,\phi) F_c^2(\theta) \, sen\theta \, d\theta \, d\phi} \tag{31.11}$$

Uma forma alternativa de projetar um conjunto de antenas consiste em determinar a amplitude e a fase das correntes nos elementos de modo a obter um diagrama de irradiação específico. Com esse fim, a Equação (31.3) pode ser reescrita na seguinte forma:

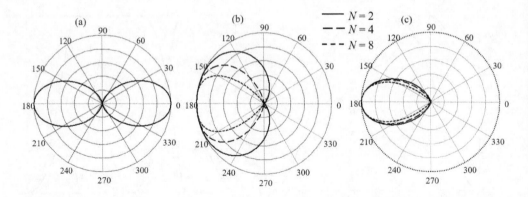

Figura 31.3: Diagramas verticais de potência. (a) $|F_e(\theta,\phi)|^2$ para um dipolo de meia onda com $\phi = 0$; (b) $|F_c(\theta)|^2$ para N=2, 4, e 8 com $d = \lambda/4$ e $\alpha = \pi/2$; c) $|F_e(\theta,\phi)|^2 |F_c(\theta)|^2$.

Tabela 31.1: Diretividades de conjuntos de dipolos de meia onda com duas distribuições de corrente: a) amplitude uniforme e fase linearmente crescente ($d = \lambda/4$ e $\alpha = \pi/2$); b) coeficientes da série de Fourier com $d = \lambda/4$ e $m = 5$.

Elementos	a) D (dB)	b) D (dB)
3	6,45	7,83
5	8,25	10,85
7	9,46	12,71
9	10,40	14,06
11	11,15	14,95

$$\dot{E} = k\frac{e^{-j\beta r}}{r} F_e(\theta,\phi) \sum_{n=-(N-1)/2}^{(N-1)/2} \left(I_n e^{j\alpha_n}\right) e^{j\frac{2\pi n}{\lambda} d\cos\theta} \qquad (31.12)$$

em que consideramos um número ímpar de elementos e $n = 0$ corresponde ao elemento central.

Definindo a variável $x = 2d\cos\theta/\lambda$, a função F_c que descreve a irradiação do conjunto pode ser escrita na forma de uma série de Fourier com N termos:

$$F_c(x) = \sum_{n=-(N-1)/2}^{(N-1)/2} \left(I_n e^{j\alpha_n}\right) e^{jn\pi x} \qquad (31.13)$$

Capítulo 31 – Antenas direcionais 663

na qual os coeficientes são calculados como segue:

$$I_n e^{j\alpha_n} = \int_{-1}^{1} F_c(x) e^{-jn\pi x} dx \tag{31.14}$$

Como exemplo, consideremos a função descrita a seguir:

$$F_c(\theta) = \begin{cases} cos^m(\theta) & \leftarrow 0 \leq \theta \leq \pi/2 \\ 0 & \leftarrow \pi/2 < \theta \leq \pi \end{cases} \tag{31.15}$$

Nesse cálculo, usaremos a seguinte função primitiva:

$$\int x^m e^{ax} dx = \frac{e^{ax}}{a} \sum_{k=0}^{m} \frac{x^{m-k} m! (-1)^k}{a^k (m-k)!} \tag{31.16}$$

Assim, a corrente elétrica em cada dipolo é obtida na seguinte forma:

$$\begin{aligned} I_n e^{j\alpha_n} &= \left(\frac{\lambda}{2d}\right)^m \int_0^1 x^m e^{-jn\pi x} dx \\ &= j\frac{m!}{n\pi} \left(\frac{\lambda}{2d}\right)^m \left\{ e^{-jn\pi} \left[\sum_{k=0}^{m} \frac{1}{(jn\pi)^k (m-k)!} \right] - \frac{1}{(jn\pi)^m} \right\} \end{aligned} \tag{31.17}$$

A Figura 31.4 mostra os diagramas da função $|F_c(\theta)|^2$ para conjuntos com 3, 5, 7, 9 e 11 elementos considerando $d = 0,4\lambda$ e $m = 5$. A Tabela 31.2 apresenta as amplitudes e as fases da corrente nos elementos desses conjuntos. Na Tabela 31.1 também são apresentados os valores de diretividade calculados numericamente para os conjuntos com distribuição de corrente definida pela série de Fourier descrita na Tabela 31.2. Observa-se que a diretividade obtida com série de Fourier é consideravelmente maior que os valores obtidos com distribuição uniforme de amplitude e fase linearmente crescente.

31.2 Impedância mútua entre antenas

Na modelagem de antenas constituídas de conjuntos de elementos irradiadores, como as antenas Yagi-Uda e Log-periódica, é essencial estabelecer os efeitos da indução que cada elemento do conjunto exerce sobre os demais a fim de determinar corretamente as amplitudes e as fases das correntes totais em cada elemento e, assim, totalizar a irradiação do conjunto. A Figura 31.5 mostra dois dipolos de comprimento L_1 e L_2, separados pela distância d, posicionados paralelamente na

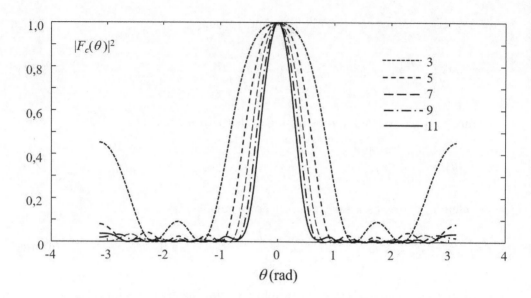

Figura 31.4: Gráficos da função $|F_c(\theta)|^2$ para conjuntos com 3, 5, 7, 9 e 11 elementos espaçados com $d = 0,4\lambda$ e distribuição de corrente conforme a Equação (31.17) com $m = 5$.

mesma altura e percorridos pelas correntes $I_1(z)$ e $I_2(z')$. Cada dipolo produz campo elétrico que induz força eletromotriz no outro dipolo. Assim, podemos usar a representação na forma de parâmetros impedância para modelar a relação entre as tensões nos terminais dos dipolos com as correntes:

$$\dot{V}_1 = Z_{11}\dot{I}_1 + Z_{12}\dot{I}_2 \quad (a)$$
$$\dot{V}_2 = Z_{21}\dot{I}_1 + Z_{22}\dot{I}_2 \quad (b)$$
(31.18)

em que Z_{11} e Z_{22} são as impedâncias próprias e $Z_{12} = Z_{21}$ é a impedância mútua entre as antenas.

As correntes $\dot{I}_1$ e $\dot{I}_2$ são os valores nos terminais onde as tensões $\dot{V}_1$ e $\dot{V}_2$ são medidas. Assim, a impedância mútua pode ser obtida considerando $\dot{I}_2 = 0$ e calculando o quociente entre $\dot{V}_2$ e $\dot{I}_1$. Se as antenas estiverem na região de campo distante uma da outra, o método baseado na área efetiva da antena pode ser usado, uma vez que o campo elétrico proveniente de uma delas é independente da posição sobre a outra. Contudo, para elementos irradiadores de um mesmo conjunto na região de campo próximo, o cálculo de impedância mútua exige que se considere a distribuição correta de campo elétrico na antena receptora. O método da força eletromotriz induzida já foi utilizado no cálculo da impedância própria da antena dipolo e será aplicado também neste caso.

Capítulo 31 – Antenas direcionais

Tabela 31.2: Distribuição de corrente (módulo normalizado) nos elementos de conjuntos descritos pela série de Fourier com $d = 0,4\lambda$ e $m = 5$.

n	I_n	α_n (rad)
-5	0,3703	1,887
-4	0,4546	$-1,174$
-3	0,5827	2,100
-2	0,7593	$-0,800$
-1	0,9288	2,705
0	1,0000	0,000
1	0,9288	$-2,705$
2	0,7593	0,800
3	0,5827	$-2,100$
4	0,4546	1,174
5	0,3703	$-1,887$

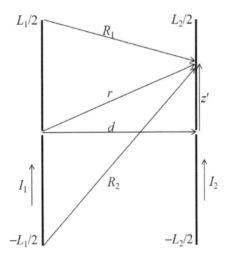

Figura 31.5: Ilustração para cálculo da impedância mútua entre antenas dipolo.

A tensão nos terminais do dipolo (2) na Figura 31.5 devido ao campo elétrico gerado pelo dipolo (1) pode ser calculada com o mesmo método que resultou nas Equações (30.57) e (30.58). Assim, podemos escrever:

$$\dot{V}_{21} = -\frac{1}{\dot{I}^*_{a2}} \int_{-L_2/2}^{+L_2/2} \dot{E}_{z21}(z') \dot{I}^*_2(z') \, dz' \tag{31.19}$$

666　　　　　　　　　　　　　　　　　　　Análise de sistemas eletromagnéticos

A impedância mútua é então calculada de acordo com a definição dada nas Equações (31.18):

$$Z_{21} = \frac{\dot{V}_{21}}{\dot{I}_{a1}} = -\frac{1}{\dot{I}_{a1}\dot{I}_{a2}^*} \int\limits_{-L_2/2}^{+L_2/2} \dot{E}_{z21}(z') \, \dot{I}_2^*(z') \, dz' \qquad (31.20)$$

Assumindo que as correntes se distribuem senoidalmente no comprimento dos dipolos, os termos dessa equação são os seguintes:

$$\dot{I}_2(z') = I_{o2} sen\left[\frac{2\pi}{\lambda}\left(\frac{L_2}{2} - |z'|\right)\right] \qquad (a)$$

$$\dot{I}_{a1} = I_{o1} sen\left(\frac{\pi L_1}{\lambda}\right) \qquad (b)$$

$$\dot{I}_{a2} = I_{o2} sen\left(\frac{\pi L_2}{\lambda}\right) \qquad (c)$$

$$\dot{E}_{z21} = -j\frac{Z_o I_{o1}}{4\pi}\left[\frac{e^{-j2\pi R_1/\lambda}}{R_1} + \frac{e^{-j2\pi R_2/\lambda}}{R_2} - 2cos\left(\frac{\pi L_1}{\lambda}\right)\frac{e^{-j2\pi r/\lambda}}{r}\right] \qquad (d)$$

$$(31.21)$$

em que:

$$r = \sqrt{d^2 + z'^2} \qquad (e)$$

$$R_1 = \sqrt{d^2 + \left(z' - \frac{L_1}{2}\right)^2} \qquad (f)$$

$$R_2 = \sqrt{d^2 + \left(z' + \frac{L_1}{2}\right)^2} \qquad (g)$$

Fazendo todas as substituições na Equação (31.20), obtemos a seguinte equação para cálculo da impedância mútua entre duas antenas dipolo:

$$Z_{21} = j\frac{Z_o}{4\pi sen\left(\frac{\pi L_1}{\lambda}\right) sen\left(\frac{\pi L_2}{\lambda}\right)} \times$$

$$\int\limits_{-L_2/2}^{+L_2/2}\left[\frac{e^{-j2\pi R_1/\lambda}}{R_1} + \frac{e^{-j2\pi R_2/\lambda}}{R_2} - 2cos\left(\frac{\pi L_1}{\lambda}\right)\frac{e^{-j2\pi r/\lambda}}{r}\right] \qquad (31.22)$$

$$sen\left[\frac{2\pi}{\lambda}\left(\frac{L_2}{2} - |z'|\right)\right] dz'$$

Capítulo 31 – Antenas direcionais

A solução geral para este problema é apresentada, por exemplo, em um artigo de Howard King [17]. Em livros especializados em antenas, é comum apresentarem-se casos específicos, como monopolos de quarto de onda e dipolos de mesmo comprimento. Dos livros de Jordan [15] e de Balanis [16], obtemos as equações a seguir para a resistência e a reatância mútuas entre dois monopolos de mesmo comprimento (h) alinhados paralelamente na mesma altura. A Figura 31.6 apresenta gráficos da impedância mútua entre dois monopolos de comprimento $\lambda/4$ em função da distância normalizada d/h.

$$R_m = \frac{30}{sen^2\left(\frac{2\pi h}{\lambda}\right)} \qquad (a) \qquad\qquad (31.23)$$

$$\left[\begin{array}{l} sen\left(\frac{2\pi h}{\lambda}\right) cos\left(\frac{2\pi h}{\lambda}\right) \left[Si\left(u_2\right) - Si\left(v_2\right) - 2Si\left(v_1\right) + 2Si\left(u_1\right)\right] \\[2mm] -\frac{1}{2} cos\left(\frac{4\pi h}{\lambda}\right) \left[2Ci\left(u_1\right) - 2Ci\left(u_o\right) + 2Ci\left(v_1\right) - Ci\left(u_2\right) - Ci\left(v_2\right)\right] \\[2mm] -\left[Ci\left(u_1\right) - 2Ci\left(u_o\right) + Ci\left(v_1\right)\right] \end{array} \right]$$

$$X_m = -\frac{30}{sen^2\left(\frac{2\pi h}{\lambda}\right)} \qquad (b)$$

$$\left[\begin{array}{l} sen\left(\frac{2\pi h}{\lambda}\right) cos\left(\frac{2\pi h}{\lambda}\right) \left[2Ci\left(v_1\right) - 2Ci\left(u_1\right) + Ci\left(v_2\right) - Ci\left(u_2\right)\right] \\[2mm] -\frac{1}{2} cos\left(\frac{4\pi h}{\lambda}\right) \left[2Si\left(u_1\right) - 2Si\left(u_o\right) + 2Si\left(v_1\right) - Si\left(u_2\right) - Si\left(v_2\right)\right] \\[2mm] -\left[Si\left(u_1\right) - 2Si\left(u_o\right) + Si\left(v_1\right)\right] \end{array} \right]$$

$$u_o = \frac{2\pi d}{\lambda} \qquad (c)$$

$$u_1 = \frac{2\pi}{\lambda}\left(\sqrt{d^2 + h^2} - h\right) \qquad (d)$$

$$u_2 = \frac{2\pi}{\lambda}\left(\sqrt{d^2 + 4h^2} + 2h\right) \qquad (e)$$

$$v_1 = \frac{2\pi}{\lambda}\left(\sqrt{d^2 + h^2} + h\right) \qquad (f)$$

$$v_2 = \frac{2\pi}{\lambda}\left(\sqrt{d^2 + 4h^2} - 2h\right) \qquad (g)$$

Consideremos agora uma situação particular em relação à Figura 31.5: apenas o dipolo à esquerda é excitado com uma fonte de tensão e o dipolo à direita é um elemento parasita no qual os dois condutores estão unidos pelo centro. Assim, as

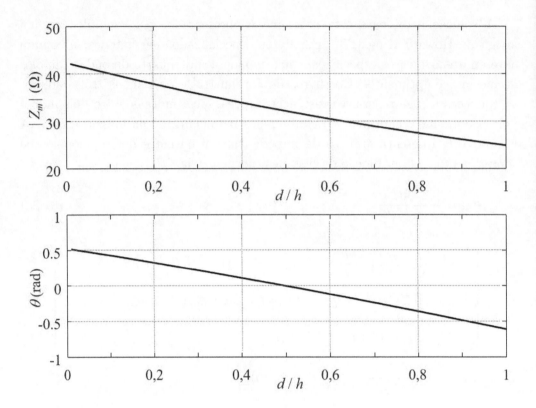

Figura 31.6: Impedância mútua entre dois monopolos de quarto de onda em função da distância normalizada d/h. As antenas são paralelas e têm mesmo comprimento e altura.

Equações (31.18) são reescritas na seguinte forma:

$$\begin{aligned} \dot{V}_1 &= Z_1 \dot{I}_1 + Z_m \dot{I}_2 \quad (a) \\ 0 &= Z_m \dot{I}_1 + Z_2 \dot{I}_2 \quad (b) \end{aligned} \quad (31.24)$$

em que agora usamos Z_1 e Z_2 para as impedâncias próprias e Z_m para a impedância mútua. Resolvendo essas equações, podemos calcular a impedância de entrada da antena à esquerda e a relação entre as correntes nas antenas:

$$\begin{aligned} \frac{\dot{I}_2}{\dot{I}_1} &= -\frac{Z_m}{Z_2} \quad (a) \\ Z_a &= \frac{\dot{V}_1}{\dot{I}_1} = Z_1 + Z_m \frac{\dot{I}_2}{\dot{I}_1} = Z_1 - \frac{Z_m^2}{Z_2} \quad (b) \end{aligned} \quad (31.25)$$

A Figura 31.7 mostra a impedância de entrada e a relação entre correntes para dois dipolos de meia onda como função da distância normalizada d/h, sendo $h = \lambda/4$. Uma vez que os dipolos têm mesmo comprimento, temos $Z_1 = Z_2$. Além disso, A impedância própria é igual à impedância mútua quando a distância entre os dipolos é nula, ou seja, $Z_1 = Z_2 = Z_m$ para $d \to 0$.

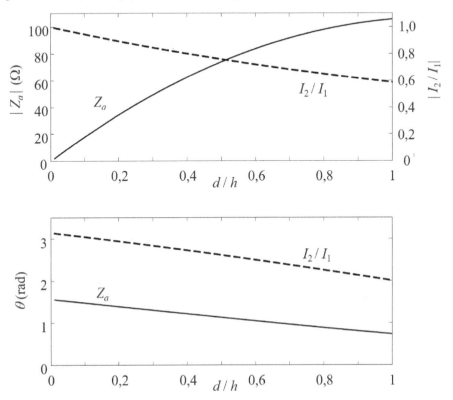

Figura 31.7: Impedância de entrada e relação entre correntes para dois dipolos de meia onda no qual um deles está em curto-circuito no centro como função da distância normalizada d/h, sendo $h = \lambda/4$.

A Figura 31.8 mostra um conjunto formado por três dipolos em que apenas o elemento do centro é alimentado diretamente pelo gerador, sendo os demais curto-circuitados. Os dipolos têm diferentes comprimentos a fim de obterem-se diferentes impedâncias mútuas entre o dipolo central e os elementos parasitas. Usando o modelo de parâmetros impedância, escrevemos as equações para as correntes no conjunto:

$$\begin{bmatrix} 0 \\ \dot{V}_2 \\ 0 \end{bmatrix} = \begin{pmatrix} Z_{11} & Z_{12} & Z_{13} \\ Z_{21} & Z_{22} & Z_{23} \\ Z_{31} & Z_{32} & Z_{33} \end{pmatrix} \begin{bmatrix} \dot{I}_1 \\ \dot{I}_2 \\ \dot{I}_3 \end{bmatrix} \qquad (31.26)$$

Consideremos como exemplo os comprimentos $L_1 = 0,482\lambda$, $L_2 = 0,462\lambda$ e $L_3 = 0,442\lambda$, a distância $d = 0,2\lambda$ e o diâmetro dos condutores $a = 0,0085\lambda$. Nas

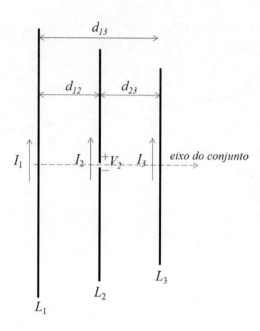

Figura 31.8: Conjunto formado por três dipolos com diferentes comprimentos. Apenas o elemento do centro é diretamente alimentado pelo gerador. Os demais elementos são curto-circuitados.

Equações (31.23), uma vez que se referem a monopolos de mesmo comprimento, devemos atribuir a h valor igual à metade do comprimento médio entre os dipolos envolvidos, ou seja, $h_{ij} = (L_i + L_j)/4$. As distâncias entre os elementos são $d_{11} = d_{22} = d_{33} = a$, $d_{12} = d_{21} = d_{23} = d_{32} = d$ e $d_{13} = d_{31} = 2d$. As impedâncias de monopolos obtidas com as Equações (31.23) devem ser multiplicadas por 2 para corresponderem a dipolos. Obtemos assim a seguinte matriz de impedâncias:

$$Z_m = \begin{pmatrix} 65,72 + j19,72 & 43,61 - j17,22 & 5,13 - j30,06 \\ 43,61 - j17,22 & 58,35 - j1,25 & 38,72 - j15,97 \\ 5,13 - j30,06 & 38,72 - j15,97 & 51,74 - j21,50 \end{pmatrix} \quad (31.27)$$

Aplicando tensão $\dot{V}_2$ com amplitude V_o V e resolvendo o sistema descrito na Equação (31.26), obtemos as seguintes correntes nos dipolos:

$$\begin{bmatrix} \dot{I}_1 \\ \dot{I}_2 \\ \dot{I}_3 \end{bmatrix} = V_o \begin{bmatrix} -0,0123 + j0,0263 \\ +0,0383 - j0,0472 \\ -0,0373 + j0,0219 \end{bmatrix} A \quad (31.28)$$

Podemos agora reescrever a Equação (31.3) para o conjunto de dipolos mostrado na Figura 31.8:

$$F_c(\theta) = \left(\dot{I}_1 + \dot{I}_2 e^{j\beta d\cos\theta} + \dot{I}_3 e^{j2\beta d\cos\theta}\right) \quad (a)$$

$$E(\theta,\phi) = k\frac{e^{-j\beta r}}{r} F_e(\theta,\phi) F_c(\theta) \quad (b)$$

(31.29)

em que $k = j(Z_o/2\pi)[1 - cos(\pi L/\lambda)]$, sendo $F_e(\theta,\phi)$ dada na Equação (31.8).

A Figura 31.9 apresenta o diagrama de irradiação para esse conjunto no plano vertical com $\phi = 0$ e $\phi = \pi/2$. Note que o lóbulo predominante está alinhado com o eixo do conjunto proporcionando uma irradiação fortemente direcional. As defasagens das correntes nos elementos neste exemplo são $\alpha_{2\to1} = -166°$ e $\alpha_{3\to2} = -160°$. A impedância de entrada do conjunto é $Z_a = \dot{V}(2)/\dot{I}(2) = 10,37 + j12,77 \ \Omega$ e a sua diretividade, obtida por integração computacional na Equação (31.11), é 9,4 dB.

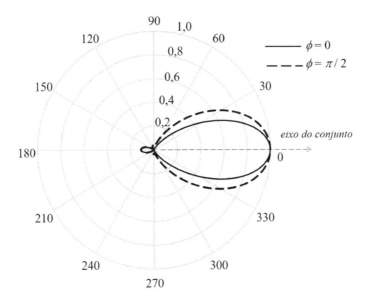

Figura 31.9: Diagrama de irradiação do conjunto de dipolos conhecido como antena Yagi-Uda de três elementos, mostrado na Figura 31.8.

Esse conjunto é denominado antena Yagi-Uda de três elementos. O elemento conectado ao gerador é denominado dipolo ativo, e os demais, elementos parasitas. O maior, à esquerda do dipolo ativo, é denominado refletor, e o menor, à direita, é o diretor. Uma antena Yagi-Uda pode ter vários diretores, como mostra a Figura 31.10, embora geralmente tenha apenas um refletor. Como é evidente no exemplo previamente analisado, os comprimentos e espaçamentos dos elementos de uma antena Yagi-Uda determinam suas principais características. A impedância de entrada é principalmente influenciada pelas dimensões e pelo espaçamento entre dipolo ativo e refletor, enquanto a diretividade é principalmente determinada pelas dimensões e pelo espaçamento dos diretores. O dipolo ativo deve ser ressonante na frequência central de operação da antena. Assim, seu comprimento é pouco inferior a $0,5\lambda$. Os diretores geralmente têm comprimentos entre $0,38\lambda$ e $0,45\lambda$ e o refletor é menor que $0,5\lambda$, porém maior que o dipolo ativo [16].

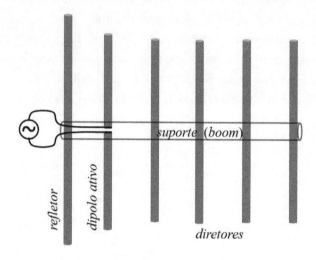

Figura 31.10: Estrutura da antena Yagi-Uda.

Outro tipo de antena formada por um conjunto de dipolos e que apresenta propriedades diretivas destacadas é a antena Log-periódica, cuja estrutura básica é mostrada na Figura 31.11. Os dipolos são alimentados por uma mesma linha de transmissão. Geralmente, essa linha apresenta cruzamento entre dipolos adjacentes, de modo a estabelecer uma diferença adicional de fase de cerca de 180° entre as correntes nos elementos adjacentes, além das correntes induzidas pelo acoplamento mútuo. Cada dipolo é ressonante em uma frequência específica dentro de um intervalo entre $f_{min} = c/2l_{max}$ e $f_{max} = c/2l_{min}$, em que c é a velocidade de propagação das ondas eletromagnéticas e l_{min} e l_{max} são, respectivamente, o menor e o maior comprimento no conjunto de dipolos. A banda passante dessa antena é especificada aproximadamente por $f_{max}/f_{min} = l_{max}/l_{min}$.

As antenas já estudadas nos dois últimos capítulos são todas sintonizadas, ou seja, apenas apresentam as características elétricas e radiativas estabelecidas no seu projeto em intervalos de frequência muito estreitos (da ordem de 10%) em torno da frequência de ressonância. A antena Log-periódica faz parte de um grupo de antenas definidas como antenas de banda larga por apresentarem impedância e características radiativas com pequenas variações em grandes intervalos de frequência ($f_{max}/f_{min} \gg 1$).

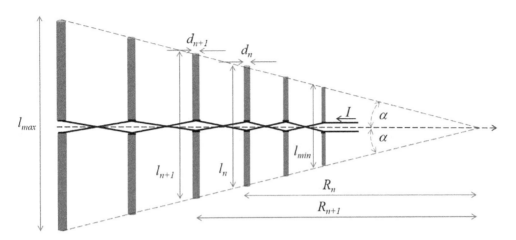

Figura 31.11: Estrutura da antena Log-periódica.

Na Figura 31.11, a estrutura esquemática apresenta comprimentos, distâncias e diâmetros dos dipolos aumentando segundo uma progressão geométrica descrita pelo parâmetro τ, denominado razão geométrica:

$$\frac{l_{n+1}}{l_n} = \frac{R_{n+1}}{R_n} = \frac{d_{n+1}}{d_n} = \frac{1}{\tau} \tag{31.30}$$

sendo que τ determina o período de variação das grandezas elétricas e radiativas da antena, ou seja, a cada intervalo (f_1, f_2) descrito na equação a seguir, dentro da banda passante da antena (f_{min}, f_{max}), as características da antena se repetem:

$$Ln(f_2) - Ln(f_1) = Ln\left(\frac{1}{\tau}\right) \tag{31.31}$$

O fato de apresentar características que se repetem periodicamente com o logaritmo da frequência é o que resultou no nome dessa antena. Uma vez que as distâncias e os comprimentos são proporcionais, verifica-se que as extremidades dos dipolos situam-se sobre linhas retas inclinadas em relação ao suporte da antena. O ângulo α de inclinação é um importante parâmetro de projeto, bem como o fator de espaçamento definido da seguinte forma:

$$\sigma = \frac{R_{n+1} - R_n}{2\,l_{n+1}} \tag{31.32}$$

$$tg\,(\alpha) = \frac{1-\tau}{4\sigma} \tag{31.33}$$

674 Análise de sistemas eletromagnéticos

A partir de resultados de simulações, concluiu-se que o princípio de funcionamento da antena Log-periódica é baseado na ativação seletiva de grupos de dipolos do conjunto conforme a frequência varia. A região ativa é constituída daqueles dipolos cujos comprimentos são próximos a $\lambda/2$. Esses dipolos concentram as maiores amplitudes das correntes que irradiam, enquanto as correntes nos demais dipolos são muito menores. Uma vez que a entrada de excitação se dá pela extremidade dos menores dipolos (vértice), a estrutura da antena desse ponto até a região ativa comporta-se aproximadamente como uma linha de transmissão casada. Na região ativa, a amplitude da corrente elétrica varia de dipolo para dipolo, mas é sempre muito maior que fora dela, e a fase da corrente aumenta no sentido dos dipolos de maior comprimento. Isso proporciona uma irradiação com máxima intensidade na direção do suporte (*boom*) e com sentido para o vértice da antena. A partir de dados experimentais obtidos por D. E. Isbell e compilados por Balanis [16], verifica-se que valores de resistência de entrada na faixa de 50 a 100 Ω e diretividades na faixa de 5 a 10 dB podem ser obtidos com valores de α na faixa de $10°$ a $45°$ e σ entre 0,8 e 0,95.

Outra importante antena cujo funcionamento pode ser explicado com base na teoria dos conjuntos é a antena helicoidal, cujo desenho esquemático é mostrado na Figura 31.12. Trata-se de um condutor cilíndrico enrolado na forma de hélice com uma base circular que serve como refletor. Um cabo coaxial se liga com seu condutor interno na hélice e sua malha externa no refletor. A geometria da hélice é definida pelas seguintes dimensões: diâmetro (d), espaçamento (x), circunferência $(c = \pi d)$, número de espiras (N), comprimento $L = Nx$ e ângulo de passo α descrito pela equação:

$$tg\ \alpha = \frac{x}{c} \tag{31.34}$$

A antena helicoidal apresenta dois modos de radiação: normal e axial. O modo normal ocorre quando $L << \lambda$ e a antena helicoidal funciona basicamente como um conjunto de dipolos hertzianos e anéis pequenos. Nesse modo a antena helicoidal apresenta radiação omnidirecional com máxima intensidade na direção com ângulo de $90°$ em relação ao seu eixo. Uma vez que os campos irradiados pelos dipolos estão em quadratura espacial e temporal com os campos irradiados pelos anéis, a onda eletromagnética emitida tem polarização elíptica. Pode-se mostrar a partir das equações dos campos irradiados pelo dipolo e pelo anel que se a relação $c^2 = 2\lambda x$ for satisfeita, as amplitudes das componentes em quadratura são iguais e a onda apresenta polarização circular.

O modo axial é o mais utilizado porque apresenta alta diretividade. O diagrama de irradiação nesse caso apresenta um lóbulo principal na direção do eixo

Capítulo 31 – Antenas direcionais

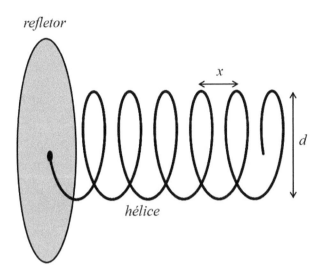

Figura 31.12: Representação esquemática de uma antena helicoidal.

da antena, como mostra a Figura 31.13. Esse modo ocorre quando as dimensões c e x são comparáveis ao comprimento de onda. Para obter polarização circular no modo axial, deve-se ter: $3\lambda/4 < c < 4\lambda/3$ e $x \approx \lambda/4$. O diâmetro do refletor deve ser no mínimo $\lambda/2$. Nesse modo, a impedância de entrada é quase puramente resistiva. Valores aproximados da resistência de entrada e da diretividade são dados pelas equações a seguir [16]:

$$R \approx \frac{140c}{\lambda} \tag{31.35}$$

$$D \approx \frac{15Nc^2x}{\lambda^3} \tag{31.36}$$

Pode-se concluir que a resistência de entrada geralmente situa-se entre 100 e 200 Ω e a diretividade é proporcional ao número de voltas $D \approx 3,75N$ (para $c = \lambda$ e $x = \lambda/4$). O diagrama de irradiação da antena helicoidal pode ser obtido considerando-se essa antena como um conjunto de anéis separados pela distância x e defasados pelo ângulo $\beta's$, em que $s = \sqrt{x^2 + c^2}$ é a distância percorrida pela onda em um passo da hélice e β' é a constante de fase da onda guiada na antena. Usando-se como aproximação para o diagrama unitário do anel a função $cos(\theta)$, obtém-se a equação normalizada de campo de acordo com as Equações (31.6) e (31.7):

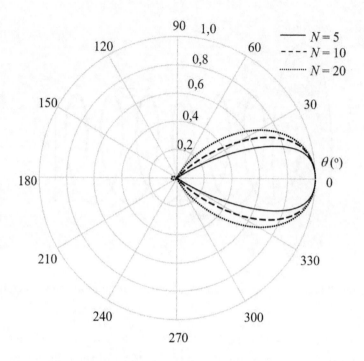

Figura 31.13: Diagramas de irradiação normalizados de potência ($|E|^2$) da antena helicoidal com $x = 0,25\lambda$ e N =5, 10 e 20 hélices.

$$E = E_o cos\theta \frac{sen\,(N\psi/2)}{sen\,(\psi/2)} \quad (a)$$
$$\psi = \beta \left(xcos\theta - \frac{\beta' s}{\beta} \right) \quad (b)$$
(31.37)

Para que a máxima irradiação ocorra em $\theta = 0$, deve-se ter $\psi(\theta = 0) = 0$ no modo fundamental, o que resulta em $\beta' s/\beta = x$. Com essas substituições, a equação do campo elétrico irradiado pela antena helicoidal pode ser escrita na seguinte forma:

$$E = E_o cos\theta \frac{sen\left[\frac{N\pi x}{\lambda}(cos\theta - 1)\right]}{sen\left[\frac{\pi x}{\lambda}(cos\theta - 1)\right]} \tag{31.38}$$

A Figura 31.13 mostra como a antena helicoidal no modo axial torna-se mais direcional na medida em que aumenta o número de hélices. De acordo com a Equação (31.36), as diretividades para $N = 5$, 10 e 20 hélices são 12,7, 15,7 e 18,8 dB, respectivamente.

Capítulo 31 – Antenas direcionais 677

31.3 Antena corneta

A antena corneta é uma estrutura construída para servir de interface entre o interior de um guia de ondas e o espaço livre. Pode ter diferentes formatos conforme o tipo de guia e a forma da corneta. Os tipos básicos são a corneta retangular piramidal ou setorial e a corneta cilíndrica cônica. A Figura 31.14 mostra uma representação esquemática de uma corneta setorial. Uma análise aproximada da irradiação de uma antena corneta pode ser feita baseando-se nas distribuições dos campos elétrico e magnético dos respectivos guias de onda nos seus modos fundamentais. Assim, na corneta retangular utiliza-se o modo TE_{10}, e na corneta cônica, o modo TM_{11}.

Assume-se que os campos no plano da abertura da corneta estão distribuídos exatamente como no interior do guia de ondas. Assim, para uma corneta retangular, usando as Equações (29.47) e (29.49), os campos transversais na abertura podem ser escritos na seguinte forma:

$$\dot{E}_x = E_o cos\left(\pi y'/a\right) e^{-j\beta x'^2/2l_c} \tag{31.39}$$

$$\dot{H}_y = H_o cos\left(\pi y'/a\right) e^{-j\beta x'^2/2l_c} \tag{31.40}$$

em que (x', y') são as coordenadas no plano da abertura da corneta medidas em relação ao centro e o fator de fase $(\beta x'^2/2l_c)$ é devido à diferença no percurso da onda ao longo da direção com ângulo α em relação ao percurso ao longo do eixo z (isso é mostrado na Figura 31.14). O alargamento do guia produz esse desvio.

Assumindo que $r >> 2\pi/\lambda$ e que apenas as variações de fase devido à diferença entre $\vec{r}$ e $\vec{r}'$ são importantes no campo irradiado a partir da abertura da corneta, a equação de Kirchhoff, Equação (19.86), para o campo elétrico irradiado pode ser reescrita na seguinte forma:

$$\dot{E}\left(\vec{r}\right) = \frac{j\beta}{2\pi r} cos\theta \int_{-a/2}^{+a/2} \int_{-b/2}^{+b/2} \dot{E}_x\left(r'\right) e^{-j\beta|\vec{r}-\vec{r}'|} dx' dy' \tag{31.41}$$

em que $|\vec{r} - \vec{r}'|$ pode ser aproximado como segue:

$$\begin{aligned} |\vec{r} - \vec{r}'| &= \sqrt{r^2 + r'^2 - 2r sen\theta \left(x' cos\phi + y' sen\phi\right)} \\ &\approx r - sen\theta \left(x' cos\phi + y' sen\phi\right) \end{aligned} \tag{31.42}$$

em que (r, θ, ϕ) são as coordenadas esféricas do ponto no espaço.

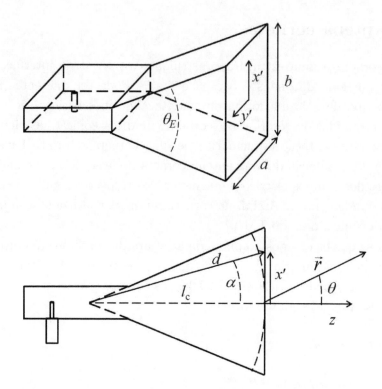

Figura 31.14: Representação esquemática de uma antena corneta setorial no plano E.

Usando as Equações (31.39) e (31.42) na Equação (31.41), obtém-se:

$$\dot{E}(r) = \frac{j\beta E_o}{2\pi} \frac{e^{-j\beta r}}{r} \cos\theta$$
$$\left[\int_{-a/2}^{+a/2} \cos(\pi y'/a) e^{j\beta y' \, sen\theta \, sen\phi} dy' \right] \left[\int_{-b/2}^{+b/2} e^{-j\beta x'^2/2l_c} e^{j\beta x' \, sen\theta \, cos\phi} dx' \right] \quad (31.43)$$

A primeira integral pode ser resolvida pela seguinte fórmula:

$$\int \cos(py') e^{qy'} dy' = \frac{e^{qy'}}{q^2 + p^2} \left[q\cos(py') + p\,sen(py') \right] \quad (31.44)$$

Com isso, obtém-se o seguinte resultado:

$$\int_{-a/2}^{+a/2} \cos(\pi y'/a) e^{j\beta y' \, sen\theta \, sen\phi} dy' = \frac{e^{j\beta \frac{a}{2} sen\theta \, sen\phi} + e^{-j\beta \frac{a}{2} sen\theta \, sen\phi}}{\pi/a - \beta^2 (a/\pi) \, sen^2\theta sen^2\phi}$$
$$= \frac{2a}{\pi} \frac{\cos\left(\frac{\pi a}{\lambda} sen\theta sen\phi\right)}{[1 - (4a^2/\lambda^2) \, sen^2\theta sen^2\phi]} \quad (31.45)$$

Capítulo 31 – Antenas direcionais 679

A segunda integral na Equação (31.43) pode ser resolvida completando-se os quadrados na função exponencial:

$$\int\limits_{-b/2}^{+b/2} e^{-j\beta x'^2/2l_c}\, e^{j\beta x'\, sen\theta\, cos\phi}dx' = e^{j\frac{\beta l_c}{2}\, sen^2\theta\, cos^2\phi} \int\limits_{-b/2}^{+b/2} e^{-j\frac{\beta}{2l_c}\,(x'-l_c\, sen\theta\, cos\phi)^2}dx'$$

$$(31.46)$$

Com a substituição descrita a seguir, na qual se usa a variável auxiliar s, a integral adquire uma forma conhecida:

$$\frac{\pi}{2}s^2 = \frac{\beta}{2l_c}\left(x' - l_c sen\theta cos\phi\right)^2 \qquad (a)$$

$$s_1 = -\sqrt{\frac{\beta}{\pi l_c}}\left(\frac{b}{2} + l_c sen\theta cos\phi\right) \qquad (b) \qquad\qquad (31.47)$$

$$s_2 = \sqrt{\frac{\beta}{\pi l_c}}\left(\frac{b}{2} - l_c sen\theta cos\phi\right) \qquad (c)$$

Assim, a solução para a segunda integral é obtida na seguinte forma:

$$\int\limits_{-b/2}^{+b/2} e^{-j\frac{\beta}{2l_c}\,(x'-l_c\, sen\theta\, cos\phi)^2}dx' = \sqrt{\frac{\pi l_c}{\beta}}\int\limits_{s_1}^{s_2} e^{-j\frac{\pi}{2}\,s^2}ds$$

$$= \sqrt{\frac{\pi l_c}{\beta}}\int\limits_{s_1}^{s_2}\left[cos\left(\pi s^2/2\right) - jsen\left(\pi s^2/2\right)\right]ds \qquad (31.48)$$

$$= \sqrt{\frac{\pi l_c}{\beta}}\left[C\left(s_2\right) - C\left(s_1\right) - jS\left(s_2\right) + jS\left(s_1\right)\right]$$

em que $C(x)$ e $S(x)$ são as funções cosseno e seno integrais de Fresnel, definidas por:

$$C(x) = \int\limits_{0}^{x} cos\left(\pi\phi^2/2\right)d\phi \qquad (a)$$

$$\qquad\qquad (31.49)$$

$$S(x) = \int\limits_{0}^{x} sen\left(\pi\phi^2/2\right)d\phi \qquad (b)$$

Com esses resultados substituídos na Equação (31.43), podemos calcular a intensidade da irradiação:

$$U(\theta, \phi) = \frac{r^2 |E|^2}{2Z_o}$$

$$= U_o \frac{cos^2\theta cos^2\left(\frac{\pi a}{\lambda} sen\theta sen\phi\right)}{[1 - (4a^2/\lambda^2) sen^2\theta sen^2\phi]^2} \left\{ [C(s_2) - C(s_1)]^2 + [S(s_2) - S(s_1)]^2 \right\}$$

$$(31.50)$$

em que U_o é dado por:

$$U_o = \frac{\beta a^2 l_c E_o^2}{2Z_o \pi^3}$$

$$(31.51)$$

A Figura 31.15 mostra os gráficos da intensidade normalizada como função do ângulo polar de direção para ângulo azimutal nulo (plano $x'z$ na Figura 31.14) e diversos valores do comprimento axial l_c e do ângulo de abertura θ_E. No primeiro gráfico observa-se que a irradiação torna-se mais concentrada em torno da direção axial na medida em que o comprimento axial aumenta se o ângulo de abertura é mantido fixo. No segundo gráfico verifica-se que um efeito similar ocorre se o ângulo de abertura aumenta mantendo-se o comprimento axial fixo. Nos dois casos, com grandes comprimentos e ângulos, o lóbulo principal em torno do eixo axial sofre um alargamento na base. A figura apresenta também a distribuição de intensidade irradiada com ângulo azimutal $\pi/2$. A mesma distribuição ocorre para todos os comprimentos no primeiro gráfico e para todos os ângulos de abertura no segundo gráfico. Conclui-se que no plano $y'z$ da Figura 31.13 o lóbulo de irradiação não é sensível ao comprimento axial e à abertura angular.

Para o cálculo da diretividade da antena corneta setorial, consideremos inicialmente a potência irradiada como a integral do vetor de Poynting na área da abertura da antena. Usando as Equações (31.39) e (31.40) para os campos, obtemos:

$$P_{irr} = Re \left[\int_{-a/2}^{a/2} \int_{-b/2}^{b/2} \frac{1}{2} \dot{E}_x \dot{H}_y^* dxdy \right] = \frac{E_o^2}{2Z_o} \left[\int_{-a/2}^{a/2} cos^2\left(\pi y'/a\right) dy \right] \left[\int_{-b/2}^{b/2} dx \right]$$

$$= \frac{E_o^2 ab}{4Z_o}$$

$$(31.52)$$

A intensidade máxima de irradiação, segundo a Equação (31.50), ocorre para $\theta = 0$ rad e $\phi = 0$ rad, tendo o seguinte valor:

$$U_{\max} = \frac{4a^2 l_c E_o^2}{Z_o \lambda \pi^2} \left[C^2 \left(\frac{b}{\sqrt{2\lambda l_c}} \right) + S^2 \left(\frac{b}{\sqrt{2\lambda l_c}} \right) \right]$$

$$(31.53)$$

Capítulo 31 – Antenas direcionais

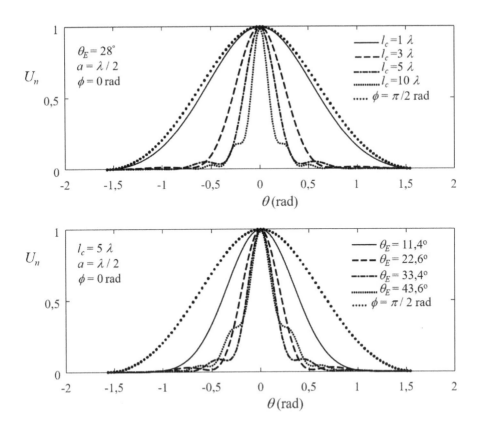

Figura 31.15: Intensidade normalizada da irradiação da antena corneta setorial no plano E como função do comprimento axial l_c e do ângulo de abertura θ_E. Ângulo azimutal nulo ($\phi = 0$ rad) para todas as curvas exceto a pontilhada ($\phi = \pi/2$ rad).

Assim, a diretividade é obtida na seguinte forma:

$$D = 4\pi \frac{U_{\max}}{P_{irr}} = \frac{64 a l_c}{\lambda \pi b} \left[C^2 \left(\frac{b}{\sqrt{2\lambda l_c}} \right) + S^2 \left(\frac{b}{\sqrt{2\lambda l_c}} \right) \right] \tag{31.54}$$

A Figura 31.16 mostra a diretividade da antena corneta setorial como função da abertura angular θ_E e do comprimento axial l_c. A diretividade aumenta com o comprimento axial até certo valor máximo. Verifica-se que a diretividade máxima e o comprimento axial na qual ela ocorre diminuem com o aumento da abertura angular. Diretividades de 10 a 30 dB são típicas para a antena corneta. A análise de outras antenas corneta, como a setorial no plano H, a piramidal e a cilíndrica, são realizadas de maneira equivalente ao que foi apresentado nesta seção para a antena setorial no plano E e as conclusões são similares. O leitor interessado em se aprofundar neste tema deve consultar as referências no final do livro.

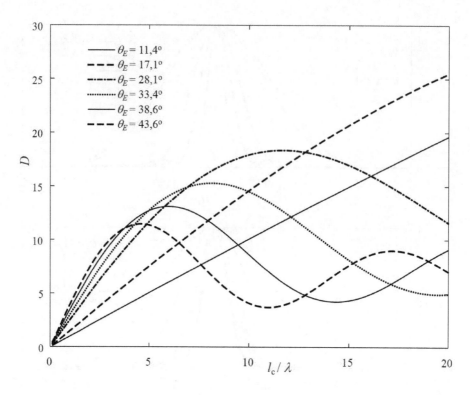

Figura 31.16: Diretividade da antena corneta setorial no plano E como função do comprimento axial l_c normalizado pelo comprimento de onda e do ângulo de abertura θ_E para largura $a = \lambda/2$.

31.4 Antena com refletor

Refletores são usados para aumentar o ganho diretivo de uma antena em algumas direções específicas. A Figura 31.17 mostra alguns exemplos mais comuns. O refletor plano é o mais simples e seu efeito na irradiação de dipolos com polarização paralela é similar ao que foi obtido no capítulo anterior para a irradiação de dipolos horizontais próximos a uma superfície condutora horizontal. Assumindo que o plano do refletor divide o espaço em dois hemisférios, a maior parte da potência é irradiada no hemisfério que contém o dipolo e uma parte reduzida é irradiada no outro hemisfério devido à difração que ocorre nas bordas do refletor. Se o dipolo é posicionado a um quarto de onda do refletor, a máxima densidade de potência é irradiada na direção normal ao refletor plano.

Refletores em ângulo de 90° proporcionam maior ganho diretivo que refletores planos. As placas geralmente têm largura (l) igual ao dobro da distância do dipolo ao vértice do refletor e comprimento (h) entre 1,2 a 1,5 vez o comprimento

Capítulo 31 – Antenas direcionais

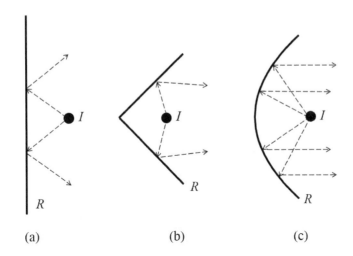

Figura 31.17: Exemplos de antenas com refletor: (a) refletor plano; (b) refletor em ângulo de 90°; (c) refletor parabólico. (I) – elemento irradiador; (R) – elemento refletor.

do dipolo. A distância dipolo-vértice afeta a intensidade do campo irradiado e a distribuição angular da densidade de potência. O valor dessa distância que maximiza a intensidade do campo e proporciona apenas um lóbulo na direção do eixo dipolo-vértice é igual à metade do comprimento de onda [16].

O refletor parabólico proporciona ganho diretivo ainda maior devido à sua propriedade de refletir para o foco as ondas que incidem paralelamente ao seu eixo. Na Figura 31.18a, no ponto de incidência p, o vetor de onda incidente é paralelo ao eixo do refletor e a onda refletida deve passar pelo foco f. Assim, a direção normal à superfície refletora deve situar-se com ângulo α igual à metade do ângulo θ entre a direção $f - p$ e o eixo. Considerando o triângulo $a - f - p$, temos a seguinte relação entre os ângulos indicados:

$$\varphi + \theta' + \pi/2 - \alpha = \pi \rightarrow \varphi = \pi/2 - \theta'/2 \tag{31.55}$$

Com isso, podemos obter a inclinação da reta tangente à superfície refletora:

$$tg\varphi = \frac{1}{tg(\theta'/2)} = \sqrt{\frac{1 + cos\theta'}{1 - cos\theta'}} \tag{31.56}$$

Substituindo $cos\theta'$ da seguinte forma:

$$cos\theta' = \frac{f - z}{\sqrt{x^2 + (f - z)^2}} \tag{31.57}$$

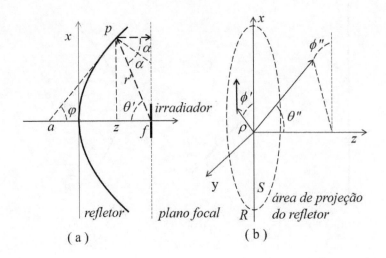

Figura 31.18: Ilustração para análise do refletor parabólico.

e considerando que $tg\varphi = dx/dz$, obtemos a seguinte equação diferencial:

$$\left(\frac{dx}{dz}\right)^2 = \frac{\sqrt{x^2 + (f-z)^2} + (f-z)}{\sqrt{x^2 + (f-z)^2} - (f-z)} \tag{31.58}$$

cuja solução $x^2 = 4fz$, que pode ser verificada por substituição, é a equação da parábola.

Outra relação simples que pode ser obtida envolve a distância radial r' e a distância focal f:

$$r' = \frac{2f}{1 + cos\theta'} \tag{31.59}$$

Se o elemento irradiador for um dipolo localizado no plano focal e orientado na direção x (ver Figura 31.18a), o campo elétrico incidente no refletor estará localizado no plano definido pelo vetor r' e pelo eixo x. Desse modo, o campo refletido estará na direção x independentemente da posição de incidência no refletor.

Considerando que a distância percorrida pela onda a partir do foco até uma posição no plano focal é $r'(1 + cos\theta') = 2f$, o campo elétrico nesse plano pode ser escrito da seguinte forma:

$$\begin{aligned}\dot{\vec{E}}_f\left(\theta', \phi'\right) &= k\frac{e^{-j\beta r'(1+cos\theta')}}{r'} F\left(\theta', \phi'\right) \vec{u}_x \\ &= k\frac{e^{-j2f\beta}}{2f} F\left(\theta', \phi'\right) \left(1 + cos\theta'\right) \vec{u}_x\end{aligned} \tag{31.60}$$

Capítulo 31 – Antenas direcionais 685

em que $k = jZ_oI_o/2\pi$ e a função $F(\theta', \phi')$ é a função de irradiação da antena dipolo, Equação (30.42), na qual o ângulo (θ) medido em relação à direção da antena tem a seguinte relação com os ângulos θ' e ϕ': $cos\theta = sen\theta'cos\phi'$ e $sen^2\theta = 1 - sen^2\theta'cos^2\phi'$.

Os campos irradiados a partir da área S no plano focal podem ser calculados com a equação de Kirchhoff – observe que as Equações (31.41) e (31.42) usadas na análise da antena corneta também podem ser usadas neste caso, adequando-se o domínio de integração para a área circular do refletor. Usando a transformação $x = \rho cos\phi'$ e $y = \rho sen\phi'$ para as coordenadas no plano focal, teremos:

$$\dot{E}_{ref}\left(r, \theta'', \phi''\right) = \frac{j\beta}{2\pi}\frac{e^{-j\beta r}}{r}cos\theta''\int_S E_f\left(\theta', \phi'\right)e^{j\beta\rho sen\theta'' \, cos(\phi''-\phi')}\rho d\rho d\phi' \quad (31.61)$$

Substituindo E_f dado na Equação (31.60), obtemos:

$$\dot{E}_{ref}\left(r, \theta'', \phi''\right) = k\frac{j\beta e^{-j2f\beta}}{4\pi f}\frac{e^{-j\beta r}}{r}R^2 F_{ref}\left(\theta'', \phi''\right) \quad (31.62)$$

em que R é o raio da projeção do refletor parabólico no plano focal. A função que descreve a dependência angular do campo refletido é:

$$F_{ref}\left(\theta'', \phi''\right) = cos\theta''\int_0^{2\pi}\int_0^1 F\left(\theta', \phi'\right)\left(1 + cos\theta'\right)e^{j2\pi\frac{R}{\lambda}\rho' sen\theta'' \, cos(\phi''-\phi')}\rho' d\rho' d\phi'$$

$$(31.63)$$

sendo que $\rho' = \rho/R$ é a coordenada radial normalizada no plano focal, que está relacionada ao ângulo θ' da seguinte forma:

$$\rho' = \frac{r' sen\theta'}{R} = 2\left(f/R\right)\frac{sen\theta'}{1 + cos\theta'} \quad (31.64)$$

A relação entre a intensidade refletida e a irradiada diretamente pelo dipolo é obtida usando-se as Equações (30.43) e (31.62):

$$\frac{U_{ref}\left(\theta'', \phi''\right)}{U_{dir}\left(\theta'', \phi''\right)} = \left(\frac{R^2}{2\lambda f}\right)^2\frac{F_{ref}^2\left(\theta'', \phi''\right)}{F_{dir}^2\left(\theta'', \phi''\right)} \quad (31.65)$$

em que a função $F_{dir}(\theta'', \phi'')$ é a mesma função $F(\theta', \phi')$, apenas substituindo os ângulos (θ', ϕ') pelos ângulos correspondentes (θ'', ϕ'').

A Figura 31.19 mostra o ganho da antena dipolo com refletor em relação à antena dipolo no espaço livre segundo a Equação (31.65) para $R/\lambda = 20$ e

$f/R = 2$, obtido a partir da solução numérica da integral na Equação (31.63). Observe o lóbulo principal com amplitude de 29 dB e largura de 3,8° entre os primeiros mínimos. Os lóbulos secundários situam-se 19 dB abaixo com separação de 5° em torno do eixo da antena. Há, portanto, um aumento de quase 30 dB na diretividade da antena dipolo devido ao refletor parabólico neste exemplo.

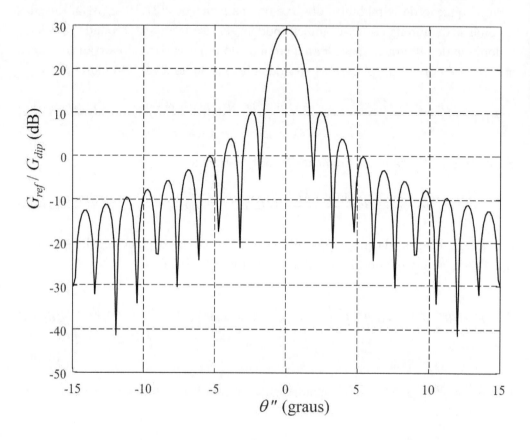

Figura 31.19: Ganho da antena dipolo com refletor parabólico em relação ao dipolo no espaço livre ($R/\lambda = 20$ e $f/R = 2$).

31.5 Questões

31.1) Considere um conjunto com 10 dipolos de meia onda alinhados perpendicularmente ao longo de um eixo. Todos os elementos são alimentados com corrente de mesma amplitude e com defasagem crescente de 90° entre dipolos adjacentes. A separação entre os dipolos é de um quarto de comprimento de onda. Desenvolva um programa computacional para construir os diagramas verticais de irradiação

Capítulo 31 – Antenas direcionais   687

para dois valores do ângulo azimutal, zero e 90°, e calcular a diretividade do conjunto.

31.2) Utilizando o modelo descrito nas Equações (31.12) a (31.17) para uma distribuição de corrente baseada na série de Fourier, desenvolva um programa computacional para descrever um conjunto de dipolos de meia onda e compare com os resultados apresentados na Figura 31.4 e nas Tabelas 31.1 e 31.2.

31.3) Considere uma antena Yagi-Uda com dimensões descritas a seguir: $L_1 = 0,482\lambda$, $L_2 = 0,455\lambda$, $L_3 = 0,428\lambda$, $L_4 = 0,420\lambda$, $L_5 = 0,420\lambda$, $L_6 = 0,420\lambda$, distância do refletor ao dipolo ativo $d = 0,2\lambda$, distância do primeiro diretor ao dipolo ativo $d = 0,25\lambda$, distância entre diretores $d = 0,25\lambda$ e diâmetro dos condutores $a = 0,0085\lambda$. Calcule a distribuição das correntes nos dipolos para uma tensão aplicada no dipolo ativo de valor 100 V com frequência de 100 MHz. Obtenha os diagramas verticais de irradiação para dois valores do ângulo azimutal, zero e 90°. Calcule a diretividade do conjunto.

31.4) Considere uma antena corneta setorial no plano E com ângulo de abertura $\theta_E = 35°$ e largura $a = \lambda/2$. Calcule o comprimento axial l_c normalizado para máxima diretividade.

31.5) Utilizando a Equação (31.65), desenvolva um programa computacional para obter o diagrama de irradiação vertical do refletor parabólico tomando como referência uma antena dipolo em seu foco. Considere $R/\lambda = 30$ e $f/R = 1,5$.

Capítulo 32

Propagação na atmosfera terrestre

32.1 Propagação em um plasma

A propagação de ondas eletromagnéticas na atmosfera é o principal mecanismo de comunicação por ondas de rádio. Esse fenômeno é influenciado por diversos fatores ambientais, como relevo; características dielétricas da superfície da Terra; umidade, pressão e temperatura da atmosfera; altura e densidade das camadas ionosféricas; entre outros. Neste capítulo apresentamos alguns conceitos e modelos utilizados na análise dos efeitos das condições ambientais na propagação de ondas de rádio.

Plasma é uma substância no estado gasoso na qual parte das moléculas está ionizada, formando então uma mistura de elétrons livres, íons positivos e moléculas neutras. O interesse no estudo das propriedades do plasma que afetam a propagação de ondas eletromagnéticas deve-se à existência da camada ionosférica, que envolve o planeta Terra e interfere nas comunicações por ondas de rádio. Uma vez que os elétrons têm massa muito menor que os íons, eles respondem com muito mais rapidez e intensidade ao campo elétrico oscilante de uma onda eletromagnética. Assim, o comportamento elétrico de um plasma é determinado quase exclusivamente pela resposta dos elétrons. Por isso, nos modelos desenvolvidos a seguir consideraremos os íons como cargas estáticas.

A Figura 32.1 mostra uma ilustração de uma distribuição regular de íons e elétrons em um plasma. Normalmente, a maior parte do volume do plasma é neutra devido à capacidade dos elétrons de responder rapidamente a qualquer distúrbio no campo elétrico existente no meio. Contudo, quando um campo elétrico de uma fonte externa é aplicado, os elétrons se deslocam e determinam uma distribuição de carga e um campo de reação que visa restaurar a condição de equilíbrio no plasma. Seja N_p a densidade de elétrons no plasma. Se o deslocamento da posição de equilíbrio é x, como mostra a Figura 32.1b, a densidade superficial da carga eletrônica deslocada é $\rho_S = eN_p x$, em que e é a carga elementar, e o campo elétrico de reação, calculado com base na lei de Gauss, é dado por:

$$\vec{E}_R = \frac{\rho_s}{\epsilon_o}\vec{u}_x = \frac{eN_p x}{\epsilon_o}\vec{u}_x \tag{32.1}$$

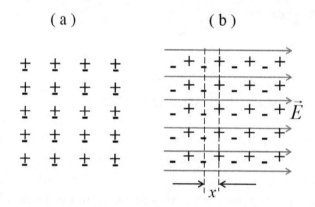

Figura 32.1: Modelo simplificado de um plasma: (a) plasma não polarizado; (b) plasma polarizado por um campo elétrico.

Assim, uma força restauradora surge na distribuição de elétrons, de modo que a seguinte equação dinâmica pode ser usada para descrever o movimento da nuvem eletrônica após o cancelamento do campo aplicado:

$$m\frac{d\vec{v}}{dt} = -\frac{e^2 N_p x}{\epsilon_o}\vec{u}_x - m\nu\vec{v} \tag{32.2}$$

Nessa equação, baseada na segunda lei de Newton, a força resultante sobre um elétron é obtida como a força elétrica exercida pelo campo $\vec{E}_R$ somada com uma força dissipativa decorrente das colisões que o elétron realiza com as demais partículas do meio. O parâmetro ν é a frequência de colisões. Dividindo-se pela massa do elétron e considerando apenas o deslocamento ao longo da direção x, obtém-se a equação diferencial que descreve o movimento eletrônico:

$$\frac{d^2x}{dt^2} + \nu\frac{dx}{dt} + \omega_p^2 x = 0 \tag{32.3}$$

Capítulo 32 – Propagação na atmosfera terrestre 691

em que ω_p é denominada frequência de plasma, dada pela seguinte equação:

$$\omega_p = \sqrt{\frac{e^2 N_p}{m\epsilon_o}} \tag{32.4}$$

A solução da Equação (32.3) é bem conhecida. Ela contém um termo de amortecimento com constante $\nu/2$ e uma frequência de oscilação dada por $\sqrt{\omega_p^2 - \nu^2/4}$. Contudo, em plasmas de baixa pressão, como na ionosfera, podemos assumir que $\omega_p >> \nu/2$ e, com isso, a frequência de oscilação da resposta natural do plasma é a própria frequência de plasma. Assim, concluímos que o plasma apresenta oscilações com frequência natural que depende de sua densidade e amortecidas por meio de colisões.

A fim de avaliar as propriedades eletrodinâmicas do plasma, consideremos a forma complexa da Equação (32.2) assumindo que o campo elétrico total é a soma do campo elétrico da onda eletromagnética com o campo elétrico de reação do plasma:

$$j\omega m\dot{\vec{v}} = -e\dot{\vec{E}} - m\nu\dot{\vec{v}} \tag{32.5}$$

Resolvendo para a velocidade, obtemos:

$$\dot{\vec{v}} = \frac{-(e/m)\,\dot{\vec{E}}}{\nu + j\omega} \tag{32.6}$$

A densidade de corrente no plasma pode então ser calculada:

$$\dot{\vec{J}} = -N_p e\dot{\vec{v}} = \frac{\omega_p^2 \epsilon_o \dot{\vec{E}}}{\nu + j\omega} \tag{32.7}$$

Agora, substituindo na lei de Ampère e após ajustes algébricos sumarizados a seguir, obtemos expressões para as partes real e imaginária do termo que multiplica o campo elétrico:

$$\nabla \times \dot{\vec{H}} = \frac{\omega_p^2}{\nu + j\omega}\epsilon_o \dot{\vec{E}} + j\omega\epsilon_o \dot{\vec{E}}$$

$$= \left\{ \frac{\omega_p^2 \epsilon_o \nu}{\nu^2 + \omega^2} + j\omega\epsilon_o \left[1 - \frac{\omega_p^2}{\nu^2 + \omega^2} \right] \right\} \dot{\vec{E}} \tag{32.8}$$

Com isso, a condutividade e a constante dielétrica do plasma são obtidas como funções da frequência:

$$\sigma = \frac{\omega_p^2 \epsilon_o \nu}{\nu^2 + \omega^2} \tag{32.9}$$

$$\epsilon_r = 1 - \frac{\omega_p^2}{\nu^2 + \omega^2} \tag{32.10}$$

A Figura 32.2 apresenta gráficos da condutividade, da constante dielétrica e da atenuação (em dB/m) para um plasma com densidade $N_p = 5 \times 10^{11}$ m^{-3} e frequência de colisões $\nu = 2 \times 10^4$ s^{-1}, valores típicos para a ionosfera. Observa-se um comportamento anômalo com valores negativos da constante dielétrica abaixo da frequência de plasma. No caso hipotético de um plasma sem colisões, a constante dielétrica negativa implica constante de propagação puramente real, o que significa que não ocorre propagação da onda eletromagnética. Contudo, uma vez que também não ocorre dissipação, já que o plasma não apresenta colisões, pode-se interpretar esse resultado como o efeito da reflexão total da onda eletromagnética ao entrar na região do plasma. A figura mostra uma transição abrupta, indicando forte atenuação para $f < f_p$ e atenuação muito menor e decrescente com a frequência para $f > f_p$. Acima da frequência de plasma, a onda eletromagnética se propaga e sua atenuação é determinada pelas colisões, como se percebe pela mesma inclinação nas curvas de $log(A)$ e $log(\sigma)$.

Consideremos agora a situação na qual o plasma está magnetizado por um campo de indução uniforme $\vec{B}_o$ orientado na direção de propagação da onda eletromagnética. A equação da dinâmica dos elétrons agora deve incluir a força magnética $\vec{F}_m = -e\vec{v} \times \vec{B}_o$. Adotaremos duas hipóteses simplificadoras que não comprometem a conclusão desta análise: o campo magnético da onda eletromagnética é muito menor que o campo $\vec{B}_o$ e o plasma é não dissipativo. Assim, a equação de movimento dos elétrons pode ser escrita na seguinte forma:

$$j\omega m\dot{\vec{v}} = -e\dot{\vec{E}} - e\dot{\vec{v}} \times \vec{B}_o \tag{32.11}$$

em que o campo elétrico tem componentes nas direções x e y e o campo magnético $\vec{B}_o$ tem componente apenas na direção z.

Essa equação pode ser decomposta nas suas componentes no plano transversal à direção de propagação:

$$\begin{aligned} j\omega m\dot{v}_x &= -e\dot{E}_x - e\dot{v}_y B_o \quad (a) \\ j\omega m\dot{v}_y &= -e\dot{E}_y + e\dot{v}_x B_o \quad (b) \end{aligned} \tag{32.12}$$

Resolvendo para as componentes da velocidade, obtemos:

$$\begin{aligned} \dot{v}_x &= ja\dot{E}_x - b\dot{E}_y \quad (a) \\ \dot{v}_y &= b\dot{E}_x + ja\dot{E}_y \quad (b) \end{aligned} \tag{32.13}$$

Capítulo 32 – Propagação na atmosfera terrestre

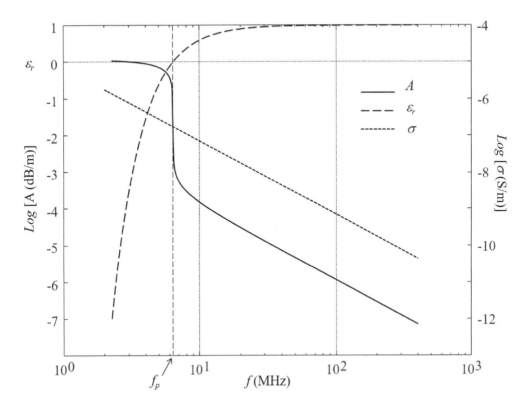

Figura 32.2: Curvas de condutividade, constante dielétrica e atenuação (em dB/m) como funções da frequência em um plasma com densidade $N_p = 5 \times 10^{11}$ m^{-3} e frequência de colisões $\nu = 2 \times 10^4$ s^{-1}. A frequência de plasma indicada no gráfico é $f_p = 6,35$ MHz.

em que os coeficientes a e b são dados por:

$$a = \frac{(e/m)\,\omega}{(\omega^2 - \omega_o^2)} \quad (a)$$
$$b = \frac{(e^2 B_o/m^2)}{(\omega^2 - \omega_o^2)} \quad (b)$$

(32.14)

e em que $\omega_o = eB_o/m$ é a frequência de cíclotron. Substituindo na lei de Ampère e assumindo que a onda eletromagnética é plana e uniforme, resulta:

$$\nabla \times \vec{\dot{H}} = -\frac{\partial \dot{H}_y}{\partial z}\vec{u}_x + \frac{\partial \dot{H}_x}{\partial z}\vec{u}_y$$
$$= -N_p e \left(\dot{v}_x \vec{u}_x + \dot{v}_y \vec{u}_y \right) + j\omega\epsilon_o \left(\dot{E}_x \vec{u}_x + \dot{E}_y \vec{u}_y \right)$$

(32.15)

Separando as componentes dessa equação e substituindo as Equações (32.13), obtemos as relações entre as componentes de campo que satisfazem a lei de

694   Análise de sistemas eletromagnéticos

Ampère:

$$\frac{\partial \dot{H}_y}{\partial z} = -j\omega\epsilon_o \left(1 - \frac{N_p ea}{\omega\epsilon_o}\right) \dot{E}_x - N_p eb\dot{E}_y \quad (a)$$

$$\frac{\partial \dot{H}_x}{\partial z} = -N_p eb\dot{E}_x + j\omega\epsilon_o \left(1 - \frac{N_p ea}{\omega\epsilon_o}\right) \dot{E}_y \quad (b)$$

(32.16)

Substituindo as constantes a e b, obtemos a fórmulas a seguir, nas quais foram definidas a constante dielétrica e a condutividade transversal do plasma magnetizado:

$$\frac{\partial \dot{H}_y}{\partial z} = -j\omega\epsilon_o\epsilon_r \dot{E}_x - \sigma_t \dot{E}_y \quad (a)$$

$$\frac{\partial \dot{H}_x}{\partial z} = -\sigma_t \dot{E}_x + j\omega\epsilon_o\epsilon_r \dot{E}_y \quad (b)$$

(32.17)

$$\epsilon_r = 1 - \frac{\omega_p^2}{(\omega^2 - \omega_o^2)} \quad (a)$$

$$\sigma_t = \frac{\omega_p^2 \omega_o \epsilon_o}{(\omega^2 - \omega_o^2)} \quad (b)$$

(32.18)

Outro conjunto de equações de campo pode ser obtido com o uso da lei de Faraday:

$$\nabla \times \dot{\vec{E}} = -\frac{\partial \dot{E}_y}{\partial z}\vec{u}_x + \frac{\partial \dot{E}_x}{\partial z}\vec{u}_y = -j\omega\mu_o \left(\dot{H}_x\vec{u}_x + \dot{H}_y\vec{u}_y\right)$$

(32.19)

$$\frac{\partial \dot{E}_y}{\partial z} = j\omega\mu_o\dot{H}_x \quad (a)$$

$$\frac{\partial \dot{E}_x}{\partial z} = -j\omega\mu_o\dot{H}_y \quad (b)$$

(32.20)

Agora, podemos resolver o sistema formado pelas Equações (32.17) e (32.20). Derivando as Equações (32.20) em relação à coordenada z e substituindo as Equações (32.17), obtemos as equações de onda para as componentes do campo elétrico, representadas a seguir na forma matricial:

$$\frac{\partial^2}{\partial z^2}\begin{bmatrix} \dot{E}_x \\ \dot{E}_y \end{bmatrix} = \begin{pmatrix} -\left(\omega^2/c^2\right)\epsilon_r & j\omega\mu_o\sigma_t \\ -j\omega\mu_o\sigma_t & -\left(\omega^2/c^2\right)\epsilon_r \end{pmatrix}\begin{bmatrix} \dot{E}_x \\ \dot{E}_y \end{bmatrix}$$

(32.21)

Capítulo 32 – Propagação na atmosfera terrestre

695

Uma vez que os campos se propagam segundo a função $e^{-\gamma z}$, as derivadas à esquerda da igualdade na equação anterior são facilmente calculadas:

$$\frac{\partial^2}{\partial z^2} \begin{bmatrix} \dot{E}_x \\ \dot{E}_y \end{bmatrix} = \begin{pmatrix} \gamma^2 & 0 \\ 0 & \gamma^2 \end{pmatrix} \begin{bmatrix} \dot{E}_x \\ \dot{E}_y \end{bmatrix} \tag{32.22}$$

Substituindo na Equação (32.21), obtemos:

$$\begin{pmatrix} \gamma^2 + \left(\omega^2/c^2 \right) \epsilon_r & -j\omega\mu_o\sigma_t \\ j\omega\mu_o\sigma_t & \gamma^2 + \left(\omega^2/c^2 \right) \epsilon_r \end{pmatrix} \begin{bmatrix} \dot{E}_x \\ \dot{E}_y \end{bmatrix} = 0 \tag{32.23}$$

Para que exista solução, é necessário que o determinante da matriz dos coeficientes seja nulo. Assim, obtemos a seguinte equação para a constante de propagação no plasma magnetizado:

$$\gamma = \sqrt{ - \left(\omega^2/c^2 \right) \epsilon_r \pm \omega\mu_o\sigma_t} \tag{32.24}$$

Verificamos que existem dois valores distintos para a constante de propagação. A fim de facilitar a obtenção de resultados, vamos assumir que a frequência da onda eletromagnética é bem maior que $\omega_c = c^2\mu_o\sigma_t/\epsilon_r$ (ω_c é a frequência na qual os dois termos no radical da Equação 32.24 são iguais). Desse modo, a seguinte aproximação é permitida:

$$\begin{aligned} \gamma &= \sqrt{ - \left(\omega^2/c^2 \right) \epsilon_r \left(1 \mp \frac{\mu_o\sigma_t c^2}{\omega\epsilon_r} \right) } \approx j\frac{\omega}{c}\sqrt{\epsilon_r} \left(1 \mp \frac{\mu_o\sigma_t c^2}{2\omega\epsilon_r} \right) \\ &= j \left(\frac{\omega}{c}\sqrt{\epsilon_r} \mp \frac{\sigma_t}{2c\epsilon_o\sqrt{\epsilon_r}} \right) \end{aligned} \tag{32.25}$$

Substituindo as Equações (32.18), obtemos a constante de fase da onda eletromagnética como função da frequência. Esse resultado é mostrado na próxima equação. Contudo, como a aproximação feita na equação anterior é adequada apenas se $\omega >> \omega_o + \omega_p$, podemos simplificar esse resultado da maneira mostrada na equação seguinte.

$$\beta_\pm = \frac{\omega}{c}\frac{\sqrt{\omega^2 - \left(\omega_o^2 + \omega_p^2 \right)}}{\sqrt{\omega^2 - \omega_o^2}} \mp \frac{\omega_p^2\omega_o}{2c\sqrt{\omega^2 - \omega_o^2}\sqrt{\omega^2 - \left(\omega_o^2 + \omega_p^2 \right)}} \tag{32.26}$$

$$\beta_\pm \approx \frac{\omega}{c} \mp \frac{\omega_p^2\omega_o}{2c\omega^2} \tag{32.27}$$

A conclusão desta análise é que o plasma magnetizado torna-se um meio anisotrópico com dois modos de propagação com diferentes velocidades de fase.

696 Análise de sistemas eletromagnéticos

Considere uma onda linearmente polarizada inicialmente na direção x que se propaga na direção paralela ao campo magnético. Podemos escrever a equação de seu campo elétrico na seguinte forma:

$$\dot{\vec{E}} = \frac{1}{2} E_o \left[(\vec{u}_x - j\vec{u}_y) e^{-j\beta_R z} + (\vec{u}_x + j\vec{u}_y) e^{-j\beta_L z} \right] \qquad (32.28)$$

As constantes de fase β_R e β_L referem-se, respectivamente, às duas possibilidades de polarização circular: *direita* (campo E_y atrasado 90° em relação a E_x) e *esquerda* (campo E_y adiantado 90° em relação a E_x). Desse modo, estamos representando uma onda linearmente polarizada como a superposição de duas ondas circularmente polarizadas em sentidos opostos. Observe que se $\beta_R = \beta_L$, a onda mantém a direção de polarização sobre o eixo x. Contudo, em um meio anisotrópico como o plasma magnetizado, as constantes de fase têm valores diferentes. Usando a Equação (32.27), podemos escrever:

$$\begin{aligned} \beta_R &= \frac{\omega}{c} - \frac{\omega_p^2 \omega_o}{2c\omega^2} = \beta_o - \frac{\Delta\beta}{2} \quad (a) \\ \beta_L &= \frac{\omega}{c} + \frac{\omega_p^2 \omega_o}{2c\omega^2} = \beta_o + \frac{\Delta\beta}{2} \quad (b) \end{aligned} \qquad (32.29)$$

Substituindo na equação do campo elétrico, Equação (32.28), obtemos após operações algébricas simples:

$$\begin{aligned} \dot{\vec{E}} &= \frac{1}{2} E_o e^{-j\beta_o z} \left[\left(e^{j\frac{\Delta\beta}{2}z} + e^{-j\frac{\Delta\beta}{2}z} \right) \vec{u}_x + j \left(e^{-j\frac{\Delta\beta}{2}z} - e^{j\frac{\Delta\beta}{2}z} \right) \vec{u}_y \right] \\ &= E_o e^{-j\beta_o z} \left[\cos\left(\frac{\Delta\beta}{2} z \right) \vec{u}_x - \operatorname{sen}\left(\frac{\Delta\beta}{2} z \right) \vec{u}_y \right] \end{aligned} \qquad (32.30)$$

Essa equação representa uma onda linearmente polarizada cujo ângulo do campo elétrico em relação ao eixo x varia com a distância percorrida pela onda no plasma. O deslocamento angular é dado por:

$$\theta = \frac{\Delta\beta}{2} z = \frac{\omega_p^2 \omega_o z}{2c\omega^2} \qquad (32.31)$$

Esse efeito é denominado rotação Faraday, uma vez que Michael Faraday foi o primeiro a observar a rotação do plano de polarização da luz linearmente polarizada em certos cristais magnetizados. Como exemplo, considerando $N_p = 5 \times 10^{11}$ m^{-3} e $B_o = 30$ μT como valores aproximados para a ionosfera, a frequência de plasma é 6,35 MHz e a frequência de cíclotron é 840 kHz. Uma onda eletromagnética com frequência de 30 MHz tem seu plano de polarização girando de um ângulo de 1° a cada 44,3 m de deslocamento da onda na direção do campo magnético. Em cerca de 4 km, o plano de polarização terá girado 90°.

Capítulo 32 – Propagação na atmosfera terrestre

32.2 Ondas de superfície

No Capítulo 30 foi apresentado um estudo do efeito da reflexão de onda em uma superfície horizontal para os dipolos vertical e horizontal. Verificou-se que os digramas de irradiação são muito alterados em relação ao espaço livre. No caso de um dipolo de meia onda vertical com altura entre $\lambda/4$ e λ em relação ao solo do planeta Terra, observou-se que a intensidade de irradiação é nula na direção paralela à superfície ($\theta = 90°$), sendo que o máximo principal ocorre entre $70°$ e $80°$. Para o dipolo horizontal ocorre um efeito semelhante, com irradiação nula para $\theta = 90°$ e máxima em $\theta = 0°$ quando a altura é $\lambda/4$ e $3\lambda/4$ ou situando-se entre $30°$ e $80°$ para alturas $\lambda/2$ e λ.

A parte da onda que se irradia diretamente de uma antena para outra, incluindo a reflexão no solo entre as antenas, é denominada onda espacial. Duas antenas próximas não se comunicam por onda espacial, uma vez que seus diagramas de irradiação apresentam nulos na direção horizontal. Contudo, os resultados obtidos no capítulo 30 consideram que a distância da antena ao solo situa-se na sua região de campo distante, de modo que os campos foram considerados transversais ao vetor de onda. Se a antena está próxima ao solo, a distribuição de campo na superfície é determinada também pelo campo próximo da antena, sendo afetada de uma maneira bastante intensa e complexa. Esse estudo foi realizado por K. A. Norton [18] e a conclusão principal é a seguinte: além da onda espacial, existe uma onda que se irradia na direção paralela à superfície da Terra. Tal onda é denominada onda de superfície.

Considere um sistema constituído de dipolos verticais como mostra a Figura 32.3, onde a superfície horizontal apresenta condutividade σ e constante dielétrica ϵ_r e o coeficiente de reflexão para polarização paralela é $R_\parallel$. O campo elétrico da onda de superfície é determinado pelas seguintes equações [15]:

$$\dot{E}_v = j30\beta I_o l \left(1 + R_\parallel\right) F(p)$$

$$\left[\left(1 - v^2\right) \vec{u}_z + v\sqrt{1 - v^2 cos^2\alpha} \left(1 + \frac{sen^2\alpha}{2}\right) cos\alpha \, \vec{u}_\rho\right] \frac{e^{-j\beta r_2}}{r_2} \quad (a) \qquad (32.32)$$

$$v^2 = \frac{j\omega\epsilon_o}{\sigma + j\omega\epsilon_o\epsilon_r} \qquad (b)$$

$$F(p) = 1 - j\sqrt{\pi p}\, e^{-p} \left[1 - j\, erfi\left(\sqrt{p}\right)\right] \qquad (c)$$

$$p = -\frac{j\beta r_2 v^2 \left(1 - v^2 cos^2\alpha\right)}{2} \left[1 + \frac{sen\alpha}{v\sqrt{1 - v^2 cos^2\alpha}}\right]^2 \qquad (d)$$

em que a função erro imaginário $erfi(z)$ é definida da seguinte forma:

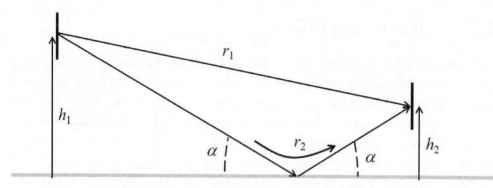

Figura 32.3: Ilustração para cálculo do campo irradiado na superfície da Terra.

$$erfi(z) = -j\,erf(jz) = -\frac{2j}{\sqrt{\pi}} \int_0^{jz} e^{-x^2} dx \tag{32.33}$$

Para uma antena vertical localizada exatamente na superfície, tem-se $\alpha = 0$, ângulo de incidência de 90° com a vertical e $R_\parallel = 1$. Isso resulta na seguinte equação do campo elétrico da onda de superfície:

$$\vec{E}_v = j\,60\,\beta\,I_o\,l\,F(p)\left[(1-v^2)\vec{u}_z + v\sqrt{1-v^2}\,\vec{u}_\rho\right]\frac{e^{-j\beta r}}{r} \quad (a)$$
$$p = -j\frac{1}{2}\beta r\,v^2\left(1-v^2\right) = |p|\,e^{j\theta} \quad (b) \tag{32.34}$$

O campo irradiado na superfície têm componentes nas direções vertical e horizontal. A proporção entre as polarizações vertical e horizontal depende da condutividade e da permissividade do solo e da frequência:

$$\frac{E_z}{E_\rho} = \frac{\sqrt{1-v^2}}{v} = \sqrt{\frac{\sigma + j\omega\epsilon_o\epsilon_r}{j\omega\epsilon_o} - 1} = \sqrt{(\epsilon_r - 1) - j\frac{\sigma}{\omega\epsilon_o}} \tag{32.35}$$

Usando valores típicos para σ e ϵ_r, pode-se verificar que nas frequências próximas do início da faixa de radiofrequência (RF) ($f = 300$ kHz) tem-se $|E_z|/|E_\rho| > 20$, e nas frequências mais altas (3 GHz), $|E_z|/|E_\rho| \approx 3,5$. O ângulo de inclinação máximo do campo elétrico com a vertical é cerca de 16°.

Devido ao campo radial E_ρ, existe uma componente do vetor de Poynting orientada perpendicularmente para dentro do solo, o que significa que ocorre dissipação de potência e atenuação da onda de superfície. A função $F(p)$ descreve essa atenuação. Observe que a variável p é complexa e proporcional à distância até a antena. A Figura 32.4 mostra a dependência do módulo de $F(p)$ com a distância radial e a frequência segundo as Equações (32.32c) e (32.34b). Observe que a atenuação da onda de superfície aumenta intensamente com a frequência a partir de 1 MHz, o que pode reduzir o seu alcance a poucos milhares de comprimentos de onda.

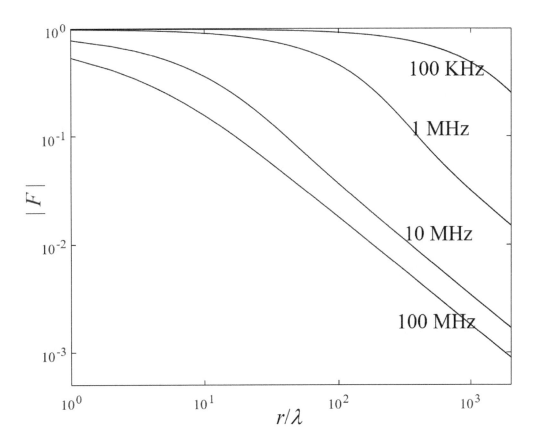

Figura 32.4: Módulo da função $F(p)$ como função da distância radial normalizada e da frequência, assumindo $\sigma = 0,01$ S/m e $\epsilon_r = 10$.

32.3 Propagação na troposfera

Ondas troposféricas são ondas espaciais que se propagam por refração na troposfera. A troposfera é a camada inferior da atmosfera, com espessura entre 7 km e 17 km. Por estar mais próxima da superfície da Terra, a troposfera é a camada que contém nuvens, ventos e umidade. Por isso, os efeitos climáticos na propagação de ondas eletromagnéticas nessa camada são mais importantes que nas demais camadas da atmosfera terrestre. A temperatura na troposfera diminui na proporção aproximada de 6,5 °C/km.

A atmosfera é formada por gases e vapor rarefeito. Por isso, sua constante dielétrica é aproximadamente unitária, diferindo do vácuo por uma quantia da ordem de 10^{-4}. Contudo, a constante dielétrica varia com a altitude, devido à diminuição de densidade atmosférica, umidade e temperatura. Consequentemente, o índice de refração da atmosfera, $n = \sqrt{\epsilon_r}$, também tem valor muito próximo da unidade, mas varia com a altitude. Para evitar o uso de valores numéricos muito próximos de um, define-se outro índice denominado refratividade pela seguinte relação: $N = (n - 1) \times 10^6$. A partir de estudos experimentais, verificou-se que a refratividade apresenta a seguinte dependência com a temperatura (T em K), a pressão atmosférica total (P em mb) e a pressão parcial de água (W em mb):

$$N = \frac{77,6}{T} \left(P + 4810 \frac{W}{T} \right) \tag{32.36}$$

Na condição padrão da atmosfera, definida com $T = 290$ K, $P = 1000$ mb e $W = 10$ mb, a refratividade é igual a 312. Em virtude das variações de temperatura e pressão, a refratividade ordinariamente diminui com a altitude na troposfera. Especialmente pela diminuição na pressão total e na pressão parcial de água na atmosfera, a refratividade diminui na proporção dada a seguir:

$$N = N_s e^{-h/h_o} \tag{32.37}$$

em que $N_s = 312$ é a refratividade no nível do mar, h é a altitude e $h_o = 7$ km é uma constante. Com esse modelo, podemos estimar o gradiente de refratividade, que é um parâmetro muito importante no estudo da propagação troposférica:

$$\frac{dN}{dh} = -\frac{N_s}{h_o} e^{-h/h_o} \tag{32.38}$$

O valor do gradiente na altitude de 1 km geralmente é usado como representativo da atmosfera abaixo dessa altitude:

$$\frac{dN}{dh} (h = 1 \ km)) = -\frac{312}{7} e^{-1/7} = -38,64 \ km^{-1} \tag{32.39}$$

Com base na Figura 32.5, calcularemos a seguir o raio da trajetória de uma onda eletromagnética difratada na troposfera. Segundo a lei de Snell, tem-se a seguinte relação entre os ângulos θ e $\theta + d\theta$:

$$n \, sen\theta = (n + dn) \, sen \, (\theta + d\theta) \approx (n + dn) \, (sen\theta + cos\theta \, d\theta) \tag{32.40}$$

Capítulo 32 – Propagação na atmosfera terrestre

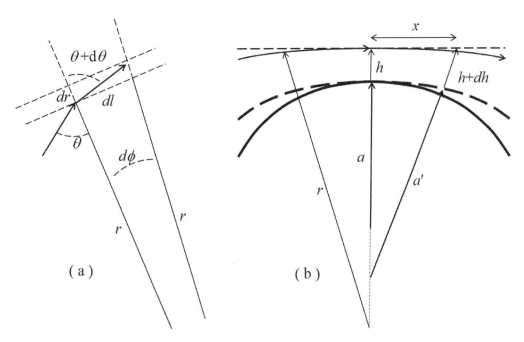

Figura 32.5: Ilustrações para cálculo da trajetória de uma onda difratada na troposfera. (a) Cálculo do raio da trajetória; (b) cálculo do raio efetivo da Terra. As linhas mais densas representam a superfície da Terra. As linhas tracejadas representam a trajetória retilínea equivalente da onda e a superfície efetiva da Terra.

em que a variação dn no índice de refração corresponde à variação dh na altitude. Resolvendo essa equação e desprezando o termo de segunda ordem $dn \cdot d\theta$, obtém-se:

$$cotg\theta \, d\theta = -\frac{1}{n} dn \qquad (32.41)$$

Dividindo-se ambos os lados por $dr = dh$ e observando na Figura 32.5a que $cotg\theta \approx dr/dl$, obtém-se:

$$\frac{d\theta}{dl} = -\frac{1}{n}\frac{dn}{dh} \qquad (32.42)$$

Finalmente, assumindo que a variação do ângulo de refração $d\theta$ é igual à variação do ângulo azimutal $d\phi$ e usando a relação $dl = rd\phi$, obtemos o raio da trajetória da onda difratada na troposfera:

$$r = -\frac{n}{dn/dh} \approx -\frac{1}{dn/dh} \qquad (32.43)$$

em que a aproximação é justificável por ser o índice de refração tão próximo da unidade.

702   Análise de sistemas eletromagnéticos

Pode-se obter uma estimativa do raio da trajetória para a atmosfera padrão substituindo-se o resultado obtido na Equação (32.39):

$$r = -\frac{1}{-38,64 \times 10^{-6}\,km^{-1}} = 25.880\,km \qquad (32.44)$$

Esse valor corresponde a aproximadamente quatro vezes o raio da Terra ($a = 6.370$ km). A Figura 32.5b mostra a trajetória real da onda difratada com linha contínua e uma trajetória retilínea equivalente para uma superfície terrestre com raio aumentado $a' > a$.

Para calcular o raio efetivo da Terra, inicialmente calcula-se o aumento dh na altitude para um deslocamento horizontal x usando a seguinte relação:

$$a' + h + dh = \sqrt{(a'+h)^2 + x^2} = (a'+h)\sqrt{1 + \left(\frac{x}{a'+h}\right)^2} \qquad (32.45)$$

Assumindo que $a' >> h$ e $a' >> x$, uma aproximação poderá ser usada para simplificar a equação anterior:

$$(a'+h)\sqrt{1 + \left(\frac{x}{a'+h}\right)^2} \approx a' + h + \frac{x^2}{2a'} \qquad (32.46)$$

Com isso, dh é obtida da seguinte forma:

$$dh = \frac{x^2}{2a'} \qquad (32.47)$$

Contudo, usando as formas curvilíneas originais da trajetória da onda e da curvatura da Terra, essa mesma variação de altitude pode ser calculada pela seguinte expressão:

$$dh = \frac{x^2}{2a} - \frac{x^2}{2r} \qquad (32.48)$$

Comparando as equações anteriores, verifica-se que:

$$\frac{1}{a'} = \frac{1}{a} - \frac{1}{r} \quad \rightarrow \quad a' = \frac{a}{1 - a/r} \qquad (32.49)$$

Para a atmosfera padrão, com $a/r \approx 1/4$, obtém-se $a' = 4a/3$. Usando esse valor como o raio da Terra, pode-se considerar que a trajetória da onda difratada é retilínea.

Por exemplo, consideremos a situação representada na Figura 32.6, na qual uma antena irradia a partir da altura h. O alcance da onda irradiada inicialmente na direção horizontal ocorre quando a linha de visada da antena tangencia a superfície da Terra com raio efetivo. Se $a' \gg h$ e $a' \gg x$, então $l \approx x$. Usando o mesmo procedimento que levou à Equação (32.47), mostra-se que o alcance l é dado por:

$$l = \sqrt{2a'h} \qquad (32.50)$$

Para uma antena instalada a 1 km de altura em relação ao nível do mar nas condições da atmosfera padrão, o alcance, de acordo com a fórmula anterior, será aproximadamente 130 km.

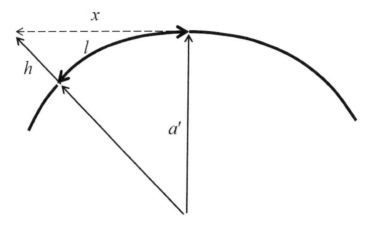

Figura 32.6: Ilustração para cálculo do alcance de uma onda eletromagnética devido à refração na troposfera.

Outra situação interessante relacionada à propagação por refração na troposfera é a condição denominada duto, na qual o raio da trajetória da onda é igual ao raio da Terra. Nesse caso, o raio efetivo, segundo a Equação (32.49), é infinito e o alcance geométrico também. Para que isso ocorra, o gradiente do índice de refração na atmosfera, de acordo com a Equação (32.43), deve ser:

$$\frac{dn}{dh} = -\frac{1}{a} = -157 \times 10^{-6}\, km^{-1} \qquad (32.51)$$

Nessa condição, a troposfera atua como um guia de ondas e o alcance efetivo é limitado apenas pela atenuação na atmosfera.

Os principais fatores de dissipação na troposfera até 100 GHz são o vapor de água e o oxigênio. A Figura 32.7 mostra um gráfico com estimativas de atenuação. Para a atmosfera padrão, abaixo de 1 GHz, a atenuação é menor que 0,005 dB/km. A atenuação devido ao oxigênio abaixo de 20 GHz e acima de 80 GHz é menor que 0,01 dB/km, mas aumenta fortemente nesse intervalo, apresentando um pico muito intenso em 60 GHz com intensidade aproximada de 15 dB/km. O vapor de água apresenta um aumento gradual na atenuação a partir de 3 GHz, com um pico de 0,2 dB/km em 22 GHz devido às perdas dielétricas relacionadas à relaxação dipolar. Acima de 100 GHz, outros picos de atenuação devido ao vapor de água e a gases atmosféricos ocorrem em virtude das ressonâncias moleculares nesses compostos.

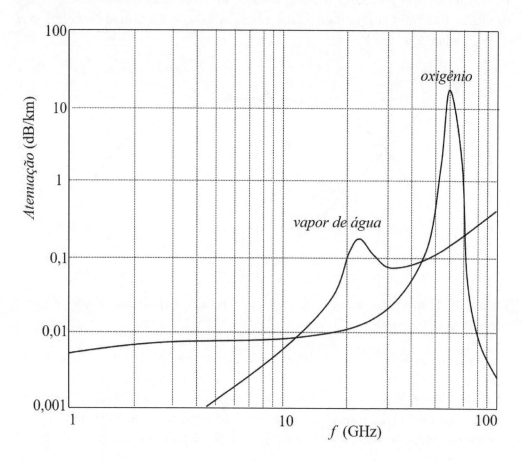

Figura 32.7: Esboço da atenuação na troposfera devido ao vapor de água e ao oxigênio. Fonte: adaptada de valores publicados em [19].

32.4 Propagação na ionosfera

A ionosfera é uma região da atmosfera que apresenta elevada densidade de íons e elétrons originados pelo intenso bombardeamento das radiações cósmicas, especialmente as solares. A Figura 32.8 apresenta a estrutura de camadas da ionosfera. Em grandes altitudes, a intensidade do bombardeamento de radiações cósmicas é alta, mas a densidade de moléculas na atmosfera é baixa. Em pequenas altitudes, a densidade molecular é elevada, mas os raios cósmicos têm baixa intensidade devido à absorção nas camadas superiores da atmosfera. Por isso, a região de significativa densidade de ionização é uma camada intermediária que se estende de aproximadamente 50 km a centenas de quilômetros de altitude, apresentando máxima densidade de ionização em cerca de 300 km. A densidade de íons e elétrons na ionosfera depende da latitude e varia ao longo das horas do dia, dos meses do ano e ao longo dos anos no ciclo de onze anos de atividade das manchas solares. Os valores típicos de densidade de ionização mostrados na Figura 32.8 são observados durante o dia. À noite, as concentrações diminuem em todas as camadas e distinguem-se apenas as camadas F_1, F_2 e E. Na camada E, a densidade máxima ocorre em 100 km, mas é cerca de duas ordens de grandeza menor que durante o dia.

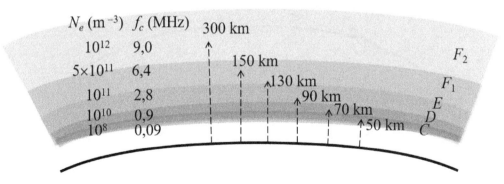

Figura 32.8: Ilustração da distribuição de camadas da ionosfera terrestre. São informadas as altitudes, as densidades de ionização durante o dia e as frequências críticas.

A Figura 32.2 mostra que abaixo da frequência de plasma a constante dielétrica é negativa, o que significa que a onda eletromagnética não penetra no plasma, ou seja, é refletida. Para cada camada da ionosfera, portanto, existe uma frequência crítica para ocorrer reflexão. A frequência crítica de uma camada depende da densidade de elétrons e pode ser estimada a partir da Equação (32.4) para a frequência de plasma:

$$f_c = \frac{\omega_p}{2\pi} = \sqrt{\frac{e^2 N_e}{4\pi^2 m_e \epsilon_o}} \approx \sqrt{81 N_e} \qquad (32.52)$$

A Figura 32.8 mostra os valores estimados de frequência crítica para as diversas camadas ionosféricas durante o dia. Observe que a camada mais baixa apresenta frequência crítica menor que as frequências usuais de transmissão. Uma onda eletromagnética emitida da superfície da Terra, dependendo de sua frequência e seu ângulo de incidência em relação à direção vertical, pode penetrar nas camadas iniciais da ionosfera até alcançar uma altura máxima na qual será refletida de volta à superfície. Isso é ilustrado na Figura 32.9. Contudo, a altura máxima representada nesse caso não é real, pois correspondendo a uma reflexão especular. A altura real é menor porque a trajetória da onda na ionosfera não é retilínea, mas sofre um encurvamento gradual para baixo até que atinja o ângulo de 90° com a vertical na posição mais alta da trajetória. A partir desse ponto, a onda retorna para a superfície da Terra.

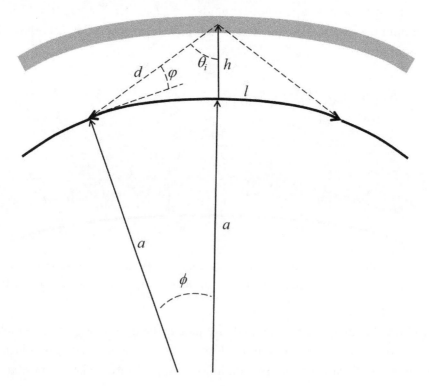

Figura 32.9: Ilustração da reflexão em uma camada ionosférica e do alcance do sinal eletromagnético.

Assim, a altura máxima está relacionada com a condição de reflexão descrita pela lei de Snell:

$$sen\theta_i = \sqrt{\epsilon_r} sen\theta_t \tag{32.53}$$

Capítulo 32 – Propagação na atmosfera terrestre 707

em que ϵ_r é a constante dielétrica da ionosfera. Quando a reflexão ocorre, o ângulo θ_t é igual a $90°$. Substituindo a constante dielétrica do plasma dada na Equação (32.10) e assumindo que $\omega \gg \nu$, obtemos para a condição de ocorrência de reflexão:

$$sen\theta_i = \sqrt{1 - f_c^2/f_m^2} \quad \rightarrow \quad f_m = f_c \sec\theta_i \tag{32.54}$$

em que f_m é a máxima frequência utilizável (MFU), ou seja, a máxima frequência que será refletida pela camada da ionosfera com frequência crítica f_c.

Na Figura 32.9 ilustramos o alcance de um sinal eletromagnético refletido em uma camada ionosférica. Usando relações geométricas simples, obtemos:

$$
\begin{aligned}
d\,sen\theta_i &= a\,sen\phi && (a) \\
d\,cos\theta_i + a\,cos\phi &= a + h && (b) \\
\phi + \theta_i + \varphi &= \pi/2 && (c) \\
l &= 2a\phi && (d)
\end{aligned}
\tag{32.55}
$$

Combinando as equações anteriores, obtemos o ângulo de incidência na ionosfera como função do ângulo de elevação φ na transmissão da onda eletromagnética:

$$tg\theta_i = \frac{cos\varphi}{\sqrt{(1 + h/a)^2 - cos^2\varphi}} \tag{32.56}$$

e a máxima frequência utilizável para reflexão na ionosfera pode ser obtida como função do ângulo de elevação, substituindo a Equação (32.56) na Equação (32.54):

$$f_m = f_c \frac{(1 + h/a)}{\sqrt{(1 + h/a)^2 - cos^2\varphi}} \tag{32.57}$$

A Figura 32.10 mostra o alcance e a máxima frequência utilizável como funções do ângulo de elevação φ para as camadas ionosféricas utilizando as altitudes e as densidades eletrônicas mostradas na Figura 32.8. Observe que o alcance e a máxima frequência utilizável são máximos no ângulo de elevação nulo e diminuem com o aumento desse ângulo. Isso ocorre porque o ângulo de incidência na ionosfera diminui com o aumento do ângulo de elevação. Com isso, a máxima frequência se aproxima da frequência crítica da camada, enquanto o alcance tende a zero porque a onda se propaga em uma direção cada vez mais próxima da vertical. Os valores nesses gráficos são para o período diurno. No período noturno, as camadas mais baixas têm pouca influência devido à baixa densidade eletrônica e F_2 torna-se a principal camada refletora, porém com frequência máxima utilizável muito reduzida em relação ao período diurno.

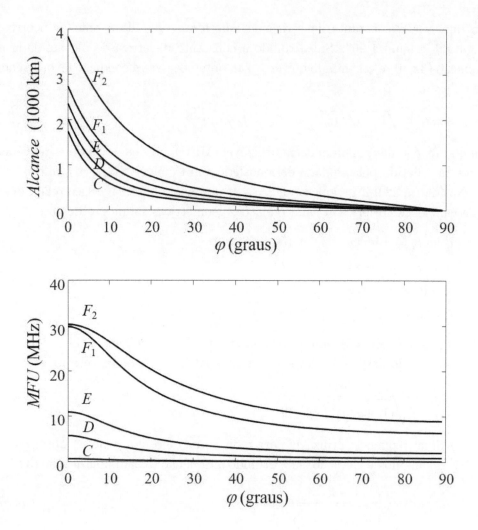

Figura 32.10: Alcance e máxima frequência utilizável com reflexão nas camadas ionosféricas como funções do ângulo de elevação na transmissão.

Uma vez que a trajetória da onda refletida ocorre parcialmente nas camadas mais baixas, onde a frequência de colisões é alta, a atenuação por dissipação nessas camadas é um aspecto importante a ser considerado na propagação ionosférica. O coeficiente de atenuação da onda eletromagnética na ionosfera pode ser calculado usando-se as expressões de σ e ϵ_r dadas nas Equações (32.9) e (32.10). Assumindo que $\sigma \ll \omega \epsilon_r \epsilon_o$, a aproximação mostrada na equação a seguir proporciona grande simplificação no resultado:

$$\alpha = \frac{\omega\sqrt{\mu_o \epsilon_o}\sqrt{\epsilon_r}}{\sqrt{2}}\left\{\left[1+\left(\frac{\sigma}{\omega\epsilon_r\epsilon_o}\right)^2\right]^{1/2}-1\right\}^{1/2} \approx \frac{1}{2}\sqrt{\frac{\mu_o}{\epsilon_o}}\frac{\sigma}{\sqrt{\epsilon_r}} \qquad (32.58)$$

Substituindo σ e ϵ_r, obtemos:

$$\alpha = \frac{60\pi\epsilon_o\omega_p^2\nu}{\sqrt{(\nu^2+\omega^2)(\nu^2+\omega^2-\omega_p^2)}} \qquad (32.59)$$

De acordo com essa equação, o coeficiente de atenuação é maior em baixas frequências. Assim, a transmissão com frequências próximas à MFU proporciona menores perdas. A frequência de colisões diminui com a altitude, então, nas camadas F_1 e F_2, a atenuação é muito baixa devido ao fator ν no numerador. Na camada C, por sua vez, a frequência de colisões é muito alta e a densidade eletrônica é muito baixa. Esses fatos resultam em baixa atenuação em virtude do fator ν^2 no denominador e ω_p^2 no numerador da Equação (32.59). Entre as camadas D e E, a combinação de valores não extremos de ν e ω_p resulta em perdas acentuadas.

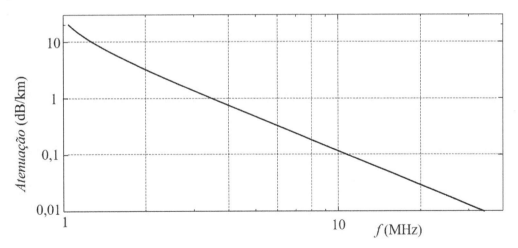

Figura 32.11: Atenuação como função da frequência nas camadas D e E considerando altitude média de 90 km, densidade eletrônica de 10^{10} m^{-3} e frequência de colisões de 10^6 s^{-1}.

A Figura 32.11 mostra uma estimativa de atenuação como função da frequência para essas camadas considerando altitude média de 90 km, densidade eletrônica de 10^{10} m^{-3} e frequência de colisões de 10^6 s^{-1}.

32.5 Questões

32.1) Considere um plasma com as características descritas na Figura 32.2 sujeito a um campo magnético de indução 50 μT. Calcule a constante dielétrica, a condutividade e a atenuação para uma onda de 20 MHz. Calcule o deslocamento angular do plano de polarização da onda ao longo de 1 km de propagação nesse meio.

32.2) Considere uma antena monopolo de quarto de onda, posicionada verticalmente na superfície da Terra, irradiando ondas eletromagnéticas de 1 MHz. Assumindo que a condutividade e a constante dielétrica do solo são $\sigma = 0,01$ S/m e $\epsilon_r = 10$, respectivamente, calcule a distância da antena na qual a intensidade da irradiação da onda de superfície diminui para 1% do valor na posição da antena. Repita para 10 MHz e 100 MHz.

32.3) Calcule o alcance da onda espacial para a transmissão a partir de uma antena posicionada na altura de 100 m. Considere atmosfera não padrão com $T = 310$ K, $P = 1000$ mb e $W = 20$ mb.

32.4) Considere uma transmissão a partir da superfície na frequência de 20 MHz. Use as informações da Figura 32.8 e calcule o alcance máximo obtido com a reflexão ionosférica. Estime as perdas na ionosfera utilizando a frequência de colisões $\nu = 1 \times 10^5$ s^{-1} para todas as camadas.

Capítulo 33

Referências

[1] Bladel, J.G.V. *Electromagnetic Fields*. 2. ed. New Jersey: IEEE Press, 2007.

[2] Vanderlinde, J. *Classical Electromagnetic Theory*. 2. ed. New York: Kluwer Academic Publishers, 2004.

[3] Kittel, C. *Introdução à Física do Estado Sólido*. 5. ed. Rio de Janeiro: Guanabara Dois, 1978.

[4] Schmidt, W. *Materiais Elétricos*. Vol. 1. 2. ed. São Paulo: Edgard Blucher, 1979.

[5] Rahman, A. et al. A Review on Cuprate Based Superconducting Materials Including Characteristics and Applications. *American Journal of Physics and Applications*, 3, 39-56, 2015.

[6] Israelachvili, J. N. *Intermolecular and Surface Forces*. 2. ed. Amsterdam: Elsevier, 2011.

[7] Lide, D.R. *CRC Handbook of Chemistry and Physics*. 2. ed. Boca Raton: CRC Press, 2005.

[8] Foster, K. R.; Schwan, H. P. Dielectric Properties of Tissues. In: Polk, C.; Postow, E. (ed.). *Handbook of Biological Effects of Electromagnetic Fields*. 2. ed. Boca Raton: CRC Press, 1995.

[9] Schwarz, G. A theory of the low frequency dielectric dispersion of colloidal particles in electrolyte solution. *J. Phys. Chem.*, 66, 2636, 1962.

[10] Jiles, D. *Introduction to magnetism and magnetic materials*. 2. ed. Boca Raton: CRC Press, 1998.

[11] Fiorillo, F. *Measurement and Characterization of Magnetic Materials*. Amsterdam: Elsevier Academic Press, 2004.

[12] Balanis, C. A. *Advanced Engineering Electromagnetics*. New York: John Wiley & Sons, 1989.

712   Análise de sistemas eletromagnéticos

[13] Collin, R. E. *Field Theory of Guided Waves*. New York: McGraw-Hill, 1960.

[14] Ghatak, A.; Thyagarajan, K. *Optical electronics*. Cambridge: Cambridge University Press, 1989.

[15] Jordan, E. C. *Electromagnetic waves and radiating systems*. 2. ed. New Jersey: Prentice-Hall, 1968.

[16] Balanis, C. A. *Antena theory* – Analysis and design. 2. ed. New Jersey: John-Wiley & Sons, 1997.

[17] King, H. E. Mutual Impedance of Unequal Length Antennas in Echelon. *IRE Transaction on antennas and propagation*, 5(3), 306-313, 1957.

[18] Norton, K. A. The propagation of radio waves over the surface of the earth and in the upper atmosphere. *Proceedings of the Institute of Radio Engineers*, 24(10), Oct. 1936.

[19] Seybold, J. S. *Introduction to RF propagation*. New Jersey: John Wiley & Sons, 2005.

[21] Spiegel, M. R.; Lipschutz, S.; Liu, J. *Manual de Fórmulas e Tabelas Matemáticas*. 3. ed. Porto Alegre: Bookman, 2011.

[22] Bertotti, G.; Fiorillo, F.; Soardo, G. The Prediction of Power Losses in Soft Magnetic Materials. *Journal de Physique Colloques*, 49(C8), 1988.